개정 2쇄 | 2017년 5월 20일

지은이 | 임복순·최경아
감　수 | 鄭琴
발행인 | 김태웅
편집장 | 강석기
편　집 | 권민서, 양정화, 정지선, 김효수, 김다정
디자인 | 방혜자, 성지현, 이미영, 김효정
마케팅 총괄 | 나재승
마케팅 | 서재욱, 김귀찬, 이종민, 오승수, 조경현
온라인 마케팅 | 김철영, 양윤모
제　작 | 현대순
총　무 | 한경숙, 안서현, 최여진, 강아담
관　리 | 김훈희, 이국희, 김승훈, 이규재

발행처 | 동양북스
등　록 | 제10-806호(1993년 4월 3일)
주　소 | 서울시 마포구 동교로22길 12 (04030)
전　화 | (02)337-1737
팩　스 | (02)334-6624

http://www.dongyangbooks.com
m.dongyangbooks.com(모바일)

ISBN 978-89-8300-933-3　14720
　　　978-89-8300-935-7 (세트)

ⓒ 임복순·최경아, 2015

▶ 본 책은 저작권법에 의해 보호를 받는 저작물이므로 무단 전재와 복제를 금합니다.
▶ 잘못된 책은 구입처에서 교환해 드립니다.

新HSK VOCA 5000 5급
들어가며

한국인에게 있어 과연 외국어라는 것은 무엇을 의미할까요? 누구에게는 상급학교 진학을 위한 수단이기도 하고, 누구에게는 원하는 직장에 취직하기 위한 필수조건이기도 하고 또 그 누구에게는 살기 위한 생존의 수단일 것입니다. 그럼 과연 여러분에게 중국어는 어떤 의미인가요?

많은 학생이 "선생님~ 중국어 공부를 잘하기 위해서는 어떻게 해야 해요?" "중국어 공부에 유익한 책 추천해주세요!"라고 질문을 합니다. 하지만 저는 학생들에게 자신 있게 말하고 싶습니다. 자신에게 도움이 되는 공부 방법이나 적중률이 높은 교재를 찾기에 앞서 여러분에게 중국어가 어떤 의미인지, 왜 중국어를 공부하는지를 먼저 찾아야 한다고 말입니다.

제 경우를 돌이켜보면 저는 중국어 공부가 그냥 좋았습니다. 간체자가 재미 있었고, 한 단어 한 문장이 내 귀에 들리는 게 신기했으며, 직접 중국어를 말할 수 있게 되자 자신감은 더욱 붙게 되었죠. 다시 말해 언어라는 것은 언어 그 자체에 흥미를 느껴야만 그 언어를 장악하게 되고, 그 언어로 타인과 소통할 수 있는 것입니다. 새로운 언어를 배워 새로운 나라의 사람과 소통을 하고 싶다면 언어를 공부하고 있는 여러분 자신부터 그 언어와 소통하는 방법을 습득해야 합니다. 저는 항상 한자를 보면서 이런 생각을 하곤 했습니다. 이 한자는 어떻게 생겨난 것일까? 이 글자의 부수는 뭐지? 이 글자와 비슷하게 생긴 글자가 있었나? 이 단어는 다른 단어들과 어떻게 결합되어 쓰이지? 등 수많은 질문을 갖고 단어를 대했습니다. 당장 단어 외우기에 급급한 학생에게는 사치라고 생각할 수도 있겠지만, 오랜 기간 중국어 공부를 해온 제 경우를 돌이켜보면, 이렇게 한 글자 한 글자에 대해 고민했던 흔적이 지금은 모두 제 자산이 되어 이제는 단어만 봐도 단어의 의미와 발음을 추측할 수 있고 비슷한 단어도 쉽게 구분할 수 있게 되었습니다. 또한 이런 훈련이 잘된 학생들이 新HSK에서도 고득점을 획득하는 것이 자명한 사실입니다.

한자 외에도 여러분과 중국어 사이의 소통을 막는 것은 바로 성조입니다. 더군다나 악센트 없이 말하는 한국인에게는 이 성조라는 게 하나의 큰 장벽으로 느껴질 수도 있지요. 사실 중국사람이라고 모두가 발음이 정확한 것은 아닙니다. 하지만 성조가 심하게 달라지면 아무리 중국사람이라 해도 이해하기 힘들겠죠. 이렇듯 성조의 차이가 뜻의 차이를 만든다는 것, 중국어의 가장 중요한 큰 특징 중 하나라는 것을 명심해야 합니다.

또한 중국어를 공부하다 보면 이 단어는 왜 이렇게 만들어졌을까 궁금한 적이 한두 번이 아닐 것입니다. 한 단어의 기원은 대부분 중국인, 중국문화, 중국역사와 관련되어 있습니다. 그러므로 중국어를 공부하는 여러분! 지금 당장 중국문화나 역사 등 중국의 전반적인 것에 관심을 가져보세요. '중국어는 좋은데 중국은 싫어!'라고 말하는 당신은 스스로 부끄러워해야 합니다. 중국어는 언어이기 이전에 한 민족의 역사이고 문화입니다.

이 교재를 통해 여러분이 중국어와 더 쉽게 소통하기를 소망하고, 중국사람들과 더 유창하게 소통하기를 희망하며, 중국과 더 오랫동안 소통하기를 희망합니다.

지은이

新HSK VOCA 5000 5급
이런 책입니다!

① 新HSK를 주관하는 한판(汉办)에서 제시한 新HSK 5급 필수어휘 2,500개를 모두 실었습니다.
② 新HSK 5급 필수어휘 2,500개의 단어를 大纲에 근거하여 한어병음 순으로 정리하였습니다.
③ 각 단어는 新HSK 자주 출제되었으며 또 앞으로 출제 가능한, 꼭 알아두어야 할 뜻 위주로 정리하였습니다.
④ 단어마다 유의어와 반의어를 꼼꼼하게 담아, 단어 학습에 도움이 되도록 하였습니다.
⑤ 단어의 예문은 新HSK 기출문장 및 상용구로 엄선하여 실었습니다.
⑥ 395p 개정단어 추가는 2013년 汉办공식 개정단어입니다.

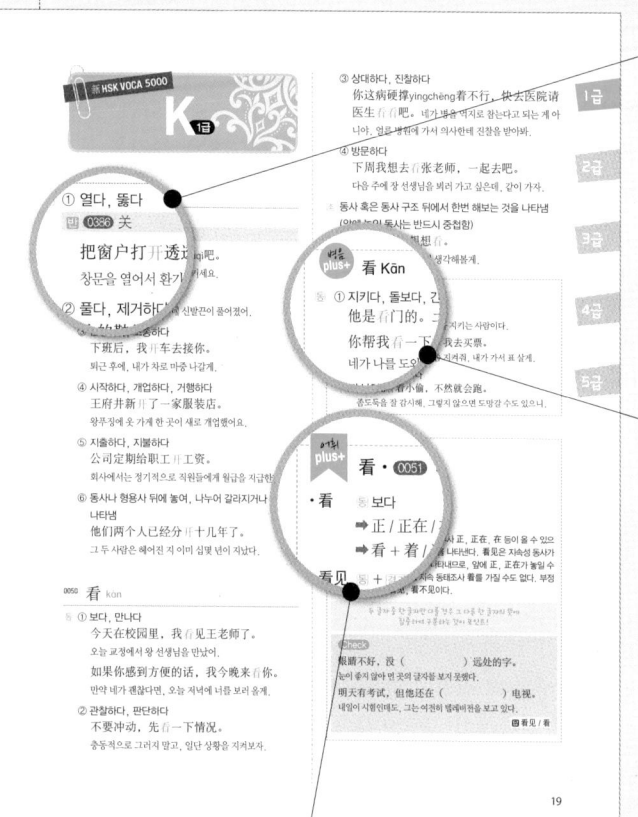

유의어, 반의어
각 단어의 유의어와 반의어를 꼼꼼하게 정리하여, 1~5급에 해당하는 단어는 지정된 번호를 달아주어 각각 링크하여 학습이 가능하도록 하였고, 그 외의 단어에는 병음을 달아 모르는 글자도 병음으로 쉽게 발음을 알 수 있도록 하였습니다.

병음 plus+
여러 가지 발음으로 읽히는 단어에 대해 소개하고 뜻까지 따로 설명하여, 좀 더 명확하고 확실하게 단어의 추가적인 뜻까지 이해할 수 있도록 돕습니다.

어휘 plus+
유사한 의미를 가진 단어들의 차이점과 쓰임새를 명확하게 알려주어,
新HSK 시험 대비는 물론이고 정확한 회화 구사 및 작문에 도움이 됩니다.

어휘 학습법

新HSK VOCA 5000 5급 이렇게 학습하자!

❶ 품사와 문장성분의 개념을 확실히 짚고 넘어가자.

중국어 어법을 이루는 기본 단위가 바로 품사와 문장성분이라는 개념이다. 품사에는 명사, 대명사, 동사, 형용사, 수사, 양사, 부사, 조사, 전치사, 접속사, 감탄사, 의성사(의태사) 이렇게 총 12개가 있고, 문장성분에는 주어, 술어, 목적어, 부사어, 보어, 관형어로 총 6개가 있다. 이런 기본개념이 기초가 되어야 여러분이 숙지한 어휘를 자유자재로 사용할 수 있다.

예를 들어 在는 동사, 전치사, 부사 기본적으로 3개 정도의 품사를 가지고 있다. 품사가 달라짐에 따라 어디에 위치하는지 모른다면 아무리 단어를 많이 외운들 아무 소용이 없게 되는 것이다.

❷ 한자 한 글자의 뜻을 공부하자.

중국어는 다들 알고 있듯이 한자로 이루어진 언어이다. 이 의견에 동의한다면 지금 당장 한자 공부를 시작하라. 한자를 아는 학생은 중국어 공부를 매우 쉽게 할 수 있을 뿐만 아니라 중국어를 배우면 배울수록 중국어가 쉬워짐을 느끼게 될 것이다.

예를 들어 电脑라는 단어는 한자의 뜻을 사용해서 해석하면 '전기 뇌'라는 뜻이다. 한자의 뜻을 모르고 무작정 외우기보다는 한자 자체를 이해하면 단어의 뜻을 매우 쉽게 파악할 수 있다.

❸ 한자의 독음을 공부하자.

만약 한자의 독음을 안다면 중국어 병음 뿐 아니라 뜻까지도 매우 쉽게 암기할 수 있다. 예를 들어 骑马라는 단어의 병음은 'qímǎ'이다. 이 단어를 한자의 독음을 사용해서 읽어보면 바로 '기마'이고 뜻 또한 한국인에게는 '기마자세'라고 말하면 대부분은 다 이해한다. 비슷하지 않은가? 'qímǎ' '기마' 단어 암기의 좋은 방법 중 하나가 바로 연상작용이다. 이렇게 독음을 사용해 연상작용을 일으키면 단어를 매우 쉽게 암기할 수 있다.

❹ 본인에게 가장 쉬운 예문으로 단어의 쓰임을 파악하자.

단어를 찾고 사전에 제시된 예문도 꼼꼼하게 필기는 하지만, 자신이 꼼꼼하게 필기한 그 예문을 외우는 학생은 그리 많지 않다. 그 이유를 물어보면 하나같이 예문이 너무 어려워서 외우기 힘들다고 대답한다. 단어의 쓰임을 파악하기 위해서는 반드시 예문을 하나 정도는 암기하고 있는 것이 좋은데, 그렇다면 외우지도 못하는 어려운 문장은 학생들에게는 아무런 쓸모가 없다. 최대한 각자의 중국어 수준에 맞는 예문을 만들어서라도 암기를 하는 것이 가장 좋은 방법이다.

예를 들어 意味着(동 ~을 의미하다)라는 단어를 찾으면 이런 예문이 있다. 小树发芽意味着春天到来了。 (어린 나무에 싹이 나는 것은 봄이 도래했다는 것을 의미한다.) 意味着의 뜻을 공부하기에 매우 좋은 예문이다. 그러나 스스로 이 문장이 쉽게 머리 속에 들어오지 않는다면 그 예문은 결코 좋은 예문이 될 수 없다. 남이 볼 때 유치하고 수준 낮은 예문일지라도 눈치보지 말고 본인의 것을 하나 만들자. 우리는 意味着라는 단어의 뜻만 파악하면 된다. 结婚并不意味着幸福。(결혼이라는 것이 결코 행복을 의미하지는 않는다.)는 앞의 예문보다는 훨씬 짧고 간단하다.

❺ 자신이 평소에 쓰는 말로 뜻을 숙지하자.

不论이라는 단어를 찾으면 다음과 같은 뜻이 나온다. '~을 막론하고, ~에도 불구하고, ~에 상관없이' 많은 학생들이 처음에 있는 뜻이 가장 중요한 것이라 생각하고 처음에 나온 뜻만 열심히 외우는 학생들이 많다. 그러나! 절대 그렇지 않다는 것을 기억하기 바란다. 또한 처음에 나온 뜻이 가장 중요한 뜻이라고 생각하고 외웠다고 해보자. 그러나 '~을 막론하고'라는 말을 스스로가 평소에 사용하지 않는다면 급박한 시험시간에 그 뜻은 절대로 빨리 떠오르지 않는다. 시험이라는 긴장감이 더해져 평소에 쓰지 않는 말은 당연히 잘 떠오르지 않을 것이다. 그러므로 단어의 뜻을 암기할 때, 특히 한국어 표현이 여러 가지가 있을 때에는 그 단어가 들어간 예문을 몇 개 해석해보고 본인에게 가장 익숙하고 친숙한 뜻을 선정해서 암기하는 것이 가장 좋다.

❻ 비슷한 단어를 묶어서 공부한다.

저자 역시 중국어를 오랫동안 공부해온 사람으로서 외국어를 공부한다는 것이 얼마나 힘들고 고된지 잘 알고 있다. 예를 들어 恐怕라는 단어를 외웠는데 얼마 지나지 않아서 선생님은 또 유의어라면서 也许라는 단어를 가르쳐주신다. 꾹 참고 두 단어를 암기했는데 얼마 후에 또 可能이라는 단어까지 암기해야 한다고 말씀하신다. 저자의 경우 이런 것이 너무 힘겨웠다. 그러나 여러분은 더 이상 기초 중국어가 아닌 중급 이상의 중국어를 구사해야 하므로 이런 것쯤은 아무것도 아니라는 듯이 받아들여야 한다. 이 책을 집어든 순간 그런 감정은 사치인 것이다.

❼ 한자의 독음과 한국어로 해석되는 것은 다르다는 사실을 숙지하자.

한자의 독음을 파악하면 병음과 뜻까지도 쉽게 파악할 수 있다고 하였다. 그러나 모든 것에는 예외가 있듯이 이 또한 마찬가지다. 특히 다음 두 단어가 대표적이다. 表示와 表现. 이 두 단어를 독음을 사용해서 읽어보면 '표시하다'와 '표현하다'이다. 그러나 이 두 단어를 한국어로 해석했을 때는 각각 '나타내다'와 '(능력을) 드러내다'라는 뜻으로 해석된다. 다시 말해 단어의 뜻을 파악하기 위해서는 반드시 여러 문장을 해석해보고 적절한 한국어 표현을 찾아내는 것이 중요하다.

❽ 다음 다의자(多義字)에 주목하자.

好와 更. 이 두 단어는 대표적인 다음다의자(多音多義字)이다. 好를 hǎo로 읽으면 형용사로서 '좋다'는 뜻이고 hào로 읽으면 '좋아하다'라는 동사이다. 更 역시 gèng으로 읽으면 '더욱'이라는 부사이고 gēng으로 읽으면 '변경하다, 고치다'라는 동사이다. 이러한 다음다의자 역시 여러분을 힘들게 한다는 사실을 잘 알고 있지만, 이 또한 중국어의 가장 중요한 특징 중에 하나이다.

⑨ 품사의 차이에 주목하라.

合适와 适合는 둘 다 '적합하다, 어울리다'라는 뜻을 가진 단어이다. 의미는 완전히 똑같으나 품사의 차이에 의해 그 쓰임이 완벽하게 달라진다. '이 옷이 네게 잘 어울린다'라는 문장을 두 단어를 사용해서 표현해보면 형용사인 合适는 목적어를 사용하지 않기 때문에 전치사를 사용해서 목적어를 앞으로 빼내야 하고(这件衣服对你很合适。), 동사인 适合는 목적어를 취할 수 있기 때문에 适合 뒤에 바로 목적어를 쓰면 된다(这件衣服很适合你。).

⑩ 좋은 의미를 가진 단어(褒义词)인지 부정적 의미를 가진 단어(贬义词)인지 주목하라.

褒义词는 좋은 의미의 단어라는 뜻이고 贬义词는 부정적이거나 혐오의 의미가 내포된 단어라는 뜻이다. 중급 수준, 그 이상의 중국어를 구사하는 여러분은 반드시 이 차이를 숙지해야 한다. 예를 들어 成果, 结果, 后果라는 세 단어가 있다. 成果는 '성과'라는 뜻으로 대체로 좋은 의미의 결과를 가리키므로 褒义词에 속하고, 结果는 '결과'라는 뜻으로 좋을 결과일 수도 있고, 나쁜 결과일 수도 있으므로 褒义词도 되고 贬义词도 될 수 있다. 그러나 后果도 '결과'라는 뜻이나 대체로 나쁜 결과만을 가리키므로 贬义词에 속한다. 모든 단어가 褒义词와 贬义词로 구분되는 것은 아니나 그 구분이 확실한 단어들은 숙지해야 한다.

⑪ 부정적인 대상을 취하는 단어에 주목하라.

단어 자체가 긍정적이고 부정적인 뜻을 내포하고 있는 단어가 있는가 하면 부정적인 대상만을 취하는 단어도 있다. 예를 들어 造成은 '조성하다'라는 뜻의 동사인데 그 목적어는 대부분 交通事故, 失误, 环境污染 등과 같은 부정적인 것이 온다. 이러한 단어들은 특수한 것이기 때문에 나올 때마다 숙지하는 것이 좋다.

⑫ 한국사람에게 익숙한 한자에 속지 마라.

모든 나라의 어휘 습관은 다 다르다. 그러므로 아무리 우리나라와 중국이 같은 한자문화권에 있다고 해서 어휘의 사용측면에서까지 전부 같은 용어를 사용할 것이라고 단정 지어서는 절대로 안 된다. 예를 들어 故乡이라는 단어는 한국인에게도 매우 익숙한 '고향'이라는 단어이다. 중국어에도 역시 이 단어가 존재하고 역시 '고향'이라는 뜻으로 쓰인다. 그러나 중국어에서는 故乡이라는 단어보다는 老家라는 단어가 더 자주 쓰이는 것을 볼 수 있다. 故乡이라는 단어를 쓰지 말라는 것이 아니라 언어를 배울 때는 그 나라 사람들이 더 많이 쓰는 용어를 사용하는 것이 좋다고 말하는 것이다.

지금까지 언급한 어휘 학습법이 생소한 학생들도 있을 것이고 자신이 이미 사용하고 있는 것도 있을 것이다. 부디 저자가 소개한 어휘 학습법을 숙지하여 교재의 활용도를 높이기를 소망한다.

차례

머리말 • 3
이 책의 특징 • 4
어휘 학습법 • 5

1급 — 10

A/B 10	C 11	D 12	E/F 14
G/H 15	J 18	K 19	L 20
M 22	N 23	P 24	Q 25
R 26	S 27	T 29	W 30
X 31	Y 34	Z 35	

2급 — 37

B 37	C 39	D 40	F 42
G 43	H 44	J 45	K 47
L 49	M 50	N 51	P/Q 52
R 53	S 54	T 55	W 56
X 57	Y 58	Z 61	

3급 — 63

A 63	B 65	C 69	D 72
E 75	F 76	G 77	H 80
J 83	K 87	L 88	M 91
N 92	P/Q 94	R 96	S 97
T 99	W 101	X 103	Y 106
Z 110			

4급 — 113

A 113	B 114	C 119	D 123
E 129	F 130	G 133	H 140
J 145	K 153	L 156	M 161
N 163	O/P 165	Q 167	R 171
S 173	T 182	W 186	X 188
Y 192	Z 200		

5급 — 210

A 210	B 211	C 221	D 238
E/F 249	G 257	H 270	J 277
K 291	L 295	M 303	N 309
O 311	P 312	Q 318	R 326
S 330	T 343	W 351	X 357
Y 366	Z 376		

개정단어 추가 — 395

어휘 plus+ 노트 — 419

색인 — 459

0001 爱 ài

동 ① 사랑하다
　유 喜爱 xǐ'ài　반 1606 恨
　他很爱自己的工作。
　그는 자신의 일을 매우 사랑한다.

② 좋아하다
　유 0115 喜欢　0304 爱好　반 1026 讨厌
　她爱游泳，一有时间就去游。그녀는 수영을
　좋아해서 시간이 나기만 하면 수영하러 가요.

③ 걸핏하면 ~하다, 곧잘 ~하다 (자주 출현하는 행위
　와 동작을 나타냄)
　유 好 hào
　这个孩子真烦人，总是爱哭。
　이 아이는 정말 성가셔, 늘 잘 운다니까.

0003 爸爸 bàba

명 아버지, 아빠 (주로 호칭으로 쓰임)
　유 0723 父亲, 爹 diē
　爸爸在房间里休息。아빠는 방안에서 쉬고 계신다.
　今年生日的时候爸爸给我买了一台笔记本电
　脑。올해 생일에 아버지께서 내게 노트북을 사주셨어.

0004 杯子 bēizi

명 잔, 컵
　杯子里的水洒 sǎ 出来了。
　컵 안에 있는 물이 넘쳤어요.
　杯子里的水已经凉 liáng 了。
　컵 안에 있는 물이 이미 식어 버렸어.

0005 北京 Běijīng

명 북경, 베이징 (중국의 수도)
　我这次暑假想去北京旅游。
　나는 이번 여름 방학 때 베이징에 여행 가고 싶어.
　北京是中国的政治、经济、文化中心。
　베이징은 중국의 정치, 경제, 문화의 중심지이다.

0006 本 běn

명 책, 공책, 서적
　这个课本非常厚。이 교과서는 무척 두꺼워요.

대 자기 쪽의, 지금의, 현재의
　本校食堂不对外开放。
　본교 식당은 외부에 개방을 하지 않는다.
　他当选了本届 jiè 学生会主席。
　그는 이번에 학생회 회장에 당선되었어.

부 본래, 원래
　本来是一段非常美好的回忆，可现在什么都
　不是了。원래는 아주 아름다운 추억이었는데, 지금은 아
　무것도 아닌 게 되어 버렸어.

양 권 (책을 세는 단위)
　这学期一共发了三本书。
　이번 학기에 모두 세 권의 책을 나눠주었다.

0002 八 bā

수 8, 여덟
　我女儿今年才八岁。
　우리 딸은 올해 겨우 여덟 살이야.
　教室里有八名学生。교실에 여덟 명의 학생이 있다.

0007 不客气 bú kèqi

사양하지 않다, 천만에요

不客气，这是我的义务。
천만에요, 제가 당연히 해야 할 의무입니다.

像我们这么熟，那我就不客气了。
우리 사이가 친한 만큼, 사양하지 않을게.

0008 不 bù

부 ~이 아니다, ~하지 않다

유 0157 别, 1053 无

我不抽烟。 나는 담배를 피우지 않는다.

他不是那种没有责任感的人。
그는 책임감 없는 그런 사람이 아니다.

어휘 plus+ 不 · 0064 没

- 不
  부 아니다
  ➡ 不去, 不忙, 不知道
  (不＋동사 / 不＋형용사 / 不＋심리, 지각동사)

- 没(有) **부** 아니다, 없다, ~하지 않았다
  ➡ 没去, 没暖和
  (没＋동사 / 没＋형용사)

 不는 일반적으로 주관적인 동작에 쓰이고, 没는 비주관적 동작에 쓰인다. 不는 주로 현재, 미래의 동작행위를 부정하나, 没는 주로 과거의 동작행위를 부정한다. 예를 들면, '我不买了。'는 지금 이 시점 이후로 주관적으로 사지 않기를 바라는 것이며, '我没买。'는 사지 않았다는 객관적 사실을 말하고 과거를 부정하는 것이다. 不는 형용사 앞에서 성질의 부정을 나타낼 수 있으나, 没는 형용사 앞에서 상태의 변화를 나타낸다.

뜻이 완전히 같을 때에는 차이점에 주목하는 것이 포인트!

Check

她虽然个子很高, 可是（　　　　）太漂亮。
비록 그녀가 키는 크지만, 그다지 예쁘지는 않습니다.

天气还（　　　　）暖和。
날씨는 아직 따뜻해지지 않았습니다.

답 不 / 没(有)

0009 菜 cài

명 채소, 요리, 반찬

这道菜色香味俱全。
이 요리는 색, 향, 맛을 모두 갖추고 있다.

病人反而更要多吃蔬菜。
아픈 사람일수록 오히려 채소를 더 먹어야 해요.

0010 茶 chá

명 차

先喝杯茶, 歇xiē一会儿。
차 먼저 드시면서, 좀 쉬세요.

中国茶在全世界都很有名。
중국 차는 전 세계적으로 유명하다.

0011 吃 chī

동 먹다

반 2167 吐

我想吃蛋糕。 나는 케이크 먹고 싶어.

她们两个人约好下课后一起吃饭。
그녀 둘은 수업이 끝난 후에 함께 식사를 하기로 약속했다.

0012 出租车 chūzūchē

명 택시

我今天乘出租车来的学校。
나 오늘 택시를 타고 학교에 왔어요.

这里这么偏僻piānpì, 很难打到出租车的。
이렇게 외진 곳에서는, 택시 잡기가 힘들다.

新HSK VOCA 5000
D 1급

0013 打电话 dǎ diànhuà
전화를 하다
回到家后，打个电话给我。
집에 도착하면 나에게 전화해줘.
如果遇到问题，可以随时给我打电话。
무슨 문제가 생기면, 언제든지 내게 전화해도 돼.

0014 大 dà ➡ dài 0672 大夫
[형] (크기가) 크다, (나이나 수량이) 많다
[반] 0122 小
雨下得很大。비가 많이 내린다.
他比我大一岁。그는 나보다 한 살 많다.
那个女孩子的嘴很大。그 여자아이는 입이 정말 커.

0015 的 de ➡ dí 1410 的确, dì 0900 目的
[조] ① ~의 (수식어 뒤에서 수식관계를 나타냄)
不要随便动我的东西。
함부로 내 물건에 손대지 마.

② 서술어 뒤에서 동작의 대상, 시간, 장소, 방식 등을 강조함
我是刚才(从)韩国来的。
나는 방금 한국에서 왔어.

③ 서술문 끝에서 긍정의 어기를 나타냄
虽然他的方法不可取，但是他的态度是可嘉jiā的。비록 그의 방법에서는 얻을 것이 없으나, 그의 태도는 높이 사줄 만하다.

 plus+ 的·地· 0170 得의 용법
0350 地 참고

0016 点 diǎn
[명] ① (액체의) 작은 방울, 작은 흔적
连衣裙上的油点怎么也洗不掉。
원피스의 기름때가 아무리해도 지워지지 않는다.
白衬衫chènshān上有一滴dī墨点儿。
흰색 와이셔츠에 잉크 얼룩이 한 방울 묻어 있네.

② 소수점
67.9读作六十七点九。
67.9는 육십칠 점 구라고 읽는다.

[동] ① 점을 그리다
[유] 0400 画
我们应该学怎样点标点符号。
우리는 표점부호를 어떻게 찍는지 배워야 한다.

② 머리나 손을 위아래로 흔들다
大家同意就点头。
여러분 동의하시면 고개를 끄덕이세요.

[양] 시, 시간 (시간의 단위)
本次列车误点wùdiǎn了。이번 열차는 연착되었다.
你怎么才来，我等你等到三点。
너 왜 이제서야 오는 거야, 내가 세 시까지 기다렸잖아.

0017 电脑 diànnǎo
[명] 컴퓨터
[유] 电子计算机 diànzǐ jìsuànjī
我们家新买了一台电脑。
우리 집은 컴퓨터 한 대를 새로 샀다.
平板电脑有什么毛病吗?
태블릿 PC는 어떤 단점이 있습니까?
我的电脑中毒了，无法开机。
내 컴퓨터가 바이러스에 걸린 것 같아, 작동되지가 않아.

0018 电视 diànshì
[명] 텔레비전
[유] 电视机 diànshìjī
在学校宿舍看不了电视。
학교 기숙사에서는 텔레비전을 볼 수가 없다.

他一回到家就开始看电视。
그는 집에 오자마자 텔레비전을 본다.

0019 电影 diànyǐng

圐 영화

拍完一部电影需要很长时间。
한 편의 영화를 찍으려면 오랜 시간이 필요하다.

昨天晚上和男朋友一起看电影了。
어제저녁에 남자친구랑 영화를 봤어요.

0020 东西 dōngxi

명 물건 (불특정한 것, 먹을 것, 추상적인 것을 나타냄)

留学一年了，女儿学到了好多东西。
유학한 지 일 년 지나서, 딸은 많은 것을 배웠다.

妈！我肚子饿了，有没有可吃的东西？
엄마! 저 배고파요, 먹을 것 좀 없어요?

桌子底下dǐxia有个一闪shǎn一闪发着光的东西。테이블 밑에 반짝반짝 빛나는 물건이 있네.

 东西 dōngxī

명 동쪽과 서쪽 (방위)

这条路东西长220米。
이 길은 동서의 길이가 220미터이다.

0021 都 dōu ➡ dū 0993 首都

부 ① 모두

유 全 quán

我们全家人都来了中国。
우리 가족 모두 함께 중국에 왔다.

② 이미, 벌써

유 0970 甚至

饭都凉liáng了，我再去给你热一下。
밥이 모두 식어버렸네, 내가 다시 데워다줄게.

0022 读 dú

동 ① 읽다

유 0050 看, 1138 阅读, 阅览 yuèlǎn

她是个爱读书的人。
그녀는 책 읽기를 좋아하는 사람이다.

② 낭독하다

유 1896 念, 朗读 lǎngdú

学外语的人应该每天都抽出一定的时间来大声朗读。외국어를 공부하는 사람이라면 매일 일정한 시간을 내서 큰소리로 낭독을 해야 한다.

③ 공부하다

유 0129 学习

还没读完中学，他就辍学 chuòxué 了。
중등학교도 마치기 전에, 그는 공부를 포기했다.

0023 对不起 duìbuqǐ

동 미안합니다, 죄송합니다

유 对不住 duìbuzhù

반 对得起 duìdeqǐ, 对得住 duìdezhù

对不起，这都是我的错，我会负责的。
죄송합니다. 이건 모두 제 잘못이니, 제가 책임지겠습니다.

对不起，这次又迟到 chídào 了，下次一定会遵守 zūnshǒu 时间的。죄송해요. 이번에 또 늦었습니다. 다음에는 반드시 시간을 지킬게요.

0024 多 duō

형 많다

유 1084 许多 반 0092 少

今天很忙，有好多事情要做。
오늘 무척 바빠요, 해야 할 일이 너무 많거든요.

부 ① (의문사에서) 얼마나

你今年多大了？네가 올해 몇 살이지?

② (감탄문에서) 그 정도가 높음을 나타냄

湖边的春花多漂亮啊！
호수가의 봄꽃이 정말 예쁘다.

수 (수량사 뒤에서) ~여 남짓

他一口气吃了十多个包子。

그는 단번에 열 개가 넘는 만두를 먹어 치웠다.

0025 **多少** duōshao

대 얼마, 몇

유 0044 几

一共多少钱? 전부 얼마입니까?

这个学期你选了多少门课?

이번 학기에 너는 몇 과목이나 수강 신청했니?

> 병음 plus+ 多少 duōshǎo
>
> 명 (수량의) 많고 적음
>
> 麻烦你统计一下人数多少告诉我。
>
> 번거롭겠지만, 인원수가 몇 명인지 통계를 내서 내게 얘기 좀 해줘.

新HSK VOCA 5000 E 1급

0026 **儿子** érzi

명 아들

유 男孩儿 nánháir

她将她的儿子视为珍宝。

그녀는 그녀의 아들을 보물처럼 여긴다.

那家有两个儿子一个女儿。

그 집에는 아들 둘하고 딸 하나가 있다.

0027 **二** èr

수 2, 둘

유 0216 两, 0876 俩

我家住在二楼。 우리 집은 2층에 있어.

下星期二怎么样? 다음 화요일은 어때?

> 어휘 plus+ 两 · 二 · 0876 俩
>
> 0216 两 참고

新HSK VOCA 5000 F 1급

0028 **饭馆** fànguǎn

명 레스토랑, 식당

유 1278 餐厅, 饭店 fàndiàn

今晚咱们去饭馆吃吧。

오늘 밤에 우리 식당에 밥 먹으러 가자.

听说这家饭馆的招牌菜zhāopaicài很好吃。

듣자니 이 레스토랑의 추천 메뉴가 무척 맛있다고 하네.

我今晚累得不想做饭了, 咱们去饭馆好吗?

오늘 저녁 피곤해서 밥하기 싫은데, 우리 식당 가는 게 어때?

0029 **飞机** fēijī

명 비행기

我坐飞机来的韩国。

저는 비행기를 타고 한국에 왔어요.

快点, 飞机快起飞了。

빨리 움직여, 비행기 곧 이륙해.

0030 分钟 fēnzhōng

명 분
유 0373 分

还有三分钟火车就要开了。
3분만 있으면 기차는 떠날 거야.

上课前十分钟到我办公室来一下。
수업 10분 전에 내 사무실로 좀 와.

0031 高兴 gāoxìng

형 기쁘다, 즐겁다
유 0213 快乐, 1126 愉快 반 0470 难过, 2160 痛苦

弟弟高兴地背着书包去上学了。
동생은 신이 나서 책가방을 매고 학교에 갔다.

동 좋아하다
유 0115 喜欢

她不高兴下雨天出门。
그녀는 비 오는 날 외출하는 것을 좋아하지 않는다.

 어휘 plus+ 快乐・高兴
0213 快乐 참고

0032 个 gè

양 개 (중국어에서 가장 많이 쓰이는 양사)

他给了我一个苹果。
그는 내게 사과 한 개를 주었다.

我们家有一个非常漂亮的相框xiàngkuàng。
우리 집에 아주 예쁜 액자가 있어.

0033 工作 gōngzuò

명 일, 업무
유 0955 任务, 1164 职业

工作没有贵贱guìjiàn。 직업에는 귀천이 없다.

동 일하다
유 1512 干活儿, 1787 劳动 반 0268 休息

他向来积极工作。 그는 줄곧 적극적으로 일해왔다.

0034 狗 gǒu

명 개

那家有一条大狗。 그 집에 큰 개 한 마리가 있다.

她今天偷偷把小狗带去了学校。
그녀는 오늘 몰래 강아지를 데리고 학교에 갔다.

0035 汉语 Hànyǔ

명 중국어
유 1171 中文

汉语的声调很复杂。
중국어의 성조는 매우 복잡하다.

学习汉语的人渐渐多起来了。
중국어를 배우는 사람이 점점 많아진다.

0036 好 hǎo

[형] ① 좋다 (사람과 물건이 만족스러울 때)
  [반] 0332 差 chà, 0401 坏
  这是本好书。 이 책은 좋은 책이다.

② 좋다 (동사 앞에 놓여 만족스런 성질을 나타냄)
  他们的演奏很好听。
  그들의 연주는 아주 듣기 좋아요.

③ 동사 뒤에 놓여 완성이나 도달됨을 나타냄
  明天开会要用的材料已经都准备好了。
  내일 회의 때 사용할 자료는 이미 다 준비되었다.

④ ~하기 쉽다 (동사 앞에만 쓰임)
  这个问题很好回答。
  이 문제는 대답하기 쉽다.

⑤ 찬성과 동의를 나타냄
  好，这事就这么办了。
  좋아요. 이 일은 이렇게 처리하도록 하죠.

[부] ① 정말 (형용사나 동사 앞에 놓여 정도를 나타냄)
  [유] 0039 很
  她的中文讲得好棒呀！
  그녀의 중국어 실력은 정말 대단해!

② 매우 (형용사나 수량사 앞에 놓여 오래됨과 지속됨을 나타냄)
  她关上房门，一个人哭了好久。
  그녀는 방문을 닫고, 혼자서 한참을 울었다.

 好 hào

[동] 좋아하다, 즐기다
  [유] 0001 爱
  他这个人，好吃懒做，难成大器。
  그라는 사람은 먹는 것만 좋아하고 게을러서 크게 되기는 글렀어.

0037 喝 hē

[동] 마시다
  下班后来我家喝一杯。
  퇴근 후에 우리 집에 와서 한 잔 해.

  他一个人喝了六瓶啤酒。
  그는 혼자서 맥주 여섯 병을 마셨다.

0038 和 hé

[전] ~와, ~과 (상관되거나 비교의 대상을 나타냄)
  [유] 0380 跟
  她刚好和我一样高。 그녀는 딱 나와 키가 똑같다.

[접] ~와, ~과
  [유] 0380 跟, 1128 与
  健康和快乐才是最大的幸福。
  건강과 즐거움이야 말로 최고의 행복이다.

[명] 더하기, 합
  3加2的和是5。 3 더하기 2의 합은 5이다.

 和 hè

[동] 따라 하다, 따라 부르다
  他很没有主见，只会随声附和。
  그는 너무 자기 주관이 없어서, 남들이 하는 대로 다 따라 한다.

0039 很 hěn

[부] 매우, 정말, 몹시
  [유] 0177 非常, 0743 够, 0980 十分, 1034 挺
  她很勤俭 qínjiǎn 节约。
  그녀는 매우 근검절약을 한다.
  我很抱歉在这个时候打扰你。
  이 시간에 당신을 귀찮게 해서 정말 죄송합니다.

 够・很・0107 太
  0743 够 참고

0040 后面 hòumiàn

[명] 뒷면, 뒷부분, 다음 부분
  [유] 后边 hòubian, 后头 hòutou
  [반] 0081 前面, 前边 qiánbiān
  倒车 dàochē 的时候要当心后面。
  차를 후진할 때는 뒤(뒷부분)를 조심하세요.
  请在这张纸的后面写自我介绍。
  이 종이의 뒷면에 자기소개를 써보세요.

0041 回 huí

동 ① 돌아가다, 돌아오다
他向亲戚朋友借过钱之后就一去不回了。
그는 친척과 친구들에게 돈을 빌린 후 그 길로 돌아오지 않았다.

② 회답하다
别发呆fādāi了，快回答老师的问题。
멍하게 있지 말고, 얼른 선생님께서 말씀하신 문제에 대답해.

③ 방향보어로 동사 뒤에서 사람, 사물 등이 원래 있던 자리로 돌아감을 나타냄
她用完东西后总是会放回原处。
그녀는 언제나 물건을 쓰면 제자리에 가져다 놓는다.

양 번, 회 (사건이나 동작의 횟수를 나타냄)
这是我第二回访问中国。
이번이 내게는 두 번째 중국 방문이다.

0042 会 huì

명 회의, 모임
下午有一个会。 오후에 회의가 하나 있어요.

동 ① 만나다
想会见董事长的话，一定要预约。
이사장님을 뵙고 싶으시면, 미리 선약을 하십시오.

② 익숙하다, 능숙하다
她很会打字。 그녀는 타이핑에 능숙하다.

조동 ① ~할 수 있다
才刚四岁，他就会背上百首唐诗了。
네 살밖에 안 된 그 아이는 중국 당시(唐詩) 백 편을 외울 수 있다.

② ~할 것이다
再过一段时间，一切都会好的。
시간이 좀 더 지나면, 모든 것이 다 좋아질 거예요.

 会 kuài

동 통계하다, 합계하다
她对会计业务很熟悉。 그녀는 회계업무에 익숙하다.
这位是我们公司的会计。
이 분께서는 우리 회사 회계사이십니다.

 会 · 0072 能

· 会 조동 ~할 수 있다
➡ 会说汉语，会开车，会下雨的

· 能 조동 ~할 수 있다
➡ 能说会道，能歌善舞，不能抽烟

비교 두 단어 모두 구비된 기능을 가리키며, 가능을 나타낸다. 하지만 能은 능력을 구비하거나 능률에 도달하는 것을 나타내며, 会는 학습에 의해 할 수 있음을 나타낸다. 즉 처음 배우는 동작은 会를 쓰고 능력이 회복되는 경우 能을 쓴다. 능력이 일정한 능률에 도달했을 경우, 能을 쓰며 会는 쓰지 않는다. 会는 추측이나 가능성의 뜻으로 的와 함께 쓰이고, 能은 어떤 상황, 환경, 조건에서 허락을 나타낸다.

아무리 쉬운 단어일지라도 그 속뜻을 한 번쯤 되새겨보는 것이 포인트!

Check
我女儿12秒（　　　　）跑100米。
내 딸아이는 100미터를 12초에 뛸 수 있다.
他的腿伤好多了，现在（　　　　）慢慢地走。
그의 다리의 상처는 많이 좋아져서, 지금은 천천히 걸을 수 있다.
明天我（　　　　）去的。
저는 내일 갈 것입니다.

答 能 / 能 / 会

0043 火车站 huǒchēzhàn

명 기차역
每当路过火车站的时候就会想家。
매번 기차역을 지날 때마다 집 생각이 나요.

因为快到春节，火车站最近人真多。
설이 다가와서 최근 기차역에 사람들이 정말 많다.

0044 几 jǐ

- ㈜ ① 몇, 얼마 (많지 않은 수를 셀 때)
  这次来家住几天?
  이번에 집에 와서는 며칠 동안 묵을 예정이니?

- ② 몇몇 (불특정 수를 셀 때)
  别做那么多菜了, 没几个人来。
  음식을 너무 많이 하지 마세요. 몇 분 안 오시니까요.

几 jǐ

- 🔹 거의
  看着他乞求qǐqiú的眼神, 我几乎就要信以为真了。 그의 천진난만한 눈빛에, 나는 거의 진짜로 믿을 뻔했어.

0045 家 jiā

- 명 ① 가정, 식구
  我们家有三口人。 우리 집 식구는 세 명이야.

- ② 전문적 지식이 있거나 전문적 활동을 하는 사람
  她喜欢画画儿, 以后的梦想是成为画家。
  그녀는 그림 그리는 걸 좋아해서, 나중에 화가가 되는 것이 꿈이야.

- ③ 사람이 기르는 식물이나 동물
  很久以前, 人类就懂得如何饲养sìyǎng家畜jiāchù。 오래 전부터, 인류는 어떻게 가축을 기르는지 알고 있었다.

- ④ 어떤 업종을 경영하거나 어떤 신분을 갖춘 사람
  这是厂家的责任。 이것은 공장장의 책임이다.

- 양 가정이나 기업 등을 세는 단위
  中国已有18家企业入选世界500强企业名单。
  중국에서는 이미 18개 기업이 세계 500대 기업명단 안에 들어갔다.

0046 叫 jiào

- 동 ① 울다, 짖다
  邻居家的狗经常叫个不停。
  이웃집 개는 자주 쉴새없이 짖는다.

- ② 외치다, 소리치다
  别叫那么大声。 그렇게 크게 소리치지 마세요.

- ③ 부르다, 칭하다
  大家都叫他老王。 모두 그를 왕 씨라고 부른다.

- ④ 명령하다, ~하게 하다
  유 0238 让
  妈妈叫他把自己的袜子洗了。
  엄마는 그에게 자신의 양말을 세탁하게 시켰다.

- ⑤ 허용하다, 마음대로 하게 하다
  他不叫我去, 我偏要piānyào去。 그는 나보고 가지 말라고 했는데, 내가 한사코 간다고 우겼어요.

- ⑥ 주문하다, 시키다
  虽然菜叫得多, 但吃得了。
  비록 음식을 많이 시켰지만, 먹을 수 있다.

- 전 ~에 의하여
  유 0316 被
  晾liàng的衣服全叫雨给浇湿jiāoshī了。
  건조하던 옷이 모두 비에 젖었다.

0047 今天 jīntiān

- 명 오늘, 현재
  유 0120 现在 반 0392 过去
  今天天气特别好。 오늘 날씨가 유난히 좋네요.
  他今天身体不舒服。 그는 오늘 몸이 좋지 않아.

0048 九 jiǔ

- ㈜ 9, 아홉
  我们班只有九名女同学。
  우리 반에는 여학생이 9명밖에 없어요.
  不上班的时候, 她九点起床。
  출근하지 않을 때, 그녀는 9시에 일어난다.

新HSK VOCA 5000 K 1급

0049 开 kāi

동 ① 열다, 뚫다
　반 0386 关
　把窗户打开透透气tòuqi吧。
　창문을 열어서 환기를 좀 시키세요.

② 풀다, 제거하다
　你的鞋带开了。 네 신발끈이 풀어졌어.

③ 운전하다, 조종하다
　下班后，我开车去接你。
　퇴근 후에, 내가 차로 마중 나갈게.

④ 시작하다, 개업하다, 거행하다
　王府井新开了一家服装店。
　왕푸징에 옷 가게 한 곳이 새로 개업했어요.

⑤ 지출하다, 지불하다
　公司定期给职工开工资。
　회사에서는 정기적으로 직원들에게 월급을 지급한다.

⑥ 동사나 형용사 뒤에 놓여, 나누어 갈라지거나 떠남을 나타냄
　他们两个人已经分开十几年了。
　그 두 사람은 헤어진 지 이미 십몇 년이 지났다.

0050 看 kàn

동 ① 보다, 만나다
　今天在校园里，我看见王老师了。
　오늘 교정에서 왕 선생님을 만났어.
　如果你感到方便的话，我今晚来看你。
　만약 네가 괜찮다면, 오늘 저녁에 너를 보러 올게.

② 관찰하다, 판단하다
　不要冲动，先看一下情况。
　충동적으로 그러지 말고, 일단 상황을 지켜보자.

③ 상대하다, 진찰하다
　你这病硬撑yìngchēng着不行，快去医院请医生看看吧。
　네가 병을 억지로 참는다고 되는 게 아니야. 얼른 병원에 가서 의사한테 진찰을 받아봐.

④ 방문하다
　下周我想去看张老师，一起去吧。
　다음 주에 장 선생님을 뵈러 가고 싶은데, 같이 가자.

조 동사 혹은 동사 구조 뒤에서 한번 해보는 것을 나타냄 (앞에 놓인 동사는 반드시 중첩함)
　这件事让我再想想看。
　이번 일은 내가 다시 한번 생각해볼게.

 看 Kān

동 ① 지키다, 돌보다, 간호하다
　他是看门的。 그는 문을 지키는 사람이다.
　你帮我看一下行李，我去买票。
　네가 나를 도와서 짐을 좀 지켜줘, 내가 가서 표 살게.

② 감시하다, 주시하다
　好好儿看着小偷，不然就会跑。
　좀도둑을 잘 감시해, 그렇지 않으면 도망갈 수도 있으니.

 看 · 0051 看见

· 看　동 보다
　➡ 正 / 正在 / 在 + 看
　➡ 看 + 着 / 过

· 看见　동 + 결과보어 보이다

비교 看은 지속성 동사로 앞에 부사 正, 正在, 在 등이 올 수 있으며 동작이 발생하고 있음을 나타낸다. 看见은 지속성 동사가 아니며 동작의 결과를 나타내므로, 앞에 正, 正在가 놓일 수 없으며, 뒤에 진행 지속 동태조사 着를 가질 수도 없다. 부정 형식은 没看见, 看不见이다.

두 글자 중 한 글자만 다를 경우 그 다른 한 글자의 뜻에 집중하여 구분하는 것이 포인트!

Check
眼睛不好，没（　　　　）远处的字。
눈이 좋지 않아 먼 곳의 글자를 보지 못했다.
明天有考试，但他还在（　　　　）电视。
내일이 시험인데도, 그는 여전히 텔레비전을 보고 있다.

답 看见 / 看

0051 看见 kàn//jiàn

동 보다, 보이다 (동작의 결과를 포함하고 있음)

他看见一只小鸟在天空中飞翔fēixiáng。
그는 하늘을 나는 작은 새 한 마리를 보았다.

在这里也能看得见。이곳에서도 볼 수 있다.

어휘 plus+ 看·看见
0050 看 참고

0052 块 kuài

명 조각, 덩어리

妈妈把肉切成块儿做菜。
어머니께서 작게 조각 낸 고기로 음식을 만드셨다.

양 ① 조각, 덩어리를 세는 단위

好朋友送她一块手表作为生日礼物。
친한 친구가 그녀에게 생일선물로 손목시계를 선물했다.

② 돈을 세는 단위 (元)

유 0284 元

虽然一块钱是小钱，但也不能浪费。
비록 1위안이 적은 돈이라 할지라도, 그 역시 낭비해서는 안 된다.

0053 来 lái

동 ① 오다

반 0083 去

夏天，国内外许多游客来北京游玩。
여름이면 국내외 많은 여행객들이 베이징에 여행을 온다.

② 발생하다, 일어나다

유 0702 发生

问题来了之后再去解决，那就晚了。
문제가 발생한 후에 해결하면 늦는다.

③ 구체적인 동사를 대신하여 사용함 (음식 주문이나 물건 구입 등에 주로 쓰임)

来一杯酒。술 한 잔 주세요.

这白色的来两件吧。이 흰색으로 두 벌 주세요.

你休息一会儿，让我来吧。
당신은 쉬세요, 제가 할게요.

④ 동사 앞에 쓰여 동작의 적극성을 나타냄

你来读一遍。네가 한 번 읽어봐.

我们来试试。우리 시도해보자.

⑤ 동사와 동사 구조(전치사 구조) 사이에 쓰여 전자의 방법, 방향, 태도 혹은 후자의 목적을 나타냄

她用冰袋放在孩子头上来给他降温。
그녀는 얼음 주머니를 아이의 머리에 놓아서 그의 열을 식혀주었다.

他是个不讲理的人，你很难用道理来说服他。그는 말이 안 통하는 사람이어서, 네가 아무리 조리 있게 말해도 그를 설득하기 어렵다.

명 과거부터 지금까지, 이래로

自古以来，这个岛屿dǎoyǔ就是属于韩国的。예로부터 지금까지, 이 섬은 한국에 속해 왔다.

조 가량, 쯤 (수사나 수량사 뒤에 놓임)

公共汽车上人不少，足有40来人。버스 안에 사람이 적지 않네, 족히 40명가량은 되는 것 같아.

0054 老师 lǎoshī

명 선생님, 교사

유 教师 jiàoshī 반 0128 学生

张老师的写作手法别具一格。
장 선생님의 문필은 독특한 풍격을 가지고 있다.

李老师因过度劳累，晕倒yūndǎo在讲台上。
이 선생님께서 심한 과로 탓에, 강단에서 쓰러지셨다.

0055 了 le

조 ① 동태 조사 (동사 뒤에서 동작과 변화의 완성을 나타냄)
他赢得yíngdé了一等奖学金。
그는 일등 장학금을 받게 되었다.

② 어기 조사 (문장의 끝에서 이미 변화되거나 혹은 새로 출현한 상황을 나타냄)
夏天了，美丽的花儿都开了。
여름이 되니, 아름다운 꽃들이 모두 피어났다.

발음 plus+ 了 liǎo

동 ① 끝내다, 마치다
做家务没完没了。 집안일은 끝이 없다.

② 동사 뒤에서 得, 不와 함께 쓰여 가능과 불가능을 나타냄
作业不难，我做得了。
숙제가 어렵지 않아서, 나 혼자서도 할 수 있다.
任务很多，一天之内完成不了。
할 일이 너무 많아서, 하루 안에 다 끝낼 수 없다.

③ 이해하다, 알다
你了解这儿的情况吗?
당신은 이곳 상황을 이해합니까?
她对他的心思了如指掌。
그녀는 그의 마음을 손바닥 보듯 훤하게 알고 있다.

0056 冷 lěng

형 ① 춥다
유 寒 hán, 凉 liáng 반 0084 热
今天外面很冷，得多穿些衣服。
오늘 바깥 날씨가 무척 추워서, 옷을 많이 껴입어야 해요.

② 냉담하다, 냉정하다
유 冷淡 lěngdàn 반 0490 热情
经理对人态度很冷。
매니저는 사람을 대하는 태도가 매우 냉정하다.

③ 생소하다, 드물다
这位作家爱用冷字眼。
이 작가는 생소한 어휘를 즐겨 사용한다.

0057 里 lǐ

양 리 (500미터를 1리로 함)
从我家到学校有三里远。
우리 집에서 학교까지 3리 정도의 거리다.

명 안, 속
유 0904 内 nèi, 中 zhōng, 里面 lǐmian, 内部 nèibù
반 0253 外 wài, 外面 wàimiàn, 外边 wàibian, 外头 wàitou, 外部 wàibù

兜dōu里只剩一百块钱了。
주머니에 100위안밖에 남지 않았다.

발음 plus+ 里 li

접미 这, 那, 哪 뒤에서 장소를 나타냄
这里是全市最热闹的地方。
여기가 이 도시에서 가장 번화한 곳이다.

0058 零 líng

형 자질구레하다, 자잘하다
零售的价格要比批发pīfā的贵一些。
소매 가격은 도매보다는 조금 비싸다.

수 0, 영
零下几度的天气让人感觉冷飕飕lěngsōusōu的。
영하의 날씨는 사람들로 하여금 살을 에는 듯한 추위를 느끼게 한다.

0059 六 liù

수 6, 여섯
六点在学校门口见吧。
6시에 학교 정문 앞에서 만나자.
公交车站有六个人正在等车。
버스정류장에는 여섯 명의 사람이 버스를 기다리고 있다.

新HSK VOCA 5000
M 1급

0060 妈妈 māma
명 엄마, 어머니
유 0899 母亲, 娘 niáng
最近妈妈下班回来得很晚。
최근에 엄마는 퇴근해서 돌아오는 시간이 많이 늦는다.
我只跟你说，我妈妈的厨艺chúyì是一流的。
네게만 말하는데, 우리 엄마의 음식 솜씨가 최고야.

0061 吗 ma
조 문장 끝에서 의문을 나타냄
你去过北京吗? 너는 베이징에 가 봤니?
明天你会来参加我的婚礼吗?
내일 너는 내 결혼식에 올 수 있니?

 plus+ 吗 má
대 무엇
你干吗呢? 我有话跟你说。
너 뭐 하고 있어? 나 네게 할 말이 있는데.

 plus+ 吧·吗· 0071 呢
0151 吧 참고

0062 买 mǎi
동 사다
유 购买 gòumǎi 반 0219 卖, 售 shòu
我想买那条连衣裙 liányīqún。
나는 저 원피스를 사고 싶다.
昨天我过生日，朋友买了一个大蛋糕送给我。어제 내 생일에, 친구가 큰 케이크를 사줬어.

0063 猫 māo
명 고양이
我对猫毛过敏。
나는 고양이 털에 알레르기 반응을 보인다.
一只小猫在路边喵 miāo喵叫着。
새끼 고양이 한 마리가 길거리에서 야옹거리며 울고 있다.

0064 没 méi
동 없다
家里连米都没了，真丢脸。
집에 쌀조차도 없어, 정말 창피해.
부 ~하지 않다
他工作任务多，已经一个星期没回家了。
그는 업무가 많아서, 벌써 일주일째 집에 가지 못했다.

 어휘 plus+ 不·没
0008 不 참고

0065 没关系 méi guānxi
괜찮다, 상관없다
유 1259 不要紧
没关系，这点伤不算什么。
괜찮아, 이 정도 상처는 아무것도 아니야.
这件事情和你没关系，你不用操心 cāoxīn。
이 일은 너와 상관이 없으니 걱정하지 마.

0066 米饭 mǐfàn
명 쌀밥
中国南方人以米饭为主食。
중국 남쪽 지방의 사람들은 쌀밥을 주식으로 삼는다.
米饭是中国人非常喜欢的主食，几乎每餐都吃。쌀밥은 중국인이 무척 좋아하는 주식으로, 거의 끼니마다 먹는다.

0067 明天 míngtiān

명 내일, 멀지 않은 미래

明天我们去爬山吧。 내일 우리 등산 가자.

明天是充满希望的，我们要怀着理想去奋斗。 내일은 희망으로 가득 차 있고, 우리는 이상을 가지고 노력해야 한다.

0068 名字 míngzi

명 이름

他的名字是爸爸给起的。
그의 이름은 아버지께서 지어주신 것이다.

我想不起来他叫什么名字。
나는 그의 이름이 무엇인지 생각이 나지 않는다.

0069 哪(哪儿) nǎ(nǎr)

대 ① 어느, 어떤, 어디

请问您要见的是哪位张老师?
어느 장 선생님을 뵈려고 하시는지요?

② 반문을 나타냄

没有曾经的付出，哪会有今天的收获?
과거의 노력이 없었다면, 오늘의 수확이 어디 있을 수 있었겠어?

발음 plus+ 哪 na

대 ① 앞에 자음이 -n으로 끝날 때, 啊는 哪로 읽는다.

 0302 啊

组长对队员说: "我们要加油干哪！"
팀장은 대원들에게 말했다. "우리 모두 힘내서 일합시다!"

② 哪 뒤에 양사 혹은 수량사가 올 때, nǎi나 něi로 발음한다.

你要哪个? 随便挑tiāo吧。
너는 어느 것을 원해? 마음대로 골라.

0070 那(那儿) nà(nàr)

대 그, 저

那颗kē古树已经有两千多年了。
저 고목은 이미 2천 년이 넘었다.

접 그러면, 그렇다면 (那么의 용법과 동일함)

你不去面试，那你不想要那份工作了? 면접에 가지 않겠다니, 그렇다면 그 직장을 원하지 않는다는 거야?

발음 plus+ 那 nè, nèi

대 那가 혼자 쓰이거나 뒤이어 명사가 올 때는 nà나 nè로 발음하며, 那 뒤에 양사 혹은 수량사가 오면 nèi나 nèi로 발음한다.

那nèi个是你的吗? 저것은 당신 것입니까?

0071 呢 ne

조 ① 의문문 끝에서 어기를 나타냄

你怎么不回家呢? 너 왜 집에 가지 않니?

② 서술문 끝에서 동작 혹은 상황의 진행을 나타냄

别去超市了，外面下着雨呢。
마트에 가지 마세요, 밖에 비가 오고 있는 걸요.

③ 서술문 끝에서 사실 확인 및 상대방의 믿음을 나타냄 (과장의 어기를 포함함)

晚上的电影八点才演呢，我们不用去太早。저녁에 볼 영화는 8시가 되어야 상영해, 우리 그렇게 일찍 갈 필요 없어.

어휘 plus+

吧 · 0061 吗 · 呢

0151 吧 참고

0072 能 néng

[형] 능력이 있다

小王什么都会，我们多给他点事做吧，能者多劳嘛。 샤오왕은 뭐든지 잘하니까, 우리 그에게 일거리를 좀 더 주자, 일 잘하는 사람이 더 고생하는 거지 뭐.

[조동] ~할 수 있다, ~할 가능성이 있다

유 0210 可以

这本书什么时候能出版? 이 책은 언제 출판이 가능한가요?

> 어휘plus+ 会·能 | 可以·能
> 0042 会, 0210 可以 참고

0073 你 nǐ

[대] 너, 당신

你不去也行，他会去的。 너는 안 가도 돼, 그가 갈 거야.

好久不见，我挺想你的。 오랜만이야, 많이 보고 싶었어.

0074 年 nián

[명] ① 년, 세 (나이)

你今年多大年纪? 올해 연세가 어떻게 되세요?

② 시대, 시기

朝鲜王朝末年，韩国的国家主权受到日本帝国主义的侵害。 조선왕조 말기, 한국은 일본 제국주의 세력에 의해 국가 주권을 침해당했다.

[양] 해를 세는 단위

人生就只有几十年，我们一定得好好珍惜。 인생 정말 몇십 년도 안 되는데, 모두 소중히 여겨야 해.

0075 女儿 nǚ'ér

[명] 딸

반 0026 儿子

老师的女儿是高尔夫球手。 선생님의 딸은 골프 선수이다.

王阿姨的女儿长得非常可爱。 왕 씨 아줌마의 딸은 무척 귀엽게 생겼어.

0076 朋友 péngyou

[명] 친구

我妈又是老师又是朋友。 우리 엄마는 선생님이자 친구이다.

朋友永远都会在你遇到困难时帮助你。 친구는 네게 어려움이 닥칠 때마다 언제나 너를 도와줄 것이다.

0077 漂亮 piàoliang

[형] ① 예쁘다, 아름답다

유 0828 精彩, 0894 美丽, 1338 出色, 好看 hǎokàn

那个漂亮的小女孩儿很招人喜欢。 그 예쁜 여자아이는 사람들에게 호감을 산다.

② 뛰어나다, 멋지다

他英语说得很漂亮。 그는 영어를 아주 뛰어나게 한다.

你这件事情办得真漂亮。 이번 일은 네가 정말 멋지게 처리했다.

> 어휘plus+ 美丽·漂亮
> 0894 美丽 참고

0078 苹果 píngguǒ

명 사과

苹果多吃也没关系，不长肉。
사과는 많이 먹어도 돼, 살 안 쪄.

苹果含有丰富的维生素C，对身体健康有好处。
사과는 풍부한 비타민C를 함유하고 있으며, 신체 건강에 도움이 된다.

0079 七 qī

수 7, 일곱

这里只有七本书。
여기에는 책이 일곱 권 밖에 없어요.

我妹妹今年七岁了。
내 여동생은 올해 일곱 살이 되었다.

0080 钱 qián

명 돈, 화폐

我带的钱不够，借我一百块钱。
내가 지금 가지고 있는 돈이 모자란데, 100위안만 빌려줘.

钱不是万能的，有些东西是钱买不来的。
돈은 만능이 아니어서, 어떤 것은 돈으로도 살 수가 없다.

0081 前面 qiánmian

명 앞면, 앞부분, 다음
유 前边 qiánbian, 前头 qiántou
반 0040 后面, 后边 hòubian, 后头 hòutou, 背面 bèimiàn

我们学校前面有一家豪华的饭店。
우리 학교 앞에 호화로운 호텔이 하나 있어요.

文章的背景已经在前面的部分提及到了。
글의 배경은 이미 앞 부분에서 언급했다.

0082 请 qǐng

동 ① 요구하다, 부탁하다
유 1099 邀请, 1975 请求

他请我处理这件事。
그가 내게 이 일을 처리해달라고 요청했다.

② ~해주세요 (상대방에게 부탁·요청할 때 쓰는 경어)

请帮我把那个书包拿过来。
저 책가방을 좀 가져다주세요.

0083 去 qù

동 ① 가다, 떠나다
유 1043 往, 前往 qiánwǎng

因为临时有事，所以广州去不成了。
갑자기 일이 생겨서, 광저우에 갈 수 없다.

② 잃어버리다, 없애다, 제거하다

掐头 qiātóu 去尾，有话直说吧。
거두절미하고 할 말 있으면 바로 해봐.

③ 죽다

可惜，年纪轻轻就去了。
애석하게도 젊은 나이에 그렇게 죽다니.

④ 동사와 동사 구조(전치사 구조) 사이에서 전자는 후자의 방법이나 방향과 태도를, 후자는 전자의 목적을 나타냄

爸爸总从客观角度去解决问题。
아빠는 늘 객관적인 입장에서 문제를 해결하신다.

⑤ 매우, 정말 (大, 多, 远 등의 형용사 뒤에서 쓰임)
学校离他的家远了去了，他每天要花两个小时到学校。 학교는 그의 집에서 정말 멀리 떨어진 곳에 있어서, 그는 매일 두 시간 걸려서 학교에 간다.

0086 认识 rènshi

동 알다, 인식하다
유 0454 了解
你认识这个英语单词吗？ 너 이 영어 단어 알아?

명 인식
对事物的认识，可以分为感性认识和理性认识。 사물에 대한 인식은, 감성적 인식과 이성적 인식으로 나눌 수 있다.

 了解・认识・0295 知道
0454 了解 참고

0087 日 rì

명 ① 태양
유 0511 太阳 반 0137 月 yuè
日落时，天边红色的彩霞 cǎixiá 非常美丽。
날이 저물 때, 하늘이 저녁 노을이 무척 아름답다.

② 일, 날
유 天 tiān
我们改日再谈吧。 우리 다음에 다시 얘기합시다.
一日不见，如隔 gé 三秋。
하루를 못 봤는데, 삼 년이 흐른 것 같다.

0084 热 rè

명 열
他刚才发高烧，吃了药退热了。 그는 방금 전만해도 열이 많이 났는데, 약을 먹고 열이 내렸다.

동 데우다, 가열하다
菜冷了，要热一下才能吃。
음식이 다 식었으니, 다시 데워야 먹을 수 있어.

형 ① 덥다, 뜨겁다
유 2129 烫 반 0056 冷 lěng, 寒 hán, 凉 liáng
天气很热，要注意，别中暑 zhòngshǔ 了。
날씨가 무척 더우니, 더위 먹지 않게 조심해.

② 환영 받다
律师无论何时都是一种热门职业。
변호사는 언제나 환영 받는 직업이다.

0085 人 rén

명 사람
人与人相处需要真诚。
사람끼리 지내는 데는 진심이 필요해.
教育对人的影响至关重要。
교육이 사람에게 주는 영향은 매우 중요하다.

0088 三 sān

수 ① 3, 셋

那本科学小说我看了三遍。
그 과학소설을 나는 세 번이나 봤다.

② 여러 번
我再三要求，他答应了。
내가 재차 요구하자 그는 허락했다.

0089 商店 shāngdiàn

명 상점, 가게

유 商场 shāngchǎng

这条街有好几家商店。
이 길가에 여러 개의 상점이 있다.

这个小商店东西很齐全，你可以随意选购。
이 작은 상점에도 물건은 다 갖춰져 있으니, 마음대로 골라서 살 수 있다.

0090 上 shàng

명 위

반 0116 下

她头上戴了一顶红色的帽子。
그녀는 머리 위에 빨간 모자를 썼다.

他往上一看，发现一只蝴蝶húdié。
그가 위쪽을 봤을 때, 나비 한 마리를 발견했다.

동 ① 오르다
老年人上楼梯时要十分小心。
노인들이 계단을 오를 때는 아주 조심해야 한다.

② 가다, 출전하다
她今天上街买了一件外套。
그녀는 오늘 쇼핑 가서 외투를 한 벌 샀다.

③ 등재하다, 상영하다
他获奖的消息已经上报了。
그의 수상 소식이 이미 신문에 났다.

④ (밥이나 음식 등을) 내놓다
我们都饿了，快点让服务员上菜吧。
모두 배고프니, 종업원에게 빨리 음식을 달라고 하자.

⑤ 낮은 곳에서 높은 곳으로 향함을 나타냄
那是座相当陡dǒu的山，要想爬上去有点难。
그 산은 상당히 가팔라서, 산에 오르는 건 조금 힘들다.

⑥ 결과나 목적에 도달함을 나타냄
他天天熬夜áoyè学习，结果还是没考上大学。
그는 매일 밤을 새서 공부했지만, 결과적으로는 대학에 합격하지 못했다.

⑦ 시작과 지속을 나타냄
他喜欢上了农村的生活，想留在农村。
그는 농촌 생활이 좋아지기 시작해 농촌에 남고 싶어한다.

0091 上午 shàngwǔ

명 오전

반 0117 下午

大多数人上午工作效率十分高。
대부분의 사람들은 오전에 일의 효율이 매우 높다.

我们明天上午九点在学校门口见面吧。
우리 내일 오전 9시에 학교 정문에서 만나자.

0092 少 shǎo

동 ① 부족하다, 모자라다

유 缺 quē 반 0024 多

今天的课，全班人都到了，一个也不少。
오늘 수업에 한 명도 빠짐없이 반 학생이 다 왔다.

② 잃어버리다, 유실되다

유 0689 丢

一时没注意，店里的东西就少了，肯定是有人偷了。
잠깐 부주의한 사이에 매장의 물건이 없어졌는데, 분명 누군가가 훔쳐간 것 같다.

형 적다
今天市场上的菜有点少，价格还贵。
오늘 시장에 가보니 채소는 줄고, 가격은 더 비쌌다.

  少 shào

형 젊다, 어리다
少年时代的梦想终于实现了。
소년 시절의 꿈이 마침내 이루어졌다.

0093 谁 shéi

대 ① 누구
桌子上的那本书是谁的?
책상 위에 있는 그 책은 누구 거야?

谁让你出去的，淋雨línyǔ了吧。
누가 너보고 나가라고 했니, 비에 젖었잖아.

② 아무, 누구 (불특정한 사람을 나타냄)
今天谁也没来过。오늘은 아무도 오지 않았다.

0094 什么 shénme

대 ① 무엇, 어떤
你说要去的是什么地方？
네가 가고 싶다던 곳이 어디지?

② 놀람과 불만을 나타냄
这是什么衣服！一只袖子xiùzi长一只袖子短的！이게 무슨 옷이야! 소매가 한쪽은 길고 한쪽은 짧잖아!

③ 상대방의 말에 동의하지 않음을 나타냄
什么三十分钟，走一个小时也到不了。
무슨 30분이야, 한 시간이 걸려도 도착하지 못해.

0095 十 shí

수 10, 열
十个人排成一队正在照相。
열 사람이 한 팀이 되어서 사진을 찍고 있다.

因为流了太多的汗，一下子喝了十瓶饮料。
땀을 너무 많이 흘려서 음료수를 한번에 열 병이나 마셨다.

형 정점에 도달하다
他这个人十全十美。그라는 사람은 완벽하다.

0096 时候 shíhou

명 ① 시간, 때
古时候，人们过着节奏jiézòu慢的生活。
옛날에 사람들은 생활 리듬이 느렸다.

② 시각, 시점
유 0243 时间, 2059 时刻
现在都什么时候了，快去车站。

지금이 언젠데(시간이 이미 이렇게나 되었는데), 빨리 터미널로 가.

 时刻 · 0243 时间 · 时候
2059 时刻 참고

0097 是 shì

형 맞다, 틀림없다
应该早点准备考试才是。
일찌감치 시험을 준비해야 하는 것이 맞다.

동 ① 네 (대답이나 호응을 나타냄)
是，您说的一点都没错。
네, 말씀하신 것이 조금도 틀리지 않았습니다.

② ~이다
地球是人类的家园。
지구는 인류의 보금자리이다.

③ 무릇, 대체로 (명사 앞에 놓임)
是有利于大家的事情他都愿意做。
무릇 모두에게 이로운 일이라면 그는 다 하려고 한다.

④ '是……的' 형식으로 강조를 나타냄
刚才买的海鲜是新鲜的。
방금 산 해산물이 신선해요.

0098 书 shū

명 책, 문서
书是人类进步的阶梯jiētī。
책은 인류가 진보하는 디딤돌이다.

我小的时候经常看漫画书。
내가 어렸을 때 만화책을 자주 읽었어.

0099 水 shuǐ

명 물
水是生命的源泉。물은 생명의 원천이다.

我们要珍惜zhēnxī每一滴dī水。
우리는 한 방울의 물도 소중히 해야 한다.

0100 水果 shuǐguǒ

명 과일

吃水果对减肥有利。
과일을 먹는 것은 다이어트에 도움을 준다.

吃水果可以吸收各种维生素。
과일을 먹으면 각종 비타민을 흡수할 수 있다.

0101 睡觉 shuì//jiào

동 잠자다

赶紧睡觉吧，明天还要早起呢。
얼른 자. 내일 일찍 일어나야 하잖아.

孩子中午睡了一个小时的觉。
아이가 점심 때 한 시간 동안 잠을 잤다.

0102 说话 shuō//huà

동 ① 말하다

他总是慢悠悠mànyōuyōu地说话，真让人着急。 그는 늘 굼뜨게 말해서, 정말 내 속이 다 터진다.

我们一句话也说不出来了。
우리는 한마디도 하지 못했다.

② 잡담하다

你有空吗？我想找你说话儿。
너 시간 있니? 너랑 이야기 좀 하고 싶은데.

③ 지적하다

不要再迟到了，领导会说话的。
다시는 늦지 마, 직장 상사가 지적을 할 수도 있어.

0103 四 sì

수 4, 넷

今天下大雪，只有四个人没有迟到。
오늘 눈이 많이 내려서, 네 명만이 지각을 하지 않았다.

政治这门课太难了，他考了四次才通过。
정치라는 이 과목은 너무 어려워서, 그는 네 번이나 시험을 봐서야 겨우 통과했다.

0104 岁 suì

양 세, 살 (나이를 세는 단위)

他比我大一岁。 그는 나보다 한 살이 많다.

在我四岁的时候，家里盖起了新楼房。
내가 네 살 때, 우리 집은 새로 집을 지었다.

0105 他 tā

대 그, 그 사람

他是个十分害羞的人，看到女孩儿总是脸红。 그는 매우 부끄러움을 많이 타는 사람이라서, 여자아이만 보면 항상 얼굴이 빨개진다.

他各方面表现都很优秀，经常得到各位老师的称赞chēngzàn。 그는 모든 방면에서 모두 우수해서, 항상 모든 선생님의 칭찬을 받는다.

0106 她 tā

대 그녀

她哭了整整一夜，眼睛都肿zhǒng起来了。
그녀는 밤새 울어서, 눈이 다 부었다.

她性格倔强juéjiàng，总是喜欢和妈妈顶嘴。
그녀의 성격은 강하고 고집이 세서, 늘 엄마에게 말대꾸하는 것을 좋아한다.

0107 太 tài

[부] 매우, 너무
> 유 0039 很, 0743 够, 0980 十分, 1034 挺

我太喜欢这件衣服了，一定要买下来。
나는 이 옷이 너무 좋아, 꼭 사고 말 거야.

运动要适量，太累的话，反而有害健康。
운동은 적당히 해야지, 너무 지치면 오히려 건강을 해친다.

 够·0039 很·太
0743 够 참고

0108 天气 tiānqì

[명] 날씨
> 유 0929 气候

秋天天气很好，不冷也不热。
가을 날씨는 춥지도 덥지도 않고 매우 좋다.

每当天气不好时，我的心情也随着忧郁yōuyù起来。
날씨가 나쁠 때마다, 내 마음도 따라서 우울해진다.

 气候·天气
0929 气候 참고

0109 听 tīng

[동] ① 듣다
> 유 2205 闻, 听见 tīngjiàn

如果听到我说的话了，就赶快回答我吧。
만약에 내 말을 들었으면, 빨리 내게 대답 좀 해.

② 경청하다, 판단하다
> 유 0820 接受

懂得倾听qīngtīng的人才能更好地和别人交流。
경청하는 걸 아는 사람은 다른 사람과의 교류를 더 잘할 수 있다.

0110 同学 tóngxué

[명] ① 동창
> 유 同窗 tóngchuāng 반 0054 老师

这位是我的高中同学。
이 사람은 제 고등학교 동창입니다.

② 학생을 부를 때 쓰는 말
> 유 0128 学生

同学，请问去食堂怎么走?
학생, 식당으로 가려면 어떻게 가야 하지?

0111 喂 wèi

[동] (동물에게 먹이를) 먹여주다, 기르다

我们家喂了五条狗。
우리 집은 강아지 다섯 마리를 기른다.

妈妈辛苦地给孩子喂奶。
엄마는 힘들게 아이에게 우유를 먹인다.

[감] 야!, 여보세요 (사람을 부를 때)

喂，你看起来脸色很好，家里有什么喜事吗? 야! 얼굴 좋아 보이는데, 집에 무슨 좋은 일 있어?

 喂 wéi

대 전화상에서 또는 전화를 받을 때는 제2성으로 발음함
喂，您好。林教授在办公室吗?
여보세요, 안녕하세요? 임 교수님 사무실에 계세요?

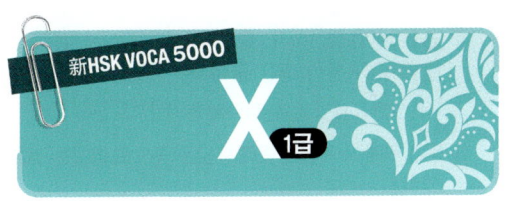

0112 我 wǒ

대 나, 저, 우리

유 0113 我们, 0596 自己

我马上就好了，再等我一下。
저 금방 끝나요, 잠시만 더 기다려주세요.

我回来的时候，妈妈已经出去了。
제가 돌아왔을 때, 어머니께서는 이미 나가셨어요.

0113 我们 wǒmen

대 우리

유 1141 咱们

我们去问问老师吧！
우리 선생님께 가서 여쭤보자!

我真的希望我们的友谊可以天长地久。
나는 정말 우리의 우정이 영원하길 바라.

 咱们·我们

1141 咱们 참고

0114 五 wǔ

수 5, 다섯

我有五个茶杯，都是朋友送给我的。
나는 다섯 개의 찻잔이 있는데, 모두 친구가 내게 선물한 거야.

今天一下子逛了五个商场，太累了。
오늘 한꺼번에 다섯 군데 상점을 돌았더니, 너무 피곤해.

0115 喜欢 xǐhuan

동 좋아하다

유 0001 爱, 0304 爱好 반 1026 讨厌

心情不好时，应该做自己喜欢的事。
기분이 나쁠 때는, 자기가 좋아하는 일을 해야 해.

형 즐겁다, 기쁘다

快把这个好消息告诉大家，让大家喜欢。
빨리 이 좋은 소식을 모두에게 알려줘, 모두 기뻐하게.

 爱好·喜欢

0304 爱好 참고

0116 下 xià

명 아래, 다음, 밑 부분

반 0090 上

英语书压在数学书的下面。
영어책이 수학책 밑에 깔려 있다.

동 ① 내려가다

快下来，上面太危险了。
얼른 내려와, 위쪽은 너무 위험해.

② (비나 눈 등이) 내리다, 떨어지다

天上下起了鹅毛émáo大雪，屋顶都变成了白色。 하늘에서 거위털처럼 펄펄 내리는 함박눈으로 지붕이 다 하얗게 변했다.

③ 가다, 물러나다, 퇴장하다

下场前别忘了给观众鞠jū个躬gōng。
무대에서 퇴장하기 전에 관중에게 인사하는 거 잊지 마.

④ 발표하다, 판단하다

只凭píng这些证据zhèngjù很难下结论。
이 증거만 가지고는 결론을 내리기 어렵다.

⑤ (동물 등이) 생산하다, 출산하다
他养了许多母鸡，靠母鸡下蛋赚钱。
그는 암탉을 많이 키워, 닭이 낳은 계란으로 돈을 번다.

⑥ 동사 뒤에 쓰여 높은 곳에서 낮은 곳으로 향하는 것을 나타냄
请大家坐下谈吧。 여러분 앉아서 이야기하세요.

⑦ 동사 뒤에 쓰여 동작의 완성과 결과를 나타냄
科长已经定下计划了，不能改。
과장은 이미 계획을 정해서 바꿀 수 없다.

양 차례, 번 (동작의 횟수를 세는 단위)
유 0163 次
我一生气就打了孩子几下。
내가 화가 나서 바로 아이를 몇 대 때렸지 뭐야.

0117 **下午** xiàwǔ

명 오후
반 0091 上午
妈妈喜欢下午一边听音乐一边喝红茶。
엄마는 오후에 음악을 들으면서 홍차를 마시는 것을 좋아한다.
每天下午四点，邮递员yóudìyuán都会准时来送信。 매일 오후 네 시가 되면, 집배원이 정확하게 편지를 배달해 온다.

0118 **下雨** xià yǔ

비가 내리다
要下雨了，赶快把衣服收回家。
비가 오려고 하니, 얼른 옷을 걷어서 집으로 가.
夜里下雨了，早上醒来发现地上都湿了。
밤에 비가 내리더니, 아침에 일어나서 보니 땅이 다 젖어 있었다.

0119 **先生** xiānsheng

명 ① 선생님
유 0054 老师
先生是古代对私塾sīshú教师的尊称。
선생이란 말은 고대에는 서당의 교사에 대한 존칭이었다.

② 성인 남자를 부르는 호칭
先生，请问有什么我可以帮忙的吗？
선생님, 제가 뭐 도와드릴 일이 있을까요?

③ 타인의 남편 혹은 타인이 나의 남편을 부르는 호칭
유 0290 丈夫
听说你先生是公务员，真的吗？
바깥분께서 공무원이시라고 하던데, 맞습니까?

0120 **现在** xiànzài

명 지금, 현재
유 1884 目前, 2013 如今 반 0392 过去, 0810 将来
请问一下，现在几点？
실례합니다만, 지금 몇 시입니까?
医生，病人现在情况怎么样？
의사선생님, 현재 환자의 상태는 어떻습니까?

如今・现在
2013 如今 참고

0121 **想** xiǎng

동 ① 생각하다, 사색하다
유 0844 考虑, 2109 思考 반 0528 忘记, 忘wàng
不要胡思乱想，没有必要自己折磨zhémó自己。 복잡하게 생각하지 마, 자신을 들볶을 필요가 없잖아.

② 추측하다, 여기다
유 0491 认为, 0746 估计
我还想着你会给我买早饭呢！
나는 네가 아침밥을 사다 주는 줄 알았지!

③ ~하고 싶다, ~하려고 하다
유 0261 希望, 0345 打算
中秋节我想回家跟家人一起过。
추석 때 집에 돌아가서 가족과 함께 보내고 싶다.

0122 小 xiǎo

형 ① 작다
　　반 **0014** 大
　电视机声音太小了，我听不清。
　텔레비전 소리가 너무 작아서 잘 안 들려.

② 가장 어린, 맨 끝의
　　유 幼 yòu
　那是他最小的儿子，所以他特别疼那孩子。
　그 아이는 그분의 막내아들이라서, 그가 특별히 더 아낀다.

③ (나이가) 어리다
　虽然我年龄比他小，可是在某些方面我比他更有经验。
　비록 내가 그보다 나이는 어리지만, 어떤 방면에서는 내가 그보다 경험이 많다.

부 잠시 동안, 잠깐
　有空的话就在这儿小住几天吧。
　시간이 되면 여기서 잠시 며칠 묵자.

0123 小姐 xiǎojiě

명 아가씨
　小姐，给我来瓶烧酒 shāojiǔ。
　아가씨, 소주 한 병 주세요.
　小姐，请问明天到西藏 Xīzàng 的火车票还有吗？
　아가씨, 내일 시짱에 가는 기차표가 있나요?

0124 些 xiē

양 ① 몇 (정확하지 않은 수량을 나타냄)
　有些事一旦错过就永远错过了。
　몇몇 일들은 한번 어긋나면 영원히 어긋나버린다.

② 약간, 조금
　　유 一点儿 yìdiǎnr
　洪水好像退了些。홍수가 조금 물러간 듯하다.

0125 写 xiě

동 쓰다
　记得有空给家里写信。
　시간 있을 때 집에 편지 쓰는 거 잊지 마.

在这边写下名字和联系方式。
여기에다 이름하고 연락처를 써주세요.

0126 谢谢 xièxie

동 감사합니다, 고맙습니다
　　유 **0733** 感谢, **1507** 感激
　谢谢你帮我拎 līn 这么重的东西。
　이 무거운 걸 들어주셔서 감사합니다.
　谢谢你在我最困难的时候帮助我，我一定会报答你的。
　제가 가장 힘들 때 저를 도와주셔서 감사합니다. 꼭 보답하겠습니다.

0127 星期 xīngqī

명 주, 요일
　　유 礼拜 lǐbài, 周 zhōu
　下星期四我们有聚会 jùhuì。
　다음 주 목요일에 우리 회식이 있어요.
　还有三个星期他就要离开这里了。
　3주 더 있으면, 그는 여기를 떠난다.

0128 学生 xuésheng

명 학생
　　반 **0054** 老师, **0119** 先生
　学生的任务就是学习。학생의 임무는 공부이다.
　看她的穿着 chuānzhuó 打扮，她应该是个学生。그녀의 옷차림과 몸단장을 보니, 학생임이 분명하다.

0129 学习 xuéxí

동 학습하다, 연구하다, 배우다
　　반 **0418** 教
　汉语越学习越有意思。
　중국어는 배우면 배울수록 재미있어요.
　我的表妹在韩国学习了服装设计。
　내 사촌 여동생은 한국에서 패션 디자인을 공부했다.

0130 学校 xuéxiào

명 학교

我们学校有700多名中国学生。
우리 학교에는 700여 명의 중국학생이 있다.

我们学校准备今年开设韩国语课程供学生选修。 우리 학교는 올해 한국어 과목을 학생들의 선택과목으로 개설할 예정이다.

0131 一 yī

수 1, 하나

现在教室里只有一名学生。
지금 교실에는 학생이 한 명 밖에 없다.

昨天刚买的苹果，怎么就剩一个了?
어제 막 사온 사과인데, 어떻게 하나밖에 안 남았지?

0132 衣服 yīfu

명 의복, 옷
유 1494 服装, 穿着 chuānzhuó

今天妈妈买来了件漂亮的衣服。
오늘 엄마가 예쁜 옷을 사왔어요.

她每次逛街手里都是买的东西，衣服、鞋子什么都有。 그녀는 매번 쇼핑하러 가면 두 손 가득 물건을 사와서, 옷이나 신발 등 없는 게 없다.

0133 医生 yīshēng

명 의사
유 0672 大夫

救死扶伤是医生的天职。
사람을 구하고 부상자를 돌보는 것은 의사의 본분이다.

成为医生是我弟弟的梦想。
의사가 되는 것이 내 동생의 꿈이다.

0134 医院 yīyuàn

명 병원

你病得很严重，还是去医院看看吧。
네 병이 심각한 것 같으니, 병원에 가서 진찰을 받아봐라.

如果要接受检查的话，还是去综合医院吧。
검사를 받으려면 종합병원에 가는 게 더 나아요.

0135 椅子 yǐzi

명 (등받이가 있는) 의자

椅子好像有点不够，再拿几把过来。
의자가 좀 모자랄 것 같은데, 몇 개 더 가져 와라.

椅子刚刚涂tú了漆qī，现在还不能坐人。
의자에 금방 칠을 해서, 지금은 사람이 앉을 수가 없어.

0136 有 yǒu

동 ① 있다 (소유하고 있음을 나타냄)
반 1053 无, 0064 没

他有一套三居室的房子。
그는 방이 세 개 있는 집이 한 채 있다.

② 있다 (존재하고 있음을 나타냄)
他家里有几个清代的古董，现在十分值钱。 그의 집에는 청대의 골동품이 몇 점이 있는데, 지금은 값어치가 꽤 있다.

③ (추상적 사물이) 많고 크다
这个医生很有经验，手术一定会成功的。
이 의사는 경험이 많으니, 수술은 꼭 성공할 거야.

④ 사람, 때, 장소 앞에서 일부분을 나타냄
有时候，我特别害怕孤独，很想有个人陪在我身边。 나는 가끔 고독한 게 너무 무서워서, 누가 내 옆에 있어줬으면 좋겠다는 생각이 든다.

0137 **月** yuè

명 ① 달
　유 0577 月亮
　奶奶经常跟爷爷一起赏shǎng月。
　할머니는 자주 할아버지와 함께 달 구경을 하신다.

② 월, 개월
　一眨zhǎ眼，三个月过去了。
　눈 깜짝할 사이에, 3개월이 지나갔다.

0138 **在** zài

동 ① ~에 있다, 존재하다, 생존하다
　这个时候他应该在图书馆。
　이 시간쯤 그는 분명히 도서관에 있을 거야.

② ~에 몸담고 있다
　他在劳动者组织工作。
　그는 노동자 조직에 몸담고 있다.

전 ~에, ~에서 (시간, 장소, 조건, 범위를 나타냄)
　유 于 yú
　这个故事发生在五年以前。
　이 이야기는 5년 전에 일어났던 일이다.

부 ~하고 있다
　유 0294 正在
　别的孩子在玩耍wánshuǎ时，他总是在努力地学习。 다른 아이는 놀고 있을 때, 그는 항상 열심히 공부하고 있다.

0139 **再见** zàijiàn

동 안녕, 다시 뵙겠습니다
　유 再会 zàihuì
　我有事先走了，再见。
　나 일이 있어서 먼저 갈게, 안녕.
　再见，明天上课的时候见。
　안녕, 내일 수업 시간에 봐.

0140 **怎么** zěnme

대 ① 어떻게, 어째서
　你怎么热得满头大汗，天气又不热？ 너 어떻게 땀에 그렇게 흠뻑 젖었어, 날씨가 덥지도 않은데？

② 일정한 정도를 나타냄 (부정문에서 많이 쓰임)
　我怎么劝，他都不听。
　내가 어떻게 말을 해도, 그는 아예 듣지를 않아.

0141 **怎么样** zěnmeyàng

대 어떠한가
　유 0140 怎么, 2012 如何, 怎样 zěnyàng
　今天中午吃中国菜怎么样？
　오늘 점심에 중국음식 먹는 거 어때？
　听说老王病了，现在怎么样了？
　듣기로 라오왕이 병이 났다는데, 지금은 괜찮은가요？

0142 **这(这儿)** zhè(zhèr)

대 이, 이곳, 여기
　반 0070 那
　这条是去我家的路。 이 길이 우리 집에 가는 길이야.
　这儿的东西是最便宜的了，一定要多买点儿。 이곳 물건이 제일 싼 거니, 꼭 많이 사도록 해.

0143 中国 Zhōngguó

명 중국 ('중국인민공화국'의 줄임말임)
想去中国旅行的人很多。
중국에 여행 가고 싶은 사람이 많다.
中国是一个地大物博的国家。
중국은 땅이 넓고 물자가 풍부한 국가이다.

0144 中午 zhōngwǔ

명 점심, 정오, 낮12시
中午有时间吗？一起吃饭吧。
점심 때 시간 있으세요? 같이 식사하시죠.
中午睡一会儿有助于身体健康。
점심에 잠시 자는 것은 건강에 좋다.

0145 住 zhù

동 ① 살다, 머무르다
你是住在公司提供的宿舍吗？
너는 회사에서 제공한 기숙사에 사니?

② 멈추다, 그치다
유 停 tíng
她突然在楼梯上停住了。
그녀는 갑자기 계단 위에서 멈추었다.

③ 안정되다, 고정되다, 정지하다 (동사 보어로 쓰임)
站住，要不然就开枪 kāiqiāng 了。
거기에 서, 그렇지 않으면 쏜다.

0146 桌子 zhuōzi

명 책상, 테이블
我的汉语课本在桌子上。
제 중국어 교과서는 책상 위에 있어요.
桌子上都是灰尘 huīchén，肯定很久没人住在这里了。
테이블 위가 모두 먼지인 걸 보면, 오랫동안 이 곳에 사람이 살지 않은 것이 분명하다.

0147 字 zì

명 글자, 문자
写汉字的时候字体要工工整整地写。
한자를 쓸 때 글자를 똑바로 써야 돼.
练毛笔字是一种陶冶情操 táoyè qíngcāo 的好方法。 서예를 하는 것은 일종의 인격을 수양하는 좋은 방법이다.

0148 昨天 zuótiān

명 어제
반 0047 今天, 0067 明天
昨天的事情不要拖 tuō 到今天做。
어제 할 일을 오늘까지 미루어서 하지 마라.
他昨天逃课 táokè 了，没去学校。
그는 어제 수업 땡땡이 치고, 학교에 가지 않았어.

0149 坐 zuò

동 ① 앉다
반 0580 站, 立 lì
请坐，部长马上就过来。
앉으시지요, 부장님께서 곧 오실 겁니다.

② 타다
유 1308 乘
上海离这里很近，坐火车只需一小时。
상하이는 여기서 가까워서, 기차로 한 시간이면 된다.

0150 做 zuò

동 ① 하다, 만들다
유 1170 制造, 2430 制作
我想订做一件西服。
나는 정장을 한 벌 맞추고 싶다.

② 문장을 쓰다
유 作 zuò
从小他就爱做文章，总是听到别人表扬他有文采。 그는 어려서부터 글 쓰는 것을 좋아했고, 항상 다른 사람이 그의 문학적 재능을 칭찬하는 걸 들었다.

③ 일하다, 활동하다
他做好本职工作。 그는 맡은 바 일을 잘한다.

④ 맡다, 담당하다
유 1363 从事, 1390 担任
这项任务我来做, 你们都放心就好了。
이 임무는 내가 맡을 테니, 너희는 안심해도 돼.

⑤ 맺다, 결성하다
他是一个热心助人的人, 和他做朋友准没错。 그는 진심을 다해 도와주는 사람이라, 그와 친구가 된다는 건 정말 괜찮은 일이다.

0151 吧 ba

조 ① 문장 끝에 놓여 청유·명령·독촉 등의 어기를 나타냄
你还是好好想想吧! 네가 한 번 더 잘 생각해봐!

② 문장 끝에 놓여 의문을 표시하거나 추측의 어기를 나타냄
那件事你不会不知道吧? 당신 그 일을 모르지는 않지요?

어휘 plus+ 吧 · 0061 吗 · 0071 呢

• 吧   조 ~이죠, ~합시다, ~하자 (청유·권유·동의)
• 吗   조 ~입니까? (의문)
• 呢   조 진행 또는 의문

비교 吧와 吗는 일반적으로 의문문 끝에서 의문을 나타내며, 吧는 吗보다 긍정적 어기를 표현한다. 呢는 특수의문문의 문미에 오며 의문을 나타낸다(哪能……呢?). 吗는 서술문에서는 쓸 수 없으나, 吧는 서술문 끝에 올 경우, 명령·요구·건의·재촉·동의 등의 어기를 나타낼 수 있다. 呢는 서술문에 사용될 경우, 동작 혹은 상황이 지속됨을 나타내거나 사실의 명확성을 강조하기도 한다.

아무리 쉬운 단어일지라도 그 속뜻을 한번쯤 되새겨 보는 것이 포인트!

Check
难道你还不知道(　　　)?
설마 네가 아직도 모른다고?

我们一起参加(　　　)。
우리 같이 참가하자.

你别进去, 他正睡觉(　　　)。
너 들어가지 마, 그는 지금 자고 있어.

답 吗 / 吧 / 呢

0152 白 bái

형 희다
유 洁白 jiébái   반 0192 黑

那只白色的小兔子真可爱！
그 흰색 토끼는 정말 귀여워요!

동 ① 헛되이, 쓸데없이
今天是公休，他不知道还去了公司，白跑了一趟。 오늘은 공휴일인데, 그는 그 사실을 모른 채 여전히 회사에 갔다가 헛걸음했다.

② 공짜로, 무료로
妈妈对孩子说："别人白给的东西不要随便拿。" 엄마는 아이에게 "다른 사람이 공짜로 준 물건은 함부로 가져오면 안 돼."라고 말했다.

동 ① 업신여기며 흘겨보다
她很讨厌他，一见他，就白了他一眼。 그녀는 그가 너무 얄미워서, 그 사람을 보기만하면 눈을 흘긴다.

② 설명하다, 보고하다, 진술하다
鼓起gǔqǐ勇气向心爱的人告白不是一件容易的事。 용기를 내어 사랑하는 사람에게 고백하는 것은 쉬운 일이 아니다.

0153 **百** bǎi

수 ① 100, 백
在韩国一百元钱连一杯咖啡都买不到。 한국에서는 100원을 가지고 커피 한 잔도 못 사요.

② 많은 수, 온갖
他是个百科全书式的人物，没有他不知道的。 그는 걸어 다니는 백과사전이라 모르는 것이 없다.

0154 **帮助** bāngzhù

동 (물질적이나 정신적으로) 돕다
유 0312 帮忙, 帮 bāng, 援助 yuánzhù
我的邻居帮助我换了一个灯泡dēngpào。 이웃의 도움으로 등을 하나 바꾸었다.
学习上，同学们要互相帮助才能共同进步。 공부를 하는 데 있어서, 친구끼리 서로서로 도와주어야 같이 발전할 수 있어요.

 plus+ 帮助·帮忙
0312 帮忙 참고

0155 **报纸** bàozhǐ

명 신문
유 报 bào, 报刊 bàokān
看报纸对学习外语很有帮助。 신문을 보는 것은 외국어 공부에 많은 도움을 준다.
小明的爸爸每天晚饭后都会看一会儿报纸。 샤오밍의 아빠는 매일 저녁식사 후 잠시 신문을 보신다.

0156 **比** bǐ

동 ① 비교하다
유 0318 比较
公司要让员工互相比干劲儿gànjìnr，才能提高生产效率。 회사는 직원들이 서로 일에 대한 열의를 겨루게 해야만 생산효율을 높일 수 있다.

② 모방하다, 본뜨다
小红比着图画书上的老虎画画儿，可是画出来的竟然是一只小猫。 샤오훙은 그림책에 있는 호랑이를 본떠서 그림을 그린다는 게, 뜻밖에도 고양이처럼 그렸다.

전 ~에 비하여, ~보다
今天的风比昨天更大了。 바람이 어제보다 오늘 더 강해졌어요.

0157 **别** bié

부 ~하지 마라
别把时间浪费在后悔上，要振作zhènzuò起来为了未来而努力。 후회하는 데 시간을 낭비하지 말고, 분발해서 미래를 위해 노력해야 한다.

동 분리하다
유 1477 分别
久别重逢chóngféng的朋友总是倍感亲切。 오랜만에 만난 친구는 늘 더 친근하게 느껴진다.

0158 长 cháng → zhǎng 0581 长

명 ① 길이
南京长江大桥气势雄伟，全长6772米。
난징의 창장대교는 그 기세가 웅장하고 크며, 전체 길이가 6,772미터이다.

② 장점
반 0361 短
工作时，大家要取长补短，发挥各自的优势。
일을 할 때, 모두 장점은 살리고 단점은 보완해서 각자의 장점을 발휘해야 한다.

형 길다
반 0361 短
长长的柳条liǔtiáo倒映dàoyìng在如镜一般的湖面上。
긴 버드나무 가지가 거울 같은 호수에 거꾸로 비치고 있다.

0159 唱歌 chàng//gē

노래를 부르다
她唱歌唱得相当好。 그녀는 노래를 상당히 잘 부른다.
她每次去练歌房都会唱那首歌。
그녀는 매번 노래방에 갈 때마다 그 노래를 불러요.

0160 出 chū

동 ① (안에서 밖으로) 나오다
반 0202 进, 入rù
我出门时，外面突然下起了大雨。
내가 문을 나설 때, 밖에 갑자기 폭우가 내리기 시작했다.

② (안에서 밖으로) 꺼내다
这可是一件难办的事，大家都出出主意吧。
이건 정말 하기 어려운 일이니, 모두 의견을 내보세요.

③ 생산하다, 발생하다
我们公司最近出了一些奇怪的事情。
우리 회사에 최근 이상한 일들이 발생했어요.

④ 출판하다
那家出版社出了不少好书。
그 출판사는 많은 양서를 출판했다

⑤ 드러내다
要想出名，就得付出超出常人的努力。
이름을 알리고 싶으면 보통 사람 이상의 노력을 해야 한다.

⑥ 밖으로 드러내다, 완성하다
刚进公司就想做出业绩不是一件轻松的事。 막 회사에 입사하자마자 업무 실적을 낸다는 것은 쉬운 일이 아니다.

0161 穿 chuān

동 ① 입다
반 1040 脱, 解jiě
要迟到了，快点儿起床穿衣服吧。
늦겠어요, 얼른 일어나서 옷을 입으세요.

② 뚫다, 투과하다, 통과하다
滴水dīshuǐ穿石的毅力能助你成功。
낙숫물이 돌을 뚫는 것과 같은 의지력은 당신의 성공을 도울 수 있다.

0162 船 chuán

명 배
유 船只 chuánzhī
我这次打算乘船回家。
저는 이번에 배를 타고 집에 가기로 했어요.
一只小船行驶xíngshǐ在茫茫的大海上。
작은 배 한 척이 망망대해에서 항해하고 있다.

0163 次 cì

형 품질이 좋지 않다, 나쁘다
유 0332 差
这个东西的质量太次，用一次就坏了。
이 물건은 품질이 너무 좋지 않아서, 한 번 사용했는데 바로 고장이 났어요.

양 번, 회 (반복되는 현상을 나타냄)
유 0041 回, 0619 遍, 1024 趟

一次的失败并不意味着永远的失败。
한 번의 실패가 영원한 실패를 의미하지는 않는다.

0164 从 cóng

전 ① ~부터 (장소나 시간의 출발점을 나타냄)
유 1120 由, 自 zì

你们是从哪年起认识张教授的？
너희는 언제부터 장 교수님을 알았어?

② ~를 경과하여, ~를 거쳐서 (장소를 나타내는 단어 앞에 쓰임)

我每天从那家咖啡厅门前经过。
나는 매일 그 커피숍 앞을 지나간다.

③ ~에 의거하여, ~에 따라서

一切从事实出发才好。
모든 것은 사실에 의거하여 출발해야 좋다.

부 여태까지, 지금까지 (부정사 앞에 쓰임)

这种事我从没听说过。
저는 이런 일을 한 번도 들어본 적이 없어요.

0165 错 cuò

명 과오, 허물
유 0332 差, 0401 坏

人总会犯错。 사람은 언제나 실수하기 마련이다.

형 틀리다, 잘못되다
반 0175 对

这道题做错了，结果不对。
이 문제는 잘못 만들어졌기 때문에 결과적으로 틀렸다.

동 엇갈리다

错车时要格外小心。
차가 비껴 지나갈 때는 각별히 조심해야 한다.

0166 打篮球 dǎ lánqiú

농구하다

与足球相比我更喜欢打篮球。
나는 축구보다 농구하는 걸 더 좋아해.

放学后，孩子们都去篮球场打篮球了。
방과 후, 아이들은 모두 농구장에 농구하러 갔다.

0167 大家 dàjiā

대 모두, 여러분

大家辛苦了，早点休息吧。
모두 고생하셨습니다, 일찍 쉬세요.

大家加油，我们一定会闯过chuǎngguò难关的。
여러분 힘내세요, 우리는 반드시 이 난관을 헤쳐나갈 수 있습니다.

0168 但是 dànshì

접 그러나, 하지만
유 0628 不过, 0849 可是, 0948 却, 0951 然而

这件衣服看上去很一般，但是价格高得惊人。 이 옷은 보기에는 매우 평범하지만, 가격은 사람들이 놀랄 만큼 비싸다.

虽然没有成功的可能，但是敢于尝试也是值得称赞chēngzàn的。 비록 성공 가능성은 없지만, 과감히 시도해보는 것은 칭찬할 만하다.

 plus+
却・但是 | 不过・0849 可是・但是
0948 却, 0628 不过 참고

0169 到 dào

동 ① 도착하다, ~에 이르다
　유 1401 到达
　火车**到**站晚了。 기차가 역에 늦게 도착했어요.

② 동사의 보어로 쓰여 동작이 목적에 도달하거나 성취된 것을 나타냄
　说**到**就一定要做**到**。
　말을 했으면 반드시 실천해야 한다.

형 치밀하다, 빈틈없다
　有不**到**的地方请原谅。
　미흡한 부분이 있다면 양해 바랍니다.

0170 得 de ➡ děi 0682 得

조 ① 술어 뒤에서 정도가 심한지 심하지 않은지를 나타내는 정도보어를 만들어주는 역할을 함
　형식 주어+동사+목적어+동사+得+정도부사+정도보어
　他说汉语说**得**很流利。
　그는 중국어를 유창하게 한다.
　不论有人多么想要超过你，你都会游**得**更快。 어떤 사람이 아무리 너를 넘으려고 해도, 네가 더 빠르게 수영한다.

② 정도가 매우 심함을 나타냄 (①보다 정도가 더 심함)
　형식 술어+得+很 / 多 / 多了 / 要命 / 要死 / 慌
　他高兴**得**要死。 그는 기뻐서 죽을 지경이다.
　许多经济领域的竞争远比过去激烈**得**要命。 많은 경제구역의 경쟁이 과거보다 훨씬 심해졌다.

③ '동사+得+了'의 형식으로 가능보어를 만들어주는 역할을 함
　我们现在去来**得**及来不及？
　우리가 지금 가면 시간 안에 갈 수 있어요, 없어요?
　谢谢你们的邀请，原来我去不了，但现在去**得**了了。 당신들의 초청에 감사합니다, 저는 원래 갈 수 없었는데, 지금은 갈 수 있게 되었습니다.

발음 plus+ 得 dé

동 ① 얻다
　유 0787 获得, 得到 dédào, 取得 qǔdé, 赢得 yíngdé
　반 2056 失去, 失 shī
　经过两个月的辛苦练习，他终于取**得**了歌唱比赛的一等奖。 두 달 간의 힘겨운 연습을 통해, 그는 결국 노래경연대회에서 일등상을 탔다.

② 알맞다, 적합하다
　面试时要穿**得**体的正装。
　면접 시에는 그에 적합한 정장을 입어야 한다.

③ 의기양양하다
　取得一点儿成绩就扬扬自**得**可不行。
　소소한 실적에 의기양양해서는 안 된다.

④ 완성되다
　유 0254 完, 0525 完成
　新衣服还没有做**得**。
　새 옷은 아직 완성되지 않았어요.

⑤ 맺는 말에서 동의나 불허를 나타냄
　得了，别说了。 됐어요, 더는 말하지 마세요.
　得，就这么办吧。 좋아요, 이렇게 하기로 해요.

어휘 plus+ 地 · 0015 的 · 得

0350 地 참고

0171 等 děng ➡ 조 0683 等

동 기다리다, 대기하다
　유 1407 等候, 1406 等待
　演员正在后场**等**。 배우가 대기실에서 대기하고 있다.
　我**等**了一个多小时才见到他。
　한 시간 넘게 기다리고서야 그를 만나게 되었어요.

0172 **弟弟** dìdi

명 남동생

弟弟比我小两岁。 남동생이 저보다 두 살 어려요.
我弟弟考上了名牌大学。
내 남동생은 명문대학에 합격했다.

0173 **第一** dì yī

수 제일, 첫 번째

这次考试，他考了第一。
이번 시험에서 그가 일등을 했어요.

명 중요함, 가장 중요한 것

在这种情况下，第一要务就是确认事实。
이런 상황에서, 가장 중요한 일은 사실을 확인하는 것이다.

0174 **懂** dǒng

동 알다, 이해하다

유 0295 知道, 0454 了解, 0465 明白, 0870 理解

上课内容都懂了吗? 수업 내용을 다 이해했어요?
不懂的问题一定得弄懂。
잘 모르는 문제는 반드시 이해하도록 해야 한다.

어휘 plus+ 懂 · 0295 知道

- 懂 동 이해하다
  ➡ 懂 + 意思, 道理, 英语, 人情, 内容

- 知道 동 알다
  ➡ 知道 + 事实, 事物, 事情

비교 '我懂了'와 '我知道了'는 둘 다 '나는 이해했다, 나는 알았다' 라는 뜻으로 쓰이는데, 懂은 대체로 사람을 목적어로 삼지 않고, 知道는 결과보어로 쓰이지 않는 특징을 가지고 있다.

Check

我不（　　　）他叫什么名字。
나는 그 사람의 이름을 모른다.

你听（　　　）我的话了吗?
너는 내 말을 알아 들었니?

답 知道 / 懂

0175 **对** duì ➡ 전 0694 对

형 옳다, 맞다

유 1154 正确 반 0165 错

这个字写得不对。 이 글자는 잘못 썼다.
你说得很对，就这么办吧。
당신이 한 말이 맞아요, 이렇게 처리합시다.

0176 **房间** fángjiān

명 방

유 2214 屋子, 房屋 fángwū, 居室 jūshì

这个房间宽敞kuānchang明亮。 이 방은 넓고 밝다.
我们家有四个房间。 우리 집에 방 네 칸이 있어요.

0177 **非常** fēicháng

형 심상치 않다, 특수하다

非常时期我们要非常对待。
우리는 특수한 시기에는 특수하게 대처해야 한다.

부 매우, 대단히

유 0299 最, 0410 极, 0513 特别, 0980 十分, 1522 格外

看到儿子的大学录取通知书，她非常高兴，
泪流满面。 아들의 대학 입학통지서를 보고서, 그녀는
기뻐서 눈물이 앞을 가렸다.

어휘 plus+ 十分 · 非常

0980 十分 참고

0178 服务员 fúwùyuán

명 종업원

유 接待员 jiēdàiyuán, 招待员 zhāodàiyuán

这家饭店新雇佣 gùyōng 了服务员。
이 식당은 새로 종업원을 고용했다.

新来的服务员热情周到，非常敬业。 새로 온 종업원은 열정적이고 세심해 자신의 일에 온 힘을 다한다.

0179 高 gāo

형 ① (높이가) 높다

반 0352 低

水总是从高处往低处流。
물은 언제나 높은 곳에서 낮은 곳으로 흐른다.

② (등급이) 높다

반 0352 低

高级工程师的工资比一般人高得很。
고위급 엔지니어의 월급은 일반인보다 훨씬 많다.

명 높이

那棵树有十米高。 그 나무는 높이가 10미터이다.

0180 告诉 gàosu

동 알리다, 말하다

她告诉我，她下周要结婚。
그녀는 다음 주에 결혼한다고, 내게 말해주었다.

你告诉他吧，明天七点在学校门口集合。
내일 7시에 학교 정문에서 모인다고 네가 그에게 알려줘.

0181 哥哥 gēge

명 형, 오빠

반 0172 弟弟

我没有亲哥哥，只有表哥。
나는 친오빠는 없고, 사촌 오빠만 있어.

他从小没有父母，由哥哥照顾着长大。
그는 어려서부터 부모님이 안 계셔서, 형이 그를 돌봤다.

0182 给 gěi

동 ① 주다

爸爸给小明一支钢笔作为生日礼物。
아빠는 샤오밍에게 만년필을 생일선물로 주었다.

② ~하게 하다, ~에게 시키다 (= 叫, 让)

公司腾出 téngchū 一个办公室专门给他做实验。 회사는 사무실 하나를 비워서 그가 전문적으로 실험을 할 수 있게 했다.

전 ① ~에게, ~을 위하여

유 0529 为

这次谈判，他给我们当翻译。
이번 담판에서는 그가 우리를 위해 통역을 담당한다.

② ~에 의해 당하다

유 0046 叫, 0238 让, 0316 被

等我们赶到 gǎndào 时，羊已经给狼 láng 吃了。 우리가 서둘러 도착했을 때, 양은 이미 늑대에게 잡아먹혔다.

③ ~를 향하여

小朋友给老师行礼。
어린이가 선생님께 인사를 드린다.

0183 公共汽车 gōnggòngqìchē

명 버스

我在公共汽车站等你。
나 버스정류장에서 널 기다릴게.

我们一下楼，公共汽车就来了。
우리가 내려가자마자 버스가 바로 왔어요.

0184 **公斤** gōngjīn

명 킬로그램(kg)

我买了两公斤的苹果。
저는 사과 2킬로그램을 샀어요.

她一个月竟长胖了五公斤!
그녀는 한 달만에 5킬로그램이나 살이 쪘어!

0185 **公司** gōngsī

명 회사

最近因为公司里的事很辛苦。
요즘 회사 일 때문에 엄청 힘들어요.

听说那家公司的福利待遇非常好。
듣기로는 그 회사의 복지혜택이 무척 좋다고 하던데요.

0186 **贵** guì

형 ① 비싸다
  반 0231 便宜
  并不是贵的东西就一定好。
  비싼 물건이 반드시 좋은 것은 아니다.

② 진귀하다, 소중하다
  大家的意见都很宝贵。
  여러분의 의견은 모두 소중합니다.

동 ① 중시하다, 중히 여기다
  锻炼身体，贵在坚持。
  운동을 하는 데 있어 꾸준하게 지속하는 것이 중요하다.

② (지위가) 높다
  贵族总认为自己高人一等。 귀족들은 늘 자신이
  다른 사람보다 지위가 높다고 생각한다.

③ 상대방과 관련된 것들을 높여 칭함
  请问您贵姓? 존함이 어떻게 되십니까?

0187 **过** guo ➡ 동 guò 0762 过

조 ① ~한 적이 있다 (동사 뒤에서 행위와 변화가 일찍이
  발생했음을 나타냄)
  他根本没去过那个博物馆。
  그는 이제껏 그 박물관에는 간 적이 없어요.

② 동사 뒤에서 완성이나 완료를 나타냄
  他吃过晚饭就回家了。
  그는 저녁을 먹고 바로 집으로 돌아갔다.

0188 **还** hái ➡ huán 0402 还

부 ① 여전히, 아직
  半夜了，他还在工作呢。
  한밤중이 되었는데 그는 여전히 일을 하고 있네요.

② 더, 더욱
  这件衣服比那件还好看。
  이 옷이 저 옷보다 더 예뻐요.

③ 또, 게다가
  유 0275 也, 0287 再, 0574 又
  他要了五个菜，两碗面，还要了两瓶啤
  酒。 그는 요리 다섯 가지와 국수 두 그릇을 시키고서,
  또 맥주 두 병을 시켰다.

 plus+
又·还· 0287 再
0574 又 참고

0189 **孩子** háizi

명 아이
  유 0700 儿童, 小孩儿 xiǎoháir
  반 大人 dàren, 成人 chéngrén
  邻居家的孩子长得漂亮又可爱。
  이웃집 아이는 아주 예쁘고 귀엽게 생겼어요.

孩子们兴高采烈地放风筝fēngzheng。
아이들이 신나게 연을 날리고 있다.

0190 **好吃** hǎochī

[형] 맛있다

반 难吃 nánchī

妈妈做的菜最好吃。
엄마가 해준 반찬이 제일 맛있어요.

这家饭店的菜很好吃。
이 호텔의 음식이 참 맛있어요.

0191 **号** hào

[명] 번호, 날짜
今天是几号啊？오늘은 며칠이에요?

[양] 종류, 명
今天我们公司有一百多号人辞职了。
오늘 우리 회사에서 백여 명이 넘는 사람들이 사직했다.

0192 **黑** hēi

[형] ① 검다, 어둡다

유 0604 暗 반 0152 白

黑色的乌鸦wūyā是不吉利的象征。
검은색 까마귀는 불길함의 상징이다.

② 은밀하다, 비밀스럽다
黑市交易是违法的。암거래는 불법이다.

③ 나쁘다, 그르다
做人不能太黑心。
사람이 너무 심보가 고약해서는 안 된다.

0193 **红** hóng

[형] ① 붉다, 빨갛다
红色是喜庆的颜色。
붉은색은 경사스러운 색깔이다.

② (운이) 좋다
最近他红运连连，总遇到好事。
최근 그는 좋은 운이 계속 따라서, 늘 좋은 일만 생긴다.

③ 인기 있다
她在我们公司里可红了。
그녀는 우리 회사에서 매우 인기가 있다.

0194 **欢迎** huānyíng

[동] 환영하다, 환영 받다
以热烈的掌声欢迎'雨'登场。
큰 박수로 '비'를 환영합시다.

欢迎你加入我们小组，以后我们要共同努力。
저희 팀에 가입하신 것을 환영하며, 앞으로 우리 함께 노력합시다.

0195 **回答** huídá

[동] 대답하다

유 1372 答应, 回复 huífù 반 2141 提问

这个问题你回答得真漂亮！
이 문제에 대한 당신의 대답이 매우 훌륭합니다!

我亲切地回答了学生们的提问。
나는 학생들의 질문에 친절하게 대답했다.

新HSK VOCA 5000
J 2급

0196 **机场** jīchǎng

[명] 공항
从这里打车去机场很贵的。
여기서 택시를 타고 공항에 가는 것은 무척 비싸다.

到机场的大巴多少钱一位？
공항으로 가는 버스는 한 사람당 얼마입니까？

0197 鸡蛋 jīdàn

명 달걀, 계란

鸡蛋含有丰富的蛋白质。
달걀은 풍부한 단백질을 함유하고 있다.

最近讨厌吃鸡蛋的孩子也很多。
요즘은 계란을 싫어하는 아이들도 많다.

0198 件 jiàn

양 건, 벌 (일, 사건, 옷 등을 세는 단위)

这件衣服非常合我心意。
이 옷은 제 마음에 꼭 듭니다.

那件事情办得怎么样了?
그 일은 어떻게 처리되었습니까?

0199 教室 jiàoshì

명 교실

教室里有多少人? 교실에는 몇 명이 있습니까?

已经晚上十点了,他还在教室里自习。
벌써 저녁 10가 넘었는데, 그는 여전히 교실에서 자습을 하고 있다.

0200 姐姐 jiějie

명 언니, 누나

유 姐 jiě 반 0223 妹妹, 妹 mèi

姐姐比我大两岁。 누나는 나보다 두 살 많아요.

我姐姐身材特别棒。 우리 언니 몸매는 정말 예뻐요.

0201 介绍 jièshào

동 ① 소개하다

新同事向大家做了自我介绍。
새로운 동료가 모두에게 본인 소개를 했다.

② 이해시키다, 설명하다
유 1006 说明

请简单地介绍一下这件作品的含义。
이 작품에 담긴 의미를 간단히 설명해주세요.

0202 进 jìn

동 ① 나아가다, 들어가다

他初中一毕业就进工厂当工人了。
그는 중학교를 졸업하자마자 바로 공장에 들어가 노동자가 되었다.

② 동사 뒤에서 안쪽을 나타냄
반 0160 出

走进婚礼厅,所有人都赞叹zàntàn起新娘的美丽。 결혼식장에 들어서자 모든 사람들이 신부의 아름다움에 찬탄했다.

0203 近 jìn

형 ① 가깝다
반 0285 远

歌声从远处飘piāo来,离我们越来越近。
노랫소리가 멀리서 들려오더니 점점 우리와 가까워졌다.

② 친밀하다
유 亲 qīn 반 疏 shū

他是我的近亲。 그는 제 가까운 친척입니다.

동 접근하다

她总是平易近人、和蔼hé'ǎi可亲。
그녀는 언제나 쉽게 가까워질 수 있는 사람으로, 상냥하고 친절하다.

0204 就 jiù

동 ① 가까이 가다, 접근하다

我搬到这里完全是为了就她。
내가 여기로 이사 온 것은 전적으로 그녀에게 가까이 가기 위해서이다.

② 종사하다

你在哪儿就职呀?
당신은 무슨 일에 종사하십니까?

③ 완성하다, 완수하다

每个人都期待着功成名就,衣锦jǐn还乡。
모든 사람은 공을 세우고 이름을 떨쳐서, 금의환향 하기를 바란다.

④ (안주나 반찬을) 곁들이다
花生就着酒，也是一顿美食啊！
땅콩에 술을 곁들이면, 이 또한 맛있는 음식이 된다!

젠 ~에 대하여, ~에 관하여 (동작의 대상 혹은 화제의 범위)
他们就这个问题进行了讨论。
그들은 이 문제에 대해 토론했다.

접 설사 ~이라도
유 0795 即使
你就来了，我也不想见你。
당신이 온다고 하더라도, 저는 당신을 보고 싶지 않습니다.

분 ① 곧, 바로
我就来，您稍等shāoděng一下。
제가 곧 올 테니 조금만 기다려주세요.

② ~뿐, 단지
以前就他一个人知道，现在大家全都知道这件事情了。이전에는 그 사람 혼자만 알고 있었지만, 지금은 모두가 이 일을 알고 있다.

③ 바로 (긍정을 강조함)
这个人就是他的弟弟。
이 사람이 바로 그의 남동생이다.

才·就
0327 才 참고

0205 觉得 juéde

동 ① ~라고 생각하다, 여기다
유 0731 感觉
我觉得这件事还是和他商量一下比较好。
나는 그래도 이 일을 그와 상의를 해보는 것이 좋다고 생각한다.

② 느끼다
유 感到 gǎndào
我觉得今天有点儿累，先去睡了。
내가 오늘 조금 피곤해서 그러는데, 먼저 자러 갈게.

0206 咖啡 kāfēi

명 커피
我每天都要喝两杯咖啡。
나는 매일 커피를 두 잔씩 꼭 마신다.
咖啡能够提神 tíshén 醒脑 xǐngnǎo，不过多喝对身体健康有害。커피는 각성작용을 하지만, 많이 마시면 건강에 해롭다.

0207 开始 kāishǐ

동 시작하다, 개시하다
반 0424 结束
新的一年开始了，我们要努力奋斗。
새로운 한 해가 시작되었으니, 우리는 열심히 분투해야 한다.

명 시작, 처음, 시초
要想自己创业，开始总会遇到一些困难。
창업을 하면 시작은 늘 어려움에 부딪치게 마련이다.

0208 考试 kǎo//shì

동 시험을 보다
유 1285 测验
平时要认认真真学习，不能考试之前临时抱佛脚 bào fójiǎo。평소에 열심히 공부해야지, 시험 직전에 급하게 준비해서는 안 된다.
我刚考完试了。나는 막 시험을 마쳤다.

명 시험
明天的听力考试，你都准备好了吗？
내일 듣기 시험, 준비 다 했어?

测验·考试
1285 测验 참고

0209 可能 kěnéng

명 가능성
事情的发展只有两种可能。
일의 진전에는 두 가지 가능성만이 있다.

형 가능하다
要是那么做，绝对不可能成功。
그렇게 하면 절대 성공할 리 없다.

조동 아마도 ~일 것이다
他生病了，今天可能来不了了。
그는 병이 나서 오늘 아마도 올 수 없을 거야.

0210 可以 kěyǐ

조동 ① ~할 수 있다 (가능이나 능력을 나타냄)
유 0072 能, 0042 会
不会的东西，用心去学，是可以学会的。 할 줄 모르는 것도 열심히 배우면 익힐 수 있다.

② ~해도 좋다 (허가를 나타냄)
现在你可以回家了。 지금 넌 집에 가도 좋다.

형 좋다, 괜찮다
这次宴会yànhuì办得还可以。
이번 연회는 그런대로 괜찮았어요.

어휘 plus+ 可以 · 0072 能

- 可以 **조** 할 수 있다, 해도 된다
- 能 **조** 할 수 있다, 해도 된다

비교 可以는 주로 가능성을 나타내고, 能은 주로 능력을 나타내어 어떤 일에 능숙함을 나타낸다. 또한 可以는 주관적 허락을 나타내나, 能은 객관적인 조건에서의 허락이나 가능을 나타낸다. 可以는 서술어가 될 수 있지만, 能은 될 수 없다.

뜻이 완전히 같을 때는 차이점에 주목하는 것이 포인트!

Check
他不来也（　　　　）。
그가 오지 않아도 된다.
她很（　　　）写，一写就是大篇。
그녀는 글을 매우 잘 써서, 한번 썼다 하면 대작이다.

답 可以 / 能

0211 课 kè

명 ① 수업
今天有历史课吗？ 오늘 역사 수업이 있니?

② 수업의 시간
一节课一般是四十五分钟。
한 시간 수업은 보통 45분이다.

③ 필수 과목
这是必修课。 이것은 필수 과목이다.

양 과 (교재의 단락을 세는 단위)
这本教科书共有三十五课。
이 교재는 전체 35개 과로 되어 있다.

0212 快 kuài

형 ① 빠르다
반 0220 慢
他努力的话，进步很快。
그가 노력한다면, 매우 빠르게 성장할 것이다.

② 즐겁다, 편안하다
周末快乐。 즐거운 주말 보내세요.

③ 날카롭다, 예리하다
유 灵 líng 반 迟钝 chídùn
这孩子脑子可快了。
이 아이는 머리 돌아가는 것이 정말 날카롭다.

부 ① 빨리
快来帮忙呀！ 빨리 와서 도와주세요!

② 머지않아, 곧
你再稍等shāoděng一会儿，他快来了。
조금 더 기다리면 그가 곧 올 거예요.

0213 快乐 kuàilè

형 즐겁다, 유쾌하다
유 0031 高兴, 1126 愉快, 1757 开心
반 0965 伤心, 2160 痛苦, 悲伤 bēishāng
你们看上去特别快乐。
너희 아주 즐거워 보이네.
我们度过了快乐的假日。
우리는 휴일을 즐겁게 보냈어요.

어휘plus+ 快乐・0031 高兴

- 高兴 [형] 기쁘다, 즐겁다
  ➡ 很高兴, 真高兴, 高兴得不得了, 高高兴兴

- 快乐 [형] 기쁘다, 즐겁다
  ➡ 春节快乐, 生日快乐, 生活得快乐, 快乐的晚年

[비교] 高兴은 즐겁고 흥분되는 감정을 나타내며, 형용사 용법 이외에도 동사로서 '~하기를 좋아하다'라는 뜻도 있다. 快乐는 행복과 만족감을 느끼는 감정을 나타내며 동사의 용법은 없다.

어떤 단어들과 함께 쓰이는지를 알아두는 것이 포인트!

Check
祝大家新年（　　　　）。
모두 즐거운 새해 보내길 바랍니다.
我不（　　　　）做那件事。
나는 그 일을 하는 것을 좋아하지 않는다.

답 快乐 / 高兴

新HSK VOCA 5000 L 2급

0214 **累** lèi

[형] 힘들다, 지치다
　유 1919 疲劳

这么干，一点儿也不累。
이렇게 하니 힘이 하나도 들지 않아요.

[동] ① 수고하다, 애써 일하다
为了孩子，他们累了大半辈子。
아이를 위해서 그들은 반 평생을 애써 일했다.

② 피곤하게 하다
这孩子真累人。
이 아이는 정말 사람을 피곤하게 한다.

0215 **离** lí

[동] ① 떠나다, 떨어지다
　유 0448 离开　반 0041 回
他离开祖国已经有三十年之久了。
그가 조국을 떠난 지 벌써 30년이 되었다.

② 없다, 결핍하다
　유 0092 少, 0947 缺少, 缺 quē
冬天人们离了暖气不行。
겨울철에 사람들은 난방 장치가 없으면 안 된다.

[전] ~부터, ~에서, ~까지
现在离过年只有不到一个月了。
지금부터 새해까지는 채 한 달도 남지 않았어요.

0216 **两** liǎng

[수] 2, 둘
　유 0027 二
这一家有两个儿子。
이 집에는 아들 둘이 있다.
我们花了两个半月完成了这项工程。
우리는 두 달 반을 들여 이 공사를 완성시켰다.

어휘plus+ 两・0027 二・0876 俩

- 两 [수] 2, 둘
  ➡ 两个人, 两十(×), 两两(×)

- 二 [수] 2, 둘, 두 번째
  ➡ 一二三四(일이삼사), 二十(20), 第二册(제2권), 八十九点二(89.2), 五分之二(2/5), 二两(두 냥)

- 俩 [수] 2, 두 개, 两个
  ➡ 他们俩, 兄弟俩, 俩苹果

[비교] 二과 两은 모두 수사로 2를 대표한다. 하지만 사용범위가 다음과 같이 다르다.
① 二은 단독으로 말할 수 있으나, 两은 그럴 수 없다.
② 여러 자리수가 있는 경우, 二을 쓴다. 예를 들어 12(十二), 502(五百零二)에서는 两을 쓰지 않는다.

③ 二은 친속관계의 호칭을 말할 때 앞에 둘 수 있으며, 两은 그러하지 않다. 예를 들어 二叔, 二哥, 二姨 등이 있다.
④ 百, 千, 万, 亿 앞에서는 二과 两 모두 쓸 수 있다.
⑤ 二은 오직 도량단위 앞에서만 쓰이며, 两은 동량단위와 기타 양사 앞에서 모두 쓸 수 있다.
⑥ 기수를 표시할 때 二은 일반적으로 명사 앞에 직접 놓이지 않으나, 两은 명사 바로 앞에 쓸 수 있다. 예를 들어 两国, 两地, 两手 등이 있다.
⑦ 서수, 소수, 분수에서는 二만 쓰고 两은 쓰지 않는다.

또한 俩는 두 개를 뜻하며 뒤에 명사가 따라오며, 뒤에 个라는 양사가 필요 없다. 대사와 명사 뒤에도 쓸 수 있다. 예를 들어 我们俩, 俩苹果 등이 있다.

뜻이 완전히 같을 때는 차이점에 주목하는 것이 포인트!

Check
大厅里摆放着（　　　　　）把皮沙发。
로비에는 두 개의 가죽 소파가 놓여 있다.
今天我们来学习第（　　　　　）课。
오늘 우리는 제2과를 배우겠습니다.
我们（　　　　　）相处得很好。
우리 둘은 아주 잘 지낸다.

답 两 / 二 / 俩

0217 路 lù

명 ① 길, 도로
유 道 dào, 道路 dàolù
这条路又直又宽。 이 길은 곧고도 넓다.

② 노정, 여정
路遥yáo才能知马力。
여정이 길어야 말의 힘을 알 수 있다.

③ (버스 따위의) 노선
我坐108路去。 나는 108번 버스를 타고 간다.

양 종류, 부류
这些东西有好几路。 이 물건들은 여러 부류가 있다.

0218 旅游 lǚyóu

동 여행하다, 관광하다
유 旅行 lǚxíng
旅游是放松fàngsōng身心, 缓解huǎnjiě疲劳píláo的好方法。 여행은 심신의 긴장을 풀고, 피로를 완화시키는 좋은 방법이다.

명 여행, 관광
现在流行医疗旅游。 지금은 의료관광이 유행한다.

0219 卖 mài

동 팔다
유 2256 销售　반 0062 买
这家店卖东西不便宜。
이 가게에서 파는 물건은 싸지 않다.
我们做的蛋糕，在圣诞节那天都卖完了。
우리가 만든 케이크는 성탄절에 모두 다 팔았어.

0220 慢 màn

형 느리다
반 0212 快
他做事总是比别人慢。
그는 일을 하는 게 늘 다른 사람보다 느려요.
因优美的音乐放慢了脚步。
아름다운 음악 소리로 인해 발걸음을 늦추었다.

0221 忙 máng

형 바쁘다
반 闲 xián
我忙里偷闲给你打了电话。
내가 바쁜 와중에도 시간을 내어 네게 전화를 했잖아.

最近爸爸因为公司的事比较忙。
요즘 아빠가 회사 일 때문에 많이 바쁘시다.

0222 **每** měi

[부] ① 늘, 항상 (동일한 동작이 규칙적으로 반복됨을 나타냄)
每逢měiféng初一，她就烧香拜佛。
음력 초하루가 될 때마다, 그녀는 향을 피우고 부처님께 절을 드린다.

② 자주, 수시로 (동일한 일이 여러 번 발생함을 나타냄)
他们经常见面聊天，每一聊就是一天。
그들은 자주 만나 이야기를 하는데, 만나기만 하면 온종일 이야기를 한다.

[대] 매, 각
[유] 0737 各
我们要珍惜zhēnxī粮食，每一粒lì都不能浪费。 우리는 양식을 소중하게 여겨야 하며, 한 톨도 낭비해서는 안 된다.

 plus+ 各·每
0737 各 참고

0223 **妹妹** mèimei

[명] 여동생
[반] 0200 姐姐
妹妹今年是高三。 여동생은 올해 고3이다.
我妹妹大眼睛、双眼皮，长得很漂亮。
내 여동생은 눈이 크고, 쌍꺼풀이 있어 정말 예뻐요.

0224 **门** mén

[명] ① 문
眼睛是心灵之门。 눈은 영혼의 문이다.

② 방법, 수단
你有什么窍qiào门解决这个问题吗？
당신은 이 문제를 해결하는 어떤 비결이 있습니까?

③ 학문의 파, 파벌
他已经入了儒门。 그는 이미 유학에 입문했다.

④ 분류, 종류
他把收集到的植物标本分门别类地摆bǎi好了。 그는 수집한 식물표본을 각 부문별로 분류해서 배열했다.

[양] 가지, 과목 (학문이나 기술 따위의 항목을 세는 단위)
这学期我们开了五门课。
이번 학기에 우리는 다섯 과목을 개설했다.

0225 **男人** nánrén

[명] (성인) 남자
[반] 0228 女人
什么是好男人的标准？
어떤 것이 훌륭한 남자의 기준입니까?
那个男人看起来不像好人。
그 남자는 좋은 사람처럼 보이지 않아요.

0226 **您** nín

[대] 당신 (你의 높임말)
放假您打算做什么？
방학 때 당신은 무엇을 하려고 하십니까?
您的话他是一定会听的。
당신의 말이라면 그도 반드시 들을 거예요.

0227 **牛奶** niúnǎi

[명] 우유
妈妈给孩子喂牛奶。 엄마가 아이에게 우유를 먹인다.

牛奶对人体健康有益处。
우유는 인체의 건강에 유익하다.

0228 女人 nǚrén

명 (성인) 여자

반 0225 男人

这个女人很贤惠。 이 여인은 정말 어질고 총명하다.
有句老话说，女人是水做的。
옛말에 여자는 물로 만들었다고 한다.

0229 旁边 pángbiān

명 옆, 부근

他坐在王老师旁边。 그는 왕 선생님 옆에 앉았다.
学校旁边有一个电影院。
학교 옆에 영화관이 하나 있어요.

0230 跑步 pǎo//bù

동 달리다

早晨有许多人在跑步。
새벽에 많은 사람들이 달리기를 한다.
跑步是一种很好的锻炼方式。
달리기는 좋은 단련 방식의 하나이다.
在比赛中，他跑了几步就停下来了。
경기 중에 그는 몇 걸음 달리지도 않고 바로 멈췄다.

0231 便宜 piányi

형 (값이) 싸다

반 0186 贵

这条裙子是在商场打折的时候买的，特别便宜。 이 치마는 백화점에서 세일할 때 산 건데, 정말 싸다.

명 공짜

贪tān小便宜吃大亏kuī。
작은 이득을 탐하다가 큰 손해를 입는다.

동 편하게 해주다

你这么做，非但不能扭转niǔzhuǎn局势，反而会便宜了他。 네가 이렇게 하는 것은 정세를 바꿀 수도 없을 뿐만 아니라, 오히려 그를 편하게 해주는 일이다.

0232 票 piào

명 ① 표

如果十一想回家的话，一定要提前买票。
국경절에 집에 가고 싶다면, 반드시 미리 표를 사야 해요.

② 지폐

韩国银行发行了五万元钞chāo票。
한국은행은 5만원짜리 지폐를 발행했다.

0233 妻子 qīzi

명 아내, 부인

반 0290 丈夫

他最大的牵挂qiānguà便是妻子。
그가 가장 마음에 걸리는 것은 바로 그의 아내이다.

对他而言，可无儿，可无女，但不可没有相守一生的妻子。 그에게 있어 아들과 딸은 없어도 되지만, 함께 일생을 같이할 아내가 없어서는 안 된다.

0234 起床 qǐ//chuáng

동 기상하다, (잠자리에서) 일어나다

반 0101 睡觉

她每天早上六点起床。
그녀는 매일 아침 6시에 일어난다.

他一大早起了床。 그는 아침 일찍 일어났다.

0235 千 qiān

수 1,000, 천

这件衬衫chènshān要一千块钱呢。
이 셔츠는 천 위안짜리예요.

在我们学校的中国留学生几乎有一千名。
우리 학교의 중국 유학생은 거의 천 명 정도 돼요.

0236 晴 qíng

형 (날씨가) 개다, 맑다

반 0279 阴

今天又是个大晴天，早上阳光直射在床上。
오늘 정말 날씨가 쾌청하여, 아침 햇살이 침대까지 비추고 있다.

天气突然从晴转到阴，真担心一会儿就会下雨。 날씨가 맑더니 갑자기 흐려지니, 곧 비가 올 것 같아서 걱정이다.

0237 去年 qùnián

명 작년

我去年九月份来的韩国。
저는 작년 9월에 한국에 왔어요.

去年情人节的时候我们见过一面。
작년 밸런타인데이 때, 우리는 한 번 만난 적이 있어.

R 2급

新HSK VOCA 5000

0238 让 ràng

동 ① 양보하다

他比你小好几岁呢，你做姐姐的，应该让着他点儿。 그가 너보다 몇 살 더 어리잖니, 누나가 되어서 좀 양보해야지.

② 권하다

他不停地向客人让酒让菜。
그는 끊임없이 손님에게 술과 안주를 권했다.

③ 피하다

不好意思，麻烦您让一下。
미안하지만, 좀 비켜주세요.

④ ~하게 하다

老师让我来收一下大家的作业。
선생님께서 내게 모두의 숙제를 걷어오라고 시키셨어.

전 ~에 의해서 ~되다

유 0046 叫, 0316 被

今早刚换上的新衣服让雨给淋湿línshī了。
오늘 아침에 막 갈아 입은 새 옷이 비에 흠뻑 젖게 되었어요.

 被·让

0316 被 참고

0239 上班 shàng//bān

동 출근하다, 일을 시작하다

她每天九点上班，五点下班。
그녀는 매일 9시에 출근하고, 5시에 퇴근한다.

实习期间必须在八点半之前上班。
실습 기간에는 반드시 8시 반 이전까지는 출근해야 한다.

他已经上了两年班了。
그는 벌써 근무한 지 2년이나 되었다.

0240 身体 shēntǐ

명 신체, 몸

身体好了，才能更好地工作。
몸이 건강해야 더욱 일을 잘할 수 있다.

那段时间一直坚持运动，现在身体好像轻了很多。
그동안 꾸준히 운동해서인지, 지금은 몸이 훨씬 가벼워진 것 같아.

0241 生病 shēng//bìng

동 병이 나다

绝食减肥会生病的。
단식으로 살 빼면 병이 날 거야.

她体质非常弱，经常生病。
그녀는 체질 자체가 매우 약해서 자주 병에 걸린다.

你生了什么病? 너 무슨 병이 났니?

0242 生日 shēngri

명 생일

生日的时候，爸爸送了我一条水晶shuǐjīng项链xiàngliàn作为礼物。
생일에 아버지께서 제게 수정 목걸이를 선물로 주셨어요.

孤儿院gū'éryuàn的孩子们可能连他们真正的生日是什么时候都不知道。
고아원의 아이들은 아마 자기의 진짜 생일이 언제인지조차도 모를 거야.

0243 时间 shíjiān

명 시간

浪费时间就是浪费生命。
시간을 낭비하는 것은 바로 생명을 낭비하는 것이다.

我最近因为实习没有时间。
내가 요즘 실습하느라 시간이 별로 없어.

 plus+　时刻・时间・ 0096 时候
2059 时刻 참고

0244 事情 shìqing

명 일, 사건

今天我有很多事情要做。
오늘 내가 해야 할 일이 아주 많아요.

我自己都不知道发生了什么事情。
나 자신도 무슨 일이 발생했는지 모르겠어.

0245 手表 shǒubiǎo

명 손목시계

我故意把手表调tiáo快了五分钟。
나는 일부러 손목시계의 시간을 5분 앞당겨 두었어요.

哥哥把手表拆开chāikāi，看看出了什么毛病。
오빠는 손목시계를 분해해서, 무슨 문제가 생겼는지 보았다.

0246 手机 shǒujī

명 휴대전화

我的手机落là在电脑室了。
내 휴대전화를 컴퓨터실에 놓고 왔다.

这部手机通话质量不错，携带xiédài方便。
이 휴대전화는 통화 품질도 괜찮고, 휴대도 편리하다.

0247 送 sòng

동 ① 보내다, 배달하다
我中午要去医院给爷爷送饭。나는 점심 때 병원에 가서 할아버지께 식사를 갖다 드려야 한다.

② 주다, 선물하다
유 0182 给
他送了我一条丝巾。
그가 나에게 실크 스카프를 선물했다.

③ 전송하다, 배웅하다
他到机场去送朋友。
그는 공항으로 친구를 배웅하러 갔다.

0248 所以 suǒyǐ

접 그래서, 그렇기 때문에
유 1109 因此
因为堵车dǔchē, 所以比预计时间晚了五十分钟。 차가 막혀서, 예상한 시간보다 50분 늦었다.

명 이유, 원인, 까닭
她之所以能考上北外的研究生, 是因为她勤奋qínfèn、努力。그녀가 베이징 외국어대학의 연구생에 합격할 수 있었던 이유는 그녀가 근면하고 열심히 했기 때문이다.

0249 它 tā

대 그것 (사람 이외의 사물이나 동물을 가리킴)

这本书是我的, 你要爱惜它。
이 책은 내 것이니, 네가 소중하게 다뤘으면 해.

钥匙在桌子上, 出门的时候别忘了拿它。
열쇠가 책상 위에 있으니까, 나갈 때 그것을 가지고 가는 것을 잊지 마.

0250 踢足球 tī zúqiú

축구를 하다
大部分的男生喜欢踢足球。
대부분의 남학생이 축구하는 것을 좋아해.

学生们正在操场cāochǎng上踢足球。
학생들은 지금 운동장에서 축구를 하고 있어요.

0251 题 tí

명 ① 제목
我们还没有决定讨论题。
우리는 토론 제목을 아직 정하지 못했다.

② 문제
这次期末考试, 老师出了十道题。
이번 기말고사에 선생님은 10문제를 출제했다.

동 ① 쓰다, 적다
这是一个非常著zhùmíng的大书法家为我们学校题的字。이것은 아주 저명한 대 서예가가 우리 학교를 위해 써준 글자야.

② 제기하다, 말하다 (주로 부정에 쓰임)
此事不必再题。
이 일에 대해서는 다시 언급할 필요 없다.

0252 跳舞 tiào//wǔ

동 춤추다
她跳舞的时候魅力mèilì四射。
그녀는 춤을 출 때 매력이 사방으로 발산된다.

她从没跳过舞, 对跳舞不感兴趣。 그녀는 춤을 춰본 적도 없고, 춤을 추는 것에 대해 흥미가 없다.

0253 外 wài

명 ① 밖, 바깥
반 0057 里
你在外面等我一会儿。
당신은 밖에서 조금만 기다리세요.

② ~이외, ~밖
반 0904 内
哎，又花了计划外的钱。
아이구, 또 계획 밖의 돈을 썼네요.

③ 외국
对外贸易由进口和出口两部分组成。
대외무역은 수출과 수입의 두 부분으로 구성된다.

0254 完 wán

동 ① 완성하다
유 0525 完成
这个工程现在总算完工了。
이 공사는 지금 드디어 완공되었다.

② 다하다, 끝나다
稍等一下，我还有点儿事没办完。조금만 기다려주세요, 제가 아직 끝내지 못한 일이 있어요.

③ 없어지다, 다 써버리다
打印纸都用完了。프린트 용지를 다 써버렸어요.

0255 玩 wán

동 ① 놀다
他不爱学习，成天光想着玩儿。그는 공부하는 걸 좋아하지 않아서, 온종일 놀 생각만 한다.

② (체육, 컴퓨터, 게임 등) 하다
我们去玩儿会儿篮球吧。
우리 잠시 농구나 하러 가자.

③ (부당한 방법이나 수단을) 쓰다, 사용하다
别跟我玩儿花招儿！
저한테 그런 술수는 쓰지 마세요!

0256 晚上 wǎnshang

명 저녁, 밤
반 0288 早上
昨天晚上很晚才睡着了。
어제 저녁은 매우 늦게서야 겨우 잠이 들었다.
白天他在银行工作，但晚上在一家餐厅兼职作厨师chúshī。 낮에 그는 은행에서 일하지만, 저녁에는 음식점에서 요리사 일을 겸직한다.

0257 为什么 wèi shénme

왜 (원인과 목적을 물음)
你为什么这样对待他？
당신은 왜 이렇게 그를 대합니까?
你知道我们为什么做这件事吗？
넌 우리가 왜 이 일을 하는지 아니?

0258 问 wèn

동 ① 묻다, 질문하다
유 2298 询问 반 答 dá
有不懂的地方就要问，不能不懂装懂。
모르는 부분이 있으면 바로 질문해야지, 모르는데도 아는 척해서는 안 돼요.

② 안부를 묻다, 문안을 드리다
代我向你妈妈问好。
나 대신 네 엄마에게 안부를 전해줘.

0259 问题 wèntí

명 ① 질문
还有别的问题吗？
또 다른 질문이 있나요?

② (답과 해석을 요구하는) 문제
유 2142 题目 반 0660 答案

请这位同学来回答一下这个问题。
여기 학생이 이 문제에 대답해보세요.

③ (해결해야 할) 문제, 숙제
这次作业老师只留了一个问题。
이번 숙제는 선생님께서 단 한 문제만 내주셨다.

④ (중요한 일로) 문제, 관건
유 0752 关键

对中国来说，人口是一个大问题。
중국에 있어서 인구는 하나의 큰 과제이다.

어휘plus+ 盼望・希望
1908 盼望 참고

0262 洗 xǐ

동 ① 씻다, 빨다
看你满头大汗，快去把脸洗洗。
얼굴이 온통 땀투성이군요. 빨리 세수하세요.

② 제거하다
我按错了键jiàn子，把刚录好的内容洗掉了。
내가 버튼을 잘못 눌러서 막 녹음한 내용이 모두 지워졌어요.

③ 인화하다, 현상하다
他正在暗房里洗照片。
그는 지금 암실에서 사진을 현상하고 있어요.

0260 西瓜 xīguā

명 수박
西瓜特别解渴jiěkě。 수박은 특히 갈증 해소에 좋다.
在夏天，吃西瓜特别好。
여름에는 수박을 먹기에 특히 좋다.

0261 希望 xīwàng

동 바라다, 희망하다
유 1908 盼望 반 0976 失望
希望您早日康复。
하루 빨리 건강이 회복되길 바랍니다.

명 희망, 소망
유 2373 愿望
她才是这次比赛的唯一希望。
그녀야말로 이번 시합의 유일한 희망이다.

0263 向 xiàng

동 (정면을) 향하다
유 1296 朝

这间房向阳。 이 방은 남향이에요.

전 ① ~에게
유 0694 对

愣lèng着干什么，快向长辈问好。
뭘 멍하니 보고 있어요. 빨리 어르신께 인사를 드려요.

② ~을 향하여
유 1326 冲, 1296 朝

不要拐弯guǎiwān，一直向前走就到图书馆了。 돌아가지 말고 곧장 앞으로 걸어가면, 바로 도서관에 도착한다.

어휘plus+ 朝・向
1296 朝 참고

0264 小时 xiǎoshí

명 시간 (시간의 단위를 나타냄)
유 钟头 zhōngtóu

我等了你足足两个小时!
난 너를 무려 두 시간이나 기다렸어!

一个小时后我们在学校正门前见。
한 시간 후에 우리 학교 정문 앞에서 만나자.

0265 笑 xiào

동 ① 웃다
好久没见到她笑得这么开心了。 오랫동안 그녀가 이렇게 기쁘게 웃는 모습을 보지 못했어요.

② 비웃다
他说话大舌头,大家都笑他。 그는 발음이 분명하지 않아서 모두 그를 비웃는다.

0266 新 xīn

형 새롭다
반 0433 旧, 0447 老

我们部门来了一名新职员。
우리 부서에 새 직원이 한 명 왔어요.

부 방금, 갓
这是我新买的裙子。 이것은 내가 방금 산 치마이다.

0267 姓 xìng

명 성(씨)
金为韩国第一大姓。
'김' 씨 성은 한국에서 가장 많은 성씨이다.

这一带没有姓张的。
이 일대에는 장 씨 성을 가진 사람이 없다.

0268 休息 xiūxi

동 휴식하다, 쉬다
유 2264 歇 반 0033 工作

她公司每周只休息一天。
그녀의 회사는 매주 하루만 쉰다.

明天是红日子,即休息的日子。
내일은 빨간 날, 즉 쉬는 날이죠.

0269 雪 xuě

명 눈
刚刚下了一场雪。 방금 한바탕 눈이 내렸다.

今年冬天江原道由于下大雪,而受灾shòuzāi了。 올 겨울 강원도에 눈이 많이 내리는 바람에 피해를 입었다.

0270 颜色 yánsè

명 색, 색깔
烟火的颜色好绚丽xuànlì呀!
불꽃 색깔이 눈부시게 아름다워요!

想买件T恤xù,哪个颜色好呢?
티셔츠를 하나 사고 싶은데, 어느 색이 괜찮아요?

0271 眼睛 yǎnjing

명 눈
长时间看电脑的话,眼睛会疲劳。
컴퓨터를 오래 보면 눈이 피곤해요.

眼睛是心灵的窗户,我们应该保护好它。
눈은 영혼의 창이니까, 우리는 눈을 잘 보호해야 한다.

0272 羊肉 yángròu

명 양고기
她特别爱吃烤羊肉。
그녀는 특히 양고기 구이 먹는 것을 좋아한다.

中国回族人不吃猪肉大多吃羊肉。 중국 회족 사람들은 돼지고기를 안 먹고 주로 양고기를 먹는다.

0273 药 yào

명 약

吃饭后半个小时以内要服药。
식사 후 30분 이내에 약을 복용해야 한다.

吃过这个药之后，好像有点效果。
이 약을 먹고 난 후에 효과가 좀 있는 것 같다.

0274 要 yào

동 원하다, 필요하다

这本书我不要了。 저는 이 책을 원하지 않습니다.

동 요구하다

他大学毕业都好几年了，还总跟父母要钱。
그는 대학을 졸업한 지 벌써 몇 년이 지났는데도, 여전히 부모님께 돈을 받아 쓴다.

접 만약에, 그러면

我要回来晚的话，你就自己先吃饭吧。
내가 늦게 오게 되면, 너 혼자 먼저 식사하도록 해.

조동 ① ~하려고 한다
유 0121 想

今晚我要整理周一开会将用的资料。
오늘 밤 나는 월요일에 열리는 회의에 사용할 자료를 정리하려고 한다.

② ~해야 한다
유 0569 应该

要早去早回，别玩儿得太晚。 일찍 가서 일찍 돌아와야지, 너무 늦게까지 놀면 안 돼요.

0275 也 yě

부 ~도, 또한, 역시
유 0188 还

放假期间你也要打工吗?
방학 기간에 너도 아르바이트 할 거니?

我也是这么想的，我们应该帮助她。
나 역시 그렇게 생각하니, 우리가 마땅히 그녀를 도와줘야지.

0276 已经 yǐjing

부 이미, 벌써
유 1286 曾经

他回到家时已经夜里十一点了。
그가 집에 돌아갈 때 이미 밤 11시가 되었다.

你们吃吧，我已经吃了早饭了。
너희 밥 먹어, 나는 아침 벌써 먹었어.

 曾经·已经
1286 曾经 참고

0277 一起 yìqǐ

부 ① 함께, 같이
반 1387 单独

我和小王天天一起去上学。
나는 샤오왕과 매일 학교에 같이 간다.

② 모두, 전부

这些东西一起多少钱?
이 물건들은 모두 얼마예요?

명 한 곳, 같은 곳

她和同班同学住在一起。
그녀는 같은 반 친구와 한 곳에 살아요.

0278 意思 yìsi

명 ① 뜻, 의미
유 2330 意义

我不了解这个词的意思。
저는 이 단어의 의미를 이해하지 못하겠어요.

② 생각

上面说的只是我个人的意思。
앞에서 말한 것은 단지 제 개인적인 생각입니다.

③ 성의

这是我的一点儿意思，您就收下吧。
이건 제 작은 성의니까 받아주세요.

④ 흥미, 재미

这部电影挺有意思的。 이 영화는 매우 흥미롭다.

意义·意思
2330 意义 참고

0279 阴 yīn

형 ① 흐리다
天有点阴。 날이 조금 흐리다.

② 감춰진, 숨겨진
当心点，前面有条阴沟gōu。
조심해요, 앞에 배수구가 있어요.

명 그늘, 음지
我们到树阴下走吧，这边太晒shài了。
우리 나무 그늘 아래로 가죠, 여기는 너무 햇살이 강해요.

0280 因为 yīnwèi

전 ~때문에 (원인을 나타냄)
你不要怪她，因为是我让她瞒mán着你的。
그녀를 탓하지 마세요, 제가 그녀에게 당신한테는 비밀로 해 달라고 했으니까요.

접 왜냐하면 (인과관계를 나타내며, 所以와 함께 쓰임)
유 1121 由于
因为昨晚喝酒喝得太多了，所以今天头很痛。 어젯밤에 술을 너무 많이 마셔서, 오늘 머리가 아파.

因此·因为 | 由于·因为
1109 因此, 1121 由于 참고

0281 游泳 yóu//yǒng

동 수영하다
找个时间一起去游泳吧。
시간을 맞춰서 함께 수영하러 가자.

今天身体不好，游不了泳。
오늘 몸이 좋지 않아서 수영을 할 수가 없다.

명 수영
我很喜欢游泳。 나는 수영을 매우 좋아한다.

0282 右边 yòubian

명 오른쪽, 오른편
반 0300 左边
右边看到的那座建筑物是我们学校。
오른쪽에 보이는 저 건물이 우리 학교다.
把鼠标shǔbiāo放在电脑的右边，用起来比较方便。 마우스를 컴퓨터의 오른쪽에 두면 사용하기 편하다.

0283 鱼 yú

명 물고기
鱼在水中自由自在地游着。
물고기가 물속에서 자유자재로 헤엄친다.
小的时候和弟弟一起抓鱼。
어렸을 때 남동생하고 같이 물고기를 잡았어요.

0284 元 yuán

명 원나라 (1206~1279년 몽고족이 세운 나라)
'元'是中国历史上一个非常强大的国家。
'원나라'는 중국 역사상 가장 강대한 국가이다.

양 위안 (중국의 화폐 단위)
这件衣服质量不怎么好，根本不值三百元。
이 옷의 품질이 그리 좋은 거 같지도 않은데, 300위안의 가치는 말도 안 돼.

0285 远 yuǎn

형 ① (거리가) 멀다
반 0203 近
公司离我家特别远。
회사는 우리 집에서 아주 멀다.

② (차이가) 크다
你比他差远了。 당신은 그와 큰 차이가 있다.

③ (사이가) 소원하다, 멀다
他很有才华，不过不苟gǒu言笑，所以大家都对他敬而远之。 그는 매우 능력 있는 사람이지만, 태도가 엄숙해서 모든 사람들이 가까이 다가가지는 못한다.

0286 运动 yùndòng

 운동, 활동
为了有强健的体魄tǐpò，他一直坚持做运动。
건강한 신체와 정신을 위해, 그는 줄곧 운동을 해왔다.

동 운동하다, 활동하다
유 0784 活动
别总赖lài在家里，出去运动运动嘛。
늘 집에만 있지 말고, 나가서 운동 좀 해요.

> **어휘 plus+** 活动·运动
> 0784 活动 참고

0287 再 zài

부 또, 다시
유 0188 还, 0574 又
这个问题太难，可以再给我解释一遍吗?
이 문제가 너무 어려워서요, 다시 한 번 설명해주시겠어요?
对不起，我现在正忙，麻烦您过一会儿再打电话来。 죄송합니다만, 지금 바빠서 그러니 조금 있다 다시 전화해주세요.

> **어휘 plus+** 又·0188 还·再
> 0574 又 참고

0288 早上 zǎoshang

명 아침
반 0256 晚上
爷爷有早上做运动的好习惯。
할아버지는 아침에 운동하시는 좋은 습관을 가지고 계셔요.
早上起床后喝杯水对身体有好处。
아침에 일어난 후, 물을 한 잔 마시는 것은 몸에 좋다.

0289 张 zhāng

동 ① 열다, 펼치다
他只是张了张嘴，一个字都没说。
그는 입만 뻥긋할 뿐 한마디도 하지 않았어요.

② 진열하다, 배치하다
家家户户都张灯结彩jiécǎi迎新春。
집집마다 모두 등을 달고 비단 띠를 매면서 새봄을 맞이한다.

③ 보다, 바라보다
上课的时候不要东张西望。
수업 시간에는 여기저기 두리번거리지 마세요.

양 ① 종이나 책상 등 평면이 있는 것을 세는 단위
这次作业至少得写满五张纸。
이번 숙제는 적어도 다섯 장 이상 가득 채워 써야 한다.

② 입이나 얼굴 등을 세는 단위
看着街上一张陌生的脸，他感到非常孤独。 거리 위의 낯선 얼굴들을 보면서, 그는 매우 고독함을 느꼈다.

0290 丈夫 zhàngfu

명 남편
반 0233 妻子
她丈夫去上海出差了。
그녀의 남편은 상하이로 출장을 갔다.
我的丈夫是一名航天飞行员。
내 남편은 우주비행사이다.

0291 **找** zhǎo

동 ① 찾다
下课后我去找你。
수업 마친 후에 너를 찾으러 갈게.

② 거슬러주다
这是找给你的钱，数数看。
이건 거스름돈이에요, 한번 세어보세요.

0292 **着** zhe

조 ~을 하고 있다 (동사 뒤에서 동태조사로 쓰여 동작의 지속을 나타냄)
她一个晚上躺着看电视。
그녀는 저녁 내내 누워서 텔레비전을 보고 있다.

快来，他们正在屋里等着你呢。
빨리 와요, 그들이 지금 방에서 당신을 기다리고 있어요.

发음plus+ 着 zháo, zhuó

• zháo

동 ① 불이 나다
火着得特别旺wàng。 불길이 유난히 거세다.

② 달라붙다, 접촉하다
这前不着村，后不着店的，我们在哪儿落脚呀。 곤경에 처해 의지할 곳이 없으니, 우리는 어디에서 묵어야 하나요.

③ 느끼다, 받다
晚上睡觉前要把窗户关上，别着凉。
저녁에 잠자리에 들기 전에 창문을 닫아야 합니다, 감기 걸리지 않도록이요.

• zhuó

동 ① 입다, 걸치다
她不讲究穿着。 그녀는 입는 것에 신경을 쓰지 않는다.

② 붙다, 접촉하다
飞机已经着陆了。 비행기는 이미 착륙했다.

0293 **真** zhēn

부 정말로, 확실히
유 0949 确实

你别问了，我真不知道。
더는 묻지 마세요, 전 정말 몰라요.

형 진실하다, 진짜이다
반 0805 假

我说的全是真的。 제가 말한 것은 모두 진실이에요.

명 실물, 원래의 모습
这幅画儿画得太逼bī真了。
이 그림은 정말 실물에 근접하게 그렸다.

0294 **正在** zhèngzài

부 마침 (~하는 중이다)
유 1153 正好

请稍等一下，他正在开会。
조금 기다리세요, 그는 지금 회의 중입니다.

正在那时响xiǎng起了敲门qiāomén声。
마침 그때 문을 두드리는 소리가 났다.

0295 **知道** zhīdào

동 알다, 이해하다
유 0174 懂, 0454 了解, 0465 明白, 0870 理解

我知道你有苦衷kǔzhōng。
저는 당신의 고충을 이해합니다.

老师布置的作业你都知道吗?
선생님께서 내주신 숙제가 뭔지 다 알겠니?

어휘plus+ 了解・0086 认识・知道 ｜ 懂・知道
0454 了解, 0174 懂 참고

0296 **准备** zhǔnbèi

동 ① 준비하다
他整个晚上都在准备明天的发表。
그는 저녁 내내 내일 발표할 것을 준비하고 있다.

② ~하려고 하다, ~할 작정이다
유 0345 打算, 0798 计划

这个周末我准备什么都不做，好好儿休息一下。 이번 주말 나는 어떤 것도 하지 않고 푹 쉴 작정이다.

0297 自行车 zìxíngchē

명 자전거

我经常去公园骑自行车。
나는 자주 공원에 가서 자전거를 타.

我从小学三年级开始就一直骑自行车上学。
나는 초등학교 3학년부터 줄곧 자전거로 등교했다.

0298 走 zǒu

동 ① 가다, 걷다, 떠나다
从学校走到超市要十五分钟。
학교에서 슈퍼마켓까지 걸어가면 15분이 걸린다.

② 통하다, 거치다
咱们走南门去地铁站吧。
우리 남문을 통해서 지하철역으로 가자.

③ 새다, 누출되다
这件事情千万不能走漏风声。
이 일은 절대로 비밀이 누출되어서는 안 된다.

④ (원래의 모양, 형태, 맛이) 변하다, 가다
这件衣服只洗了一次就走样了。
이 옷은 한 번 빨았을 뿐인데 바로 모양이 변했어요.

0299 最 zuì

부 가장, 제일

유 0410 极, 0513 特别, 1425 顶

他是我们班个子最高的男生。
그는 우리 반에서 키가 가장 큰 남학생이다.

她是我们老师最喜爱的学生。
그녀는 우리 선생님께서 제일 예뻐하는 학생이다.

0300 左边 zuǒbian

명 왼쪽, 왼편

반 0282 右边

你往左边走就能看到一个公园。
왼쪽으로 걸어가다 보면 공원이 보일 거야.

我们学校左边的那个建筑物是医院。
우리 학교 왼쪽의 그 건물은 병원이다.

新HSK VOCA 5000
A 3급

0301 阿姨 āyí

명 ① 이모, 아주머니
阿姨，超市怎么走？
아주머니, 슈퍼마켓은 어떻게 가요?

② 보모, 가정부
我家阿姨做事非常细心。
우리 집 가정부 아줌마는 일을 매우 세심하게 하신다.

0302 啊 a

조 ① 감탄문 뒤에서 감탄 어기를 강조함
多好的天气啊！ 날씨 너무 좋다!

② 의문문 뒤에서 의문 어기를 강조함
你什么时候来啊？ 너 언제 올 거야?

> **발음 plus+** 啊 ā, á, ǎ, à
>
> • ā 감 놀람이나 찬탄을 나타낼 때
> 啊，美淑长得真漂亮哇！
> 와, 미숙이 정말 예쁘다!
>
> • á 감 캐묻거나 추궁할 때
> 啊？他明天到底去哪儿？
> 뭐? 그 사람 내일 도대체 어딜 가는 거야?
>
> • ǎ 감 의아함을 나타낼 때
> 啊？怎么会发生这种事情？
> 아니, 어떻게 이런 일이 생길 수 있지?
>
> • à 감 승낙(짧게 발음)이나 이해(길게 발음)를 나타낼 때
> 啊，好吧。응, 좋아. [승낙, 동의]
> 啊，原来是你呀！ 아, 너였구나! [이해]

plus+
啊가 조사로 쓰일 경우
앞 글자의 발음에 따라 발음이 바뀌며 다른 한자로 바꾸어 쓰기도 한다.

앞 글자의 발음	啊가 변화된 발음 및 한자
a, e, i, o, ü	a → ia 呀
u, ao, ou	a → ua 哇
-n	a → na 哪
-ng	a → nga 啊

0303 矮 ǎi

형 ① 키가 작다
　유 0352 低　반 0179 高

因为个子矮一直找不到对象，这就是他的老大难。 키가 작아서 줄곧 결혼 상대를 찾지 못했는데, 이것이 바로 그의 큰 골칫거리이다.

② 고도가 낮다
你家墙壁qiángbì比我家矮一点。
너희 집 담은 우리 집보다 좀 더 낮아.

 plus+
矮 · 0352 低

· 矮　형 작다, 왜소하다
　➡ 个子, 房子, 树, 楼层, 长得, 盖得

· 低　형 낮다
　➡ 飞得, 挂得, 地势, 水平, 声音, 地位

비교 矮는 사용범위가 아주 좁아 '키가 작다'는 뜻으로만 쓰이며, 관형어, 술어, 보어의 역할을 하나 부사어 역할은 하지 못한다.
低는 '고도가 낮다'라는 뜻 말고도 능력이나 수준 등 일반적인 기준과 평균의 정도가 낮음을 나타내며, 관형어, 술어, 보어 외에도 부사어 역할을 할 수 있으며, 동사의 뜻도 있다.

아무리 쉬운 단어일지라도 그 속뜻을 한 번쯤 되새겨 보는 것이 포인트!

Check
我们班里个子最（　　　　）的就是他。
우리 반에서 키가 가장 작은 사람은 바로 그다.
他的学习方法不好，学习效率很（　　　）。
그는 학습 방법이 좋지 않아서 학습 효율이 매우 떨어진다.
답 矮 / 低

0304 爱好 àihào

명 흥미, 취미
　유 0115 喜欢, 0550 兴趣

他的爱好很多，可没有一样拿手的。
그는 취미가 많지만, 잘하는 것은 하나도 없어.

동 애호하다
他们都爱好和平。 그들은 모두 평화를 애호한다.

 plus+
爱好 · 0115 喜欢

· 爱好　동 좋아하다
　➡ 爱好 + 事物

· 喜欢　동 좋아하다
　➡ 喜欢 + 事物, 人

비교 둘 다 좋아한다는 뜻이나, 爱好는 어떤 사물에 관한 깊은 관심과 흥미를 나타내며, 명사적 용법으로 '취미'라는 뜻이 있다. 喜欢보다 그 정도가 깊고, 목적어는 사물만 올 수 있다. 喜欢은 사람과 사물 모두 목적어로 올 수 있다.

비슷한 의미를 가진 단어일수록 搭配에 의해 구분된다는 것이 포인트!

Check
他（　　　　　）帮助别人。
그는 남을 돕는 걸 좋아해.
他的（　　　　　）跟我的一样。
그의 취미는 나와 같다.
답 喜欢 / 爱好

 plus+
兴趣 · 爱好
0550 兴趣 참고

0305 安静 ānjìng

형 ① 잠잠하다, 조용하다
　반 吵闹 chǎonào

安静的教室里，只有张敏在看书。
조용한 교실에서 장민이 혼자 책을 보고 있다.

② 안정되다, 평온하다
　유 1932 平静

过了好长时间，他的心情才安静下来。 시간이 한참 흐르고 나서야, 그의 마음이 비로소 안정되었다.

平静・安静

1932 平静 참고

0306 把 bǎ

몡 손잡이, 자루
车把有点儿晃动huàngdòng。
차의 손잡이가 조금 흔들거린다.

동 ① 지키다
这座城是战略要地，一定要把住。
이 도시는 전략적 요충지라서, 꼭 지켜내야 한다.

② 잡다, 쥐다
奶奶把住栏杆lángān下楼。
할머니께서 난간을 붙잡고 계단을 내려오신다.

양 자루, 움큼 (손으로 잡을 수 있는 물건을 세는 단위)
下雨了，给我一把雨伞吧。
비 오네, 나에게 우산 하나 줘.

전 ~을, ~를
请帮我把衣服洗洗。제 옷을 좀 빨아주세요.

 把・将 jiāng

- 把   전 ~을, ~를
- 将   전 ~을, ~를

비교 把와 将은 모두 전치사로서 '~을, ~를'의 뜻을 가지고 있다. 把는 구어에 자주 쓰이고, 将이 서면어라는 점 이외에는 용법이 모두 같다.

① 把가 전치사 역할을 할 경우, 뒤에 오는 명사는 동사의 동작 대상으로 목적어 역할을 한다
我把床铺收拾好了。 내가 침대시트를 다 정리했어.

② 뒤에 오는 명사는 반드시 정확한 사람, 사물을 가리킨다.
他把一本书送给我。(X)
他把这本书送给我。(O) 그가 이 책을 내게 줬어.

③ 把 뒤에 오는 동사는 단음절로 쓰일 수 없으며, 다른 성분이 동사 뒤에 와야 한다
妹妹把这本书看。(X)
妹妹把这本书看好了。(O)
여동생은 이 책을 다 보았다.

④ 부사와 조동사는 把 앞에 놓인다.
他上午把传真就发出去了。(X)
他上午就把传真发出去了。(O)
그는 오전에 바로 팩스를 보냈다.

두 단어 모두 전치사 용법 이외에도 다른 용법을 가지고 있다. 把는 손으로 움켜 쥘 수 있는 것을 세는 양사로 쓰이고, 将은 부사로서 '장차, 곧'이라는 뜻을 가지고 있다.

뜻이 완전히 같을 때에는 차이점에 주목하는 것이 포인트!

Check
快要下雨了，你最好带（　　　　）伞。
곧 비가 내릴 거야, 우산을 가져가는 것이 좋겠어.
我不久（　　　　）去北京工作。
나는 얼마 후에 베이징에 가서 일을 할 것이다.

답 把 / 将

0307 班 bān

몡 반, 조
我们班一共有四十名学生。
우리 반은 모두 40명의 학생이 있다.

양 규정된 시간에 운행되는 교통수단을 세는 단위
每隔gé十分钟就有一班公共汽车。
10분마다 버스가 한 대씩 있다.

0308 搬 bān

동 ① 옮기다
快点把东西搬走吧，我想在这儿放点儿东西。
빨리 물건을 옮기자, 내 생각에는 여기에 물건을 좀 두면 좋겠어.

② 이사하다
他三年前搬走了。 그는 3년 전에 이사했다.

0309 半 bàn

① 반, 절반
要过年了，百货商店好多东西都半价了。
곧 연말이라 백화점 물건 대부분이 다 반값이야.

② 수량이 아주 적음을 나타냄
就这一半点儿东西，不值得我跑过去送给他。 이렇게 조그만 물건이면, 내가 그에게 가져다줄 가치가 없어.

불완전하게, 반쯤
这个国家以出口半成品为主。
이 국가는 반가공품 위주로 수출한다.

0310 办法 bànfǎ

방법, 수단
유 0710 方法, 1371 措施
你快点儿想办法解决这个问题。
너는 이 문제를 해결할 방법을 빨리 좀 생각해봐.
你想出什么好办法解决那个难题了吗？
너는 그 난제를 해결할 어떤 좋은 방법을 생각해냈니?

plus+ 方法・办法
0710 方法 참고

0311 办公室 bàngōngshì

사무실, 행정 부서
办公室里不准大声喧哗xuānhuá。
사무실에서는 큰 소리로 떠들면 안 된다.
老师在办公室里批改pīgǎi作业。
선생님께서는 교무실에서 숙제를 바로 잡아주고 계신다.

0312 帮忙 bāng//máng

돕다, 거들어주다
유 0154 帮助
一放学他就到店里给妈妈帮忙。
그는 하교를 하면 바로 가게에 와서 엄마를 돕는다.
放心吧，你搬家时我一定来帮忙。
걱정 마, 네가 이사할 때 내가 꼭 도우러 올게.
你可真是帮了我一个大忙了。
네가 정말 나를 크게 도와줬지.

plus+ 帮忙・0154 帮助

· 帮忙 동 돕다, 도와주다
  ➡ 帮了大忙, 帮不了忙, 帮我的忙, 帮过忙, 帮不了忙

· 帮助 동 돕다, 도와주다
  ➡ 帮助 + 农村, 朋友

비교 帮忙은 동빈 구조 동사이고, 帮助는 병렬식 구조 동사이다. 따라서 帮助는 바로 목적어를 가져올 수 있지만, 帮忙은 목적어를 직접 가져올 수 없고 중간에 기타성분을 삽입해야 한다.

동빈 구조 동사, 즉 이합사의 쓰임을 명확히 파악하는 것이 포인트!

Check
你替我去（　　　　）吧。
당신이 나를 대신해서 도와주세요.
他刚来，没什么经验，请大家多（　　　　）他。
그가 금방 와서 아무런 경험이 없으니, 모두 그를 많이 도와줘.

답 帮忙 / 帮助

0313 包 bāo

가방, 보따리
我刚买了一只很漂亮的包。
나는 방금 꽤 예쁜 가방을 하나 샀어.

양 포, 꾸러미 (포장한 것을 세는 단위)
爸爸下班后，买了两包大米回家。
아빠가 퇴근한 후에 쌀 두 포대를 사서 돌아오셨다.

① (종이나 천 따위로) 싸다
用这张包装纸把它包起来吧。
이 포장지로 그걸 싸주세요.

② 둘러싸다, 포위하다

煤气很旺wàng，火很快就把锅包住了。
가스가 너무 세서, 불이 금방 냄비를 에워쌌다.

③ 일을 맡다, 책임지다
유 0726 负责, 1309 承担
这件事你一个人包了吧？
이 일은 너 혼자 맡아서 한 거지?

④ 보증하다, 담보하다
你在我的店里买东西吧。我包你放心。
우리 가게에서 구매하세요. 제가 안심하셔도 좋다는 것을 보장합니다.

0314 饱 bǎo

형 배부르다
유 撑 chēng 반 0365 饿
这顿吃得真饱啊！ 한 끼를 정말 배부르게 먹었어!

동 만족시키다
她逛了逛商场，一饱眼福。
그녀는 쇼핑하러 가서 실컷 눈요기했다.

0315 北方 běifāng

명 북방, 북쪽
유 北 běi, 北部 běibù 반 南方 nánfāng
我家在北方一个小城市里。
우리 집은 북방의 작은 도시에 있다.
中国北方冬天的气温要比南方低很多。
중국 북방의 겨울은 남방에 비해 기온이 매우 낮다.

0316 被 bèi

조 동사 앞에서 피동의 동작을 나타냄
被剥削bōxuē阶级总是过着受苦受难nàn的日子。 피착취계급은 언제나 고생스럽고 힘든 나날을 보내고 있다.

명 이불
这条棉被miánbèi非常暖和。
이 면이불은 정말 따뜻하다.

전 ~에게 당하다 (피동문에서 주어는 동작의 대상으로, 被 뒤에 주어는 생략되기도 함)
유 0046 叫, 0238 让
这本书已经被人借走了。
이 책은 이미 다른 사람이 빌려 갔다.

어휘 plus+ 被 · 0238 让

· 被 전 ~에 의해서
  ➡ 주어 + 부사어 + 被 + (목적어 생략 가능) + 동사……

· 让 전 ~에 의해서
  ➡ 주어 + 부사어 + 让 + 목적어 + 동사……

비교 전치사로 쓰일 경우, 被와 让 두 단어 모두 피동의 뜻을 가지고 있다. 被는 목적어를 지닐 때에는 생략이 가능하나, 让은 어떠한 상황에서든 목적어를 생략할 수 없다. 또한 让은 허락이나 명령 등의 뜻도 있다.

뜻이 완전히 같을 때에는 차이점에 주목하는 것이 포인트!

Check
杯子（　　　　）打碎了。컵이 깨졌다.
杯子（　　　　）人打碎了。
컵이 사람에 의해 깨졌다.
她（　　　　）我去买东西。
그녀는 나더러 가서 물건을 사라고 했다.

답 被 / 被 / 让 / 让

0317 鼻子 bízi

명 코
不要打我的鼻子，会很痛的。
내 코 때리지 마, 아프단 말이야.
他鼻子高高的，看起来像德国人。
그는 코가 아주 높아서, 마치 독일 사람처럼 생겼다.

0318 比较 bǐjiào

부 비교적
这篇文章写得比较好。
이 문장은 비교적 잘 쓰여졌다.

전 ~보다, ~에 비해
这个公司政策施行以后，员工的工作积极性比较前一段时间大大提高了。 이 회사는 정책 실행 이후, 직원의 업무 적극도가 이전보다 훨씬 향상되었다.

동 비교하다
유 1436 对比

比较一下才能鉴别出哪个东西好嘛。
비교를 해봐야지 어느 물건이 더 좋은지 감별해낼 수 있지.

0319 **比赛** bǐsài

동 경기하다, 시합하다
我们比赛一下吧，看看究竟谁胜谁负。
우리 시합 한번 해, 도대체 누가 이기고 지는지 보자고.

명 경기, 시합
他在篮球比赛中大显身手，投进许多球。
그는 농구경기에서 솜씨가 두드러지는 선수로, 많은 골을 넣었다.

0320 **必须** bìxū

부 반드시 ~해야 한다
유 0557 一定, 1238 必需, 1239 必要
반 1255 不必, 无须 wúxū, 不须 bùxū

想取得成功必须有毅力。
성공을 하려면 반드시 굳센 의지가 있어야 한다.

学习必须刻苦钻研zuānyán，才能取得好成绩。 공부는 반드시 각고의 노력을 해야, 비로소 좋은 성적을 얻을 수 있는 것이다.

 必需・必须・1239 必要
1238 必需 참고

0321 **变化** biànhuà

동 변화하다, 바뀌다
유 0727 改变

情况变化了，我们要采取新的措施cuòshī了。
상황이 바뀌어서 우리는 새로운 조치를 취해야 한다.

명 변화
我亲眼看到了中国的巨大变化。
나는 중국의 거대한 변화를 눈으로 직접 보았다.

 改变・变化
0727 改变 참고

0322 **表示** biǎoshì

동 ① 표시하다, 나타내다
유 0621 表达, 1247 表明, 1249 表现

大家见他来了，一起鼓掌表示欢迎。
모두가 그를 보러 와서 함께 손뼉을 치며 환영의 뜻을 표했다.

② 의미하다, 가리키다
燕子yànzi飞得很低，表示要下雨了。
제비가 낮게 날면, 곧 비가 온다는 뜻이다.

 表明・0621 表达・表示
1247 表明 참고

0323 **表演** biǎoyǎn

동 공연하다, 연기하다
유 1094 演出

今天的舞蹈wǔdǎo表演很精彩。
오늘 무용 공연은 매우 멋있다.

广场上有几个街头艺人在表演。
광장에서 몇몇 거리 예술가가 공연을 하고 있다.

 演出・表演
1094 演出 참고

0324 **别人** biéren

대 남, 타인
유 人家 rénjiā

不要小看别人。 남을 얕잡아보지 마라.
把方便让给别人，把困难留给自己。
편리함은 타인에게 양보하고, 어려움은 자신에게 남겨라.

 别人 biérén

명 (그 밖의) 다른 사람
家里只有我和妹妹，没有别人。
집에는 오직 나와 여동생만 있고 다른 사람은 아무도 없다.

 别人・人家 rénjiā

• 别人　대 다른 사람
• 人家　대 다른 사람, 자신

비교 두 단어 모두 '다른 사람'이라는 뜻을 가지고 있으나, 人家는 화자와 청자가 어떤 사람 혹은 어떤 사람들을 모두 알고 있을 때, '他', '他们'과 바꿔쓸 수 있고, 화자 본인을 가리켜 我로도 바꿔쓸 수 있다. 别人은 이 두 가지 용법이 없다.

뜻이 완전히 같을 때는 차이점에 주목하는 것이 포인트!

Check
家里只有奶奶和我，没有（　　　　）。
집에는 단지 할머니와 나만 있고, 다른 사람은 없다.
（　　　　）刚开始搞对象，你怎么就说他们成不了。 그들이 막 연애를 시작하려는데, 너는 어째서 벌써 그들이 이루어지지 않을 것이라 얘기하니.

답 别人 / 人家

0325 **宾馆 bīnguǎn**
명 호텔
这是一家五星级宾馆。 여기는 5성급 호텔이다.
从宾馆出来了三个人。 호텔에서 세 사람이 나왔다.

0326 **冰箱 bīngxiāng**
명 냉장고
我们家买了新的电冰箱。
우리 집은 새로 냉장고를 샀어요.
冰箱里有各式各样的饮料。
냉장고에는 각양각색의 음료수가 있다.

0327 **才 cái**

부 ① 막, 방금
유 刚 gāng
你才来这里吗? 너 여기에 방금 온 거니?

② 겨우, 고작, 기껏해야
大雪到了晚上才停。
폭설은 저녁이 되어서야 겨우 그쳤다.

③ 비로소, 이제서야
只有学好基础理论，才能在解决问题时应变自如。 기초 이론을 잘 공부해야지만이, 문제를 해결할 때 비로소 임기응변을 발휘할 수 있다.

④ 강조를 나타낼 때 문말에 呢를 함께 씀
这样干，你不犯错误才怪呢！ 이렇게 하는데도, 네가 틀리지 않는다면 도리어 이상한 거지!

명 재능, 인재
유 才能 cáinéng, 才华 cáihuá
芳芳是个多才多艺的女孩儿。
팡팡은 다재다능한 여자아이다.

 才・ 0204 就

• 才　부 비로소, 겨우
• 就　부 곧, 겨우

비교 才와 就는 서로 상반되는 뜻을 가진다.
① 동작의 발생 측면에서 보면 才는 동작의 발생이나 동작의 끝맺음이 늦은 것을 가리키고, 就는 동작이 짧은 시간 안에 곧 발생할 것을 가리킨다.
她后天才能到。 그녀는 모레가 돼야 겨우 도착한다.
她就到。 그녀는 곧 도착한다.

② 수량적인 측면에서 보면 才는 수량이 적은 정도를 가리키고, 就는 수량의 많고 적음을 모두 나타낼 수 있다.
我就有一本，别拿走。
나도 단지 한 권 있어, 가져가지 마.

③ 才와 就는 문맥의 영향을 많이 받는 단어이다. '走着去十分钟才能到.(걸어서 10분이나 가야 비로소 도착한다.)'와 '走着去十分钟就能到.(걸어서 10분이면 곧 도착한다.)'는 둘 다 맞는 문장이다. 그러나 다음 문장 중 '很近(가깝다)'이라는 뜻 때문에, 둘 중 한 문장은 틀리게 된다.

学校离这儿很近, 走着去十分钟才能到。(X)
学校离这儿很近, 走着去十分钟就能到。(O)
학교는 여기서 가까워, 걸어서 10분이면 바로 도착한다.
만약 앞의 문장이 달라지면 답도 달라진다.

学校离这儿很远, 走着去十分钟才能到。(O)
学校离这儿很远, 走着去十分钟就能到。(X)
학교는 여기에서 멀어서, 걸어서 10분이나 가야 비로소 도착한다.

단어의 뜻은 문맥에 따라 변한다는 것이 포인트!

Check
他一个人(　　　)翻译了五十页, 我们几个人合起来(　　　)翻译了十几页。
그는 혼자서 50쪽이나 번역을 했는데, 우리 몇 사람이 합해봤자 열 몇 쪽밖에 번역을 못 했다.

답 就 / 才

0328 菜单 càidān

명 메뉴, 식단
服务小姐给客人报菜单。
종업원 아가씨가 손님에게 식단을 알려준다.
请把你们餐厅的菜单拿给我吧。
여기 식당 메뉴판을 좀 갖다주세요.

0329 参加 cānjiā

동 (모임이나 일에) 참가하다, 참여하다
유 1277 参与
参加这次会议的有二十多个人。
이번 회의는 20여 명이 참여했다.
王校长也和同学们一起参加了义务活动。
왕 교장 역시 학생들과 함께 봉사활동에 참가했다.

plus+ 参与・参加
1277 参与 참고

0330 草 cǎo

명 풀
草长得绿油油的。 풀이 푸릇푸릇 자라고 있다.

형 ① 세밀하지 않다, 엉성하다
他字写得非常草。
그는 글자를 매우 엉성하게 쓴다.

② 초보적인, 정식이 아닌
他刚刚准备好合同草案。
그가 방금 계약 초안을 준비했다.

0331 层 céng

양 ① 층, 겹, 벌 (중첩되거나 쌓여있는 것을 세는 단위)
他家装了两层铝lǚ材窗, 冬天很暖和。
그의 집은 이중 알루미늄 샤시를 해 넣어서, 겨울철에 아주 따뜻하다.

② 층, 단계 (단계나 항목을 나누는 단위)
还需要进一层想这个问题。
이 문제를 한 층 더 심도있게 생각해볼 필요가 있다.

③ 겹 (물체의 표면으로부터 떼어내거나, 지울 수 있는 물건을 세는 단위)
有一段时间没有打扫卫生, 今天一打扫, 擦掉cādiào一层灰。 한동안 청소를 하지 않다가, 오늘 청소하면서 먼지 한 겹을 벗겨냈다.

0332 差 chà

형 ① 다르다, 차이가 나다
他的中文水平和她比差远了。
그의 중국어 실력은 그녀와 비교하니 차이가 많이 난다.

② 부족하다
那个任务还差一点儿就完成了。
그 임무는 완성되기에는 아직 약간 부족하다.

동 모자라다
还差一个人就到齐了。
아직 한 사람이 더 와야 모두 모이는 것이다.

0333 超市 chāoshì

명 마트, 슈퍼마켓

他在超市里买了一包泡菜pàocài。
그는 슈퍼마켓에서 김치 한 봉지를 샀다.

今天超市大打折，大家快去抢qiǎng购吧！
오늘 마트에서 크게 세일을 해요, 모두 빨리 사러 가요!

0334 衬衫 chènshān

명 와이셔츠, 블라우스

那件黑色的衬衫很漂亮。
그 검정색 블라우스는 정말 예쁘다.

妻子把他的衬衫熨yùn好了。
아내는 그의 와이셔츠를 다 다렸다.

0335 成绩 chéngjì

명 성적, 성과
유 1315 成果, 1316 成就, 2081 收获

我们这学期取得了很好的成绩。
우리는 이번 학기에 아주 좋은 성적을 거두었다.

他在这次期末考试中取得了优良的成绩。
그는 이번 기말고사에서 좋은 성적을 거뒀다.

 plus+ **成就·成绩**
1316 成就 참고

0336 城市 chéngshì

명 도시

这个城市的绿化搞得非常好。
이 도시의 녹화는 매우 잘 되어 있다.

这个城市是一座现代化的大都市。
이 도시는 하나의 현대화된 대도시이다.

0337 迟到 chídào

동 지각하다

快起吧，要不该迟到了。
빨리 일어나, 그렇지 않으면 지각할 거야.

明天八点在公司门口见，别迟到了啊。
내일 8시에 회사 입구에서 봐, 지각하지 마.

0338 出现 chūxiàn

동 나타나다, 출현하다
반 2255 消失

怎样做才能避免这种情况出现？
어떻게 하면 이런 상황이 발생하는 것을 피할 수 있나요?

比赛前半个小时运动员已经出现在运动场上了。
시합 30분 전인데, 운동선수가 벌써 운동장에 나타났다.

0339 厨房 chúfáng

명 부엌, 주방

厨房要每天打扫。 주방은 매일 청소해야 한다.

厨房里正熬áo着汤呢，别忘记了。
주방에 지금 탕을 끓이고 있으니, 잊지 마라.

0340 除了 chúle

전 ① ~을 제외하고
那条路，除了他，谁也不认识。
그 길은, 그를 제외하고는 누구도 모른다.

② ~외에도 (还, 也, 只와 함께 쓰임)
他除了歌唱得好，舞跳得也很好。
그는 노래를 잘 하는 것 외에도 춤도 잘 춘다.

③ ~하지 않으면 ~하다 (就是와 함께 쓰임)
刚生下来的孩子，除了吃就是睡。
갓 태어난 신생아는 먹지 않으면 잔다.

0341 春 chūn

명 봄

春天到了，小树吐新芽了。
봄이 와서, 어린 나뭇가지에 새싹이 돋아나고 있다.

春天的时候这里风景很漂亮。
봄이 되면 여기 경치가 참 아름답다.

0342 **词语** cíyǔ

명 어휘, 글자
你知道用这个词语怎么造句吗?
너 이 어휘를 사용해서 어떻게 작문하는지 알아?

这篇课文中有二十五个新词语。
이 본문 중에 25개의 새 단어들이 나온다.

0343 **聪明** cōngmíng

형 영리하다, 똑똑하다
반 0616 笨

他是个聪明又懂事的好孩子。
그는 총명하고 사리를 분별할 줄 아는 착한 아이다.

我们幼儿园有很多聪明的孩子。
우리 유치원에는 똑똑한 아이가 많다.

0344 **打扫** dǎsǎo

동 청소하다, 정리하다
值日生zhírìshēng正在打扫教室。
당번이 교실을 청소하고 있다.

我们至少要每隔gé两天打扫一次办公室。
우리는 적어도 하루 건너 이틀에 한 번씩 사무실 청소를 한다.

0345 **打算** dǎsuan

동 ~하려고 하다, ~할 작정이다
유 0296 准备, 0798 计划
你打算什么时候出发? 너 언제 출발할 예정이니?

명 계획, 생각
毕业后,你有什么打算?
졸업 후에 너는 어떤 계획을 가지고 있니?

0346 **带** dài

명 ① 끈, 벨트, 테이프
这条皮带又粗又硬。 이 벨트는 굵고 또 딱딱하다.

② 지대, 지역
亚马逊Yàmǎxùn是全世界规模最大的热带雨林地区。 아마존은 전 세계에서 규모가 가장 큰 열대 우림 지역이다.

동 ① 휴대하다, 지니다
带着很重的行李上火车真不方便。
무거운 짐을 가지고 기차를 타는 건 정말 불편하다.

② 드러내다, 나타나다
就算遇到困难,他也是面带笑容。
어려움에 처한다 해도, 그는 여전히 미소를 잃지 않는다.

③ 함유하다
他的话带着不满。 그의 말은 불만을 담고 있다.

0347 **担心** dān//xīn

동 염려하다, 걱정하다
유 1282 操心, 1449 发愁 반 0372 放心
别担心,我会帮你的。
걱정 마, 내가 너를 도와줄게.

她从来没有因为孩子学习成绩差,担心过。
그녀는 지금껏 단 한 번도 아이의 성적이 떨어져서 걱정해본 적이 없다.

 操心·担心
1282 操心 참고

0348 蛋糕 dàngāo

명 케이크

我们每个月吃一次蛋糕。
우리는 매달 한 번씩 케이크를 먹는다.

我刚刚学会了做奶油nǎiyóu蛋糕。
나는 방금 생크림 케이크를 만드는 법을 배웠어.

0349 当然 dāngrán

형 당연하다, 물론이다

当然了，你说得很对，就这么办吧。
물론이지, 네가 말하는 게 옳아, 그럼 이렇게 하기로 하자.

부 당연히, 물론

他们有困难，我们当然应该帮忙啦。
그들에게 어려움이 생기면, 우리가 당연히 도와야지.

0350 地 de

조 주로 형용사 뒤에 붙어서 부사어 역할을 하고, 동사를 직접적으로 꾸며주는 역할을 함

老板恶狠狠èhěnhěn地瞪dèng了我一眼。
사장은 매섭게 나를 한 번 째려봤다.

她盲目地爱了他一年，现在才睁开眼睛。
그녀는 맹목적으로 그를 일 년 동안 사랑했는데, 이제서야 비로소 눈을 뜨게 되었다.

 地 dì

명 ① 땅, 대지
天地之间，总有我的容身之处。
하늘과 땅 사이에, 내가 머물 곳이야 있겠지.

② 장소, 곳, 위치
你几点才到达目的地呢?
너는 몇 시나 되어서 목적지에 도착했니?

 地 · 0015 的 · 0170 得

- 地　**조** ~하게 (형용사 + 地 + 술어)
  ➡ 清楚地看到, 高高兴兴地唱歌, 很认真地听

- 的　**조** ~의 (명사 + 的 + 중심어[주어, 목적어])
  ➡ 我的书, 幸福的生活

- 得　**조** ~하는 정도, ~할 수 있다(술어 + 得 + 정도보어, 술어 + 得 + 결과보어/방향보어/了)
  ➡ 打球打得非常好, 吃得完, 起得来, 去得了

비교 地는 주로 형용사 뒤에 붙어서 동사를 직접적으로 꾸며주는 역할을 하고 부사어를 만들어낸다. 的는 주로 주어나 목적어 바 앞에서 주어나 목적어를 꾸며주는 역할을 하고 관형어를 만들어낸다. 得는 술어 뒤에서 정도보어를 만들어내는 역할과 동사와 결과보어/방향보어/了 사이에 붙어서 가능을 나타내는 가능보어를 만들어낸다.

뜻이나 쓰임이 명확한 단어는 확실히 구분해 두는 것이 포인트!

Check
刚才打扫房间（　　　）是我女儿。
방금 방을 청소한 사람은 내 딸이다.

丈夫把房间打扫（　　　）干干净净的。
남편이 방을 깨끗하게 청소했다.

孩子们马马虎虎（　　　）打扫房间了。
아이들은 대충 방을 청소했다.

답 的 / 得 / 地

0351 灯 dēng

명 등, 등불

天一黑，灯都着zháo了。
날이 어두워지니 등이 모두 켜졌다.

走廊zǒuláng里的灯一闪shǎn一闪的，有点吓人。
복도의 불이 깜빡거려서, 사람을 놀라게 한다.

0352 低 dī

형 내려가다, 낮다

유 0303 矮　**반** 0179 高

他讲话声音太低了，我没听清他说什么。
그의 말소리가 너무 작아서, 나는 그가 무슨 말을 하는지 정확히 듣지 못했다.

동 (머리를) 숙이다

她低着头，羞xiū红了脸。
그녀는 고개를 숙인 채, 부끄러워 얼굴이 빨개졌다.

 矮 · 低

0303 矮 참고

0353 地方 dìfang

명 ① 장소, 곳
这是什么地方？여기는 어디입니까?

② 점, 부분
你到底有什么地方不满意？
당신은 도대체 어떤 점이 마음에 안 드나요?

 地方 dìfāng

명 지방, 지역기관
对于这个问题，各个地方政府有自己不同的解决方法。이 문제에 대해, 각 지방정부는 각자 다른 해결방법을 가지고 있다.

0354 地铁 dìtiě

명 지하철
乘地铁到学校非常方便。
학교에 지하철을 타고 가면 매우 편하다.

从这儿到市内乘坐地铁的话要花十五分钟。
여기에서 시내까지 지하철을 타면 15분이 걸린다.

0355 地图 dìtú

명 지도
他专注地看着眼前的地图。
그가 집중해서 눈앞의 지도를 보고 있다.

电子地图给许多出行的游客带来了便利。
전자지도는 많은 외지 여행객들에게 편리함을 가져다주었다.

0356 电梯 diàntī

명 엘리베이터
电梯正在维修中。엘리베이터는 수리 중이다.

昨天我坐电梯的时候，里面灯坏了，很吓xià人。어제 내가 엘리베이터를 탔을 때, 안에 전등이 고장 나서 정말 놀랐다.

0357 电子邮件 diànzǐ yóujiàn

명 전자우편, 이메일(e-mail), 메일

我收到你的电子邮件了。
저는 당신의 메일을 받았습니다.

我今天给老师发了电子邮件。
나는 오늘 선생님께 메일을 보냈다.

0358 东 dōng

명 동, 동쪽
반 0533 西

菜市场的东面有一条河。
재래시장 동쪽에 하천이 하나 있다.

三十年河东，四十年河西。
삼십 년은 강의 동쪽에, 사십 년은 강의 서쪽에 있다.

0359 冬 dōng

명 겨울
冬天下雨让人很厌烦。
겨울비는 사람을 매우 심난하게 한다.

冬天已经来了，难道春天还远吗？
겨울이 이미 왔는데, 설마 봄이 아직 멀었겠는가?

0360 动物 dòngwù

명 동물
你喜欢什么动物？너는 어떤 동물을 좋아하니?

动物是人类的朋友，我们要友善地对待动物。동물은 인류의 친구로, 우리는 동물을 우호적으로 대해야 한다.

0361 短 duǎn

형 (시간적, 공간적으로) 짧다
반 0158 长

这条裤子真短，我几乎穿不了。
이 바지가 너무 짧아서, 거의 입을 수가 없다.

명 결점, 단점
父母不应该护自己孩子的短。
부모는 자신의 아이의 단점을 감싸려고 해서는 안 된다.

0362 段 duàn

양 ① 구간 (시간이나 공간의 일정한 구간을 세는 단위)
过一段时间，你就会忘记那些事情了。
시간이 지나면, 너도 그 일들을 잊어버리게 될 거야.

② 토막, 조각 (가늘고 긴 모양의 물건을 몇 개로 나눈 부분을 세는 단위)
유 1706 节
每一段铁路都凝结níngjié着铺路pūlù工人们的心血。매 구간의 철로는 모두 철로 보수공들이 심혈을 기울여 깐 것이다.

③ 단락, 대목 (사물의 일부분을 나타내는 단위)
这段话深深地打动了我。
이 대목은 나에게 큰 감동을 주었다.

0363 锻炼 duànliàn

동 단련하다
유 0286 运动, 磨炼 móliàn
游泳可以让孩子的肌肉组织得到锻炼。
수영은 아이의 근력조직을 단련시킬 수 있다.
在艰苦jiānkǔ环境下锻炼一下自己未必是一件坏事。힘든 환경에서 스스로를 단련하는 것은 꼭 나쁘지만은 않은 일이다.

0364 多么 duōme

부 얼마나, 아무리
유 0024 多
我是多么想念你啊！
내가 널 얼마나 보고 싶었는지 알아!
无论多么艰难jiānnán，我们都要坚持下去。
아무리 어렵더라도, 우리는 계속 해 나아가야 한다.

0365 饿 è

형 배가 고프다, 허기지다
반 0314 饱
你饿不饿，我们吃饭去啊。
네가 배가 고프든 말든, 우리는 밥 먹으러 갈 거야.

동 굶기다, 굶주리다
别饿着，快去买点儿东西吃。
굶고 있지 말고 빨리 가서 뭐라도 사 먹어.

0366 而且 érqiě

접 또한, 게다가 (不但과 不仅이 앞에서 자주 호응함)
유 0625 并且
下雨了而且时间也不早了。
비가 내린데다가 시간도 늦었다.
那件衣服不但质量不好，而且还特别贵。
그 옷은 품질도 안 좋은데 너무 비싸기까지 하다.

0367 耳朵 ěrduo

명 귀
堵上耳朵的话什么声音都听不到。
귀를 막으면 아무 소리도 못 듣는다.
你的耳朵真好使，那么小的声音也听得到。
네 귀는 너무 밝아서, 그렇게 작은 소리도 들리는 구나.

75

0368 发烧 fā//shāo

동 열이 나다

发烧的话，要赶快去医院。
열이 나면, 빨리 병원에 가야 해.

他今天发烧了，没法去学校。
그는 오늘 열이 나서, 학교에 갈 수가 없었다.

她发了一天的烧，现在好了。
그녀는 종일 열이 나다가, 지금은 괜찮아졌다.

0369 发现 fāxiàn

동 ① 발견하다

유 1352 创造 1453 发明

要始终抱着不断探索tànsuǒ的态度，才能发现新事物。 늘 끊임없이 탐구하는 태도를 가지고 있어야, 비로소 새로운 사물을 발견할 수 있다.

② 알아채다

我发现你这几天吃不下饭，是不是哪里不舒服？ 너 며칠 밥을 못 먹는 거 같던데, 어디 아픈 거 아니니?

 plus+ 发明·发现 · 1352 创造
1453 发明 참고

0370 方便 fāngbiàn

형 ① 편리하다

반 0890 麻烦, 不便 búbiàn

有了地铁，出行方便多了。
지하철이 생겨서 외출할 때 많이 편리해졌어.

② 적당하다, 적합하다

我现在说话有点儿不方便，麻烦你过会儿再打电话过来，好吗？ 내가 지금 말하기가 좀 불편해, 미안하지만 조금 있다가 다시 전화해주면 안 될까?

동 편리하게 하다

为了方便消费者购物，我们特意开通了专门的购物通道。 소비자들의 편리한 구매를 위해서, 우리는 특별히 전용구매 통로를 개통했다.

0371 放 fàng

동 ① 놓아주다, 풀어주다

他们把这次抓到的俘虏fúlǔ全放回去了。
그들은 이번에 체포한 포로들을 다 풀어주었다.

② (학교나 직장을) 쉬다, 파하다

放假了，孩子们都出去旅游了。
방학이어서, 아이들은 모두 여행을 갔다.

③ 제멋대로 하다

她放声大哭，把心中的怨恨yuànhèn全发泄fāxiè出来了。 그녀는 마음껏 목놓아 울면서 마음속에 있던 원한을 모두 쏟아냈다.

④ (불을) 붙이다, 놓다

过春节时，家家都放爆竹。
설을 보낼 때면, 집집마다 모두 폭죽을 터뜨린다.

0372 放心 fàng//xīn

동 안심하다, 마음을 놓다

반 0347 担心 1282 操心

放心吧，明天不会下雨的。
안심해, 내일은 비가 오지 않을 거야.

妈妈不放心弟弟一个人在家。
엄마는 남동생이 혼자 집에 있는 것을 걱정하신다.

直到他出院，我们才放下心。
그가 퇴원을 하고서야, 우리는 안심을 했다.

0373 分 fēn

동 ① 나누다
她把一个饼分成两半，自己和妹妹一人一半。 그녀는 과자를 반으로 쪼개서 자기와 여동생 각각 반반씩 나누었다.

② 분배하다
这些工作是分给你的，今天之内必须完成。 이 일은 네게 분배된 것이니, 오늘 내로 반드시 완성해야 해.

명 분수
下了一场大雨，三分之一的学生都迟到了。 한바탕 폭우가 와서 학생의 3분의 1이 지각을 했다.

양 ① (성적이나 스포츠 등의) 점수, 득점
他在这次比赛中拿了两分。 그는 이번 시합에서 2득점을 냈다.

② 편 (중국의 화폐 단위), 1/100위안
现在几乎见不到一分钱的硬币了。 지금은 일 편짜리 동전은 거의 볼 수가 없다.

③ (시간의) 분
我们约好2点50分见面。 우리는 2시 50분에 만나기로 약속했어.

0374 附近 fùjìn

명 부근, 근처
我们去附近的超市吧。 우리 근처에 있는 슈퍼마켓에 가자.
附近地区有两家幼儿园。 근처에 유치원이 두 곳 있다.

0375 复习 fùxí

동 복습하다
上课之前先复习一下吧。 수업을 시작하기 전에 먼저 복습하자.
我想从三点开始复习今天学的课程。 나는 3시부터 오늘 배운 수업 내용을 복습하고 싶다.

新HSK VOCA 5000
G 3급

0376 干净 gānjìng

형 ① 깨끗하다, 청결하다
유 洁净 jiéjìng　반 1143 脏
房间真干净，看着人心里就舒畅shūchàng。 방이 정말 깨끗해서 보는 사람의 마음도 상쾌하게 만든다.

② (언행이) 깔끔하다, 간결하다
他处理事情总是干净利落 liluo。 그의 일처리는 항상 깔끔하고 재빠르다.

0377 敢 gǎn

조동 자신 있게 ~하다, 감히 ~하다
你敢在黑夜里一个人走吗? 너 한밤중에 감히 혼자 가려고?

부 설마, 혹시, 어쩌면
有人敲门，敢是你妈妈回来了。 누가 문을 두드리는데, 어쩌면 너희 어머니께서 돌아오신 거 같아.

0378 感冒 gǎnmào

명 감기
유 伤风 shāngfēng
他得感冒了，还发高烧。 그는 감기가 걸린데다가 고열도 있다.

동 감기 들다, 감기에 걸리다
你感冒了吧，嗓子 sǎngzi 都哑 yǎ 了。 당신 감기 걸렸군요, 목이 다 잠겼네요.

0379 刚才 gāngcái

명 방금
유 0735 刚刚

77

我刚才就打过电话了，他不在家。
내가 방금 전화했었는데, 그는 집에 없었어요.

你刚才不想看，现在想看也晚了。 너 조금 전에
는 보고 싶어하지 않았잖아, 지금 보고 싶어해도 늦었어.

刚刚·刚才
0735 刚刚 참고

0380 跟 gēn

- 명 발뒤꿈치, 굽, 뒤축
  我最近脚后跟一直痛。 최근 발꿈치가 계속 아파.

- 동 뒤따르다, 쫓아가다
  他跑得快，我也跟得上。
  그는 빨리 뛰었고, 나도 쫓아 갔다.

- 전 ~와, ~과
  유 0263 向, 1128 与, 同 tóng
  有事要跟我商量一下再做决定。
  일이 있으면 나와 상의해서 다시 결정하도록 해.

- 접 ~에게, ~과, ~와
  유 0038 和, 同 tóng
  快把好消息跟大家讲一下。
  좋은 소식을 빨리 모두에게 말해주세요.

0381 根据 gēnjù

- 전 ~에 근거하여
  根据我们公司的政策，你违反了规定。
  우리 회사 정책에 근거하면, 당신은 규정을 위반했습니다.

- 명 근거
  你有什么根据说我拿了你的书?
  너는 무슨 근거로 내가 네 책을 가져갔다고 말하니?

0382 更 gèng

- 부 ① 더욱, 더
  她穿上裙子，更漂亮了。
  그녀가 치마를 입으니, 더 예뻐.

② 다시
我欲yù穷qióng千里目，更上了一层楼。
나는 먼 곳을 바라보고자, 다시 한 층을 올랐다.

更 gēng

- 동 바꾸다, 고치다
  这次修订法案，我们又更改了许多法条。 이번에
  수정된 법안으로, 우리는 많은 법 조항을 다시 고쳤다.

- 양 경 (옛날에 야간의 시간을 나누던 단위)
  三更半夜这是谁在外面大喊呀?
  삼경 한밤중에 누가 밖에서 큰소리야?

0383 公园 gōngyuán

- 명 공원
  我们市新建了一个市民公园。
  우리 시는 시민공원을 새로 건설했다.

  清晨，很多人去公园锻炼身体。
  이른 아침에 많은 사람들이 공원에 가서 운동을 한다.

0384 故事 gùshi

- 명 이야기, 고사
  故事的内容很有意思。
  이야기의 내용이 매우 재미있다.

  每天晚上睡前妈妈都给小明讲一个故事。
  매일 저녁 자기 전에 엄마는 샤오밍에게 이야기를 들려준다.

0385 刮风 guā//fēng

바람이 불다
外面刮风刮得很厉害。 밖에 바람이 너무 세게 분다.
今天刮了一整天风。 오늘 종일 바람이 불었다.

0386 关 guān

- 동 ① 닫다
  반 0049 开
  出去的时候随手把门关上吧。
  밖으로 나가는 김에 문을 닫아주세요.

② 끄다
快点关灯睡觉吧，明天还要早起呢。
빨리 불을 끄고 자자, 내일 또 일찍 일어나야지.

③ (문을) 닫다, 폐업하다
那家店关门了，以后吃不到他家的美味面条了。
그 상점이 문을 닫은 이후에는 그 집의 맛있는 국수를 맛볼 수 없었다.

④ 가두다, 감금하다
반 0371 放
他在监狱里被关了两个月才给放出来。
그는 감옥에 2개월 동안 갇혀 있다가 석방되었다.

⑤ 관계하다
这可不关我的事，别和我说了。
이것은 저와는 관계없는 일이니, 제게 말하지 마세요.

명 ① 관문, 빗장
这一关要是过了，我们所有问题就都解决了。
이 관문을 통과하게 되면, 우리의 모든 문제는 곧 해결될 것이다.

② 세관
他的货在过关的时候被扣kòu下了。
그의 물건은 세관을 통과하는 과정에서 압수되었다.

0387 关系 guānxi

명 ① (사물이나 사람 등의) 관계, 연관
我跟他完全是同学关系。
나와 그는 완전히 친구 관계이다.

② 중요성, 영향
没有关系，这台机器不修也照样能用。
상관없어, 이 기계는 고치지 않아도 예전처럼 쓸 수 있어.

③ (원인이나 이유의) 관계
由于时间关系，我们今天先谈到这儿为止吧。
시간 관계상, 오늘은 우선 여기까지 얘기합시다.

동 관계하다, 연관되다
关系到安全问题，大家要高度重视。
안전 문제와 관련되어 있으니, 모두 고도로 중시해야 합니다.

0388 关心 guānxīn

동 관심이 있다, 관심을 기울이다
유 1562 关怀

他是个关心家庭的好丈夫。
그는 가정에 관심을 기울이는 좋은 남편이다.

年轻人应该关心国家大事。
젊은이는 마땅히 국가 대사에 관심을 가져야 한다.

 关怀 · 关心
1562 关怀 참고

0389 关于 guānyú

전 ~에 관해, ~에 관한
유 1441 对于

关于这个问题，后面还要详细说。
이 문제에 관해서는 뒤에서 상세하게 말하려고 한다.

关于这种结果，我一点儿也没想到。
이런 종류의 결과에 관해 나는 조금도 생각하지 못했다.

 关于 · 1441 对于

· 关于 전 ~에 관해서
· 对于 전 ~에 대해서

비교 ① 关于는 간섭을 표현하나, 对于는 그런 용법이 없다.
关于织女星，民间有个美丽的传说。
견우와 직녀성은 민간에 전해져오는 아름다운 전설이다.

② 关于는 대상을 가리키지 않고, 对于는 대상을 밝힌다.
对于文化遗产，我们必须进行研究分析。
문화유산에 대하여 우리는 반드시 연구분석을 해야 한다.

③ 关于는 전치사 구조로 문장 제목에서 혼자 쓰일 수 있으나, 对于는 전치사 구조나 오직 수식구로 쓰이는 제목에만 사용된다.
关于人生观 인생관에 관한
对于新政策的认识 신 정책에 대한 인식

두 글자 중 한 글자만 다를 경우 그 다른 한 글자의 뜻에 집중하여 구분하는 것이 포인트!

Check
我 (　　　　) 这种结果一点儿也没想到。
나는 이런 결과에 대해서는 조금도 생각해보지 않았다.
我喜欢看 (　　　　) 中国历史的书。
나는 중국 역사에 관한 책을 좋아한다.

📖 对于 / 关于

0390 国家 guójiā

명 국가, 나라
这就是一个自由平等的**国家**。
이것이 바로 자유평등 국가다.
每个**国家**都有自己民族的灵魂。
국가마다 각국의 민족 영혼을 가지고 있다.

0391 果汁 guǒzhī

명 과일즙, 과일주스
她每天早上都会喝一杯**果汁**。
그녀는 매일 아침 과일 주스를 한 잔 마신다.
我刚榨zhà好了**果汁**，你快去喝吧。
내가 방금 과일즙을 짰어, 빨리 가서 마셔봐.

0392 过去 guòqù

명 과거
유 `0562` 以前 `1362` 从前
반 `0120` 现在 `0561` 以后 `0810` 将来 `2201` 未来 `1884` 目前

忘掉**过去**不愉快的事情吧。
과거의 불쾌한 일들은 모두 잊어라.

동 ① 지나가다, 지나다
门口刚**过去**一辆汽车。
차 한 대가 문 앞을 막 지나갔다.

② 죽다, 돌아가시다 (뒤에 了가 함께 쓰임)
他爷爷昨天**过去**了。
그의 할아버지께서 어제 돌아가셨다.

---

 plus+ 过去 guò//qù

동 ① 동사 뒤에서 사람과 사물이 다른 곳으로 이동했음을 나타냄
天气太热了，我又送**过去**两个冰饮料给老师。
날씨가 너무 더워져서, 나는 시원한 음료수 두 개를 선생님께 가져다 드렸다.

② 동사 뒤에서 원래의 정상적인 상태를 잃어버린 것을 표현함
病人早上晕yūn**过去**了。
환자는 아침에 의식을 잃었다.

③ 형용사 뒤에서 得나 不와 함께 쓰여 초과함을 나타냄
鸡蛋还能硬ying得**过**石头**去**?
달걀이 돌처럼 단단하다고?

0393 还是 háishi

부 여전히, 아직도, 더
유 `0957` 仍然

尽管外面风雨大作，他们**还是**照常去工作了。
비록 밖에 비바람이 분다 해도, 그들은 여전히 예전처럼 일하러 갈 것이다.

접 또는, 아니면
유 `0407` 或者

你是想吃面条，**还是**炒饭？
너 면이 먹고 싶어, 아니면 볶음밥이 먹고 싶어?

 plus+ 还是 · `0407` 或者

· 还是　접 아니면
· 或者　접 아니면, 혹은

비교 접속사일 경우, 두 단어 모두 선택관계를 나타낸다. 하지만 还是는 의문문에서 주로 쓰이고, 或者는 서술문에서 주로 쓰인다. 还是는 접속사 이외에도 부사 용법으로 '여전히, 그래도'라는 뜻도 있다.

의문문에 쓰였는지 서술문에 쓰였는지 구별하는 것이 포인트!

Check
今天去（　　　　　）明天去都可以。
오늘 가든, 내일 가든 모두 괜찮다.
你们明天去，（　　　　）后天去?
너희는 내일 가니, 아니면 모레 가니?

답 或者 / 还是

0394 害怕 hàipà

동 두려워하다, 무서워하다
유 0853 恐怕, 1766 可怕, 1774 恐怖, 怕 pà

男人为什么比女人更害怕分手?
남자는 왜 여자보다 이별을 더 두려워하는가?

不要害怕，姐姐在这儿，姐姐会保护你的。
두려워하지 마, 누나 여기 있잖아. 누나가 널 보호해줄게.

어휘 plus+
恐怕·害怕
0853 恐怕 참고

0395 河 hé

명 강
유 河流 héliú

去对面村庄的话，要过河。
건너편 마을에 가려면 강을 건너야 해.

河水清澈 qīngchè 见底，只见鱼儿快活地游着。
강물이 맑아서 아래가 다 보여, 물고기가 활기차게 헤엄치고 있어.

0396 黑板 hēibǎn

명 칠판

老师在黑板上画了画。
선생님께서 칠판에 그림을 그리셨다.

老师正在黑板上写着昨天讲过的公式。
선생님께서 칠판에 어제 설명한 공식을 쓰고 계신다.

0397 护照 hùzhào

명 여권

想申请签证，需要护照。
비자를 신청하려면 여권이 필요해.

我的护照办了一个多月才办好。
내 여권은 한 달이 넘게 걸려서 겨우 만들었다.

0398 花 huā

동 소비하다, 쓰다
유 0571 用, 费 fèi 반 省 shěng

妈妈给的生活费不够我花。
엄마가 주시는 생활비는 쓰기에 부족해.

我只要花五分钟就能从家到学校。
나는 5분 정도면 집에서 학교까지 바로 갈 수 있다.

0399 花园 huāyuán

명 화원, 정원

爷爷经常到花园里散步。
할아버지께서는 자주 화원에서 산책을 하신다.

我家有个小花园，里面种了各种各样的蔬菜和水果。
우리 집에 작은 정원이 있는데, 안에는 각양각색의 채소와 과일을 심었다.

0400 画 huà

동 그리다

她画画儿画得非常好，经常受到老师的表扬。
그녀는 그림을 매우 잘 그려서, 항상 선생님의 칭찬을 받는다.

명 그림

他的画正好表达了他此刻忧伤的心情。
그의 그림은 그의 비통한 이 심정을 잘 표현하고 있다.

양 한자의 획을 세는 단위

这个字有多少画? 이 글자는 몇 획인가요?

0401 坏 huài

형 ① 나쁘다
　　유 0332 差, 劣 liè　반 0036 好, 优 yōu
　我们要坚信世上好人总比坏人多。
　우리는 세상에 좋은 사람이 나쁜 사람보다 많다는 걸 굳게 믿어야 한다.

② 불량하다
　坏品质的东西再便宜买的人也不多。
　불량품은 아무리 싸더라도 구입하는 사람이 많지 않다.

③ ~해서 죽겠다(너무하다)
　别饿坏了身体，吃一点儿吧。
　배가 너무 고프면 안 되니까, 좀 먹어라.

동 탈나다, 상하다
　吃了不干净的东西坏肚子了。
　청결하지 못한 음식을 먹으면 배탈이 난다.

명 못된 수작, 술책
　别人在他背后使坏，他完全不知道。
　다른 사람이 그의 뒤에서 못된 수작을 부렸지만, 그는 전혀 몰랐다.

0402 还 huán ➡ hái 0188 还

동 돌려주다, 갚다
　반 0428 借
　他把东西又退还给她了。
　그는 물건을 다시 그녀에게 돌려주었다.
　上次向你借的钱我明天就还给你。
　저번에 네게 빌린 돈은 내가 내일 바로 갚을게.

0403 环境 huánjìng

명 환경
　那里绿树成荫yīn，环境优美。
　저기 우거진 숲의 환경이 아름답다.
　人们已经意识到保护环境的重要性。
　사람들은 이미 환경보호의 중요성을 인식하고 있다.

0404 换 huàn

동 ① 교환하다
　　유 调换 diàohuàn, 更换 gēnghuàn
　这双鞋太小了，可以给我换一双大的吗?
　이 신발이 너무 작은데, 좀 큰 걸로 교환해 주시겠어요?

② 환전하다
　我要把美元换成人民币。
　저는 달러를 인민폐로 바꾸고 싶습니다.

③ 교체하다
　我儿子想换一辆新自行车。
　내 아들은 새 자전거로 교체하고 싶어한다.

0405 黄 huáng

형 ① 노랗다
　医生说皮肤发黄不好。
　의사는 피부가 노래지면 좋지 않다고 말했다.

② 음란한, 선정적인
　我们要严格地查禁黄书、黄色影像资料。
　우리는 엄격하게 음란서적 및 선정적인 영상물 자료를 규제하려 한다.

동 실패하다, 수포로 돌아가다
　我们之间的买卖黄了。
　우리 사이의 거래는 수포로 돌아갔다.

0406 会议 huìyì

명 회의
　유 0042 会
　会议一直开到下午六点。
　회의는 오후 6시까지 지속되었다.
　我们小组每周都要开一次会议。
　우리 조 모두는 매주 한 번씩 회의를 열고 있다.

0407 或者 huòzhě

접 ① ~이 아니면 ~이다 (서술문에서 선택관계를 나타냄)
　유 0393 还是

你或者他今天一定得去公司。
너 아니면 그가 오늘은 꼭 회사에 가야 한다.

② ~이거나 ~이다 (동등한 관계를 나타냄)
每次去他家都看见他或者做菜或者打扫。
매번 그의 집에 가서 보면 그는 요리를 하거나 청소를 하고 있다.

🔲 아마, 어쩌면
你快走，或者还赶得上车。
너 빨리 가봐, 아마 아직은 차를 탈 수 있을 거야.

> **어휘 plus+ 还是・或者**
> 0393 还是 참고

0408 几乎 jīhū

🔲 ① 거의
参加今天会议的人数几乎有一百。
오늘 회의에 참석한 사람은 거의 백 명 정도 된다.

② 하마터면
유 1678 简直
那件事要不是你提醒我，我几乎都忘记了。그 일을 만약 네가 나에게 일깨워주지 않았으면, 하마터면 나는 잊어버릴 뻔했다.

0409 机会 jīhuì

🔲 기회

这是你最后的机会。이것은 너의 마지막 기회야.
要想成功，就要抓住每个机会。
성공하고 싶다면, 매 순간 오는 기회를 잡아라.

0410 极 jí

🔲 극히, 매우, 대단히
유 0039 很, 0177 非常, 0299 最, 0792 极其, 0980 十分

这本书影响极大。이 책의 영향력은 대단히 크다.
那是个极重要的问题。
그것은 매우 중요한 문제이다.

> **어휘 plus+ 极**
> 极는 보어로 쓰이나, 앞에 得를 쓰지 않으며, 뒤에 了가 따라 나온다.
> 这道菜味道好极了。이 요리의 맛은 정말 좋다.

0411 记得 jìde

🔲 기억하고 있다
반 0528 忘记, 忘 wàng

老师去年说的那句话我还记得。선생님께서 작년에 말씀하신 그 말을 나는 아직도 기억하고 있다.
你还记得我上次送给你的那本书吗？제가 저번에 당신에게 선물한 그 책을 아직 기억하고 있습니까？

0412 季节 jìjié

🔲 계절
我最喜欢的季节是夏季。
내가 제일 좋아하는 계절은 여름이다.
每个季节都是有各自的特色。
매 계절마다 모두 각자의 특색이 있다.

0413 检查 jiǎnchá

🔲 ① 검사하다, 조사하다
老年人应该定期到医院检查身体。노인은 반드시 병원에서 정기적으로 신체검사를 받아야 한다.

② 반성하다
犯了错误就要自我检查。
잘못을 했으면 응당 스스로 반성해야 한다.

명 반성문
你这个检查写得不认真，再写。
너는 이 반성문을 착실하게 쓰지 않았네, 다시 써.

0414 简单 jiǎndān

형 ① 간단하다, 평범하다
유 0493 容易
반 0469 难, 0726 复杂, 0857 困难
那个问题很简单，不需要那么多时间。
그 문제는 매우 간단해서, 그렇게 많은 시간이 필요 없다.

② 대충하다, 세세하지 않다
유 0891 马虎 반 0492 认真
不要简单从事，要认真对待。
일은 대충하지 말고 진심으로 대해라.

0415 健康 jiànkāng

형 건강하다
유 健壮 jiànzhuàng, 强健 qiángjiàn
반 衰弱 shuāiruò, 虚弱 xūruò
为了健康多吃水果。
건강을 위해서 과일을 많이 먹어.
健康是生命中最宝贵的财富。
건강은 생명의 가장 고귀한 재산이다.

0416 见面 jiàn//miàn

동 만나다, 대면하다
유 会见 huìjiàn
我们下午两点在咖啡厅见面吧。
우리 오후 2시에 커피숍에서 만나자.
我和他见过一次面。나와 그는 한 번 만났다.
我们两人还没有见过面。
우리 둘은 아직 대면한 적이 없다.

0417 讲 jiǎng

동 ① 말하다
유 0102 说话
他高兴得话都讲不出来了。
그는 말할 수 없을 만큼 기뻤다.

② 설명하다
你不把话讲清楚就不要想离开这里。네가
제대로 설명하지 않는다면 여길 떠날 생각은 하지도 마.

③ 상의하다, 의논하다
这家服装店不许讲价。
이 옷 가게는 가격을 흥정하지 않는다.

전 ~에 대해 말하다, 논하다
讲技术他不如你，讲力气你可比不过他。
기술을 말하자면 그가 당신보다 못하지만, 힘으로 말하면 당신은 그와 비교가 안 된다.

0418 教 jiāo

동 가르치다, 지도하다, 교육하다
她教我如何做紫菜包饭。
그녀는 내게 김밥 만드는 것을 가르쳐주었다.
师傅把手艺教给了徒弟。
사부는 기술을 제자에게 가르쳤다.

 plus+ 教 jiào

명 ① 가르침, 교육
我爸爸非常重视家教。
우리 아빠는 가정교육을 매우 중시한다.

② 종교
我们国家有宗教的自由。
우리나라는 종교의 자유가 있다.

0419 角 jiǎo

양 마오 (중국의 화폐 단위로 마오(毛)에 해당됨), 1/10위안
他在马路边捡到了一角钱。
그는 길거리에서 1마오를 주웠다.
我想买个气球，但是还差一角钱。
나는 풍선을 사고 싶었는데, 1마오가 부족하다.

> **발음 plus+** 角 jué
>
> 명 (연극, 영화, 공연, 드라마 속의) 배역, 역할
> 这名主角演得特别厉害。
> 이 주인공은 연기를 정말 잘한다.
>
> 동 다투다
> 他们俩一见面就口角。
> 그들 둘은 만나기만 하면 언쟁을 한다.

0420 脚 jiǎo

명 ① 발
  유 足 zú 반 手 shǒu
  今天走了许多路，脚都痛了。
  오늘 많이 걸었더니, 발이 너무 아프다.

② (사물의) 끝, 굽
  山脚下，有一座小房子。
  산 끝자락에 작은 집 한 채가 있다.

0421 接 jiē

동 ① 잇다, 연결하다, 계속하다
  유 连 lián 반 0693 断
  这一句话和上一句接不上。
  이 문장과 앞의 문장은 연결되지 않는다.

② 잡다
  반 0956 扔
  书掉下来了，赶快接住。
  책이 떨어져서, 재빨리 잡았다.

③ 받다
  昨天我接到十封信。
  어제 나는 열 통의 편지를 받았다.

④ 맞이하다, 영접하다
  유 1701 接待 반 0247 送
  我要去机场接重要的客人。
  나는 중요한 손님을 맞이하러 공항에 가야 한다.

⑤ 다른 사람에게 일을 받아 계속하다
  谁要接你的班了？
  누가 당신 반을 이어받으려고 합니까?

0422 街道 jiēdào

명 큰길, 거리
  유 大街 dàjiē, 街 jiē 반 1614 胡同
  沿着这条街道走可以。이 큰길을 따라 걸으면 돼.
  这条街道非常宽敞 kuānchang。
  이 거리는 매우 넓다.

0423 结婚 jié//hūn

동 결혼하다
  유 1638 婚姻 반 1798 离婚
  她想在26岁前结婚。
  그녀는 26살 전에 결혼하고 싶어한다.
  结婚可是一件大事，不能草率 cǎoshuài 决定。
  결혼은 중대사로 대충 결정하면 안 된다.
  她是个结过婚的女人。
  그녀는 결혼을 했었던 여인이다.

0424 结束 jiéshù

동 마치다, 끝내다
  유 0254 完, 1033 停止 반 0207 开始
  今天的工作什么时候才能结束呀？
  오늘 업무는 언제쯤이면 끝날 수 있을까요?
  演出结束后，他们一起去吃饭了。
  공연이 끝난 후에, 그들은 함께 식사를 하러 갔다.

> **어휘 plus+** 停止・结束
>
> 1033 停止 참고

0425 节目 jiémù

명 프로그램
  这个节目非常受大家的欢迎。
  이 프로그램은 모두에게 매우 사랑받고 있다.
  你看明天电视节目预告了吗？
  너는 내일 TV 프로그램 예고편을 봤니?

0426 节日 jiérì
명 기념일, 명절
节日应该过得开开心心的。
명절은 당연히 즐겁게 보내야 한다.
春节是中国的最大的节日。
춘절은 중국의 가장 큰 명절이다.

0427 解决 jiějué
동 해결하다, 처리하다
유 1769 克服
我们快点儿解决这个问题吧！
우리 이 문제를 빨리 좀 해결하자!
这两家公司的纠纷jiūfēn还没有解决。
이 두 회사의 분쟁은 아직 해결되지 않았다.

0428 借 jiè
동 빌리다, 빌려주다
반 0402 还
借我点钱吧，我有急用。
내게 돈을 좀 빌려줘, 내가 급하게 쓸 데가 있어.
전 ~에 의지하여, ~에 기대서
借着他的力，我轻松地完成了这次的项目。
그의 힘에 의지해서, 나는 이번 프로젝트를 쉽게 완성할 수 있었어.

0429 经常 jīngcháng
부 늘, 항상
유 0597 总是
最近考试他经常考不好。
최근 시험에 그는 늘 잘 보지 못했다.
晚饭后我和妈妈经常一起到公园散步。
저녁 식사 후 나와 엄마는 늘 함께 공원에 산책하러 간다.

0430 经过 jīngguò
동 (장소·시간·동작 등을) 경과하다, 거치다
유 1035 通过, 经 jīng
这辆火车不经过南京。
이 기차는 난징을 경유하지 않는다.
명 과정, 경과
유 0763 过程
说说你探险的经过吧。너의 탐험 과정을 얘기해줘.

 通过·经过 ｜ 经历·经过
1035 通过, 0831 经历 참고

0431 经理 jīnglǐ
동 경영 관리하다
他把自己的一家饭店委托给弟弟经理。
그는 자신의 호텔을 동생에게 위탁하여 경영 관리하게 했다.
명 기업의 책임자, 사장, 매니저
他是我们部门的经理。
그는 우리 부서의 매니저이다.

0432 久 jiǔ
형 오래다, 시간이 길다
유 0158 长 반 0361 短
你离开家很久了吧？ 당신, 집 떠난 지 오래 됐죠?
명 (경과한) 시간, 동안
你来这里有多久了?
당신 여기에 온 지 얼마나 오래 되었죠?

0433 旧 jiù
형 ① 낡다, 오래되다
반 0266 新
不要用旧的方法对待新事物。
낡은 방법으로 새로운 사물에 대처하지 마라.
② 이전의, 과거의
유 0447 老 반 0266 新
这里是旧火车站，现在已经废弃fèiqì了。
여기 오래된 기차역은 지금은 이미 사라졌어.

0434 举行 jǔxíng

동 거행하다, 진행하다
유 0826 进行, 0839 举办

双方会议即将在首尔举行。
쌍방 회의가 곧 서울에서 열릴 것이다.

下个星期他们俩人就要举行婚礼了。
다음 주 그들 둘은 결혼식을 거행한다.

举办・举行
0839 举办 참고

0435 句子 jùzi

명 문장

这个句子写得真漂亮！
이 문장은 너무 아름답게 쓰여졌어!

请你在不懂的句子下面画一条线。
이해가 안 되는 문장 밑에 선을 그어주세요.

0436 决定 juédìng

명 결정, 결의
유 1748 决心

他们在做决定之前跟经理讨论一下问题。
그들은 결정을 하기 전에 매니저와 문제를 토론한다.

동 결정하다, 결심하다

你快点决定吧，剩下的时间不多了。
당신이 빨리 결정하세요, 남은 시간이 많지 않아요.

0437 渴 kě

형 갈증 나다, 목마르다

今天真是又渴又饿。
오늘은 목도 마르고 배도 고프다.

他一口气喝掉大半瓶水，看来真是渴了。
그는 단숨에 물 반병을 마셨는데, 정말 목이 말랐나 보다.

0438 可爱 kě'ài

형 귀엽다, 사랑스럽다
반 可恨 kěhèn

那只可爱的小兔子呀！귀여운 토끼구나!

姐姐给小妹妹画了一只可爱的猫。
언니는 막내 여동생에게 귀여운 고양이 한 마리를 그려주었다.

0439 刻 kè

동 새기다, 조각하다
유 雕 diāo

他会在玻璃上刻花，手艺相当好。
그가 유리창에 꽃을 새기는 걸 보니, 손재주가 꽤 좋네.

양 15분

现在是三点一刻。지금은 3시15분이다.

0440 客人 kèrén

명 손님
반 2449 主人

对待客人要热情周到。
손님을 대할 때는 열정적이고 빈틈이 없어야 한다.

我的客人主要都是她们的丈夫。
내 손님은 대부분 다 그녀들의 남편이다.

0441 空调 kōngtiáo
[명] 에어컨

我想把空调装在另一边。
나는 에어컨을 다른 쪽에 설치하고 싶다.

空调开得太猛měng了，有些冷呢。
에어컨이 엄청 세서 좀 추워.

0442 口 kǒu
[명] ① 입

[유] 1193 嘴

他突然开口说话。
그는 갑자기 입을 떼어 말을 했다.

② (용기 따위의) 주둥이, 입구

这个瓶子的口特别小。
이 병은 주둥이가 특히 작다.

③ 입구

我们到公园门口见面吧。
우리 공원 입구에서 만나자.

④ (음식의) 맛

他口味比较重，喜欢吃咸xián的东西。
그는 입맛이 비교적 강해서, 짠 음식을 좋아한다.

[양] ① 식구나 주둥이가 있는 물건을 세는 단위

我们家一共有五口人。
우리 집은 모두 다섯 식구이다.

② 입, 모금, 마디 (입과 관련있는 동작이나 사물을 세는 단위)

这酒真好喝，再喝一口。
이 술 진짜 맛있네, 한 모금 더 마시자.

0443 哭 kū
[동] 울다

[유] 哭泣 kūqì [반] 0265 笑

她哭着扑pū到我怀里。
그녀는 울면서 내 품에 달려들었다.

这小孩儿很爱哭，一直哭个不停。
이 아이는 걸핏하면 울고, 줄곧 울음을 그치지 않는다.

0444 裤子 kùzi
[명] 바지

他的裤子破了一个洞。
그의 바지에 구멍이 하나 났다.

我习惯把手插chā到裤子的口袋里。
나는 습관적으로 손을 바지 주머니에 넣는다.

0445 筷子 kuàizi
[명] 젓가락

家里只有三双筷子，还不够用。
집에 젓가락이 세 쌍밖에 없어서, 여전히 쓰기에 모자란다.

我还是喜欢用筷子，不习惯用刀和叉chā。
나는 그래도 젓가락을 쓰는 게 좋아, 나이프와 포크는 습관이 안 돼서.

0446 蓝 lán
[형] 푸르다, 파랗다

蓝色的大海与天相接。
푸른 대양과 하늘이 맞닿아 있다.

蓝天白云下，马儿在草地上奔腾bēnténg。
푸르고 하얀 구름 아래, 말이 초원 위를 내달린다.

0447 老 lǎo
[형] ① 늙다, 나이 먹다

[유] 年老 niánlǎo [반] 0092 少, 0122 小, 0472 年轻

他老了，蹒跚pánshān地走着。
그는 늙어서 비틀비틀 걷는다.

② 오래된, 예부터의
  유 0433 旧   반 0266 新
  我们俩可是老朋友，什么事都会互相帮助的。 우리 둘은 오래된 친구라 무슨 일이든 서로 돕는다.

③ 노련하다, 숙련되다
  要说修车，他可是个老手，车有问题你就找他吧。 차를 수리해야 하면, 그가 노련하다고 하니 차에 문제가 있을 때 바로 그를 찾아.

④ 원래의
  我们明天早上老地方见。
  우리 내일 아침 원래 그곳에서 보자.

⑤ 낡다
  你这人就是老脑筋nǎojīn，这样不行，要灵活地处理事情。 당신은 사고방식이 낡은 사람이군. 이러면 안 돼지, 좀 더 융통성 있게 일을 처리하라고.

⑥ (색깔이) 진하다, 짙다
  那件老绿色的衣服不太好看，有些显老。
  그 진한 녹색 옷은 보기 좋지 않아, 좀 뒤쳐져 보여.

부 ① 매우 오래된
  他可是我们这家店的老顾客，不能得罪。
  그는 우리 가게의 오랜 고객이야, 죄를 지었을 리 없어.

② 자주, 항상
  人家老提前完成任务，可是我们不行啊！
  사람들은 항상 미리 임무를 완성하지만 우리는 아니야!

③ 매우, 아주
  太阳已经老高了，你还不起来呀？
  해가 이미 중천인데, 너 아직도 안 일어났어?

0448 离开 lí//kāi

동 떠나다
  유 脱离tuōlí   반 回来huílái
  鱼离开水活不了。 물고기는 물을 떠나서 살지 못한다.
  你离开家乡多久了?
  네가 고향을 떠난 지 얼마나 됐니?
  她忙得离不开身。 그녀는 바빠서 몸을 뺄 수가 없다.

0449 礼物 lǐwù

명 선물
  你最想得到什么圣诞礼物?
  너는 어떤 크리스마스 선물을 가장 받고 싶니?
  这么贵重的礼物我可不能收呀！
  이렇게 귀한 선물을 저는 받을 수 없습니다!

0450 历史 lìshǐ

명 역사
  반 2236 现实
  从这本书里能了解韩国文化的历史。
  이 책에서 한국 문화의 역사를 이해할 수 있다.
  从历史的角度看，这是一件重大的事件。
  역사의 시각에서 보면, 이것은 중대한 사건이다.

0451 脸 liǎn

명 ① 얼굴
  她的脸上有几个雀斑quèbān。
  그녀의 얼굴에 주근깨가 몇 개 있다.

② 체면
  竟然在大马路上摔shuāi了一跤jiāo，真是丢脸死了。 갑자기 큰길에서 넘어져서 너무 창피해.

0452 练习 liànxí

동 연습하다
  她每天早上都去公园里没人的地方练习发音。 그녀는 매일 아침마다 공원의 아무도 없는 곳에 가서 발음 연습을 한다.

명 연습
  要想取得好成绩，得多做练习。
  좋은 성적을 얻기 위해서는, 많은 연습을 해야 한다.

0453 辆 liàng

양 대 (차량을 세는 단위)
  校门口停了一辆宝马Bǎomǎ车。
  교문 앞에 BMW 한 대가 정차했다.

她用攒zǎn下的钱买了一辆自行车。
그녀는 절약해 모은 돈으로 자전거 한 대를 샀다.

一到放学的时候，校门口就会有许多辆车等着接学生。 하교 시간이 되면, 교문 앞에 학생들을 마중 나온 차들이 무척 많다.

0454 了解 liǎojiě

동 ① 이해하다, 알다
  유 0295 知道, 0870 理解

要了解孩子内心的想法，就要和他们多多交流。 아이들의 마음속 생각을 알고 싶으면, 그들과 많이 교류해야 한다.

② 알아보다, 조사하다
  유 0688 调查, 1377 打听

我要亲自去了解一下情况。
내가 직접 가서 정황을 좀 알아봐야겠다.

了解 · 0086 认识 · 0295 知道

- 了解 동 잘알다, 이해하다
  ➡ 了解 + 情况, 历史, 文化, 社会, 为人, 敌情

- 认识 동 인식하다, 알다
  ➡ 认识 + 人, 事物, 汉字, 路

- 知道 알다
  ➡ 知道 + 事实, 事物, 事情

비교 认识는 사람 및 사물, 지역, 글자 등을 분별할 수 있음을 나타내고, 知道는 사실 혹은 도리의 일반적인 인식을 나타낸다. 了解는 사실과 도리가 비교적 깊이 인식됨을 나타내며, 知道보다 정도나 범위가 넓다. 또한 '알아보다, 조사하다'의 뜻도 있으며, 보어를 가져올 수 있다. 知道와 认识가 보어를 가질 때는 조사 得가 필요하다. 예 知道(认识)得很清楚.

어떤 단어들과 함께 쓰이는지를 알아두는 것이 포인트!

Check

来这里以后，我（　　　　　）了好多朋友。
이곳에 온 이후, 나는 많은 친구들을 알게 되었다.

请你帮我（　　　　　）一下她的情况。
네가 내 대신 그녀의 정황을 좀 알아봐줘.

我不（　　　　　）他叫什么名字。
나는 그의 이름이 무엇인지 모른다.

认识 / 了解 / 知道

理解 · 了解
0870 理解 참고

0455 邻居 línjū

명 이웃집, 이웃사람
  유 隔壁 gébì

我们家邻居特别亲切。
우리 이웃은 매우 친절하다.

邻居们都猜测cāicè她是老师。
이웃들은 모두 그녀가 선생님이라고 추측했다.

我真不知道隔壁邻居的女人一直在监视自己。 나는 이웃집 여자가 줄곧 나를 감시하고 있었다는 것을 정말 몰랐다.

0456 楼 lóu

명 ① 건물
  유 楼房 lóufáng

我家前面的那幢zhuàng楼太高了，挡住dǎngzhù了阳光。 우리 집 앞에 있는 그 건물이 너무 높아서, 태양을 가린다.

② (건물의) 층

这栋dòng大厦dàshà十楼昨晚发生了火灾。 이 오피스텔 10층에서 어젯밤에 불이 났다.

③ 점포

这家酒楼已经开业许久了，但没有多少客人。 이 술집은 개업한 지 꽤 되었는데, 손님이 별로 없다.

0457 绿 lǜ

형 푸르다

春天来了，小草都绿了。
봄이 오니, 새싹이 푸르다.

公园里新栽zāi了许多绿树和鲜花。 공원 안에 많은 푸른 수목과 생화를 새로 심었다.

0458 马 mǎ

명 말

马在旷野kuàngyě上奔跑bēnpǎo。
말이 광야를 질주한다.

人有一时不慎shèn，马有一时失蹄tí。
사람도 실수할 때가 있고, 말도 실족할 때가 있다.

0459 马上 mǎshàng

부 곧, 즉시

유 1805 立即　1806 立刻

马上就要下雨了。 곧 비가 내리려고 한다.

电影马上就要开始了。 영화가 곧 시작려고 한다.

> **어휘 plus+**
> 立刻·马上
> 1806 立刻 참고

0460 满意 mǎnyì

동 만족하다, 마음에 들다

유 1843 满足

您对我开出的价钱很满意。
당신이 제게 제시한 가격이 매우 마음에 드네요.

妈妈终于买到了自己满意的衣服。
엄마는 드디어 자신이 마음에 들어하는 옷을 구입했다.

> **어휘 plus+**
> 满足·满意
> 1843 满足 참고

0461 帽子 màozi

명 모자

在教室上课时不要戴帽子。
교실에서 수업할 때는 모자를 쓰지 말아야 한다.

我把帽子当做圣诞礼物送给了妈妈。
나는 모자를 성탄선물로 엄마에게 드렸다.

0462 米 mǐ

명 쌀

前几天妈妈从粮店liángdiàn买了米回来。
며칠 전에 엄마가 곡물 가게에서 쌀을 사오셨다.

양 미터(m)

他身高一米八。 그의 키는 1미터 80센티미터이다.

0463 面包 miànbāo

명 빵

她特别爱吃奶油面包。
그녀는 특히 크림 빵을 좋아한다.

这家面包店每个周五都会有一些新品打折。
이 빵집은 매주 금요일에 일부 신상품 빵들을 할인한다.

0464 面条 miàntiáo

명 국수, 면

中国人过生日吃面条。
중국인은 생일 때 국수를 먹는다.

这家店的面条很筋道jīndao。
이 가게의 면은 매우 쫄깃쫄깃하다.

0465 明白 míngbai

형 ① 명백하다

유 0486 清楚　반 1616 糊涂　1878 模糊

他的话意思很明白，你就不要再自欺qī欺人了。 그의 말 뜻은 매우 명백하니, 당신은 스스로를 속이거나 남을 속이지 마라.

② 숨김없다, 공개적이다
白纸黑字明白地写着，你还有什么可狡辩jiǎobiàn。 확실한 증거가 낱낱이 적혀 있는데, 당신은 무슨 변명할 게 또 있나요?

③ 분별 있는, 사리에 밝은
你是个明白人，不会这么点事都想不通吧。 당신은 사리에 밝은 사람이니, 이 정도의 일이 이해되지 않을 리 없어요.

동 이해하다, 알다
유 0174 懂, 0295 知道, 0454 了解, 0870 理解
我不明白刚才你为什么那么生气。
나는 방금 네가 왜 그렇게 화를 냈는지 이해할 수 없어.

어휘 plus+ 明白 · 0486 清楚

• 明白 형동 명백하다 / 이해하다
  ➡ 内容, 道理, 意思, 问题

• 清楚 형동 뚜렷하다 / 잘 알다
  ➡ 事情, 情况, 观点, 字迹, 头脑, 说话, 表达

비교 明白와 清楚는 형용사로서 모두 '뚜렷하다'라는 뜻을 가지고 있는데, 明白는 내용이 심오하지 않거나 상황이 복잡하지 않아 이해하기 쉬운 것을 가리키고, 清楚는 형상, 색채, 소리 등이 모호하지 않고 쉽게 구별이 가는 것을 가리킨다. 明白와 清楚의 동사적 용법을 살펴보면, 明白는 '懂' 즉 이해한다는 것을 가리키고, 清楚는 '了解' 즉 잘 알고 있다는 것을 가리킨다.

품사에 따라 뜻이 조금씩 변하는 것이 포인트!

Check
你（　　　）我的意思了吗?
너는 내 뜻을 이해했니?

我刚来，不（　　　）他去哪儿了。
나는 방금 와서, 그가 어디 갔는지 잘 모른다.

답 明白 / 清楚

0466 拿 ná

동 ① (손으로) 잡다, (손에) 쥐다
他拿起法律的武器，捍卫hànwèi自己的权利。 그는 법률이라는 무기를 들고, 자신의 권리를 지킨다.

② 얻다, 획득하다
我终于拿到了一等奖学金。
나는 마침내 일등 장학금을 획득했다.

③ 장악하다
我拿不准他到底在想什么。
나는 그가 도대체 무슨 생각을 하는지 파악할 수 없다.

④ 탈취하다, 체포하다
警察把匪徒fěitú拿下了。
경찰이 강도를 체포했다.

전 ~을 가지고서, ~에 대해서
真拿他没办法。 진짜 그는 방법이 없다.

0467 奶奶 nǎinai

명 할머니
유 祖母 zǔmǔ

星期天我去看望奶奶。
일요일에 나는 할머니를 찾아 간다.

爷爷奶奶过分的爱把孙子惯坏了，妈妈很担心。 할아버지와 할머니의 지나친 사랑이 손자의 버릇을 나쁘게 만들어서, 엄마는 걱정한다.

0468 南 nán

명 남, 남쪽
반 北 běi

大雁dàyàn南飞。 기러기가 남쪽으로 날아간다.

我们住的地方在长江以南。
우리가 살고 있는 곳은 창장 이남이다.

0469 难 nán

형 ① 어렵다, 힘들다
유 0414 简单, 0493 容易

对欧洲人来说，写汉字很难。
유럽인에게 있어 한자 쓰기는 어렵다.

② 좋지 않다, 나쁘다

他写的字真难看。
그가 쓴 글은 정말 보기가 안 좋다.

0470 难过 nánguò

형 고생스럽다, 괴롭다
유 0903 难受

得知父亲去世的消息，他非常难过。
아버지께서 돌아가셨다는 소식을 알게 된 후, 그는 매우 괴로웠다.

听到母亲病危 bìngwēi 消息，她心里非常难过。
어머니께서 위독하시다는 소식을 듣고, 그녀는 마음이 매우 괴로웠다.

难受·难过
0903 难受 참고

0471 年级 niánjí

명 학년

她是大学一年级新生。
그는 대학교 1학년 신입생이다.

这次运动会只有两个年级的学生参加，看起来人挺少的。 이번 운동회는 두 개 학년의 학생만 참석해서, 보기에 사람이 정말 적어 보인다.

0472 年轻 niánqīng

형 ① 젊다, 어리다
유 年青 niánqīng 반 0447 老

那个年轻人太莽撞 mǎngzhuàng 了，一点儿都不稳重 wěnzhòng。 그 젊은 녀석은 너무 경솔해서, 조금도 진중함이 없다.

② (상대적으로) 젊다, 어리다

她只是看着成熟，实际上她比我年轻好几岁。 그녀는 보기에는 성숙해 보이지만, 사실 그녀는 나보다 몇 살 더 어리다.

0473 鸟 niǎo

명 새

一只鸟从空中飞过。새 한 마리가 공중으로 날아갔다.

我从来没看过这样美丽的鸟。
나는 지금까지 이렇게 아름다운 새를 본 적이 없다.

0474 努力 nǔ//lì

동 노력하다, 열심히 하다

为了高考合格，他努力学习到深夜。
대입시험에 합격하기 위해서, 그는 밤 늦게까지 열심히 공부한다.

再努一把力！我相信你下次一定会做得更好！ 좀 더 노력해! 나는 네가 다음 번에는 반드시 더 잘할 거라 믿어!

형 힘쓰다
유 1725 尽力, 1966 勤奋

他工作起来特别努力。
그가 일을 시작했다하면 특별히 힘을 다한다.

0475 爬山 páshān
산에 오르다, 등산하다
这个周末我们去爬山吧。
이번 주말에 우리 산에 오르자.
今天要么去爬山,要么去游泳。
오늘 등산을 하든지 수영을 하든지 하자.

0476 盘子 pánzi
명 쟁반
她把三个馒头放进盘子里了。
그녀는 찐빵 세 개를 쟁반 안에 넣었다.
当心点,别把盘子掉到地上了。
조심해라, 쟁반을 땅에 떨어뜨리면 안 돼.

0477 胖 pàng
형 뚱뚱하다, 살찌다
유 肥胖 féipàng 반 0501 瘦
这家服装店的服装很适合身材胖一点的人穿。 이 옷 가게의 옷은 조금 뚱뚱한 사람이 입기에 적합해.
我完全明白胖人的想法,因为我三年前是个超级胖子。 저는 정말 뚱뚱한 사람의 생각을 이해합니다. 왜냐하면 저도 삼 년 전에는 초고도 비만자였거든요.

0478 啤酒 píjiǔ
명 맥주
她一下儿喝了三瓶啤酒。
그녀는 단숨에 맥주 세 병을 마셨다.
他一个人喝掉一打dá啤酒不成问题。
그는 혼자서 맥주 한 박스를 마시는 건 문제되지 않는다.

0479 葡萄 pútao
명 포도
沙拉里面放葡萄更好吃。
샐러드 안에 포도를 넣으면 더욱 맛있다.
葡萄是一种很常见的水果。
포도는 흔한 과일 중 하나이다.

0480 普通话 pǔtōnghuà
명 보통화, 중국 표준어
她的普通话非常标准。
그녀의 중국어는 매우 정확하다.
要尽量在全国范围内普及普通话。
전국적인 범위에서 보통화(중국어 표준어)를 보급하는 데 전력을 기울인다.

0481 其实 qíshí
부 사실은
这个工作其实不难。 이 일은 사실 어렵지 않다.
表面上看她似乎sìhu很难相处,其实不然。
겉으로는 그녀가 마치 같이 지내기 어려워 보이지만, 사실은 그렇지 않다.

0482 其他 qítā
대 기타, 그 외
유 1941 其余, 其它 qítā

除了她，其他人都来了。
그녀를 제외하고 그 외 사람은 모두 왔다.

没有其他什么地方比这里更漂亮的了。
여기보다 더 아름다운 곳은 그 어디에도 없다.

> **어휘 plus+**
> 其余・其他
> 1941 其余 참고

0483 骑 qí

[동] (동물이나 자전거 등에 다리를 벌리고) 타다, 올라타다

周末你能陪我去骑马吗？
주말에 나를 데리고 말 타러 갈 수 있니?

在沙漠里只好骑着能忍耐rěnnài干旱gānhàn的骆驼luòtuo行走。사막에서는 부득이 가뭄에 강한 낙타를 타야만 갈 수 있다.

0484 奇怪 qíguài

[형] 괴상하다, 괴이하다 이상하다

他这个人言行举止都特别奇怪。
그 사람의 행동거지 하나하나가 다 아주 이상하다.

[동] 의아하다, 이해하기 어렵다

这有什么可奇怪的。
여기 무슨 의아한 점이 있다는 거야.

0485 铅笔 qiānbǐ

[명] 연필

这种铅笔的质量不好，没怎么用力写笔尖jiān就断了。이 연필은 품질이 좋지 않아서, 힘을 별로 주지 않고 쓰는데도 연필심이 바로 부러진다.

很多一年级的小朋友不会削xiāo铅笔，需要大人帮忙。대부분의 1학년 어린 학생들은 연필을 깎지 못해서, 어른들의 도움이 필요하다.

0486 清楚 qīngchu

[형] 분명하다, 명확하다
   유 0465 明白 반 1878 模糊

她发音特别清楚。그녀의 발음은 아주 분명하다.

[동] 이해하다, 알다

我很清楚你的意思。나는 네 의사를 잘 알겠어.

> **어휘 plus+**
> 明白・清楚
> 0465 明白 참고

0487 秋 qiū

[명] 가을
   유 秋季 qiūjì, 秋天 qiūtiān
   반 0341 春, 春季 chūnjì, 春天 chūntiān

她的眼睛像一泓hóng秋水。
그녀의 눈은 마치 넓게 펼쳐진 가을철의 맑은 물 같다.

这里秋色十分美丽，吸引xīyǐn了许多外国游客来观光。이곳의 가을 경치는 아주 아름다워서, 많은 외국인 관광객을 유치하게 했다.

0488 裙子 qúnzi

[명] 치마

夏天穿裙子很凉快。
여름에 치마를 입으면 시원하다.

流行越来越多元化，男人也可以穿裙子。
유행이 점차 다양화되어서, 남자도 치마를 입을 수 있다.

R 3급

0489 然后 ránhòu

접 그런 후에, 그리고 나서 (전환을 나타냄)
유 之后 zhīhòu

先把该做的事做完，然后再玩儿。
먼저 이 일을 끝내고 난 후에 놀아라.

舅舅只说了一句话，然后就匆匆忙忙地离开了。 외삼촌은 한마디 하고 급히 떠났다.

0490 热情 rèqíng

명 열정
유 1995 热心, 热诚 rèchéng

热血男儿有满腔mǎnqiāng爱国热情。
열혈남아는 조국을 사랑하는 열정으로 가득 차 있다.

형 친절하다, 열정적이다
她待人dàirén特别热情。
그녀는 다른 사람을 대할 때 특히 친절하다.

 plus+ 热心・热情
1995 热心 참고

0491 认为 rènwéi

동 ~라고 여기다, 생각하다
유 0563 以为

我也这么认为。 나도 그렇게 생각해.

我认为这次是你做错了。
나는 이번에는 네가 틀렸다고 생각해.

 plus+ 认为・0563 以为

· 认为 동 ~라고 여기다, 생각하다
· 以为 동 ~라고 여기다, 생각하다

비교 认为는 사고 분석을 통한 후에 사람과 사물에 대한 정확한 견해 혹은 판단을 도출해내는 것을 말하는데, 객관성이 강하며 판단 가능성이 정확하기도 하고 틀릴 수도 있다. 以为는 자신이 알고 있는 사실을 강조하고 주관성이 강하며 판단이 틀림을 나타낸다.

뜻이 완전히 같을 때에는 차이점에 주목하는 것이 포인트!

Check
原来是你啊，我（　　　　）是李老师来了呢。 너였네, 나는 이 선생님이 오신 줄 알았잖아.
我们都（　　　　）她不错。
우리는 모두 그녀가 괜찮다고 생각한다.

답 以为 / 认为

0492 认真 rènzhēn

동 진짜로 여기다
我不过是开了个玩笑，他就认真了。
나는 단지 농담을 한 건데, 그가 진짜로 여기고 있어.

형 진지하다, 착실하다
유 0726 负责　반 0659 粗心, 0891 马虎

她做任何事都很认真。
그녀는 어떠한 일도 모두 착실히 한다.

0493 容易 róngyì

형 쉽다
유 0414 简单　반 0469 难, 0857 困难

事情没有你想象的那么容易。
일이 네 상상처럼 그렇게 쉽지 않을 거야.

科学研究不容易，不仅需要时间，还需要精力和经费。 과학 연구는 쉽지 않아, 시간뿐만 아니라 정력과 경비도 필요하지.

0494 如果 rúguǒ

접 만일, 만약 (가설을 나타냄)
유 1664 假如

如果今天不下雨我一定去。
만약 오늘 비가 오지 않는다면 나는 반드시 갈 것이다.

如果时间可以倒流，我一定会加倍努力，考上一所好大学的。
만일 시간이 거꾸로 흘러갈 수 있다면, 나는 반드시 두 배의 노력을 해서 꼭 좋은 대학에 입학할 텐데.

0495 伞 sǎn

명 우산, 양산
请把伞借我用一下。 우산을 제게 좀 빌려주세요.
今天有雨，要带雨伞。
오늘 비가 오니까 우산 가지고 가야 해.

0496 上网 shàng//wǎng

동 인터넷 하다, 인터넷을 연결하다
我劝你不要把大部分业余时间都用在上网。
당신이 대부분의 여가 시간을 인터넷을 하는 데 다 쓰지 않기를 권합니다.
目前究竟是上网导致了抑郁yìyù，还是抑郁的人更喜欢上网？ 현재 도대체 인터넷을 하는 것이 우울증을 유발한 것입니까? 아니면 우울한 사람이 인터넷을 더 좋아하는 것입니까?
我的电脑上不了网，你能帮我吗？
내 컴퓨터가 인터넷 연결이 안 돼, 나 좀 도와줄 수 있니?

0497 生气 shēng//qì

동 화를 내다, 화가 나다
유 1483 愤怒 반 0460 满意, 1757 开心
她动不动就生气。 그녀는 걸핏하면 화를 낸다.
她还在生男朋友的气。
그녀는 여전히 남자친구에게 화가 나 있다.

명 활력, 생명력
春天到了，万物复苏fùsū，到处都充满了生气。 봄이 오면 만물이 생성하고, 도처가 생기로 충만하다.

0498 声音 shēngyīn

명 소리, 목소리
유 声 shēng
她说话的声音真动听。
그녀가 말하는 목소리는 정말 듣기 좋다.
隔壁gébì发出奇怪的声音，不会是有小偷吧？
옆집에서 이상한 소리가 나는데, 혹시 도둑이 든 건 아니겠지?

0499 使 shǐ

동 ① 쓰다, 사용하다
유 0571 用
你的手机借我使使。
네 휴대전화 좀 쓰게 빌려 줘.
这支笔一点儿也不好使。
이 펜은 정말 사용하기에 편하지가 않다.

② ~하게 하다, ~시키다
유 0046 叫, 0238 让, 令 lìng
怎样做才能使大家满意？
어떻게 해야 모두를 만족시킬 수 있을까요?

0500 世界 shìjiè

명 세계, 세상
유 0685 地球, 2364 宇宙
世界之大，无奇不有。
세상은 크고 별의별 것이 다 있다.

他把孩子们引入到一个童话的世界里。
그는 아이들을 동화의 세계 속으로 끌어들였다.

0501 瘦 shòu

형 ① 마르다, 여위다
　　반 0477 胖
她脸色很差，又特别瘦。
그녀는 안색도 안 좋고, 또 너무 말랐다.

② 비계가 적다
　　반 肥 féi
超市里瘦肉的价格要比肥肉贵一倍。
마트에서 살코기 가격이 비계 살보다 배가 더 비싸다.

③ 좁다, 작다, 끼다
这条裤子太瘦了，我穿不上。
이 바지가 너무 작아서 내가 입을 수 없다.

④ 척박하다
这块地很瘦，需要多施肥 shīféi。
이 땅은 매우 척박해서 비료를 많이 줘야 한다.

0502 舒服 shūfu

형 편안하다, 유쾌해지다
　　유 2093 舒适　반 0903 难受, 2160 痛苦
这把沙发软软的，真舒服。
이 소파는 부드럽고, 매우 편안하다.

这周准备出去郊游，看来能享受一个舒服的周末啦。
이번 주에 야유회를 가려고 준비하는데, 쾌적한 주말을 보낼 수 있을 것 같다.

0503 叔叔 shūshu

명 숙부, 아저씨
我叔叔为人特别正直。
나의 숙부는 인품이 정말 정직하다.

李叔叔，上我家吃饭去吧。
이 씨 아저씨, 저희 집에 식사하러 가세요.

0504 树 shù

명 나무
外婆家门前有一棵树。
외할머니 집 앞에 나무 한 그루가 있다.

동 설립하다, 건립하다
信誉 xìnyù 不是一朝 zhāo 一夕 xī 就树立起来的。신망은 하루 아침에 이루어지는 것이 아니다.

0505 数学 shùxué

명 수학
请你帮我辅导数学。
제가 수학 공부하는 것을 도와주세요.

他的数学成绩非常好。
그의 수학 성적은 매우 좋다.

0506 刷牙 shuā yá

이를 닦다, 양치질하다
吃完东西后，十分钟之内得刷牙。
음식을 먹고 난 후, 10분 이내에 양치질을 해야 한다.

晚上睡觉前刷牙是一个很好的习惯。
저녁에 잠자기 전에 이를 닦는 것은 매우 좋은 습관이다.

0507 双 shuāng

형 ① 두 개의, 양쪽의
这对年轻的小情侣 qínglǚ 买什么东西都要成双成对的。
이 젊은 부부는 무슨 물건을 사도 쌍으로 산다.

② 짝수의
双号房间在北楼。
짝수 방은 모두 북쪽 건물에 있다.

양 쌍, 매, 켤레 (대칭으로 이루어진 몸의 기관이나 쌍으로 사용하는 물건을 세는 단위)
　　유 0586 只
我想试一下这双鞋。
제가 이 신발을 한번 신어봐도 될까요?

0508 水平 shuǐpíng

[형] 수평의, 평행의
这条线是水平的。 이 선은 수평이다.

[명] ① 수평
水平面上的直线就说水平线。
수평면상의 직선을 바로 수평선이라 한다.

② 수준
[유] 1312 程度
她汉语水平挺高的。
그녀의 중국어 수준은 매우 높다.

0509 司机 sījī

[명] 기사, 운전사
这位司机师傅特别健谈。
이 기사아저씨는 입담이 매우 좋다.
出租车司机把乘客载zài到一家饭店。
택시 기사는 손님을 태우고 한 호텔로 갔다.

0510 虽然 suīrán

[접] 비록 ~일지라도 (뒤에 可是, 但是와 호응함)
[유] 0795 即使, 0824 尽管
我虽然想去，但是没有时间。
나는 비록 가고 싶지만 시간이 없다.
他虽然很忙，但是经常抽空回家看望父母。
그는 비록 매우 바쁘지만, 자주 시간을 내어 부모님을 찾아뵙는다.

0511 太阳 tàiyáng

[명] ① 태양, 해
太阳从东方升起。 태양이 동쪽에서 떠오른다.

② 햇빛, 일광
今天太阳特别好。 오늘 햇빛이 정말 좋다.

0512 糖 táng

[명] ① 탄수화물
糖是人体所必需的。
탄수화물은 인체에 꼭 필요한 것이다.

② 설탕, 사탕
吃太多糖对牙齿不好。
사탕을 많이 먹으면 치아에 좋지 않다.

0513 特别 tèbié

[형] 특별하다, 특이하다
[유] 1432 独特, 2134 特殊 [반] 0564 一般, 1928 平常
今天对她来说是一个特别的日子。
오늘은 그녀에게 있어 특별한 날이다.

[부] ① 매우, 아주
南京的夏天特别热。 난징의 여름은 매우 덥다.

② 특히, 유달리
[유] 1122 尤其, 1522 格外
他不太会拒绝别人的要求，特别是面对美女的时候。 그는 다른 사람의 요구를 잘 거절하지 못하는데, 특히 미녀를 마주하고 있을 때 더욱 그러하다.

---

 plus+ 特殊・特别 | 尤其・特别

2134 特殊, 1122 尤其 참고

0514 疼 téng

동 ① 아프다
유 痛 tòng
他太淘气了，让老师很头疼。 그는 너무 개구장이여서, 선생님의 머리를 너무 아프게 한다.

② 매우 아끼다, 사랑하다
유 0001 爱, 2137 疼爱
姥姥 lǎolao 特别疼她，总是她要什么给买什么。 외할머니께서는 그녀를 너무 아끼셔서, 항상 그녀가 원하는 건 뭐든지 사주신다.

0515 提高 tígāo

동 향상시키다, 끌어올리다
반 0812 降低
人们的生活水平大大提高了。 사람들의 생활수준이 많이 향상되었다.
有什么方法可以快速提高我的英语水平呢？ 어떻게 하면 내 영어 실력이 빠르게 좋아질 수 있을까?

0516 体育 tǐyù

명 체육
我们应当重视全民体育运动。 우리는 마땅히 전 국민의 체육활동을 중요시해야 한다.
这个学期每个星期五都有体育课。 이번 학기에는 매주 금요일에 체육 수업이 있다.

0517 甜 tián

형 ① 달다, 달콤하다
她很喜欢吃甜食。 그녀는 달콤한 음식을 좋아한다.

② 즐겁다, 유쾌하다
听了老师的表扬，她心里甜甜的。 선생님의 칭찬을 듣고 나서, 그녀의 마음이 아주 유쾌해졌다.

0518 条 tiáo

명 ① 나뭇가지, 가늘고 긴 것

柳 liǔ 条儿在风中摇曳 yáoyè。 버드나무 가지가 바람에 흔들린다.

② 메모지, 쪽지
我出去一下，要是有人找我，麻烦你给我留张条儿。 나 좀 나갔다 올게, 만약 누군가 나를 찾으면, 미안하지만 메모를 좀 남겨줘.

양 ① 가늘고 긴 물건을 세는 단위
我们学校外面有一条河。 우리 학교 밖으로 한 줄기 강이 흐른다.

② 가늘고 긴 막대 모양의 물건 여러 개가 모여 하나의 고정된 수량을 가지는 물건을 세는 단위
他送了我一条烟。 그는 내게 담배 한 보루를 선물했다.

③ 항목, 가지 (항목으로 나뉜 것을 세는 단위)
我们学校的校规一共有四十条。 우리 학교의 교칙은 모두 40가지이다.

0519 同事 tóngshì

동 함께 일하다
我和他同事多年，所以对他还是有一定了解的。 나와 그는 함께 오랜 기간 일을 해서, 그에 대해서는 잘 알고 있다.

명 동료
同事有事找我帮忙，我哪里能拒绝啊！ 동료가 일이 있어 내게 도움을 청하는데, 내가 어떻게 거절할 수가 있겠어!

0520 同意 tóngyì

동 동의하다
유 1139 允许, 1310 承认, 2380 赞成 반 0707 反对
我同意你的观点。 나는 당신의 견해에 동의한다.
在李老师的劝说下，妈妈终于同意我参加比赛了。 이 선생님의 설득으로 엄마는 마침내 내가 경기에 참여하는 것에 동의하셨다.

 承认·同意
1310 承认 참고

0521 头发 tóufa

명 머리카락

我想把头发拉直lāzhí。
나는 머리카락을 곧게 펴고 싶다.

由于压力过大，他开始掉头发。
스트레스가 과해서 그의 머리카락이 빠지기 시작했다.

0522 突然 tūrán

형 갑작스럽다

유 0779 忽然, 2329 意外 반 缓慢 huǎnmàn

这场雨来得太突然了。이 비가 너무 갑자기 왔다.

这事对他来说太突然了。
이 일은 그에게 있어서는 너무 갑작스러운 일이다.

부 갑자기, 돌연히

我突然想到他可能对我撒sā了谎huǎng。
나는 갑자기 그가 아마도 내게 거짓말을 했을 거라는 생각이 들었다.

警察突然转过身去，狠hěn狠地盯dīng住他。
경찰이 갑자기 몸을 돌려, 매섭게 그를 주시했다.

> plus+ 忽然·突然
> 0779 忽然 참고

0523 图书馆 túshūguǎn

명 도서관

유 阅览室 yuèlǎnshì

因为爱看书，所以经常去图书馆。
나는 책 보는 것을 좋아하기 때문에 자주 도서관에 간다.

在图书馆里安安静静地看会儿书也是一种享受。도서관에서 조용히 책을 보는 것 역시 하나의 즐거움이다.

0524 腿 tuǐ

명 ① 다리

반 1518 胳膊

他从台阶táijiē上滚gǔn下来，把腿摔shuāi断了。그는 계단에서 굴러떨어져 다리가 부러졌다.

② (물건의) 다리

这凳子dèngzi质量不好，刚一坐上去腿儿就坏了。이 의자의 품질이 좋지 않아서, 앉자마자 다리 하나가 망가졌어.

0525 完成 wán//chéng

동 완성하다

유 0254 完, 0424 结束

这项研究即将完成。이 연구를 곧 완성할 것이다.

身为学生，应该按时完成作业。
학생은 반드시 제시간에 숙제를 완성해야 한다.

要不是朋友的帮助，我是完不成任务的。
만약 친구의 도움이 아니었더라면, 나는 임무를 완성하지 못했을 것이다.

0526 碗 wǎn

명 그릇

妈妈往碗里打鸡蛋。
엄마가 그릇 안에 계란을 깨서 넣었다.

我不小心把碗打碎了。
내가 조심하지 않아 그릇을 깼다.

0527 万 wàn

㊂ 10,000, 만

这个城市人口总计100万人。
이 도시의 인구 총계는 백만 명이다.

他借给我十万块钱作为事业的启动资金。
그는 내게 10만 위안을 빌려 사업운영 자금으로 썼다.

0528 忘记 wàngjì

⑧ ① 잊어 버리다
　㊤ 忘 wàng, 忘掉 wàngdiào
　㊦ 0411 记得, 记住 jìzhu

他完全忘记周一早上有课的事了。 그는 월요일 아침에 수업이 있다는 것을 완전히 잊어버렸다.

② 소홀히 하다, 잊다

管理员忘记关休息室的灯了。
관리원은 휴게실의 등을 끄는 것을 잊었다.

0529 为 wèi

㊄ ① ~에게, ~을 위하여 (행위의 대상을 나타냄)

政府为新婚夫妇提供按揭ànjiē贷款dàikuǎn的服务。정부는 신혼부부를 위해 주택담보대출 서비스를 제공한다.

② ~때문에, ~덕택에, ~하기 위하여 (행위의 원인이나 목적을 나타냄)

妈妈为她儿子的成功感到高兴。
엄마는 아들의 성공으로 매우 기쁘다.

비교 plus+ 为 wéi

⑧ ① ~을 ~으로 여기다

小孩子会不知不觉地把父母作为榜样bǎngyàng。
아이들은 자신도 모르게 부모를 본보기로 여긴다.

② ~으로 변하다, ~이 되다

即使沧海cānghǎi变为桑田sāngtián，我对祖国的爱依然不会改变。설사 바다가 변하여 뽕밭이 되더라도, 나의 조국 사랑은 변하지 않을 것이다.

㊄ ~에 의하여

不要为他的甜言蜜语所迷惑míhuò。
그의 감언이설에 유혹되지 마라.

0530 为了 wèile

㊄ ~을 위하여

我们那样做是为了保全面子。
우리가 그렇게 하는 것은 체면을 유지하기 위해서이다.

为了考上北京大学，她没日没夜地刻苦学习。베이징대학의 입학을 위해 그녀는 밤낮없이 공부했다.

为了防止fángzhǐ大气污染wūrǎn，可能的方法都用到了。대기 오염을 방지하기 위해서 가능한 방법은 모두 썼다.

为了给她留下一个深刻的印象，我时常跟她聊天。그녀에게 깊은 인상을 남기기 위해서, 나는 자주 그녀와 이야기를 나눈다.

0531 位 wèi

㊁ ① 지역

他们经过多次探测tàncè，终于发现了石油的位置。그들은 여러 차례 탐색을 통해 마침내 석유 지역의 위치를 발견했다.

② 위치, 지위

身为大学教授，他享有令人羡慕的社会地位。대학교수의 신분인 그는 사람들의 부러움을 사는 사회적 지위를 누리고 있다.

 분 (사람을 셀 때 쓰는 단위로 '个'보다 높임말로 쓰임)

今天下午，我们公司要迎接一位尊贵的客人。오늘 오후, 우리 회사는 귀한 손님 한 분을 영접한다.

0532 文化 wénhuà

㊁ ① 문화
　㊤ 2208 文明

他为韩中文化交流做出了巨大的贡献。
그는 한중 문화교류에 지대한 공헌을 했다.

② 지식, 교양, 소양

他是个有文化的读书人。
그는 교양 있는 독서인이다.

新HSK VOCA 5000
X 3급

0533 西 xī

명 ① 서쪽
> 반 0358 东

夕阳西下，有许多恋人正在欣赏xīnshǎng这美景。
석양이 서쪽으로 질 때, 많은 연인들이 이 아름다운 광경을 감상하고 있다.

② 서양

在国际交流的过程中，中西文化的差异不容忽视。
국제교류의 과정에서 중국과 서양의 문화 차이를 소홀히 할 수 없다.

0534 习惯 xíguàn

명 습관

学习中爱发问是好习惯。
공부 중에 자주 질문을 하는 것은 좋은 습관이다.

一个坏习惯一旦形成是很难改变的。
나쁜 습관은 한번 형성되면 바꾸기가 정말 어렵다.

동 습관이 되다, 적응이 되다.

他已经习惯了这里的生活。
그는 이미 이곳 생활에 익숙해졌다.

起初这活儿累极了，不过后来我们都习惯了。
처음에는 이 일이 너무 힘들었으나, 나중에 우리는 모두 적응했다.

0535 洗手间 xǐshǒujiān

명 화장실

她刚才去过洗手间了。
그녀는 방금 화장실에 갔다 왔다.

请问洗手间在什么地方？
실례지만 화장실이 어디죠？

0536 洗澡 xǐ//zǎo

동 목욕하다

她一回到家就洗澡了。
그녀는 집에 돌아오자마자 목욕했다.

她每次洗澡都要洗很久。
그녀는 목욕을 할 때마다 항상 오래 씻는다.

他今天洗了两次澡。 그는 오늘 목욕을 두 번이나 했다.

0537 夏 xià

명 여름
> 유 夏季 xiàjì, 夏天 xiàtiān 반 0359 冬

夏季闷热mēnrè的天气令人心烦意乱。
여름철 후덥지근한 날씨는 사람을 거북하고 심란하게 한다.

夏天蚊子多，不要把窗帘chuānglián打开。
여름에는 모기가 많으니 커튼을 열지 마라.

0538 先 xiān

부 ① 먼저, 우선
> 유 0994 首先 반 后 hòu

请大家遵守秩序zhìxù，先下后上。
모두 질서를 지켜주세요, 먼저 내린 후 승차하세요.

② 일시, 잠시

大家先喝口茶休息一下，我们稍后进入正题。
모두 잠시 차를 한 잔 마시고 쉬세요, 잠시 후에 본론으로 들어가겠습니다.

명 ① 앞, 선두

敌人的先头部队已经逼近bījìn城下。
적군의 선두 부대가 이미 성 아래까지 바짝 접근했어.

② 조상, 선조

每到清明，我们都要祭拜祖先。
매번 청명절이 되면 우리는 모두 조상에 제사를 지낸다.

0539 香蕉 xiāngjiāo

명 바나나

据说吃香蕉可以使人心情变好。
바나나를 먹으면 사람의 기분이 좋아진다고 알려져 있다.

香蕉是亚热带水果，所以在北方价格要稍微贵一些。 바나나는 아열대 과일로, 북방에서는 가격이 조금 비싸다.

0540 相同 xiāngtóng

[형] 서로 같다, 똑같다
- [유] 0560 一样, 同样 tóngyàng, 一模一样 yìmúyíyàng
- [반] 1065 相反

他们两个人得出的答案是相同的。
그들 둘이 제시한 답이 똑같다.

我的项链 xiàngliàn 和她的项链是相同的。
내 목걸이와 그녀의 목걸이는 똑같다.

0541 相信 xiāngxìn

[동] 믿다, 신임하다
- [유] 1074 信任 [반] 0782 怀疑, 猜疑 cāiyí, 置疑 zhìyí

我相信他一定会取得成功。
나는 그가 반드시 성공할 것이라 믿는다.

你们怎么相信这种人的话了？
너희는 어떻게 이런 사람의 말을 믿었니?

0542 像 xiàng

[동] ① 마치 ~와 같다
- [유] 0770 好像

她像仙女一样美丽。
그녀는 마치 선녀처럼 아름답다.

② 닮다, 비슷하다
他长得像他妈妈。 그는 그의 엄마를 닮았다.

[명] (인물을 본뜬) 형상
- [유] 0400 画, 0584 照片

她在房间里挂了一幅 fú 自己的半身像。
그녀의 방에는 자신의 반신상이 걸려 있다.

0543 小心 xiǎoxīn

[형] 조심스럽다, 주의 깊다
- [유] 1721 谨慎

路上又是冰又是雪，他开车十分小心。
길에 얼음과 눈이 있어서 그는 매우 조심스럽게 차를 몰았다.

[동] 조심하다, 신중하다
- [유] 0594 注意

最近天气转凉了，小心感冒。
최근 날씨가 갑자기 차가워졌으니 감기에 조심해야 한다.

0544 校长 xiàozhǎng

[명] 학교장, 총장, 교장선생님
我们学校校长很有威望。
우리 학교 교장선생님은 아주 명망이 높다.

校长给优秀 yōuxiù 学生颁发 bānfā 了奖状 jiǎngzhuàng。 학교장이 우수 학생에게 상장을 수여했다.

0545 鞋 xié

[명] 신발
刚买的这双鞋太紧。 방금 산 이 신발이 너무 꽉 낀다.

刚才太匆忙了，鞋都没穿好就从屋里跑出来了。 방금 너무 바빠서 신발도 못 신고 집에서 뛰어 나왔다.

0546 新闻 xīnwén

[명] ① 뉴스
他每天都要看新闻。 그는 매일 뉴스를 시청한다.

② 새로운 일, 새 소식
- [유] 1068 消息 xiāoxi

说说看，你们系最近有什么新闻。
말해봐, 너희 과에 최근 무슨 새로운 소식이 있는지.

0547 新鲜 xīnxiān

[형] 싱싱하다, 신선하다
这些水果都很新鲜，你们买一点儿吧。
여기 과일들이 모두 신선합니다, 사가세요.

这条鱼非常新鲜，买的时候活蹦 bèng 乱跳 tiào 的。 이 물고기는 매우 신선해서, 살 때 펄떡펄떡 뛰었어.

0548 信 xìn

명 편지
  유 书信 shūxìn

明天请你提醒我去寄信。
내일 내게 편지를 부치라고 좀 알려 줘.

如今，写信的人越来越少了。
지금은 편지를 쓰는 사람이 점차 줄고 있어.

0549 行李箱 xínglǐxiāng

명 트렁크, 여행용 가방

你帮我收拾一下行李箱。 트렁크 좀 정리해줘.

请把您的行李箱放到行李架上。
당신 트렁크는 선반 위에 두세요.

0550 兴趣 xìngqù

명 흥미, 흥취
  유 0304 爱好

他对时事政治特别感兴趣。
그는 시사 정치에 특히 관심이 많다.

他们想用这个项目引起他的兴趣。
그들은 이 프로젝트로 그의 흥미를 끌려고 생각한다.

어휘 plus+ 兴趣 · 0304 爱好

- 兴趣 명 흥미, 관심
  ➡ 引起, 感, 产生 + 兴趣

- 爱好 명 취미
  ➡ 有, 没有 + 爱好
  ➡ 爱好 + 广泛, 很多

비교 兴趣는 사람이 객관적 사물을 좋아하는 감정을 나타내며, 일정한 시간을 통해 양성되는 감정을 나타낸다. '感', '引起', '产生' 등의 동사와 자주 쓰이며, '大', '农' 등의 형용사와도 자주 쓰인다. 爱好는 어떤 사물에 대해 깊은 관심과 개인적 흥미, 즉 취미를 나타내며, 목적어는 사물만 올 수 있다.

비슷한 의미를 가진 단어일수록 搭配에 의해 구분된다는 것이 포인트!

Check

我丈夫从来没有什么特别的（   ）。
내 남편은 지금까지 무슨 특별한 취미를 가져본 적이 없다.

谢谢你们对我们产品产生（   ）。
우리 상품에 관심을 가져주셔서 감사합니다.

답 爱好 / 兴趣

0551 熊猫 xióngmāo

명 판다

他救了5只熊猫。 그는 다섯 마리의 판다를 구했다.

熊猫是中国的国宝。 판다는 중국의 국보이다.

0552 需要 xūyào

동 필요하다
  유 需求 xūqiú

我需要好好儿休息一段时间。
나는 일단의 휴식의 시간이 필요하다.

명 필요, 수요

妈妈尽量满足女儿所有的需要。
엄마는 딸의 모든 요구를 최대한 만족시키고자 한다.

어휘 plus+ 需要 · 需求 xūqiú

- 需要 명 욕구, 요구
- 需求 명 수요, 필요

비교 需要와 需求는 둘 다 명사 용법을 가지고 있다. 需要는 사물에 대한 욕망과 요구를 나타내며, 需求는 필요에 의해서 생기는 요구, 즉 필요한 물건을 나타낸다. 또한 需要는 동사 용법으로 반드시 필요하다는 뜻을 가지고 있으나, 需求는 동사 용법이 없다.

한국어로 해석하면 차이가 없어 보이므로 단어의 뜻을 정확히 파악하는 것이 포인트!

Check

你（   ）我做什么，尽管吩咐 fēnfù。
내가 뭘 하기를 원하면, 분부만 내려.

你们有什么样的（   ），我们就提供什么样的服务。 여러분이 무슨 필요사항이 있다면, 우리는 그 서비스를 제공합니다.

他们的（   ）我们满足不了。
그들의 요구를 우리는 만족시킬 수 없다.

답 需要 / 需求 / 需要

0553 选择 xuǎnzé

동 고르다, 선택하다
유 挑选 tiāoxuǎn, 选取 xuǎnqǔ

如果我非得住在首尔，我选择租房。
만약 내가 반드시 서울에 머물러야 한다면, 저는 임대를 선택하겠습니다.

既然我选择了这条路，就绝不会后悔。
기왕 내가 이 길을 선택했으니, 절대 후회하지 않을 거야.

0554 眼镜 yǎnjìng

명 안경

他的眼镜度数很高。 그의 안경 도수는 매우 높다.
他戴上眼镜后显得文质彬bīn彬的。
그가 안경을 끼면 점잖고 고상해 보인다.

0555 要求 yāoqiú

동 요구하다
유 1975 请求

职员要求公司方面支付加班费。
직원은 회사 측에 시간 외 수당 지불을 요구했다.

명 요구

这些都是次品，完全不符合要求。 이것들은 모두 품질이 낮은 제품이라, 완전히 요구에 부합하지 않는다.

 어휘 plus+ 请求·要求
1975 请求 참고

0556 爷爷 yéye

명 할아버지
반 1015 孙子

爷爷给孩子们讲他童年的故事。
할아버지께서는 아이들에게 어렸을 적 이야기를 해주셨다.

孙子常来看爷爷，所以他不感到寂寞。 손자가 자주 할아버지를 보러와서, 그는 외로움을 느끼지 않는다.

0557 一定 yídìng

형 일정하다, 규칙적이다

她每天几点吃饭，每顿吃多少，都是一定的。 그녀는 매일 식사 시간이나 식사량이 모두 일정하다.

부 반드시, 꼭, 필히
유 0320 必须

晚上晚回家的话，一定要打电话告诉妈妈一声。 저녁 늦게 귀가할 때, 반드시 엄마에게 전화로 알려 드려야 한다.

0558 一共 yígòng

부 전부, 모두
유 2484 总共 반 分别 fēnbié

我们班一共有十六个人。 우리 반은 모두 16명이다.
请您帮我算下，这些东西一共多少钱?
계산 좀 해주세요, 이 물건들 전부 얼마죠?

0559 一会儿 yíhuìr

부 ~하다가 ~하다

她看着连续剧，一会儿哭一会儿笑。
그녀는 연속극을 보면서, 울기도 하고 웃기도 한다.

양 ① 잠시, 잠깐

咱们先休息一会儿再学习吧。
우리 먼저 잠시 쉬었다가 다시 공부하자.

② 잠시 동안, 잠깐 사이
才一会儿，她就吃了三个冰淇淋。
잠깐 사이에 그녀는 아이스크림을 세 개나 먹었다.

0560 一样 yíyàng

[형] 같다, 동일하다

유 0540 相同

她穿的鞋和我的一样。
그녀가 신은 신발이 나의 것과 같다.

你们俩相貌xiàngmào一样，性格也一样。
너희 둘은 생김새도 같고 성격도 같네.

0561 以后 yǐhòu

[명] 이후

유 0778 后来, 之后 zhīhòu
반 0562 以前, 之前 zhīqián

以后的事儿谁知道呢。 이후의 일을 누가 알겠어.

现在不努力，以后怎么办?
지금 노력하지 않으면, 이후에는 어떻게 할래?

> 어휘 plus+ 后来・以后
> 0778 后来 참고

0562 以前 yǐqián

[명] 이전

유 1362 从前 반 以后 yǐhòu, 之后 zhīhòu

以前他是一个很有自信的人。
이전에 그는 자신감이 많은 사람이었다.

以前我从没考虑过这个问题。
이전에 나는 이 문제에 대해 생각해본 적이 없다.

0563 以为 yǐwéi

[동] 여기다, 생각하다

유 0491 认为

我们原以为他年纪大爬pá不到山顶。
우리는 원래 그가 나이가 많아서 산 정상에 오르지 못할 거라고 생각했다.

我以为他会支持我，他竟然同意你的观点。
나는 그가 나를 지지하고 있다고 생각했는데, 그가 뜻밖에도 당신의 견해에 동의하더군요.

> 어휘 plus+ 认为・以为
> 0491 认为 참고

0564 一般 yìbān

[형] ① 같다, 동일하다

유 0560 一样

这一对双胞胎女孩儿长得很不错，小脸如花朵一般。이 쌍둥이 여자아이들 정말 예쁘게 생겼네, 작은 얼굴이 마치 한 송이 꽃 같아.

② 일반적이다, 보통이다

반 1432 独特, 2134 特殊

这件衣服没什么特别的，很一般。
이 옷은 특별하지 않고 매우 보통이다.

[양] 일종의

下雨天来湖边，果然别有一般滋味zīwèi。
비 오는 날 호숫가에 오면, 과연 또 다른 일종의 흥취가 있다.

0565 一边 yìbiān

[명] ① 한쪽, 한편, 한 면

哪一边开出的条件更丰厚，我就为哪一边办事。어느 쪽에서 제시한 조건이 더 좋은지 보고, 나는 그 쪽 일을 하겠어.

② 옆, 곁

我们玩儿扑克pūkè牌，他在一边打游戏。
우리는 카드놀이를 했고, 그는 옆에서 게임을 했어.

[부] ~하면서 ~하다 (두 가지 동작이 동시에 진행됨을 나타냄)
她一边擦地板，一边听音乐。
그녀는 마루를 닦으면서 음악을 듣는다.

0566 一直 yìzhí

- 튀 ① 곧장, 줄곧
  - 유 0658 从来 반 0911 偶尔, 1142 暂时
  - 沿着这条路一直往北走就能到火车站。
  - 이 길을 따라 곧장 북쪽으로 가면 기차역에 도착할 수 있다.

- ② 관련된 범위를 강조함
  - 从老人一直到小孩儿全都欢欣雀跃 quèyuè。
  - 노인부터 어린아이까지 모두 기뻐서 깡충깡충 뛰었다.

从来 · 一直
0658 从来

0567 音乐 yīnyuè

- 명 음악
  - 他是我喜欢的音乐指挥家。
  - 그는 내가 좋아하는 음악 지휘자다.
  - 真正的音乐是有灵魂的，它能带给人心灵上的震颤 zhènchàn。 진정한 음악에는 영혼이 있어 사람들의 심금을 울린다.

0568 银行 yínháng

- 명 은행
  - 银行的自动取款机 qǔkuǎnjī 坏了。
  - 은행의 현금인출기가 고장 났다.
  - 银行的工作并不轻松, 经常要加班到很晚。
  - 은행 일이 결코 쉬운 게 아니야, 자주 늦게까지 초과 근무해.

0569 应该 yīnggāi

- 조동 마땅히 ~해야 한다, 반드시 ~해야 한다
  - 유 0274 要, 0320 必须, 应当 yīngdāng
  - 반 1255 不必
  - 你应该抽空陪父母吃顿饭。 네가 마땅히 시간을 내서 부모님 모시고 식사 한번 해야 해.
  - 捣蒜 dǎosuàn 的时候应该兑 duì 点儿盐 yán。
  - 마늘을 찧을 때에는 반드시 소금을 조금 넣어야 한다.

0570 影响 yǐngxiǎng

- 동 영향을 주다
  - 不良音像制品会影响孩子的成长。
  - 유해 음반 영상물은 아이들의 성장에 영향을 끼친다.

- 명 영향
  - 罐头 guàntou 不受气候或温度的影响。
  - 통조림은 기후나 온도의 영향을 받지 않는다.

0571 用 yòng

- 동 ① 사용하다, 이용하다
  - 手写太慢了，还是用电脑打字吧。
  - 손으로 쓰면 너무 늦어, 컴퓨터를 사용해 치는 게 낫겠어.

- ② 쓰다
  - 坐公交车的话，用两块钱就足够了。
  - 버스를 탈 때, 2위안이면 충분해.

- ③ 필요하다 (부정형에서 자주 사용됨)
  - 这件事我会看着办的，不用你管。
  - 이 일은 제가 알아서 할 테니, 당신은 관여할 필요 없어요.

- ④ 들다, 드시다 (경어로 쓰임)
  - 这是今年上好的龙井，您请用吧。
  - 이것은 올해 막 새로 나온 롱징차인데요, 드셔보세요.

0572 游戏 yóuxì

- 명 게임
  - 游戏只是一种形式，不要太在意。
  - 게임은 일종의 형식일 뿐이니, 너무 마음에 두지 마라.
  - 电脑游戏占据 zhànjù 了他全部的业余时间。
  - 컴퓨터 게임은 그의 모든 여가 시간을 점령해버렸다.

0573 有名 yǒumíng

- 형 유명하다
  - 유 1180 著名, 出名 chūmíng
  - 那位歌手以前很有名，现在却默默无闻了。
  - 그 가수는 이전에는 유명했는데, 지금은 오히려 이름이 알려지지 않았어.

她在我们学校特别有名，没有人不认识她。
그녀는 우리 학교에서 특히 유명해서 모르는 이는 없다.

0574 又 yòu

부 ① 또 (반복 또는 연속을 나타냄)
白发苍cāng苍的老爷爷拿着他孙子的照片看了又看。 백발이 희끗희끗한 할아버지는 손자의 사진을 들고 보고 또 봤다.

② 또한, 동시에 (동시 상황을 나타냄)
看着孩子委屈wěiqu的样子，她觉得真是又可笑又可气。 아이의 억울한 모습을 보니, 그녀는 정말 웃기기도 하고 화도 났다.

③ 또한, 더하여
他受伤了，又饿着肚子，就更走不动了。
그는 다친데다 또 배도 고파서, 더욱 움직일 수 없었다.

④ 그러나, 그렇지만
我特别想大吃一顿，又怕长肉。
나는 너무 많이 먹고 싶었지만, 살이 찔까 두렵다.

⑤ ~도 (부정문과 반어문에서 강조를 나타냄)
你又不是我的什么人，你管得着吗? 당신은 나와 아무 관계도 없는데, 당신이 관여할 수 있나요?

어휘 plus+ 又・0188 还・0287 再

- 又　부 또
- 还　부 더, 다시
- 再　부 다시

비교 又, 还, 再 이 세 단어는 모두 동작이나 상태 등의 중복 혹은 지속을 나타내고 있으나, 그 범위에는 차이가 있다. 还는 중복을 나타낼 때와 과거, 현재, 미래의 동작을 모두 나타낸다. 再는 미래의 동작을 나타내며, 실현되지 않았거나 혹은 지속되고 있는 것만을 나타낸다. 又는 과거의 동작으로 이미 완성된 것을 나타낸다.

뜻이 완전히 같을 때에는 차이점에 주목하는 것이 포인트!

Check
今天没时间，明天（　　　）去买书吧。
지금 시간이 없으니, 내일 다시 책을 사러 가자.
她昨天来了，今天（　　　）来了。
그녀는 어제 왔었는데, 오늘 또 왔다.

她今天又来找我了，说明天（　　　）想和我再去一次。그녀가 오늘 또 나를 찾아와서, 내일 다시 나와 한 번 더 가자고 말했다.

답 再 / 又 / 还

0575 遇到 yùdào

동 만나다, 마주치다
유 1914 碰见, 碰到 pèngdào, 遇见 yùjiàn
在图书馆遇到老师。 도서관에서 선생님을 만났다.
在回家的路上遇到了隔壁gébì的王奶奶。
집에 오는 길에 옆집 왕 씨 할머니와 마주쳤다.

0576 愿意 yuànyì

동 ~하기를 바라다, ~하기를 원하다
유 愿 yuàn
不知道他愿不愿意陪我一起去逛街。
그가 나와 함께 쇼핑 가기를 원하는지 아닌지 잘 모르겠다.

동 원하다, 희망하다
유 0520 同意
他们很愿意你来玩儿的。
그들은 당신이 와서 놀기를 원해요.

0578 月亮 yuèliang

명 달, 달빛
유 0137 月
有时星星亮，有时月亮亮。
때로는 별이 밝고, 때로는 달이 밝다.
今晚天气不太好，月亮都被乌云wūyún给遮住zhēzhù了。 오늘 밤 날씨가 좋지 않아서, 달이 먹구름에 다 가렸다.

0577 越 yuè

동 넘다, 건너다
我们翻fān山越岭lǐng，终于到达了目的地。
우리는 산 넘고 재를 넘어 마침내 목적지에 도착했다.

부 ~하면 할수록 ~하다 (중첩하여 쓰이며 조건 변화에 따른 정도를 나타냄)
他的病越来越重了。 그의 병은 점차 심각해졌다.

0579 **云** yún

명 구름
유 云彩 yúncǎi

晴朗的天空万里无云。
맑은 하늘에 구름 한 점 없다.

云再高，总在太阳底下。
구름이 아무리 높아도, 결국은 태양 아래 있다.

0580 **站** zhàn

동 서다, 일어서다
别站在那里了，快进来坐。
거기에 서 있지 말고, 얼른 들어와서 앉아.

명 역, 정류장
还有五分钟火车就要进站了。
5분 후면 기차가 곧 역에 들어올 거야.

0581 **长** zhǎng → cháng 0518 长

동 성장하다, 자라다
유 生 shēng

我是在海边长大的。 나는 바닷가에서 자랐어.

동 나이가 많다, 서열이 높다
他长我五岁，可是看起来比我年轻。 그는 나보다 다섯 살이나 많은데, 보기에는 나보다 어려 보인다.

0582 **着急** zháo//jí

형 조급해 하다, 마음을 졸이다
반 1932 平静, 0938 轻松

别着急，总会有办法解决的。
조급해하지 마, 반드시 해결할 방법이 있을 거야.

你着什么急？ 뭐가 그렇게 조급해?

0583 **照顾** zhàogù

동 ① 고려하다
유 关注 guānzhù

身为一个领导，他不得不照顾全局。 지도자의 신분으로 그는 반드시 전체적인 면을 고려해야 한다.

② 돌보다, 보살피다
护士对伤员照顾得无微不至。
간호사는 환자를 세세한 곳까지 보살펴야 한다.

③ 손님이 물건을 사러 오다, 서비스를 이용하다
多谢您照顾我们小店，以后我们会更用心为您服务的。 저희 작은 가게를 찾아주셔서 감사합니다. 앞으로도 더욱 좋은 서비스로 보답하겠습니다.

0584 **照片** zhàopiàn

명 사진
这张照片是我小时候照的。
이 사진은 내가 어렸을 적에 찍은 것이다.

给我在这里拍张照片留念吧。
여기에서 사진을 찍어 제게 기념으로 남겨주세요.

0585 **照相机** zhàoxiàngjī

명 카메라, 사진기
유 相机 xiàngjī

这台照相机是进口的。 이 사진기는 수입품이야.

他喜欢摄影，照相机一刻也不离手。 그는 사진 찍기를 좋아해서, 카메라를 한시도 손에서 놓지 않는다.

0586 只 zhǐ

- 부 ① 단지 (행동, 동작의 범위를 한정함)
  我只去过北京。 나는 단지 베이징만 가봤다.

  ② 단지 (행동 자체를 제한하거나, 행동과 관계된 수량을 제한함)
  会议室里只有两三个人。
  회의실에 단지 두세 명만이 있다.

  ③ 단지 (명사, 대명사 앞에서 수량이 적음 나타냄)
  全班三十个人，只他一个人是男同学。
  반 전체가 30명인데, 단지 그 혼자만 남자 학우이다.

0587 中间 zhōngjiān

- 명 ① 속, 안, 가운데
  유 里边 lǐbian 반 外边 wàibian
  在我们班所有人中间他是最高的。
  우리 반의 모든 사람 가운데 그가 가장 크다.

  ② 한가운데, 중심
  유 2439 中心, 当中 dāngzhōng
  반 1174 周围, 四周 sìzhōu
  池塘中间的水最深。
  연못 한가운데의 물이 가장 깊다.

  ③ (사물의 양 끝이나 두 사물의) 중간, 사이
  从学校到火车站，中间需要换乘。
  학교에서 기차역까지는 중간에 환승해야 한다.

0588 终于 zhōngyú

- 부 마침내, 결국
  유 0679 到底, 1235 毕竟
  一连下了十几天的雨，天终于晴了。
  10여 일 연이어 비가 오더니, 날씨가 마침내 개었다.
  我终日在太阳下工作，终于中暑zhòngshǔ了。
  나는 종일 태양 아래에서 일을 해서 결국 더위를 먹었다.

 到底·终于 | 毕竟·究竟
0679 到底, 1235 毕竟 참고

0589 种 zhǒng

- 양 종류 (사물의 가짓수를 세는 단위)
  他们是完全不同的两种人。
  그들은 완전히 다른 두 종류의 사람이다.

- 명 ① 씨, 종자
  春天是播种的季节。 봄은 파종의 계절이다.

  ② 인종
  各个人种的人都应该是平等的。
  각각의 인종은 모두 평등해야 한다.

 种 zhòng
동 심다, (씨를) 뿌리다
这个田里可以种玉米吗?
이 밭에 옥수수를 심을 수 있습니까?

0590 重要 zhòngyào

- 동 중요하다
  유 0592 主要 반 0564 一般, 1358 次要
  他今天要参加一个重要会议。
  그는 오늘 중요한 회의에 참석해야 한다.
  电视是信息交流的重要工具。
  텔레비전은 정보 교류의 중요한 수단이다.

 重要 · 0592 主要

- 重要 형 중요하다 ↔ 一般
- 主要 형 주요하다 ↔ 次要

비교 重要는 중대한 작용이나 중대하다는 뜻으로 쓰이거나 혹은 영향력을 나타내어, 사용범위가 비교적 넓다. 主要는 부수적인 뜻과 상반되어 관련되는 사물 중에 가장 중요하고 결정적인 작용을 하는 것을 가리킨다.

아무리 쉬운 단어일지라도 그 속뜻을 한 번쯤 되새겨 보는 것이 포인트!

> **Check**
> 我现在（　　　　）负责设计工作。
> 나는 지금 디자인 업무를 주로 담당하고 있다.
> 这次会议很（　　　　），你一定要参加。
> 이번 회의는 매우 중요하니, 당신은 반드시 참가해야 합니다.
> 　　　　　　　　　　　　　　　主要 / 重要

0591 周末 zhōumò

명 주말

这个周末我有一个约会。
이번 주말에 나는 약속이 있어.

他每个周末都要去图书馆学习。
그는 매 주말마다 도서관에 가서 공부를 한다.

0592 主要 zhǔyào

형 주요하다, 중요하다
　유 0590 重要

事故的主要原因还在调查中。
사고의 주요 원인은 아직 조사 중이다.

我们失败的主要原因是创造力不足。
우리가 실패한 주요 원인은 창의력이 부족했기 때문이다.

 어휘plus+

重要・主要

0590 重要 참고

0593 祝 zhù

동 빌다, 기원하다
　유 1179 祝贺, 祝愿 zhùyuàn

祝您身体健康、万事如意。
당신의 건강을 빌며, 모든 일이 뜻대로 되길 바랍니다.

我也想去，但家里有事，分不开身。不过祝大家玩儿得开心。
저도 가고 싶지만, 집에 일이 있어 서 자리를 비울 수 없으니, 여러분은 재미있게 노세요.

0594 注意 zhùyì

동 주의하다, 조심하다
　유 0543 小心

孩子一定注意安全。
아이들은 반드시 안전에 주의해야 한다.

上课时要注意听讲。
수업할 때 주의해서 강의를 들어야 한다.

0595 字典 zìdiǎn

명 자전

请你帮我买一本中文字典。
내게 중국어 자전을 한 권 사다주세요.

这个字太生僻shēngpì了，字典上居然都查不到。
이 글자는 너무 생소하군, 자전에서도 찾을 수 없으니.

0596 自己 zìjǐ

대 자신, 스스로, 자기
　반 0324 别人, 他人 tārén

女人应该好好儿地保护自己。
여자는 스스로를 잘 보호해야 한다.

不用你操心cāoxīn，我自己会看着办的。
걱정 마세요, 제 스스로 방법을 찾을 수 있어요.

0597 总是 zǒngshì

부 ① 늘, 항상
　유 0447 老

他总是迟到，老师常批评他，可他就是改不了。 그는 항상 지각해서 선생님께서 꾸지람을 하는데도, 고치지를 못한다.

② 필경, 결국

不管他做错什么事，他总是你儿子呀，你怎么能这么对他呢。 그가 어떤 잘못된 일을 하든 그는 결국 네 아들이야, 어떻게 그를 이렇게 대할 수 있어.

0598 最近 zuìjìn

명 최근, 요즘
最近有很多好看的电影。
최근 보고 싶은 영화가 많아.
我最近经常去上海出差。
나는 최근에 상하이로 자주 출장을 간다.

0599 作业 zuòyè

명 숙제
我早就把作业做完了。
나는 벌써 숙제를 다 마쳤어.

동 작업을 하다
前方正在作业，请绕行 ràoxíng。
지금 앞쪽에서 작업 중이니, 돌아가세요.

0600 作用 zuòyòng

동 작용하다
人的感官系统作用于人产生感性。
사람의 감각기관은 인간에게 감성을 일으키는 작용을 한다.

명 작용, 역할, 효과
유 0570 影响, 1071 效果
领导应该在各项活动中都起到先锋 xiānfēng 模范带头作用。지도자는 반드시 각 분야에서 솔선수범하는 역할을 해야 한다.

0601 爱情 àiqíng

명 사랑
爱情像一首动人的诗。
사랑은 감동적인 시와 같다.
陷入 xiànrù 爱情中的人常常会变得盲目。
사랑에 빠진 사람은 종종 맹목적으로 변하곤 한다.

0602 安排 ānpái

동 안배하다, 배치하다
我们要学会合理安排时间。
우리는 합리적으로 시간을 안배하는 것을 배워야 한다.
小张已经为外宾安排了住处。
샤오장은 이미 외빈을 위해서 숙소를 안배해 놓았다.

0603 安全 ānquán

형 안전하다
유 平安 píng'ān 반 1047 危险
这个小区很安全。이 동네는 아주 안전해요.
一个女孩子半夜独自在外很不安全。
여자아이가 한밤중에 혼자서 외출하는 것은 안전하지 않아.

0604 暗 àn

형 ① 어둡다
유 0192 黑 반 明亮 míngliàng
你的房间光线太暗了。
네 방은 불빛이 너무 어두워.

② 비밀스럽다, 은밀하다
看着爸爸妈妈紧张的样子，小张在心里暗自偷笑。 아빠와 엄마가 긴장하는 모습을 보고, 샤오장은 마음 속으로 은밀하게 웃었다.

③ 모호하다, 희미하다
屏幕píngmù很暗，看不清上面有什么。 스크린이 희미해서, 위에 뭐가 있는지 잘 안 보여.

④ (색이) 진하다, 탁하다
最近她经常熬夜áoyè，所以脸色很暗。 요즘 그녀는 자주 밤샘을 해서, 안색이 좋지 않아요.

0605 按时 ànshí

분 제때에, 제시간에
유 1186 准时

他每天早上都按时到校。
그는 매일 아침마다 제시간에 학교에 도착한다.

妈妈叮嘱dīgzhǔ她按时吃饭。 어머니께서는 그녀에게 제시간에 식사할 것을 신신당부하셨다.

> **어휘 plus+**
> 准时·按时
> 1186 准时 참고

0606 按照 ànzhào

전 ~에 따라, ~에 근거하여
유 0381 根据

按照领导的指示完成了任务。
지도자의 지시에 따라 임무를 완성했다.

按照老师的建议，她每天早上都大声地读中文。 선생님의 건의에 따라, 그녀는 매일 아침마다 큰 소리로 중국어를 읽는다.

0607 包括 bāokuò

 포함하다
유 1215 包含

包括新来的同学，我们班一共25个人。 새로온 반 친구를 포함해, 우리 반은 모두 25명이 되었다.

语言学习应该包括听、说、读、写四个部分，缺一不可。 언어 학습은 듣기, 말하기, 읽기, 쓰기의 네 부분이 포함되어야 하며, 하나도 부족해서는 안 된다.

> **어휘 plus+**
> 包含·包括
> 1215 包含 참고

0608 保护 bǎohù

동 보호하다
유 2190 维护   반 伤害 shānghài

保护环境，人人有责。
환경 보호는 모든 사람의 책임이다.

我们应该保护野生动物。
우리는 반드시 야생동물을 보호해야 한다.

> **어휘 plus+**
> 维护·保护
> 2190 维护 참고

0609 保证 bǎozhèng

 ① 보증하다, 담보하다
유 保障 bǎozhàng

他向老师保证按时完成作业。 그는 선생님께 제때에 숙제를 완성하겠다고 약속드렸다.

② 책임지다, 확보하다
我公司一定会保证产品质量。
저희 회사는 반드시 품질을 보장합니다.

명 담보, 보증
社会安定是发展经济的保证。
사회적 안정은 경제 발전의 보증이라 할 수 있다.

어휘 plus+ 保证・保障 bǎozhàng

- 保证 동 보장하다
  ➡ 保证 + 时间, 质量, 重点, 具体的动作, 事情
- 保障 동 보장하다
  ➡ 保障 + 自由, 安全, 需要, 民主, 利益

비교 保证은 미래의 일을 반드시 완성하는 것을 나타내며, 구체적인 일이나 행동을 목적으로 쓴다. 保障은 침범받지 않는 것을 가리키며, 목적어로는 안전, 재산, 권리, 생명 등 추상적인 사물이 온다.

비슷한 의미를 가진 단어일수록 搭配에 의해 구분된다는 것이 포인트!

Check
国家要（　　　　）群众利益。
국가는 군중의 이익을 보장해야 한다.

这次考试不太难, 我（　　　　）能通过。
이번 시험은 어렵지 않아서, 통과할 수 있다고 내가 보증할게.

답 保障 / 保证

0610 抱 bào

동 ① 안다, 포옹하다
 2347 拥抱
妈妈把孩子紧紧地抱在怀中。
엄마가 아이를 품속에 꼭 안고 있다.

② (아이나 손자를) 처음 얻다
隔壁的王奶奶终于抱孙子了。
옆집의 왕 씨 할머니께서 드디어 손자를 얻으셨다.

③ 입양하다
她的儿子是从孤儿院抱来的。
그녀의 아들은 고아원에서 입양해 왔다.

④ 결합하다
只要大家抱成团, 就没有战胜不了的困难。모두가 의기투합하면 이겨낼 수 없는 장애란 없다.

⑤ (생각이나 의견을) 품다, 간직하다
有志青年都应当抱有远大的理想。뜻이 있는 청년이라면 응당 원대한 이상을 품고 있어야 한다.

0611 抱歉 bàoqiàn

형 미안해하다
유 0680 道歉
对此我感到非常抱歉。
이에 대해 매우 죄송스럽게 생각합니다.

给您添麻烦了, 真的很抱歉。
폐를 끼쳐서 대단히 미안합니다.

어휘 plus+ 抱歉・0680 道歉

- 抱歉 형 미안하다, 송구스럽다
- 道歉 동 사과하다

비교 抱歉은 형용사로 정도부사와 함께 쓰이고, 道歉은 동빈구조의 이합동사로 목적어를 가질 수 없으므로 전치사 向과 给와 함께 쓰여 목적어를 가진다. 道歉은 중간에 양사 '个', '下', '次', '回' 등을 쓸 수 있다.

뜻이 같을지라도 품사가 다른 것이 포인트!

Check
这是我的错误, 我很（　　　　）。
제 잘못이니, 정말 미안합니다.

这是我的错误, 我向你（　　　　）。
제 잘못이니, 제가 당신에게 사과하겠습니다.

답 抱歉 / 道歉

0612 报道 bàodào

동 (신문, 잡지, 방송 등을) 보도하다
身为新闻工作者应当据实报道。
신문 매체에서 일하는 사람으로서 응당 사실에 근거한 보도를 해야 한다.

명 (보도를 위해 쓰여진) 보고서, 원고
东洋日报刊登了一篇关于上海世博会的报道。동양일보는 상하이엑스포에 관련된 보고서를 신문에 기재했다.

0613 报名 bào//míng

동 등록하다, 신청하다

小李报名参加了这次中文演讲比赛。
샤오리는 이번 중국어 웅변 대회에 참가 신청을 했다.

请在本周五之前到指定网站上报名。
금주 금요일까지는 지정된 웹사이트에 등록하세요.

他已经报上了名，下个星期就可以去面试。
그는 이미 접수를 해서, 다음 주에 면접을 보러 가면 돼.

0614 倍 bèi

양 배, 곱, 갑절

他的饭量至少是我的三倍。
그의 식사량은 적어도 나의 세 배는 된다.

要多动脑筋才会有事半功倍的效果。
머리를 많이 써서 생각해야지 적은 노력을 가지고도 많은 효과를 거둘 수 있지.

0615 本来 běnlái

부 ① 우선, 먼저
他本来是反对这个方案的，可不知怎么的，又同意了。 그는 처음에는 이 방안을 반대했으나, 어찌된 일인지 다시 동의했다.

② 마땅히, 응당
做错了事，本来就该道歉。
잘못을 했으면 마땅히 사과를 해야지.

형 본래의, 원래의
유 1134 原来

他终于露出lùchū了本来面目。
그는 마침내 본래의 모습을 드러냈다.

 原来·本来
1134 原来 참고

0616 笨 bèn

형 ① 어리석다
유 2021 傻　반 0343 聪明

老师不能轻易说学生笨。 교사는 학생에게 어리석다는 말을 쉽게 내뱉어서는 안 된다.

② 우둔하다, 멍청하다
她不是笨，只是太善良。
그녀는 멍청한 것이 아니라, 단지 너무 착한 것이다.

③ 육중하다, 둔하다
她穿上这件衣服显得很笨重。
그녀가 이 옷을 입으니 너무 둔하고 무겁게 보인다.

0617 笔记本 bǐjìběn

명 ① 노트, 공책
她喜欢收集各种漂亮的笔记本。
그녀는 여러 가지 예쁜 공책들을 수집하는 걸 좋아한다.

② 노트북 컴퓨터
유 0017 电脑

大学四年她换了五台笔记本，真是够奢侈shēchǐ。 대학 4년 동안 그녀는 노트북 컴퓨터를 다섯 대나 바꿨어, 정말 사치스러워.

0618 毕业 bì//yè

동 졸업하다
유 结业 jiéyè

转眼间毕业已经十年了。
눈 깜짝할 사이에 졸업한 지 벌써 10년이 되었다.

大学毕业之后，他去英国留学了。
대학을 졸업한 후에 그는 영국에 가서 유학하였다.

他逃课次数太多，毕不了业。
그는 결석일 수가 너무 많아서, 졸업할 수가 없다.

0619 遍 biàn

형 보편적이다, 전면적이다
这种产品现在已经相当普遍。
이런 종류의 제품은 이미 상당히 보편화되었다.

양 처음부터 끝까지의 전 과정을 나타내는 단위
老师罚fá学生把写错的字抄五遍。 선생님께서 학생들에게 잘못 쓴 글자를 5번씩 쓰라는 벌을 주셨다.

0620 标准 biāozhǔn

명 기준, 표준
这批产品全都不合乎标准。
이들 제품은 전부 기준에 못 미친다.

형 표준적이다
유 1185 准确
她的普通话说得很标准。
그녀가 구사하는 중국어는 매우 정확하다.

0621 表达 biǎodá

동 (사상이나 감정을) 표현하다
유 0322 表示, 1247 表明, 1249 表现
这首诗表达了诗人的思乡之情。
이 시는 시인의 고향을 그리워하는 감정을 표현했다.
他不懂得如何表达自己的感情。
그는 어떻게 자신의 감정을 표현하는지 모른다.

> **어휘 plus+**
> 表明 · 表达 · 0322 表示
> 1247 表明 참고

0622 表格 biǎogé

명 표, 양식, 서식
他擅长shàncháng制作各种表格。
그는 각종 서식을 만드는 데 정통하다.
学习委员将全班同学的姓名和成绩以表格的形式列了出来。
학습위원은 반 학생 모두의 이름과 성적을 표의 형식으로 나열했다.

0623 表扬 biǎoyáng

동 표창하다, 칭찬하다
반 0915 批评
他受到了老师的表扬，高兴了一整天。
그는 선생님의 칭찬을 받고 온종일 기뻐했다.
上课的时候，老师表扬了按时完成作业的同学。
수업시간에 선생님은 제시간에 숙제를 마친 반 학생들을 칭찬했다.

0624 饼干 bǐnggān

명 비스킷, 과자
饼干受潮shòucháo了，不脆了。
과자에 습기가 차서 바삭거리지 않는다.
今天我只吃了两块饼干当早餐。
오늘 나는 과자 두 조각으로 아침을 때웠다.

0625 并且 bìngqiě

접 ① 게다가
유 0188 还, 0366 而且
妈妈已经把屋里打扫了一遍，并且还把菜做完了。 엄마는 이미 방도 한 번 청소했고, 게다가 또 요리까지 다 했다.

② 또한, 아울러
会上热烈讨论并且一致通过了这项提案。
회의에서 열띤 토론을 하고, 아울러 만장일치로 이 제안을 통과시켰다.

0626 博士 bóshì

명 박사
李博士是医药研究方面的天才。
이 박사는 의약 연구 방면의 천재이다.
经过多年的努力，她终于取得了博士学位。
다년간의 노력 끝에 그녀는 드디어 박사 학위를 취득했다.

0627 不但 búdàn

접 ~뿐만 아니라
유 0631 不仅
她不但漂亮，还特别聪慧。
그녀는 예쁠 뿐만 아니라 특히 총명하다.
小王不但固执，而且偏激piānjī。
샤오왕은 고집스러울 뿐만 아니라 과격하다.

> **어휘 plus+**
> 不仅 · 不但
> 0631 不仅 참고

0628 不过 búguò

부 ① 대단히, 몹시
你陪我一起去当然再好不过。 네가 나와 함께 가준다면 당연히 그보다 더 좋은 일은 없지.

② 다만, 겨우
他们两个人认识不过两个月就结婚了。 그들 두 사람은 서로 알게 된 지 겨우 두 달 만에 결혼했다.

접 그러나, 그런데, 하지만
유 0168 但是, 0849 可是
我是很愿意陪你一起去的，不过今天实在太忙了，走不开。 저도 당신을 모시고 함께 가고 싶은데, 오늘은 정말 너무 바빠서 갈 수가 없네요.

어휘 plus+ 不过・0849 可是・0168 但是

- 不过 접 그러나
- 可是 접 그러나
  ➡ 虽然……, 可是……
- 但是 접 그러나
  ➡ 虽然……, 但是……

 不过, 可是, 但是는 모두 전환관계를 나타내는 접속사이고, 대체로 주어 앞에 쓰이며 그 어감상의 무게에 있어서 不过 < 可是 < 但是 순으로 무거워진다. 可是와 但是는 是를 빼고, 可와 但 한 글자만으로도 역접의 의미를 가지지만, 不过는 반드시 두 글자로 쓰인다. 可是는 대체로 구어에 많이 사용되고, 不过와 但是는 서면어와 구어에 두루 쓰인다. 可是와 但是는 대체로 虽然과 호응되어 사용되나, 不过는 虽然과 거의 호응되지 않는다. 접속사 용법 이외에 可是는 부사로서 강조의 뜻도 가지고 있고, 不过는 부사로서 '단지 ~에 불과하다'는 뜻이 있다.

> 아무리 쉬운 단어일지라도 그 속뜻을 한 번쯤 되새겨 보는 것이 포인트!

Check

这篇文章虽然不长，（　　　　　）内容很丰富。 이 문장은 비록 길지는 않지만, 내용은 풍부하다.
作为父母，说话（　　　　　）要算数。 부모로서, 내뱉은 말은 정말로 지켜야 한다.
我只（　　　　　）随便问问罢了。 나는 단지 그냥 대충 물어본 것뿐이다.

답 可是, 但是 / 可是 / 不过

0629 不得不 bùdébù

부 하는 수 없이, 어쩔 수 없이
유 0320 必须, 1166 只好
为了挣钱养家，他不得不带病工作。 가족을 부양하기 위해, 그는 어쩔 수 없이 병중에 일을 할 수밖에 없다.
事情败露，他不得不坦白tǎnbái了罪行。 사건이 발각돼서 그는 어쩔 수 없이 범죄 행위를 솔직하게 털어놓았다.

0630 不管 bùguǎn

접 ~에 상관없이, ~을 막론하고
유 1055 无论
不管你同不同意，我一定要去。 당신이 동의하든 동의하지 않든 나는 꼭 가겠다.
不管什么人，只要没有请柬qǐngjiǎn，就不可以入场。 누구를 막론하고 초청장이 없으면 입장하실 수 없습니다.

0631 不仅 bùjǐn

접 뿐만 아니라
유 0627 不但
小王不仅有魄力pòlì，还很沉稳chénwěn冷静。 샤오왕은 패기가 있을 뿐만 아니라, 매우 냉정하고도 침착하다.

부 ~에 그치지 않는다, ~만은 아니다
出席此次会议的不仅是我们学校的领导。 이번 회의에 출석하는 사람은 우리 학교 책임자뿐만은 아니다.

어휘 plus+ 不仅・0627 不但

- 不仅 접 ~할 뿐만 아니라
  ➡ 不仅……, 而且 / 并且 / 反而 + 주어 + 부사 + 也 / 还
- 不但 접 ~할 뿐만 아니라
  ➡ 不但……, 而且 / 并且 / 反而 + 주어 + 부사 + 也 / 还

비교 不仅과 不但은 둘 다 접속사로서, '~할 뿐만 아니라'라는 뜻을 가지고 있고, 접속사 '而且', '并且', '反而'이나 부사 '也', '还' 와 같이 쓰인다. 不仅은 접속사 이외에 부사로서 어떤 수량이나 범위를 넘어선다는 뜻을 가지고 있으나, 不但은 이런 용법을 가지고 있지 않다.

뜻이 완전히 같을 때에는 차이점에 주목하는 것이 포인트!

Check
雪（　　　　）没有停，反倒越来越大了。
눈이 멈추지 않았을 뿐만 아니라, 오히려 점점 많이 왔다.
持这种观点的（　　　　）是他一个人。
이런 관점을 가지고 있는 사람은 단지 그 사람 혼자만이 아니다.

답 不仅, 不但 / 不仅

0632 部分 bùfen

명 부분, 일부
这个部分还要再修改。 이 부분을 또 수정해야 한다.
面试就是招聘过程中一个关键的部分。
면접은 바로 모집과정 중에서 중요한 부분이다.

新HSK VOCA 5000 C 4급

0633 擦 cā

동 ① 마찰하다
我女儿摔shuāi了一脚，把胳膊gēbo和腿都擦破了。 내 딸은 넘어져서 팔과 다리가 모두 까졌다.

② 문지르다, (천이나 수건으로) 닦다
유 抹mā, 拭shì
他用毛巾擦掉了脸上的汗水。
그는 수건으로 얼굴의 땀을 닦았다.

③ 바르다, 칠하다
护士在病人的伤口上擦了点儿药膏yàogāo。
간호사가 환자의 상처에 연고를 발랐다.

④ 스치다, 근접하다
유 贴 tiē
海鸟擦着水面飞。
갈매기가 수면을 스치며 날아간다.

⑤ 채를 치다, 긁다
我把黄瓜放在礤cǎ床上擦成细丝。
나는 오이를 채칼에 놓고 가늘게 채치다.

0634 猜 cāi

동 ① 추측하다, 알아맞히다
你猜他今晚会请我们吃什么?
그가 오늘 저녁에 우리한테 뭘로 한턱낼지 알아맞혀봐.

② 의심하다
有任何疑问都可以坦率地说出来，不要瞎xiā猜疑。 어떠한 의문에도 진솔하게 얘기할 수 있으니, 함부로 추측은 하지 마세요.

0635 材料 cáiliào

명 ① 재료
这半成品的原材料产地是中国的。
이 반제품의 원재료 생산지는 중국입니다.

② 자료, 데이터
유 2467 资料
公司的内部材料要保密。
회사의 내부자료는 기밀이다.

③ 인재, 재목, 그릇, ~감
他根本不是学习的材料。
그 사람은 근본적으로 공부할 재목은 못 된다.

0636 参观 cānguān

동 참관하다, 견학하다
유 2356 游览
明天我们要参观画展。
내일 우리는 그림전시회를 참관할 것이다.

今天我和朋友去参观了总统府。
오늘 저와 제 친구는 대통령청사를 참관했어요.

0637 差不多 chàbuduō

[형] ① 비슷하다, 차이가 많지 않다
这两本参考书的内容差不多。
이 두 권의 참고서는 내용이 비슷해요.

② 일반적인, 대부분의
差不多所有的老婆lǎopo都不能容忍自己的老公做这种事。 대부분의 모든 아내들은 자신의 남편이 이런 일을 저지르는 걸 용납하지 못한다.

[부] 거의, 대체로
她离开中国差不多有四十年了。
그녀가 중국을 떠난 지도 거의 40년이 되었다.

0638 尝 cháng

[동] ① 맛보다
유 品 pǐn
你来尝尝这个菜的味道。
여기 와서 이 음식 맛 좀 봐요.

② 경험해보다, 체험해보다
人世间的酸甜苦辣他都尝了个遍。
인간 세상의 갖은 풍파를 그는 모두 겪었다.

0639 长城 Chángchéng

[명] 장성 (만리장성)
去中国旅游的话一定要去长城。
중국에 여행을 간다면 만리장성에 꼭 가봐야 한다.
中国有句老话"不到长城非好汉"。
중국 옛말에 "만리장성에 오르지 않으면 대장부가 아니다." 라는 말이 있다.

0640 长江 Cháng Jiāng

[명] 창장 (양자강)
长江是中国的第一大河流。
창장은 중국 제일 큰 강이다.

车从南京长江大桥上驶shǐ过。
차는 난징 창장대교를 통과하고 있다.

0641 场 chǎng

[명] 마당
每天下午都有很多男生在篮球场上打篮球。
매일 오후에 많은 남학생들이 농구장에서 농구를 한다.

[양] 일의 경과나 자연 현상 등의 횟수를 세는 단위
经过一场大战，这里变成了一片废墟fèixū。
한 차례 큰 전쟁을 겪고 나서, 이곳은 폐허로 변해버렸다.

0642 超过 chāoguò

[동] ① 추월하다
유 超 chāo 반 1839 落后
他在绘画上的造诣zàoyì早就已经超过了他的老师。그는 회화 분야의 조예에서는 일찌감치 그의 스승을 능가했다.

② 초과하다, 넘다
他的车速超过了这条路的规定速度。
그의 차량 속도는 이 도로의 규정 속도를 초과했다.

0643 吵 chǎo

[형] 시끄럽다
반 0305 安静
邻居家的小孩子哭闹了一晚上，吵死了。
이웃집 아이가 밤새 울어대서 시끄러워 죽을 맛이다.

[동] ① 떠들썩하다
这里人特别多，吵得什么也听不见了。
여기 사람이 너무 많네, 떠들썩해서 아무 소리도 안 들려.

② 말다툼하다
유 1299 吵架, 吵嘴 chǎozuǐ, 争吵 zhēngchǎo
那对小夫妻又吵起来了。
그 젊은 부부는 또 말다툼을 하기 시작했다.

0644 成功 chénggōng

[동] 성공하다, 이루다

유 2053 胜利 반 0975 失败

经过孜孜不倦zīzībújuàn地努力，他终于成功了。
부단한 노력 끝에 그는 결국 성공했다.

형 성공적이다
这次任务完成得很成功。
이번 임무는 성공적으로 완료되었다.

0645 成熟 chéngshú

동 (과일, 벼, 보리 등이) 여물다, 익다
秋天到了，稻子dàozi成熟了。
가을이 오니, 벼가 무르 익었다.

형 완숙되다, 숙련되다
유 2095 熟练
他的业务水平日渐成熟。
그의 업무능력은 날이 갈수록 숙련되었다.

0646 成为 chéngwéi

동 ~이 되다
유 2276 形成, 变成 biànchéng, 变为 biànwéi
他希望自己成为一个有理想的人。
그는 스스로 이상이 있는 사람이 되기를 희망한다.
他立志长大后要成为一个有益于祖国、有益于人民的人。 그는 커서 국가와 국민에게 보탬이 되는 사람이 되기로 뜻을 세웠다.

 plus+ 形成・成为
2276 形成 참고

0647 诚实 chéngshí

형 (언행이나 생각이) 성실하다, 진실하다
유 1320 诚恳, 1791 老实
这种诚实是他的典型作风。
이런 성실함은 그의 전형적인 태도이다.
这个孩子特别诚实，从不说谎huǎng。
이 아이는 유난히 진솔해서 거짓말을 해본 적이 없다.

0648 乘坐 chéngzuò

동 (배나 차를) 타다, 탑승하다, 승차하다
她将乘坐今天凌晨的火车去北京。
그녀는 오늘 새벽 기차를 타고 베이징에 갈 예정이다.
今年放假的时候，我想乘坐轮船去大连。
올해 방학 때, 나는 배를 타고 따리엔에 가고 싶다.

0649 吃惊 chī//jīng

동 놀라다
听了她的话，我很吃惊。
그녀의 말을 듣고, 나는 매우 놀랐다.
他的举动让所有人都吃惊不小。
그의 행동이 모든 사람들을 적잖이 놀라게 했다.
看了他写的论文，我大吃一惊。
그가 쓴 논문을 보고, 나는 무척 놀랐다.

0650 重新 chóngxīn

부 ① 다시, 재차
유 0287 再
不好意思，我没听清，请您重新说一遍。
죄송합니다만, 정확히 못 들었는데 다시 한 번 말씀해주세요.

② 새로
客户对他的设计不满意，要求他重新设计一份。 고객이 그의 디자인에 불만이 있어서, 새로 디자인하도록 요구했다.

0651 抽烟 chōu//yān

동 흡연하다
抽烟有损于身体健康。
흡연은 신체 건강에 해롭다.
他抽烟抽得特别凶，一天能抽三包。 그는 담배를 너무 많이 피워, 하루에 세 갑은 족히 피운다니까.
你到底昨晚抽了多少烟?
당신 도대체 어제 저녁에 담배를 몇 개비 피운 거예요?

0652 出差 chū//chāi

동 ① 출장 가다
他这次出差要走三个月。
그의 이번 출장은 3개월을 가야 한다.
他出了一趟差回来，瘦shòu了好多。
그는 출장을 한 차례 다녀오더니, 살이 많이 빠졌다.

② (운수, 건축을) 임시 업무를 맡다
经理动不动就让她出差。
매니저는 걸핏하면 그녀에게 임시 업무를 맡긴다.

0653 出发 chūfā

동 ① 출발하다
他是今天早上五点出发的。
그는 오늘 아침 다섯 시에 출발했습니다.

② 착안하다, 출발점으로 하다
一切从实际出发。
모든 것은 실제적인 것에서 출발한다.

0654 出生 chūshēng

동 출생하다
유 出世 chūshì
他一出生母亲就过世了。
그가 태어나자마자 모친은 돌아가셨다.
她出生在一个美丽的海边小镇zhèn。
그녀는 아름다운 해변가 작은 마을에서 태어났다.

0655 传真 chuánzhēn

명 팩시밀리, 팩스
请在五点之前发传真给我。
다섯 시 전에 제게 팩스로 보내주세요.

동 팩스로 전송하다
有什么变化立刻传真给我们。
무슨 변화가 있으면 즉시 우리에게 팩스로 전송해주세요.

0656 窗户 chuānghu

명 창문

유 窗 chuāng
眼睛是心灵的窗户。 눈은 마음의 창이다.
值日生正在擦cā窗户。 당번이 창문을 닦고 있다.

0657 词典 cídiǎn

명 사전
电子词典没电了。 전자사전의 밧데리가 다 떨어졌다.
请你帮我买一本韩汉词典。
제 대신 한중사전 좀 사다주세요.

0658 从来 cónglái

부 여태껏, 지금까지, 이제까지 (부정문에 자주 쓰임)
유 0566 一直 반 从不 cóngbù
他从来没跟妈妈说过谎。
그는 이제까지 엄마에게 거짓말을 한 적이 없다.
他向来很守时，从来不迟到。
그는 여태껏 시간을 잘 지켜왔고, 한 번도 늦은 적이 없다.

 plus+ 从来 · 0566 一直

• 从来 부 지금까지
• 一直 부 줄곧, 곧장, 계속

비교 从来와 一直 두 단어 모두 동작 혹은 상태가 과거부터 지금까지 지속됨을 나타낸다. 하지만 从来는 부정적 어감을 강조하므로 부정부사 '不', '没'와 함께 쓰인다. 一直는 동사와 함께 쓰이며 방향이 바뀌지 않음을 나타낸다.

비슷한 의미를 가진 단어일수록 搭配에 의해 구분된다는 것이 포인트!

Check
沿着这条河（　　　）走下去，可以到邮局。 이 강을 따라 쭉 걸어 내려가면 우체국에 도착합니다.
我（　　　）没有去过上海。
나는 지금까지 상하이에 가본 적이 없다.

답 一直 / 从来

0659 粗心 cūxīn

형 소홀하다, 부주의하다
유 0891 马虎 반 细心 xìxīn
他总是粗心大意的。 그는 늘 데면데면하다.

做事太粗心是不行的。
일을 하는 데 있어 부주의해서는 안 된다.

新 HSK VOCA 5000
D 4급

0660 答案 dá'àn

명 답안, 해답

请把答案写在答题纸上。
답안지에 답안을 써주세요.

经过一番冥míng思苦想，他终于想到了问题的答案。
심사숙고 끝에 그는 결국 문제의 답을 생각해냈다.

0661 打扮 dǎban

동 치장하다, 화장하다, 꾸미다
유 2461 装饰, 化妆 huàzhuāng, 装扮 zhuāngbàn

她打扮得像变了个人似的。
그녀가 화장한 모습이 마치 딴 사람 같다.

명 치장, 단장, 분장

她很朴素，不怎么讲究打扮。
그녀는 순박한 사람이라, 그다지 치장에 신경을 쓰지 않는다.

어휘 plus+ 装饰・打扮
2461 装饰 참고

0662 打扰 dǎrǎo

동 ① 폐를 끼치다

打扰了您这么久，真是过意不去。
오랫동안 폐를 끼치게 되어 정말 송구스럽습니다.

② 방해하다, 지장을 주다
유 干扰 gānrǎo

不要去打扰他们之间的谈话。
그 사람들 간의 대화를 방해하지 마라.

어휘 plus+ 打扰・干扰 gānrǎo

・打扰 동 방해하다
  ➡ 打扰 + 睡觉, 学习, 生活, 休息

・干扰 동 방해하다, 간섭하다
  ➡ 动作, 声音 + 干扰 + 睡觉, 学习, 生活, 休息

비교 打扰는 사람의 생활 및 정상적인 활동에 영향을 미치는 것을 가리키며, 구어로 많이 쓰인다. 干扰는 어떤 특정 동작이나 특정 소리로 다른 사람에게 영향을 주거나, 신호나 무선전자파 등에 영향을 주는 것을 가리킨다.

뜻이 완전히 같을 때에는 차이점에 주목하는 것이 포인트!

Check
对不起，（　　　　　）你了。
죄송합니다. 당신을 방해했군요.

这个节目听不清楚，（　　　　　）太大了。
이 프로그램이 잘 안 들리네요. (전자)방해가 너무 심해요.

답 打扰 / 干扰

0663 打印 dǎyìn

동 프린트하다, 인쇄하다

请把这份文件打印出来拿给我。
이 서류를 프린트해서 제게 주세요.

我把文件的电子稿发给您，您直接打印出来吧。
제가 이 글의 문서 파일을 보내드릴 테니, 직접 프린트해서 보세요.

0664 打折 dǎ//zhé

동 할인하다

原价太贵了，等到打折的时候再买吧。
원가가 너무 비싸니까 할인할 때를 기다렸다가 사.

国庆节的时候，各大商场都有打折活动。
국경절 때, 각 대형 상점들은 모두 세일 행사를 한다.

这件衣服可以打几折?
이 옷은 얼마나 할인해줄 수 있나요?

0665 打针 dǎ//zhēn

동 주사를 놓다
护士正在给病人打针。
간호사는 환자에게 주사를 놓고 있다.
小孩子都很怕去医院打针。
어린아이는 모두 병원에 가서 주사 맞는 걸 무서워한다.
医生给他打了一针后，他就睡着了。
의사가 그에게 주사를 놓자, 그는 바로 잠이 들었다.

0666 大概 dàgài

명 대강, 개략
经过一番调查，他已经了解了事情的大概。
조사를 통해, 그는 이미 사건의 대강을 이해했다.

형 대강의, 대충의
유 粗略 cūlüè 반 1066 详细
这个东西不重要的，大概填一下就可以了。
이건 그리 중요한 것이 아니니, 대략 기입하면 된다.

부 아마도, 대개
유 0668 大约
大概再过三个小时，她就能把所有事情都做完。대략 세 시간이 더 지나야, 그녀는 모든 일을 완료할 수 있다.

0667 大使馆 dàshǐguǎn

명 대사관
他在大使馆工作。 그는 대사관에서 일한다.
韩国驻华大使馆下属共有六个领事馆，分别在香港、上海、青岛、广州、沈阳、成都。
주중한국대사관 아래 모두 6곳의 영사관이 있는데, 각각 홍콩, 상하이, 칭다오, 광저우, 선양, 청두에 소재하고 있다.

0668 大约 dàyuē

부 ① 대략
유 0666 大概, 左右 zuǒyòu
大约有五十个人来参加今天的同学会。
대략 50명이 오늘 동창회에 참석했다.

② 아마, 아마도
유 0209 可能
今晚他大约不会回来了。
오늘 밤 그는 아마도 오지 않을 것이다.

0669 戴 dài

동 ① 쓰다, 착용하다
반 1040 脱, 2386 摘
她戴了一副金丝边的眼镜。
그녀는 금테 안경을 쓰고 있다.

② 받들어 모시다, 추대하다
人们拥戴他为新的国家领导人。
사람들은 그를 새로운 국가 지도자로 추대했다.

0670 代表 dàibiǎo

명 대표, 대표자
代表们都发表了自己的看法。
대표자들은 모두 자신의 의견을 발표했다.

동 ① 대표하다, 대신하다
유 0671 代替
她将代表全体毕业生在毕业典礼上发言。
그녀는 전체 졸업생을 대표해 졸업식장에서 연설할 것이다.

② 표시하다, 나타내다
유 0322 表示, 意味着 yìwèizhe
她不哭不代表不难过。 그녀가 울지 않는 것이 괴롭지 않다는 걸 의미하는 것은 아니다.

0671 代替 dàitì

동 대신하다, 대체하다
유 0670 代表, 取代 qǔdài
麻烦你代替我把这本书还给他。
나를 대신해서 이 책을 그에게 돌려주세요.
你在我心里的位置没有人可以代替。 내 마음 속에서 당신의 위치는 그 어느 누구도 대신할 수 없어요.

0672 **大夫** dàifu

명 의사
　유 0133 医生

她今天请假去医院看大夫了。 그녀는 오늘 병가를 내고 병원에 가서 의사선생님께 진찰을 받았다.

李大夫医术高明是众人皆jiē知的。 이 의사의 의술이 뛰어나다는 것은 많은 사람들이 다 안다.

0673 **当** dāng

동 ① 담당하다, 맡다
　유 1363 从事, 1390 担任

全班同学都选他当班长。 반 전체 학생이 모두 그를 반장으로 뽑았다.

② 받아들이다, 감당하다

他是个敢作敢当的大丈夫。 그는 패기 있게 일하고 그 결과에 책임을 지는 대장부이다.

③ 주관하다

里里外外都是她当家。 안팎으로 전부 그녀가 집안을 주관한다.

전 ① ~를 향해

有什么意见你就当着我的面讲清楚。 무슨 의견이 있으면 내 앞에서 분명히 이야기해.

② 바로 그때, 바로 그곳

当有人发言的时候，其他人不要在下面窃qiè窃私语。 어떤 사람이 발표를 할 때에는, 다른 사람은 그 아래에서 몰래 수근 수근 속삭여서는 안 된다.

 plus+ 从事·当
1363 从事 참고

0674 **当地** dāngdì

명 현지, 그 지방
　유 本地 běndì 　반 外地 wàidì

当地人特别热情好客。 그 지방 사람들은 유난히 후하게 손님을 접대한다.

她吃遍了当地的所有小吃。 그녀는 그 지방의 모든 간식을 두루 먹어보았다.

0675 **当时** dāngshí

명 ① 당시, 그때
　유 当日 dāngrì

当时，这家公司正奋力存活下去。 당시, 이 회사는 계속 생존하려고 분발했었다.

② 적당한 때, 시기

现在投资房地产正当时。 지금이 부동산 투자의 적기이다.

0676 **刀** dāo

명 칼

他持刀朝我们扑pū来。 그가 칼을 쥐고 우리를 향해 달려왔다.

这把刀的刀刃dāorèn很锋利。 이 칼의 칼날은 매우 날카롭다.

0677 **导游** dǎoyóu

동 가이드하다, 안내하다

他导游我逛了北京城。 그가 가이드를 해서 나는 베이징 시내를 구경했다.

명 가이드, 관광 안내원

如果你到中国来，我可以给你做导游。 만약 중국에 오시게 되면, 제가 가이드가 되어 드릴게요.

0678 **到处** dàochù

부 도처, 가는 곳

我真希望放学后，能跟同学们到处转转。 나는 하교 후에 친구들과 여기저기 돌아다니고 싶다.

春天来了，到处都是一片欣xīn欣向荣的景象。 봄이 오니 가는 곳마다 모두 초목이 무성한 모습이다.

0679 到底 dào//dǐ

동 끝까지 ~하다
既然帮了就要帮到底。
기왕 도와줄 거면 끝까지 도와줘야 한다.
船立刻沉chén到了底。
배가 바로 바닥에 가라앉았다.

부 ① 아무래도
到底是见过世面的人，待人接物就是不一样。
아무래도 세상 물정을 잘 아는 사람이어서인지 사람과 사물을 대하는 태도가 달라.

② 도대체
你心里到底是怎么想的?
도대체 네 마음은 어떻게 생각하고 있는 거야?

③ 마침내, 결국
유 0588 终于, 1235 毕竟
虽然迟到了一些，但他到底来赴约fùyuē了。
비록 조금 늦기는 했지만, 그는 결국 약속한 장소로 나갔다.

어휘 plus+ 到底・0588 终于

• 到底   도대체(의문문) / 마침내, 결국(평서문)
• 终于 마침내, 결국

비교 到底와 终于는 둘 다 서술문에서 곡절과 어려움을 통해 목표에 도달함을 나타낸다. 到底는 의문문에서 '도대체'라는 뜻으로 사용되며 추궁함을 나타내고, 동사로서 '끝까지 하다'라는 뜻도 갖고 있으나, 终于는 이러한 용법이 없다.

뜻이 완전히 같을 때에는 차이점에 주목하는 것이 포인트!

Check
我 (   ) 坚持学到了底。
나는 마침내 끝까지 공부를 했다.
你说话呀，(   ) 同意不同意?
네가 말해봐, 도대체 동의하는 거야, 안 하는 거야?

답 终于 / 到底

0680 道歉 dào//qiàn

동 사과하다, 사죄하다
유 0611 抱歉
她已经道歉了，算了吧。
그녀는 이미 사과했는데, 그만해라.
我已经向她道过歉了。
나는 이미 그녀에게 사과했다.

어휘 plus+ 抱歉・道歉

0611 抱歉 참고

0681 得意 déyì

동 만족하다, 득의하다
看着大家羡慕的目光，他很得意。
모두의 부러운 눈빛을 보고, 그는 매우 득의양양하였다.
他对于自己的演奏技巧感到很得意。
그는 자신의 연주 기술에 대해 아주 만족감을 느낀다.

0682 得 děi

조동 ~해야 한다
这件事你得出面，不能推给他。
이 일은 반드시 네가 나서서 해야지, 그에게 미뤄선 안 돼.

동 필요하다, 걸리다
买这台电脑得要多少钱?
이 컴퓨터 한 대를 사는 데 돈이 얼마나 필요합니까?

비교 plus+ 得 dé

동 ① 얻다
他又得了一等奖学金。
그는 또 일등 장학금을 받았다.

② 알맞다, 적합하다
面试时要穿得体的正装。
면접 시에는 그에 적합한 정장을 입어야 한다.

③ 의기양양하다
取得一点儿成绩就扬扬自得可不行。
소소한 실적을 얻었다고 해서 의기양양해서는 안 된다.

0683 等 děng  동 0171 等

[조] 등, 따위

这款毛衣有绿色、白色、咖啡色等多种颜色。 이 디자인의 스웨터는 녹색, 흰색, 커피색 등 다양한 색깔이 있어요.

她的爱好很广泛，有唱歌、跳舞、画画、旅游等。 그녀의 취미는 아주 폭넓은데, 노래, 춤, 그림, 여행 등이 있다.

0684 底 dǐ

[명] ① 밑, 바닥

鞋底粘zhān了一块儿口香糖。 신발 밑바닥에 껌이 눌러 붙었다.

② 말, 끝

今年年底我一定把欠qiàn你的钱都还清。 올해 연말에는 네게 빌린 돈을 다 갚을게.

0685 地球 dìqiú

[명] 지구

我们只有一个地球。 우리에게 지구는 하나뿐이다.

地球是人类共同的家园。 지구는 인류 공동의 집이다.

0686 地址 dìzhǐ

[명] 소재지, 주소

유 住址 zhùzhǐ

请在信封上写清楚地址。 편지 봉투에 주소를 자세히 적으세요.

我搬家了，这是我的新地址。 나 이사했어, 이게 내 새 주소야.

0687 掉 diào

[동] ① 떨어뜨리다, 떨어지다

天上掉雨点儿了。 하늘에서 빗방울이 조금씩 떨어진다.

② 처지다, 낙오하다

走着走着就有几个小朋友掉队了。 걷다 보니 아이들 몇 명이 무리에서 낙오되었다.

③ 잃어버리다, 유실하다

她不知道什么时候把钥匙掉了。 그녀는 언제 열쇠를 잃어버렸는지 몰랐다.

④ 감소하다, 내리다

这衣服一放到水里就掉色shǎi了。 이 옷은 한번 물에 들어가기만 해도 색이 빠진다.

⑤ 되돌리다

前面的路口是不允许汽车掉头的。 전방의 골목 입구에서는 자동차 유턴이 금지되어 있다.

⑥ 바꾸다, 교환하다

他们俩没经过老师的同意，私自掉了座位。 그들 둘은 선생님의 동의도 없이, 제멋대로 자리를 바꾸었다.

0688 调查 diàochá

[동] 조사하다

유 考查 kǎochá

警方正在调查这个案子。 경찰 측에서는 이 안건을 조사하고 있다.

这次事故的原因还在调查中。 이번 사고의 원인은 아직까지 조사 중이다.

0689 丢 diū

[동] ① 잃어버리다, 잃다

圣诞节出去逛街的时候，她把钱包给丢了。 크리스마스에 쇼핑하러 나갔을 때, 그녀는 지갑을 잃어버렸다.

② 던지다, 내버리다

유 0956 扔

他把烟头随便一丢，结果引发了一场火灾。 그는 담배꽁초를 아무데나 버리는 바람에, 결국 큰 화재가 발생하게 되었다.

③ 방치하다, 내버려 두다

유 搁置 gēzhì

我的汉语丢了好几年，都不会讲了。

나는 중국어를 몇 년이나 안 하는 바람에, 거의 말을 못하게 되었다.

0690 动作 dòngzuò

명 동작, 행동
身为芭蕾舞bāléiwǔ演员的她, 每一个动作都如此的优雅。 발레리나였던 그녀는 한 동작 한 동작이 모두 그렇게 우아할 수 없다.

동 움직이다, 행동하다
先看一下他下一步如何动作。
그가 다음에 어떻게 행동하는지 먼저 지켜보자.

0691 堵车 dǔ//chē

동 교통이 막히다, 체증되다
上下班时间高速公路上堵车很厉害。
출퇴근 시간에 고속도로에 교통 체증이 매우 심각하다.
今天早上开车去上班的时候, 堵车堵了两个钟头。 오늘 아침에 운전해서 출근하는데, 두 시간이나 길이 막히지 뭐야.
在路上堵了一个小时车, 赶不上火车了。
길에서 한 시간이나 체증되어서, 기차를 놓쳤다.

0692 肚子 dùzi

명 ① 배, 복부
她肯定是怀孕了, 不然肚子不会那么大。
그녀는 임신한 것이 분명해, 그렇지 않다면 배가 그렇게 부를 리가 없지.

② 볼록 나온 부분
昨天站了很久, 腿肚子好酸。
어제 너무 오래 서 있었더니, 장딴지가 너무 아파.

0693 断 duàn

동 ① (몇 도막으로) 자르다, 끊다
晾衣绳liàngyīshéng被人从中间剪断了。
누군가 빨랫줄 가운데를 끊어놨어.

② 단절하다

유 停 tíng
如果不按时缴纳jiǎonà电费, 就会断电。
제때 전기세를 납부하지 않으면 전기 공급이 단절된다.

③ 중단되다
不知什么原因消息突然中断了。
무슨 이유인지 몰라도 소식이 갑자기 중간에 끊겼어.

④ (술·담배 따위를) 끊다
유 戒 jiè
他为了自己的女朋友把烟给断了。
그는 자신의 여자친구를 위해서 담배를 끊었다.

⑤ 판단하다, 결정하다
유 0913 判断
大丈夫做事要当机立断。 사내 대장부는 매사에 시기를 놓치지 말고 즉각 결단을 내려야 한다.

0694 对 duì 형 0175 对

전 ~에게, ~에 대하여
유 1441 对于
老师对我们很关心。
선생님께서는 우리에게 관심이 많으시다.
他对她怀有很深的歉意。
그는 그녀에게 정말 미안한 마음을 가지고 있다.

> 어휘 plus+ 对于·对
> 1441 对于 참고

0695 对话 duìhuà

명 대화
这段对话描写特别生动、真实。
이 대화는 정말 생동감 넘치고 사실적으로 묘사되었다.

동 접촉하다, 담판하다
工会代表要求与负责人对话。
노동조합대표는 책임자와 담판을 요구했다.

0696 对面 duìmiàn

명 ① 맞은편
> 유 对过儿 duìguòr

马路对面有一个邮筒yóutǒng。
도로 맞은편에 우체통이 하나 있어요.

② 정면
对面急速驶shǐ来一辆车。
정면에 차량 한 대가 빠르게 달려오고 있다.

부 마주보고
他俩对面坐着，相视无语。
그 두 사람은 마주 보고 앉아서, 한 마디 말도 없다.

0697 顿 dùn

동 잠시 멈추다, 잠시 쉬다
他顿了一下，又继续说下去。
그는 잠시 쉬고는 다시금 말을 이어갔다.

양 ① 끼니 (식사의 횟수를 세는 단위)
他一天吃三顿饭，每顿定时定量。
그는 하루에 세 끼를 먹는데, 매 끼니는 정시에 정량을 먹는다.

② 번, 차례 (질책이나 권고를 세는 단위)
为此我说了他好几顿，可他就是不改。
이것 때문에 제가 몇 번이나 그에게 말을 해봤지만, 그는 여전히 고치지 못하고 있어요.

0698 朵 duǒ

양 송이, 점 (꽃이나 구름 따위를 세는 단위)
天边飘着朵朵白云。
하늘에 구름이 뭉개뭉개 떠다닌다.

她拿了一朵粉色的玫瑰méigui花。
그녀는 핑크색 장미 한 송이를 들고 있다.

0699 而 ér

접 ① ~하고도, 또(한), 게다가
> 유 0366 而且, 0574 又, 0625 并且

这是一个伟大而光荣的任务。
이것은 위대하고도 영광스러운 임무이다.

② ~까지
由夏而秋，我们一直认真准备了这次考试。
여름부터 가을까지, 우리는 줄곧 이번 시험을 열심히 준비했다.

③ 시간, 방식, 목적, 원인을 연결함
他为了生存而四处奔波bēnbō。
그는 생존을 위해 사방으로 뛰어다녔다.

④ (주어와 서술어 중간에서) 만일, 만약
> 유 0168 但是, 0948 却, 0951 然而

当官而不为民做主，必将会被人民唾弃tuòqì。
관리가 되어서 국민을 위해 책임지지 않는다면, 반드시 국민에 의해 버림받게 될 것이다.

0700 儿童 értóng

명 어린이, 아동
> 유 0189 孩子, 小孩子 xiǎoháizi, 幼儿 yòu'ér

她专门从事儿童文学的创作。
그녀는 전문적으로 아동문학 창작에 종사하고 있다.

一般的药，儿童都要减半服用。
일반적인 약은, 어린이는 모두 절반으로 줄여서 복용해야 한다.

0701 发 fā

동 ① 보내다
今天一大早我就把邮件发出去了。
오늘 아침 일찍 나는 이메일을 발송했다.

② 지급하다, 내주다
你们公司什么时候发工资呢?
너희 회사는 언제 월급을 지급하니?

③ 발사하다
他是一名神枪手qiāngshǒu, 百发百中。
그는 명사수로서 백발백중이다.

④ 생산하다
核能可以用来发电。
핵에너지를 이용하여 전기를 생산한다.

⑤ 발표하다, 표현하다
他的文章在当地的报纸上发表了。
그의 글은 현지 신문에 발표되었다.

⑥ 넓히다
我们应当将老一辈的优良传统发扬光大。
우리는 마땅히 앞 세대의 우수한 전통을 더욱더 발전시켜야 한다.

⑦ 재물을 얻어 흥성하다
他这两年做生意发了。
그는 최근 2년간 장사를 해 큰 돈을 벌었다.

⑧ 발효하다
面团发起来了。 빵 반죽이 발효되기 시작했다.

0702 发生 fāshēng

동 발생하다, 생기다
유 0338 出现, 0369 发现, 1292 产生
不久前, 中国发生了一起特大地震。
얼마 전 중국에 큰 규모의 지진이 발생했다.

我的汽车引擎yǐnqíng发生故障。
내 자동차 엔진이 고장 났다.

 产生・发生
1292 产生 참고

0703 发展 fāzhǎn

동 ① 발전하다
유 0858 扩大, 1317 成长, 1450 发达, 1722 进步
无论如何，事情正朝好的方向发展。
어찌 되었든 간에, 일이 좋은 방향으로 발전하고 있다.

② 확대시키다, 확충하다
该俱乐部正在大力发展会员。
이 클럽은 현재 대대적으로 회원을 확충하고 있다.

 发达・发展
1450 发达 참고

0704 法律 fǎlǜ

명 법률
触犯chùfàn法律是要受到惩罚chéngfá的。
법률을 위반했다면 벌을 받아야 한다.
他拿起法律武器来保护自己的合法权益。
그는 법률이라는 무기로 자신의 합법적인 권익을 보호한다.

0705 翻译 fānyì

동 통역하다, 번역하다
유 译yì
请把这篇文章翻译成英文。
이 글을 영문으로 번역해주세요.

명 번역자, 통역
他的理想就是成为一名优秀的翻译。
그의 꿈은 우수한 통역사가 되는 것이다.

0706 烦恼 fánnǎo

형 번뇌하다, 고민하다

他在为工作的事情烦恼。
그는 일 때문에 고민하고 있다.

不要自寻xún烦恼了，想开点。
스스로 너무 걱정만 하지 말고, 생각을 좀 넓게 가져.

0707 反对 fǎnduì

동 반대하다
반 0520 同意, 1159 支持, 2139 提倡, 2380 赞成

人们反对战争。 사람들은 전쟁을 반대한다.

大家一致反对他的观点。
모두가 한결같이 그의 관점을 반대한다.

0708 反映 fǎnyìng

동 ① 비치다

两岸的灯光反映在河水中。
양안의 불빛이 강물에 비친다.

② (상급기관에) 전달하다, 보고하다

他向有关领导反映了当时的情况。
그는 관련 간부에게 당시의 정황을 보고했다.

③ 반영하다
유 1463 反应

这部小说深刻地反映了整个时代的特点。
이 소설은 시대 전체의 특징을 심도 있게 반영했다.

어휘 plus+ 反应・反映

 反应 참고

0709 范围 fànwéi

명 범위

这项指标超出了正常范围。
이 지표가 정상적인 범위를 뛰어넘었다.

根据最新的线索，警方正在不断缩小调查范围。
최신 단서에 따라, 경찰 측은 현재 계속 조사 범위를 축소하고 있다.

0710 方法 fāngfǎ

명 방법
유 0310 办法, 1467 方式, 法子 fǎzi

靠这个方法是行不通的。
이 방법으로는 해낼 수 없다.

做事要讲究方法，不然常常会事倍功半。
일을 하는 데 있어 방법을 중시하지 않으면, 종종 일한 것에 비해 성과가 적을 수도 있다.

어휘 plus+ 方法・0310 办法

· 方法 명 방법
· 办法 명 방법

비교 方法는 문제를 해결하고 특정한 목적에 다다르는 조치나 순서를 가리키는데, 서면어로 비교적 정중한 장소에 적합하며, 대부분 추상적으로 많이 쓰인다. 또한 '工作', '学习', '教学', '教育', '创作', '训练', '研究' 등이 方法와 주로 쓰인다. 반면 办法는 구체적이나 추상적 방법에 모두 쓸 수 있으며 구어에 많이 사용된다.

단어가 구체명사와 함께 쓰이는지 추상명사와 함께 쓰이는지 구분하는 것이 포인트!

Check

你快点儿想（　　　　）解决这个问题。
너는 이 문제를 해결할 방법을 빨리 좀 생각해 봐.

张老师的教学（　　　　）灵活多样，学生们最喜欢他的课。 장 선생님의 교육방법은 유연하고 다양해서 학생들이 모두 그의 수업을 좋아한다.

답 办法 / 方法

0711 方面 fāngmiàn

명 방면, 분야

她在美术方面很有天赋tiānfù。
그녀는 미술 방면에서 매우 소질이 있다.

他在某些方面表现得像个孩子。
그는 어떤 방면에서는 꼭 어린아이 같이 행동한다.

0712 方向 fāngxiàng

명 ① 방향

她找不到来时的方向了。
그녀는 왔던 방향을 찾지 못했다.

② 나아갈 목표
　유 0900 目的, 1882 目标
最让她感到迷茫mímáng的是找不到未来的方向。 그녀를 가장 막막하게 느끼게 하는 것은 미래의 목표를 찾지 못했다는 점이다.

0713 **访问** fǎngwèn

동 방문하다
　유 拜访 bàifǎng

张教授下个月要出国访问。
장 교수는 다음 달에 국외를 방문할 예정이다.

今天下午我访问了一个老朋友。
오늘 오후에 나는 한 옛 친구를 방문했다.

0714 **放弃** fàngqì

동 (권리, 주장, 의견) 포기하다, 버리다

不要放弃自己的权利。
자신의 권리를 포기하지 마세요.

她是个意志坚定的人，从不轻言放弃。
그녀는 주장이 강한 사람이라, 쉽게 포기한 적이 없다.

0715 **放暑假** fàng shǔjià

여름방학을 하다

还有两周就要放暑假了。
2주 후면 여름방학을 한다.

学生们都期待着放暑假。
학생들이 모두 여름방학을 하기를 기대하고 있다.

0716 **…分之…** fēnzhī

(분수의) ~분의 ~

我们学校的女生占三分之二。
우리 학교는 여학생 비율이 3분의 2를 차지한다.

他的成绩占年级的前百分之二十。
그의 성적은 학년의 상위 20% 안에 든다.

0717 **份** fèn

양 ① 배합되어 한 세트가 되는 물건을 세는 단위
他在麦当劳点了一份套餐。
그는 맥도날드에서 세트 메뉴 하나를 주문했다.

② 신문이나 문건을 세는 단위
他每天早上都在地铁站口买一份报纸。
그는 매일 아침 지하철역 입구에서 신문 한 부를 산다.

0718 **丰富** fēngfù

형 풍부하다, 부유하다
　유 丰盛 fēngshèng　반 1386 单调

这本书的内容很丰富。
이 책 속의 내용은 매우 풍부하다.

동 풍부하게 하다
课外兴趣小组丰富了我们的课余生活。
수업 외 취미 동아리 활동은 우리에게 수업 이외의 생활을 풍부하게 한다.

0719 **风景** fēngjǐng

명 풍경, 경치
　유 1730 景色

海南岛风景如画。 하이난따오의 풍경이 그림 같다.
这里的风景特别美。 이곳의 풍경은 특히 아름답다.

0720 **否则** fǒuzé

접 그렇지 않으면
　유 1266 不然

你最好听长辈的忠告，否则会后悔的。
어르신들의 충고를 듣는 게 좋아요, 그렇지 않으면 후회하게 될 거예요.

你最好现在就道歉，否则我会告你诽谤
fěibàng。 지금 바로 사과하는 게 좋을 걸, 그렇지 않으면 내가 널 명예훼손으로 고소할 거야.

0721 符合 fúhé

[동] (수량, 형태, 경위에) 부합하다, 맞다

유 0987 适合　반 不符 bùfú, 不合 bùhé

这批产品不符合标准。
이들 제품은 기준에 부합하지 않는다.

他完全符合这个职位的要求。
그는 이 직위에 필요한 조건에 완전히 부합한다.

0722 富 fù

[형] ① 부유하다

반 0942 穷, 贫 pín

经过几年的打拼 dǎpīn, 他越来越富有。
몇 년간의 분투를 통해, 그는 갈수록 부유해졌다.

② 부유하게 하다

这是一项富国强兵的政策。
이것은 부국강병 정책 중 하나이다.

③ 풍부하다

她是个富于开创精神的新时代女性。
그녀는 선구자적 정신이 풍부한 신시대 여성이다.

0723 父亲 fùqīn

[명] 부친, 아버지

유 0003 爸爸

他的父亲是一位很慈祥 cíxiáng 的老人。
그의 부친은 아주 자상한 어르신이다.

父亲虽然年龄大了, 身体还是相当健壮。
부친께서 연세는 많으시지만, 몸은 여전히 매우 건강하시다.

0724 复印 fùyìn

[동] 복사하다

유 1498 复制

我要去复印一份材料。
저는 자료 한 부 복사하러 갈 거예요.

请把这个文件复印十份。
이 서류를 10부 복사해주세요.

0725 复杂 fùzá

[형] 복잡하다

유 0414 简单, 1385 单纯, 1386 单调

他们之间的关系很复杂。
그들 사이의 관계는 매우 복잡하다.

这个问题是很复杂的, 不像你想的那么简单。
이 문제는 매우 복잡해, 네가 생각하는 것처럼 그렇게 간단하지 않아.

0726 负责 fùzé

[동] 책임지다, 담당하다

유 1309 承担

这项工程由他负责。
이번 공사는 그가 담당한다.

[형] 책임감이 강하다

在工作上, 她是个很负责的人。
업무 면에 있어서, 그녀는 책임감이 강한 사람이다.

0727 改变 gǎibiàn

[동] ① 바뀌다, 변하다

유 0321 变化, 2458 转变

人们的生活环境改变很大。
사람들의 생활 환경은 크게 변했다.

② 변경하다, 고치다

现实的种种困难迫使 pòshǐ 他改变原有的计划。
현실에서의 여러 난관은 그의 원래 계획을 바꾸지 않을 수 없게 만들었다.

改变 · 0321 变化

- 改变 동 바꾸다 / 변화
  ➡ 改变 + 态度, 计划, 观点, 关系, 生活条件
- 变化 동 변화하다
  ➡ 气候, 季节, 颜色, 心里, 社会 + 变化

비교 改变의 대상은 대부분 인위적인 것으로 직접적으로 목적어가 올 수 있으며, 목적어는 추상적, 구체적인 것 모두 올 수 있다. 变化의 대상은 자연적 현상이나 인위적 결과 될 수 있으나, 직접적으로 목적어를 가져올 수 없다.

비슷한 의미를 가진 단어일수록 搭配에 의해 구분된다는 것이 포인트!

Check
经济体制改革（　　　　）了人民的生活。
경제 시스템의 개혁은 사람들의 생활을 바꿔 놓았다.
云彩的颜色不断在（　　　　）。
구름의 색깔이 끊임없이 변화하고 있다.

답 改变 / 变化

0728 干杯 gān//bēi

동 건배하다

为美好的未来干杯！
아름다운 미래를 위해 건배합시다!

来，为了我们大家的友谊，干杯！
자, 우리 모두의 우정을 위해, 건배!

他刚才已经干了两杯了。
그는 조금 전에 이미 두 잔이나 건배했다.

0729 干燥 gānzào

형 건조하다
유 干 gān　반 0978 湿润, 潮湿 cháoshī

最近皮肤很干燥。 요즘에 피부가 매우 건조하다.

秋天到了，空气很干燥。
가을이 오니 공기가 매우 건조하다.

0730 感动 gǎndòng

형 감동하다, 감격하다

听了他一番肺腑fèifǔ之言，她非常感动。
그의 진심 어린 말을 듣고, 그녀는 매우 감동했다.

동 감동시키다
유 0789 激动

这部电影感动了在场的每一位观众。이 영화는 현장에 있던 관중 한 사람 한 사람을 모두 감동시켰다.

 感动 · 0789 激动

- 感动 동 감동하다
- 激动 동 격동하다, 흥분하다

비교 感动은 사상, 감정이 외부세계의 영향을 받아 흥분하는 것이고, 激动은 감정이 자극을 받아 충동적이고 흥분되는 것이다. 긍정적, 적극적, 부정적 사물이 모두 激动을 일으킬 수 있으나, 感动은 긍정적, 적극적 사물에 의해서만 영향을 받는다. 激动의 주어로는 사람 또는 사람의 감정, 사람의 사상과 관계 되는 것이 모두 올 수 있고, 受와는 함께 쓸 수 없으나, 感动은 受와 함께 쓸 수 있다.

두 글자 중 한 글자만 다를 경우, 그 다른 한 글자의 뜻에 집중하여 구분하는 것이 포인트!

Check
我们非常（　　　　），因为我们部门的主任竟然是个骗子。우리는 매우 격동했는데, 그 이유는 우리 부서의 주임이 뜻밖에도 사기꾼이었기 때문이다.
这个消息使我深受（　　　　）。
이 소식은 나에게 깊은 감동을 주었다.

답 激动 / 感动

0731 感觉 gǎnjué

명 느낌
유 1508 感受

恋爱的感觉很奇妙。 연애의 느낌은 참 오묘하다.

동 ① 느끼다
유 感受 gǎnshòu, 觉得 juéde

秋意越来越浓，渐渐感觉到凉意了。
가을의 정취가 깊어 갈수록, 점차 서늘한 기운을 느끼게 되었다.

② 여기다, 생각하다

我感觉他对你有所隐瞒yǐnmán。
나는 그가 네게 뭔가를 숨기고 있다고 생각한다.

0732 感情 gǎnqíng

명 ① 감정
不要轻易说这种伤感情的话。
이렇게 마음을 상하게 하는 말씀을 쉽게 하지 마세요.

② 애정, 친근함
유 情感 qínggǎn
他对你的感情无人能及。
너에 대한 그의 애정은 필적할 사람이 없다.

0733 感谢 gǎnxiè

동 감사하다
유 1507 感激
非常感谢您的热情款待。
당신의 따뜻한 환대에 매우 감사 드립니다.
非常感谢您这段时间对我的照顾。
그동안 저를 챙겨주셔서 정말 감사 드립니다.

> **plus+** 感激·感谢
> 1507 感激 참고

0734 干 gàn

동 ① 하다
我不是在干活，只是在混hùn日子。
나는 지금 일을 하고 있는 것이 아니라, 그럭저럭 지내고 있다.

② 담당하다, 종사하다
我从来没有干过这种职业。
나는 지금까지 이런 직업에 종사해 본 적이 없다.

> **plus+** 干 gān
> 형 ① 마르다, 건조하다
> 老婆婆的皮肤看上去很干燥。
> 할머니의 피부는 매우 건조해 보인다.
> ② 고갈되다, 사라지다
> 小溪xī里的水已经干了。
> 작은 계곡 물은 이미 말라버렸다.

0735 刚刚 gānggāng

부 ① 마침, 꼭
这件衣服不大不小，我穿刚刚合适。
이 옷은 크지도 작지도 않아서, 내가 입으면 꼭 맞다.

② 막, 방금
유 0379 刚才
上一班去火车站的车刚刚开走。
기차역으로 가는 앞차가 막 떠났어요.

> **plus+** 刚刚·0379 刚才
> ·刚刚 부 막, 금방
> ·刚才 명 조금 전
> 비교 刚才는 명사로 조금 전의 길지 않은 시간을 나타내며, 주어 앞뒤에 모두 올 수 있고, 刚刚은 부사로 주어 뒤, 술어 앞에 온다. 刚刚의 뒤에는 시간을 나타내는 단어를 쓸 수 있으나, 刚才는 불가능하다. 刚才 뒤에는 부정사를 사용할 수 있으나, 刚刚 뒤에는 사용할 수 없다.
>
> 뜻은 같으나 품사에 의해 위치가 구별되는 것이 포인트!
>
> **Check**
> (　　　　) 我看见他了。
> 조금 전에 나는 그를 보았다.
> 我 (　　　　) 到这里一个星期。
> 내가 여기 도착한 지 막 일주일 되어 간다.
>
> 답 刚才 / 刚刚

0736 高级 gāojí

형 ① (계급이나 단계의) 상급의
반 初级 chūjí
她的中文已经达到了高级水平。
그녀의 중국어는 이미 고급 수준에 이르렀다.

② (품질이나 수준의) 고급의
유 1514 高档, 高等 gāoděng 반 低级 dījí
这家店专门经营来自法国的高级时装成衣。이 가게는 전문적으로 프랑스에서 온 고급 패션 의류를 취급한다.

0737 各 gè

대 각, 여러 가지
유 0222 每

来自世界各地的朋友们欢聚huānjù一堂。
세계 각지에서 온 친구들이 즐겁게 한 자리에 모였다.

부 각자, 각기, 저마다
这两幅画各有千秋。
이 두 폭의 그림 모두 제각기 가치가 있다.

어휘 plus+ 各 · 0222 每

- 各 **대** 각각
  ➡ 各种各样, 各式各样, 各色各样

- 每 **대** 매, 각각
  ➡ 每天, 每月, 每年, 每家

 各는 각각의 행동을 따로 나타내고, 每는 서로 같은 동작이 규칙적으로 중복 출현됨을 나타낸다.

各有各的特点。(O) 每有每的特点。(X)
각자 각각의 특징을 가지고 있다.

各는 명사 앞에 직접적으로 쓸 수 있으나, 수량사와는 결합할 수 없다. 每는 '年', '月', '日', '家', '户'와 같은 일부 명사 앞에만 바로 붙여 쓸 수 있고, 나머지 경우에는 모두 '每+수사+양사+명사'의 형태로 쓰인다.

各学校(O)　各个学校(O)　每学校(X)
각각의 학교

各 뒤에 쓰일 수 있는 양사는 매우 한정적이지만(各条, 各个, 各种, 各级, 各项), 每 뒤에는 각종 양사를 사용할 수 있다.

아무리 쉬운 단어일지라도 그 속뜻을 한 번쯤 되새겨 보는 것이 포인트!

Check
(　　) 逢周末我家附近超市总是打五折。매번 주말이 되면 우리 집 근처의 슈퍼마켓은 항상 반가격에 세일한다.

你们俩 (　　) 拿1/3, 剩下的归他。
너희 둘이 각각 1/3씩 가져가고 남은 것은 그에게 돌려줘.

답 每 / 各

0738 个子 gèzi

명 체격, 키
유 个儿 gèr

那个女孩儿是高挑gāotiǎo的个子。
그 여자아이는 아주 늘씬하다.

他各方面都挺好的，只是个子有点矮。
그는 각 방면으로 다 좋은데, 단지 키가 좀 작다.

0739 公里 gōnglǐ

양 킬로미터(km)
一公里就等于一千米。
1킬로미터는 1,000미터와 같다.

现在，列车的速度是300公里每小时。
현재 열차의 시속은 300킬로미터이다.

0740 工具 gōngjù

명 ① 공구, 작업도구
유 器具 qìjù

清扫工具用完了之后请放回原处。청소도구를 다 사용하고 나서는 원래의 장소에 갖다 놓으세요.

② 수단, 도구
他只是把你当作能帮助他往上爬的工具。
그는 단지 너를 성공을 위한 도구로 여길 뿐이야.

0741 工资 gōngzī

명 임금, 노임
유 工钱 gōngqian, 薪水 xīnshui

要等到月底才能拿到工资。월말이 될 때까지 기다려야(월말이 되어서야) 월급을 받을 수 있다.

等到发工资了，我们出去大吃一顿！
월급이 나오면, 우리 배부르게 실컷 외식하자!

0742 共同 gòngtóng

형 공통의, 공동의
他们因为共同的目标而走到了一起。
그들은 공통의 목표 때문에 함께하게 되었다.

和平与发展是全世界人民共同关心的问题。
평화와 발전은 전 세계 사람들이 공통으로 관심 있어 하는 문제이다.

0743 够 gòu

동 ① 충분하다, 넉넉하다
她每个月的工资都不够花。
그녀의 매달 월급은 쓸 만큼 충분하지 않다.

② 미치다, 도달하다
要想申请奖学金，你的条件还不够。
장학금을 신청하는 데 있어, 네 조건은 그래도 부족하다.

부 매우, 꽤
유 0039 很, 0980 十分, 1034 挺
今天可真够热的，一动不动还直冒汗máohàn。 오늘 꽤 덥네, 움직이지도 않았는데 계속 땀이 나.

어휘 plus+
够 · 0039 很 · 0107 太

- 够 　부 매우
  ➡ 够/挺/怪 + 형용사 + 的

- 很 　부 매우
  ➡ 很/非常/特别/真 + 형용사

- 太 　부 매우
  ➡ 太/可 + 형용사 + 了

비교 够, 很, 太 모두 정도부사로 형용사와 동사 앞에서 정도가 높음을 나타낸다. 太는 '太……了'의 형태로 감탄문에 많이 쓰이며, 很은 서술문에 주로 쓰인다. 太는 가끔 정도가 지나침을 나타내지만, 很이나 够에는 이런 용법은 없다. 很은 조사 得 뒤에서 보어 역할을 할 수 있으나, 太, 够는 이런 용법이 없다. 够는 동사 역할을 할 수 있지만, 很이나 太는 동사 역할을 할 수 없다.

비슷한 의미를 가진 단어일수록 搭配에 의해 구분된다는 것이 포인트!

Check
最近这几天（　　　）热。
최근 며칠 매우 덥다.

最近这几天（　　　）热了。
최근 며칠 너무 더웠다.

最近这几天（　　　）热的。
최근 며칠 매우 더워.

답 很 / 太 / 够

0744 购物 gòuwù

동 물건을 사다
每到周末，她都会和朋友一起购物。
주말만 되면, 그녀는 친구와 함께 쇼핑을 한다.

她心情不好就疯狂fēngkuáng地购物。
그녀는 기분이 나쁘기만 하면 미친 듯이 물건을 구입한다.

0745 孤单 gūdān

형 고독하다, 외롭다
유 孤独 gūdú, 寂寞 jìmò

一个人在国外，他时常感到孤单。
혼자 외국에 있어서, 그는 늘 고독함을 느낀다.

她害怕孤单是因为父母在她小时就离开她了。 그녀가 고독을 두려워하는 것은, 부모님이 그녀가 어렸을 적 그녀를 떠났기 때문이다.

어휘 plus+
孤单 · 孤独 gūdú · 孤立 gūlì

- 孤单 　형 외롭다
  ➡ 老人, 心情, 情绪, 生活 + 孤单
  ➡ 感到, 免得, 显得 + 孤单

- 孤独 　형 고독하다
  ➡ 老人, 生活 + 孤独
  ➡ 感到, 免得, 显得 + 孤独

- 孤立 　형 고립되다
  ➡ 坏人, 敌人 + 孤立
  ➡ 显得, 感到 + 孤立

비교 孤单은 기댈 곳 없는 홀몸이라는 뜻이고 중첩하여 사용할 수 있으며, 孤独는 쓸쓸하고 외로움을 나타낸다. 孤立는 다른 사물과 아무런 관계가 없다는 뜻뿐 아니라 다른 사람에게 동정이나 지지를 받지 못함을 나타내기도 한다. 또한 孤立는 나쁜 사람이나 물건이 동정이나 지지를 받지 못하게 한다는 뜻으로, 목적어로 '敌人', '坏人', '侵略者' 등과 같은 단어들이 오기도 한다.

두 글자 중 한 글자만 다를 경우 그 다른 한 글자의 뜻에 집중하여 구분하는 것이 포인트!

Check
我一个人在家太（　　　）了。
나는 혼자서 집에 있으면 너무 외롭다.

老伴儿死了，生活感到（　　　）。
배우자가 죽자, 생활이 기댈 곳 없이 외로움을 느꼈다.

这件事不是（　　　）的，必然有原因。
이 일은 고립된 것이 아니고 반드시 원인이 있을 것이다.

답 孤独 / 孤单 / 孤立

0746 估计 gūjì

동 예측하다, 평가하다
유 猜测 cāicè, 推断 tuīduàn

我估计他今天不会来了。
내 예상에 그는 오늘 오지 않을 거야.

李教授估计小军会得第一。
이 교수님께서는 샤오쥔이 일등을 할 것으로 예측하셨다.

0747 鼓励 gǔlì

동 격려하다
유 1550 鼓舞 반 压制 yāzhì

领导的话是对全体人民的鼓励。
지도자의 말은 전 국민에게 격려가 되었다.

老师应当多鼓励学生，而不要总批评。
교사는 마땅히 학생들을 더욱 격려해야 하며, 늘 비평만 해서는 안 된다.

> 어휘 plus+ 鼓舞·鼓励
> 1550 鼓舞 참고

0748 鼓掌 gǔ//zhǎng

동 손뼉 치다

我们为芳芳鼓掌喝彩 hècǎi。
우리는 팡팡에게 박수 갈채를 보냈다.

王教授的课讲完了，学生们情不自禁地为他鼓掌。
왕 교수님의 수업이 끝나자, 학생들이 저도 모르게 그를 위해 손뼉을 쳤다.

他鼓了半天掌，手都红了。
그는 한참 동안 손뼉을 쳐서, 손이 다 빨개졌다.

0749 顾客 gùkè

명 고객

顾客对这家饭店的评价很好。
이 호텔에 대한 고객 평가가 아주 좋다.

现在正是用餐的高峰时间，店里的顾客非常多。
지금은 한참 식사를 할 시간이라, 가게 안에 손님이 무척 많다.

0750 故意 gùyì

형 고의로, 일부러
유 2135 特意, 有意 yǒuyì 반 无心 wúxīn, 无意 wúyì

他这样做并非是故意惹 rě 你生气。
그가 이렇게 한 건 일부러 너를 화나게 하려고 한 것이 결코 아니다.

명 고의

这不是我故意做的，是无意中发生的。
저의 고의가 아니에요. 저도 모르게 발생한 것입니다.

> 어휘 plus+ 特意·故意
> 2135 特意 참고

0751 挂 guà

동 ① 걸리다, 걸다

她在卧室里挂了一张自己的大照片。
그녀는 침실에 자신의 대형 사진을 걸어놓았다.

② (미결로) 남겨 두다

先把这件事挂起来吧，还有很多事要做呢。
우선 이 일은 잠시 보류해두자, 해야 할 일이 아직 많잖아.

③ 전화를 끊다, 수화기를 내려 놓다

我的话还没讲完，她居然就挂电话了。
내 말이 채 끝나지도 않았는데, 그녀가 전화를 끊어버렸다.

④ 전화를 걸다

找个合适的时间给老师挂个电话。
적당한 시간을 내서 선생님께 전화를 걸어봐.

0752 关键 guānjiàn

명 관건, 키 포인트
유 1172 重点, 2439 中心

问题的关键在于如何让他们意识到处境的危险。 문제의 관건은 어떻게 하면 그들로 하여금 처한 위험을 의식하게 하는가에 있다.

형 결정적인
下一步工作十分关键。
다음 업무가 아주 결정적이다.

0753 **观众** guānzhòng

명 관중
很多观众都哭了。 많은 관중들이 다 울었다.
剧场里坐满了观众。 극장 안이 관중으로 만석이다.

0754 **管理** guǎnlǐ

동 ① 관리하다, 관할하다
　　유 管 guǎn
公司的日常工作由总经理来管理。
회사의 일상업무는 사장이 관할한다.

② 보관하고 처리하다
我暂时替你管理这些材料吧。 제가 잠시 당신을 대신해서 이 자료들을 보관하고 있겠습니다.

③ 돌보다
我离开的这段时间麻烦你帮我管理这个孩子。 내가 떠나있는 동안, 번거롭겠지만 당신이 이 아이를 잘 보살펴줘.

0755 **光** guāng

명 ① 빛, 광선
太阳光非常刺眼 cìyǎn。 햇살이 정말 눈부시구나.

② 풍경
真是春光明媚 míngmèi 啊！
정말 봄 경치가 아름답구나!

③ 영예, 영광
体育健儿为国争光。
체육계의 건아들이 나라를 위해 영예를 쟁취한다.

④ 이득
你要是发达了，亲戚朋友都能跟着沾 zhān 点儿光。 당신이 출세하면, 친척과 친구들이 모두 그의 득을 좀 볼 거다.

형 조금도 남지 않다, 텅 비다
她一个人把那么大的西瓜全吃光了。
그녀 혼자서 이렇게나 큰 수박 한 통을 다 먹어버렸다.

부 다만, 홀로, 오직
　　유 0586 只
做事情光有热情还不够，还要有毅力。
일을 함에 있어 다만 열정만으로는 부족하며, 굳센 의지 또한 필요하다.

0756 **广播** guǎngbō

동 방송하다
　　유 播放 bōfàng
电视里正在广播寻人启事。
텔레비전에서 사람을 찾는 광고를 방송하고 있다.

명 방송, 라디오
她每天下午三点都准时收听广播。
그녀는 매일 오후 3시면 시간에 맞춰 방송을 청취한다.

0757 **广告** guǎnggào

명 광고, 선전
电视剧里插播广告真烦。
드라마 중간에 나오는 광고는 정말 성가시게 한다.
她在一家广告公司做文员。
그녀는 한 광고회사에서 문서를 담당하는 일을 한다.

0758 **逛** guàng

동 한가롭게 거닐다, 놀러 다니다, 산책하다
　　유 游览 yóulǎn
这个周末一起去逛公园吧。
이번 주말에 같이 공원에 산책하러 가자.
吃完晚饭，我们出去逛逛吧。
저녁 먹고 나서 우리 산책하러 나가자.

0759 规定 guīdìng

동 규정하다
学校规定学生必须在晚上十二点之前回到寝室qǐnshì。 학교는 학생이 밤 12시 이전에 반드시 침실로 돌아가도록 규정하고 있다.

명 규정, 규칙
유 1580 规则
政府已经出台了相关规定。
정부는 이미 관련 규정을 정식으로 공포했다.

0760 国际 guójì

형 국제의, 국제적인
我国的国际地位有了很大提高。
우리나라의 국제적인 위상이 아주 높아졌다.

명 국제
반 国内 guónèi
她是一名国际知名的电影演员。
그녀는 국제적으로 지명도가 있는 영화배우이다.

0761 果然 guǒrán

부 과연, 생각대로
유 果真 guǒzhēn
果然不出我所料，她是个靠不住的人。
과연 내 생각대로, 그녀는 믿을 수 없는 사람이다.

접 만약 ~한다면
他果然是真心的，那就原谅他吧。
그가 만약 진심이라고 한다면, 그를 용서해줘.

0762 过 guò → 조 guo 0187 过

동 ① (지점이나 시간이) 지나가다
她坐公交车坐过站了。
그녀는 버스를 타고 가다가 정류장을 지나쳤다.

② (시간을) 보내다, 지내다
她现在过得很幸福。
그녀는 현재 행복하게 지내고 있다.

③ 초과하다
这次考试我终于过及格线了！
이번 시험에서 나는 마침내 합격 커트라인을 넘겼다!

0763 过程 guòchéng

명 과정
结婚之前需要一个互相了解的过程。
결혼 전에 서로에 대한 이해의 과정이 필요하다.

她经历了一个漫长的过程才从落榜的痛苦中走了出来。 그녀는 기나긴 과정을 거쳐 드디어 낙방의 고통에서 벗어나게 되었다.

0764 海洋 hǎiyáng

명 해양
유 海 hǎi, 洋 yáng 반 陆地 lùdì
她对海洋生物特别感兴趣。
그녀는 해양생물에 대해 특별히 관심이 있다.

海洋是一个资源丰富的宝藏bǎozhàng。
해양은 자원이 풍부한 보고이다.

0765 害羞 hài//xiū

형 부끄러워하다, 수줍어하다, 창피스럽다
유 1264 不好意思
姑娘害羞着低下了头。
아가씨는 수줍어하면서 고개를 숙였다.

他和女生一说话就会害羞。
그는 여자와 이야기만해도 부끄러워한다.
害什么羞啊？你们又不是第一次见面。
뭐가 부끄럽니? 너희가 처음 만나는 것도 아니구.

0766 寒假 hánjià

명 겨울방학
반 暑假 shǔjià
他很期待寒假的到来。
그는 겨울방학이 오기만을 고대하고 있다.
寒假的时候她在一家面包店打工。
겨울방학 때 그녀는 한 빵집에서 아르바이트를 한다.

0767 汗 hàn

명 땀
유 汗水 hànshuǐ
他汗流浃背jiābèi地在球场上奔跑。
그는 땀이 비 오듯 하는데도 경기장을 질주한다.
她被噩梦èmèng惊醒jīngxǐng，发现自己出了一身的汗。그녀는 악몽에서 깨어나서 보니, 온몸이 땀으로 범벅이 된 걸 알았다.

0768 航班 hángbān

명 항공편, 운항 편, 운항 횟수
유 班次 bāncì
由于台风，航班误点了。
태풍으로 인해, 항공편이 연착했다.
从韩国飞来的航班准时到达了北京。
한국에서 이륙한 항공편이 제시간에 베이징에 도착했다.

0769 好处 hǎochu

명 장점, 이점, 좋은 점
유 1117 优点, 益处 yìchu
抽烟对身体没有好处。
흡연은 신체에 이로운 점이 하나도 없다.

这么做对你有什么好处？
이렇게 하는 것이 네게 무슨 이점이 있는데?

0770 好像 hǎoxiàng

동 유사하다, 비슷하다
유 1470 仿佛
你和我的一个朋友好像。
너는 내 친구하고 비슷하게 생겼어.

부 마치 ~같다
유 好似 hǎosì, 如同 rútóng
她美得好像仙女一样。
그녀는 마치 선녀같이 아름답다.

0771 号码 hàomǎ

명 번호
请登记一下自行车号码。
자전거 번호를 등록하세요.
我不记得你的手机号码了。
네 휴대전화 번호를 잊어버렸어.

0772 合格 hégé

형 규격에 들어맞다, 합격하다
他这次考试终于合格了。
그는 이번 시험에 드디어 합격했다.
该公司把所有不合格的产品都销毁xiāohuǐ了。
이 회사는 모든 불량 제품을 소각했다.

0773 合适 héshì

형 알맞다, 적합하다
유 0987 适合
我穿这件衣服大小正合适。
내가 이 옷을 입으니 크기가 딱 맞다.
你戴这副太阳镜再合适不过了。
네가 이 선글라스를 쓰니까 정말 잘 어울린다.

适合·合适
0987 适合 참고

既然事情已经不可挽回wǎnhuí了，就不要后悔了。 기왕 일이 이렇게 되돌릴 수 없게 되었으니, 후회하지 마라.

0774 盒子 hézi
명 상자, 곽
盒子里装了一些杂物。
상자 안에 잡동사니가 몇 가지 담겨 있다.
她把自己的文具都装到了盒子里。
그녀는 자기의 문구를 상자에 모두 넣었다.

0775 猴子 hóuzi
명 원숭이
유 猴 hóu, 猿 yuán
猴子的屁股是红红的。 원숭이 엉덩이는 빨갛다.
动物园里的猴子在吃香蕉。
동물원 안의 원숭이가 바나나를 먹고 있다.

0776 厚 hòu
형 ① 두껍다
반 1217 薄
虽然书很厚，但他一天就读完了。
비록 책이 두껍지만, 그는 하루 만에 다 읽었다.
② (감정이) 두텁다
我永远忘不了这份厚的感情。
저는 이 두터운 감정을 영원히 잊을 수 없습니다.
명 두께
路上的积雪达一米厚。
도로의 적설량이 1미터에 달한다.

0777 后悔 hòuhuǐ
동 후회하다
유 懊悔 àohuǐ
他对自己做过的事从不后悔。
그는 자기가 한 일에 대해 후회한 적이 없다.

0778 后来 hòulái
명 그 후, 그 다음에
유 0561 以后 반 起初 qǐchū
我们前年见过一面，后来就再也没见过。
우리는 재작년에 한 번 만난 이후로 다시는 만나지 못했다.
형 후의, 뒤의
她把自己的经历写成书，给后来人一点启示。 그녀는 후대의 사람들에게 하나의 시사점이 되도록 자신의 경험을 책으로 썼다.

后来· 0561 **以后**
· 后来 명 후에, 나중에
· 以后 명 ~이후에
비교 后来는 과거의 시간부터 지금까지를 나타내며, 미래 시간에는 쓰지 않고 단독으로 쓰인다.
吵架以后 (O) 말싸움 한 이후에
吵架后来 (X)
以后는 과거, 현재, 미래의 시간에 쓰이며, 현재의 일정한 시간보다 늦은 시간을 나타낸다.
以后你再来。(O) 이후에 다시 오세요.
后来你再来。(X)

아무리 쉬운 단어일지라도 그 속뜻을 한 번쯤 되새겨 보는 것이 포인트!

Check
她刚来时太不习惯了，（　　　　）慢慢地习惯了。 그녀는 막 왔을 때는 너무 습관이 되지 않았으나, 나중에 천천히 습관이 되었다.
现在不努力，（　　　　）怎么办?
지금 노력하지 않으면, 이후에는 어떻게 할래?

답 后来 / 以后

0779 忽然 hūrán
부 갑자기, 별안간
유 0522 突然, 猛然 měngrán
반 1176 逐渐, 渐渐 jiànjiàn

说着说着她忽然就翻脸了。
이야기하다가 그녀는 갑자기 불쾌한 표정을 지었다.

刚才还晴空万里的，忽然间就下起了大雨。
아까는 구름 한 점 없이 맑았는데, 갑자기 폭우가 쏟아지기 시작했다.

어휘 plus+ 忽然 · 0522 突然

- 忽然 [부] 갑자기
- 突然 [부/형] 갑자기 / 갑작스럽다

[비교] 忽然은 부사로서 부사어로만 쓰이며, 사건의 발생이 너무 빠르게 진행되는 것을 뜻한다. 突然은 부사로서는 忽然과 용법이 같으나, 형용사로 관형어, 서술어, 보어로 쓰이며, 발생한 일이 예상을 벗어난 일임을 강조한다. 두 단어 모두 '忽然间', '突然间'의 형태로 주어 앞에서 쓰일 수 있다.

뜻과 쓰임이 거의 같으나 품사로 구분되는 것이 포인트!

Check
这事对他来说太（　　　　）了。
이 일은 그에게 있어서는 너무 갑작스러운 일이다.

（　　　　）间，七号选手把球踢进了球门。
갑자기 7번 선수가 골을 넣었다.

答 突然 / 忽然, 突然

0780 护士 hùshi

[명] 간호사

她是一名护士。 그녀는 간호사이다.

护士被称为白衣天使。
간호사는 백의천사라 불린다.

0781 互相 hùxiāng

[부] 서로

[유] 1234 彼此, 相互 xiānghù

朋友之间应该互相信任、互相帮助。
친구 사이는 서로 믿고 서로 도와야 한다.

互相埋怨mányuàn解决不了任何问题。
상호 간에 원망만 한다면 어떤 문제도 해결할 수 없다.

어휘 plus+ 互相 · 相互 xiānghù

- 互相 [부] 서로, 상호
  ➡ 互相 + 帮助, 学习, 了解, 支持, 鼓励

- 相互 [형] 서로의, 상호의
  ➡ 相互 + 关系, 信任, 帮助, 学习, 了解, 支持, 鼓励

[비교] 互相과 相互 두 단어의 의미는 비슷하지만, 용법상 互相은 부사로 부사어로만 쓰이고, 相互는 부사 용법 이외에도 형용사로 관형어와 서술어로도 쓰일 수 있다.

뜻은 같아도 품사에 의해 쓰임이 달라지는 것이 포인트!

Check
帮助是（　　　　）的。도움은 상호 간의 일이다.
我们（　　　　）帮助吧。우리 서로 돕자.

答 相互 / 互相, 相互

0782 怀疑 huáiyí

[동] ① 의심하다
[유] 疑心 yíxīn　[반] 0541 相信, 1074 信任

警方怀疑他就是偷车贼zéi。
경찰은 그를 차도둑으로 의심하고 있다.

② 추측하다
[유] 0746 估计, 猜测 cāicè

我怀疑他把交学费的钱给弄丢了。
나는 그가 학비로 낼 돈을 잃어버렸으리라 추측한다.

0783 回忆 huíyì

[동] 회상하다, 추억하다
[유] 回想 huíxiǎng, 追忆 zhuīyì

看着那些发黄的旧照片，她不禁回忆起往事。누렇게 변한 옛 사진을 보고 있자니, 그녀는 지난 날을 추억하지 않을 수가 없었다.

选手们矫健jiǎojiàn的身影让他回忆起自己的年少时光。선수들의 씩씩하고 힘찬 모습들이 그로 하여금 자신의 어린 시절을 회상하게 했다.

명 회상, 추억
父母不想给孩子留下不愉快的回忆。
부모는 아이에게 유쾌하지 않은 추억을 남겨주고 싶지 않다.

0784 活动 huódòng

형 융통성 있는, 유동적인
公司的活动资金不足。
회사의 유동 자금이 부족하다.

명 활동
大学期间，她经常参加各种志愿者活动。
대학 때, 그녀는 자주 각종 자원봉사 활동에 참가했다.

동 ① 운동하다, 활동하다
　유 0286 运动
坐在电脑前太久了，身体都僵jiāng了，得起来活动活动。컴퓨터 앞에 너무 오래 앉아 있었더니, 온몸이 굳어버렸네, 일어나서 좀 움직여야겠어.

② (목적을 위해) 움직이다
这一带经常有盗贼dàozéi活动。
이 일대는 도둑이 자주 출몰한다.

活动・0286 运动

・活动 동명 활동하다
　➡ 活动 + 四肢, 胳膊 gēbo

・运动 동명 운동하다
　➡ 体育运动, 整风运动

비교 活动은 신체를 자유롭게 마음대로 움직인다는 뜻이 있고, 목적어나 보어를 모두 가질 수 있다. 运动은 일정한 기교가 있고, 일정한 규칙과 방법에 따른 활동을 가리키고, 목적어가 지지 않는다. 또한 活动은 개인의 행동뿐만 아니라 군중성이 있는 행동을 가리키고, 규모나 형식에 있어서는 자유롭고 구속됨이 없으나, 运动은 지도자가 있고 조직적인 정치, 문화, 방면의 규모가 비교적 큰 군중활동을 가리킨다.

아무리 쉬운 단어일지라도 그 속뜻을 한 번쯤 되새겨 보는 것이 포인트!

Check
爷爷总是早晨起来（　　　　）身体。
할아버지께서는 늘 새벽에 일어나 운동하신다.
现代化成功, 要靠技术革新（　　　　）。
현대화의 성공은 기술혁신 운동에 근거해야 한다.

답 活动 / 运动

0785 活泼 huópo

형 활발하다, 생동적이다
　유 1639 活跃, 2149 天真　반 死板 sǐbǎn
她的性格活泼开朗。
그녀의 성격은 활발하고 명랑하다.
看着那群活泼的孩子，她忘了心中的烦恼。
이런 천진난만한 아이들을 보면서, 그녀는 마음속 근심을 잊는다.

0786 火 huǒ

명 ① 불
炉子lúzi里的火着得很旺wàng。
아궁이 안의 불길이 아주 세다.

② 화, 성
他发火了。그는 화가 났다.

동 화내다, 성내다
不过是开个玩笑而已，你火什么呀?
그냥 농담일 뿐인데, 뭘 그렇게 화를 내?

형 왕성하다, 번창하다
他的生意越做越火。
그의 사업은 나날이 번창하고 있다.

0787 获得 huòdé

동 획득하다, 얻다
　유 得到 dédào, 取得 qǔdé
　반 2056 失去, 失掉 shīdiào
他在演讲比赛中获得了一等奖。
그는 웅변대회에서 일등상을 받았다.
这篇学术论文获得了国内外专家的一致认可。 이 학술논문은 국내외 전문가 모두의 인정을 받았다.

J 4급

0788 基础 jīchǔ
몡 기초, 토대
物质基础很重要。물질적 토대는 정말 중요해.
毕业之后的头五年是为事业打基础的时期。
졸업 후 처음 5년은 사업 기반을 다지는 시기이다.

0789 激动 jīdòng
혱 충동적이다
他激动得冲chōng上前去抱住了她。
그는 충동적으로 달려가 앞에 가는 그녀를 안았다.
동 (감정을) 불러일으키다, 감동시키다
유 0730 感动
这是一个多么激动人心的时刻。
이 얼마나 사람을 감동시키는 순간인가.

plus+ 感动·激动
0730 感动 참고

0790 积极 jījí
혱 적극적이다, 열성적이다, 진취적이다
반 消极 xiāojí
人生态度应该积极一点。
인생을 살아가는 태도는 좀 더 적극적이어야 한다.
他是个积极进取的年轻人。
그는 적극적이고 진취적인 젊은 사람이다.

0791 积累 jīlěi
동 쌓이다, 누적하다, 축적하다
유 积蓄 jīxù 반 2252 消费

通过多年的工作，她积累了很多经验。
다년간의 업무를 통해, 그녀는 많은 경험을 쌓았다.
몡 누적, 적립금
公共积累逐年增加。
공공 적립금이 매년 증가하고 있다.

0792 极其 jíqí
부 지극히, 매우
유 0410 极
她的内心极其狭隘xiá'ài。
그녀는 지극히 속이 좁은 사람이야.
南京的夏天极其闷热mēnrè。
난징의 여름은 아주 후덥지근하다.

0793 集合 jíhé
동 모이다, 집합하다
유 聚jù, 聚集jùjí 반 分散 fēnsàn
班长通知全班同学到教室集合。
반장은 반 전체 학생들에게 교실로 집합하라고 알려주었다.
我们约好下午一点在学校大门集合。
우리는 오후 한 시에 학교 정문에서 모이기로 약속했다.

0794 及时 jíshí
혱 시기 적절하다
在危险时，要采取及时的应对措施cuòshī。
위험이 닥쳤을 때, 시기 적절한 응대 조치를 취해야 한다.
부 즉시, 곧바로
유 0459 马上 1806 立刻
有病要及时看医生，千万不能拖tuō。
병이 나면 즉시 진찰을 받아야지, 절대 미뤄서는 안 된다.

0795 即使 jíshǐ
접 설령 ~하더라도
유 1886 哪怕, 就算 jiùsuàn
即使得了第一，也不应该骄傲jiāo'ào。
설령 일등을 한다 할지라도, 교만하면 안 된다.

即使你不说，我迟早也会知道事情的真相的。 설령 네가 말하지 않는다 해도, 난 조만간 일의 진상을 알게 될 거야.

0796 寄 jì

동 ① 부치다, 보내다
유 收 shōu
前些天，我往家里寄了一份包裹。
며칠 전에 나는 집으로 소포 하나를 부쳤다.

② 부탁하다, 위탁하다
유 0371 放, 1368 存 반 0944 取
他把行李寄存在火车站。
그는 짐을 기차역에 보관했다.

0797 记者 jìzhě

명 기자
记者这个职业很累，常常要东奔bēn西走。
기자라는 이 직업은 정말 힘들어, 늘 이리저리 뛰어 다녀야 하거든.
在新闻发布会上，他从容地应对记者的提问。 기자 회견장에서, 그는 침착하게 기자들의 질문에 답하고 있다.

0798 计划 jìhuà

명 계획
她从不轻易改变计划。
그녀는 여태껏 쉽사리 계획을 변경하는 일이 없었다.

동 계획하다
유 0345 打算, 筹划 chóuhuà
他们计划明年国庆的时候结婚。
그들은 내년 국경절에 결혼하려고 계획하고 있다.

0799 既然 jìrán

접 ~된 바에야, 이미 이렇게 된 이상
既然他已经承认错误了，你就原谅他吧。
기왕 그가 이미 잘못을 인정한 이상, 네가 그를 용서해줘라.

既然事情已经平息了，我就不再追究zhuījiū了。 기왕 일이 이미 평정된 이상 더는 따지지 않을게.

0800 技术 jìshù

명 기술
公司的核心技术居然外泄xiè了。
회사의 핵심기술이 뜻밖에 외부로 유출되었다.
我们公司拥有全行业最先进的研发技术。
우리 회사는 전체 업계에서 가장 선진화된 연구개발 기술을 보유하고 있다.

0801 继续 jìxù

동 계속하다, 연장하다
유 1322 持续
首尔的房价将继续下跌xiàdiē。
서울의 집값이 계속해서 급격히 하락할 것이다.
明天大家继续加班，尽快把这个项目做完。
내일 모두가 초과 업무를 연장해서, 최대한 빠르게 이 프로젝트를 끝마쳐야 한다.

 持续·继续
1322 持续 참고

0802 家具 jiājù

명 가구
他在家具公司上班。 그는 가구 회사에서 일한다.
新郎新娘的房间里布置了新家具。
신랑 신부는 방에 새 가구를 배치했다.

0803 加班 jiā//bān

동 시간 외 근무를 하다, 잔업하다
在外企工作，经常会加班。
외국계 기업에서 일하면, 자주 야근을 해야 한다.
他常常在公司加班到深夜。
그는 자주 회사에서 밤늦게까지 잔업을 한다.

上个月你加过几次班?
지난 달에 너는 야근을 몇 번 했니?

0804 加油站 jiāyóuzhàn

명 주유소

请问附近有加油站吗?
근처에 주유소가 있나요?

沿着这条路一直向前，在路口处向左转就有一个加油站。 이 도로를 따라 앞으로 쭉 가다가, 도로 입구에서 좌회전하면 주유소가 하나 있어요.

0805 假 jiǎ

형 가격의, 가짜의

유 伪 wěi 반 0293 真, 2401 真实

这束shù花是假的。 이 꽃은 가짜다.

不要被他的虚情假意所蒙骗 mēngpiàn。
그의 허울뿐인 가짜 호의에 속지 마.

 假 jià

명 휴가, 방학, 휴일

你们什么时候放假? 너희는 언제 방학하니?

她请求星期五放一天假。
그녀는 금요일에 하루 휴가를 요청했다.

0806 价格 jiàgé

명 가격

유 1667 价值, 价钱 jiàqian

原油价格持续上涨。
원유가격이 계속 오름세다.

最近猪肉的价格实在是太贵了。
최근 돼지고기 가격이 정말 비싸다.

 价值・价格

1667 价值 참고

0807 坚持 jiānchí

동 견지하다, 유지하다, 지속하다

유 1220 保持, 1322 持续
반 0714 放弃, 间断 jiànduàn, 中止 zhōngzhǐ

张奶奶坚持每天去公园锻炼身体。 장 씨 할머니는 매일 공원에 가서 운동하는 걸 지속하고 있다.

我坚持每天晚上睡觉前看一个小时的书。
나는 매일 저녁 잠자기 전에 한 시간씩 책 보는 것을 지속해서 하고 있다.

 保持・坚持

1220 保持 참고

0808 减肥 jiǎn//féi

동 살을 빼다, 감량하다

她下定决心要减肥。
그녀는 다이어트를 하기로 결심했다.

她为了减肥长期不吃晚饭。
그녀는 다이어트를 위해 장기간 저녁을 먹지 않고 있다.

0809 减少 jiǎnshǎo

동 감소하다

반 1145 增加, 增多 zēngduō

失业后，我不得不减少日常开支。
직업을 잃은 후에, 나는 부득이하게 생활비 지출을 줄였다.

升职之后，越来越忙，她不得不减少与男朋友见面的次数。 승진한 후, 갈수록 바빠져서 그녀는 어쩔 수 없이 남자친구와 만나는 횟수를 줄였다.

0810 将来 jiānglái

명 장래, 미래

유 0561 以后, 2201 未来, 今后 jīnhòu
반 0120 现在, 0392 过去, 0562 以前, 1884 目前

他立志将来要报效祖国。
그는 장래에 조국을 위해 온 힘을 기울이기로 결심했다.

将来我一定会报答你的恩情的。
장래에 꼭 당신의 은혜에 보답하겠습니다.

0811 奖金 jiǎngjīn

명 상금, 상여금

他赢得了五百万奖金。
그는 상금으로 500만 원을 받았다.

我们公司的年终奖金有八千多块呢。
우리 회사의 연말보너스는 8천여 위안이나 된다.

0812 降低 jiàngdī

동 낮추다, 내리다

유 下降 xiàjiàng 반 0515 提高

一场秋雨过后，气温明显降低了。
한바탕 가을비가 내린 후, 기온이 뚜렷하게 낮아졌다.

一直找不到合适的对象，她不得不降低择偶 zé'ǒu 标准。 줄곧 마땅한 상대를 찾을 수가 없어서, 그녀는 어쩔 수 없이 배우자 선택기준을 낮췄다.

0813 交 jiāo

동 ① 넘겨주다, 건네다
  반 接收 jiēshōu

他在离职前，把手上的工作交给了其他人。 그는 사직하기 전에, 수중에 들어와 있던 업무를 다른 사람에게 맡겼다.

② 교제하다, 왕래하다

他们俩交往了多年，终于考虑要结婚了。
그 두 사람은 몇 년 동안 사귀다가, 결국 결혼을 생각하게 되었다.

명 교차점, 맞닿는 시점

故事发生在春夏之交。
이야기는 봄과 여름이 교차하는 시기에 발생했다.

0814 交流 jiāoliú

동 교류하다, 왕래하다

유 1691 交换

座谈会上，前辈们亲切地同我们交流经验。
좌담회에서 선배님들은 친근하게 우리와 경험을 교류하셨다.

近几年，中韩两国的经济、文化交流非常频繁 pínfán。 최근 몇 년간, 한중 양국의 경제와 문화적 교류는 매우 활발하다.

0815 交通 jiāotōng

명 교통

过马路时一定要遵守交通规则。
길을 건널 때 반드시 교통 규칙을 지켜야 한다.

前面的一个路口发生了很严重的交通事故。
전방에 있는 도로 입구에서 심각한 교통사고가 발생했다.

0816 骄傲 jiāo'ào

형 ① 거만하다, 교만하다
  유 2475 自豪 반 1949 谦虚, 2290 虚心

他考了一次好成绩就骄傲自满起来了。
그는 좋은 시험 성적을 한 번 받자 거만해지기 시작했다.

② 자랑스럽다, 긍지를 갖다
  유 2475 自豪 반 自愧 zìkuì

他为自己身为炎黄子孙而骄傲。 그는 자신이 염제와 황제의 자손(중화 민족)임을 자랑스러워한다.

명 자랑, 긍지

她是全家人的骄傲。 그녀는 온 가족의 자랑이다.

 自豪·骄傲

2475 自豪 참고

0817 饺子 jiǎozi

명 교자, 만두

她最爱吃妈妈包的饺子。
그녀는 어머니가 만든 만두를 먹는 걸 제일 좋아한다.

中国的饺子有很多种馅儿 xiànr。
중국의 만두에는 여러 종류의 만두소가 있다.

0818 教授 jiàoshòu

- 동 교수하다, 가르치다
  她在中学教授语文。
  그녀는 중등학교에서 국어를 가르친다.

- 명 교수
  她不到四十岁就成了教授。
  그녀는 나이 마흔도 되지 않아 교수가 되었다.

0819 教育 jiàoyù

- 명 교육
  教育可以兴xīng国。 교육이 나라를 흥하게 한다.

- 동 교육하다
  유 教导 jiàodǎo, 教诲 jiàohuì
  从小母亲就教育我做一个正直的人。 어려서부터 어머니께서는 나를 정직한 사람이 되라고 교육하셨다.

0820 接受 jiēshòu

- 동 받아들이다, 수락하다
  유 接纳 jiēnà, 接收 jiēshōu
  반 0707 反对, 0840 拒绝
  他接受了我的建议。 그는 내 건의를 받아들였다.
  她欣然xīnrán接受了朋友们送的生日礼物。
  그녀는 친구들이 선물한 생일 선물을 기쁘게 받았다.

0821 结果 jiéguǒ

- 명 결과, 결실
  유 1071 效果, 1315 成果, 1608 后果
  成功是勤奋qínfèn努力的结果。
  성공은 분투하며 노력한 결과이다.

- 접 결국, 마침내
  大家都对他夺冠duóguàn寄予jìyǔ厚望，结果他竟然弃赛了。 모두가 그의 우승에 큰 기대를 걸어서인지, 결국 그는 뜻밖에도 경기를 포기했다.

后果 · 结果
1608 后果 참고

0822 节约 jiéyuē

- 동 절약하다
  유 1707 节省 반 0865 浪费
  我们应该节约用电。
  우리는 마땅히 전기를 아껴써야 한다.
  在日常生活中，我们应当节约每一滴水。
  일상생활 속에서 우리는 마땅히 물 한 방울도 절약해야 한다.

0823 解释 jiěshì

- 동 ① 해석하다, 해설하다
  유 1006 说明
  这种现象无法从科学的角度做出解释。
  이러한 현상은 과학적 각도에서는 설명할 수 없다.

  ② 변명하다
  别解释了，我什么都不想听。
  변명하지 마. 난 어떤 것도 듣고 싶지 않아.

0824 尽管 jǐnguǎn

- 부 ① 얼마든지, 마음 놓고
  유 只管 zhǐguǎn
  有什么需要的尽管说，千万不要客气。
  필요한 것이 있으면 얼마든지 말씀만 하세요, 절대 어려워하지 마시고요.

  ② 줄곧, 항상
  你们都该干什么干什么去，尽管围着我做什么？ 너희는 해야 할 일을 하러 가야지, 내내 내 주위에서 뭘 하는 거야?

- 접 비록 ～라 하더라도
  유 0510 虽然
  尽管之前她拒绝过我一次，但我还是想再找她谈一谈。 비록 일전에 그녀가 저를 한 번 거절한 적이 있지만, 전 다시 한 번 그녀와 이야기를 나누고 싶어요.

0825 紧张 jǐnzhāng

- 형 ① 긴장하다
  유 1626 慌张 반 从容 cóngróng

他紧张得脸通红通红的。
그는 긴장해서 얼굴이 온통 빨개졌다.

② 바쁘다, 긴박하다
유 1720 紧急 반 0938 轻松, 悠闲 yōuxián

由于工作紧张，她连吃饭的时间都没有了。 업무가 바빠서, 그녀는 밥조차도 먹을 시간이 없다.

③ 빠듯하다, 부족하다
반 充裕 chōngyù

资金很紧张，大家尽量节省不必要的开支。
자금이 부족하니, 여러분께서는 최대한 불필요한 지출을 줄이세요.

0826 **进行** jìnxíng

동 진행하다
유 0434 举行

工作进行得非常顺利。
업무가 아주 순조롭게 진행된다.

学生们正在进行小组讨论。
학생들이 지금 소그룹 토론을 진행하고 있다.

0827 **禁止** jìnzhǐ

동 금지하다
유 2492 阻止
반 1139 允许, 1159 支持, 2139 提倡

公共场合禁止吸烟。
공공장소에서는 흡연을 금지한다.

展览大厅内禁止拍照。
전시장 로비 내에서는 사진 촬영을 금지한다.

阻止・禁止
2492 阻止 참고

0828 **精彩** jīngcǎi

형 훌륭하다, 뛰어나다, 멋있다
유 1338 出色 반 粗劣 cūliè, 低劣 dīliè

音乐剧"猫"非常精彩。
뮤지컬 '캣츠'는 정말 뛰어나다.

这是一场非常精彩的演讲比赛。
이것은 매우 훌륭한 웅변 시합이다.

出色・精彩
1338 出色 참고

0829 **精神** jīngshén

명 ① 정신
她最近压力太大了，经常精神恍惚 huǎnghū。
그녀는 요즘 스트레스가 너무 심해서, 자주 정신이 혼미하다.

② 주요 의미, 요지
这次会议的精神你领会了吗？
이번 회의의 요지를 파악했니？

精力・精神
1727 精力 참고

0830 **经济** jīngjì

명 경제, 국민 경제, 경제 활동
最近国内经济不太景气。
최근 국내 경제는 경기가 좋지 않다.

형 경제적인, 효율적인
这家店的盖浇 gàijiāo 饭真是经济实惠。
이 가게의 덮밥은 정말 실속이 있다.

0831 **经历** jīnglì

동 겪다, 체험하다
유 0430 经过, 经受 jīngshòu

他经历过风吹雨打。
그는 갖은 풍파를 다 겪었다.

명 경험, 경력
유 0430 经过, 0832 经验

请在这一栏lán填一下您的工作经历。
이 공란에 당신의 업무 경력을 써 넣으세요.

经历 · 0430 经过

- **经历** 동 겪다 / 경력
  → 经历 + 事情, 危险, 苦难, 革命, 战争, 战斗

- **经过** 동 겪다, 통하다, 통과하다 / 과정
  → 经过 + 北京, 一年, 处理, 考虑, 讨论, 调查, 研究, 同意

비교 经历와 经过는 둘 다 동사, 명사 용법을 가지고 있다. 명사적 용법을 살펴보면 经过는 사건이 진행되고 발전되는 과정을 가리키고, 经历는 본인이 직접 보고 직접 겪은 일을 가리킨다. 동사적 용법에서는 经过는 '~를 통해서'라는 뜻을 가지고 있지만, 经历는 '본인이 직접 보고 직접 겪다'라는 뜻을 가지고 있다.

经过讨论，问题解决了。(O)
经历讨论，问题解决了。(X)
토론을 통해서, 문제가 해결되었다.

她一生经历过各种灾难。(O)
她一生经过过各种灾难。(X)
그녀는 일생동안 각종 재난을 직접 겪었다.

한국어로 해석하면 차이가 없어 보이므로, 그것으로 인해 혼동하지 말아야 하는 것이 포인트!

Check
你向大家介绍一下谈判的（　　　　）。
당신은 여러 사람에게 담판의 과정을 소개해주세요.
我有不平凡的（　　　　）。
저는 평범하지 않은 경력을 가지고 있습니다.

답 经过 / 经历

0832 经验 jīngyàn

명 경험
유 0831 经历, 2147 体验
这位老师有丰富的教学经验。
이 선생님은 교수 경험이 풍부합니다.

동 직접 체험하다, 경험하다
我也曾经经验过这种事。
나도 예전에 이런 일을 체험한 적이 있어.

0833 京剧 jīngjù

명 경극
京剧是中国的国粹guócuì。
경극은 중국 문화의 정화이다.
她学了十多年京剧了。
그녀는 경극을 배운 지 10여 년이 되었다.

0834 警察 jīngchá

명 경찰
他从小就想当一名伸张正义的警察。
그는 어릴 적부터 정의를 펼치는 경찰이 되고 싶었다.
一名警察在执行任务的过程中受伤了。
경찰 한 명이 임무를 집행하는 과정에서 부상을 당했다.

0835 竟然 jìngrán

부 뜻밖에
유 1736 居然 반 0761 果然, 果真 guǒzhēn
他竟然在开会的时候睡着了。
그는 뜻밖에 회의하는 중 잠이 들었다.
想不到他竟然会做出这种禽兽qínshòu不如的事！
그가 뜻밖에도 이런 금수만도 못한 일을 할 수 있을 거라고는 생각지도 못했다!

0836 竞争 jìngzhēng

동 경쟁하다
유 0319 比赛, 竞赛 jìngsài
各行各业的竞争都很激烈。
각종 분야의 경쟁은 모두 아주 치열하다.
有胆量的话，我们就公平竞争！
담력이 있다면, 우리 공평하게 경쟁해보자!

0837 镜子 jìngzi

명 거울
她在镜子前面照了又照。
그녀는 거울 앞에서 거듭 모습을 비춰보았다.

镜子里的她面容憔悴qiáocuì。
거울 속 그녀의 모습은 초췌해 보였다.

0838 **究竟** jiūjìng

명 경위, 결과, 자초지종
我一定要查清楚整件事情的究竟。
나는 반드시 이 사건의 전체 경위를 명백하게 조사할 거다.

부 ① 도대체
　유 0679 到底
你究竟在想些什么?
너는 도대체 무슨 생각들을 하고 있니?

② 결국, 어쨌든
　유 0679 到底, 1235 毕竟
她究竟是科班出身，每一个动作都有板有眼。
그녀는 어쨌든 정규 훈련을 받은 사람이라 그런지, 매 동작마다 박자를 잘 맞춘다.

毕竟・究竟
1235 毕竟 참고

0839 **举办** jǔbàn

동 거행하다, 개최하다, 개설하다
　유 0434 举行
月末我们要举办毕业晚会。
월말에 우리는 졸업 파티를 거행하려고 한다.
下个月五号，我们学校将举办运动会。
다음 달 5일에, 우리 학교는 운동회를 개회할 예정이다.

举办・0434 举行

・举行 동 거행하다, 진행하다, 실시하다
　➡ 举行 + 集会, 比赛, 谈判, 晚会, 演出, 婚礼

・举办 동 주관하다, 주최하다, 조직하다
　➡ 举办 + 晚会, 展览, 讲座, 事业

비교 举行은 진행하고 실시하는 것에 초점이 맞춰져 있고, 举办은 준비하고 조직하는 것에 초점이 맞춰져 있다. 다시 말해 '举办舞会'는 무도회를 조직하고 준비한다는 뜻이고, '举行舞会'는 무도회가 진행 중이라는 뜻이다.

Check
这次展览会（　　　）的时间长达半年。
이번 전람회를 조직한 시간이 반년에 이른다.
礼堂正在（　　　）舞会。
강당에서 지금 무도회가 거행 중이다.
답 举办 / 举行

0840 **拒绝** jùjué

동 거절하다, 거부하다
　유 2170 推辞
　반 0520 同意, 0820 接受, 1372 答应
她拒绝了我的一番好意。
그녀는 제 호의를 거절했어요.
我拒绝了他的无理要求。
난 그의 무리한 요구를 거절했다.

0841 **距离** jùlí

동 떨어지다, 사이를 두다
我们学校距离火车站有五十分钟的车程。
우리 학교에서 기차역까지의 거리는 차로 50분이 걸린다.

명 거리, 간격
跑道上，第一名和第二名之间的距离在逐渐缩短。
트랙에서 1등과 2등 간의 간격이 점차 줄어들고 있다.

> **Check**
> 事实证明，你们的（　　　　）非常主观。
> 사실이 증명하건데, 당신의 의견은 너무 주관적입니다.
> 她对这个问题有独到的（　　　　）。
> 그녀는 이 문제에 대해 독특한 견해를 가지고 있다.
> 답 看法 / 见解

0842 开玩笑 kāi wánxiào

① 농담하다, 놀리다
他在开玩笑，你别生气。
그가 농담한 거니까, 화내지 마.

② 장난으로 여기다
他们开了几句玩笑。 그들은 몇 마디 농담을 했다.
你说的话我权当 quándāng 是开玩笑。
네가 한 말, 난 다 장난으로 생각해.

0843 看法 kànfǎ

명 견해
유 1107 意见, 1564 观点, 见解 jiànjiě, 想法 xiǎngfa

你可以谈谈自己的看法。
너 자신의 생각을 얘기해봐.

你对这件事有什么看法？
당신은 이 사건에 대해 어떤 견해를 가지고 있는지요?

어휘 plus+ 看法・见解 jiànjiě

· 看法 명 의견
  → 说出, 交换, 听 + 看法
  → 领导的看法, 错误的看法

· 见解 명 견해
  → 高明的见解, 独到的见解, 新见解

 看法는 객관적 사물에 대해 나타나는 태도, 경향으로 사용범위가 광범위하다. '有看法'는 불만스럽거나 비평적 태도를 뜻한다. 见解는 어떤 이해와 일정한 의견, 관점 등 비교적 완전한 사상의 인식을 뜻한다. 서면어로 자주 쓰이며, '有见解'는 칭찬의 태도가 내포되어 있다.

한국어로 해석하면 차이가 없어 보이므로
단어의 뜻을 정확히 파악하는 것이 포인트!

0844 考虑 kǎolù

동 고려하다
유 2109 思考

他正在考虑明年是否结婚。
그는 내년에 결혼을 할지 말지 고민하고 있다.

他经过反复考虑后终于做出了决定。
그는 고심을 반복한 끝에 결국 결정을 내렸다.

0845 棵 kē

양 그루, 포기 (식물 등을 세는 단위)
유 株 zhū

张爷爷买了一棵白菜回家。
장 씨 할아버지는 배추 한 포기를 사가지고 귀가하셨다.

我们家门前有一棵银杏 yínxing 树。
우리 집의 대문 앞에 은행나무 한 그루가 있다.

0846 科学 kēxué

명 과학
반 迷信 míxìn

他从小就热爱科学。
그는 어려서부터 과학을 정말 좋아했다.

형 과학적이다
做事情要讲究科学的方法。
일을 하는 데 있어 과학적인 방법을 중요시 해야 한다.

0847 咳嗽 késou

동 기침하다
爷爷感冒了，咳嗽得厉害。
할아버지께서 감기에 걸리셔서, 심하게 기침을 하신다.

他着了凉，夜里一直不停地咳嗽。
그는 감기에 걸려서, 밤새 기침을 멈추지 못했다.

0848 可怜 kělián

형 ① 가련하다, 불쌍하다
她的身世很可怜。그녀의 신세가 참으로 가련하다.

② 초라하다, 볼품없다, 형편없다
他真是无知得可怜。
그는 정말 초라하리만큼 무지하다.

동 동정하다, 불쌍히 여기다
유 1037 同情, 怜悯 liánmǐn
听了他的不幸遭遇zāoyù之后，大家都很可怜他。그에게 불행이 닥쳤다는 소식을 듣고 난 후, 모두 그를 불쌍히 여겼다.

0849 可是 kěshì

접 그러나, 하지만
유 0168 但是, 0628 不过
虽然她很想回家，可是现实环境不允许yǔnxǔ。비록 그녀는 정말 집으로 돌아가고 싶지만, 현실적으로 환경이 허락하지를 않았다.

부 정말, 참으로
他的演技可是不寻常。
그의 연기는 정말 예사롭지 않다.

不过・可是・0168 但是
0628 不过 참고

0850 可惜 kěxī

형 섭섭하다, 아쉽다
유 2324 遗憾
我们不能一起去旅行真可惜。
우리는 여행을 같이 못 가서 참 아쉽다.
没看到这部连续剧的大结局真是太可惜了。
이 드라마의 마지막 회를 못 봐서 정말 아쉽다.

0851 肯定 kěndìng

동 긍정하다, 인정하다
유 1310 承认, 1989 确认
반 1489 否定, 1490 否认
要是我是你们就不会那么肯定了。
만약 내가 너희라면 그렇게 인정하지 않을 거야.

부 확실히, 틀림없이
这件事肯定有内幕，你休xiū想蒙骗mēngpiàn我。이 일은 분명 내막이 있어, 날 속일 생각일랑 하지도 마.

형 ① 긍정적이다
她对这件事坚持肯定的态度。
그녀는 이 일에 대해 긍정적인 태도를 견지하고 있다.

② 명확하다, 분명하다
유 1867 明确, 1988 确定
他回答得很肯定。그는 대답을 분명하게 했다.

确定・肯定
1988 确定 참고

0852 空气 kōngqì

명 공기
유 大气 dàqì
下过雨之后，空气特别清新。
비가 온 후라 공기가 특히 맑다.
海拔高的地方，空气比较稀薄xībó。
해발이 높은 지역은 공기가 비교적 희박하다.

0853 恐怕 kǒngpà

부 ① 아마도 ~일 것이다
유 0209 可能, 1101 也许
恐怕他已经离开这里了。
아마 그는 벌써 여기를 떠난 것 같다.

② 대체로, 대략
유 0666 大概
她离世恐怕已有近十年了。그녀가 세상을 떠난 지도 대략 10년이 다 되어가는 것 같다.

동 걱정하다, 염려하다
유 0394 害怕

他恐怕被他人识破shípò，时刻小心谨慎jǐnshèn。 그는 다른 사람이 알아볼까 봐 걱정이 되어서 늘 조심했다.

어휘 plus+ 恐怕・0394 害怕

- 恐怕 아마, 대략, 대체로
- 害怕 동 두려워하다, 무서워하다

비교 恐怕는 부사로서 어떤 나쁜 일이 일어날까 봐 걱정하고 근심한다는 뜻을 가지고 있고, '대략, 대체로'라는 뜻도 가지고 있다. 害怕는 어려움이나 위험에 직면해서 마음이 불안하고 당황하는 것을 가리킨다.

비슷한 단어에 속지 않는 것이 포인트!

Check

大家不要（　　　　），这里非常安全。
여러분 두려워하지 마세요, 이곳은 매우 안전합니다.

已经十一点了，（　　　　）你今天不会来了。
이미 11시야, 네가 오늘 올 수 없을까 두려워.

답 害怕/恐怕

0854 **苦** kǔ

형 ① 쓰다
반 0517 甜

这药虽苦，但是效果特别好。
이 약이 좀 쓰긴 하지만, 효과는 정말 좋다.

② 고생스럽다, 고통스럽다
유 0903 难受, 2160 痛苦　반 0213 快乐, 乐lè

她们母女俩的生活一直很苦。
그 두 모녀의 생활은 줄곧 고생스러웠다.

0855 **宽** kuān

형 ① (폭・범위・면적 따위가) 넓다
유 阔 kuò　반 1147 窄

这个大屏幕píngmù非常宽。
이 스크린은 매우 넓다.

② 관대하다, 너그럽다
유 松 sōng　반 严 yán

他待dài人很宽厚。
그는 사람을 너그럽고 후하게 대한다.

명 너비, 폭

这张床的宽是一点儿五米。
이 침대의 폭은 1.5미터이다.

0856 **困** kùn

동 ① 고생하다, 궁지에 빠지다
为生活所困，他中断了大学学业。
생활고에 시달려, 그는 대학 공부를 중단했다.

② 포위하다
유 0469 难

他的车被大雪困住了。
그의 차는 폭설에 다리가 묶였다.

형 피곤해 졸리다
连着熬áo了几宿，困死了。
연이어 며칠이나 밤을 샜더니, 졸려 죽겠어.

0857 **困难** kùnnan

형 어렵다, 곤란하다
유 0857 困难, 1072 辛苦　반 0493 容易

她扭伤niǔshāng了脚，行动困难。
그녀는 발을 접질려서, 걷기 어렵다.

명 곤란, 빈곤
유 艰辛 jiānxīn

遇到困难的时候不要退缩tuìsuō。
어려움을 만났을 때 움츠러들지 말아라.

0858 **扩大** kuòdà

동 확대하다, 넓히다
유 扩展 kuòzhǎn　반 2119 缩小, 缩减 suōjiǎn

荒漠huāngmò化地区在逐年扩大。
사막화 지역이 매년 확대되어 간다.

随着广告的播出，这种新产品的知名度不断**扩**大。 광고방송을 내보내면서, 이 신제품의 인지도가 계속 확대되고 있다.

0859 拉 lā

동 ① 끌다, 당기다
　　반 1038 推
　　车夫把马车拉到圈里juānli拴shuān好。
　　마부가 마차를 축사로 끌고 가서 잘 묶어 놓았다.

② (차나 수레에) 실어 운반하다
　他每天起早贪tān黑地骑着三轮车去拉货。
　그는 매일 아침부터 저녁까지 부지런하게 삼륜차를 타고 물건을 실어 운반한다.

③ (악기를) 켜다, 연주하다
　他的二胡拉得特别好。
　그의 얼후 연주는 정말 훌륭하다.

④ 연장시키다
　她故意拉长声音喊他的外号。
　그녀는 일부러 소리를 길게 늘어뜨려 그의 별명을 외쳤다.

0860 垃圾桶 lājītǒng

명 휴지통
　把垃圾扔到垃圾桶里。 쓰레기는 휴지통에 버려라.
　不知道是谁把垃圾都倒到垃圾桶外边了。
　누가 쓰레기를 쓰레기통 밖에 쏟아놨는지 모르겠다.

0861 辣 là

형 ① 맵다
　　유 辛 xīn
　　服务员，味道要辣一点好吗?
　　종업원, 맛을 조금 맵게 해줄 수 있나요?

② 지독하다, 혹독하다
　这种白酒不是特别辣。
　이런 종류의 배갈은 특별히 독하지는 않다.

0862 来不及 láibují

동 미치지 못하다, (시간적으로) 여유가 없다
　유 赶不上 gǎnbushàng
　반 0863 来得及, 赶得上 gǎndeshàng
　来不及和大家道别。
　여러분과 작별 인사를 할 겨를이 없습니다.
　再不走就真的来不及了。
　지금이라도 가지 않으면 진짜 늦을 거야.

0863 来得及 láidejí

동 늦지 않다, (시간적으로) 여유가 있다
　유 赶得上 gǎndeshàng
　반 0862 来不及, 赶不上 gǎnbushàng
　看电影之前来得及吃晚饭。
　영화 보기 전에 저녁 먹을 여유는 있다.
　别着急，放心吧，肯定来得及。
　조급해하지 말고 안심해, 늦지는 않을 테니까.

0864 懒 lǎn

형 ① 게으르다
　　유 懒惰 lǎnduò　반 1967 勤劳
　　他以前是个懒得不得了的人，但现在变化很大。 그는 이전에 매우 게으른 사람이었으나 지금은 많이 변했다.

② 나른하다
　你看起来懒洋洋的，哪儿不舒服吗?
　너 나른해 보이는데, 어디 아파?

0865 浪费 làngfèi

동 낭비하다

반 0822 节约, 1707 节省

反对浪费资源的呼声很高。
자원 낭비를 반대하는 목소리가 높다.

她后悔上大学的时候浪费了很多时间。
그녀는 대학생 때 시간을 허비한 것을 후회한다.

0866 浪漫 làngmàn

형 ① 낭만적이다

这是一个浪漫的爱情故事。
이건 정말 낭만적인 러브스토리이다.

② 방탕하다

现在的年轻人生活得都很浪漫。
요즘 젊은이들은 방탕하게 생활한다.

0867 老虎 lǎohǔ

명 ① 호랑이

老虎是百兽之王。호랑이는 백수의 제왕이다.

② 에너지나 재료를 많이 소비하는 설비

压路机yālùjī可是个吃油的油老虎。
로드롤러(road roller)는 정말 기름 잡아먹는 설비이다.

0868 冷静 lěngjìng

형 ① 조용하다

유 0305 安静 반 0952 热闹

那个女孩子看上去总是很冷静。
그 여자아이는 언제봐도 매우 조용해 보인다.

② 냉정하다, 침착하다

유 沉着 chénzhuó

반 0789 激动, 1626 慌张, 冲动 chōngdòng

无论情况多么危机，她始终保持着冷静的头脑。 상황이 얼마나 위태롭든지 간에, 그녀는 시종일관 냉철한 사고력을 유지한다.

0869 理发 lǐ//fà

동 이발하다

头发已经没型了，该理发了。
머리스타일이 엉망이야. 이발할 때가 된 것 같아.

他至少半年没理发了，头发乱七八糟的。
그는 적어도 반년은 이발하지 않아서 머리가 엉망이다.

你在家等我，我去理个发，一会儿就回来。
너는 집에서 기다려, 내가 가서 이발하고 바로 올 테니까.

0870 理解 lǐjiě

동 이해하다

유 0174 懂, 0295 知道, 0454 了解, 0465 明白

他终于理解了母亲的用意。
그는 드디어 어머니의 의도를 이해하게 되었다.

经过老师反复的讲解，他终于理解了这段话的含义。 선생님이 여러 번 설명한 끝에, 그는 드디어 이 말의 숨은 뜻을 이해했다.

어휘 plus+ 理解 · 0454 了解

· 理解 동 이해하다
　➡ 理解 + 感情, 意思, 苦衷

· 了解 동 잘알다, 이해하다
　➡ 了解 + 情况, 为人, 动向, 敌情, 结果, 要求

비교 理解와 了解는 모두 '사람, 사물, 일을 이해하다'라는 뜻을 가지고 있는데 이러한 뜻 외에도 理解는 다른 사람의 처지, 감정을 마음속 깊이 느낀다는 뜻도 있으나, 了解는 이런 뜻은 없고 주로 사물의 속내 혹은 과정을 잘 꿰뚫고 있어 설명할 수 있을 정도라는 뜻이다. 또한 了解는 조사한다는 뜻도 있으나, 理解는 이런 뜻은 갖고 있지 않다.

아무리 쉬운 단어일지라도 그 속뜻을 한 번쯤 되새겨 보는 것이 포인트!

Check

对这种手机的性能，张师傅非常（　　　）。
이 휴대전화의 성능에 대해서는, 장 씨 아저씨가 매우 잘 알고 있다.

我的难处没有人（　　　）。
나의 힘든 점을 이해해주는 사람이 없다.

답 了解 / 理解

0871 理想 lǐxiǎng

명 이상
- 유 0261 希望, 2373 愿望
- 반 0981 实际, 2236 现实

她的理想是当一名翻译。
그녀의 꿈은 통역사가 되는 것이다.

형 이상적이다, 만족스럽다

经过不懈xiè的努力, 她终于取得了理想的成绩。
지속적인 노력을 통해, 그녀는 드디어 만족스러운 성적을 얻었다.

0872 礼貌 lǐmào

명 예의, 범절
- 유 礼节 lǐjié

她是个懂礼貌的好孩子。
그녀는 예의를 아는 착한 아이다.

형 예의 바르다

她的一举一动都很礼貌。
그녀는 일거수일투족이 모두 예의 바르다.

0873 厉害 lìhai

형 ① 사납다, 심하다, 지독하다
- 유 1644 激烈, 1956 强烈, 凶猛 xiōngměng
- 반 温和 wēnhé

爷爷病得特别厉害。
할아버지의 병세가 매우 심각하다.

② 엄격하다
- 유 严厉 yánlì

新来的班主任很厉害, 学生们都怕他。
새로 온 담임 선생님께서는 매우 엄격하셔서, 학생들 모두가 그 분을 무서워한다.

0874 力气 lìqi

명 (육체적인) 힘
- 유 1807 力量, 力lì

他长得壮, 力气大。 그는 건강하고 힘이 세다.

在拔河báhé比赛中, 两队同学都使出了全身的力气。 줄다리기 경기에서, 두 팀의 학생들 모두가 혼신의 힘을 다 쏟았다.

0875 例如 lìrú

동 예를 들다
- 유 1233 比如

中国盛产多种水果, 例如苹果、西瓜、柚子yòuzi等。 중국은 여러 종류의 과일이 많이 생산되는데, 예를 들면 사과, 수박, 유자 등이 있다.

我有很多兴趣爱好, 例如游泳、瑜伽yújiā、旅游等。 나는 취미가 많이 있는데, 예를 들어 수영, 요가, 여행 등이 있다.

0876 俩 liǎ

수 ① 두 개
- 유 0027 二, 0216 两

早饭只吃了俩馒头。
아침으로 단지 찐빵 두 개만을 먹었다.

② 몇 개, 조금

我辛辛苦苦干一天也挣不了俩钱。
온종일 고생스럽게 일했지만 돈은 얼마 벌지 못했다.

> **어휘 plus+** 两 · 0027 二 · 俩
> 0216 两 참고

0877 连 lián

동 잇다, 연결하다
- 유 0421 接, 连接 liánjiē

各族儿女心连着心。
각 민족의 아들, 딸이 마음과 마음을 잇는다.

부 계속하여, 연이어
- 유 一连 yīlián

他连吃了五个苹果。
그는 연이어 사과 다섯 개를 먹었다.

전 ~조차도, ~까지도, ~마저도
她忙得连饭都忘了吃了。
그녀는 너무 바빠서 식사하는 것도 잊었다.

명 중대 (군대의 단위)
她年轻的时候，追她的人能有一个连。
젊었을 때, 그녀를 쫓아다니던 사람이 족히 한 중대만큼 되었다.

0878 联系 liánxì

동 연락하다, 연관되다
유 0387 关系, 联络 liánluò
大学毕业之后，我们就再也没联系过了。
대학 졸업 후, 우리는 더 이상 연락을 한 적이 없다.
理论联系实际，这是我们应当记住的原则。
이론과 실제를 연관시키는 것은, 우리가 반드시 기억해야 하는 원칙이다.

어휘 plus+ 联系·联络 liánluò

• 联系 동 연관되다
  ➡ 加强, 保持, 断绝 + 联系
  ➡ 联系 + 工作, 实际, 经费

• 联络 동 연락하다
  ➡ 加强, 保持, 断绝 + 联络

비교 联系는 상호 간의 연결관계를 말하며, 사람과 사람 사이, 사람과 사물, 사물과 사물 사이에 모두 사용된다. 联络는 반드시 경로를 통해 서로 연락하는 것으로 사람과 사람 사이에만 사용한다.

비슷한 의미를 가진 단어일수록 搭配에 의해 구분된다는 것이 포인트!

Check
今后他们之间要加强（　　　　　）。
이후에 그들은 연락을 강화해야 한다.
写论文要注意理论与实际相（　　　　　）。
논문을 쓸 때는 이론과 실제의 연관성에 주의해야 한다.

联系, 联络 / 联系

0879 凉快 liángkuai

형 시원하다, 서늘하다
유 凉爽 liángshuǎng 반 炎热 yánrè

现在天气已经凉快了。
지금 날씨는 이미 서늘해졌다.

동 더위를 식히다
快来吃个冰淇淋，凉快凉快。
얼른 와서 아이스크림 먹고, 더위 좀 식혀.

0880 亮 liàng

형 ① 빛나다
유 光亮 guāngliàng 반 0604 暗
他的皮鞋每天都很亮。
그의 구두는 매일 광이 난다.

② 소리가 맑고 크다
他的嗓音很洪亮。 그의 목소리는 맑고 크다.

동 ① 날이 밝다, 빛나다
天亮了。 날이 밝았다.
信号灯亮了。 신호등이 켜졌다.

② 드러내다
유 1831 露
她亮出了杀手锏jiàn。
그녀는 비장의 무기를 꺼냈다.

0881 聊天 liáo//tiān

동 잡담하다, 한담하다
她特别喜欢和老人聊天。
그녀는 특히 어르신들과 한담하는 걸 좋아한다.
和朋友聊天是一件很惬意qièyì的事。
친구와 잡담하는 것은 정말 만족스러운 일이다.

0882 另外 lìngwài

대 다른 사물, 사람
유 别的 biéde, 另 lìng
我还有另外一件事要办，你先走吧。
나는 다른 일 하나 더 해야 하니, 네가 먼저 가라.

부 달리, 별도로
유 1356 此外

你先忙吧，我们另外再找时间一起吃饭吧。
네 볼 일 먼저 봐. 우리는 따로 시간 잡아서 같이 식사하자.

접 이 외에, 그밖에
　유 1356 此外

他在餐厅里订好了位子，另外还买了一束shù花。 그는 식당에 자리를 예약하고, 이 외에 꽃도 한 다발 샀다.

0883 留 liú

동 ① 머무르다
　반 0298 走

她博士毕业之后，留校任教了。
그녀는 박사 졸업 후, 학교에 남아 강의를 했다.

② 유학하다
他大学毕业以后去美国留学了。
그는 대학 졸업 이후 미국으로 유학 갔다.

③ 머무르게 하다
无论用什么办法都要把他留下来。
무슨 방법을 쓰든지 간에 그를 꼭 머물게 해야 한다.

④ 남기다, 보류하다
他早就为自己留好了退路。
그는 진작에 자신을 위한 퇴로를 남겨두었다.

⑤ 받다, 접수하다
你就留下这些钱吧，当是我的一份心意。
이 돈을 받아 두세요, 제 작은 성의라 생각하시고요.

⑥ 유의하다, 주의하다
这两天你要多留意他的举动。
요 며칠 그의 거동을 더욱 주의하세요.

0884 留学 liú//xué

동 유학하다
他从美国留学归来。
그는 미국에서 유학하고 돌아왔다.

她计划大学毕业后去英国留学。
그녀는 대학 졸업 후 영국으로 유학을 갈 계획이다.

他在加拿大留过一年学。
그는 캐나다에서 일년 동안 유학을 했다.

0885 流泪 liúlèi

눈물을 흘리다
她一边流泪一边跑开了。
그녀는 눈물을 흘리며 뛰어갔다.

她看着病床上的儿子，禁不住流下泪来。
그녀는 병상에 있는 아들을 보면서, 흐르는 눈물을 주체할 수 없었다.

0886 流利 liúlì

형 ① (말이나 문장이) 유창하다, 막힘이 없다
　유 1004 顺利, 流畅 liúchàng, 通畅 tōngchàng
　반 生涩 shēngsè

她的中文说得相当流利。
그녀의 중국어는 상당히 유창하다.

② 재빠르다, 날렵하다
我女儿能用左手流利地写汉字。
내 딸은 왼손으로 재빠르게 한자를 쓸 수 있다.

 어휘 plus+

流利 · 1004 顺利

· 流利 형 유창하다
　→ 语言, 文章, 普通话, 语调, 说话

· 顺利 순조롭다
　→ 顺利地 + 完成, 到达, 考上

비교 流利는 일반적으로 말하고 읽는 것이 빠르고 정확하며, 글을 쓸 때도 빠르고 일관성이 있다는 뜻이나, 顺利는 사람과 사물이 성장이나 발전할 때, 또는 사람이 일을 완성할 때 곤란에 부딪치는 일 없이 순조롭게 진행된다는 뜻이다.

어떤 단어들과 함께쓰이는지를 알아두는 것이 포인트!

Check

他的工厂在美国（　　　　）地发展。
그의 공장은 미국에서 순조롭게 발전했다.
我能说一口（　　　　）的汉语。
나는 유창한 중국어를 할 수 있다.

답 顺利 / 流利

0887 流行 liúxíng

[동] 유행하다, 성행하다
- [유] 风行 fēngxíng, 盛行 shèngxíng

今年很流行这种款式的裤子。
올해는 이런 스타일의 바지가 유행이다.

最近烟熏妆 yānxūnzhuāng 很流行。
최근 스모키 화장이 매우 유행한다.

0888 乱 luàn

[형] ① 어지럽다, 어수선하다
- [반] 1151 整齐, 1580 规则

你的房间太乱了，就像受过龙卷风 lóngjuǎnfēng 袭击 xíjī 一样。 네 방은 너무 어수선해서, 마치 회오리 바람의 습격을 받은 것 같다.

② 동요하다

现在局势很乱，我们离开这里，避一避吧。 현재 국정이 어수선하니, 우리는 여기를 떠나 좀 피해 있자.

③ (마음이) 불안정하다
- [유] 烦躁 fánzào

听了他的话，她心里很乱。
그의 말을 듣고, 그녀의 마음은 매우 불안정했다.

[부] 제멋대로, 함부로

不要胡言乱语。
터무니 없는 말씀은 함부로 하지 마세요.

0889 律师 lùshī

[명] 변호사

她的理想是成为一名出色的律师。
그녀의 꿈은 유능한 변호사가 되는 것이다.

他毕业后在一家律师事务所工作。
그는 졸업 후에 변호사 사무소에서 일을 한다.

0890 麻烦 máfan

[형] 귀찮다, 번거롭다
- [유] 繁琐 fánsuǒ

你的这种解题方法太麻烦了。
너의 이런 문제 해결 방법은 아주 번거로워.

[동] 귀찮게 하다
- [유] 1788 劳驾, 打搅 dǎjiǎo, 烦劳 fánláo

她不愿意麻烦别人。
그녀는 다른 사람을 귀찮게 하는 걸 원하지 않는다.

[명] 말썽, 골칫거리

她总给哥哥添麻烦。 그녀는 늘 오빠를 성가시게 한다.

0891 马虎 mǎhu

[형] 소홀하다, 건성건성 하다
- [유] 0659 粗心 [반] 0492 认真, 细心 xìxīn

他做题总马虎。 그는 연습문제를 늘 대충대충 한다.

这件事可万万马虎不得。
이 일은 절대로 건성건성 해서는 안 된다.

0892 满 mǎn

[형] ① 가득하다

杯子里装满了水。 컵 안은 물로 가득하다.

② 기한이 다 되어 가다

学满四年我就可以毕业了。
4년의 학습 기간을 다 마치면 나는 졸업할 수 있다.

[동] 만족하다

事业有成，生活美满，她对眼前的一切心满意足。 사업도 잘 되고 삶도 즐거워, 그녀는 눈 앞의 모든 것에 만족한다.

0893 毛巾 máojīn
명 타월, 면, 수건
毛巾掉到地上了。 수건이 땅에 떨어졌다.
这条毛巾的手感特别柔软。
이 타월은 촉감이 특히 부드럽다.

0894 美丽 měilì
형 아름답다
유 0077 漂亮　반 1888 难看, 丑陋 chǒulòu
海边的风景非常美丽。
해변의 풍경이 매우 아름답다.
她是一个美丽又温柔的姑娘。
그녀는 아름답고 온유한 아가씨이다.

어휘 plus+

美丽 · 0077 漂亮

- 美丽　형 미려하다, 예쁘다
  ➡ 风景, 光环, 传说, 夕阳, 山河 + 美丽
- 漂亮　형 예쁘다
  ➡ 模样, 裙子, 动作, 字体 + 漂亮

비교 美丽는 여인의 용모, 자태, 복장, 풍경 및 경치와 동식물 등에 사용되며, 서면어에 주로 쓰인다. 漂亮은 사람과 사물에 모두 쓸 수 있으며, 남성이나 여성 모두에게 적용된다.

어떤 단어들과 함께 쓰이는지를 알아두는 것이 포인트!

Check
这场足球场真（　　　　）。
이 축구 경기장은 정말 아름답다.
傍晚的彩霞非常（　　　　）。
저녁 무렵의 노을이 매우 아름답다.
답 漂亮 / 美丽

0895 梦 mèng
명 꿈, 환상
她做了一个甜蜜的梦。 그녀는 달콤한 꿈을 꾸었다.
동 꿈꾸다
他梦见自己变成了蜘蛛侠 zhīzhūxiá。
그는 자신이 스파이더맨으로 변하는 꿈을 꾸었다.

0896 密码 mìmǎ
명 비밀번호, 패스워드
她忘了邮箱的密码。
그녀는 우편함의 비밀번호를 잊어버렸다.
千万不要把你的银行卡密码告诉别人。
은행 카드 비밀번호를 절대 다른 사람에게 말해주면 안 돼.

0897 免费 miǎn//fèi
동 무료로 하다, 돈을 받지 않다
体验课程是免费的。 체험 수업은 무료입니다.
欢迎大家前来免费参观。
무료 참관을 하러 오신 여러분을 환영합니다.
你看病免过费吗? 진찰을 무료로 받아본 적이 있니?

0898 民族 mínzú
명 민족
有的民族没有自己的文字。
어떤 민족은 자신들의 문자가 없다.
回族是中国的一个少数民族。
회족은 중국의 소수민족 중 하나이다.
没有精神支柱的民族是没有未来的。
정신적 지주가 없는 민족은 미래가 없다.

0899 母亲 mǔqīn
명 어머니
유 0060 妈妈　반 0003 爸爸, 0723 父亲 fùqīn
她的母亲是一位慈祥 cíxiáng 的妇人。
그녀의 어머니는 자애로운 부인이다.
多年后，他终于回到祖国母亲的怀抱。
수년 뒤에, 그는 마침내 조국의 어머니 품으로 돌아왔다.

0900 目的 mùdì
명 목적
유 1882 目标

他这个人，为达目的不择手段。 그 사람은 목적을 이루기 위해서 수단과 방법을 가리지 않는다.

考试的目的是检测学生的学习效果。
시험의 목적은 학생의 학습효과를 평가하기 위해서이다.

> **어휘 plus+**
> 目标・目的
> 1882 目标 참고

0901 耐心 nàixīn

형 끈기 있다, 인내심이 강하다
教学生的时候要耐心一点儿。
학생들을 가르칠 때는 인내심을 가져야 한다.

명 끈기, 참을성, 인내심
老王很有耐心，对于不懂的技术总是认真学习。 왕 씨는 끈기가 있어서, 모르는 기술에 대해서는 늘 진지하게 배운다.

0902 难道 nándào

부 설마 ~하겠는가?
> 유 莫非 mòfēi

难道他今天没来开会吗?
설마 그가 오늘 회의하러 오지 않았겠는가?

难道这个礼物不合她的心意？
설마 이 선물이 그 여자 마음에 안 들아야 하겠어?

0903 难受 nánshòu

형 ① (육체적이나 정신적으로) 괴롭다, 참을 수 없다
> 반 0502 舒服

他得了重感冒，感觉很难受。
그는 심한 감기에 걸려 아주 괴로웠다.

② 슬프다, 상심하다
> 유 0470 难过, 0965 伤心
> 반 0031 高兴, 0213 快乐, 1126 愉快

他得知这次任务没有完成好是自己的原因，心里非常难受。 그는 이번 임무가 완료되지 않은 것이 자신의 탓인 걸 알고, 마음이 무척 슬펐다.

> **어휘 plus+**
> 难受・0470 难过
> ・难受 형 참기 힘들다
>   ➡ 浑身, 眼睛, 感到, 样子
> ・难过 형 괴롭다, 슬프다
>   ➡ 心里, 感到, 样子
> 비교 难过는 심적으로 괴롭고 슬픈 것을 나타내고, 难受는 심리적으로 불편하고 통쾌하지 못하며 유쾌하지 않다는 것을 가리켜 难过보다 경미하다. 难过는 주로 쉽지 않은 과정과 생활을 나타내고, 难受는 신체적 불편함을 나타낸다.
>
> 뜻이 완전히 같을 때는 차이점에 주목하는 것이 포인트！
>
> **Check**
> 等待的日子真是（　　　）。
> 기다리는 나날이 너무 괴롭다.
> 他不知吃了什么，肚子疼得（　　　）。
> 그가 무엇을 먹었는지 배가 많이 아파 힘들어 했다.
> 답 难过 / 难受

0904 内 nèi

명 ① (방위사) 안, 내부
> 유 0057 里, 0587 中间, 里边 lǐbian, 里面 lǐmian
> 반 0253 外, 外边 wàibian, 外面 wàimian

在室内戴着帽子是不礼貌的。
실내에서 모자를 쓰는 것은 예의가 아니다.

② 아내 혹은 처의 친척
旁边这位是我的内人。
옆에 계신 이 분이 제 안사람입니다.

0905 内容 nèiróng

명 내용

반 2278 形式

这本书涉及shèjí的内容相当广。
이 책에서 언급하는 내용은 무척 광범위하다.

今天学习的内容有些难，同学们回去要好好复习。
오늘 배운 내용이 조금 어려우니, 학생 여러분들은 돌아가서 복습을 잘 해야 합니다.

0906 能力 nénglì

명 능력, 역량

유 才干 cáogàn, 才能 cáinéng

他有海外留学经历，有能力担任这份工作。
그는 해외유학 경험이 있어, 이 작업을 담당할 능력이 있다.

他能力出众，再难的任务也能完成得很好。
그는 능력이 출중하여, 어떤 어려운 임무라도 모두 완수할 수 있다.

0907 年龄 niánlíng

명 연령, 나이

유 1895 年纪

年龄大的人也需要保持一颗kē年轻的心。
나이가 많은 사람이라도 젊은이의 마음을 유지할 필요가 있다.

我子女已经到了用自己的判断力的年龄了。
내 자녀는 이미 자신의 판단력을 사용할 나이가 되었다.

 年纪 · 年龄

1895 年纪 참고

0908 农村 nóngcūn

명 농촌

유 乡村 xiāngcūn   반 0336 城市

这本小说是以农村生活为素材写的。
이 소설은 농촌 생활을 소재로 쓰여진 것이다.

实际上，农村生活没有我们想象的那么贫困。
실제적으로, 농촌 생활이 우리가 생각했던 것만큼 그렇게 빈곤하지는 않다.

0909 弄 nòng

동 ① 손에 넣다, 장만하다

我太饿了，你去给我弄点吃的来吧。
난 너무 배가 고파. 나한테 먹을 것 좀 만들어줘.

② 하다, 만들다

 1516 搞

他把上次向我借的那本书弄坏了。
그는 지난번 나에게 빌려 간 그 책을 더럽혔다.

③ 가지고 놀다, 만지작거리다

小孩子喜欢弄沙土 shātǔ。
어린 아이들은 모래 장난을 좋아한다.

④ 희롱하다, 농락하다

别弄手段，踏实 tāshi 做事才行。
요령 피우지 말고, 착실하게 일해야지.

搞 · 弄

1516 搞 참고

0910 暖和 nuǎnhuo

형 따뜻하다

 2203 温暖   반 寒冷 hánlěng

外面变暖和了，没有必要穿那么厚的衣服。
바깥이 따뜻해져서, 그렇게 두꺼운 옷 입을 필요 없어.

동 따뜻하게 하다, 녹이다

我的手要冻僵 dòngjiāng 了，你帮我暖和暖和吧。
내 손이 얼어 붙을 거 같아, 손 좀 녹여줘.

温暖 · 暖和

2203 温暖 참고

0911 偶尔 ǒu'ěr

[형] 우발적인, 우연한
那只是偶尔的事，你别放在心上。
그건 단지 우연한 일이야, 마음에 담아두지는 마.

[부] 가끔, 이따금
[유] 1903 偶然, 有时 yǒushí
[반] 0429 经常, 常常 chángcháng, 时常 shícháng

虽然他不喜欢打篮球，但偶尔也会和同学一起打篮球。 비록 그는 농구하는 것을 좋아하지는 않지만, 가끔은 반 친구들과 함께 농구를 하기도 한다.

어휘 plus+ 偶然・偶尔
1903 偶然 참고

0912 排列 páiliè

[동] 배열하다, 정렬하다
[유] 陈列 chénliè

会场的花盆要排列整齐。
회의장의 화분을 가지런히 배열해야 해.

中韩词典的汉字是按拼音顺序排列的。
중한사전의 한자는 병음 순으로 배열되어 있다.

어휘 plus+ 排列・陈列 chénliè

· 排列 [동] 배열하다
  ➡ 排列 + 队伍, 名单, 书籍, 卡片, 名次, 词语

· 陈列 [동] 진열하다
  ➡ 陈列 + 展品, 照片, 艺术品, 工艺品, 文物, 产品

 排列은 순서와 규칙을 강조하며 규칙적으로 동류의 물건을 배열하지만 꼭 사람에게 보여주기 위한 것은 아니다. 목적어는 구체적, 추상적 사물 모두 올 수 있다. 陈列는 구체적 물건을 진열하는 것으로 순서를 특별히 강조하지는 않는다.

두 글자 중 한 글자만 다를 경우 그 다른 한 글자의 뜻에 집중하여 구분하는 것이 포인트!

Check
博物馆里（　　　　）着很多文物。
박물관에는 많은 문물이 진열되어 있다.
中韩词典的汉字是按拼音顺序（　　　　）的。
중한사전의 한자는 병음 순으로 배열되어 있다.

答 陈列 / 排列

0913 判断 pànduàn

[명] 판단, 판정
在面对两难的局面时，他也能做出正确的判断。 진퇴양난의 국면에 맞닥뜨렸을 때, 그도 정확한 판단을 내릴 수 있다.

[동] 판단하다, 판정하다
[유] 断定 duàndìng, 判定 pàndìng

你判断得很正确。 네 판단이 정확했어.

0914 陪 péi

[동] 모시다, 수행하다
在我遇到困难时，他总会陪着我。
내가 어려움을 만났을 때, 그는 항상 내 옆에 있었다.
明天我会陪你去医院看病的，不要担心了。
내일 병원에 진찰받으러 가실 때 제가 모시고 갈 테니 걱정하지 마세요.

0915 批评 pīpíng

동 비평하다, 꾸짖다

유 批判 pīpàn　반 0623 表扬

期末考试时小明作弊被老师发现了，老师严厉地批评了他。 기말고사 때 샤오밍이 부정행위를 하다가 걸려서, 선생님께서 엄하게 꾸짖으셨다.

명 비판, 비평, 꾸지람

我们由于没有及时完成报告而受到批评。 우리는 제때에 보고서를 완성하지 못해서 지적을 당했다.

批评·批判 pīpàn

- 批评　동 비평하다, 혼내다
  ➡ 批评 + 孩子, 领导, 缺点, 错误, 报纸
- 批判　동 비판하다
  ➡ 批判 + 错误, 思想, 卖国主义, 拜金主义, 封建意识

비교 批评은 결점을 드러내는 것으로 목적어 자리에 일반적인 잘못이 온다. 批判은 잘못된 사상, 언론, 행위 등의 체계를 분석하는 것으로 목적어 자리에 심각한 잘못, 반동 사상 등이 주로 온다.

어떤 단어들과 함께 쓰이는지를 알아두는 것이 포인트!

Check
我对他的机会主义可以（　　　）。
나는 그의 기회주의에 대해 비판할 수 있다.
因为上课迟到的事，老师（　　　）了他。
수업에 지각한 일로 선생님은 그를 꾸짖었다.

답 批判 / 批评

0916 皮肤 pífū

명 피부

你皮肤看起来真好啊！ 네 피부 아주 좋아 보이네!
油性皮肤的人容易生痘dòu。 지성 피부인 사람은 쉽게 여드름이 난다.

0917 脾气 píqi

명 성질

유 1081 性格, 性子 xìngzi

最近为什么总发脾气呀？ 요즘 왜 자꾸 화를 내?

人们在找伴侣时总希望能找到脾气好的。 사람은 반려자를 찾을 때 늘 성격이 좋은 사람을 찾고자 희망한다.

0918 篇 piān

양 편, 장 (종이나 문장을 세는 단위)

这本书缺了一篇。 이 책은 한 편이 모자라.
我的两篇论文参考了您的研究成果。 제 두 편의 논문은 당신의 연구 성과를 참고했습니다.

0919 骗 piàn

동 속이다, 기만하다

유 欺骗 qīpiàn

你别骗人了，快点说实话吧。 속이려 들지 말고, 빨리 사실대로 말해봐.
你就挑tiāo好听的说，就是想骗我吧？ 너는 듣기 좋은 말만 골라서 하네, 나를 속이려고 하는 거지?

0920 乒乓球 pīngpāngqiú

명 탁구

到现在已经打了五年乒乓球了。 지금까지 탁구를 한 지 벌써 5년이나 된다.
在中国，有许多人从小就开始学打乒乓球。 중국에서는 많은 사람이 어려서부터 탁구를 배우기 시작한다.

0921 平时 píngshí

명 평소, 평상시

유 1928 平常, 平日 píngrì

他平时喜欢读一些散文。 그는 평소에 산문 작품을 읽는 걸 좋아한다.
你平时都看什么类型的书? 너는 평소에 어떤 책을 읽니?

0922 瓶子 píngzi

몡 병

那个玻璃瓶子造型真不错！
저 유리병은 스타일이 정말 괜찮다!

那个瓶子里装了化学物质，小心别打翻了。
그 병 안에는 화학물질이 담겨 있으니, 엎질러지지 않게 조심하세요.

0923 破 pò

동 ① 파손되다, 망가지다
他衣衫yīshān破烂，看起来十分可怜。
그의 옷이 너덜거리는 게 아주 불쌍해 보인다.

② 쪼개다, 가르다
太热了，我们破开个西瓜吃吃吧。
너무 덥네, 우리 수박이나 잘라 먹자.

③ 잔돈으로 바꾸다
一元钱破两个五角的。
1위안짜리를 깨서 5마오짜리 두 개로 바꾼 거야.

④ 타파하다, 깨뜨리다
他跳远tiàoyuǎn成绩破了世界纪录。
그가 멀리뛰기 경주의 세계 기록을 깨뜨렸다.

⑤ 쳐부수다, 격파하다
他们准备明天大破敌军。
그들은 내일 적군을 크게 물리칠 계획이다.

0924 普遍 pǔbiàn

혱 보편적이다, 널리 알려져 있다

유 0564 一般, 0742 共同, 1576 广泛
반 1523 个别, 2134 特殊

这是大家普遍的观点。
이것이 모두의 보편적인 관점이다.

在这个国家妇女婚后照料家庭是非常普遍的现象。
이 국가에서 여자가 결혼 후에 가정을 돌보는 것은 매우 보편적인 현상이다.

0925 其次 qícì

대 ① 다음, 그 다음
她第一个表演，其次就轮lún到我了。
그녀가 처음으로 공연하고, 그 다음이 내 차례이다.

② 부차적인 것
반 0592 主要, 0752 关键
文章内容是主要的，结构还在其次。
글의 내용이 중요하지, 구조는 그 다음이다.

0926 其中 qízhōng

몡 그 속, 그 중

我们班有五个女孩儿，其中她长得最漂亮。
우리 반에 다섯 명의 여자아이가 있는데, 그 중에 그녀가 제일 예뻐.

在同类词典中，这本是收录词语最全的。美在其中。
동종 사전 중에서, 이 사전에 수록된 단어가 가장 잘 갖추어져 있는데, 사전 중에 최고이다.

0927 起飞 qǐfēi

동 ① 이륙하다
飞机起飞已经两个小时了。
비행기가 이륙한 지 이미 두 시간이나 되었다.

② 급성장하기 시작하다, 빠르게 번창하다
汽车行业正处于起飞阶段。
자동차 산업이 현재 급성장 단계이다.

0928 起来 qǐ//lái

동 ① 일어서다
你起来，让老太太坐吧。
자리에서 일어나서, 할머니께 자리 좀 양보하세요.

② (잠자리에서) 일어나다
快点儿起来吧，要迟到了！
빨리 일어나, 늦겠어!

③ 흥기하다, 떨쳐 일어나다
百姓起来反抗了。 백성들이 항거를 일으켰다.

④ 동사 뒤에서 위를 향함을 나타냄
他从椅子上站起来了。
그는 의자 위에서 일어섰다.

⑤ 동사나 형용사 뒤에서 동작과 상황이 시작되고 지속됨을 나타냄
他说了一个笑话，把在场的同学都逗dòu得笑起来。 그가 웃긴 이야기를 하나 하면, 자리에 던 반 친구들 모두가 웃기 시작한다.

⑥ 동사 뒤에서 동작의 완성과 목적에 도달함을 나타냄
我想起来了，你说过这话的。
나 생각났어, 네가 이 말을 했잖아.

⑦ 동사 뒤에서 인상이나 의견을 나타냄
看起来，要下雪了。
보아하니 눈이 내릴 것 같아요.

0929 气候 qìhòu

명 ① 기후
유 0108 天气
全球气候变暖已经引起了大家广泛的关注。 지구 기후의 온난화는 이미 사람들의 광범위한 관심을 불러일으켰다.

② 동향, 정세
最近A国的政治气候不太稳定。
최근 A국가의 정치 동향이 그다지 안정적이지 못하다.

气候 · 0108 天气

• 气候 명 기후
  ➡ 气候反常，气候异常，北方的气候，气候的类型
• 天气 명 날씨
  ➡ 天气反常，天气异常，刮风的天气，天气好
비교 气候는 일정한 지역에서 다년간 관찰된 기상 상황을 나타내고, 天气는 일정한 시간의 기상 변화와 하루 중 기상 상황을 나타내며, 비유의 용법은 없다.

Check
世界上好多地区的（　　　）转暖了。
세계 여러 지역의 기후가 따뜻해졌다.
秋天（　　　）很好，不冷也不热。
가을 날씨는 춥지도 덥지도 않고 매우 좋다.
답 气候 / 天气

0930 千万 qiānwàn

부 부디, 제발, 절대로
유 1749 绝对
千万别说你去过那里。
당신은 그곳에 가봤다고 절대로 말하지 마세요.
千万别告诉我妈妈我考试没及格呀！ 절대 우리 엄마한테 내가 시험에 떨어졌다는 말을 하면 안 돼!

0931 签证 qiānzhèng

동 사증을 발급해주다, 입국 허가를 증명하다
他四年前就签证去了美国了。
그는 4년 전에 입국 허가를 받아 미국에 갔었다.

명 사증, 비자
你的签证办好了吗？ 비자는 받으셨나요?

0932 墙 qiáng

명 벽, 담
隔墙有耳。 벽에도 귀가 있다.
我把家里的墙涂tú成黄色的了。
나는 우리 집 벽을 노란색으로 칠했다.

0933 敲 qiāo

동 두드리다, 치다
유 打 dǎ, 击 jī, 敲打 qiāodǎ
进屋之前要敲门。
방에 들어가기 전에는 노크를 해야 한다.

他一敲墙，竟然发现里面是空的。
그는 벽을 두드리자마자, 뜻밖에도 그 안이 비어있다는 것을 발견했다.

0934 桥 qiáo

명 다리, 교량
유 桥梁 qiáoliáng

我们晚上在桥下见面吧。
우리 저녁에 다리 밑에서 만나자.

他参加了大桥的竣工jùngōng剪彩仪式yíshì。
그는 대교 준공 테이프 절단식에 참가했다.

0935 巧克力 qiǎokèlì

명 초콜릿

巧克力是女孩子的最爱。
초콜릿은 소녀들이 가장 좋아하는 것이다.

星期天我们一起做巧克力蛋糕吧？
일요일에 우리 같이 초콜릿 케이크를 만들어볼래?

0936 亲戚 qīnqi

명 친척

远方亲戚不如近邻呀！
먼 친척보다는 가까운 이웃이 더 낫지!

你们家亲戚真多，过年时一定很热闹吧？
너희 집은 친척이 많아서, 설이 되면 정말 왁자지껄하겠네?

0937 轻 qīng

형 ① 가볍다
반 2441 重

油比水轻，所以能浮fú在水面上。
기름은 물보다 가벼워서, 물 위에 뜬다.

② (옷차림이) 가볍다, 간편하다
出去玩儿就要轻装上阵才好呀！
밖에 나가 놀려면 홀가분하게 나가야 좋지!

③ (정도가) 경미하다, 얕다
对于这件事，他的责任挺轻的。
이 일에 대한 그의 책임은 아주 경미하다.

0938 轻松 qīngsōng

형 (일 따위가) 수월하다, 가볍다, (기분이) 홀가분하다
유 1471 放松 반 0825 紧张

听他这么说，心里一下轻松了。
그의 이런 말을 듣고는, 마음이 갑자기 홀가분해졌다.

今天和朋友在游乐园玩儿了一天，感觉很轻松。
오늘 친구와 놀이공원에서 온종일 놀았더니, 기분이 가뿐해졌다.

0939 情况 qíngkuàng

명 상황, 상태
유 2462 状况, 情形 qíngxíng

今年各地的经济发展情况并不是很好。
올해는 각지의 경제 발전 상태가 그다지 좋지 않다.

你去总公司那边了解一下情况，回来向我报告吧。
본사에 가서 상황을 파악한 다음, 돌아와 제게 보고하세요.

0940 请假 qǐng//jià

동 휴가를 신청하다

生病的同学不来上课，需要请假。
아픈 친구가 수업에 못 와서, 병가 신청이 필요해요.

他今天又请假了？不会是得了严重的病吧？
그 사람 오늘도 휴가를 신청했어? 설마 심각한 병에 걸린 건 아니겠지?

他向公司请了两个月的假。
그는 회사에 두 달간의 휴가를 신청했다.

0941 请客 qǐng//kè

동 초대하다, 한턱내다

输了的人一定得请客。
진 사람이 반드시 한턱내야죠.

大家快来啊，今天我请客。
여러분 얼른 와요, 오늘은 제가 한턱내겠습니다.
我请过一次客了。 내가 한턱낸 적이 한 차례 있다.

0942 穷 qióng

[형] ① 가난하다, 궁하다
- 유 贫 pín, 贫困 pínkùn, 穷困 qióngkùn

我们应该尽量帮助生活困难的穷人。
우리는 빈곤한 생활을 하는 가난한 사람을 최대한 도와야 한다.

② 다하다, 끝장나다
- 반 0722 富, 富有 fùyǒu, 富裕 fùyù

群众的智慧是没有穷尽的。
군중의 지혜는 끝이 없다.

0943 区别 qūbié

[동] 식별하다, 구별하다

我们要教会孩子怎样区别善与恶。
우리는 아이들이 어떻게 선과 악을 구별해야 하는지 가르쳐야 한다.

[명] 구별, 차이
- 유 1288 差别, 1477 分别

这两者事实上没有本质区别。
이 두 가지는 사실상 본질적인 차이가 없다.

0944 取 qǔ

[동] ① 가지다, 얻다
- 유 0466 拿, 提取 tíqǔ 반 1368 存

他回到家里取了书就去学校了。
그는 집으로 돌아가 책을 챙겨서 바로 학교로 갔다.

② 선발하다, 고르다
- 유 选 xuǎn, 选取 xuǎnqǔ 반 弃 qì, 舍 shě

你亲自两者取其一吧。 네가 직접 양자택일을 해.
这两者只能取其一，要想兼有是不可能的。
둘 중에 하나만 선택해야지, 두 개 다 원하는 것은 불가능하다.

0945 全部 quánbù

[명] 전부, 전체
- 유 1016 所有, 2412 整个, 全体 quántǐ
- 반 0632 部分, 局部 júbù

今天必须完成全部任务。
오늘 반드시 전체 임무를 완료해야 한다.
参加会议的人员全部来报到了。
회의 참석자 전원이 모두 등록을 했다.

 plus+ 整个・全部
2412 整个 참고

0946 缺点 quēdiǎn

[명] 부족한 점, 결함, 단점
- 유 1845 毛病, 短处 duǎnchu, 缺陷 quēxiàn
- 반 1117 优点, 长处 chángchu

不能只看到自身的优点，也要看到缺点。
자신의 장점만 봐서는 안 되고, 단점도 봐야 한다.
在今后的生活中，我一定认真改正缺点。
오늘 이후 생활 속에서, 나는 반드시 단점을 진지하게 고치겠다.

 plus+ 毛病・缺点
1845 毛病 참고

0947 缺少 quēshǎo

[동] 모자라다, 부족하다
- 유 1268 不足, 1987 缺乏, 短处 duǎnchu
- 반 1117 优点, 长处 chángchu

生活中不能缺少爱。
삶에 있어 사랑이 없어서는 안 된다.
我发现只有九个，缺少了一个。
나는 단지 아홉 개만 발견해서, 하나가 모자란다.

| 어휘 plus+ | 缺乏・缺少 |

1987 缺乏 참고

0948 却 què

본 오히려, 도리어, 반대로

本想省点钱，却更浪费了。
원래 돈을 좀 아끼려고 했는데, 오히려 더 많이 낭비했다.

我本想买两本书，结果却只买了一本。
나는 원래 책을 두 권 사고 싶었는데, 결과적으로는 오히려 한 권만 샀다.

| 어휘 plus+ | 却・0168 但是 |

- 却　본 그러나, 오히려
- 但是　접 그러나

비교 却는 부사로 주어 뒤나 동사 앞에서 쓸 수 있으며, 주어 앞에는 놓일 수 없고, 但是는 접속사로 주어 앞에 올 수 있다. 이 두 단어는 동시에 쓸 수 있다.

아무리 쉬운 단어일지라도 그 속뜻을 한 번쯤 되새겨 보는 것이 포인트!

Check

这件衣服看上去很一般，价格（　　　）高得惊人。 이 옷은 보기에는 매우 평범한데, 가격이 오히려 사람들이 놀랄 만큼 비싸다.

这件衣服看上去很一般，（　　　）价格高得惊人。 이 옷은 보기에는 매우 평범하지만, 가격은 사람들이 놀랄 만큼 비싸다.

这件衣服看上去很一般，（　　　）价格（　　　）高得惊人。 이 옷은 보기에 매우 평범하지만, 가격은 오히려 사람들이 놀랄 만큼 비싸다.

답 却 / 但是 / 但是, 却

0949 确实 quèshí

본 절대로, 틀림없이

유 **1410** 的确

他最近确实进步了许多。
그는 최근에 정말로 많이 진보했다.

孩子做得对，妈妈确实有点儿骄傲。
아이가 한 일이 옳았다고, 엄마는 확실히 자랑스러워 했다.

형 확실하다

유 **0982** 实在

这可是确实的消息，大家就相信吧。
이건 정말 확실한 소식이니까, 모두 믿어봐요.

0950 群 qún

양 떼, 무리를 세는 단위

一群人朝学校走去了。
한 무리의 사람들이 학교를 향해 걸어갔다.

她是这群孩子的孩子头儿。
그 여자아이는 이 아이들 무리의 골목대장이다.

0951 然而 rán'ér

접 그러나, 그렇지만, 그런데

유 **0168** 但是 **0849** 可是 **0951** 然而

他已经六十多了，然而一点不见老。
그는 이미 60이 넘었으나 조금도 늙어 보이지 않는다.

他虽然失败了很多次，然而仍旧 réngjiù 没有灰心。 그는 비록 여러 번 실패했음에도, 여전히 낙심하지 않는다.

0952 热闹 rènao

동 떠들썩하게 놀다

到圣诞节了，大家热闹一下吧。
크리스마스가 왔으니, 모두 떠들썩하게 놉시다.

명 구경거리, 여흥
有些人总喜欢看热闹。
어떤 사람들은 늘 구경거리를 보는 걸 좋아한다.

형 왁자지껄하다, 번화하다
유 1994 热烈, 红火 hónghuo
반 0305 安静, 冷清 lěngqīng
农贸市场真热闹。 농산물시장은 정말 번화하다.
广场上人山人海，十分热闹。
광장이 인산인해라 매우 왁자지껄하다.

热烈・热闹
1994 热烈 참고

0953 **人民币** rénmínbì

명 인민폐 (중국의 화폐 단위)
人民币的汇率比较稳定。
인민폐의 환율은 비교적 안정적이다.
最近中央银行发行了新版人民币。
최근에 중앙은행에서 새로운 인민폐를 발행하였다.

0954 **任何** rènhé

대 어떠한, 어떤
我没有任何理由拒绝他的邀请。
나는 그의 초대를 거절할 어떠한 이유도 없다.
在任何时候，我都会在你身边支持你。
어떠한 때에도, 난 네 곁에서 널 응원할 거야.

0955 **任务** rènwu

명 임무, 책무
유 0033 工作
年轻人肩负 jiānfù 着建设国家的任务。
젊은 사람들이 나라를 건설하는 임무를 맡고 있다.
任务量很重，大家辛苦一下，尽快完成吧。
업무량이 많으니, 모두가 좀 수고해서 최대한 빨리 끝내도록 합시다.

0956 **扔** rēng

동 ① 던지다
유 投 tóu
他能把石子扔得很远。
그는 돌을 아주 멀리까지 던질 수 있다.
② 내버리다, 포기하다
유 0689 丢, 抛弃 pāoqì 반 1676 捡, 拣 jiǎn
到任何时候，我们都不能扔掉我们的梦想。
어떠한 상황에서도, 우리 모두는 꿈을 포기할 수 없다.

0957 **仍然** réngrán

부 여전히, 아직도
유 0393 还是, 2317 依然, 依旧 yījiù
已经吃了药了，但仍然没有退热。
이미 약을 먹었지만, 여전히 열이 내리지 않는다.
十年过去了，他仍然对前女友念念不忘。
10년이 지났건만, 그는 여전히 옛 여자친구를 잊지 못한다.

0958 **日记** rìjì

명 일기
她有记日记的好习惯。
그녀는 일기를 쓰는 좋은 습관이 있다.
看着过去的日记，十年前的场面又出现在她的眼前。 과거의 일기를 보니, 10년 전의 장면이 다시 그녀의 눈앞에 펼쳐진다.

0959 **入口** rùkǒu

동 ① 입으로 들어가다
这种糖入口即化。
이런 류의 사탕은 입에 들어가자마자 녹는다.
② 수입하다, 들어오다
这种塑料制品入口价格很高。
이런 류의 플라스틱 제품은 수입 가격이 매우 높다.

| 명 | 입구

[반] 1337 出口

这个运动场的入口很难找，我找了十几分钟才找到。 이 운동장의 입구는 정말 찾기가 어려워서, 나는 십여 분이 넘게 찾아서 겨우 찾아냈다.

0960 **软** ruǎn

형 ① 부드럽다, 연하다

[반] 1114 硬

孩子喜欢轻抚fǔ兔子软软的毛。 아이는 토끼의 부드러운 털을 가볍게 어루만지는 것을 좋아한다.

② 온화하다

软话听起来虽舒服，可是未必有用。 온화한 말투는 듣기에는 비록 편안하지만, 반드시 유용한 것은 아니다.

③ 나른하다, 힘이 없다

[유] 2015 弱 [반] 强壮 qiángzhuàng

他吓得两腿发软。 그는 너무 놀라 두 다리에 힘이 풀렸다.

④ (마음이) 여리다

[반] 1672 坚强

他耳朵挺软的，容易被别人说服。 그는 귀가 얇아서, 다른 사람의 말에 쉽게 설득 당한다.

0961 **散步** sàn//bù

동 산보하다, 산책하다

晚饭后，我常和妈妈一起去公园散步。 저녁 식사 후, 나는 자주 엄마와 함께 공원에 산책하러 간다.

她喜欢在阴凉有风的地方一个人散步。 그녀는 바람이 있는 그늘지고 서늘한 곳에서 혼자 산책하는 것을 좋아한다.

我刚才在楼下散了一会儿步。 나는 방금 건물 아래에서 잠시 산책을 했다.

0962 **森林** sēnlín

명 산림, 숲

[유] 树林 shùlín

冬天，森林地区容易发生火灾。 겨울에는 산림지역에서 화재가 쉽게 발생한다.

森林是我们的宝贵的生态资源，我们要好好保护。 숲은 우리의 귀중한 생태자원이니 잘 보호해야 한다.

0963 **沙发** shāfā

명 소파

他一回到家就坐在沙发上看电视。 그는 집에 들어오자마자 소파에 앉아서 텔레비전을 본다.

这个沙发软软的，坐上去非常舒服。 이 소파는 푹신해서 앉아있기 매우 편하다.

0964 **商量** shāngliang

동 상의하다, 의논하다, 상담하다

[유] 1025 讨论 [반] 0436 决定

这件事我要和爸爸商量一下再决定。 이 일은 내가 아빠와 상의해서 다시 결정할게.

去留学的事儿，我得和家人商量一下。 유학 가는 일은 가족과 상의를 해봐야 해요.

0965 **伤心** shāng//xīn

형 슬퍼하다, 상심하다

[유] 2160 痛苦 [반] 0031 高兴, 1126 愉快

不知道为什么，就是这么伤心。 원인도 모른 채, 단지 이렇게 마음만 아파한다.

他和自己最好的朋友闹翻nàofān了，很伤心。 그는 자신의 가장 친한 친구와 사이가 틀어져서 마음이 아프다.

这孩子伤了他父母的心。
이 아이는 자신의 부모님을 상심하게 했다.

0966 稍微 shāowēi

[부] 약간, 다소, 조금
[유] 稍稍 shāoshāo, 稍为 shāowéi

吃了药病稍微好一点了。
약을 먹으니 병이 좀 나아졌다.

只要稍微懂一点计算机的人都知道这个表格要怎么做。 컴퓨터를 조금이라도 아는 사람이기만 하면, 이 도표를 어떻게 만드는지 안다.

0967 社会 shèhuì

[명] 사회

大学是我们进入社会前锻炼自己的平台。
대학은 사회에 나가기 전에 자신을 단련하는 무대이다.

随着社会的发展，人们对生活质量的要求越来越高。 사회 발전에 따라, 사람들은 생활의 질에 대한 요구가 갈수록 높다.

0968 深 shēn

[형] ① 깊다
[반] 1952 浅

妈妈对我的爱深如大海。
나에 대한 엄마의 사랑은 바다 같이 깊다.

② 심오하다
那个问题太深了，我想不明白。
그 문제는 너무 심오해서, 나는 뭐가 뭔지 모르겠다.

③ 심각하다
他每次想得很深。 그는 매번 심각하게 생각을 한다.

④ (감정이) 두텁다, 돈독하다
我与他感情深厚。 나와 그는 애정이 깊고 두텁다.

⑤ (색깔이) 진하다
[유] 0604 暗 [반] 1393 淡

这件衣服颜色太深，不适合我。
이 옷은 색깔이 너무 진해서 내게 어울리지 않아.

⑥ 시간이 오래되다
[유] 晚 wǎn

夜已经很深了。 밤이 이미 깊었다.

[명] 깊이
这条河有25米深。 이 강은 깊이가 25미터이다.

[부] 매우, 대단히
对于你的不幸，我深表同情。
당신의 불행을 매우 애석하게 생각합니다.

0969 申请 shēnqǐng

[동] 신청하다
[유] 0555 要求, 1975 请求

我想申请去美国留学。
나는 미국 유학을 신청하려고 한다.

他申请调diào到北京工作了。
그는 베이징으로 전근 신청을 했다.

0970 甚至 shènzhì

[접] ~까지도
在广大农村，甚至在远远的山区，都上得了网。 넓은 농촌, 심지어 외딴 산간 지역에서도 인터넷을 할 수 있다.

大多数人，甚至小小的孩子，都知道要保护动物。 많은 사람들, 심지어 아주 어린 아이들조차도 동물을 보호해야 한다는 것을 안다.

[부] 심지어, ~조차도
她甚至高兴得流出了眼泪。
그녀는 심지어 기뻐서 눈물까지 흘렸다.

她瘦得厉害，我甚至认不出来了。
그녀가 너무 말라서, 나는 심지어 못 알아 봤다.

0971 生活 shēnghuó

명 생활
生活总是充满了未知，也正因为这样，才十分精彩。 생활한다는 것은 언제나 미지로 가득한 것이어서, 그러하기에 정말 근사하다.

동 생활하다, 생존하다
作为残疾人，他顽强wánqiáng地生活着。
장애인으로서, 그는 꿋꿋하게 생활하고 있다.

0972 生命 shēngmìng

명 생명
每个生命都是值得尊敬的。
하나하나의 생명 모두가 존중받을 가치가 있다.
许多人在战争中丢掉了宝贵的生命。
수많은 사람들이 전쟁에서 고귀한 생명을 잃어버렸다.

0973 省 shěng

동 ① 아끼다, 줄이다
유 1707 节省 반 0865 浪费
我妈妈终生省吃俭用。
우리 엄마는 평생 아껴 먹고 아껴 쓰셨다.

② 생략하다, 빼다
这篇文章中那一段内容是不能省的。
이 글 가운데 그 단락의 내용은 생략할 수 없다.

명 성 (중국의 행정 단위)
每个省份都有自己的特色，这充分体现出了中国地区差异性。 각 성마다 자신의 특색을 가지고 있는데, 이는 충분히 중국지역의 다른 면을 부각시켜 준다.

0974 剩 shèng

동 남다, 남기다
家里还剩下什么吃的了？
집에 무슨 먹을 거 남아 있어？
大家都走了，只剩下他一个人在公司加班。
모두가 다 가고, 그 사람만 혼자 회사에 남아 야근을 한다.

0975 失败 shībài

동 실패하다, 패배하다
유 0998 输 반 0644 成功, 2053 胜利
不要害怕失败。 실패하는 것을 두려워하지 마라.
这次司法考试，他又失败了。
이번 사법고시에서 그는 또 실패했다.

0976 失望 shīwàng

동 실망하다
유 绝望 juéwàng 반 0261 希望, 0460 满意
失败一次不等于永远都失败，不要失望嘛！
한 번 실패했다고 영원히 실패하는 건 아니니, 실망하지 마!

형 (희망이 실현되지 못해) 낙담하다
유 1634 灰心
因为没有达到自己的目标，他很失望。
자신의 목표를 이루지 못해서, 그는 매우 낙담했다.

0977 师傅 shīfu

명 (학문이나 기예 등의) 스승, 사부
师傅传授学生技艺。
스승이 학생에게 기예를 전수한다.
我们的师傅真是一个慈祥cíxiáng的人。
저희 사부님께서는 참 자상한 분이십니다.

0978 湿润 shīrùn

형 습하다, 축축하다
유 潮湿 cháoshī 반 0729 干燥
我的眼睛不由得有些湿润。
나의 눈가가 자연스레 좀 촉촉해졌다.
刚刚下过雨，空气挺湿润的。
막 비가 내려서, 공기가 아주 습하다.

 湿润・潮湿 cháoshī

・湿润 형 습윤하다, 축축하다, 촉촉하다
➡ 皮肤，面部，眼圈，空气，土壤

- 潮湿 [형] 축축하다, 눅눅하다
  ➡ 衣服, 房子, 屋子, 泥土, 草地, 天气, 空气, 海风

[비교] 湿润은 습도가 적당하고 윤기가 나는 것을 가리키며, 토양, 공기뿐만 아니라 사람의 눈, 피부 등에도 자주 쓰인다. 潮湿는 습도가 많고 수분이 많이 함유됨을 뜻하며, 토지, 공기, 물체 등에 쓰인다.

비슷한 의미를 가진 단어일수록 搭配에 의해 구분된다는 것이 포인트!

Check
穿（　　　）的衣服会生病的。
눅눅한 옷을 입으면 병에 걸릴 수 있다.
我的眼睛不由得有些（　　　）。
나의 눈가가 자연스레 촉촉해졌다.

답 潮湿 / 湿润

0979 狮子 shīzi

[명] 사자
狮子是百兽之王。사자는 백수의 제왕이다.
因为狮子十分凶猛 xiōngměng，所以猎人 lièrén 都带着枪 qiāng。사자가 매우 사납기 때문에, 사냥꾼들은 모두 총을 가지고 다닌다.

0980 十分 shífēn

[부] 대단히, 몹시, 매우
유 0039 很 0177 非常 0410 极
收到大学的录取通知书，他十分高兴。
대학 입학통지서를 받고서 그는 매우 기뻐했다.
他能获得那样的成功，十分了不起啊！
그가 그렇게 성공을 거뒀으니, 아주 대단한다!

plus+ 十分・0177 非常
・十分 [부] 매우, 십분
・非常 [부] 매우
[비교] 十分은 앞에 부정부사 不가 올 수 있고 비교적 높은 정도에 도달하지 못함을 나타낸다. 非常은 형용사로서 특수하고 일반적이지 않다는 뜻도 있어, 非常时期, 非常事件처럼 주로 직접적으로 명사와 결합되어 쓰인다. 또한 非常은 非常非常으로 중첩할 수 있으나, 十分은 중첩할 수 없다.

뜻이 완전히 같을 때에는 차이점에 주목하는 것이 포인트!

Check
这场比赛的成绩不（　　　）理想。
이번 경기의 성적이 좋지 않다.
今天发生了（　　　）事故。
오늘 특수한 사고가 발생했다.

답 十分 / 非常

0981 实际 shíjì

[명] 실제, 사실
유 1231 本质
制定方案要从实际出发，不能凭空 píngkōng 想象。계획을 세울 때에는 사실에서 출발해야지, 탁상공론해서는 안 된다.

[형] 실제적이다, 현실적이다
유 2236 现实
实际上，我并不想学英语，可是没有办法。
사실 나는 결코 영어를 배우고 싶지 않았지만 방법이 없었다.

0982 实在 shízài

[형] 진실하다, 거짓이 없다
유 0647 诚实 반 虚假 xūjiǎ
他这个人挺实在的，值得信赖。
그는 사람이 정말 진실해서 신뢰할 만하다.

[부] 확실히, 정말
유 1410 的确
对你，我实在是没话可说了。
네게는, 내가 정말 할 말이 없다.

0983 食品 shípǐn

[명] 식품
유 2070 食物
食品健康是在社会领域里很重要的问题。
식품건강은 사회의 영역에서 매우 중요한 문제이다.
这个公司主要从事食品生产方面的业务。
이 회사는 주로 식품 생산 방면의 업무를 하고 있다.

0984 使用 shǐyòng

동 사용하다, 이용하다

유 1811 利用, 2377 运用

这种电子词典操作简单，便于学生使用。
이 전자사전은 조작방법이 간단해서, 학생이 사용하기에 편리하다.

看了说明书，我们知道了怎么使用这种机器。 설명서를 보고, 우리는 이런 기기를 어떻게 사용하는지 알았다.

어휘 plus+
运用・使用
2377 运用 참고

0985 试 shì

동 시험하다, 시도하다

유 尝试 chángshì

就试一试吧，失败了也没关系。
한번 시도해보자, 실패해도 괜찮아.

不管有多难，我都想试一下，不然以后可能会后悔。 얼마나 힘들지 간에 난 한번 시도해보고 싶어요, 그렇지 않으면 나중에 후회할 거 같아요.

0986 市场 shìchǎng

명 시장

要进一步完善市场经济秩序。
진일보한 시장경제 질서에 완벽을 기울여야 한다.

这个新产品是针对儿童市场推出的。
이 신제품은 아동 시장을 겨냥해 내놓은 것이다.

0987 适合 shìhé

 적합하다, 알맞다

유 0721 符合, 0773 合适

处理方法要适合当地情况。
처리 방법이 현지 상황에 알맞아야 한다.

找工作就像找伴侣bànlǚ，适合自己的是最好的。 직업을 찾는다는 것은 반려자를 찾는 것과 같아서, 자신에게 적합한 것이 가장 좋다.

어휘 plus+
适合・0773 合适

・适合 동 적합하다, 어울리다
・合适 형 적합하다, 어울리다, 적당하다

비교 适合와 合适는 둘 다 '적합하다, 어울리다'라는 뜻으로, 그 차이점은 适合는 동사로서 목적어를 가질 수 있고, 合适는 형용사로 목적어를 가질 수 없다는 점이다.

뜻은 같으나 품사에 구분되는 것이 포인트!

Check
这种工作对我很（　　　　）。
이 일은 나에게 적합하다.
这种工作不（　　　　）我。
이 일은 내게 적합하지 않다.

답 合适 / 适合

0988 适应 shìyìng

동 적응하다

他能很快地适应新的工作环境。
그는 새로운 직장 환경에 빨리 적응할 수 있다.

动物们无法适应不断上升的气温。
동물들은 끊임없이 상승되고 있는 기온에 적응하지 못한다.

0989 世纪 shìjì

명 세기, 시대

上个世纪，人类有许多伟大的发明。
지난 세기, 인류는 셀 수 없이 많은 위대한 발명을 했다.

他们这场跨世纪的婚礼已经上了新闻的头条。 그들의 이번 세기를 뛰어넘는 결혼식은 이미 뉴스의 헤드라인을 장식했다.

0990 收 shōu

동 ① (물건을) 거두다, 모으다
他喜欢收集邮票。 그는 우표 수집을 좋아한다.

② 얻다, 획득하다
他收入不错, 可是消费也高, 只能算收支相当。 그의 수입이 괜찮지만 소비도 많아서, 수입과 지출이 맞먹는다고 할 수 있다.

③ 수확하다
今年收了许多稻子dàozi。
올해 대량의 벼를 수확했다.

④ 접수하다, 받다
这个部门昨天接收了一些税收报告。
이 부서는 어제 몇몇 세수 보고를 접수했다.

0991 **收入** shōurù

동 받다, 받아들이다
他收入的钱总没有支出的多。
그가 받은 돈은 늘 지출하는 것만큼 많지 않다.

명 수입, 소득
在大城市中, 高收入者相当多。
대도시에서 고소득자는 상당히 많다.

0992 **收拾** shōushi

동 ① 정리하다, 정돈하다
유 1150 整理
收拾一下房间吧, 一会儿要来客人了。
방을 좀 정리하세요. 좀 있다 손님께서 오실 거예요.

② 수리하다, 고치다
유 修理 xiūlǐ
我的手表坏了, 请帮我收拾一下。
제 손목시계가 고장 났는데, 좀 고쳐주세요.

plus+

收拾・ 1150 **整理**

· 收拾 동 정리하다 / 수리하다
  ➡ 收拾 + 屋子, 房间, 行装, 自行车, 录音机, 残局, 皮鞋

· 整理 동 정리하다
  ➡ 整理 + 屋子, 房间, 行装, 思路, 思想

비교 收拾는 질서 있게 정돈됨을 말하며, 목적어로는 구체적 사물이 온다. 또한 '수리하다, 처벌하다'의 뜻도 있다. 整理는 조리 있고 질서 있음을 말하며, 목적어로는 구체적, 추상적 사물 모두 올 수 있다.

뜻이 완전히 같을 때에는 차이점에 주목하는 것이 포인트!

Check
你会 (　　　) 自行车吗?
너는 자전거를 고칠 줄 알아?
我把他的发言 (　　　) 成书面材料。
나는 그의 발언을 정리해서 서면 자료로 만들었다.

답 收拾 / 整理

0993 **首都** shǒudū

명 수도
首都人民欢迎您。
수도 인민들은 당신을 환영합니다.
北京是中国的首都。 베이징은 중국의 수도이다.

0994 **首先** shǒuxiān

부 맨 먼저, 무엇보다 먼저, 우선
반 1195 最后
首先报名的人有优惠政策的。
우선 신청한 사람은 특혜정책이 있다.

접 첫째 (열거하는 경우에 쓰임)
首先, 校长讲话: 其次, 学生代表发言。
먼저 교장선생님의 말씀이 있은 후, 학생대표의 발언이 있겠습니다.

0995 **受不了** shòubuliǎo

견딜 수 없다, 참을 수 없다
유 2003 忍不住
谁都受不了她那坏脾气。
누구도 그녀의 나쁜 성질을 참을 수 없다.
我真是受不了了, 这饭太难吃了。
난 정말 참을 수가 없어. 이 밥 진짜 맛 없다.

0996 受到 shòudào

동 ① 받다, 얻다
他经常热心帮助别人，受到学校的表扬。
그는 늘 열심히 다른 사람을 도와서, 학교로부터 표창을 받았다.

② 견디다
这件事情真是让我受到考验了。
이 일은 정말이지 사람을 시험에 들게 한다.

0997 售货员 shòuhuòyuán

명 판매원, 점원
这家小店的售货员服务很好。
이 작은 상점의 판매원은 서비스가 아주 좋다.
售货员的工作很辛苦，但能培养自己吃苦耐劳的品质。 판매원의 일이란 매우 고되지만, 고통과 어려움을 참고 견디는 품성을 기를 수 있다.

0998 输 shū

동 ① 나르다, 운송하다
输油管道泄漏xièròu引起恐慌kǒnghuāng。
송유관의 누수가 공황상태를 야기했다.

② 지다, 패하다
반 1113 赢, 2053 胜利
你放心，明天那场比赛我们不会输的。
안심하세요, 내일 그 경기에서 우리가 질 리 없어요.

0999 熟悉 shúxī

동 익히 알다, 충분히 알다
유 0454 了解 반 1880 陌生
先熟悉一下我们公司的业务吧。
먼저 우리 회사의 업무를 익히세요.
时间久了，你自然会熟悉这里的风土人情。
시간이 지나면, 당신은 자연스럽게 이곳의 풍토와 인심에 익숙해질 것입니다.

1000 数量 shùliàng

명 수량, 양
유 数目 shùmù, 반 1168 质量
大熊猫的数量逐渐减少。
자이언트 판다의 수량이 점차 감소한다.
这批的服装订单数量很大。
이번 차례의 의류 주문량이 꽤 많다.

어휘 plus+ 数量 · 数目 shùmù

· 数量 명 수량
· 数目 명 수량

비교 数量은 개괄적이고 대략적인 사물의 양을 나타내고, 数目는 기준이나 단위를 통해 나타난 사물의 구체적인 양을 나타내며, 일정한 숫자 단위를 통해 표현된다.

뜻이 완전히 같을 때에는 차이점에 주목하는 것이 포인트!

Check
十万块钱可是一笔不少的（　　　　）。
10만 위안은 적지 않은 수량이다.
要保证（　　　　），质量也要保证。
수량뿐 아니라 품질도 보장되어야 한다.

답 数目 / 数量

1001 数字 shùzì

명 숫자, 수량
유 1000 数量, 2098 数据
报表上的数字不能反映实际的情况。
보고서 상의 숫자는 실제 상황을 반영하지 못한다.
每个国家文化不同，人们喜欢的数字也不同。 각 나라의 문화가 다르기에 사람들이 좋아하는 숫자도 다르다.

1002 帅 shuài

형 잘생기다, 영준하다
유 0077 漂亮 반 1334 丑, 1888 难看
哇，前面那个男生长得真帅呀！
와! 앞에 저 남학생 정말 잘생겼다!

只是脸长得帅是没有用的，要有实力才行。
얼굴만 잘생기면 뭔 소용이야, 실력이 있어야지.

1003 顺便 shùnbiàn

- 부 ~하는 김에
  既然要出去，顺便帮我买本书吧。
  이왕 나가는 것이니, 가는 김에 나한테 책 한 권 사다줘요.
  我今天要去超市，顺便帮你买些水果吧。
  나 오늘 슈퍼마켓에 갈 건데, 가는 김에 네 대신 과일 좀 사올게.

1004 顺利 shùnlì

- 형 순조롭다
  希望你面试顺利。면접이 순조롭길 바랍니다.
  他顺利通过了考试。그는 순조롭게 시험을 통과했다.

流利·顺利
0886 流利 참고

1005 顺序 shùnxù

- 명 순서, 차례
  유 1313 程序, 2435 秩序
  大家按顺序坐吧。모두 순서에 맞춰 앉으세요.
- 부 순서대로, 차례대로
  歌手们按照顺序登台演出了。
  가수들은 순서대로 무대에 올라가 공연을 했다.

秩序·顺序
2435 秩序 참고

1006 说明 shuōmíng

- 동 설명하다, 증명하다
  麻烦您给我说明一下今天的展览情况吧。
  번거롭겠지만 오늘의 전시회 상황을 좀 제게 설명해주세요.

- 명 설명
  小册上附有说明，可以回家慢慢看。
  소책자에 설명이 첨부되어 있으니, 집에 돌아가서 천천히 살펴봐도 된다.

1007 硕士 shuòshì

- 명 석사
  유 1093 研究生
  这家单位招聘新人，全要硕士。
  이 회사에서 신입사원을 뽑는데, 모두 석사만 원한다.
  硕士毕业生工资平均比本科毕业生高许多。
  학부 졸업생보다 석사졸업생의 월급이 평균적으로 많이 높다.

1008 死 sǐ

- 동 죽다
  那颗树已经死了。그 나무는 이미 죽어버렸어.
- 형 ① 극에 달하다
  今天真是饿死了！
  오늘은 정말이지 배가 고파 죽을 거 같아!
  ② 화해될 수 없는
  他们是死对头。그들은 철천지 원수지간이다.
  ③ 고수하다, 단호하다
  他死不悔改，真没办法！
  그는 죽어도 뉘우치지 않아. 정말 못 말린다니까!
  ④ 막히다
  那边是死胡同，走不通的。
  거긴 막다른 골목이라 못 지나가.

1009 速度 sùdù

- 명 속도
  旁边的车跑起来速度真快啊！
  옆쪽 차는 달리기 시작하니 속도가 정말 빨라!
  最近几年，经济发展保持稳定的速度。
  최근 몇 년, 경제 발전이 안정된 속도를 유지하고 있다.

1010 塑料袋 sùliàodài

명 비닐봉지

这种塑料袋的质量很好。
이런 류의 비닐 봉지는 품질이 매우 좋다.

我们要尽可能用环保塑料袋。
우리는 최대한 환경보호용 비닐봉지를 써야 한다.

1011 酸 suān

형 ① (맛이나 냄새 따위가) 시다

반 0517 甜

青梅很酸。 매실은 맛이 시다.

② 비통하다, 슬프다
想起辛酸的往事，她情不自禁地流下泪水。 괴롭고 슬펐던 지난 날을 생각하니, 그녀 자신도 모르게 눈물을 흘렸다.

③ 몸이 시큰거리다
站了两个小时，我腿酸得不行了。
두 시간이나 서 있었더니, 다리가 시큰거려 안 되겠다.

1012 算 suàn

동 ① 계산하다

유 1652 计算, 预算 yùsuàn

我算了一笔账，还是不去商场买东西更好。 내가 계산을 한 번 해봤더니, 역시나 백화점에 가서 물건을 사지 않는 편이 더 났다.

② 계산에 넣다
明天足球比赛算我一个。
내일 축구 경기에 나도 끼워줘.

③ 계획하다
我打算这个暑假去欧洲度假。
난 이번 여름 방학 때 유럽으로 휴가 보내러 갈 계획이다.

④ 추측하다
我算他今天会来学校的。
내 예상으로는 그가 오늘 학교에 올 거 같아.

⑤ 인정하다
他说的不算，还得你说。
그가 말한 건 인정 못 하니까, 역시 네가 말해.

⑥ ~로 간주하다
他有金融jīnróng从业资格证，算是个金融理财师了。 그는 금융업 종사 자격증이 있으니, 금융 재산관리사라 볼 수 있다.

⑦ ~인 셈이다
他学习成绩很好，绝对算个好学生。 그는 학업 성적이 좋으니, 단연코 좋은 학생이라 할 수 있다.

1013 随便 suíbiàn

형 함부로 하다, 제멋대로 하다

반 慎重 shènzhòng

我说话比较随便，你别介意。
난 마음 내키는 대로 말을 하는 편이니까 개의치 마.

접 ~을 막론하고
随便什么颜色的手套，我都喜欢。
무슨 색깔 장갑이든 난 다 좋아.

1014 随着 suízhe

전 ~따라서, ~에 따라

유 跟着 gēnzhe

随着季节的变化，人们的心理也会变化的。
계절의 변화에 따라, 사람들의 심리도 변화한다.

随着通信手段的发展，人们的交流越来越方便了。 통신수단의 발전에 따라, 사람들의 교류가 갈수록 편해진다.

1015 孙子 sūnzi

명 손자

孙子媳妇xífù很让她满意。
손자 며느리가 정말 그녀의 마음에 들었다.

那位老爷爷有个可爱活泼的孙子。
그 할아버지는 귀엽고 활발한 손자가 하나 있다.

1016 所有 suǒyǒu

동 소유하다, 가지다

那个东西归我所有。 그 물건은 제 소유입니다.

형 모든, 일체의
- 유 0945 全部, 1104 一切, 1460 凡是
- 반 0632 部分, 1523 个别

我会尽我所有的力量帮助他人的。
전 제 모든 힘을 다해 다른 사람을 도울 겁니다.

어휘 plus+ 凡是 · 1104 一切 · 所有
1460 凡是 참조

1017 台 tái

명 단, 무대
台上站了五位演员。
무대 위에 배우 다섯 분이 서 있다.

양 ① 편 (연극이나 공연을 세는 단위)
今晚有三台戏剧。
오늘 밤에 연극 공연이 세 편이 있다.

② 대 (무대나 책상 등을 세는 단위)
公司最近更换了六台电脑。
회사는 최근 컴퓨터 여섯 대를 교체했다.

1018 抬 tái

동 들다, 들어 올리다
大家快来把椅子抬出教室去吧。
모두 빨리 와서 의자를 들고 교실을 나가세요.
这个双门冰箱，我们两个人根本抬不动。
이 양문형 냉장고는 우리 두 사람도 도무지 들 수 없다.

1019 态度 tàidu

명 태도
成功取决于态度。 성공은 태도에 달려있다.
任何时候都要以积极的态度面对困难。
언제든지 적극적인 태도로 어려움에 직면해야 한다.

1020 谈 tán

동 말하다, 이야기하다
- 유 0417 讲

请您谈谈对技术改进的看法。
기술개선에 대한 견해를 이야기해주세요.
我们今天来谈一谈世界经济吧。
우리 오늘 세계 경제에 대해 이야기해봅시다.

1021 弹钢琴 tán gāngqín

피아노를 치다
她非常喜欢弹钢琴。
그녀는 피아노 치는 걸 정말 좋아한다.
他学弹钢琴已经有八年了。
그는 피아노 치는 것을 배운 지 이미 8년이 되었다.

1022 汤 tāng

명 국, 탕
汤太淡，再放点盐。 탕이 싱거우니 소금을 더 넣어.
为了给婆婆调养身体，她学会了煲bāo各种汤。 시어머니의 몸조리를 해 드리기 위해서, 그녀는 각종 탕을 끓이는 것을 배웠다.

1023 躺 tǎng

동 눕다, 쓰러뜨리다
- 유 1400 倒 반 0580 站

累了就躺一会儿吧。 피곤하면 잠시 누워.
躺在沙发上真是太舒服了。
소파에 눕는 것은 참으로 편하다.

1024 趟 tàng

양 번, 차례 (왕래한 횟수를 세는 단위)
유 0041 回, 0163 次

我今天去了三趟超市。
저는 오늘 슈퍼마켓에 세 번 다녀왔어요.

명 행진 중인 대오, 행렬
这一趟士兵的身体素质不错，每个人都通过了体能测试。 이 대열 사병들의 신체조건이 좋아서, 사병들 모두 체력테스트를 통과했다.

1025 讨论 tǎolùn

동 토론하다
유 0964 商量, 1243 辩论, 2331 议论

他们讨论了气候和其他的话题。
그들은 기후와 기타 주제를 토론했다.

我们来讨论一下明天要演讲的内容吧。
우리 내일 강연할 내용을 좀 토론해보자.

议论·讨论
2331 议论 참고

1026 讨厌 tǎoyàn

형 밉살스럽다, 혐오스럽다
这病很讨厌，不容易治好。
이 병은 정말 징글징글해, 완치되기 쉽지 않다니까.

동 미워하다, 혐오하다
반 0115 喜欢
她特别讨厌冬天的风沙。
그녀는 유난히 겨울의 모래바람을 싫어한다.

1027 特点 tèdiǎn

명 특색, 특징, 특성
유 2136 特征, 特色 tèsè

这篇散文有什么特点？
이 산문에는 무슨 특징이 있죠?

她具有亚洲人的特点。
그녀는 아시아인의 특성을 가지고 있다.

1028 提供 tígōng

동 제공하다
유 0592 主要 반 0564 一般, 1358 次要

我们公司将为您提供真诚的服务。 저희 회사는 당신을 위해 정성스런 서비스를 제공하겠습니다.

大韩航空为乘客提供了优质的服务。
대한항공은 탑승자에게 양질의 서비스를 제공한다.

1029 提前 tíqián

동 (예정된 시간이나 기한을) 앞당기다
유 提早 tízǎo 반 1039 推迟

我们提前了收货时间。
우리는 화물 접수 시간을 앞당겼다.

你能提前把钱支付给我们吗?
당신이 시간을 앞당겨 우리에게 돈을 지불해줄 수 있습니까?

1030 提醒 tí//xǐng

동 일깨우다, 상기시키다
유 唤醒 huànxǐng, 提示 tíshì

要是我忘记了，你要提醒我一下。
만약에 내가 잊어버리면, 네가 나를 좀 일깨워줘.

明天我有个会议，你记得提醒我一下。
내일 나 회의가 있는데, 네가 기억했다가 좀 일깨워줘.

谁能给我提个醒? 누가 내게 좀 상기시켜 줄 수 있니?

1031 填空 tián//kòng

동 ① 메우다, 보충하다
我们公司缺一个采购员，得有个人来填空一下才行。 우리 회사에 구매담당 직원 한 사람이 부족하니, 누가 와서 보충해야 돼요.

② 괄호를 채우다, 빈칸에 써넣다
大家先完成填空题。
여러분은 먼저 괄호 채우기 문제를 완성하세요.

帮我填一个空。제 대신 빈칸을 좀 채워주세요.

1032 条件 tiáojiàn

명 조건

유 0555 要求

我们需要创造有利于自己的条件。
우리는 스스로에게 유리한 조건을 만들어야 한다.

只要你满足我的一个条件，其它的我全答应你。내 조건 하나만 만족시켜주면, 다른 것은 내가 다 들어줄게.

1033 停止 tíngzhǐ

동 정지하다, 중지하다

유 0424 结束, 停顿 tíngdùn
반 0207 开始, 0801 继续, 0826 进行

下了一夜的大雪终于在早上停止了。
밤새도록 내린 눈은 마침내 아침에 그쳤다.

只要停止按这个按钮ànniǔ，电脑就不会自动复制所有文件。이 스위치를 누르는 것을 멈춘다면, 컴퓨터가 모든 서류를 자동으로 복제하지 않을 것이다.

plus+ 停止 · 0424 结束

· 停止 동 정지하다
➡ 停止 + 演出, 试验, 调查, 锻炼, 治疗

· 结束 동 끝나다
➡ 结束 + 工作, 文章, 会议, 活动, 局面, 生命, 学业

비교 停止는 최후의 정지를 나타낼 뿐만 아니라 중도에 멈추는 것도 포함하고 있으며, 목적어로는 구체적인 행동과 그 행동 중의 사물이 오는 경우가 많다. 结束는 완전히 마지막에 멈추고 더 이상 진행되지 않는 것을 가리키고, 목적어로는 전쟁, 회의, 경기, 업무 등 중대한 사건이나 활동이 올 수 있다.

한국어로 해석하면 차이가 없어 보이므로 단어의 뜻을 정확히 파악하는 것이 포인트!

Check
那主角病了，演出暂时（　　　　　）了。
남자주인공이 병이 나서 공연이 잠시 중단되었다.

他们最终（　　　　　）了这场美满的婚姻。
그들의 아름다운 결혼 생활은 마침내 끝이 났다.

답 停止 / 结束

1034 挺 tǐng

동 ① 곧추 펴다
他挺着胸走着。그는 가슴을 펴고 걸어간다.

② 억지로 버티다
你身体不舒服就休息，别硬挺。
몸이 안 좋으면 쉬세요, 억지로 버티지 말고.

형 꼿꼿하다
松柏sōngbǎi的样子很笔挺。
송백의 모습은 꼿꼿하다.

부 매우, 아주
这衣服挺便宜的。이 옷은 값이 아주 싸다.

1035 通过 tōngguò

전 ~를 통해, ~를 거쳐
大家通过下午的座谈会来发表各自的意见吧。
여러분은 오후 좌담회를 통해 각자의 의견을 발표하세요.

동 ① 통과하다
유 0187 过, 0430 经过 반 1489 否定

这条路太窄zhǎi，汽车不能通过。
이 길은 너무 좁아서, 자동차가 통과할 수 없다.

② 가결되다, 비준을 얻다
委员会全场一致通过了这个议案。
위원회의 만장일치로 이 의안이 가결되었다.

plus+ 通过 · 0430 经过

· 通过 동 통과하다
➡ 通过 + 大街, 森林, 隧道, 预算, 计划, 名单, 决议

· 经过 동 경과하다
➡ 经过 + 北京, 天安门, 一年, 三个月

비교 동사로 쓰일 경우, 通过나 经过 둘 다 '(장소를) 통과하다'는 뜻이 있다. 通过는 동의 혹은 안건의 승인을 나타내고, 经过는 일종의 시간을 통과하는 것을 나타낸다.

> 비슷한 의미를 가진 단어일수록 搭配에 의해 구분된다는 것이 포인트!
>
> **Check**
> (　　　　　　)五年的战争，终于换来了和平。
> 5년간의 전쟁이 끝나고, 마침내 평화가 찾아왔다.
> 我们庄严地(　　　　　　)了这项决议。
> 우리는 엄중하게 이 결의를 통과시켰다.
>
> 目 经过 / 通过

1036 通知 tōngzhī

동 알리다, 통지하다
유 0180 告诉

我会通知她明天来开会的。
제가 그녀에게 내일 회의에 오라고 알리겠습니다.

명 통지
向大家转达通知。모두에게 통지를 전달하세요.

1037 同情 tóngqíng

동 ① 동정하다
유 怜惜 liánxī

我很同情那个可怜的妇人。
나는 그 불쌍한 아낙네를 동정한다.

② 찬성하다
유 赞同 zàntóng 반 0707 反对

中国人民同情并支持各国人民的正义斗争。중국 사람들은 각국 국민들의 정의로운 투쟁을 찬성하고 지지한다.

1038 推 tuī

동 ① 밀다
반 0859 拉

他推了一下门，门就开了。
그가 문을 밀자마자 곧 문이 열렸다.

② 양보하다

我们想给他丰厚的工资待遇，但他推辞了。우리는 그에게 넉넉한 임금에서의 대우를 해주고 싶었지만, 그는 사양했다.

1039 推迟 tuīchí

동 미루다, 연기하다
반 1029 提前

下雨了，我们只能把运动会推迟到明天了。
비가 오니, 우리는 운동회를 내일로 미룰 수밖에 없다.

举行结婚仪式那天他突然出了车祸，仪式不得不推迟了。그는 결혼식을 올리는 그날에 갑자기 교통사고를 당해서, 결혼식을 미룰 수밖에 없다.

1040 脱 tuō

동 ① 벗다
반 0161 穿

屋里挺热的，把外套脱了吧。
방 안이 꽤 더운데, 외투 좀 벗어.

② 벗겨지다, 빠지다
유 脱落 tuōluò 반 生长 shēngzhǎng

爷爷的头发都脱光了。
할아버지의 머리가 모두 벗겨졌다.

③ 이탈하다

千万不能让小偷逃脱了。
절대로 도둑이 달아나게 해서는 안 된다.

④ 누락하다
유 1830 漏 반 添加 tiānjiā

这一行里脱了三个字。
이 행에 세 글자가 누락되었다.

1041 袜子 wàzi
[명] 양말
这双袜子是谁的? 이 양말은 누구의 것이니?
这种袜子十分耐穿。
이런 양말들은 정말 오래 신을 수 있다.

1042 完全 wánquán
[형] 완전하다, 충분하다
유 0945 全部, 齐全 qíquán
他话还没说完全。 그는 말을 아직 다 하지 못했다.

[부] 완전히, 전부
유 0980 十分
你说得完全正确。 네가 말한 게 전부 맞다.

1043 往 wǎng
[동] 가다, ~로 향하다
大街上往来的车很多。
큰 도로 위로 오가는 차가 많다.

[전] ~를 향해, ~으로
유 1296 朝
往东走就能到教堂了。
동쪽으로 가다 보면 바로 교회를 찾을 수 있어요.

1044 往往 wǎngwǎng
[부] 늘, 항상, 때때로
유 0429 经常, 常常 chángcháng, 时常 shícháng
반 0911 偶尔
他往往学习到深夜。
그는 종종 밤늦게까지 공부한다.

犯了错误往往自己是认识不到的。
잘못을 저지를 때, 때때로 자신은 인식하지 못한다.

1045 网球 wǎngqiú
[명] 테니스, 테니스 공
网球是一项需要耐力的运动。
테니스는 인내심이 요구되는 운동이다.
今天下午三点网球比赛将正式开始。
오늘 오후 3시에 테니스 시합이 정식으로 시작할 것이다.

1046 网站 wǎngzhàn
[명] (인터넷) 웹사이트
那个网站可以免费下载许多资源。
그 인터넷 사이트는 많은 자료를 무료로 내려받을 수 있다.
那个网站正在招聘 zhāopìn 网络管理员。
그 인터넷 사이트에서는 인터넷 관리 인원을 모집하고 있다.

1047 危险 wēixiǎn
[형] 위험하다
반 0603 安全, 平安 píng'ān
天色已晚, 路上有些危险, 要小心点啊。
날이 이미 저물어서, 길이 좀 위험하니까 조심해.
那条河没有护栏, 很危险, 不要到附近去玩儿。 그 강은 난간이 없어 위험하니, 근처로 놀러 가지 마.

1048 味道 wèidao
[명] ① 맛
咖啡香浓的味道十分诱人 yòurén。
커피향의 진한 맛은 매우 매혹적이다.

② 기분, 흥미
这本书越读越有味道。
이 책은 읽으면 읽을수록 흥미진진하다.

③ 냄새
他身上有种难闻的味道。
그의 몸에서 여러 고약한 냄새가 난다.

1049 温度 wēndù

명 온도

今天外面温度比较高。
오늘 바깥 온도가 비교적 높다.

最近温度上升得很快。
요즘 기온이 빠르게 상승되고 있다.

1050 文章 wénzhāng

명 글, 문장

유 2498 作品

这篇文章很深奥，读起来不容易。
이 글은 심오해서 읽기가 쉽지 않다.

这篇文章写得不错，足以登报了。
이 글은 신문에 실을 수 있을 정도로 잘 쓰였다.

1051 握手 wò//shǒu

동 악수를 하다

握手也是有技巧的。악수에도 기교가 있다.

握手是一种友好的示意。
악수는 일종의 우호적인 의사표시이다.

他紧紧地握住我的手。그는 나의 손을 꽉 잡았다.

1052 污染 wūrǎn

동 오염되다, 오염시키다

반 净化 jìnghuà

大量的汽车尾气污染了空气。
대량의 자동차 매연이 공기를 오염시켰다.

工厂里排放的工业污染物严重地污染了居民用水。공장에서 배출한 공업 오염물질이 주민들의 생활용수를 심각하게 오염시켰다.

1053 无 wú

동 없다

유 0064 没, 没有 méiyǒu

有则改之，无则加勉 miǎn。 (다른 사람이 지적해준 자신의 결점이나 잘못에 대해) 있으면 고치고, 없으면 (그런 잘못을 범하지 않도록) 더욱 힘쓴다.

这位老人无儿无女，很孤独。
이 노인은 자식이 없어서, 아주 고독하다.

부 ① ~를 막론하고

유 1055 无论, 不论 búlùn

问题无大小，都要负责。
문제가 크건 작건, 모두 책임져야 한다.

② ~이 아니다

유 0008 不

这点小事无须你们担心。
이런 작은 일은 너희가 걱정할 필요 없다.

1054 无聊 wúliáo

형 ① 무료하다, 심심하다

반 1123 有趣

整天呆 dāi 在家里，真是太无聊了。
온종일 집에 있자니 진짜 심심해.

② 시시하다, 무의미하다

这篇文章相当无聊，我不想再看下去了。
이 글은 정말 시시해서, 더는 읽어 내려가고 싶지 않아.

1055 无论 wúlùn

접 ~에도 불구하고, ~에 상관없이

유 0630 不管, 不论 búlùn

无论是谁都要听从上级命令。
누구든 상관없이 모두 상급자의 명령에 복종해야 한다.

无论多少，这些菜我都买了。
얼마든 상관없이, 이 모든 채소는 내가 다 살게요.

1056 误会 wùhuì

동 오해하다

유 误解 wùjiě
반 0454 了解, 0870 理解, 谅解 liàngjiě

你误会我的话了。너는 내 말을 오해했어.

몡 오해
他们之间有误会。 그들 사이에 오해가 있다.

어휘 plus+
误会·误解 wùjiě
- 误会 통 오해하다
- 误解 통 오해하다, 잘못 이해하다, 정확하게 파악하지 못하다

비교 误会는 다른 사람의 뜻을 잘못 깨닫거나 양쪽 모두 쌍방의 뜻을 잘못 이해했을 때 사용하며, 목적어는 주로 사람이 온다.
误解는 다른 사람의 뜻을 정확히 이해하지 못함을 강조하는데, 쌍방에 사용할 수 없으며, 목적어는 사람 이외에도 사건이나 일 등이 온다.

두 글자 중 한 글자만 다를 경우 그 다른 한 글자의 뜻에 집중하여 구분하는 것이 포인트!

Check
你（　　　）了他，他并不是责怪你。
너는 그를 오해했어, 그는 결코 너를 탓하는 게 아니야.
我（　　　）了这三道题，所以全答错了。
나는 이 세 문제를 잘못 이해해서, 전부 틀렸어.

답 误会 / 误解

1057 西红柿 xīhóngshì
명 토마토
유 番茄 fānqié

西红柿含维C量很高。
토마토는 비타민C 함유량이 풍부하다.
经常吃西红柿可以降低血压。
토마토를 자주 먹으면 혈압을 낮추는 효과가 있다.

1058 吸引 xīyǐn
동 끌어당기다
유 招引 zhāoyǐn 반 排斥 páichì

她的衣着yīzhuó吸引了许多男孩儿。
그녀의 옷차림이 많은 남자들을 끌어당겼다.
他英俊潇洒xiāosǎ，吸引了许多女孩儿的目光。
그의 잘생기고 스마트한 모습이 많은 여자들의 눈길을 끌었다.

1059 洗衣机 xǐyījī
명 세탁기

家里新买了洗衣机。 집에 세탁기를 새로 샀다.
这个牌子的洗衣机质量很好。
이 브랜드 세탁기는 품질이 아주 좋다.

1060 咸 xián
형 (맛이) 짜다
반 1393 淡

今天做的汤咸了。 오늘 만든 탕이 짜다.
经常吃咸的当然对身体不好。
자주 짠 것을 먹으면 건강에 해롭기 마련이다.

1061 现代 xiàndài
명 현대
유 1394 当代 반 1547 古代

现代社会大多数人不按时作息。
현대 사회에서 대부분의 사람들은 제때에 쉬지 않는다.
现代的物质生活比古代丰富多了。
현대의 물질생활은 고대에 비해 매우 풍부해졌다.

1062 羡慕 xiànmù
동 부러워하다

我羡慕他的成功。 나는 그의 성공이 부럽다.
你马上能去美国学习了，好羡慕你呀！
네가 조만간 미국으로 공부하러 갈 수 있게 되었다니, 정말 부럽구나!

1063 限制 xiànzhì

동 제한하다, 한정하다
유 1776 控制

这篇论文的字数不限制。
이 논문의 글자수는 제한이 없다.

爸爸的这种意见限制了孩子们的活动自由。
아빠의 이런 의견은 아이들의 활동의 자유를 제한한다.

명 제한, 한계

这篇论文在排版时没有什么特殊的限制。
이 논문은 편집할 때 특별한 제한은 없다.

1064 香 xiāng

형 ① 향기롭다
반 1335 臭

我男朋友送我的花儿真香。
남자친구가 나에게 선물한 꽃이 참으로 향기롭다.

② 맛있다

妈妈做的菜可香了。
엄마가 해준 음식은 정말 맛있어.

③ 인기 있다, 환영 받다

这种东西在市场上很吃香。
이런 물건은 시장에서 인기가 있다.

명 향

每逢初一十五她都去寺庙sìmiào里上一柱香，祈求qíqiú家人可以身体健康。 음력 1월 15일마다 그녀는 절에 가서 향을 피우며, 가족의 건강을 기원한다.

1065 相反 xiāngfǎn

형 상반되다, 대립되다
유 2240 相对
반 0540 相同, 0560 一样, 2242 相似

两个人走的方向是相反的。
두 사람이 걸어가는 방향은 서로 반대이다.

접 반대로, 오히려

他不但没被困难吓倒，相反地意志力越来越坚强了。 그는 곤경에 처한 것에 놀라지도 않았을뿐더러 오히려 의지력이 갈수록 강해졌다.

 相对·相反
2240 相对 참고

1066 详细 xiángxì

형 상세하다, 자세하다
유 1187 仔细, 详尽 xiángjìn 반 0414 简单

说明书上讲的内容很详细。
설명서에서 설명하는 내용은 아주 상세하다.

请给我们公司寄一份详细的简历。
저희 회사로 자세한 이력서 한 부 부쳐주세요.

 详细 · 1187 仔细

· 详细 형 상세하다
➡ 内容, 情况, 计划, 经过, 规则, 图表

· 仔细 형 자세하다
➡ 学生, 观察, 写字, 计算, 性格, 考虑

비교 详细는 도달한 내용 혹은 반영된 상황이 주도면밀하고 완벽하다는 뜻으로 '간단하다, 단순하다'와 반대된다. 仔细는 일하는 데 세심하게 주의를 기울이며 열심히 하는 것으로, '엉성하다, 대충하다'와 상반된다. 또한 仔细는 '조심한다'는 뜻도 가지고 있는데, 详细는 이런 뜻은 없다.

어떤 단어들과 함께 쓰이는지를 알아두는 것이 포인트!

Check

我考试时不（　　　　），错了好几个地方。
내가 시험을 경솔히 봐서, 여러 군데 틀렸다.

事情的过程他打听得非常（　　　　）。
일의 과정을 그는 아주 자세하게 조사했다.

답 仔细 / 详细

1067 响 xiǎng

동 소리가 나다, 울리다

闹钟响了，得起床了。 알람이 울렸어, 일어나야지.

형 소리가 크다, 우렁차다
유 洪亮 hóngliàng, 响亮 xiǎngliàng
号角 hàojiǎo 声真响。 호각 소리가 진짜 크다.

1068 消息 xiāoxi
명 소식
유 2272 信息
好久没有他的消息了。
오랫동안 그의 소식이 없었어.
他一去美国就一点消息也没有了。
그는 미국에 가자마자 소식조차 없다.

1069 小说 xiǎoshuō
명 소설
他的新小说已经出版了。
그의 신작 소설이 이미 출판되었다.
这本小说是他的处女作。
이 소설은 그의 처녀작이다.

1070 笑话 xiàohua
명 우스갯소리, 농담
유 0384 故事
给我讲个笑话吧。 나한테 우스운 이야기 좀 해봐.
동 비웃다
유 耻笑 chǐxiào, 讥笑 jīxiào
我讲得不好，你别笑话我啊。
제가 말을 잘 못한다고, 비웃으면 안 돼요.

1071 效果 xiàoguǒ
명 ① 효과
유 0821 结果
这种药对治疗感冒很有效果。
이런 종류의 약은 감기 치료에 효과가 있다.
② (음향이나 자연현상의) 효과
这家KTV音响效果比较好。
이 노래방은 음향 효과가 비교적 좋은 편이야.

1072 辛苦 xīnkǔ
형 고생스럽다, 수고롭다
유 1674 艰苦
他废寝忘食 fèiqǐn wàngshí 地工作，很辛苦。
그는 침식도 잊고 일하니, 정말 고생스럽다.
동 수고하다, 고생하다
这事儿还得您辛苦一趟。
이 일은 그래도 귀하께서 수고를 좀 해주셔야겠습니다.

1073 心情 xīnqíng
명 기분, 마음, 심정
유 1974 情绪, 心境 xīnjìng
今天心情真不错。 오늘 기분이 꽤 괜찮아.
她太累了，没有心情跳舞。
그녀는 너무 피곤해서, 춤출 마음이 아니다.

 情绪·心情
1974 情绪 참고

1074 信任 xìnrèn
동 신임하다
朋友之间要彼此信任才行。
친구 간에는 서로 신임해야 한다.
夫妻之间不信任了，婚姻必将走向灭亡。
부부 사이에 서로 신임하지 않으면, 혼인은 결국 망하게 된다.

1075 信心 xìnxīn
명 자신감, 확신
유 2478 自信
我很有信心能赢得明天的比赛。
난 내일 시합에서 이길 자신 있어요.
你不要悲观，要对未来充满信心。
너무 비관하지 마, 미래에 대해 자신감이 충만해야지.

1076 信用卡 xìnyòngkǎ

명 신용카드

使用信用卡消费的人越来越多了。
신용카드를 사용해 소비를 하는 사람이 갈수록 많아지고 있다.

要办信用卡，需要填写这张表格。
신용카드를 신청하려면, 이 신청서를 작성해야 합니다.

1077 兴奋 xīngfèn

형 흥분하다, 격분하다
유 0031 高兴, 0789 激动

终于找到我想买的本子了，好兴奋啊！
드디어 내가 사고 싶었던 공책을 찾았어, 정말 흥분돼!

명 흥분

一听到周末要去旅游，他的兴奋感马上就来了。 주말에 여행간다는 말을 듣자, 그는 바로 흥분되었다.

1078 行 xíng

동 ① 좋다, ~해도 좋다

这事儿你不做也行。 이 일은 네가 안 해도 좋다.

② 가다, 걷다

"儿行千里母担忧dānyōu"正体现出了母亲对孩子的爱。
"먼길 가는 자식을 어머니는 걱정한다" 는 이 말은 바로 어머니의 아이에 대한 사랑을 드러내고 있다.

형 유능하다, 대단하다

小李你真行啊！샤오리, 넌 정말 유능해!

1079 醒 xǐng

동 ① (잠이나 취기나 마취 등에서) 깨다

他夜里睡着睡着就自己醒了。
그는 밤에 자다가 혼자 잠에서 깼다.

② 깨닫다

国人终于觉醒了。국민이 드디어 각성했다.

1080 性别 xìngbié

명 성별

我始终不肯向他说出我的性别。
나는 그에게 시종일관 내 성별을 말하지 않았다.

婴儿yīng'ér的性别在受孕的那一刻就决定下来了。 영아의 성별은 임신한 그 순간에 바로 결정된다.

1081 性格 xìnggé

명 성격
유 0917 脾气

他的性格有些奇怪。
그는 성격이 좀 이상하다.

那个小女孩儿性格活泼huópo开朗。
그 여자아이의 성격은 활발하고 밝다.

1082 幸福 xìngfú

명 행복
반 2160 痛苦, 不幸 búxìng

做自己喜欢的事情是一种幸福。
자신이 좋아하는 일을 하는 건 하나의 행복이다.

형 행복하다

他忙碌mánglù着仍然感觉很幸福。
그는 정신 없이 바쁘지만 여전히 행복함을 느낀다.

1083 修 xiū

동 ① 수식하다, 장식하다, 꾸미다

最近在忙着装修新房子。
최근 새 집을 인테리어 하느라 바빠요.

② 수리하다
유 修理 xiūlǐ 반 1290 拆

自行车坏了，我得抽个时间修一修。
자전거가 고장 나서, 시간 내서 수리 좀 해야 해.

③ 글을 쓰다, 편찬하다

写好的文章得再修改一遍。
다 쓴 글을 다시 한 번 고쳐 써야 한다.

④ 건축하다, 건설하다
我家旁边新修了一条大路。
우리 집 옆에 새로 큰 길이 났다.

1084 **许多** xǔduō

형 아주 많다
  유의어 大量 dàliàng, 很多 hěn duō

许多人只是为了钱活着。
수많은 사람들이 돈을 위해서 살고 있다.

许多道理我们都懂，只是做不到。
수많은 도리에 대해 우리 모두 이해는 하고 있지만, 단지 해내지 못할 뿐이다.

1085 **血** xuè

명 피

他一见到血就会头晕tóuyūn。
그는 피만 보면 기절한다.

那里发生了交通事故，地上许多血。
거기서 교통사고가 나서, 땅에 피가 아주 많다.

1086 **压力** yālì

명 ① 압력
有压力才会有动力呢。
어느 정도 압박이 있어야 원동력도 생기지.

② 스트레스
听音乐是缓解huǎnjiě压力的好方法。
음악 감상은 스트레스를 풀어주는 좋은 방법이다.

1087 **牙膏** yágāo

명 치약

这牙膏的味道挺好闻。이 치약은 아주 향긋하다.

听说含氟hánfú牙膏对人体有害，是真的吗?
불소 함유 치약이 인체에 유해하다던데, 사실인가요?

1088 **亚洲** Yàzhōu

명 아시아주

亚洲的经济正高速发展。
아시아의 경제는 빠른 속도로 발전되고 있다.

亚洲自古以来注重农业的发展。
아시아는 예로부터 농업의 발전을 중시했다.

1089 **呀** ya

조 문장 끝에 와서 어기를 돕거나, 문장 가운데에 와서 동작이 지속되거나 멈출 때 사용됨
这又是什么呀? 이건 또 뭐야?
今天的天气好冷呀。오늘 날씨는 너무 추워.

 발음 plus+ **呀** yā

감 아, 야!
  呀! 昨晚下雪了呢! 야~! 어젯밤에 눈이 내렸어!
의성 끼익 (문을 열 때 마찰되는 소리를 나타냄)
  门呀的一声开了。
  끼익하는 문소리와 함께 문이 열렸다.

1090 **盐** yán

명 소금

那个国家对盐实行统制政策。
그 국가는 소금에 대해 통제하는 정책을 실시한다.

盐有点儿放多了，菜挺咸xián的。
소금을 조금 많이 넣어서 음식이 정말 짜.

1091 严格 yángé

형 엄격하다, 엄하다
- 유 严厉 yánlì 반 宽松 kuānsōng

他对自己一直要求很严格。
그는 자신에 대한 요구가 언제나 엄격하다.

동 엄격히 하다

孩子犯了错误家长要严格惩罚chéngfá。
아이가 잘못을 하면 부모는 엄격하게 처벌해야 한다.

1092 严重 yánzhòng

형 심각하다, 중대하다
- 유 0873 厉害 반 0938 轻松

他病得很严重，不得不住院。
그의 병세가 심각해서, 어쩔 수 없이 입원했다.

严重的社会问题影响了人们的生活。
심각한 사회 문제가 사람들의 생활에 영향을 미친다.

1093 研究生 yánjiūshēng

명 대학원생

研究生的能力也不一定就高。
대학원생의 능력이 반드시 높다는 것이 아니다.

找工作时，研究生未必比本科生更有优势。
직장을 구할 때, 대학원생이 학부생보다 반드시 더 유리한 것은 아니다.

1094 演出 yǎnchū

명 공연

演出快要开始了。 공연이 곧 시작되려고 한다.

동 공연하다
- 유 0323 表演

他们今晚将在大剧院演出自编的一场戏剧。
그들은 오늘 밤에 대극장에서 자신들이 만든 연극을 공연할 것이다.

어휘 plus+ 演出 · 0323 表演

- 演出 동 공연하다, 상연하다
- 表演 동 연기하다, 표현하다, 시범하다

비교 演出와 表演는 모두 연극, 춤, 잡기, 노래 등을 연기하고 표현한다는 뜻이나, 演出는 이런 것들을 관중이 즐기도록 보여준다는 뜻이 강하다. 또한 表演는 '시범동작을 한다'는 뜻도 가지고 있다.

아무리 쉬운 단어일지라도 그 속뜻을 한 번쯤 되새겨 보는 것이 포인트!

Check

这个老牌摇滚乐队说巡回（　　）已经过时了。
이 이름난 로큰롤팀이 순회공연은 이미 유행이 지났다고 말했다.

请你给我们（　　）一下新的操作方法。
우리에게 새로운 조작방법을 시범 보여주세요.

답 演出 / 表演

1095 演员 yǎnyuán

명 배우
- 유 艺人 yìrén

那位演员的演技精湛jīngzhàn。
그 배우는 연기가 빈틈없고 훌륭하다.

演员要想出名，需要付出很多努力。
배우가 이름을 알리고 싶으면, 많은 노력을 기울이는 것이 필요하다.

1096 阳光 yángguāng

명 햇빛
- 유 日光 rìguāng 반 月光 yuèguāng

早上的阳光射shè进屋子里，暖暖的。
아침 햇살이 방으로 비춰지니 따뜻하다.

형 공개적인

我们应该实行阳光政策，让公司每个成员都能吐露tǔlù自己的心声。 우리는 공개적인 정책을 실행해, 회사의 구성원 모두가 자신의 목소리를 낼 수 있도록 해야 한다.

1097 养成 yǎngchéng

동 기르다, 양성하다
- 유 2276 形成

已经养成的习惯很难改变。
이미 양성된 습관은 바꾸기가 어렵다.

他从小就养成了爱读书的好习惯。
그는 어려서부터 독서하는 좋은 습관을 길러왔다.

1098 样子 yàngzi

명 ① 모양, 스타일
- 유 2278 形式, 2307 样式

那件衣服样子很好看。 그 옷 스타일이 멋있다.

② 안색, 표정
- 유 1248 表情

我们都最喜欢她高高兴兴的样子。
우리 모두는 그녀의 기뻐하는 표정을 가장 좋아한다.

1099 邀请 yāoqǐng

동 초대하다, 초청하다
- 유 邀 yāo

教授邀请我去他家吃晚餐。
교수님께서 그의 집에 가서 저녁을 먹는 데 나를 초대하셨다.

我想邀请你明天参加我的结婚典礼，可以吗？ 제가 당신을 내일 제 결혼식에 초대하고 싶은데, 괜찮나요?

1100 钥匙 yàoshi

명 열쇠

努力是成功的一把金钥匙。
노력은 성공의 황금 열쇠이다.

这把钥匙绝对打不开这门。
이 열쇠로는 절대로 이 문을 열 수 없다.

1101 也许 yěxǔ

부 아마도, 혹시
- 유 0209 可能, 0666 大概, 或许 huòxǔ
- 반 0557 一定, 0851 肯定

他也许把这事忘记了吧。
그가 혹시 이 일을 잊었을지 모른다.

也许人总是在失去之后才知道珍惜吧。
아마도 사람은 늘 뭔가를 잃고 난 후에야 소중한 줄 아나 봐.

1102 页 yè

양 (책이나 장부 등의) 페이지, 쪽

这本书有三百多页。 이 책은 300여 페이지 짜리다.

诗集190页的诗是我最喜欢的。
시집 190페이지에 있는 시가 내가 제일 좋아하는 시이다.

1103 叶子 yèzi

명 (식물의) 잎, 잎사귀

叶子上的露珠lùzhū闪闪发光。
잎사귀 위에 있는 이슬이 반짝반짝한다.

暴风雨过后，叶子都低下了头。
폭풍우가 지나가니 잎들이 모두 고개를 숙였다.

1104 一切 yíqiè

대 일체, 모든 것
- 유 1016 所有 반 1523 个别

所有的一切都是我的错。
모든 것은 다 내 잘못이다.

忘了过去一切不愉快的事情，重新开始吧。
과거의 모든 좋지 않은 일은 잊고, 다시 새로 시작하자.

凡是・一切・ 1016 所有
1460 凡是 참고

1105 **以** yǐ

전 ① ~으로, ~을 가지고
晓xiǎo之以理，动之以情。
이치로 이해하게 해주고, 정으로 마음을 움직이다.

② ~에 따라
大家不要慌乱huāngluàn，请以次就座。
모두 허둥대지 마시고, 순서대로 자리에 앉으세요.

③ ~때문에
何以知这个问题无法解决？
무엇 때문에 이 문제가 해결될 수 없다는 걸 알지?

1106 **亿** yì

수 억
亿万群众聚集在广场上。
억만 군중이 광장에 집합했다.

今年政府投资了二十个亿建设这个广场。
올해 정부는 이 광장을 건설하는 데 20억을 투자했다.

1107 **意见** yìjiàn

명 ① 의견, 생각
　유 0843 看法
不要那么自大，也得听听别人的意见。
그렇게 잘난 척하지 마, 다른 사람의 의견도 좀 들어야지.

② 반대, 불만
我对你处理这件事的方法有点意见。
난 당신이 이 일을 처리하는 방법에 대해 불만이 좀 있다.

1108 **艺术** yìshù

명 ① 예술
艺术源于生活，但高于生活。
예술은 생활에 기반하고 있으나, 생활보다 고상하다.

② 기술, 기능
本章节主要向读者介绍了领导艺术的相关内容。
이 장은 주로 독자에게 지도 기술에 관련한 내용을 소개하는 것이다.

형 예술적이다, 미적이다
这本书的封面设计得挺艺术。
이 책의 표지 디자인이 아주 예술적이다.

1109 **因此** yīncǐ

접 그러므로, 그래서, 이로 인해서
　유 1361 从而, 2333 因而　반 1121 由于
一直忙，因此没见我。
줄곧 바빴기 때문에, 그래서 나를 만나지 않았다.

他的话引得大家都笑了，室内的气氛因此变得轻松多了。
그의 말이 모두를 웃게 했고, 실내 분위기가 이로 인해 훨씬 가벼워졌다.

어휘 plus+
因此 · 0280 **因为**

· 因此 접 이 때문에
　➡ 由于 + 원인, 因此 / 因而 / 所以 + 결과

· 因为 접 ~때문에
　➡ 因为 + 원인, 所以 + 결과

비교 因此는 '앞의 상황 때문에 그래서 ~'라는 뜻이 내포되어 있어 단독으로 쓰이지만, 문장 첫 머리에 놓일 수는 없다. 因为는 원인과 이유를 끌어내며 문장 앞에 놓이고, 所以와 함께 쓰인다. 之所以는 是因为와 함께 쓰이며, 앞에 문장에서 도출되는 결과나 원인을 다시 설명할 수 있다.

비슷한 의미를 가진 단어일수록 搭配에 의해 구분된다는 것이 포인트!

Check
由于工作太忙，（　　　　　）实在没时间去玩儿。 일이 너무 바빠서 정말 나가서 놀 시간이 없어.
（　　　　　）工作太忙，所以实在没时间去玩儿。 일이 너무 바빠서, 그래서 정말 나가서 놀 시간이 없어.
之所以没时间去玩儿，是（　　　　　）工作太忙。 나가서 놀 시간이 없는 건, 바로 일이 바쁘기 때문이야.
답 因此 / 因为 / 因为

1110 **饮料** yǐnliào

명 음료
这个牌子的饮料可以补充维生素。
이 브랜드의 음료수는 비타민을 보충할 수 있다.

饮料不能多喝，还是要以水为主。 음료수를 너무 많이 마시면 안 돼, 그래도 물을 위주로 해야지.

1111 引起 yǐnqǐ

동 (사건 등) 일으키다, (주의를) 끌다
유 1399 导致

这种新政策引起了战争。
이 새로운 정책이 전쟁을 일으켰다.

这种现象引起大家的注意。
이런 현상은 사람들의 주의를 끈다.

1112 印象 yìnxiàng

명 인상

面试时，第一印象很重要。
면접 시에는 첫인상이 중요하다.

那件事给我留下了深刻的印象。
그 일은 내게 깊은 인상을 남겼다.

1113 赢 yíng

동 이기다, 승리하다
유 胜 shèng 반 0998 输, 败 bài

要想赢得这场比赛不容易。
이 경기에서 승리하려 하는 것은 쉽지 않다.

不管赢了还是输了，我都会请客的。
이기든 지든 내가 한턱낼 거야.

1114 硬 yìng

형 ① 굳다, 단단하다
반 0960 软

木头真硬。 나무가 아주 단단하다.

② 강직하다, 강경하다

他态度很硬，好像没有商量的余地。
그의 태도는 너무 강경해서, 상의할 여지가 없는 것 같다.

부 ① 고집스럽게

明明没有去过，他硬说已经去过了。
분명히 가본 적이 없는데도, 그는 고집스럽게 가본 적이 있다고 말했다.

② 억지로, 굳이

他发着高烧硬撑着爬到了五楼。 그는 고열이 나는 상태에서 억지로 버티며 5층까지 올라갔다.

1115 勇敢 yǒnggǎn

형 용감하다
유 英勇 yīngyǒng 반 0394 害怕, 胆怯 dǎnqiè

战士们机智勇敢。 병사들은 슬기롭고 용감하다.

做个勇敢的战士，保家卫国。
용감한 전사가 되어, 가정과 국가를 수호한다.

1116 永远 yǒngyuǎn

부 영원히
반 1142 暂时

希望你永远幸福！ 네가 영원히 행복하길 바라!

我永远不会忘记你的恩情。
내가 당신의 은혜를 영원히 잊을 수 없을 것이다.

1117 优点 yōudiǎn

명 장점, 우수한 점
유 长处 chángchu 반 0946 缺点, 短处 duǎnchu

每个人身上都有优点。
한 사람 한 사람 모두 장점이 있다.

我们做事应该发扬自己的优点。
우리는 일을 할 때에 자신의 장점을 발휘해야 한다.

1118 优秀 yōuxiù

형 뛰어나다, 훌륭하다, 우수하다
유 1338 出色, 优良 yōuliáng 반 1447 恶劣

他的成绩比其他人都优秀。
그는 성적이 남들보다 뛰어나다.

他各方面都很出色，是个非常优秀的人。
그는 각 방면에서 뛰어난, 아주 우수한 사람이다.

1119 幽默 yōumò

[형] 유머러스한

  [유] 风趣 fēngqù

他的话十分幽默，透着智慧。
그의 말이 매우 유머러스해서, 지혜가 엿보인다.

他是个幽默风趣的人，总能逗dòu别人乐。
그는 유머러스한 사람으로, 늘 다른 사람을 웃겨준다.

1120 由 yóu

[전] ① ~이(가)

准备工作由我负责。
업무 준비는 제가 책임집니다.

② ~으로, ~에서

人体是由各种细胞组成的。
인체는 각종 세포 조직으로 이루어졌다.

③ ~부터, ~에서

由上海出发到杭州的火车票价格如何？
상하이에서 출발하여 항주까지는 열차표 가격이 어떻습니까?

[동] 순종하다, 따르다

这件事真是身不由己呀！
이 일은 정말 저 스스로도 어찌할 수 없어요!

1121 由于 yóuyú

[전] ~으로 인하여

  [유] 0280 因为, 0530 为了

由于暴风雨，我们停止了爬山。
폭풍우로 인해, 우리는 등산을 중지했다.

[접] ~때문에

由于老师细心的教导，所以他很快取得了进步。
선생님의 세심한 가르침 덕에, 그는 빠르게 진보했다.

 由于 · 0280 因为

• 由于 [접] ~때문에
  ➡ 由于……, 由于/因此/因而……

• 因为 [접] ~때문에
  ➡ 因为……, 由于……

[비교] 由于와 因为는 둘 다 '원인'을 나타내는 접속사이다. 복문에서 앞 절에 因为가 오면 뒷 절의 맨 앞에는 주로 所以가 따라온다. 由于가 복문의 앞 절에 오면 뒷 절의 맨앞에는 '所以'뿐만 아니라 '因而', '因此'도 올 수 있다. 因为가 원인을 나타내면서 복문의 뒷 절에 올 수 있는 데 반해 由于는 불가능하다.

비슷한 의미를 가진 단어일수록 搭配에 의해 구분된다는 것이 포인트!

Check

(   ) 治疗及时，因而(因此)他的伤很快就好了。
치료가 제때에 되어서, 그의 상처는 매우 빨리 회복되었다.

前天我没有去找你，(   ) 有别的事。
그저께 나는 너를 찾아가지 않았어, 왜냐하면 다른 일이 있어서.

[답] 由于 / 因为

1122 尤其 yóuqí

[부] 특히, 더욱

  [유] 0513 特别

最近出现的问题尤其复杂呀。
요즘 나타난 문제가 더욱 복잡해졌다.

我喜欢画画儿，尤其喜欢油画。
나는 그림 그리는 걸 좋아하는데, 특히 유화를 좋아한다.

 尤其 · 0513 特别

• 尤其 [부] 특히

• 特别 [부] 특별히

[비교] 尤其와 特别가 부사로 쓰일 경우, 특별하다는 것을 나타낸다. 尤其는 좀 더 뛰어난 것을 나타내며, 대상이 일반적이고 어떤 사물 중에서 하나도 될 수 있고 여러 개가 될 수도 있다. 特别는 부사로서 非常과 같은 '매우'라는 뜻도 있고, 特地와 같은 '특별히, 일부러'라는 뜻도 있다. 그 밖에 特别는 형용사로서 특별하다는 뜻도 있다.

한 단어가 여러가지 품사를 가진다는 것이 포인트!

> **Check**
> 这个故事（　　　　）生动。
> 이 이야기는 매우 생동적이다.
> 我爱吃水果，（　　　　）是草莓。
> 나는 과일을 좋아하는데, 특히 딸기를 좋아한다.
> 🗒 特别 / 尤其

1123 有趣 yǒuqù

형 재미있다, 흥미가 있다
- 유 1119 幽默, 有意思 yǒu yìsi
- 반 乏味 fáwèi, 无味 wúwèi

这场戏真有趣。 이 연극은 정말 재미있다.

他讲的故事很有趣。
그가 말한 이야기는 정말 재미있다.

1124 友好 yǒuhǎo

명 벗, 절친한 친구

他们生前是友好。 그들은 생전에 절친한 친구였다.

형 우호적이다
- 유 1125 友谊, 友情 yǒuqíng
- 반 不和 bùhé, 敌对 díduì

团结友好是这个学校的教训口号之一。
단결 우호는 이 학교의 교훈 구호 중의 하나이다.

1125 友谊 yǒuyì

명 우의, 우정
- 유 友情 yǒuqíng

我们的友谊很深。 우리의 우정은 아주 두텁다.

比赛第二，友谊第一。
시합은 둘째고, 우정이 제일이다.

1126 愉快 yúkuài

형 유쾌하다, 기쁘다
- 유 0031 高兴, 0213 快乐, 1757 开心
- 반 0470 难过, 0965 伤心

他们结婚后生活过得很愉快。
그들은 결혼한 후 유쾌하게 생활하고 있다.

愉快的歌声响彻 xiǎngchè 体育场。
유쾌한 노랫소리가 체육관에 울려 퍼진다.

1127 于是 yúshì

접 그래서, 그리하여
- 유 1109 因此, 2333 因而

没有办法，于是我放弃了留学。
어쩔 수 없이 나는 유학을 포기했다.

我们临时决定明天去旅游，于是现在就开始准备行李。 우리는 임시로 내일 여행을 가기로 결정했고, 그래서 지금 바로 짐 쌀 준비를 한다.

1128 与 yǔ

전 ~과, ~에게
- 유 0038 和

要学会与困难做斗争。
어려움과 투쟁하는 것을 배워야 한다.

접 ~또는

这个国家的工业与农业都相当发展，有许多政策是值得我们借鉴 jièjiàn 的。 이 나라의 공업과 농업은 모두 상당히 발전해서, 많은 정책들을 우리가 참고할 만한 가치가 있다.

1129 语法 yǔfǎ

명 어법, 문법

中文语法不简单。 중국어 문법은 간단하지 않다.

他的论文主题是有关语法理论的。
그의 논문 주제는 문법 이론에 관한 것이다.

1130 语言 yǔyán

명 언어, 말

语言和文字体现着人们的思想。
언어와 문자는 사람들의 사상을 구체적으로 표현해 낸다.

语言可以很好地反映一个民族的文化与社会。
언어는 한 민족의 문화와 사회를 잘 반영할 수 있다.

1131 羽毛球 yǔmáoqiú

명 배드민턴, 셔틀 콕

他是羽毛球界的明星。
그는 배드민턴 분야의 스타이다.

他很擅长shàncháng打羽毛球。
그는 배드민턴에 뛰어나다.

1132 预习 yùxí

동 예습하다

반 0375 复习

每天的功课，他都提前预习。
매일 수업하는 것마다 그는 사전에 예습을 한다.

上课之前一定要预习，这样学习效果才好。
수업 전에 반드시 예습을 해야, 학습 효과가 좋아진다.

1133 圆 yuán

명 원

他在黑板上画了一个圆。
그는 칠판에 원 하나를 그렸다

형 ① 둥글다

那小孩子溜圆的眼睛真讨人喜欢。
그 어린아이의 동그란 눈은 정말 사람들의 사랑을 받는다.

② 완전하다, 주도면밀하다

他把话说圆了。그는 말을 주도면밀하게 했다.

1134 原来 yuánlái

명 원래

我们能够学会原来不懂的东西。
우리는 본래 알지 못했던 것도 충분히 배울 수 있다.

부 알고 보니

我说怎么这么冷，原来是下雪了。
어찌 이렇게 춥나 했더니, 알고 보니 눈이 내렸군.

형 고유의, 본래의

유 0615 本来

几十年没见了，你还是原来的样子嘛！
몇십 년이나 못 보았는데, 넌 여전히 원래 모습 그대로구나!

어휘plus+ 原来 · 本来

· 原来 형 원래의

· 本来 형 본래의

비교 原来와 本来 두 단어가 모두 형용사로 쓰일 경우, 둘 다 '본래의, 원래의'의 뜻으로 서로 비슷하다. 하지만 부사로 쓰일 경우, 原来는 '화자가 지금까지 몰랐던 상황에 대해서 갑자기 깨닫거나 발견할 때' 쓰고, 주어의 앞 뒤에서 모두 사용 가능하다. 本来는 '당연히, 응당'의 뜻을 가지고 있고, 그 형식은 '本来+就+动词+应该 / 该 / 会 / 能'이다.

뜻이 완전히 같을 때에는 차이점에 주목하는 것이 포인트!

Check

(　　　　) 是你呀, 我以为是妈妈呢。
너였어, 나는 엄마인 줄 알았어.

你的病还没有好, (　　　　) 就不能去。
네 병이 아직 낫지 않아서, 응당 가지 말아야 했어.

답 原来 / 本来

1135 原谅 yuánliàng

동 양해하다, 용서하다

유 谅解 liàngjiě, 体谅 tǐliàng

这次是我错了，请您原谅我吧。
이번에는 제가 잘못했습니다. 저를 용서해주세요.

以后我一定不犯，请大家原谅我一次吧。
앞으로 절대 죄를 짓지 않겠습니다. 모두 저를 한 번만 용서해주세요.

어휘plus+ 原谅 · 谅解 liàngjiě

· 原谅 동 용서하다

➡ 原谅 + 人, 过失, 错误, 怠慢

➡ 请原谅, 无法原谅

· 谅解 동 양해하다, 이해하다

➡ 谅解 + 处理, 心情, 苦心, 生活, 艰苦, 脾气, 难处

비교 原谅은 잘못이나 과실이 있는 사람에 대해서 이해하고 용인하고 책망하거나 처벌을 하지 않는 것을 가리키고, 타인과 자신에게 모두 쓸 수 있다. 谅解는 상황을 직접 체험하고 살펴봐서 용서하고 불만을 없앤다는 뜻으로, 주로 타인에 대해 사용한다.

어떤 단어들과 함께 쓰이는지를 알아두는 것이 포인트!

Check
这里的生活确实艰苦, 希望大家（　　　）。
이곳의 생활은 정말 힘듭니다, 여러분이 이해해주세요.
请（　　　）我, 我没有恶意。
악의가 있었던 것은 아니니, 저를 용서해주세요.

答 谅解 / 原谅

1136 原因 yuányīn
명 원인, 이유
유 2370 缘故, 原故 yuángù　반 0821 结果

想来想去也没想出**原因**来。
아무리 생각해도 그 원인을 찾을 수 없다.

事情有许多**原因**, 不能只看到一方面。
사건에는 많은 원인이 있어서, 한 방면만 보아서는 안 된다.

1137 约会 yuēhuì
동 만날 약속을 하다

他们**约会**五点见面。
그들은 5시에 만나기로 약속했다.

명 약속

我马上有个**约会**, 我们晚上电话聊吧。
내가 곧 약속이 있어, 우리 저녁에 전화로 이야기하자.

1138 阅读 yuèdú
동 읽다
유 0022 读, 0050 看

他喜欢早上**阅读**小说。
그는 아침에 소설을 읽는 걸 좋아한다.

他有每天**阅读**报纸的习惯。
그는 매일 신문을 읽는 습관이 있다.

1139 允许 yǔnxǔ
동 허락하다, 허가하다
유 0520 同意, 1372 答应　반 0707 反对, 0827 禁止

他不**允许**我把文件拿走。
그는 내가 파일을 가져가는 것을 허락하지 않는다.

请**允许**我再问您一个问题吧。
제가 질문 하나 더 할 수 있도록 허락해주십시오.

新HSK VOCA 5000 Z 4급

1140 杂志 zázhì
명 잡지
유 刊物 kānwù

最近流行娱乐**杂志**。 최근에 오락 잡지가 유행이다.

每天读**杂志**的好习惯使他知识面特别丰富。
매일 잡지를 읽는 좋은 습관은 그의 지식의 폭을 특별히 풍부하게 했다.

1141 咱们 zánmen
대 우리
유 0113 我们, 0167 大家

咱们明天一起去爬山吧。
우리 내일 같이 등산하러 가자.

外面太冷了, **咱们**还是别出去逛街了。
밖이 너무 추워. 우리 그냥 쇼핑하러 나가지 말자.

咱们 · 0113 我们

- 我们 <대> 우리들 ↔ 你们
- 咱们 <대> 우리들 ↔ 他们

<비교> 我们은 화자를 포함하며 청자를 포함시킬 수도 있고 뺄 수도 있으나, 咱们은 화자와 청자 모두 포함한다.

아무리 쉬운 단어일지라도 그 속뜻을 한 번쯤 되새겨 보는 것이 포인트!

Check

(　　　　) 好久没见了, 一起去吃个饭吧。
우리 정말 오랜만이네요, 같이 밥 먹으러 갑시다.

(　　　　) 明天去北京, 请你照顾孩子吧。
우리 내일 베이징에 가는데, 당신이 아이들을 좀 돌봐주세요.

📖 咱们 / 我们

1142 暂时 zànshí

[명] 잠시, 잠깐

<유> 1819 临时

雨暂时停了。 비가 잠시 멈췄네.

暂时忘记那些不高兴的事吧。
그 유쾌하지 못했던 일들은 잠시 잊으세요.

临时 · 暂时

1819 临时 참고

1143 脏 zāng

[형] 더럽다

屋子真脏, 快点儿打扫一下。
방이 너무 더러워, 얼른 청소 좀 해.

我们家小孩儿衣服没穿半天就脏了。
우리 집 애는 옷을 입은 지 반나절도 안 돼서 더러워진다.

1144 责任 zérèn

[명] 책임

<유> 2332 义务

我有责任照顾好我的家人。
나는 우리 가족을 잘 보살필 책임이 있다.

违反交通规则, 要承担法律责任。
교통규칙을 위반하면 법률적 책임을 져야 한다.

义务 · 责任

2332 义务 참고

1145 增加 zēngjiā

[동] 증가하다, 늘다

<유> 1146 增长, 添加 tiānjiā　<반> 0809 减少

他的体重最近增加了许多。
그의 체중이 최근 많이 늘었다.

他好像在恋爱, 打电话的频率增加了许多。
그 사람 아무래도 연애하나 봐, 전화하는 횟수가 급격히 늘었어.

增加 · 1146 增长

- 增加 [동] 증가하다
  ➡ 增加 + 人数, 人员, 人口, 体重, 人力, 物力, 工资

- 增长 [동] 성장하다, 늘리다
  ➡ 增长 + 知识, 水平, 才干, 经济, 学问

<비교> 增加는 수량이 많아졌음을 뜻하고, 구체적 사물이나 숫자에 주로 사용된다. 增长은 향상되고 성장되었음을 뜻하고, 주로 추상적 사물에 사용된다.

단어가 구체명사와 함께 쓰이는지 추상명사와 함께 쓰이는지 구분하는 것이 포인트!

Check

我的体重最近(　　　　)了两公斤。
내 체중은 최근에 2킬로그램이 증가했다.

你要参加这次社会活动, (　　　　)了知识。 이번 사회활동에 참여하고 싶다면, 지식을 넓혀야 해.

📖 增加 / 增长

1146 增长 zēngzhǎng

[동] 증가하다, 높아지다

<유> 1145 增加, 增多 zēngduō
<반> 0809 减少, 0812 降低

旅游可以让人增长见闻。
여행은 사람의 견문을 넓힐 수 있다.

今年的产量增长了一倍。
올해 생산량이 배로 증가되었다.

 增加·增长
1145 增加 참고

1147 窄 zhǎi

형 ① (폭이) 좁다
유 狭 xiá 반 0855 宽
道路很窄，两个人手牵qiān手走不过去。
길이 좁아서, 두 사람이 손을 잡고 걸어갈 수 없다.

② 마음이 좁다, 옹졸하다
他是个心胸狭窄xiázhǎi的人。
그는 속이 좁은 사람이다.

③ 생활이 빈궁하다, 가난하다
他们家日子过得挺窄的。
걔네 집은 아주 빈궁하게 지내고 있어.

1148 招聘 zhāopìn

동 모집하다, 채용하다
유 聘请 pìnqǐng 반 解聘 jiěpìn
我们饭店想招聘一名大堂经理。
우리 호텔은 홀 매니저 한 명을 채용하려고 한다.

最近那家公司准备招聘一批pī新人。
최근 그 회사는 신입 사원 채용을 준비하고 있다.

1149 真正 zhēnzhèng

부 확실히, 진실로
他真正是好人。그는 확실히 좋은 사람이다.

형 진정하다, 참되다
유 0982 实在, 2401 真实 반 虚伪 xūwěi
人生真正的意义在于实现自我价值并贡献社会。
인생의 진정한 의의는 스스로의 가치를 실현하며 동시에 사회에 공헌하는 데 있다.

 真实·真正
2401 真实 참고

1150 整理 zhěnglǐ

동 정리하다, 정돈하다
유 0992 收拾
我正在整理衣橱yīchú。
난 지금 옷장을 정리하고 있어.

周末抽空整理一下抽屉chōuti。
주말에 시간을 내서 서랍을 좀 정리해라.

 收拾·整理
0992 收拾 참고

1151 整齐 zhěngqí

형 ① 단정하다, 정연하다
유 整洁 zhěngjié 반 杂乱 záluàn
停车场上，车子整齐地排放着。
주차장에 차들이 정연하게 세워져 있다.

② 가지런하다, 고르다
这个小组的人员技术水平比较整齐。
이 팀 인원들의 기술 수준은 비교적 고른 편이다.

동 규칙적으로 하다, 가지런히 하다
所有的士兵整齐步调bùdiào，大声地喊hǎn着口号。모든 사병은 보조를 맞춰, 큰소리로 구호를 외친다.

1152 正常 zhèngcháng

형 정상적이다
반 反常 fǎncháng, 异常 yìcháng
机器开始正常运转了。
기계가 정상적으로 돌아가기 시작한다.

小明终于退烧了，现在恢复正常体温了。
샤오밍은 드디어 열이 내려서, 지금 정상 체온을 회복했다.

1153 正好 zhènghǎo

형 딱 좋다, 꼭 알맞다
这件衣服大小正好，我穿着正合适。
이 옷은 크기가 딱 맞아서, 내가 입기에 꼭 알맞다.

부 마침
유 恰巧 qiàoqiǎo
你来了，我正好想找你呢。
너 왔네, 나도 마침 널 찾아가려고 했는데.

1154 正确 zhèngquè

형 정확하다, 옳다, 틀림없다
유 1185 准确 반 1370 错误
你说的话很正确。 네가 한 말이 옳아.
他的想法很正确。 그의 생각은 아주 틀림없다.

1155 正式 zhèngshì

형 정식으로, 공식의
他们发表了正式声明。
그들은 공식 성명을 발표했다.

面试时，要穿得正式一些。
면접 시에는 정식으로 옷을 입어야 해.

1156 证明 zhèngmíng

동 증명하다
유 1006 说明
要找到证据才能证明你的清白。
증거를 찾아내야만 당신의 결백을 증명할 수 있어요.

명 증명
유 2418 证件
你需要写份证明书。
당신께서는 증명서 하나를 쓰셔야 합니다.

1157 之 zhī

대 이, 그, 이것, 그것
求之不得。 그것을 구하고자 해도 얻을 수 없다(기회를 얻기가 대단히 힘들다).

조 ~의 (목적어와 중심어 사이에서 수식을 나타냄)
这块宝石可是无价之宝，你千万不要低价把它卖了。 이 보석은 값을 매길 수 없는 보석이니, 너는 절대 헐값에 팔면 안 된다.

1158 只 zhī ➡ 부 zhǐ 0586 只

양 ① 쪽, 짝 (짝을 이루는 것을 세는 단위)
这双袜子怎么只剩下一只了，另一只让我放哪儿去了呢？ 이 양말이 어째 한 짝밖에 안 남았네, 한쪽을 내가 어디에다 두었더라?

② 마리 (동물을 세는 단위)
早上醒来发现窗台上落luò了一只受伤的小鸟。 아침에 일어나보니 창문턱에 다친 작은 새 한 마리가 떨어져 있었다.

③ 척 (배를 세는 단위)
一只小渔船飘piāo在茫茫大海中。
작은 고깃배 한 척이 망망대해에 떠있다.

1159 支持 zhīchí

동 ① 힘써 견디다, 지탱하다
累得支持不住了。
너무 피곤해서 견디기 힘들어졌다.

② 후원하다, 지지하다
유 支援 zhīyuán 반 0707 反对
我会一直支持你的。
난 앞으로도 쭉 너를 응원할 거야.

 支持・支援 zhīyuán

· 支持 동 지지하다
· 支援 동 지원하다, 원조하다

비교 支持는 주로 정신상의 도움이나 격려를 가리키고, 支援은 인력, 물자, 재력, 실제적 행동으로 지원하는 것을 가리킨다. '支援+누구+무엇'의 형태로 쓰일 수 있으나 支持는 이런 형태로 쓰일 수 없다. 또한 支持는 '지지한다'는 뜻 이외에도 '가까스로 유지한다'는 뜻도 가지고 있다.

비슷한 의미를 가진 단어일수록 搭配에 의해 구분된다는 것이 포인트!

Check

由于家庭的大力（　　　　　），我的事业终于成功了。
가정의 대대적인 지지로 인해, 내 사업은 마침내 성공했다.

灾民需要物质的（　　　　　）。
이재민은 물질적 지원이 필요하다.

支持 / 支援

1160 知识 zhīshi

명 지식

유 2297 学问

知识就是力量。
지식이 바로 힘이다(아는 것이 힘이다).

我们要大力发展知识密集型产业。
우리는 지식 집약형 산업을 힘써 발전시켜야 한다.

1161 值得 zhí//dé

동 ① 값에 상응하다
这东西值得这个价钱。
이 물건은 가격만큼 값어치를 한다.

② ~할 만한 가치가 있다, ~할 만하다
这地方很好玩儿，值得一游。
이곳은 꽤 재미있는 곳이라, 한번 여행할 만하다.

1162 直接 zhíjiē

형 직접적인, 직접의

반 间接 jiànjiē

有什么问题就直接问吧。
문제가 있을 때 바로 직접 물어봐.

我能直接把东西交给他吗?
내가 직접 물건을 그에게 넘겨줘도 되니?

1163 植物 zhíwù

명 식물

반 0360 动物

不断地开发植物能源。
끊임없이 식물 에너지를 개발한다.

屋里放些植物，感觉气氛更轻松。
방 안에 식물을 두면, 분위기가 훨씬 가볍게 느껴진다.

1164 职业 zhíyè

명 일, 직업

유 0033 工作

选择职业很重要，它会对你以后的职业生涯 shēngyá 影响很大。
직업을 선택하는 것은 매우 중요한데, 그것은 당신의 이후 직장생활에 영향력이 클 것이다.

형 직업의, 전문의

他是职业拳击 quánjī 选手，已经有十几年的经验了。
그는 직업 권투선수로, 이미 십몇 년의 경험이 있다.

1165 指 zhǐ

명 손가락

他竖 shù 起大拇 mǔ 指称赞我在比赛中表现得很好。
그는 엄지손가락을 치켜들며 내가 시합에서 매우 잘한다고 칭찬을 했다.

동 ① 가리키다
他指着东面说应该往那边走。
그는 동쪽을 가리키며 그쪽으로 가야 한다고 말했다.

② 지적하다
不是指你说的，是指他说的。
너를 지적해서 말한 게 아니라, 그를 지적해 말한 것이다.

1166 只好 zhǐhǎo

부 할 수 없이, 부득이

유 0629 不得不，只得 zhǐdé

没人愿意去，只好我去了。
아무도 가려고 하지 않으니, 할 수 없이 내가 가야지.

实在是不得已，只好答应他了。
부득이하게 그에게 승낙할 수밖에 없었다.

1167 只要 zhǐyào

접 ~하기만 하면

只要努力总会有收获。
노력하기만 하면 언젠가는 수확이 있다.

只要不下雪，我们就去。
눈이 오지 않는다면 우리는 갈 것이다.

1168 质量 zhìliàng

명 품질

这件衣服的质量真不错。이 옷은 품질이 정말 좋다.

价格不重要，关键是质量过得硬。
가격은 중요하지 않아, 관건은 품질이 좋은가이지.

1169 至少 zhìshǎo

부 최소한, 적어도

유 起码 qǐmǎ 반 至多 zhìduō

这个房间里至少有十个人。
이 방에는 적어도 열 사람이 있다.

你不来了，至少也要打个电话通知我一下吧。오시지 않을 거면, 적어도 전화라도 한 통 해서 알려주세요.

1170 制造 zhìzào

동 ① 제조하다, 만들다

유 2430 制作

这个东西是美国制造的。
이 물건은 미국에서 제조한 것이다.

② (나쁜 분위기나 상황을) 만들다, 조성하다

他经常制造恐怖。
그는 늘 공포 분위기를 조성한다.

制作 · 制造

2430 制作 참고

1171 中文 Zhōngwén

명 중국어

유 0035 汉语

中文的语法十分复杂。
중국어 문법이 아주 복잡하다.

中文很难，我学了一年多了，还是掌握得不太好。중국어는 정말 어려워, 1년을 넘게 배웠는데도 역시 자신이 없어.

1172 重点 zhòngdiǎn

명 중점, 중요한 일

유 1605 核心, 要点 yàodiǎn

麻烦你给我划一下这本书的重点内容吧。
번거롭겠지만, 이 책의 핵심 내용에 줄을 좀 그어줘.

부 중심적으로

유 0590 重要

这次会议总经理重点讲了下个阶段的计划。
이번 회의에서 사장님은 다음 단계의 계획에 대해 중점적으로 이야기했다.

1173 重视 zhòngshì

동 중시하다

유 看重 kànzhòng 반 1609 忽视, 1971 轻视

环保问题很值得重视。
환경보호 문제는 중시할 가치가 있다.

她表现出色，受到领导重视。
그녀의 행동이 대단히 뛰어나서, 상관의 중시를 받았다.

1174 周围 zhōuwéi

명 주위, 둘레

유 0374 附 반 0587 中间

我们小区的周围都是树。
우리 동네의 주위에는 모두 나무이다.

这个小区周围环境很好，吸引了许多购房者。이 지역은 주변 환경이 좋아서, 주택매매자들을 매혹시켰다.

1175 猪 zhū

명 돼지

你们养了多少头猪?
당신들은 돼지를 몇 마리나 길렀습니까?

猪圈里的猪都摇yáo着尾巴等着主人给它们喂食wèishí呢。 돼지우리 안의 돼지들이 다 꼬리를 흔들면서 주인이 먹이를 주는 걸 기다리고 있어.

1176 逐渐 zhújiàn

부 점점, 점차, 차츰
- 유 2444 逐步, 渐渐 jiànjiàn
- 반 0522 突然, 0779 忽然

天色逐渐暗了。 날씨가 점점 어두워졌다.

时间久了，我逐渐熟悉了。
시간이 오래되어 나는 점점 익숙해졌다.

逐步・逐渐
2444 逐步 참고

1177 主动 zhǔdòng

형 자발적이다, 적극적이다
- 유 2474 自动 반 被动 bèidòng

机会只给主动的人。
기회는 적극적인 사람에게만 가는 것이다.

要想赢得这次营销yíngxiāo比赛，就要主动地寻找xúnzhǎo创新的元素。 이번 마케팅 시합에서 이기려면, 적극적으로 창조적인 요소를 찾아야 한다.

1178 主意 zhǔyi

명 의견, 생각, 방법

这个主意真好啊！ 이 의견은 정말 좋아!

有什么好主意说说吧。
무슨 좋은 방법 있는지 말해봐.

1179 祝贺 zhùhè

동 축하하다
- 유 0593 祝, 1976 庆祝

祝贺你升职啊！ 승진을 축하합니다!

大家取得了很大的成就，对此我表示衷心祝贺。 모두 큰 성과를 거두었기에 진심으로 축하 드립니다.

庆祝・祝贺
1976 庆祝 참고

1180 著名 zhùmíng

형 유명하다, 저명하다
- 유 0573 有名, 闻名 wénmíng, 知名 zhīmíng
- 반 无名 wúmíng

他是位著名的科学家。 그는 유명한 과학자이다.

今天有著名学者的新闻见面会。
오늘 저명한 학자의 기자회견이 있어.

1181 专门 zhuānmén

부 ① 전문적으로

我专门研究中国企业破产法。
나는 전문적으로 중국 기업 파산법을 연구한다.

② 오로지, 일부러
- 유 2135 特意

我们今天专门过来想给您做个专访。 저희는 오늘 특별히 당신을 특집 인터뷰하고자 온 것입니다.

형 전문의

他是公司最近聘请pìnqǐng的计算机专门人才。 그는 회사에서 최근에 뽑은 컴퓨터 전문 인재이다.

1182 专业 zhuānyè

명 ① 전공

你大学专业是什么? 너는 대학에서 전공이 뭐니?

② 학과

你是什么专业的学生? 넌 무슨 학과 학생이니?

형 전문(업종)의
他是专业作家。 그는 전문 작가이다.

1183 赚 zhuàn

동 이윤을 얻다, 벌다
유 挣 zhèng   반 亏 kuī, 赔 péi, 折 zhé
这个项目拿下来的话我们至少能赚100万。
이 프로젝트를 따내기만 하면, 우리는 적어도 100만 위안은 벌 수 있다.

명 이윤
这个工程一点赚头都没有，还是不要做了。
이 공사는 전혀 돈이 안 되니, 하지 않는 것이 좋을 것 같아.

1184 撞 zhuàng

동 ① 부딪치다, 충돌하다
유 碰 pèng
汽车撞到大树了。 자동차가 큰 나무에 부딪쳤다.

② 운명에 부딪쳐보다
유 0985 试
只想着撞运气是不行的，要认真准备才会有机会实现梦想。 운에만 맡기는 것은 안 되고, 열심히 준비해야 꿈을 실현할 기회가 있다.

③ 돌진하다
放学后，他横冲héngchōng直撞地进了门。
방과 후에, 그는 종횡무진 돌진하듯이 문으로 들어갔다.

1185 准确 zhǔnquè

형 정확하다
유 1154 正确   반 1370 错误
他的发音不准确。 그의 발음이 정확하지 않아.
把今年工业产值的准确数字报给我。
올해 공업 생산액의 정확한 수치를 제게 보고해주세요.

1186 准时 zhǔnshí

형 정확한 시간에, 정각에
유 0605 按时
他没准时上过班。
그는 제시간에 출근한 적이 없다.
我明天肯定会准时到的，放心吧。
내일은 반드시 제시간에 도착할 테니 안심하세요.

准时 · 0605 按时

- 准时 형 준수하다
- 按时 부 시간에 맞춰서

비교 准时는 형용사로서 시간 방면에서 매우 정확하다는 뜻으로 술어로도 쓰이고, 부사어의 용법도 가지고 있다. 按时는 부사로 규정된 시간에 따라서 하는 것을 가리킨다.

뜻은 같으나 품사로 구분되는 것이 포인트!

Check

她每天上班非常（　　　）。
그녀는 매일 출근이 매우 정확하다.

你一定要（　　　）吃药。
당신은 반드시 시간에 맞추어 약을 먹어야 합니다.

답 准时 / 按时

1187 仔细 zǐxì

형 ① 조심하다, 주의하다
유 0543 小心, 当心 dāngxīn   반 轻率 qīngshuài
那里危险，你可要仔细。
거기는 위험하니 주의해야 해.

② 세밀하다, 자세하다
유 1066 详细, 细心 xìxīn
반 0659 粗心, 0891 马虎
他做事很仔细，深得领导的喜爱。
그는 일을 매우 꼼꼼하게 해서, 상관의 사랑을 받았다.

详细 · 仔细

1066 详细 참고

1188 自然 zìrán

명 자연
大自然赋予fùyǔ我们很多宝藏bǎozàng。
대자연은 우리에게 많은 지하자원을 주었다.

형 자연의, 천연의
自然的总比人工的要更健康。
자연적인 것이 늘 인공적인 것보다 건강에 좋다.

부 당연히
유 0349 当然
过一段时间，你自然会明白了。
시간이 지나면, 당연히 알게 될 거야.

접 자연스레
只要认真学习，自然会取得好成绩的。
열심히 공부하기만 하면, 자연스럽게 좋은 성적을 얻을 수 있을 거야.

1189 总结 zǒngjié

동 총결산하다, 총괄하다
我来总结一下今天的活动情况吧。
제가 오늘의 활동 상황을 총괄해보겠습니다.

명 총괄, 총결산
下面由我来做个会议总结。
다음은 제가 회의의 총결산을 하겠습니다.

1190 租 zū

동 세놓다, 세내다
유 出租 chūzū
你的房子租给谁了？네 집은 누구에게 세를 놓았어?
我想租一间二十平方米的房子。
저는 20제곱미터의 방 한 칸을 세를 놓으려고 한다.

1191 组成 zǔchéng

동 조직하다, 구성하다
유 1192 组织, 1544 构成
这个国际组织由五个国家组成。
이 국제조직은 다섯 개 국가로 구성된다.

现在开始分组，三个人组成一组吧。
지금부터 팀을 나눠, 세 명이 한 팀을 구성하도록 하세요.

1192 组织 zǔzhī

동 조직하다, 구성하다
유 1191 组成 반 解散 jiěsàn
这次活动是由谁来组织的？
이번 활동은 누가 조직한 것입니까?

명 조직
유 机构 jīgòu
我们组织的纪律向来是最好的。
우리 조직의 기강은 줄곧 최고였다.

1193 嘴 zuǐ

명 ① 입
유 0442 口
医生检查喉咙hóulóng的时候需要我们张开嘴配合。 의사선생님이 목구멍을 검사할 때, 우리는 입을 벌려 보조를 맞추어야 한다.

② 기물의 주둥이
水开了，壶嘴儿里冒着热气。
물이 끓어서, 주전자 주둥이에서 뜨거운 김이 난다.

1194 最好 zuìhǎo

부 가장 좋은, 가장 바람직한
最好你亲自去一下。
네가 직접 가는 게 가장 좋겠다.
外面挺冷的，你最好多穿点儿。
밖이 꽤 추우니까 옷을 좀 더 입는 게 좋아.

1195 最后 zuìhòu

명 최후, 맨 마지막
유 最终 zuìzhōng 반 2494 最初
最后到的人要请客啊！
맨 마지막에 도착한 사람이 한턱내기야!

这本书最后一章节的内容特别精彩。
이 책의 마지막 장의 내용은 매우 훌륭하다.

1196 尊重 zūnzhòng

동 존경하다
유 2496 尊敬　반 1971 轻视, 无视 wúshì

我们要尊重每一个生命。
우리는 생명 하나하나를 존중해야 한다.

형 존경하는, 존경받을 만한
他是个值得尊重的人。
그는 존경받을 만한 사람이다.

1197 做生意 zuò shēngyi

장사를 하다, 사업을 하다
做生意应该以诚信为本。
장사를 할 때에는 성실과 신용을 근본으로 삼아야 한다.
这个时代做生意的人真不少啊！
이 시대에는 사업하는 사람이 정말 적지 않아!

1198 座 zuò

명 자리, 좌석
유 1199 座位

教室里有多少座？ 교실에 자리가 얼마나 있죠?

양 산, 건물, 다리, 대포 등 비교적 크고 고정된 물체를 세는 단위
西边有一座山、东边有一座楼。
서쪽에는 산이 하나 있고, 동쪽에는 건물이 하나 있다.

1199 座位 zuòwèi

명 좌석, 앉을 것
유 1198 座

车上有多少座位？ 차에 좌석이 얼마나 있죠?
你先去找个座位，我马上就来。
너는 먼저 자리를 잡고 있어, 내가 금방 갈 테니까.

1200 作者 zuòzhě

명 저자, 작가
能告诉我这本书的作者是谁吗？
이 책의 저자가 누구인지 말해줄 수 있나요?
我实在无法理解作者想要表达的思想。
저자가 표현하려는 사상을 나는 정말 이해하지 못하겠다.

A 5급

1201 唉 āi
🔊 예, 아 (대답이나 탄식을 나타냄)
唉，马上就来，请稍等。
예, 바로 오시니, 조금만 기다리세요.
唉，我知道了，马上就给您办这事。
예, 알겠습니다. 바로 이 일을 처리해 드리겠습니다.

1202 爱护 àihù
📖 아끼고 보호하다, 애호하다
유 0608 保护, 1203 爱惜, 2403 珍惜
반 损害 sǔnhài
爱护地球上的资源是我们每个人的义务。
지구의 자원을 애호하는 것은 우리 모두의 의무이다.
老师教导小朋友们要爱护公园的一草一木。
선생님은 어린이들에게 공원의 풀 한 포기 나무 한 그루도 아끼고 보호해야 한다고 가르치신다.

> 어휘 plus+
> 珍惜 · 1203 爱惜 · 爱护
> 2403 珍惜 참고

1203 爱惜 àixī
📖 아끼다, 소중히 여기다
유 1202 爱护, 2403 珍惜
爱惜你所拥有yōngyǒu的吧。
당신이 가지고 있는 모든 것을 소중히 여기십시오.
青春是非常短暂的，我们应该爱惜这美好的时光。
청춘은 매우 짧으니, 우리는 이 아름다운 시절을 소중히 여겨야 한다.

> 어휘 plus+
> 珍惜 · 爱惜 · 1202 爱护
> 2403 珍惜 참고

1204 爱心 àixīn
📖 관심과 사랑, 사랑하는 마음
培养孩子的爱心很重要。
아이의 관심과 사랑을 기르는 것은 아주 중요하다.
她是一个充满爱心的女人。
그녀는 사랑하는 마음이 충만한 여인이다.

1205 安慰 ānwèi
📖 위로가 되다
看到儿子考上大学，母亲心里很安慰。
아들이 대학에 합격한 것을 보니, 어머니의 마음은 매우 위로가 되었다.
📖 위로하다
他刚失恋，心情不太好，你去安慰他一下吧。
그는 막 실연을 당해서 마음이 그다지 좋지 않으니, 네가 가서 그를 좀 위로해주렴.

1206 安装 ānzhuāng
📖 설치하다
大厅里安装了安全设备。
로비에 안전설비를 설치했다.
所有的新设备都已经安装好了，明天就可以正式投入生产了。 모든 새로운 설비는 이미 설치가 다 되었으니, 내일부터 정식으로 생산을 해도 됩니다.

1207 岸 àn
📖 기슭, 해안
岸上的人对着小船上的人高喊。 해안가의 사람이 작은 배 위의 사람에게 높게 소리지르고 있다.
不要让孩子到危险的岸边玩耍wánshuǎ。
아이가 위험한 해안가에서 장난치지 못하게 하시오.

1208 把握 bǎwò

명 자신감, 가능성
유 0209 可能

明天的面试你有把握吗?
내일 면접에 자신 있어?

동 쥐다, 잡다, 장악하다
유 2393 掌握

把握时机，积极出击，一定会成功的。
기회를 잡고 적극적으로 나아가면 반드시 성공할 수 있다.

어휘 plus+ 把握 · 2393 掌握

• 把握 동명 장악하다, 파악하다 / 확신, 믿음, 가망
  → 把握 + 笔, 抢, 机会, 中心, 本质, 时机

• 掌握 동 장악하다, 파악하다, 정통하다, 지배하다, 주관하다
  → 掌握 + 情况, 命运, 会议, 党权, 技术, 外语

비교 把握의 把는 손으로 잡는다는 뜻이 있으므로 把握는 실제 물건을 잡고 쥐는 것을 가리키며, 이 밖에 추상적인 사물을 장악하고 파악한다는 의미도 가지고 있다. 掌握의 掌은 손바닥이라는 뜻이므로 내 손바닥 안에서 즉, 내 손아귀 안에서 충분히 통제하며 응용하는 것을 가리키며, 목적어로는 이론, 정책, 기술, 방법, 시간, 권력, 운명 등 추상적인 사물이 온다. 명사일 경우, 把握는 명사로서 성공의 근거와 자신하는 것을 가리키며, 항상 동사 '有'와 형용사 '大'나 '小'와 같이 쓰인다. 掌握는 그런 용법이 없다.

두 글자 중 한 글자만 다를 경우 그 다른 한 글자의 뜻에 집중하여 구분하는 것이 포인트!

Check

我的手冻僵dòngjiāng了，已经(　　　　)不住手中的伞。
나의 손이 얼어서, 이미 손 안의 우산을 잡을 수 없다.

他(　　　　)两门外语。
그는 두 가지 외국어를 능통하게 구사한다.

답 把握 / 掌握

1209 摆 bǎi

동 배열하다, 진열하다, 놓다
유 0371 放

展台上摆出了这一季卖得最好的手机。
부스에 이 계절에 가장 잘 팔리는 휴대전화를 진열했다.

商店橱窗chúchuāng里摆着各种各样的东西。
상점 진열장 안에 각종 물건이 진열되어 있다.

1210 班主任 bānzhǔrèn

명 담임교사

李老师是我们的班主任。
이 선생님께서는 우리 담임선생님이십니다.

我们的班主任很有责任心。
우리 담임선생님께서는 책임감이 강하시다.

1211 办理 bànlǐ

동 처리하다, 취급하다
유 办 bàn

办理护照需要一个星期左右。
여권을 처리하는 데 일주일 정도 필요하다.

某些机场安装了自助值机设备，乘客可以自行办理登机手续。
어떤 공항에는 자동체크기기가 설치되어 있어, 승객들이 직접 탑승 수속을 할 수 있다.

1212 棒 bàng

명 막대기, 방망이
유 棍子 gùnzi

他小的时候特别调皮tiáopí，常被爸爸拿着棒子揍zòu。 그는 어린 시절 너무 장난이 심해서, 아버지한테 자주 회초리로 맞았다.

형 (능력, 체력, 성적이) 좋다
유 0036 好, 1338 出色 반 0332 差, 0401 坏

他身体特别棒，不愧búkuì是从小就练体育的人。그의 건강은 매우 좋은데, 역시 어릴 때부터 체력을 단련해온 사람답다.

1213 傍晚 bàngwǎn

명 저녁 무렵, 해질무렵

유 黄昏 huánghūn   반 黎明 límíng

傍晚，他们夫妻互相搀扶chānfú着去散步。
해가 질 무렵 부부는 서로 팔짱을 끼고 산책을 했다.

每当傍晚来临，她的思念就无处隐藏yǐncáng。
매번 저녁 무렵, 그녀의 그리움은 더 이상 감출 수가 없다.

1214 包裹 bāoguǒ

동 포장하다, 싸다

妈妈用毯子tǎnzi包裹住孩子，生怕孩子着凉zháoliáng。
엄마는 아이가 감기에 걸릴까 봐 담요로 아이를 에워쌌다.

명 소포, 보따리

公司门口有你的包裹，去取一下吧。
회사 입구에 당신의 소포가 있으니, 가서 찾으세요.

1215 包含 bāohán

동 포함하다

유 0607 包括

今晚的晚会包含五个环节。
오늘 저녁 공연에 다섯 개 부분이 포함되어 있다.

这些钱里包含了机场建设费、燃油费和保险费。
이 돈에는 공항건설비용, 유류세, 보험료가 포함되어 있습니다.

plus+ 包含 · 0607 包括

- 包含 동 포함하다
  ➡ 包含 + 意义, 因素, 道理, 倾向, 特点, 性质, 哲理
- 包括 동 포괄하다, 포함하다
  ➡ 包括 + 物质生活, 精神生活

비교 包含은 안에 포함되어 있는 것을 가리키고, 목적어로는 주로 추상명사가 오며, 包括는 내용을 다 총괄하여 수용함을 나타내고, 구체적, 추상적 목적어에 모두 쓰인다. 또한 包括는 수량, 범위 방면에서 각 부분을 열거해서 표현하거나 일부분을 특별히 가리키는 방식으로 쓴다.

> 단어가 구체명사와 함께 쓰이는지 추상명사와 함께 쓰이는지 구분 하는 것이 포인트!

Check

老师的话（　　　）两层意思。
선생님의 말씀은 두 가지 뜻을 포함하고 있다.

我们公司的经营范围（　　　）电器、服装等。우리 회사의 경영 범위는 전자기기, 옷 등을 포괄하고 있다.

답 包含 / 包括

1216 包子 bāozi

명 (소를 넣어 만든) 찐빵, 만두

天津的包子很有名。텐진 만두는 아주 유명하다.

我每天早上都吃两个包子。
나는 매일 아침마다 만두 두 개를 먹는다.

1217 薄 báo

형 얇다

유 1393 淡, 单薄 dānbó   반 0776 厚

薄薄的一层雾wù笼罩lǒngzhào着城市。
옅은 안개가 도시를 덮고 있다.

这件衣服太薄了，这样的天穿了会冷的。
이 옷은 너무 얇아서, 이런 날씨에 입으면 춥다.

1218 宝贝 bǎobèi

명 ① 보배

他把朋友送的礼物当作宝贝珍藏zhēncáng。
그는 친구가 보낸 선물을 보배처럼 여겨 소장한다.

② 아이의 애칭, 귀염둥이

那个小家伙xiǎojiāhuo是他爷爷奶奶的心肝宝贝。그 녀석은 할아버지, 할머니에게는 소중한 귀염둥이이다.

1219 宝贵 bǎoguì

형 진귀한, 소중한

유 珍贵 zhēnguì

在实习的这段期间里，我学到了很多宝贵的知识和经验。 인턴을 한 이 기간 동안, 나는 많은 소중한 지식과 경험을 배웠다.

동 소중하다

在他心里，亲情比什么都宝贵。 그 사람 마음 속에서는 혈육간의 정이 그 무엇보다도 소중하다.

1220 保持 bǎochí

동 유지하다, 지키다

유 0807 坚持, 维持 wéichí

保持良好的心情十分重要。
양호한 마음을 유지하는 것은 매우 중요하다.

虽然已经年过四十，但她的身材还是保持得特别好。 비록 이미 40이 넘은 나이지만, 그녀의 몸매는 정말 잘 유지되고 있다.

어휘 plus+ 保持 · 0807 坚持

- 保持 동 유지하다
  ➡ 保持 + 联系, 现状, 安静, 关系, 信誉, 速度
- 坚持 동 견지하다, 계속해 나가다
  ➡ 坚持 + 原则, 工作, 真理, 锻炼, 下去, 不懈

비교 保持는 어떤 상태가 바뀌지 않고 원상태로 유지됨을 나타내고, 坚持는 곤란하거나 의견 차이의 상황에 직면했을 때, 스스로 뜻을 굽히지 않고 자신이 옳다고 관철해서 실행하는 것을 가리킨다.

어떤 단어들과 함께 쓰이는지를 알아두는 것이 포인트!

Check

虽然不去的人多，但我固执地（　　　　）自己去。
비록 가지 않는 사람이 많기는 하지만, 나는 무조건 가기로 했다.

请大家（　　　　）安静。
여러분 조용히 해주세요.

답 坚持 / 保持

1221 保存 bǎocún

동 보존하다, 유지하다

유 1222 保留

恐龙化石被完好地保存着。
공룡화석이 완전하게 보존되고 있다.

这座古城保存了很多的历史遗迹yíjì。
이 고성에는 많은 역사의 흔적이 남아 있다.

어휘 plus+ 保留 · 保存

1222 保留 참고

1222 保留 bǎoliú

동 ① 보존하다

유 1221 保存

北京的四合院还保留着它当年的面貌。
베이징의 사합원은 여전히 예전의 면모를 보존하고 있다.

② 보류하다

我们会保留大家的意见。
우리는 여러분의 의견을 보류하겠습니다.

③ 남겨 놓다

他保留了自己的研究成果，希望对后人有帮助。 그는 자신의 연구 결과를 남겨 후대에 도움이 되길 바랐다.

어휘 plus+ 保留 · 1221 保存

- 保留 동 보류하다
  ➡ 保留 + 风味, 面目, 面貌, 风味, 意见, 看法, 观点
- 保存 동 보존하다
  ➡ 保存 + 文物, 书籍, 财产, 遗物, 古迹, 实力, 风俗, 传统

비교 保留는 사물이 남겨 두려고 하는 것을 나타내며, 목적어로는 주로 추상적인 사물이 온다. 保存은 사물, 의의, 성질이 지속적으로 존재하고 손실을 입거나 변화가 생기지 않도록 하는 것을 나타내며, 목적어로 대부분 구체적인 사물이 온다. 保留는 일시적으로 내버려둔다는 뜻이 있지만, 保存은 그런 뜻이 없다.

어떤 단어들과 함께 쓰이는지를 알아두는 것이 포인트!

> **Check**
> 这种饮料可以（　　　　　）一个星期。
> 이런 음료수는 일주일을 보관할 수 있다.
> 故宫还（　　　　　）着当年的威严。
> 고궁은 당시의 위엄을 아직 유지하고 있다.
>
> 保存 / 保留

1223 保险 bǎoxiǎn

명 보험
我买了一份医疗保险。
나는 의료보험에 하나 들었다.

형 안전하다, 위험이 없다
유 0603 安全　반 1047 危险
放心吧，不会出事的，这个办法很保险。
걱정하지 마, 아무 일도 없을 테니, 이 방법은 매우 안전해.

동 보증하다
就买这个公司的股票gǔpiào吧，保险你赚钱。
이 회사의 주식을 사, 돈 버는 것은 보증할게.

1224 报告 bàogào

동 보고하다
这件事你应该向上级报告。
이 일은 네가 상급자에게 보고해야 한다.

명 보고서
请大家在下周二之前把报告交到我办公室来。
모두 다음 주 화요일 전까지 보고서를 내 사무실로 제출하세요.

1225 悲观 bēiguān

형 비관적이다
유 0976 失望　반 1794 乐观
对待生活中的难事，不要悲观。
생활 중에 생기는 어려운 일을 비관적으로 생각하지 마세요.
这个人无论面对什么事都带有悲观情绪。
이 사람은 어떤 일이든지 비관적인 정서를 가진다.

1226 背 bèi

명 등, 물체의 뒤, 뒷부분
他的背部受了严重的伤。
그는 등에 심한 상처를 입었다.

동 ① 뒤쪽으로 향하다
她背过脸去，泪水流了下来。
그녀는 얼굴을 뒤쪽으로 돌려서 울었다.

② 떠나다
他背离故土，流浪在外。
그는 고향을 떠나 외지를 유랑한다.

③ 속이다, 피하다
想不到你居然背着我，和他做出这种事情来。네가 날 속일 줄은 꿈에도 생각 못했어, 그 사람과 이런 일을 벌일 줄이야.

④ 외우다, 암기하다
短短一周的时间，她竟然把整本书都背了下来。짧은 일주일 동안, 그녀는 뜻밖에도 책의 내용을 모두 외워버렸다.

1227 背景 bèijǐng

명 ① (영화나 텔레비전 등의) 배경
这部电影以民国时期的上海为背景。이 영화는 중화민국시대의 상하이를 배경으로 해서 만들었다.

② (역사적이나 사회적) 배경
这场战争发生的背景是什么？
이 전쟁이 발생한 배경은 무엇입니까？

1228 被子 bèizi

명 이불
睡觉的时候，盖好被子。
잠잘 때 이불을 잘 덮어.
我把被子挂起来晒干shàigān。
나는 이불을 걸어서 햇볕에 말렸다.

1229 本科 běnkē

명 대학교 학부과정, 본과

我是一名大学本科生。
저는 대학교 학부과정 학생입니다.

本科学历现在已经不算高了。
본과 학력은 이제 더는 높은 학력이 아니다.

1230 本领 běnlǐng

명 재능, 기술

유 0906 能力, 本事 běnshì

在机械jīxiè制造方面，他十分有本领。
그는 기계 제조 방면에 아주 재능이 있다.

参加了野外生存训练营之后，他学会了很多在野外求生的本领。야생생존 훈련에 참가한 후에, 그는 야생에서 살아남는 능력을 많이 배웠다.

1231 本质 běnzhì

명 본질, 본성

반 2237 现象, 表象 biǎoxiàng, 假象 jiǎxiàng

看事情不能只看表面，要究其本质。
일을 바라볼 때 겉만 보아서는 안 되고, 본질이 무엇인지 보아야 한다.

虽然他常干些调皮tiáopí捣蛋dǎodàn的事，但本质还是好的。 비록 그가 자주 말썽을 피우기는 하지만, 본성은 그래도 착하다.

1232 比例 bǐlì

명 ① 비례

他的付出和收获根本不成比例。
그가 희생하는 것에 비해 얻는 것은 터무니 없이 적다.

② 비율

我们学院男生和女生的比例为1比7。
우리 대학의 남학생과 여학생의 비율은 1:7 이다.

③ 비중

工业在整个国民经济中所占的比例越来越大。 공업은 모든 국민 경제 가운데 차지하는 비중이 갈수록 커지고 있다.

1233 比如 bǐrú

동 예를 들다

유 0875 例如, 比方 bǐfang

比如上次吧，他就迟到了四十多分钟。
예를 들어 지난 번도 그래, 그는 40여 분 넘게 늦었다고.

老年人要多关注保养方法，比如适度的运动和合理的饮食结构。
노인들은 보양하는 방법에 많은 관심을 가져야 하는데, 예를 들면 적당한 운동과 합리적인 음식을 들 수가 있다.

1234 彼此 bǐcǐ

대 ① 피차, 상호, 서로

유 0781 互相

他们彼此心心相通。
그들은 서로 마음이 통한다.

② 서로 마찬가지이다 (인사말로, 흔히 중첩하여 사용함)

您过奖了，大家彼此彼此。
과찬이십니다, 모두 마찬가지이죠.

1235 毕竟 bìjìng

부 결국, 끝내

유 0679 到底, 0838 究竟

经过这么多艰难困苦，我们毕竟成功了。
많은 고난과 어려움을 겪어내고, 우리는 마침내 성공했다.

这事失败了，没有必要埋怨mányuàn别人，毕竟你自己也没用心。
이 일은 실패했어, 다른 사람을 원망할 필요도 없고, 결국 네 자신도 심혈을 기울이지 않았잖아.

어휘 plus+

毕竟 · 0838 究竟

- 毕竟 부 필경, 드디어, 결국
- 究竟 부 필경, 드디어, 결국, 도대체

비교 毕竟과 究竟은 둘 다 부사로서, '결국, 그래도'라는 뜻으로 쓰인다. 究竟은 이 뜻 이외에도 의문문에서 '도대체'라는 뜻으로 쓰이는데, 이때는 到底와 쓰임이 비슷하다. 또한 究竟은 명사로서 '결말'이라는 뜻도 가지고 있으나, 毕竟은 부사 용법 이외에 이런 쓰임은 가지고 있지 않다.

> **Check**
> 她（　　　　　）是老工人，很有丰富的经验。
> 그녀는 필경 숙련공이어서, 풍부한 경험을 가지고 있다.
> 你（　　　　　）还吃不吃？
> 너 도대체 더 먹을 거야, 안 먹을 거야?
> 毕竟, 究竟 / 究竟

1236 避免 bìmiǎn

동 피하다, 모면하다

在日常生产和生活中，我们要避免浪费资源。 일상적인 생산과 생활 중에, 우리는 자원을 낭비하는 것을 피해야 한다.

这项任务需要认真些，这样才能避免出现错误。 이 임무는 성실히 할 필요가 있는데, 그래야만 비로소 실수를 피할 수 있다.

1237 必然 bìrán

형 필연적이다

반 1903 偶然

这两件事没有必然联系。 이 두 가지 일은 필연적인 연관이 없다.

要想有成就，多付出是必然的。 성공하고 싶다면, 많은 대가를 치르는 것은 필연적이다.

1238 必需 bìxū

동 꼭 필요로 하다, 없어서는 안 된다

유 0320 必须, 1239 必要

水和空气是人类生存所必需的。 물과 공기는 인류가 생존하는 데 꼭 필요한 것이다.

能承受压力是应聘这个职位必需的。 스트레스를 견뎌내는 능력은 이 직위에 지원하는 데 꼭 필요하다.

> **어휘 plus+**
> 必要・0320 必须・1238 必需
> 1239 必要 참고

1239 必要 bìyào

형 필요하다

유 1238 必需 반 1255 不必

这件事，我看没有必要告诉他。 내 생각에 이 일은 그에게 보고할 필요가 없다.

出国实习不是个小事，你有必要同父母商量一下。 해외 인턴을 가는 것은 사소한 일이 아니니, 부모님과 꼭 상의해보는 것이 필요하다.

> **어휘 plus+**
> 必要・0320 必须・必需
> ・必要　명/형 필요(성) / 필요로 하다
> ・必须　부 반드시 ~ 해야 한다
> ・必需　동 반드시 필요로 하다, 꼭 필요로 하다
> 비교 必需, 必须, 必要 이 세 단어는 성질과 용법이 서로 다르지만 그 의미는 서로 관계가 있다. 必要는 형용사이고, 일반적으로 명사 앞에서 관형어 역할을 하며, '是……的'와 같이 쓰일 때에는 서술어 역할도 한다. 必需는 동사이고 원료, 재료, 물건, 인력 등과 같은 목적어를 주로 가진다. 必须는 부사이고, 일반적으로 동사 앞에서 부사어 역할을 한다.

> **Check**
> 明天你（　　　　　）来。 너는 내일 꼭 와야 한다.
> 做这个工作（　　　　　）十个人。
> 이 일을 하려면 열 명이 필요하다.
> 你的身体已经好多了，没（　　　　　）再吃药。 당신의 건강은 이미 많이 좋아져서, 계속 약을 먹을 필요가 없습니다.
> 必须 / 必需 / 必要

1240 编辑 biānjí

동 편집하다

유 编 biān

他正在编辑一篇新闻，不要去打扰他。 그는 뉴스를 편집하고 있으니, 가서 방해하지 마라.

명 편집인, 편집자

他刚成为我们公司的英文编辑。 그는 방금 우리 회사의 영문 편집자가 되었다.

1241 鞭炮 biānpào

명 폭죽
  유 爆竹 bàozhú

最近几年鞭炮的价格持续上涨。
최근 몇 년 폭죽 가격은 계속 올랐다.

现在很多大城市都禁止燃放鞭炮了。 현재 많은 대도시에서는 폭죽을 터트리는 것을 금지하고 있다.

1242 便 biàn

부 즉, 곧, 바로

我朋友失去妻子后便一蹶不振 yìjuébúzhèn。
내 친구는 부인을 잃은 후 다시는 기운을 차리지 못했다.

一听到可以出国学习的消息，他便露出了喜悦的笑容。 출국해 공부할 수 있다는 소식을 듣자마자, 그는 바로 기쁨의 미소를 띄웠다.

1243 辩论 biànlùn

동 변론하다, 논쟁하다
  유 2409 争论

今晚我们学院和文学院有一场辩论赛。
오늘 저녁 우리 (단과)대학과 문학대학의 토론회가 있다.

正方和反方就"人之初性本善"这个话题展开了激烈的辩论。 찬성측과 반대측은 "인간은 태어날 때부터 선하다"는 이 주제를 가지고 격렬하게 변론을 펼쳤다.

1244 标点 biāodiǎn

명 구두점

写作文时标点符号也很重要，注意不要写错了。 작문을 할 때 구두점 부호도 매우 중요하니, 주의해서 틀리지 않도록 해야 한다.

동 구두점을 표시하다

请把这段话里重要的单词标点出来。
이 단락에서 중요한 단어에 구두점을 표시해주세요.

1245 标志 biāozhì

명 상징, 표지
  유 记号 jìhao

在开车时，注意看交通标志十分重要。
운전할 때 교통 표지를 주의해서 보는 것은 매우 중요하다.

동 명시하다, 상징하다
  유 0322 表示, 1247 表明, 显示 xiǎnshì

女性参与政治活动的机会越来越多了，这标志着女性社会地位的提高。
여성의 정치 활동에 참여할 기회가 날로 많아졌는데, 이것은 여성의 사회적 지위가 성장하였음을 상징하는 것이다.

1246 表面 biǎomiàn

명 표면, 외관

看人不能只看表面。
사람을 외모로만 판단해서는 안 된다.

这只是表面原因，我们要挖掘 wājué 更深层次的原因。 이것은 단지 표면적인 원인이고, 우리는 더 근본적인 원인을 찾아야 한다.

1247 表明 biǎomíng

동 표명하다, 분명하게 보이다
  유 0322 表示, 0621 表达, 1249 表现

对于这件事，请表明您的立场。
이 일에 대해서 당신의 입장을 표명해주세요.

算了，我懂了，你的沉默 chénmò 已经表明了你的态度。 그만해, 알았어. 네가 침묵하는 건 이미 네 태도를 밝힌 거니까.

어휘 plus+ 表明 · 0621 表达 · 0322 表示

- **表明** 동 표명하다
  ➡ 表明 + 观点, 态度, 身份, 思想, 立场

- **表达** 동 표현하다, 전달하다
  ➡ 表达 + 思想, 感情, 心情, 感激, 心意

- **表示** 동 나타내다, 표시하다
  ➡ 表示 + 决心, 谢意, 友谊, 失望, 遗憾, 同意

비교 表明은 뚜렷함을 나타내고, 타인으로 하여금 사물의 내재된 뜻과 자신의 사상, 의도, 감정, 태도를 알게 하는 것이다. 表达는 언어, 문자, 행동 등을 이용하여 사상, 감정을 드러내는 것을 가리키고, 表示는 직접적으로 말하거나 혹은 직접적 사상을 드러내지만, 정신이나 품질 등의 내재된 것을 반영할 수는 없다.

한국어로 해석하면 차이가 없어 보이므로, 그것으로 인해 혼동하지 말아야하는 것이 포인트!

Check
我已经能用汉语清楚地（　　　　　）思想了。
나는 이미 중국어로 명확하게 생각을 전달할 수 있다.

他大胆地（　　　　　）了自己的立场。
그는 대담하게 자신의 입장을 표명했다.

摇头（　　　　　）不同意。
고개를 좌우로 젓는 것은 동의하지 않음을 나타낸다.

답 表达 / 表明 / 表示

1248 表情 biǎoqíng

명 표정

看到前男友，她表情变得有些尴尬gāngà。
옛 남자친구를 보자, 그녀의 표정이 다소 당혹스럽게 변했다.

谁都没察觉到，她的脸上有一丝欣喜的表情一闪而过。
그녀의 얼굴에 순간 스치고 가는 기쁜 표정을 누구도 느끼지 못했다.

1249 表现 biǎoxiàn

동 표현하다, 나타내다
유 0322 表示, 0621 表达, 1247 表明

在面试时，他表现得相当自信。
그는 면접 때 상당한 자신감을 나타냈다.

명 표현, 태도, 행동
出色的表现让他轻松地从参赛者中脱颖而出tuōyǐng'érchū。
뛰어난 표현으로 그는 참가자들 중에서 아주 쉽게 두각을 나타냈다.

1250 丙 bǐng

명 병, 천간(天干)의 세 번째

今年是丙丑chǒu年。 올해는 병축년(소띠해)이다.

在她眼里，公司的那些男同事就如同街上的甲乙丙丁。 그녀의 눈에 회사의 그 남자 동료들은 길거리에 다니는 모르는 사람들과 별반 차이가 없다.

1251 病毒 bìngdú

명 바이러스, 병균

他得的是病毒性感冒。
그가 걸린 것은 바이러스성 감기이다.

病毒已经在他身体里蔓延mànyán了。
바이러스는 이미 그의 몸에 퍼져 버렸다.

1252 玻璃 bōli

명 유리

快把玻璃擦干净，脏zāng死了。
빨리 유리를 깨끗이 닦아, 더러워 죽겠어.

有人扔了块石头，把玻璃砸碎zásuì了。
어떤 이가 던진 돌에 유리가 깨져 버렸다.

1253 博物馆 bówùguǎn

명 박물관

博物馆是孩子们学习知识的地方。
박물관은 아이들이 지식을 공부하는 곳이다.

南京的历史博物馆免费向市民开放。
난징 역사박물관은 시민들에게 무료로 개방한다.

1254 脖子 bózi

명 목
유 颈 jǐng

长颈鹿chángjǐnglù的脖子特别长。
기린의 목은 매우 길다.

长时间坐在电脑前会觉得脖子酸酸的。
오랜 시간 컴퓨터 앞에 앉아 있으면 목이 뻐근한 것을 느낄 수 있다.

1255 不必 búbì

뮈 ~할 필요 없다

유 2200 未必, 不用 búyòng, 无须 wúxū
반 0320 必须, 必定 bìdìng, 务必 wùbì

晚饭你自己先吃吧，不必等我。
나 기다리지 말고 저녁 식사 먼저해.

不必这么客气，来的时候不要带礼物了。
이렇게 예의 차리실 필요 없어요. 오실 때 선물은 안 가지고 오셔도 돼요.

어휘 plus+ 不必 · 2200 未必

- 不必 뮈 ~할 필요 없다 (단독으로도 쓰임)
- 未必 뮈 반드시 ~한 것은 아니다

비교 不必와 未必는 둘 다 부사이지만 뜻은 전혀 같지 않다. 예를 들어 '她不必去.'는 '她用不着去.' 즉 '그녀는 갈 필요가 없다'는 뜻이나, '她未必去.'는 '她不一定去.' 즉 '그녀가 반드시 가는 것은 아니다'라는 뜻이다. 不必는 必须의 부정이고, '필요 없다, 쓸데없다'는 뜻이며, 未必는 必定의 부정이고, '반드시 그렇지는 않다'는 뜻으로 쓰인다.

이처럼 반의어에 의해서 더욱 확실히 구분되는 것이 포인트!

Check

她的话（　　　　）正确。
그녀의 말이 반드시 정확한 것은 아니다.

我永远不会离开你的，你（　　　　）担心。
나는 절대 널 떠나지 않을 거야. 너는 걱정할 필요 없어.

答 未必 / 不必

1256 不断 búduàn

 끊임없다

阴雨连绵 liánmián 不断，空气十分潮湿 cháoshī。
비가 계속 내려 공기가 아주 습하다.

뮈 계속해서, 끊임없이

유 连续 liánxù 반 间断 jiànduàn

成功的人总是不断地努力奋斗着。
성공하는 사람은 항상 끊임없이 노력하고 분투한다.

1257 不见得 bújiànde

뮈 꼭 ~이라고는 할 수 없다

유 不一定 bùyídìng 반 0851 肯定

不要高兴得太早，这事还不见得成呢。
너무 일찍 좋아하지 마, 이 일은 꼭 성공이라고 할 수 없어.

先别太得意，她不见得会答应做你的女朋友。
너무 잘난 척하지 마, 그녀가 아직 네 여자친구 한다고 대답한 건 아니잖아.

1258 不耐烦 bú nàifán

귀찮다, 성가시다

반 0901 耐心

快点儿，他已经等得不耐烦了。
빨리 해, 그는 벌써 못 견뎌 하니까.

每次我有问题问他，他都很不耐烦。매번 내가 그에게 문제를 물어볼 때마다, 그는 모두 성가셔 한다.

1259 不要紧 bú yàojǐn

① 대단치 않다, 괜찮다

유 0065 没关系 반 0590 重要

这件事不要紧，你先忙自己的事吧。
이 일은 괜찮으니, 네 일이나 먼저 봐.

这么小一个伤口不要紧，贴个创可贴 chuāngkětiē 就没事了。 이렇게 작은 상처니 괜찮아, 밴드 하나 붙이면 돼.

② (겉으로는) 문제가 없는 듯하다

做得慢点倒不要紧，关键是得保证质量。늦게 하는 건 문제가 없으나, 관건은 품질을 보증하는 것이다.

你提个建议不要紧，我们之前做的工作全白费了。네가 건의하는 건 괜찮지만, 우리가 그 전에 한 일은 다 헛수고가 돼.

1260 补充 bǔchōng

통 보충하다, 보완하다

유 1145 增加, 增补 zēngbǔ
반 缩减 suōjiǎn, 削减 xuējiǎn

运动之后需要补充能量。
운동 후에 에너지를 보충하는 것이 필요하다.

这种药丸 yàowán 可以补充人体所需的各种维生素。
이런 알약은 인체에 필요한 각종 비타민을 보충해 줄 수 있다.

1261 布 bù

명 포, 천

即使身穿粗布麻衣，她依然很美丽。
설령 남루한 옷을 입는다 해도, 그녀는 여전히 아름답다.

小布袋里装了许多她喜欢的小玩具。
작은 자루에 그녀가 좋아하는 작은 장난감을 많이 담았다.

1262 不安 bù'ān

형 ① 불안하다, 편안하지 않다

반 动乱 dòngluàn 반 安定 āndìng, 安宁 ānníng

明天要考试了，他心里总觉得不安。
내일 시험이 있어서 그는 계속 마음이 불안하다.

② 죄송합니다

让您等了那么久，我真是不安啊。
당신을 그렇게 오래 기다리게 해서 정말 죄송합니다.

1263 不得了 bùdéliǎo

① 큰일났다, 야단났다

유 了不得 liǎobudé

哎呀，不得了了，有人落水了！
어쩜 좋아, 큰일 났어, 사람이 물에 빠졌어!

② (정도가) 심하다

他病得不得了了，饭都不能吃了。
그는 심하게 병에 걸려서 밥조차도 먹을 수 없다.

最近她忙得不得了，根本顾不上给家里打电话。
최근에 그녀는 너무 바빠서, 집에 전화할 시간도 없어 못하고 있어.

1264 不好意思 bùhǎoyìsi

① 쑥스럽다, 부끄럽다

一见到自己喜欢的人，她就不好意思，话都说不出了。
자기가 좋아하는 사람을 보기만 하면, 그녀는 부끄러워 말조차도 못한다.

② 죄송합니다, 미안합니다

不好意思，我迟到了。
죄송합니다, 제가 늦었습니다.

1265 不免 bùmiǎn

부 면할 수 없다, 아무리 해도 ~하다

유 难免 nánmiǎn

第一次拿到了工资，不免有些兴奋。
처음 월급을 받아서인지, 흥분을 좀 하지 않을 수가 없었다.

这是他第一次面试，所以不免有些紧张。
그가 처음 보는 면접이라, 약간의 긴장은 피할 수 없는 거지.

1266 不然 bùrán

형 그렇지 않다

见他很爱笑，别人以为他性格很好，其实不然。他是看起来经常笑，别人觉得他的性格好，但事实上是不那样的。
그는 보기에 자주 웃어서, 다른 사람은 그의 성격이 좋다고 생각하는데, 사실은 그렇지 않다.

접 그렇지 않으면, 아니면

유 0720 否则

有好的机会就要抓住，不然以后你会后悔的。
기회가 있을 때 잡아야지, 그렇지 않으면 이후에 후회할 수도 있다.

1267 不如 bùrú

동 ~보다 못하다

유 不比 bùbǐ, 不及 bùjí

真是百闻不如一见！역시 백문이 불여일견이네!

那个厨师的手艺还不如我妈妈的好呢！
그 요리사의 솜씨는 우리 엄마보다 못한걸!

1268 不足 bùzú

[형] 부족하다, 모자라다
- 유 0947 缺少, 1987 缺乏
- 반 1328 充分, 充足 chōngzú

张明今年刚大学毕业，社会经验还不足。
장밍은 올해 막 대학을 졸업해서, 사회 경험이 아직 부족한 편이다.

[동] ① 부족하다, ~에 이르지 못하다

那家公司刚成立的时候，算老板在内都不足十个人。 그 회사가 막 창립했을 때, 사장까지 포함해서 직원수가 10명도 안 되었어.

② ~할 가치가 없다

那个人，不足你为他伤心哭泣kūqì。 그 사람은, 네가 마음이 아파 울 만한 가치가 없는 사람이야.

1269 部门 bùmén

[명] 부서, 부문
- 유 1388 单位

这是我们部门新来的员工。
여기 사람은 우리 부서의 새로운 직원이다.

你在那家公司的什么部门工作?
너는 그 회사의 어느 부서에서 일하니?

1270 步骤 bùzhòu

[명] (일 진행의) 순서, 절차, 단계
- 유 步调 bùdiào

一个聪明的员工一定懂得合理安排工作步骤。 똑똑한 직원은 반드시 업무 절차를 합리적으로 배정할 줄 안다.

按照说明书上的步骤操作，你肯定能设置好温度的。 설명서 상의 순서대로 조작하면 반드시 온도를 잘 조절할 수 있을 것이다.

1271 财产 cáichǎn

[명] 재산
- 유 财 cái, 财富 cáifù, 财物 cáiwù

一场大火烧光了他所有的财产。
큰 화재로 인해 그의 모든 재산이 다 타버렸다.

他把所有财产都捐献juānxiàn给了社会。
그는 모든 재산을 사회에 환원했다.

1272 踩 cǎi

[동] 밟다, 짓밟다
- 유 踏 tà

他踩着梯子tīzi爬到阳台上。
그는 사다리를 밟고 베란다로 올라갔다.

上公交车的时候，我被人踩了好几脚。
버스를 탈 때, 내 발이 몇 번이나 밟혔다.

1273 采访 cǎifǎng

[동] 인터뷰하다, 취재하다

今天我们采访到了知名的画家。
오늘 우리는 유명한 화가를 인터뷰했다.

经过了一段时间的接触jiēchù，当事人终于答应接受采访。 한동안의 교섭을 거쳐, 마침내 관계자는 인터뷰를 받아들였다.

1274 采取 cǎiqǔ

[동] 취하다, 채택하다

警察对那些随便停放车的司机采取严厉措施了。 경찰은 함부로 차를 주차하는 운전기사들에 대해서 엄중한 조치를 취했다.

各国纷纷采取积极的措施应对这次经济危机。 각국은 이번 경제위기에 대처하기 위해 적극적인 조치를 잇달아 취했다.

Check
起初他没有（　　　　　）意见，但后来提出了不同的看法。 처음에 그는 의견을 제시하지 않았으나, 후에 다른 의견을 제시했다.

让孩子（　　　　　）义务服务活动。 아이들이 봉사활동에 참여하도록 해라.

📖 参加 / 参与

1275 彩虹 cǎihóng

명 무지개

每个奋斗目标都是人生的一道彩虹。 각각의 분투하는 목표는 모두 인생의 무지개이다.

被雨水冲洗chōngxǐ的天空中挂着一道绚丽xuànlì的彩虹。 빗물에 깨끗이 씻긴 하늘에 눈부시게 아름다운 무지개가 떴다.

1276 参考 cānkǎo

동 참고하다, 참조하다

你可以参考这个说明来完成报告。 당신은 이 설명을 참고해서 보고서를 완성할 수 있다.

他把这本书从头翻到尾，发现没什么参考价值。 그는 이 책을 처음부터 끝까지 다 보고서, 참고할 가치가 없음을 발견했다.

1277 参与 cānyù

동 참여하다, 참가하다

유 0329 参加

他经常参与学校的各项活动。 그는 자주 학교의 다양한 활동에 참가한다.

他参与过很多大型活动的组织和策划工作。 그는 대형 이벤트 조직과 기획 업무에 참여했었다.

어휘 plus+

参与 · 0329 参加

- 参与 동 참여하다
- 参加 동 참가하다

비교 参与는 주로 활동에만 사용되고 어떤 활동에 참가하되 参加보다 더 깊이 관여하는 것을 가리키며, 주로 문어체에 사용된다. 参加는 사용범위가 매우 넓으며, 조직, 활동에 참가한다는 뜻 이외에도 의견, 건의 등을 제시한다는 의미로도 사용된다. 가장 널리 사용되고 서면어와 구어에 모두 사용된다.

뜻이 완전히 같을 때에는 차이점에 주목하는 것이 포인트!

1278 餐厅 cāntīng

명 (호텔, 역, 공항 등의) 식당

유 餐馆 cānguǎn, 饭店 fàndiàn, 食堂 shítáng

我们约好在餐厅见面。 우리는 식당에서 만나기로 약속했다.

学校附近新开了个环境不错的餐厅。 학교 근처에 환경이 좋은 식당이 새로 개업했다.

1279 残疾 cánjí

명 장애, 불구

유 残废 cánfèi

生理的残疾并没有让他丧失sàngshī斗志。 생리적인 장애가 결코 그의 투지를 꺾을 수 없다.

虽然他身有残疾，但他仍然积极乐观地面对生活。 비록 그는 장애를 가졌지만, 그는 여전히 적극적이고 낙관적으로 생활을 하고 있다.

1280 惭愧 cánkuì

형 부끄럽다, 송구스럽다

유 羞惭 xiūcán, 羞愧 xiūkuì　반 无愧 wúkuì

她对于自己所犯下的错感到十分惭愧。 그녀는 자신이 저지른 잘못을 매우 부끄럽게 생각한다.

她做了许多对不起他的事，这让她很惭愧。 그녀는 그에게 미안한 일을 많이 해서, 이것으로 그녀는 매우 부끄럽게 생각한다.

1281 操场 cāochǎng

명 운동장

我每天早晨都去操场跑步。
나는 매일 새벽에 운동장에 가서 달리기를 한다.

学校投资建了一个新的操场。
학교는 투자를 해서 새로운 운동장을 건설했다.

1282 操心 cāo//xīn

동 마음을 쓰다, 걱정하다
- 유 0347 担心, 0372 放心
- 반 0372 放心, 省心 shěngxīn

他母亲一直为他的学业操心。
그의 어머니께서는 늘 그의 학업 때문에 걱정을 하신다.

她是个从不让父母操心的好孩子。
그녀는 여태껏 부모님 걱정을 끼치지 않은 착한 아이이다.

妈妈为了我操了不少心。
엄마는 나를 위해서 마음을 많이 쓰신다.

 plus+ 操心・0347 担心

- 操心 형 조심하다
- 担心 형 조심하다

비교 操心은 어떤 사람이나 일에 대해서 마음을 쓰며 고려하고 안배하는 것을 가리키고, 担心은 어떤 사람이나 일의 안전에 대해서 걱정하거나 다른 상황에 대해서 문제가 생길까 봐 마음을 놓지 못하는 것을 가리킨다.

아무리 쉬운 단어일지라도 그 속뜻을 한 번쯤 되새겨보는 것이 포인트!

Check

刚结婚的时候, 他为爱人（　　　　）。
막 결혼했을 때 그녀는 남편을 위해 마음을 썼다.

奶奶一个人住在山区, 我很（　　　　）。
할머니가 혼자서 산골에서 사시니, 나는 너무 걱정된다.

답 操心 / 担心

1283 册 cè

양 책, 권 (책 등을 세는 단위)
- 유 0006 本

这套书一共有五册。 이 전집은 모두 다섯 권이다.

我们的英语口语课已经学到第三册了。
우리는 영어 회화 수업에서 이미 제3권까지 배웠다.

1284 厕所 cèsuǒ

명 화장실

这附近没有公共厕所。
이 근처에는 공중 화장실이 없다.

厕所的清洁程度直接影响着一个国家的形象。 화장실의 청결도는 직접적으로 한 국가의 이미지에 영향을 준다.

1285 测验 cèyàn

동 시험하다, 테스트하다
- 유 0208 考试, 测试 cèshì

他的职责就是测验这款手机的性能。
그의 직책은 이 휴대전화 모델의 성능을 테스트하는 것이다.

考试只是测验一下学生这段时间已学知识的掌握状况。 시험은 단지 학생이 이 기간 동안 배운 지식을 이해한 상황을 테스트하는 것이다.

명 시험, 테스트

明天有智力测验。 내일 지능 테스트가 있다.

plus+ 测验・0208 考试

- 测验 동 명 시험, 테스트 / 측정하다, 시험하다, 테스트하다
  → 测验 + 性能, 速度, 视力, 水平, 程度, 智力, 听力, 外语

- 考试 동 명 시험, 고사 / 시험하다, 시험보다
  → 期末, 期中, 数学 + 考试

비교 测验은 측정기구를 사용해서 측정하는 것 이외에도 학습성적을 테스트하는 것을 가리키고, 考试는 서면이나 구두질문의 방식을 통해서 지식이나 기능을 테스트하는 것을 가리키고, 주로 학교의 시험을 가리킨다.

비슷한 의미를 가진 단어일수록 搭配에 의해서 구분된다는 것이 포인트!

Check

我们（　　　　）一下那台照相机的性能。
우리 저 사진기의 성능을 테스트해봅시다.

下个星期就要期末（　　　　）了。
다음 주면 곧 기말고사야.

답 测验 / 考试

1286 曾经 céngjīng

부 일찍이, 이미, 벌써

유 0276 已经 반 不曾 bùcéng, 未曾 wèicéng

他曾经爱过你的，你却不懂得珍惜。
그는 일찍이 너를 사랑했지만, 너는 오히려 소중함을 몰랐다.

他没有兑现 duìxiàn 曾经发过的誓言 shìyán。
그는 이전에 맹세했던 것을 실행하지 않았다.

어휘 plus+ 曾经・0276 已经

· 曾经 **부** 일찍이
  ➡ 曾经 + 동사 + 过 + ……

· 已经 **부** 이미
  ➡ 已经 + 동사 + ……了

비교 曾经은 이전에 어떤 행위나 상황이 있었던 적이 있음을 나타내는데, 그 시간은 일반적으로 최근이 아니어서 뒤에 오는 동사는 거의 '过'를 동반한다. 已经은 일이 완료되었음을 나타내는데, 그 시간은 일반적으로 그리 오래된 것이 아니어서 뒤의 동사는 대부분 '了'를 동반하고, '过'는 거의 쓰지 않는다.

어떤 단어들과 함께 쓰이는지를 알아두는 것이 포인트!

Check
我（　　　）收到了你的信。
나는 이미 네 편지를 받았다.

这件衣服我（　　　）买过好几回，都没买到。 이 옷을 일찍이 몇 번이나 사려 했는데, 사지 못했다.

🔁 已经 / 曾经

1287 插 chā

동 ① 삽입하다, 끼우다
  반 拔 bá

她找了个瓶子把花插进去了。
그녀는 병을 찾아 꽃을 꽂아 넣었다.

② 중간에 끼어들다, 개입하다
这件事不用你插手，我自己会解决的。
이 일은 네가 끼어들 필요 없어, 내가 해결할 테니까.

1288 差别 chābié

명 차별, 차이, 격차

유 0943 区别, 1477 分别, 差异 chāyì

在厨艺方面，他们俩实力没什么差别。
음식 솜씨 방면에서 그 둘의 실력은 별로 차이가 없다.

这两瓶指甲油的颜色几乎没什么差别。
이 두 매니큐어의 색깔은 거의 차이가 없다.

어휘 plus+ 差别・差异 chāyì

· 差别 **명** 차별, 차이

· 差异 **명** 차이

비교 差别는 사물의 성질과 특성에 차이가 있다는 것으로 실질적인 차이와 외관상의 차이를 모두 포함한다. 差异는 사물의 성질과 특성에서 차이가 있다는 것으로, 특히 실질적인 차이를 가리키는 경우가 많으며 주로 서면어에 사용한다.

뜻이 완전히 같을 때에는 차이점에 주목하는 것이 포인트!

Check
这两辆车的外形比较相似，但性能有很大的
（　　　　）。
이 두 대의 차는 외형은 비슷하나, 성능에는 큰 차이가 있다.

哥哥和姐姐之间（　　　　）还是存在的。
오빠와 언니 사이에는 역시 다른 점이 있다.

🔁 差别, 差异 / 差别

어휘 plus+ 分别・差别・0943 区别

1477 分别 참고

1289 叉子 chāzi

명 ① 포크, 갈고랑이
  유 叉 chā

正确的吃法应该是左手拿叉子，右手拿刀子。 정확한 식사법은 왼손에는 포크, 오른손에는 칼을 집는 것이다.

② 틀림, 삭제의 'X' 부호
老师在每个错别字上都打了个大红叉子。
선생님께서는 틀린 글자마다 모두 진홍색으로 X(가위표) 표시를 하셨다.

1290 拆 chāi

동 ① 뜯다
> 拆除 chāichú, 拆开 chāikāi, 打开 dǎkāi

她轻轻地拆开刚收到的包裹。
그녀는 방금 받은 소포를 살살 뜯었다.

② 헐다, 해체하다
> 拆除 chāichú ↔ 1083 修, 1503 盖

这一带的旧楼房都被拆掉盖新的了。
이 일대의 오래된 집들은 모두 철거되고 새로 지어졌다.

1291 产品 chǎnpǐn

명 생산품, 제품
> 制品 zhìpǐn

新产品上市之前都要做市场调查。
신상품이 시장에 나오기 전에 모두 시장조사를 한다.

每一件产品在出厂前都要经过检验。
매 상품들은 출고되기 전에 모두 검증을 받아야 한다.

1292 产生 chǎnshēng

동 생기다, 발생하다
> 0338 出现, 0702 发生

这次事故产生的原因是什么？
이번 사고가 발생한 원인이 무엇입니까？

在中华民族五千年的历史长河中，产生了许多令人敬佩 jìngpèi 的伟大人物。 중화민족의 5천 년 역사 속에서, 존경 받는 위대한 인물이 많이 배출되었다.

어휘 plus+ 产生 · 0702 发生

- 产生 동 발생하다, 생기다, 출산하다, 낳다
  → 产生 + 兴趣, 困难, 感情, 作用, 热量
- 发生 동 발생하다, 생기다
  → 发生 + 事故, 战争, 危机, 变化, 事情, 水灾

 产生은 기존의 사물 중에서 새로운 사물이 생성되는 것으로, 구체적이거나 추상적 사물 모두 목적어로 쓰인다. 发生은 기존에 없던 일이 나타나는 것으로, 구체적 사건이 대부분 목적어로 온다.

아무리 쉬운 단어일지라도 그 속뜻을 한 번쯤 되새겨보는 것이 포인트！

Check
昨天（　　　　）了意外的事故。
어제 의외의 사고가 발생했다.

在战争中（　　　　）了好多英雄。
전쟁 중에 많은 영웅이 생겨났다.

 发生 / 产生

어휘 plus+ 生产 · 产生
2048 生产 참고

1293 长途 chángtú

형 장거리의, 먼 거리의
> 短途 duǎntú

这张长途车的票价是一百八十元。
이 시외버스의 푯값은 180위안입니다.

명 장거리 전화, 장거리 버스

这个卡打长途特别便宜，每分钟才九分钱。
이 카드는 장거리 전화를 걸 때 특히 싼데, 1분에 0.09위안(9펀)입니다.

1294 常识 chángshí

명 상식
> 1160 知识

常识能反映一个人的素养。
상식은 한 사람의 소양을 잘 반영할 수 있다.

她已经是个老大不小了，还那么缺乏生活常识。그녀의 나이가 이미 적잖은데도 여전히 그렇게 생활 상식이 부족하다.

1295 抄 chāo

동 ① 베끼다, 필사하다
> 抄写 chāoxiě

语文老师让学生们把课文抄三遍。
국어 선생님은 학생들에게 교과서를 세 번 베껴 쓰게 했다.

② 수사하여 몰수하다
贪官tānguān一旦被查出，很可能会被抄家。 탐관오리들은 발견되면, 가산이 전부 몰수될 수도 있다.

③ 지름길로 가다
放心吧，来得及，咱们抄近道儿走。
걱정하지 마, 아직 시간 있으니 우리 지름길로 가자.

④ 팔짱을 끼다
不要站在旁边抄着手不干事儿。
아무일도 안하면서 옆에 팔짱 끼고 서 있지 마라.
她抄着手，一言不发地站在一边。
그녀는 팔짱을 끼고, 한마디도 않고 한쪽에 서 있다.

⑤ 잡다, 움켜쥐다
爸爸二话不说，抄起一根棍子就向弟弟打来。 아버지께서는 두말하지 않으시고, 몽둥이를 움켜쥐고서 동생을 때리셨다.

1296 朝 cháo

동 마주하다, ~로 향하다
유 对着 duìzhe
朝着东边走就到学校了。
동쪽으로 향해 걸으면 학교에 도착한다.

전 ~를 향해, ~쪽으로
유 0263 向
他一看见我就朝我挥huī了挥手。
그는 나를 보자마자 내 쪽으로 손을 흔들었다.

어휘plus+ 朝 · 0263 向

- 朝 전 ~를 향해서
  ➡ 朝 + 장소명사 / 朝 + 사람 + 신체의 구체적 동작동사

- 向 전 ~를 향해서
  ➡ 向 + 장소명사 / 向 + 사람 + 일반동사 / 向 + 사람 + 추상동사 / 동사 + 向 + 명사

 朝와 向은 둘 다 '~를 향해서'라는 뜻의 전치사로 방향명사 앞에 쓸 수 있고(朝东走, 向东走), 向은 동사 뒤에서 사용가능하다(走向未来). 朝와 向 뒤에 사람을 지칭하는 명사를 사용할 때, 朝는 단지 신체의 동작이나 자태 등의 구체적인 동사에만 쓰이고, 向은 추상적인 동사에는 사용할 수 없다. 向은 추상적인 의미의 동사에 쓸 수 있다(向她学习).

뜻이 완전히 같을 때는 차이점에 주목하는 것이 포인트!
Check
我打算（　　　　）老师请教。
나는 선생님에게 가르침을 청하고 싶다.
他们（　　　　）着河边跑。
그들은 강가를 향해서 뛰어간다.
답 向 / 朝

1297 朝代 cháodài

명 시대, 시기, 연대
中国各个朝代的疆土jiāngtǔ大小都不太一样。 중국 각 시대의 영토 크기는 모두 다르다.
朝代的更迭gēngdié在历史发展过程中是不可避免的。 왕조의 교체는 역사의 발전 과정 중 피할 수 없는 일이다.

1298 炒 chǎo

동 ① (기름 따위로) 볶다
这个菜炒一下吃味道会更好。
이 요리는 조금 볶아서 먹으면 맛이 훨씬 좋다.

② 투기하다
不久前，她炒外汇挣了一大笔钱。
얼마 전에, 그녀는 외화를 사고 팔아서 큰 돈을 벌었다.

③ 과대 선전하다
经过一番炒作，这个名不见经传的小青年居然成了当红明星。 과대 선전을 통해 무명이었던 이 어린 청년은 뜻밖에 인기 스타가 되었다.

1299 吵架 chǎo//jià

동 싸우다, 말다툼하다
유 吵嘴 chǎozuǐ, 争吵 zhēngchǎo
没有不吵架的夫妻。 싸우지 않는 부부는 없다.
住在我们家隔壁的那对夫妻天天吵架。
우리 옆집에 사는 부부는 만날 싸운다.

1300 车库 chēkù

명 차고

他们修理了隔壁的车库。
그들은 이웃의 차고를 수리했다.

他每天晚上都去检查一下车库的门是否锁好了。
그는 매일 저녁 차고의 문을 잘 잠궜는지 점검한다.

1301 车厢 chēxiāng

명 객실, 칸

车厢里十分嘈杂cáozá。
기차 안 객실이 매우 시끌벅적하다.

这个列车共有十节车厢。
이 열차는 모두 열 칸의 객실이 있다.

1302 彻底 chèdǐ

형 철저하다, 투철하다
유 1042 完全 반 0891 马虎

这一次，他们两个彻底chèdǐ闹翻nàofān了。
이번에 그들 둘의 관계가 완전히 틀어졌다.

只有找到真正的原因才能彻底地解决问题。
오로지 원인을 찾아야만 비로소 철저하게 문제를 해결할 수 있다.

1303 沉默 chénmò

형 과묵하다
유 沉静 chénjìng 반 吵闹 chǎonào

想不到平日里沉默寡言chénmòguǎyán的他居然这么健谈。
평소에 말수가 적었던 그가 뜻밖에 이렇게 입담이 좋을 줄 생각도 못했다.

동 침묵하다, 말을 하지 않다

知道了事情的真相之后，他沉默不语，只是一根又一根地抽烟。
사건의 진상을 알고 나서, 그는 입을 다문 채 말없이 줄담배만 피웠다.

1304 趁 chèn

전 ~틈을 타서, (때나 기회를) 이용해서
유 1308 乘

我想趁这个机会见一下老同学。
나는 이번 기회에 동창생을 만나고 싶다.

他经常趁着工作时间做自己的事情。
그는 자주 일하는 시간을 이용해 자신의 일을 한다.

어휘 plus+

趁 · 1308 乘

• 趁 전 ~를 틈타
  ➡ 趁 + 时间, 机会, 时机, 条件

• 乘 동 ~를 틈타
  ➡ 乘 + 时间, 机会, 时机, 条件

비교 趁과 乘은 둘 다 어떤 조건이나 기회를 이용한다는 의미이다. 趁은 주로 구어에 쓰이며, '着'를 수반할 수 있고 주어 앞에 쓸 수 있으나, 乘은 '着'를 수반할 수 없고 서면어에 주로 쓰인다.

뜻이 완전히 같을 때에는 차이점에 주목하는 것이 포인트!

Check

他善于（　　　　）人之危大捞lǎo一把。
그는 다른 사람의 위기를 틈타 한밑천 잡는 것을 잘한다.

（　　　　）着还没到时间，再找找看吧。
아직 시간이 되지 않았으니 이 틈에 다시 찾아보자.

답 乘 / 趁

1305 称 chēng

동 ① 부르다, 칭하다
유 0046 叫, 1306 称呼

学生们都尊敬地称他为王教授。
학생들은 모두 존경스럽게 그를 왕 교수님이라고 부른다.

② 말하다

得知那个坏蛋被逮捕dàibǔ了，人们都连声称好。그 나쁜 놈이 잡혔다는 소식을 듣고, 사람들은 모두 연거푸 잘됐다고 말했다.

③ 칭찬하다

每个人都喜欢听到别人称赞自己。
사람은 누구나 다른 사람이 자신을 칭찬하는 소리를 듣기를 좋아한다.

④ 무게를 재다
　　유 掂 diān, 约 yāo
我很久没称体重了。
나는 오랫동안 몸무게를 재보지 않았다.

1306 称呼 chēnghu

동 부르다, 일컫다
　　유 0046 叫, 1305 称
我可以称呼您叔叔吗?
제가 아저씨라고 불러도 되겠습니까?

명 호칭
　　유 名称 míngchēng
各种亲戚的称呼真不好记。
각종 친척의 호칭을 기억하기가 정말 쉽지 않다.

1307 称赞 chēngzàn

동 칭찬하다
　　유 0623 表扬, 赞扬 zànyáng　　반 2385 责备
人们对他见义勇为的事迹都称赞不已。 그의 정의로운 행적에 대해 사람들은 모두 칭찬을 아끼지 않는다.
我只是真心地做好事，真没想到得到他人的称赞。 나는 단지 진심으로 좋은 일을 한 것인데, 타인의 칭찬을 받을 줄은 생각지도 못했다.

1308 乘 chéng

동 ① 타다, 탑승하다
　　유 0149 坐
从大连乘飞机去韩国只需要一个钟头。
따렌에서부터 비행기를 타고 한국에 가면 한 시간 밖에 안 걸린다.

② 곱하다, 곱셈하다
五乘八等于多少? 5 곱하기 8은 얼마입니까?

전 (때나 기회를) 이용해서
　　유 1304 趁
乘这个机会把烟戒了吧。
이 기회를 이용해서 담배를 끊자.

 趁·乘
1304 趁 참고

1309 承担 chéngdān

동 담당하다, 맡다
　　유 1311 承受, 担当 dāndāng
我们的肩jiān上承担着建设祖国的责任。
우리의 어깨 위에 조국 건설의 책임이 있다.
你就按我说的做吧，出了问题由我一人承担。 넌 내가 말한 대로 해, 문제가 생기면 내가 혼자서 감당할 테니.

1310 承认 chéngrèn

동 ① 인정하다, 동의하다
　　유 0520 同意, 0851 肯定
　　반 1489 否定, 1490 否认
我承认这件事你做得很好。
나는 네가 이 일을 아주 잘 했다고 인정한다.

② (국가나 정권의 존재를 합법적으로) 승인하다
这个法案已经得到世界众多国家的承认。
이 법안은 이미 세계의 많은 국가로부터 승인을 얻었다.

 承认 · 0520 同意
· 承认 동 인정하다, 승인하다
　➡ 承认 + 错误, 差别, 事实, 现实, 权利, 新国家, 新政权
· 同意 동 동의하다, 찬성하다, 허락하다
　➡ 同意 + 意见, 主张, 和解, 签字, 办理, 请假, 交往
비교 承认은 사실을 인정한다는 뜻 이외에도 새로운 국가나 정권의 법률적 지위를 인정하고 승인한다는 것을 가리킨다. 同意는 건의나 방법에 긍정, 찬성 혹은 허락하는 것을 뜻하며, 상급자가 하급자에게 혹은 선배가 후배에게 자주 쓴다.

아무리 쉬운 단어일지라도 그 속뜻을 한번쯤 되새겨보는 것이 포인트!

> **Check**
> 世界各国（　　　　　　）这个国家的独立。
> 세계 각국은 이 국가의 독립을 승인했다.
> 在李老师的劝说下，妈妈终于（　　　　　　）我参加比赛了。
> 이 선생님의 설득으로 엄마는 마침내 내가 경기에 참여하는 것에 동의하셨다.
>
> 目 承认 / 同意

1311 承受 chéngshòu

동 ① 받아들이다, 견디내다
小小的他承受了许多磨难mónàn。
어린 그는 많은 고난을 견디냈다.

② 계승하다, 물려받다
他承受了父亲留下来的老房子。
그는 아버지가 남기신 오래된 집을 물려받았다.

1312 程度 chéngdù

명 ① (문화, 지식, 교육 등의) 수준
유 0508 水平, 水准 shuǐzhǔn
他所受的教育程度很高。
그가 받은 교육 수준은 매우 높다.

② 정도 (사물이 변화하여 도달한 상태를 가리킴)
유 2462 状况
虽然他喝得挺多，不过也没有醉得不醒的程度。 그는 술을 많이 마시긴 했지만, 취해서 정신을 못 차릴 정도는 아니다.

1313 程序 chéngxù

명 순서, 단계
유 1005 顺序
要想办这件事需要什么程序？
이 일을 처리하려면 어떤 순서가 필요합니까?
这件事我们公司会按照正常的程序来处理的。 그 일은 우리 회사가 정상적인 단계에 따라 처리할 것입니다.

1314 成分 chéngfèn

명 성분, 요소
现在许多蔬菜里都含有hányǒu化学成分。
현재 많은 야채에 화학성분이 함유되어 있다.
这种烹饪pēngrèn方法把蔬菜原有的营养成分都破坏了。 이러한 조리 방법은 채소에 들어 있는 영양 성분을 모두 파괴시킨다.

1315 成果 chéngguǒ

명 성과, 수확
유 0335 成绩, 0821 结果, 1316 成就
我们应当珍惜农民伯伯的劳动成果，不能浪费粮食。 우리는 농부 아저씨들의 노동의 성과를 귀하게 여겨야 하며, 양식을 낭비해서는 안 된다.
经过了十余年的努力，他的科研项目终于取得了成果。 십여 년간의 노력 끝에 그의 과학연구 프로젝트가 드디어 성과를 얻었다.

1316 成就 chéngjiù

명 성과, 업적, 성취
유 0335 成绩, 1315 成果
他年纪轻轻，就已经取得了巨大的成就。
그는 젊은 나이에 이미 거대한 성과를 거뒀다.

동 완성하다, 이루다
没有人能不经过努力就成就一番事业。
어떠한 사람도 노력 없이 사업을 이루어낼 수는 없다.

> **어휘 plus+** 成就 · 0335 成绩
>
> · 成就 명 성취
> ➡ 革命, 科技, 建设
>
> · 成绩 명 성적
> ➡ 体育运动, 学习, 工作
>
> 비교 成就는 비교적 중대한 수확 혹은 성적으로 '巨大', '重大', '伟大', '显著', '辉煌' 등의 뜻을 가진 형용사와 잘 어울린다. 成绩는 업무나 학습 등의 방면에서 획득한 혹은 체육경기의 결과를 가리키며, 형용사 '大', '小', '好', '不好', '优异', '差', '坏' 등과 잘 어울리며, 成绩의 범위가 훨씬 광범위하다.

비슷한 의미를 가진 단어일수록 搭配에 의해 구분된다는 것이 포인트!

Check
祝贺你在事业上取得巨大的（　　　）。
당신이 사업상에서 거대한 성취를 거둔 것을 축하드립니다.
他在考试中取得了优异的（　　　）。
그는 시험에서 우수한 성적을 거뒀다.

답 成就 / 成绩

1317 成立 chénglì

동 ① (조직이나 기구 따위를) 창립하다, 세우다, 결성하다
유 1681 建立　반 解散 jiěsàn
中华人民共和国是1949年成立的。
중화인민공화국은 1949년에 성립되었다.

② (이론이나 의견이) 근거가 있다, 성립되다
你的假设没有成立的可能性。
당신의 가설은 성립될 가능성이 없습니다.

1318 成语 chéngyǔ

명 성어, 관용어
学习成语是十分有趣的。
성어를 공부하는 것은 정말 재미있다.
成语是人们长期以来习用的固定结构。
성어는 사람들이 오랫동안 습관적으로 사용해온 고정 구조이다.

1319 成长 chéngzhǎng

동 성장하다, 자라다
유 0703 发展, 生长 shēngzhǎng
每个妈妈都希望宝宝可以健康地成长。
모든 어머니들은 아이가 건강하게 자라기를 바란다.
果园里的树苗 shùmiáo 茁壮 zhuózhuàng 成长。
과수원의 묘목이 건강하게 자란다.

1320 诚恳 chéngkěn

형 간절하다, 성실하다
유 0647 诚实, 1791 老实

他诚恳的态度打动了我。
그의 성실한 태도가 내 마음을 움직였다.
他总是很诚恳地对待他人。
그는 항상 성실한 태도로 다른 사람을 대한다.

어휘 plus+ 老实·诚恳
1791 老实 참고

1321 吃亏 chī//kuī

동 ① 손해를 보다
他特别老实，经常吃亏上当 shàngdàng。
그는 너무 솔직해서 자주 손해를 보거나 사기를 당한다.

② (어떤 점에 있어서 조건이) 불리하게 되다
缺乏经验又让你吃亏了。
경험 부족이 또 네게 불리하게 되었다.
他这个人吃不了一点儿亏。
그 사람은 조금도 불리하지 않다.

1322 持续 chíxù

동 지속하다
유 0801 继续　반 中断 zhōngduàn, 中止 zhōngzhǐ
阴雨持续了二十几天了。
흐리고 비 오는 날이 이십여 일간 지속되었다.
这场战争已经持续了八年。
이 전쟁은 이미 8년이나 지속되었다.

어휘 plus+ 持续 · 0801 继续

· 持续　동 지속하다
· 继续　동 계속하다

비교 持续는 어떤 일이나 상황이 시간 안에 시종일관 중단되지 않고 지속됨을 나타내는데, 시간보어를 주로 지니며 목적어로는 동사가 자주 쓰인다. 继续는 동작과 활동이 계속되거나, 시간 내에 중단되고 또 잠시 시간이 지난 후에도 원래대로 계속 진행되는 것을 나타내며, 목적어로는 동사가 자주 쓰인다.

아무리 쉬운 단어일지라도 그 속뜻을 한 번쯤 되새겨보는 것이 포인트!

> **Check**
> 明天我们还要（　　　　　）我们的试验。
> 내일 우리는 우리의 실험을 계속해야 한다.
> 这场球赛（　　　　　）了三个小时才分出胜
> 负。이 구기 시합은 세 시간이나 지속하고서야 승부가 났다.
>
> 답 继续 / 持续

1323 池子 chízi

명 웅덩이

池子很深，不要靠近。
웅덩이가 매우 깊으니 가까이 가지 마시오.

小的时候，他经常和小伙伴们在山边的池子里玩儿。어릴 적에, 그는 자주 친구들과 산쪽 웅덩이에서 놀았다.

1324 尺子 chǐzi

명 자

他刚刚买了一把新尺子。
그는 방금 새 자를 하나 샀다.

她不用尺子也能画出笔直的线。
그녀는 자를 사용하지 않고서도 곧은 선을 그려낼 수 있다.

1325 翅膀 chìbǎng

명 날개

鸟儿张开翅膀飞走了。새가 날개를 펴고 날아갔다.

今天有一只折断zhéduàn翅膀的小鸟落在我家门口。오늘 날개가 부러진 작은 새 한 마리가 우리 집 문 앞에 떨어져 있었다.

1326 冲 chōng

동 ① 끓는 물을 붓다, 뿌리다

请给我冲一杯咖啡吧。커피 한 잔 타주세요.

② 물로 씻어내다

유 0262 洗

这个碗有点儿脏zāng，拿去用水冲一下。
이 그릇이 조금 더러우니까 가져가서 물에 헹구세요.

③ 돌진하다, 돌파하다

她喝醉了，开着车在马路上乱冲。그녀는 술에 취해서, 운전을 하다가 대로에서 함부로 돌진했다.

1327 充电器 chōngdiànqì

명 충전기

我忘记带手机的充电器了。
나는 휴대전화 충전기를 가지고 오는 걸 잊었다.

外出旅游时要记得带充电器。
여행 갈 때 충전기를 가지고 가야 하는 것을 기억해야 한다.

1328 充分 chōngfèn

형 충분하다

유 充足 chōngzú

你的身体还很虚弱xūruò，需要充分的休息。
네 몸은 아직 허약하니, 충분한 휴식이 필요해.

부 충분히

你没有充分理解我的话。
당신은 내 말을 충분히 이해하지 못했군요.

1329 充满 chōngmǎn

동 충만하다, 가득하다

绿绿的小芽让世界充满了春天的气息。
녹색의 작은 새싹들이 온 세상을 봄의 향기로 충만하게 했다.

一拉开窗帘chuānglián整个房间就充满了阳光。커튼을 모두 열어젖히자 온 방 안에 햇살이 가득 찼다.

1330 重复 chóngfù

동 반복하다, 중복되다

유 1462 反复

不要重复干那些没用的事。
그런 쓸데없는 일을 다시 중복해서 할 필요 없다.

请你再重复一遍刚才所说的话。
방금 하셨던 말을 다시 한 번 반복해서 해주세요.

 反复·重复
1462 反复 참고

1331 宠物 chǒngwù
형 애완동물
她养了一只小狗当宠物。
그녀는 애완동물로 강아지 한 마리를 길렀다.
老年人养一只宠物在身边可以减少些寂寞。
노인들이 애완동물을 곁에서 기르는 것은 외로움을 좀 덜어 줄 수 있다.

1332 抽屉 chōuti
명 서랍
她把收到的情书藏在抽屉里。
그녀는 받았던 연애편지를 서랍 속에 숨겨두었다.
抽屉里东西堆duī得乱七八糟的。
서랍에 물건들이 엉망으로 쌓여 있다.

1333 抽象 chōuxiàng
형 추상적이다
유 笼统 lǒngtǒng 반 1740 具体
这个理论太抽象了。 이 이론은 너무 추상적이다.
我无法理解这样的抽象概念。
나는 이런 추상적인 개념을 이해할 수가 없다.

1334 丑 chǒu
형 용모가 추하다, 못생기다
유 1888 难看 반 0077 漂亮, 美 měi
丑小鸭其实并不丑。
미운 오리 새끼는 실제로 절대 못생기지 않았다.
刚刚走过的那个人长得真丑。
방금 지나간 그 사람 정말 못생겼다.

1335 臭 chòu
형 ① (냄새가) 고약하다, 역겹다
유 1064 香
那条河已经被污染了，一到夏天就臭气熏天xūntiān。 그 강은 이미 오염되어서 여름이 되면 고약한 냄새가 진동한다.

② 졸렬하다
他下棋特别臭，所以没有人愿意和他下。
그는 장기를 너무 졸렬하게 둬서, 아무도 그와 두려고 하지 않는다.

부 잔인하게, 매섭게
她刚被教务处的老师臭骂了一顿。
그녀는 막 교무처의 선생님으로부터 매섭게 야단을 맞았다.

1336 出版 chūbǎn
동 출판하다
他的最新小说上周正式出版了。
그의 최근 소설이 지난주 정식으로 출판되었다.
这本书写得不怎么样，很难出版了。
이 책은 그저 그래서 출판하기가 어려워.

1337 出口 chū//kǒu
동 ① 말을 꺼내다
话不要随便说出口，要多想想。
말을 함부로 하지 말고 많이 생각해야 한다.

② 수출하다
반 1723 进口
我们国家每年都出口很多纺织fǎngzhī品。
우리나라는 매년 많은 직물들을 수출한다.
目前这种产品还没出过口。
현재 이런 제품은 아직 수출한 적이 없다.

명 출구
반 0959 入口
我们在景福宫Jǐngfúgōng站三号出口见吧。
우리 경복궁역 3번 출구에서 만나자.

1338 出色 chūsè

형 뛰어나다

유 0828 精彩, 1118 优秀 반 逊色 xùnsè

他成绩十分出色，特别受老师的喜欢。
성적이 매우 뛰어나서, 선생님의 사랑을 아주 많이 받는다.

他的表演十分出色，全场的气氛达到了高潮。
그의 퍼포먼스가 매우 뛰어나, 전체 공연장의 분위기가 아주 고조되었다.

어휘 plus+ 出色 · 0828 精彩

- 出色 형 출중하다, 뛰어나다
  ➡ 文章, 成绩, 作文, 回答, 产品, 表演, 劳动, 演员
- 精彩 형 재미있다, 좋다
  ➡ 比赛, 节目, 场面, 晚会, 表演, 文章, 展览

비교 出色는 일, 행동의 진행이 매우 훌륭하고 뛰어남을 나타내고, 精彩는 시합, 공연, 문장 등이 볼 만하며 재미있고 시선을 끄는 것을 나타낸다.

비슷한 의미를 가진 단어일수록 搭配에 의해 구분된다는 것이 포인트!

Check

昨天晚上有（　　　　）的足球比赛。
어제저녁 흥미진진한 축구 시합이 있었다.

我们（　　　　）地完成了这项工程。
우리는 훌륭하게 이 프로젝트를 완성했다.

답 精彩 / 出色

1339 出席 chū//xí

동 출석하다

반 缺席 quēxí

今天的晚会都有哪些有名人士出席呢?
오늘 연회에 어떤 유명 인사가 참석하시나요?

市长将出席这座大桥的竣工 jùngōng 仪式。
시장님께서 이 대교의 준공의식에 참석하실 예정입니다.

由于生病，他今晚出不了席。
몸이 아파서, 그는 오늘 저녁에 참석하지 못했다.

1340 初级 chūjí

형 초급의, 초보적인

유 初等 chūděng 반 0736 高级, 高等 gāoděng

他的中文只有初级水平。
그의 중국어는 초급 수준이다.

这家公司正在招聘初级工程师。
이 회사에서 초급 엔지니어를 구하고 있다.

1341 除 chú

동 ① 제거하다, 없애다

유 灭 miè

别犹豫了，动手吧，你这么做是为民除害。
망설이지 말고, 시작해. 네가 이렇게 하는 것은 국민들을 위해 해악을 없애는 거야.

② 나누다

八除以二等于四。 8 나누기 2는 4이다.

1342 除非 chúfēi

접 오직 ~하여야만, ~하지 않으면

유 只有 zhǐyǒu

除非他亲自来跟我说，否则我是不会答应的。
그가 직접 말하지 않으면, 난 동의해주지 않을 거야.

전 ~을 제외하고

除非他，没人能让她高兴起来。
그를 제외하고 그녀를 기쁘게 해줄 수 있는 사람은 없다.

1343 除夕 chúxī

명 섣달 그믐날

全家人聚 jù 在一起欢度除夕。
가족이 함께 모여 섣달 그믐날을 기쁘게 보낸다.

除夕之夜大家都喜欢放鞭炮 biānpào。
모두 섣달 그믐날 저녁에 폭죽을 터트리는 것을 좋아한다.

1344 处理 chǔlǐ

동 ① 처리하다, 해결하다

유 0427 解决, 0602 安排

她手头上有好多事情要处理。
그녀의 수중에 처리해야 할 많은 일들이 있다.

② 징벌하다, 처벌하다
[유] 处置 chǔzhì
校方处理了几名考试作弊zuòbì的学生。
학교 측은 시험에서 부정행위를 저지른 몇몇 학생들을 처벌했다.

③ (내린 가격으로) 물건을 처분하다
这些是处理商品，所以价格都很低。
이것들은 처리할 상품들이라서 가격이 다 매우 낮다.

④ 수가공으로 처리하다
这种化学材料要经过冷处理。
이런 화학재료는 냉각 처리를 거쳐야 한다.

1345 传播 chuánbō

[동] 전파하다, (사상 따위를) 유포하다
[유] 1346 传递, 传送 chuánsòng
谣言yáoyán传播得特别快。
헛소문은 정말 빨리 전파된다.
冬天流感细菌传播得厉害，很容易得感冒。
겨울에는 유행성 감기 세균의 전파가 매우 빨라 쉽게 감기에 걸린다.

1346 传递 chuándì

[동] 전달하다, 건네다
[유] 1345 传播, 传送 chuánsòng
谁负责传递这次战役的胜利消息？
누가 이번 전쟁의 승리 소식을 책임지고 전하겠나？
接力棒jiēlìbàng已经由第二名队员传递给了第三名队员。 바통은 이미 두 번째 팀원이 세 번째 팀원에게 건네주었다.

1347 传染 chuánrǎn

[동] ① 전염되다
[유] 感染 gǎnrǎn
艾滋病àizībìng通过体液传染。
에이즈는 체액을 통해 전염된다.

② 감염하다, 감염시키다
他的激情传染给了我。
그의 열정에 나도 감염되었다.

1348 传说 chuánshuō

[동] 이리저리 말이 전해지다
传说北面的山上住着一位美丽的姑娘。
북쪽 산에 아름다운 처녀가 살고 있다는 말이 전해지고 있다.

[명] 전설, 설화
[유] 传闻 chuánwén
当地流传着一个美丽的传说。
그 지방에서 아름다운 전설이 전해지고 있다.

1349 传统 chuántǒng

[명] 전통
勤俭qínjiǎn节约是我们的优良传统。
근검절약은 우리의 좋은 전통이다.

[형] ① 전통적이다
京剧是中国传统文化的精髓jīngsuǐ。
경극은 중국 전통문화의 정수이다.

② 보수적이다
传统的思想禁锢jìngù了她许久。
보수적인 사상은 그녀를 오랫동안 속박했다.

1350 窗帘 chuānglián

[명] 커튼
这种丝绸sīchóu窗帘很贵。
이런 비단 커튼은 매우 비싸다.
把窗帘拉上吧，光线太刺眼了。
커튼을 쳐줘, 햇빛 때문에 눈이 너무 부셔.

1351 闯 chuǎng

[동] ① 갑자기 뛰어들다, 돌진하다
是谁允许你闯进来的？
누가 너더러 갑자기 들어오라고 허락했니？

② 경험을 쌓다
他在社会上闯了不少年了。
그는 사회에서 여러 해 동안 경험을 쌓았다.

③ 분주히 활동하다
他走南闯北这么多年，什么世面都见过。
그는 다년간 동분서주하여, 세상 물정을 다 안다.

④ 야기하다
这次你可真的闯大祸huò了。
이번에 너 정말 크게 사고 쳤어.

1352 创造 chuàngzào

명 창조
他为自己的发明创造申请了专利。
그는 자신의 창안을 특허 신청했다.

동 창조하다, 만들다
유 1453 发明 반 1877 模仿
他的这一跃创造了新的世界纪录。
이번 그의 도약은 세계 신기록을 만들었다.

发明 · 0369 发现 · 创造
1453 发明 참고

1353 吹 chuī

동 ① 입으로 힘껏 불다
他连着吹了几十个气球，腮帮子sāibāngzi都肿zhǒng了。그는 연속으로 몇십 개의 풍선을 불었더니, 볼이 다 부어버렸다.

② (바람이) 불다
一阵风吹过，树叶沙沙作响。바람이 한 차례 불고 지나가니 나뭇잎들이 바스락 소리를 낸다.

1354 磁带 cídài

명 카세트테이프
磁带里的内容被洗掉了。
카세트테이프 안에 있던 내용이 모두 지워졌다.

妈妈把家里老磁带全整理好了放在箱子里。
어머니는 집에 있는 오래된 테이프를 모두 정리해 상자 안에 넣으셨다.

1355 辞职 cí//zhí

동 사직하다, 직장을 그만두다
他怎么会想到辞职呢?
그는 어떻게 사직을 생각했을까?
谁都不知道他为什么辞职。
그가 왜 사직을 했는지 아무도 모른다.
我上个月就辞过职了。
나는 지난 달에 직장을 그만뒀다.

1356 此外 cǐwài

접 이외에, 이밖에
유 0882 另外
我们公司会给员工提供保险，此外还有各种培训。우리 회사는 직원들에게 보험을 제공하고, 이외에도 다양한 연수가 있습니다.
我能为你做的只有这么多，此外只能看你的运气了。전 당신을 위해 이것밖에 해 드리지 못합니다. 이외의 것은 당신의 운에 맡길 수밖에요.

1357 次要 cìyào

형 이차적인, 부차적인
반 0590 重要, 0592 主要
这是次要问题，不要太在意。
이것은 부차적인 문제이니, 너무 신경 쓰지 마세요.
应当把精力多放在内容上，形式只是次要的。마땅히 정력을 모두 내용에 더 많이 쏟아야 하며, 형식은 이차적인 문제이다.

1358 刺激 cìjī

동 자극하다, 흥분시키다, 북돋우다
打折会刺激消费者的购物欲望。
세일은 소비자의 소비욕망을 자극할 수 있다.

这种药是通过刺激神经系统让人感到放松和愉悦。이런 약은 신경계통을 자극함으로써 긴장을 풀고 기분을 좋게 한다.

1359 匆忙 cōngmáng

형 매우 바쁘다, 분주하다
유 1649 急忙 반 悠闲 yōuxián

不要那么匆忙地跑，小心摔倒shuāidǎo。그렇게 분주히 뛰어다니지 말고, 넘어지지 않게 조심하세요.

出门的时候太匆忙了，连鞋带都没系jì好。외출할 때 너무 바빠서 구두끈조차도 못 매었다.

1360 从此 cóngcǐ

부 이로부터, 이때부터
유 自此 zìcǐ

从此，忘记那些不愉快的事情吧。지금부터, 그 불쾌한 일들은 잊어버리세요.

从此，我便离开了家乡独自闯chuǎng天下去了。이때부터, 나는 바로 고향을 떠나 혼자서 세상을 떠돌아 다녔다.

1361 从而 cóng'ér

접 따라서, 그리하여, ~함으로써
유 1109 因此, 2333 因而

他学习不认真从而考试成绩很不理想。그는 공부를 열심히 하지 않아서 시험 성적이 별로이다.

他成功地完成了这个任务，从而顺利地升到副总经理的职位。그는 이 임무를 성공적으로 완성하여, 순조롭게 부사장의 직위로 승진했다.

1362 从前 cóngqián

명 예전, 이전
유 0562 以前, 先前 xiānqián, 之前 zhīqián
반 0561 以后, 0810 将来

从前，这里只不过是一个小渔村。예전에 여기는 작은 어촌에 불과했어.

从前，山上有一座寺庙 sìmiào，里面住了一个老和尚。이전에 산 위에 절이 있었는데, 그곳에 한 노스님이 살고 있었어.

1363 从事 cóngshì

동 종사하다, 일하다

他从事教育事业已经有很多年了。그는 교육사업에 종사한 지 이미 여러 해 되었어.

从事销售领域的人一般会比较累。판매직에 종사하는 사람은 일반적으로 좀 피곤해 한다.

plus+ 从事·0673 当

- 从事 동 종사하다
  ➡ 从事 + 工作, 事业, 活动, 劳动, 创作, 运动
- 当 동 담당하다, 담임하다
  ➡ 当 + 学生, 工人, 老师, 校长, 经理, 医生, 司机

비교 从事는 어떤 사업과 일에 헌신함을 나타내며, 목적어로는 사업 및 큰 활동이 자주 온다. 当은 책임지고 이루어야 하는 것을 가리키며, 목적어로 구체적 직업과 일이 온다.

아무리 쉬운 단어일지라도 그 속뜻을 한 번쯤 되새겨보는 것이 포인트!

Check
告诉大家一个消息，我（　　　　）爸爸了。
여러분에게 한 가지 소식을 알려 드릴게요, 제가 아빠가 되었어요.
我（　　　　）服装设计工作。
저는 의상디자인 직종에 종사합니다.

답 当 / 从事

1364 醋 cù

명 ① 식초
她吃饺子一定要蘸 zhàn 醋。그녀는 만두를 먹으면 반드시 식초에 찍어 먹는다.

② 질투
她一见到男朋友和别的女生多说几句话就会吃醋。그녀는 남자친구가 다른 여자와 말이라도 몇 마디 하는 걸 보면 바로 질투를 한다.

1365 促进 cùjìn

동 촉진하다, 촉진시키다
유 1366 促使

经济的发展促进人们追求自由。
경제 발전은 사람들이 자유를 추구하도록 촉진하였다.

科技的进步极大地促进了生产力的发展。
과학기술의 진보는 생산 능력의 발전을 크게 촉진시켰다.

1366 促使 cùshǐ

동 ~하도록 재촉하다
유 1365 促进 반 阻碍 zǔ'ài

生活的磨难 mónàn 促使他变得悲观消极。
생활의 고난은 그가 비관적이고 소극적이게 만들었다.

现实中的种种困难促使他改变了最初的想法。
현실 중의 여러 어려움은 그가 처음 생각했던 것들을 바꾸게끔 만들었다.

1367 催 cuī

동 ① 재촉하다, 독촉하다

不要总催我，催了也没有用的。
계속 재촉하지 마세요. 재촉해도 소용이 없어요.

② 촉진시키다

在这个反应中，物质A起到了催化剂 jì 的作用。
이 반응 중에서 물질A가 촉매작용을 일으켰다.

1368 存 cún

동 ① 존재하다, 생존하다
유 1369 存在 반 亡 wáng

竞争是生存之道。 경쟁은 생존의 방법이다.

② 보존하다, 저장하다
유 1221 保存 반 销毁 xiāohuǐ

蔬菜存不好就都坏了。
채소를 잘 보관하지 못해서 모두 상했다.

③ 모으다, 저축하다
유 储蓄 chǔxù 반 取款 qǔkuǎn

工作了这么多年，她居然一分钱都没存。
이렇게 오랫동안 일해 왔는데, 그녀는 놀랍게도 한 푼도 저축하지 않았다.

④ 맡기다, 보관하다
유 寄存 jìcún 반 0944 取

我暂时把行李存在你这儿，等找到住处了再来取。 나 잠시만 짐을 네게 맡겼다가, 묵을 곳이 마련되면 다시 가지러 올게.

1369 存在 cúnzài

동 존재하다, 현존하다
반 2255 消失

关于孩子的教育问题，夫妇俩存在很多分歧 fēnqí。 아이의 교육문제에 관해 부부 둘 사이에 많은 부분에 의견이 불일치하고 있다.

명 존재

每个人都应该认识到自己存在的价值。
모두 반드시 자신의 존재 가치를 인식해야 한다.

1370 错误 cuòwù

형 잘못되다

这题做了两遍了，但结果总是错误的。
이 문제를 두 번 풀었는데, 결과는 여전히 잘못되었다.

你一开始就算错了，当然只能得到错误的结果。 네가 시작부터 잘못 계산을 했으니 당연히 잘못된 결과를 얻을 수밖에 없지.

명 착오, 실수, 잘못
유 0165 错

既然犯了错误，就要承认。
잘못을 범했다면, 인정을 해야 한다.

1371 措施 cuòshī

명 조치, 대책

措施不完善导致了许多问题。
조치가 완벽하지 못해서 많은 문제를 야기했다.

事情发生之后，政府采取了积极的应对措施。 사건이 발생한 후, 정부는 적극적인 대응조치를 취했다.

达到 · 1401 到达

- 达到 통 도달하다, 다다르다, 이르다
  ➡ 达到 + 目的, 要求, 标准, 团结, 高潮, 统一
- 到达 통 도착하다, 도달하다
  ➡ 到达 + 目的地, 首都, 地点, 码头

비교 达到는 어떤 수준이나 정도에 다다른다는 뜻으로, 목적어로 주로 추상명사가 온다. 到达는 구체적 장소나 구체적 단계에 도달하는 것을 가리키고, 목적어로 주로 구체적 장소가 많이 온다.

비슷한 의미를 가진 단어일수록 搭配에 의해 구분된다는 것이 포인트!

Check

要（　　　　　）人人满意的程度太难了。
사람들이 모두 만족할 만한 정도에 다다르는 것은 너무 어렵다.

本班飞机明天早晨六点（　　　　　）南京。
이 비행기는 내일 새벽 6시에 난징에 도착할 것입니다.

🖹 达到 / 到达

1372 答应 dāying

통 ① 대답하다
  유 0195 回答

我们敲门敲了半天，屋里也没人答应。
우리는 종일 문을 두드렸지만, 집 안에서는 아무런 응답이 없었다.

② 동의하다, 승낙하다
  유 0520 同意, 1139 允许, 准许 zhǔnxǔ
  반 0840 拒绝

通过她的说服，她的父母终于答应了他们的婚事。 그녀의 설득으로, 그녀의 부모는 결국 그들의 결혼을 승낙했다.

1373 达到 dá//dào

통 이르다, 도달하다
  유 1401 到达

该公司的目标是达到国际一流水平。
이 회사의 목표는 세계 일류 수준에 이르는 것이다.

不能不择手段地去达到目的。
목적을 이루기 위해 방법과 수단을 가리지 않는 건 안 된다.

1374 打工 dǎ//gōng

통 아르바이트 하다, 일하다
  유 0033 工作

我在麦当劳打工，特别辛苦。
나는 맥도날드에서 아르바이트하는데, 정말 힘들어.

春节要到了，许多在外打工的人都要回家过年了。 설이 다가와, 외지에서 일하는 많은 근로자들이 다 고향으로 설을 쇠러 가려고 한다.

你在韩国留学的时候打过工吗?
넌 한국에서 유학할 때 아르바이트를 한 적이 있니?

1375 打交道 dǎ jiāodao

교제하다, 연락하다
她善于和各种各样的人打交道。
그녀는 각계각층의 사람들과 교제하는 것을 잘한다.

那个人那么烦，你到底是怎么和他打交道的呀? 그 사람은 그렇게 짜증나게 하는데, 너는 도대체 왜 그와 왕래를 하니?

1376 打喷嚏 dǎ pēntì

명 재채기를 하다

感冒真是严重啊，打喷嚏都停不下来了。
감기가 너무 심해서, 기침을 하면 멈추지 않는다.

他一连打了好几个喷嚏，八成是感冒了。
그가 연이어 몇 번이나 재채기를 하는 것을 보니, 분명 감기에 걸린 거야.

1377 打听 dǎting

동 물어보다, 알아보다
유 0258 问, 2298 询问

你帮我打听一下她有没有男朋友。
네가 나 대신 그녀한테 남자친구가 있는지 없는지 좀 알아봐죠.

我想打听一下去医院的路怎么走？
병원에 어떻게 가는지 좀 알려주시겠습니까？

1378 打招呼 dǎ zhāohu

① (가볍게) 인사하다

她冲我点了下头算是打招呼了。
그녀는 나를 향해 고개를 살짝 숙이는 것으로 인사를 했다.

② 통지하다, 알리다

你帮我和领导打个招呼吧，说我明天有事不能来公司了。
당신이 저 대신 상사에게 내일 일이 있어 회사에 못 온다고 말해주세요.

1379 大方 dàfang

형 ① (재물이나 돈에 대해) 따지지 않다, 대범하다
반 2260 小气, 吝啬 lìnsè

对待朋友，他总是那么大方。
친구를 대할 때 그는 언제나 그렇게 대범하다.

② (언행이) 자연스럽다, 시원스럽다

那个女孩儿谈吐tántǔ大方，很让人喜欢。
그 여자 아이는 말투나 태도가 시원스러워 다른 사람들이 좋아한다.

1380 大象 dàxiàng

명 코끼리

大象有长长的鼻子。코끼리는 긴 코를 가지고 있다.

云南红河有许多大象，被称作大象的故乡。
윈난 훙허에는 코끼리가 많이 있어서, 코끼리의 고향이라고 불린다.

1381 大型 dàxíng

형 대형의
반 小型 xiǎoxíng

明天广场上有大型活动。
내일 광장에서 대형 행사가 있다.

今年年底我们公司将举行大型的庆祝晚会。
올 연말에 우리 회사는 대규모 만찬 모임을 거행할 예정이다.

1382 呆 dāi

형 ① 둔하다, 멍청하다, 미련하다
유 0616 笨, 2021 傻 반 0343 聪明

那个小孩儿看上去呆头呆脑的。
그 아이는 보아하니 우둔한 것 같다.

② 멍하다, 어리둥절하다
유 发呆 fādāi

他呆呆地望着天花板，不知道在想些什么。
그는 멍하게 천장만 보고 있는데, 무슨 생각을 하는지 모르겠다.

동 머무르다
유 待 dāi, 逗留 dòuliú, 停留 tíngliú

暑假的时候我一直呆在爷爷奶奶家。
여름방학 때 난 줄곧 할아버지 할머니 댁에서 머물렀다.

1383 贷款 dài//kuǎn

동 대출하다

为了买房，他向银行贷款。
주택 구입을 위해 그는 은행에서 대출을 받았다.

买了房子以后，他们又贷款买了车。
집을 산 이후에 그들은 또 대출을 받아 차를 샀다.

我们家向银行贷了一笔款，为了让孩子上大学。
우리 집은 아이를 대학에 보내기 위해서, 은행으로부터 대출을 받았다.

1384 待遇 dàiyù

동 (사람을) 대우하다, 대하다
这家饭店的待遇真不怎么样。
이 호텔의 서비스는 정말 별로다.

명 ① 대우, 취급
农民工受到的待遇不太好。
농민공이 받는 대우는 그다지 좋지 않다.

② 물질적 보수
유 报酬 bàochou
这个公司的待遇特别好。
이 회사는 보수가 참 좋다.

1385 单纯 dānchún

형 ① 단순하다
반 0725 复杂
那个女孩儿单纯而善良。
그 여자 아이는 단순하고 선량하다.

② 단일하다
评价一个学生的好与坏不能单纯地只看成绩。 한 학생의 장단점을 평가하는 데 단순히 성적만을 보아서는 안 된다.

1386 单调 dāndiào

형 단조롭다
유 0414 简单 반 0718 丰富 0725 复杂
他无法用单调的色彩在画中表现自己的思想。 그는 단조로운 색채로는 그림 속에서 자신의 사상을 표현할 방법이 없다.
他的生活特别单调，不是去单位上班就是回家睡觉。그는 생활이 너무 단조로워서, 직장에 출근하는 것 아니면 집에 돌아와서 잠이나 잔다.

1387 单独 dāndú

부 단독으로, 혼자서
유 独自 dúzì 반 0277 一起
这件事你得单独完成。
이 일은 당신이 단독으로 완성해야 합니다.
我打算单独去西藏旅行。
나는 혼자서 티베트로 여행갈 예정이다.

1388 单位 dānwèi

명 ① 단위
单位没写清楚，谁知道是韩元还是美金？
단위를 정확하게 쓰지 않아서, 한국돈인지 달러인지 누가 알아?

② (단체나 기관 등의) 부문, 부서
유 1269 部门
你们单位一共有多少员工？
당신들 부서에는 모두 몇 명의 직원이 있습니까?

1389 单元 dānyuán

명 (교재, 방 등의) 단원
这本书一共有二十个单元。
이 책은 모두 스무 개의 단원으로 이루어져 있다.
我们上次课已经学到第五单元了。
우리는 지난 번 수업시간에 이미 5단원까지 배웠다.

1390 担任 dānrèn

동 맡다, 담당하다
유 0673 当, 1363 从事, 担当 dāndāng
你在公司担任什么职位？
당신은 회사에서 어떤 직위를 맡고 있습니까?
由她来担任总监一职，大家都心服口服。
그녀가 총감독이라는 직책을 맡아서, 모두가 진심으로 믿고 따랐다.

1391 耽误 dānwu

동 (시간을 지체하다가) 일을 그르치다, 시간을 허비하다

耽误时间就等于浪费生命。
시간을 허비하는 것은 생명을 낭비하는 것과 같다.

他挑灯夜战，争取把耽误的时间都补回来。
그는 밤에도 불을 켜고 일을 해서, 허비한 시간을 모두 보충하려고 노력한다.

1392 胆小鬼 dǎnxiǎoguǐ

명 겁쟁이

我不要当胆小鬼，我要勇敢。
나는 겁쟁이가 되고 싶지 않고 용감하고 싶다.

一到夜里，他连独自上厕所都不敢，大家都笑他是胆小鬼。 밤이 되기만 하면, 그는 혼자서 화장실도 못 가서 모두가 그를 겁쟁이라고 비웃는다.

1393 淡 dàn

형 ① 약하다

반 1899 浓

远处有淡淡的火光。 멀리 희미한 불빛이 있다.

② 맛이 싱겁다

반 1060 咸

我不喜欢口味淡的菜。
나는 맛이 싱거운 음식을 좋아하지 않는다.

③ 색이 연하다

유 1952 浅 반 0968 深

她化了淡妆看起来很美。
그녀는 연하게 화장을 했는데 정말 예뻐 보인다.

④ 냉담하다, 쌀쌀하다

유 冷淡 lěngdàn 반 0490 热情

她对人的态度很冷淡。
그녀의 사람을 대하는 태도는 쌀쌀맞다.

⑤ 불경기다, 부진하다

반 旺 wàng

现在是旅游淡季，所以景区的人并不多。
지금은 여행 비수기라서 관광지에 사람이 많지 않아요.

1394 当代 dāngdài

명 당대, 그 시기

유 1061 现代 반 1547 古代

当代世界的主题是和平与发展。
당대 세계의 주제는 평화와 발전이다.

他在中国当代文学史上颇pō有影响力。
그는 중국 당대 문학사에 꽤 영향력이 있다.

1395 挡 dǎng

동 ① 막다, 차단하다

유 1784 拦, 阻挡 zǔdǎng

兵来将挡，水来土掩yǎn。
적군이 쳐들어오면 장군을 보내어 막고, 홍수가 밀려오면 흙으로 둑을 쌓아 막는다.

② 가리다

我们都没带伞，只好脱了外套来挡雨。
우리 모두 우산을 가지고 오지 않아서, 어쩔 수 없이 외투를 벗어 비를 가렸다.

1396 岛 dǎo

명 섬

岛国资源不那么丰富。
섬나라의 자원은 그렇게 풍부하지 않다.

太平洋上有很多美丽的小岛。
태평양에는 여러 아름다운 작은 섬들이 있다.

1397 倒霉 dǎo//méi

동 재수없다, 운수 사납다

유 2382 糟糕 반 2284 幸运

今天真倒霉，钱包丢了。
오늘은 정말 재수가 없네, 지갑을 잃어버렸어.

要是运气不好，总会遇到倒霉的事情。
운이 없으면 항상 재수 없는 일이 생긴다.

我今天可算是倒了大霉了，手机丢了。
나 오늘 정말 운수 사나운 날이네, 휴대전화를 잃어버렸어.

1398 导演 dǎoyǎn

명 감독, 연출자
这部电影的导演是一位德国人。
이 영화의 감독은 독일 사람이다.

동 감독하다, 연출하다
他已导演了几部影片。
그는 이미 영화 몇 편을 연출했다.

1399 导致 dǎozhì

동 야기하다, 초래하다
유 1111 引起, 致使 zhìshǐ
经济危机导致许多公司倒闭。
경제위기는 많은 회사의 도산을 야기했다.

巨大的贫富差距导致了尖锐 jiānruì 的社会矛盾 máodùn。 거대한 빈부 격차가 첨예한 사회적 모순을 초래했다.

1400 倒 dào

동 ① 뒤집히다
他一个字也不识，拿起一本书想看，结果还拿倒了。 그는 한 글자도 몰라서, 책을 한 권 들고 읽고 싶어도 결국은 역시 거꾸로 든다.

② 상반되다
你的口语水平非但没提高，反而倒退了。
네 회화 수준은 전혀 향상되지 않았을 뿐만 아니라 오히려 그 반대로 퇴보했다.

부 ① 오히려
반 1461 反而
我没怪你，你倒先发起脾气来了。 내가 널 나무라지도 않았는데, 네가 오히려 먼저 화를 냈잖아.

② ~일지라도
我倒不介意，但你也得征求一下其他人的意见。 나는 개의치 않는다 하더라도, 너는 그래도 다른 사람의 의견을 구해야 한다.

③ 아무튼
他根本没有复习考试，倒得了第一名。
그는 전혀 시험 복습을 하지 않았지만 아무튼 1등을 했다.

 倒 dǎo

동 ① 넘어지다, 자빠지다
风把松树刮倒了。 바람이 소나무를 불어 넘어뜨렸다.

② 도산하다, 붕괴하다
那个公司倒了。 그 회사는 도산했다.

1401 到达 dàodá

동 도착하다, 도달하다
유 0169 到, 1373 达到
반 0653 出发, 动身 dòngshēn
飞机将在下午四点半准时到达大连。
비행기는 오후 4시 반 정시에 따렌에 도착합니다.

他们花了三个小时终于到达山顶了。
그들은 3시간 만에 드디어 산 정상에 도착했다.

 达到 · 到达
1373 达到 참고

1402 道德 dàodé

명 도덕, 윤리
针对小学生进行道德教育。
초등학생을 대상으로 도덕교육을 진행했다.

형 도덕적이다 (주로 부정문에서 쓰임)
他的所作所为非常不道德。
그의 모든 행동거지는 매우 부도덕하다.

1403 道理 dàolǐ

명 ① 법칙, 규칙
老师为我们讲解了涨潮 zhǎngcháo 和落潮 luòcháo 的道理。 선생님께서 우리에게 밀물과 썰물의 규칙을 설명해주셨다.

② 도리, 일리, 이치
她的话很有道理，大家一致赞同。
그녀의 말에 일리가 있어서 모두가 만장일치로 찬성했다.

③ 법, 수단
成功自有成功的道理。
성공에는 성공의 방법이 있다.

1404 登机牌 dēngjīpái

탑승권

没有登机牌，就不可以登机。
탑승권이 없으면 비행기를 탈 수 없다.

在因特网上订了机票后，还需要在机场办理登机牌手续。 인터넷에서 비행기 티켓을 예약한 후, 다시 공항에서 탑승권 수속을 해야 한다.

1405 登记 dēngjì

동 등기하다, 등록하다

每天的生产记录都要登记。
매일의 생산 기록을 모두 기재해야 한다.

来访人员都要在门岗 ménggǎng 登记后才能进入。 방문자는 모두 정문 초소에서 등기를 한 후에야 들어올 수 있다.

1406 等待 děngdài

동 기다리다
유 0171 等, 1407 等候

他一直在等待东山再起的时机。
그는 줄곧 재기할 시기만을 기다리고 있다.

她在等待自己的白马王子出现。
그녀는 자신의 백마왕자가 나타나길 기다리고 있다.

1407 等候 děnghòu

동 기다리다 (주로 구체적인 대상에 쓰임)
유 0171 等, 1406 等待

母亲在做手术，他在手术室外等候着。 어머니께서 수술하실 때 그는 수술실 밖에서 기다리고 있었다.

学生家长在校门外焦急 jiāojí 地等候参加高考的学子们。 학부모들이 교문 밖에서 대학 입학시험에 참가한 아이들을 초조하게 기다린다.

1408 等于 děngyú

동 ① ~와 같다, 맞먹다
一加一等于二。 1 더하기 1은 2이다.

② ~와 다름없다, ~와 마찬가지다
吸烟等于慢性自杀。
흡연은 만성 자살과 마찬가지이다.

1409 滴 dī

동 ① 액체가 떨어지다
雨点滴落在他的身上。
빗방울이 그의 몸에 떨어졌다.

② 액체를 떨어뜨리다
我滴了几滴眼药水，眼睛舒服了一些。
안약을 몇 방울 떨어뜨리자 눈이 좀 편안해졌다.

양 방울 (떨어지는 액체를 세는 단위)
裙子上滴上了两滴墨汁。
치마에 먹물이 두 방울 떨어졌다.

1410 的确 díquè

부 분명히, 확실히
유 0949 确实

她的中文的确说得很好。
그녀는 중국어를 확실히 잘 한다.

你的确完成那个报告书啦！
너는 확실히 그 보고서를 완성했구나!

1411 敌人 dírén

명 적
반 0076 朋友, 友人 yǒurén

他的胸怀感动了敌人。
그의 생각은 적을 감동시켰다.

在战场上，对敌人的仁慈 réncí 就是对自己残忍 cánrěn。 전쟁에서, 적에게 인자함은 곧 자신에게는 잔인함이 된다.

1412 递 dì

동 넘겨주다, 건네주다

유 1346 传递, chuán

我把水杯递给了他。
나는 물컵을 그에게 건네주었다.

他递给我一瓶矿泉水。
그는 나에게 생수 한 병을 건네주었다.

1413 地道 dìdao

형 ① 명산지의

我的家乡在海边，那里的海鲜很地道。
나의 고향은 해안가에 있어서, 그곳의 수산물은 아주 오리지널이다.

② 진짜의, 정통의

这可是我们地道的湖南菜，你尝尝嘛。
이것이야말로 정말 후난의 정통 요리지, 맛 좀 봐.

③ 알차다, 질이 좋다

这张藤椅téngyǐ做得真地道。
이 등나무 의자는 정말 질 좋게 잘 만들었다.

1414 地理 dìlǐ

명 지리

他是搞地理研究出身的。
그는 지리를 연구하는 연구소 출신이다.

他知识非常渊博yuānbó，上知天文，下知地理。그는 지식이 매우 해박하여, 위로는 천문에서 아래로는 지리까지 모두 알고 있다.

1415 地区 dìqū

명 지역, 지구

유 0353 地方

东部地区经济比较发达。
동부지역의 경제는 비교적 발달했다.

近年来，沿海地区的经济取得了迅猛xùnměng发展。 최근 들어, 연해지역의 경제가 신속한 발전을 이루었다.

1416 地毯 dìtǎn

명 카펫, 양탄자

我们家刚刚买了新的地毯。
우리 집은 방금 새 카펫을 샀다.

当心点，别把咖啡洒sǎ到地毯上。
커피를 카펫에다 엎지르지 않도록 조심하세요.

1417 地位 dìwèi

명 지위, 위치

유 2043 身份, 2199 位置

地位显赫xiǎnhè的人未必十分骄傲。
지위가 높은 사람이라고 해서 꼭 교만한 건 아니다.

身为名牌大学的教授，他享有xiǎngyǒu很高的社会地位。 명문대학의 교수로서 그는 높은 사회적 지위를 누린다.

1418 地震 dìzhèn

명 지진

昨天发生了七级地震。
어제 7도 지진이 발생했다.

동 지진이 발생하다

突然间就发生地震了，楼房一下子全倒了。
불현듯이 지진이 발생해 건물이 단번에 무너졌다.

1419 点头 diǎn//tóu

동 고개를 끄덕이다, 허락하다, 찬성하다, 인사하다

반 摇头 yáotóu

他微笑着朝我点了点头。
그는 미소를 지으면서 나를 향해 고개를 끄덕였다.

点头表示同意，摇头表示不同意。
고개를 끄덕이는 것은 동의를 나타내며, 고개를 좌우로 흔드는 것은 동의하지 않음을 나타낸다.

1420 点心 diǎnxin

명 간식, 가벼운 식사, 과자류 식품

유 糕点 gāodiǎn

她很爱吃各种小点心。
그녀는 각종 간식을 먹는 걸 좋아한다.
这种点心在当地是很有名的。
이런 간식은 현지에서 매우 유명합니다.

1421 电池 diànchí

[명] 전지
不要到处乱扔废旧电池。
폐 건전지를 아무데나 버리지 마세요.
回收旧电池是一种保护环境的行为。
폐 건전지를 수집하는 것은 일종의 환경보호 행위입니다.

1422 电台 diàntái

[명] 방송국
我姐姐在电台工作。
우리 언니 방송국에서 일해.
电台的主持人普通话讲得相当标准。
방송국의 아나운서들은 표준어를 잘 구사합니다.

1423 钓 diào

[동] 낚시하다
老人在河边静静地坐着钓鱼。
노인이 강가에 조용히 앉아서 낚시를 한다.
我小的时候常常和爸爸一起去钓鱼。
나는 어렸을 때 자주 아버지와 함께 낚시하러 갔다.

1424 丁 dīng

[명] ① 성년 남자
壮丁都被抓去充军了，只剩些老弱病残的在家里。장정들은 모두 군으로 끌려가고, 노약자와 병든 자만이 집에 남았다.

② (어떤 직업에) 종사하는 사람
李老师如园丁一般辛辛苦苦工作着。
이 선생님께서는 정원사처럼 열심히 일을 하신다.

③ (야채나 고기 따위의) 도막
这道菜需要把鸡肉切成丁。
이 음식은 도막 모양으로 썬 닭고기가 필요하다.

④ (순서의) 네 번째
丁是天干的第四位。정은 십간에서 네 번째이다.

1425 顶 dǐng

[명] 꼭대기, 정수리
从山顶往下看，景色十分壮观。
산 위에서 내려다보면 풍경이 정말 장관이다.

[동] ① 머리로 받치다, 이다
他头上顶着很重的行李。
그는 머리에 무거운 짐을 이고 있다.

② 위로 내밀다
杂技演员用手腕顶着他的队友。서커스 배우는 손목으로 그의 팀 동료를 위로 내밀고 있다.

③ 들이 받다
两只斗牛正用角互相顶着。
두 마리의 소가 뿔로 서로 들이 받고 있다.

④ 마주하다
不管发生什么事，他都能顶住压力。
무슨 일이 생겨도 그는 모든 압력에 마주하고 있다.

⑤ 맞서다, 말대답하다
不要和自己的父母顶着干。
자신의 부모와 말대답하지 마라.

⑥ 맡다, 담당하다
这件事有他顶着，肯定没问题。
이 일은 그가 맡고 있으니 반드시 문제가 없을 것이다.

[양] 꼭대기 있는 물건을 세는 단위
今天她带了一顶红色的帽子。
오늘 그녀는 빨간색 모자를 썼다.

1426 冻 dòng

[동] ① 얼다
[유] 结冰 jiébīng [반] 化 huà, 溶化 rónghuà
天太冷了，河水都冻住了。
날씨가 너무 추워서 강물도 모두 얼어 붙었다.

② 춥다, 차다
유 0056 冷 반 0084 热
我穿太少出去了，快要被冻死了。
나는 너무 적게 입고 나가서 얼어 죽을 뻔했다.

1427 洞 dòng

명 구멍, 동굴
我们在山洞里发现了一个罐子guànzi。
우리는 산속 동굴에서 단지 하나를 발견했다.

수 숫자 '0'
在某些场合数字0被读作洞。
어떤 곳에서는 숫자 0이 洞(dòng)으로 읽히기도 한다.

1428 动画片 dònghuàpiàn

명 만화영화
유 卡通 kǎtōng
没有小孩儿不喜欢看动画片。
만화영화를 좋아하지 않는 어린아이는 없다.
今天有家电影院上映了新的动画片。
오늘 한 영화관에서 새로운 만화영화를 상영했다.

1429 逗 dòu

동 ① 희롱하다, 놀리다
我刚才是逗你玩儿的，你别往心里去啊。
방금 내가 농담한 거니까 마음에 담아두지 마세요.

② 자아내다
他的精彩表演逗得观众哈哈大笑。
그의 현란한 공연은 관중들의 박장대소를 자아냈다.

형 ① 우습다
她的表情非常逗。 그녀의 표정은 너무 우습다.

② 재미있다
她讲的笑话总是特别逗。
그녀가 해주는 우스갯소리는 늘 너무 재미있다.

1430 豆腐 dòufu

명 두부
她特别喜欢吃豆腐。 그녀는 두부를 매우 좋아한다.
这个牌子的豆腐很嫩nèn。
이 상표의 두부는 매우 부드럽다.

1431 独立 dúlì

동 ① 독립하다
반 依赖 yīlài
经过几十年的不懈búxiè抗争，该国终于独立了。 수십 년에 걸친 부단한 항쟁으로, 이 나라는 마침내 독립하게 되었다.

② 독자적으로 하다
유 独自 dúzì
他已经长大了，能够独立生活了。
그는 이미 성장해서, 혼자서도 충분히 생활할 수 있다.

1432 独特 dútè

형 독특하다
유 0513 特别 반 0564 一般
她的想法向来很独特。
그녀의 사고 방식은 줄곧 매우 독특하다.
这本小说描写心理的手法十分独特。
이 소설책의 심리묘사 수법이 아주 독특하다.

1433 度过 dùguò

동 보내다, 지내다
유 0187 过, 度 dù
你一般是怎么度过周末的?
당신은 보통 주말을 어떻게 지냅니까?
有儿女的陪伴，他度过了快乐的一天。
아들과 딸이 같이 있어서, 그는 즐거운 하루를 보냈다.

1434 短信 duǎnxìn

명 문자 메시지, 짧은 편지

我们用短信联系吧。 우리 메시지로 연락해요.

她一个月要发上千条短信。
그녀는 한 달에 수천 건이 넘는 문자 메시지를 보내야 한다.

1435 堆 duī

동 ① 퇴적되다, 쌓이다

屋里的东西堆得乱七八糟的。
방 안에 물건들이 아무렇게나 쌓여 있다.

② 쌓다, 쌓아 올리다

他把书胡乱地堆在桌子上。
그는 책을 아무렇게나 책상 위에 쌓아 두었다.

명 쌓아 놓은 물건, 무더기

不好了，屋后的柴火堆起火了！
큰일 났어요, 집 뒤에 있던 장작더미에서 불이 났어요!

양 더미, 무리

请你帮我把这堆衣服叠dié好。
저를 좀 도와서 이 옷 무더기를 잘 개어주세요.

1436 对比 duìbǐ

명 대비, 대조, 비율

双方人数的对比是三比五。
쌍방 인원수의 비율은 3:5이다.

동 대비하다, 대조하다

유 0318 比较

对比了这几次考试的成绩单，她发现儿子的成绩下降了。 근래 몇 번 치른 시험 성적표를 대비해 보니, 그녀는 아들의 성적이 떨어진 걸 발견했다.

1437 对待 duìdài

동 ① 대처하다, 다루다, 대응하다

要正确对待别人的批评和指正。
다른 사람의 비평과 지적에 정확하게 대처해야 한다.

② 접대하다, 대우하다

对待朋友应当真心实意。
응당 성심 성의껏 친구를 대해야 한다.

1438 对方 duìfāng

명 상대방

반 我方 wǒfāng

比赛之前，要摸清对方的底细dǐxi。
시합 전에, 상대방의 저의를 낱낱이 파악해야 한다.

对方对你好的话，你也应该对对方好。
상대방이 당신을 좋게 대하면, 당신도 반드시 상대방을 좋게 대해야 한다.

1439 对手 duìshǒu

명 ① 적수, 상대

他决心在这次比赛中一定要打败对手。
그는 이번 시합에서 반드시 상대를 물리칠 것을 결심했다.

② 호적수

他实力超群，没人是他的对手。
그의 실력이 출중해서, 그의 호적수가 없다.

1440 对象 duìxiàng

명 ① 대상

他是我们学校游泳队重点培养的对象。
그는 우리 학교 수영 팀에서 집중적으로 육성할 대상이다.

② 애인, 결혼상대

유 情侣 qínglǚ

他把对象的照片放在皮夹píjiā里。
그는 결혼할 사람의 사진을 지갑 안에 넣어 두었다.

1441 对于 duìyú

전 ~에 대해서

유 0175 对, 0389 关于

功名利禄lù对于他而言，只不过是过眼云烟。 지위와 돈은 그에게 있어 단지 연기처럼 금방 사라져 버리는 것과 같다.

对于这个问题，我们还需要进行进一步的讨论。 이 문제에 대해서, 우리는 좀 더 깊이 있는 토론이 필요합니다.

对于・对 0175 对

- 对于 전 ~에 대해
- 对 전 ~에 대해

비교 对于를 사용하는 문장에는 거의 对를 쓸 수 있지만, 对를 사용하는 일부 문장에는 对于를 사용할 수 없다. 특히 사람과 사람의 관계를 나타내는 문장에는 반드시 对를 사용해야 하고, 조동사나 부사 뒤에는 반드시 对를 사용해야 한다.

뜻이 완전히 같을 때에는 차이점에 주목하는 것이 포인트!

Check
大家（　　　）你很关心。
모두 네게 관심을 가지고 있다.
我们会（　　　）节目做出安排的。
우리는 프로그램에 대해서 안배를 할 것입니다.

답 对 / 对于

关于・对于
0389 关于 참고

1442 **吨** dūn

양 톤(ton)
1吨等于1000千克。 1톤은 1,000킬로그램과 같다.
这次进了三十吨的货。
이번에 30톤의 물품이 들어왔다.

1443 **蹲** dūn

동 쪼그리고 앉다, 웅크리고 앉다
她蹲在墙角，伤心地哭了起来。
그녀는 모퉁이에 웅크리고 앉아, 가슴 아프게 울기 시작했다.
蹲下再站起来，这样也可以锻炼身体。 쪼그리고 앉았다 일어나는 것으로도, 몸을 단련시킬 수 있다.

1444 **多亏** duōkuī

동 은혜를 입다
유 2283 幸亏
多亏了李老师，我才能拿到这个奖。
이 선생님 덕분에 저는 비로소 이 상을 받을 수 있었습니다.
多亏您的帮助我才能顺利地找到住处。
도움을 주신 덕에 제가 순조롭게 거처를 찾을 수 있었습니다.

1445 **多余** duōyú

동 초과하다, 수량이 남는다
没有多余的时间，就看你怎么利用时间了。
남아도는 시간은 없으니, 네가 어떻게 시간을 이용하는지가 중요하다.
형 불필요한
别说那种多余的话。
그런 필요 없는 말씀은 하지 마세요.
你的担心完全是多余的。
네가 걱정하는 건 모두 걱정할 필요가 없는 것들이다.

1446 **躲藏** duǒcáng

동 숨다, 피하다
유 隐藏 yǐncáng
她悄悄地躲藏在大衣柜yīguì里。
그녀는 몰래 큰 옷장 안에 숨었다.
罪犯躲藏起来了，已经找了一个月还没有找到。 잠복해 버린 벌써 범인을 한 달간이나 찾았지만, 아직 찾지 못했다.

1447 恶劣 èliè

형 아주 나쁘다, 열악하다, 악질이다
유 0401 坏, 低劣 dīliè 반 0036 好, 1816 良好

这里的工作环境十分恶劣。
이곳의 업무 환경은 매우 열악하다.

在恶劣的条件下作业是十分痛苦的。
열악한 조건에서 작업을 하는 것은 매우 고통스럽다.

1448 发表 fābiǎo

동 ① 발표하다, 공표하다
유 1530 公布, 2292 宣布

大会上，大家踊跃yǒngyuè地发表了自己的意见。
총회에서, 모두 자신의 의견을 적극적으로 발표했다.

② 게재하다, 싣다
유 刊登 kāndēng

他的一篇文章在报纸上发表了。
그의 글 한 편이 신문에 실렸다.

1449 发愁 fā//chóu

동 근심하다, 우려하다
유 0347 担心

母亲正为女儿的婚事发愁。
어머니는 딸아이의 혼사로 근심하고 있다.

不要为考试发愁，你已经准备得很好了。
시험은 더 이상 걱정하지 마. 넌 이미 준비를 잘 했잖아.

没钱付医药费，让他发起愁来。
의료비를 지불할 돈이 없어서, 그는 근심하기 시작했다.

1450 发达 fādá

형 발달하다
유 1459 繁荣 반 衰落 shuāiluò

发达的交通是一个地区发展经济的必备条件。
발달된 교통은 한 지역 경제 발전에 있어 꼭 갖추어야 할 조건이다.

동 발전시키다

要想发达全民族文化，就要重视教育。
민족 문화를 발전시키려면, 교육을 중시해야 한다.

> **어휘 plus+**
>
> 发达 · 0703 发展
>
> • 发达 형 발달하다
> • 发展 동명 발전하다 / 발전
>
> 비교 发达는 사물이 번영, 흥성하거나, 사물이 이미 충분히 발전한 것을 가리키는 형용사이고, 发展은 사물이 작은 것에서 큰 것으로, 간단한 것에서 복잡한 것으로, 저급에서 고급으로 변화 발생하는 것을 가리키며 확대한다는 뜻도 나타낸다. 发展은 또한 동사 용법 이외에 명사 용법도 가지고 있다.
>
> 뜻은 같으나 품사로 구분되는 것이 포인트!
>
> **Check**
>
> 最近我们读书会的人数有了较大的（　　）。
> 최근 우리 독서클럽의 인원수가 비교적 많이 확충되었다.
>
> 他是健美运动员，肌肉很（　　）。
> 그는 보디빌더로 근육이 아주 발달되었다.
>
> 답 发展 / 发达

1451 发抖 fādǒu

동 (두려움이나 추위에) 떨다
他因为紧张不停地发抖。
그는 긴장해서 계속 떨었다.
在教室里学生们冻得瑟sè瑟发抖。
교실 안에서 학생들은 추위에 떨고 있다.

1452 发挥 fāhuī

동 ① 발휘하다
　유 发扬 fāyáng
每个人都要发挥自己的长处。
모든 사람은 자신의 장점을 발휘해야 한다.

② (의견이나 도리를) 표현하다
　유 0621 表达
这只是我的一点拙见zhuōjiàn，大家可以根据自己的理解自行发挥。 이건 단지 제 보잘 것 없는 의견이니, 여러분은 자신이 이해한 것에 따라 스스로 표현하시면 됩니다.

1453 发明 fāmíng

동 발명하다
　유 0369 发现 · 1352 创造
爱迪生Àidíshēng发明了电灯。
에디슨은 전등을 발명했다.

명 발명
二十世纪人类有许多伟大的发明。
20세기 인류는 많은 위대한 발명을 했다.

plus+
发明 · 0369 发现 · 1352 创造

· 发明　동 발명하다
　➡ 发明 + 火药, 新技术, 电话, 飞机, 武器, 活字印刷术

· 发现　동 발견하다
　➡ 发现 + 金矿, 文物古迹, 油田

· 创造　동 창조하다
　➡ 创造 + 奇迹, 幸福, 环境, 未来, 汉字, 理论

비교 发明은 사람의 노력으로 기존에 없던 새로운 사물을 만들어 내는 것을 말하고, 发现은 원래 존재하던 것을 찾은 것이며, 새로운 사물을 찾은 것에는 쓰지 않는다. 创造는 发明과 같이 노력을 통해 원래 없었던 것을 생산해내는 것이나, 发明의 목적어는 구체적 사물이고, 创造의 목적어는 구체적 사물뿐 아니라 역사, 경험, 형상, 기록, 생활, 조건 등 추상적인 것도 될 수 있다.

아무리 쉬운 단어일지라도 그 속뜻을 한번쯤 되새겨보는 것이 포인트!

Check
活字印刷术是中国人最早（　　　）的。
활자 인쇄술은 중국인이 최초로 발명한 것이다.
我们用双手（　　　）了自己的幸福生活。
우리는 두 손을 사용하여 자신의 행복한 생활을 창조했다.
在海岸（　　　）了很多文物古迹。
해안가에서 많은 문물 고적을 발견했다.

답 发明 / 创造 / 发现

1454 发票 fāpiào

명 영수증
　유 发货票 fāhuòpiào
请保管好发票。 영수증을 잘 보관하십시오.
要把发票带来才能报销bàoxiāo。
영수증을 가지고 오셔야 정산을 하실 수 있습니다.

1455 发言 fā//yán

동 발언하다
他在大会上简短地发言了。
그는 대회에서 간단하게 발언을 했다.
课堂上学生们抢qiǎng着发言。
교실에서 학생들은 앞다투어 발언을 한다.
校长在会议上发了十分钟言。
교장선생님께서 회의상에서 10분이나 말씀하셨다.

1456 罚款 fá//kuǎn

동 ① 위약금을 물다, 부과하다
既然你违反了合同，那就要支付罚款。
당신이 계약을 위반한 이상, 위약금을 지불해야 한다.

② 벌금을 물다, 부과하다
此处禁止停车，违者罚款。
여기는 주차를 금지하며, 위반한 사람은 벌금이 부과된다.
他闯chuǎng红绿灯，被罚了款。
그는 빨간불에 길을 건너가서, 벌금을 물었다.

1457 法院 fǎyuàn

명 법원
法院指定他为小孩子的监护jiānhù人。
법원은 그를 아이의 법정후견인으로 지정했다.
法院是刑事xíngshì审判shěnpàn权的国家机关。
법원은 형사심판권을 가진 국가 기관이다.

1458 翻 fān

동 ① 뒤집다, 뒤집히다
把阳台上晒着的被子翻个个儿再晒shài一会儿。
발코니 위에 말리고 있는 이불을 좀 뒤집어서 햇빛을 좀 더 쬐게 두세요.

② 뒤지다, 헤집다
谁允许你随便翻我的东西了?
누가 내 물건을 마음대로 헤집으라고 허락했니?

③ 번복하다
我对他那么好，他竟然翻脸不认人啦。
내가 그에게 얼마나 잘해줬는데, 어떻게 갑자기 태도를 바꿔서 사람을 모른 척할 수 있지?

④ 넘다, 건너다
他翻山越岭lǐng，好不容易找到了传说中的雪莲xuělián。 그는 산 넘고 고개 건너, 어렵사리 전설의 설련을 찾아냈다.

⑤ 증가하다, 배가 되다
最近物价翻倍地上涨。 요즘 물가가 배로 올랐다.

⑥ 번역하다, 통역하다
유 译yì
帮我翻译一下这段英文吧。
이 영어 문장 번역하는 것 좀 도와주세요.

1459 繁荣 fánróng

형 번영하다, 번창하다
유 1450 发达，兴旺 xīngwàng 반 凋敝 diāobì
我们的祖国越来越繁荣富强。
우리의 조국은 나날이 번영하고 부강해지고 있다.

동 번영시키다
政府的这一举措将有助于繁荣经济。
정부의 이 조치는 경제를 번영시키는 데 도움이 될 것이다.

1460 凡是 fánshì

부 대체로, 무릇, 모두
유 0945 全部, 1016 所有, 1104 一切
凡是善良的人都会愿意帮助她的。
무릇 선량한 사람이라면 모두 그녀를 돕기를 희망한다.
凡是和她打过交道的人，没有一个不夸她好的。 대체로 그녀와 왕래한 사람이라면, 그녀가 좋은 사람이라고 칭찬하지 않는 사람이 없다.

凡是 · 1104 一切 · 1016 所有

• 凡是 부 모든
• 一切 형 일체의
• 所有 형 모든

비교 凡是는 부사로 어떤 범위 내에 예외가 없음을 강조하는데 일반적으로 문장의 시작 부분에 쓰이며, '都'나 '全'과 자주 쓰인다. 一切는 범위가 넓으며 사물 전부를 포함하지만 분류된 사물만 수식할 수 있다. 예를 들어 '一切植物'라고는 할 수 있지만 '一切苹果'라고는 쓰지 못한다. 또한 一切는 '的' 없이 직접 수식하고 명사 용법도 있다. 所有는 범위가 비교적 좁지만 일정한 범위 내 사물의 전부를 말한다.

어떤 단어들과 함께 쓰이는지를 알아두는 것이 포인트!

Check
(　　　　) 他的歌，我们都喜欢听。
모든 그의 노래를 우리는 모두 좋아한다.
我们学校 (　　　　) 的学生都必须参加这次考试。
우리 학교의 모든 학생은 이번 시험에 반드시 참여해야 한다.
刚发生的 (　　　　) 好像梦一样。
방금 발생한 모든 것이 마치 꿈만 같다.

답 凡是 / 所有 / 一切

1461 反而 fǎn'ér

부 오히려, 역으로

유 1400 倒

他不但毫不感激，反而恩将仇报。
그는 감사해 하기보다는, 오히려 은혜를 원수로 갚았다.

他做错了事，老师不但没有责备他，反而表扬了他，真是很奇怪。
그가 일을 잘못 했는데도 선생님은 책망하지 않으시고 오히려 그를 칭찬하셨는데, 정말 이상하다.

1462 反复 fǎnfù

부 반복해서

유 1330 重复

经过反复思考，他终于明白了其中的奥妙àomiào。 반복해서 생각한 결과, 마침내 그 오묘함을 알게 되었다.

동 반복하다, 거듭하다

这次我真的决定了，绝对不会再反复了。
이번에 정말 결심했어, 절대로 다시는 번복하지 않을 거야.

어휘 plus+ 反复・1330 重复

- 反复 동 반복하다
- 重复 동 중복하다

 反复는 같거나 같은 종류의 행위나 동작을 반복하는 것을 가리키고, 重复는 같은 것이 또 한 번 출현하거나 나타나거나, 같은 일을 또 한번 하는 것을 가리킨다.

아무리 쉬운 단어일지라도 그 속뜻을 한 번쯤 되새겨보는 것이 포인트!

Check

这两部电影的题材（　　　　）了。
이 두 편의 영화 소재는 중복되었다.

我们（　　　　）地听这些文章。
우리는 반복적으로 이 문장들을 듣는다.

답 重复 / 反复

1463 反应 fǎnyìng

동 반응하다, 응답하다

유 0708 反映

起初她没明白他是什么意思，过后才反应过来。 처음에 그녀는 그의 뜻이 무엇인지 알지 못했지만, 시간이 좀 지난 후에야 반응이 왔다.

명 반응

我偷偷捅tǒng了她一下，她居然没有反应。
나는 몰래 그녀를 찔렀지만, 그녀는 의외로 반응이 없었다.

어휘 plus+ 反应・0708 反映

- 反应 동명 반응하다 / 반응
- 反映 동명 반영하다 / 반영
  ➡ 反映 + 社会, 能力, 水平, 态度, 性格

 反应은 유기체가 외부 환경의 변화와 자극에 생산하는 대응변화를 가리키며, 직접적으로 목적어를 가질 수 없다. 反映은 객관적 사물의 본질을 표현하며 상황이나 의견 등을 윗사람 및 관련 부서에 알리는 것으로 상급자가 하급자에게 쓸 수 없다. 목적어를 가지며 중첩할 수 있다.

두 글자 중 한 글자만 다를 경우 그 다른 한 글자의 뜻에 집중하여 구분하는 것이 포인트!

Check

听到这个消息，他的（　　　　）就是觉得不太好。 이 소식을 듣고, 그는 별로 좋지 않은 반응을 나타냈다.

这本书（　　　　）了现代社会。
이 책은 현대사회를 반영했다.

답 反应 / 反映

1464 反正 fǎnzhèng

부 어차피, 어쨌든, 아무튼

유 0799 既然

反正也没拿奖学金，不用那么认真准备考试了。 어차피 장학금도 못 받을 텐데, 그렇게 열심히 시험을 준비할 필요 없어.

反正事情已经到了这个地步，我也没什么可怕的了。 어차피 일이 이미 이 지경에 이르렀으니, 나도 무서울 거 없어졌어.

1465 方 fāng

형 네모난, 사각의

我们家的餐桌是方形的。
우리 집의 식탁은 사각형이다.

명 ① 측, 쪽
正方和反方展开了激烈的辩论。
찬성 측과 반대 측이 격렬한 변론을 펼쳤다.

② 방위, 방면
他在美术方面造诣zàoyì很深。
그는 미술 방면에 조예가 매우 깊다.

③ 방법
处理这种事情，我自有方法。
이런 일을 처리하는 데에 나만의 방법이 있다.

1466 方案 fāng'àn

명 설계도, 방안, 계획
유 0798 计划
公司明年的发展方案已经出台了。
회사의 내년도 발전 방안이 이미 공표되었다.
经过一番讨论，最终他的方案被采纳cǎinà了。
한 바탕 토론 끝에, 최종으로 그의 방안이 수렴되었다.

1467 方式 fāngshì

명 방식, 방법, 일정한 형식
유 0710 方法
他表达感情的方式与其他人不太一样。
그는 감정을 표현하는 방법이 다른 사람과 좀 다르다.
每个人都有自己的生活方式，他人无权干涉。
모든 사람은 각자 자신의 생활 방식이 있으므로, 타인이 간섭할 권리는 없다.

1468 妨碍 fáng'ài

동 방해하다, 지장을 주다
困难并不会妨碍我成功的。
고난은 결코 나의 성공에 방해가 되지 않는다.
爸爸正在忙，不要去妨碍他。
아버지께서는 지금 바쁘시니 방해하지 마라.

1469 房东 fángdōng

명 집주인
我们的房东有些斤斤计较。
우리 집주인은 좀 지나치게 따진다.
房东是一个微微有些发福的中年妇女。
집주인은 조금 살이 찐 중년부인이다.

1470 仿佛 fǎngfú

부 마치 ~인 듯 하다
유 0770 好像, 2112 似乎
看着那女孩儿稚嫩zhìnèn的脸庞，她仿佛看见了自己年轻的时候。
그 여자 아이의 앳된 얼굴을 보고 있노라니, 그녀는 마치 자신의 젊은 시절 모습을 보는 듯 했다.

동 비슷하다, 유사하다
유 0770 好像, 近似jìnsì, 类似lèisì
他们两个年龄仿佛。 그 둘은 연배가 비슷하다.

1471 放松 fàngsōng

동 늦추다, 느슨하게 하다
반 抓紧zhuājǐn
听着舒缓的瑜伽yújiā音乐，她的身心都放松了。 편안한 요가 음악을 듣고 있으니, 그녀의 심신도 느슨해졌다.
最能让你放松的方法是什么？
당신이 긴장을 풀 수 있는 가장 좋은 방법이 무엇입니까？

1472 非 fēi

동 ① 아니다
这并非是我的错，你怎么能把账算到我头上呢？ 이것은 결코 내 잘못이 아닌데, 네가 어떻게 빚을 내게 전가할 수가 있니?

② 맞지 않다, 위배하다
威胁wēixié、恐吓都是非法的。
위협이나 협박은 모두 불법이다.

③ 반대하다
其实她这么做也是人之常情，无可厚非。
사실 그녀가 이렇게 하는 것도 인지상정이니, 크게 비난할 바가 못 된다.

부 ① 부정부사 不와 동일하게 쓰임
这次考试，他非要拿第一名不可。
이번 시험에 일등을 하지 않으면 안 된다.

② 반드시, 꼭, 필히
유 0557 一定
他不让我去，我非要去。
그는 날 못 가게 하지만, 난 꼭 가야겠어.

1473 肥皂 féizào
명 비누
这个牌子的肥皂特别好用。
이 상표의 비누는 정말 좋다.
肥皂可以洗去衣物上的污渍wūzì。
비누는 옷에 묻은 때를 세척할 수 있다.

1474 肺 fèi
명 폐
肺是人类的呼吸器官。 폐는 인류의 호흡기관이다.
经常做深呼吸有利于肺的健康。
자주 심호흡을 하면 폐 건강에 좋다.

1475 废话 fèihuà
명 쓸데없는 말
别说废话了，快来干活吧。
쓸데없는 말하지 말고, 빨리 와서 일어나 해.

동 허튼소리를 하다
我懒得跟你废话，你自己看着办吧。
너랑 허튼소리 하기 싫으니까, 네가 알아서 해.

1476 费用 fèiyòng
명 지출, 비용
유 开支 kāizhī

今天住宿的费用得自己出了。
오늘 숙박 비용은 본인이 내야 한다.
出差的所有费用公司都给报销bàoxiāo。
출장에 든 모든 비용은 회사가 모두 정산해준다.

1477 分别 fēnbié
동 ① 헤어지다, 이별하다
유 离别 líbié 반 团聚 tuánjù
自从上次分别，我们再也没联系过。
헤어진 후로, 우리는 다시 연락한 적이 없다.

② 구별하다, 가리다
유 0943 区别, 区分 qūfēn
她已经完全被爱情蒙蔽méngbì了双眼，不会分别是非对错了。 그녀는 이미 사랑에 눈이 멀어서 뭐가 맞는지 틀린지조차 구별할 수 없어졌다.

부 각각, 따로따로
유 1526 各自
他分别向有关领导做了汇报huìbào。
그는 각각 관련 간부에게 보고를 했다.

명 차이
유 1288 差别
她唱的几乎和原唱没什么分别。
그녀의 노래는 거의 원곡과 차이가 없다.

어휘 plus+
分别 · 1288 差别 · 0943 区别
- 分别 동 분별하다, 변별하다
- 差别 명 차별, 차이
- 区别 동명 구별하다 / 구별

비교 分别는 동사적 용법 이외에도 부사로서 '각각 다르게'라는 뜻도 가지고 있다. 差别는 형식과 내용상의 다른 것을 나타내는 명사이다. 区别는 비교를 한 후에 사물의 차이점을 인식하고 깨닫는 것을 가리키고, 명사적 용법 외에 동사의 뜻도 있다.

한국어로 해석하면 차이가 없어 보이므로 단어의 뜻을 정확히 파악하는 것이 포인트!

Check
各部门（　　　　）介绍了近期的工作情况。
각 부서는 최근 업무상황을 각각 소개했다.

这三张图案有什么（　　　），我看不出来。
이 세 장의 도안에 어떤 구별점이 있는지 나는 모르겠다.
你们俩只有年龄的（　　　），其他方面都差不多。
너희 둘은 단지 연령상의 차이만 있을 뿐 다른 방면은 비슷하다.

圖 分别 / 区别 / 差别

1478 分布 fēnbù

동 분포하다

煤méi资源主要分布在西北部。
석탄 자원은 주로 서북부에 분포되어 있다.
我国的水资源分布得很不均匀jūnyún。
우리나라의 수자원 분포는 매우 불균일하다.

1479 分配 fēnpèi

동 분배하다, 할당하다
圖 分 fēn, 分发 fēnfā

他所在的国企给员工分配住房。
그가 몸 담고 있는 국영기업은 직원에게 사옥을 분배해준다.
现阶段国家采取什么分配制度?
현 단계에 국가는 어떤 분배제도를 선택 시행합니까?

1480 分析 fēnxī

동 분석하다
圖 辨析 biànxī   圖 综合 zōnghé

心理学专家分析这种行为的原因。
심리학자는 이런 행위의 원인을 분석했다.

명 분석
经过一番复杂的分析，他终于得出了结论。
복잡한 분석을 통해서 그는 결국 결론을 도출했다.

1481 纷纷 fēnfēn

형 분분하다, 어수선하게 많다
秋风扫过，落叶纷纷。
가을 바람이 쓸고 지나가니, 낙엽이 어수선하게 떨어지네.

부 잇달아, 계속하여
看到他进来，屋里的人纷纷站起来欢迎他。
그가 들어오는 것을 보고, 집안의 사람들은 잇달아 일어나 그를 환영했다.

1482 奋斗 fèndòu

동 분투하다
圖 斗争 dòuzhēng

年轻人要不停地奋斗。
젊은이들은 끊임없이 분투해야 한다.
要为实现理想而努力奋斗。
이상을 실현하기 위해 노력하고 분투해야 한다.

1483 愤怒 fènnù

형 분노하다
圖 0497 生气

他愤怒地把杯子摔shuāi到地上。
그는 분노해서 컵을 바닥에 내던졌다.
听到别人污蔑wūmiè他的母亲，他感到异常愤怒。
다른 사람이 그의 어머니를 모욕하는 말을 듣고, 그는 대단히 분노를 느꼈다.

1484 风格 fēnggé

명 풍격, 품격
圖 风度 fēngdù, 作风 zuòfēng

她的穿衣风格是朴素pǔsù的。
그녀의 옷 입는 품격은 소박하다.
尊老爱幼的高尚风格值得大力发扬。
어른을 공경하고 어린이를 사랑하는 도덕적이고도 고결한 기질은 대대적으로 발양시킬 만하다.

1485 风俗 fēngsú

명 풍속
圖 0534 习惯, 习俗 xísú

每个国家或地区都有其独特的风俗人情。
각 국가 혹은 지역마다 그만의 독특한 풍속과 인정이 있다.

255

他在中国待了十多年了，早已习惯这里的风俗了。그는 중국에 머문 지 십여 년이 되어서 이미 이곳의 풍속에 익숙해졌다.

1486 风险 fēngxiǎn

명 위험, 모험
> 유 1047 危险

投资股市是有风险的。
주식에 투자하는 것은 위험하다.

他冒着生命的风险把小孩儿从大火中救出来。그는 생명의 위험을 무릅쓰고 큰 불 속에서 아이를 구했다.

1487 疯狂 fēngkuáng

형 미친 듯이 날뛰다, 광분하다
> 유 猖獗 chāngjué, 猖狂 chāngkuáng

歌迷们疯狂地迷恋自己的偶像。
가수의 팬들은 미친 듯이 자신의 우상에 푹 빠져 있다.

为了更瘦，她疯狂地减肥，患huàn 上了厌食症yànshízhèng。 더 날씬해지기 위해, 그녀는 미친 듯이 다이어트를 하다가, 거식증에 걸렸다.

1488 讽刺 fěngcì

동 풍자하다, 비꼬다
> 유 嘲笑 cháoxiào

这篇小说讽刺了社会的黑暗面。
이 소설은 사회의 어두운 면을 풍자했다.

她总是喜欢挖苦wāku、讽刺别人，所以大家都不喜欢她。그녀는 늘 다른 사람을 조롱하고 비꼬는 걸 좋아해서, 모두가 그녀를 좋아하지 않는다.

1489 否定 fǒudìng

동 부정하다
> 유 1490 否认 반 0851 肯定

他很快地否定了之前提出的观点。
그는 재빨리 이전에 제기됐던 견해를 부정했다.

형 부정적인, 부정의
他对此持否定态度。
그는 이에 대해 부정적인 태도를 고수하고 있다.

1490 否认 fǒurèn

동 부인하다, 부정하다
> 유 1489 否定 반 1310 承认

我不是要否认你做出的努力。
나는 네가 한 노력을 부정하려고 하는 것이 아니다.

事实胜于雄辩xióngbiàn，你无需再否认了。
말보다는 사실이 중요하니, 네가 다시 부인할 필요 없어.

1491 扶 fú

동 부축하다, 떠받치다
> 유 帮 bāng

他扶老奶奶走上楼梯。
그는 할머니를 부축해 계단을 올랐다.

她走上前，把摔倒的小孩儿扶了起来。
그녀는 가까이 가서, 넘어진 어린아이를 일으켜 세워줬다.

1492 幅 fú

명 (옷감의) 너비, 폭
这块布的幅宽是三米。
이 옷감의 폭은 3미터이다.

양 폭 (옷감, 종이, 그림 등을 세는 단위)
我们学校走廊zǒuláng的墙上挂了很多幅画。
우리 학교 복도의 벽에는 많은 그림이 걸려 있다.

1493 服从 fúcóng

동 복종하다, 따르다
> 유 听从 tīngcóng 반 2189 违反

少数服从多数。소수가 다수의 의견에 따른다.

军人要服从命令。군인은 명령에 복종해야 한다.

1494 服装 fúzhuāng

명 복장, 의류

유 0132 衣服

大家服装各异去参加舞会。
모두 제 각각의 옷을 입고 무도회에 참가했다.

她是一名服装设计师，有着非常敏锐mǐnruì的时尚触觉。
그녀는 패션디자이너로서, 아주 예리한 트랜드 촉각을 보유하고 있다.

1495 辅导 fǔdǎo

동 지도하다, 가르치다

这个小孩儿太不上进，很不好辅导。
이 아이는 너무 향상되지 않아 가르치기가 어렵다.

父母为他请了一位家教来辅导他的英语。
부모는 그를 위해 과외선생님을 한 분을 초빙하여 영어를 가르치도록 했다.

1496 付款 fù//kuǎn

동 돈을 지불하다

买机票只要网上付款就可以了。
비행기 표를 살 때 인터넷으로 결제하면 된다.

这家店采取货到付款的结算方式。
이 가게는 물건을 받은 후에 대금을 지불하는 방식을 택하고 있다.

从网上订的家具，我已经付过款了。
인터넷에서 주문한 가구는 내가 이미 돈을 지불했어.

1497 妇女 fùnǚ

명 부녀자, 여성

유 女性 nǚxìng

妇女的地位在逐渐提高。
여성의 지위가 점차 높아지고 있다.

妇女参加政治活动的机会越来越多了。
여성들의 정치 활동 기회가 갈수록 많아진다.

1498 复制 fùzhì

동 복제하다

유 0724 复印

把这些材料再复制一份存档cúndàng。
이 자료들을 다시 한 부 복사하여 파일로 보관하세요.

不停地复制粘贴zhāntiē让人觉得很烦。
복사해서 붙여놓기만 반복하는 건 사람을 정말 짜증나게 한다.

新HSK VOCA 5000
G 5급

1499 改革 gǎigé

동 개혁하다

유 1521 革命, 改良 gǎiliáng

改革教育体制十分必要。
교육제도 개혁은 매우 필요하다.

进行技术改革之后，我厂产品的质量有了显著提高。
기술개혁을 진행한 후, 우리 공장 제품의 품질이 눈에 띄게 좋아졌다.

1500 改进 gǎijìn

동 개진하다, 개량하다

반 1501 改善

工作的方式还有待进一步改进。
업무 방식은 여전히 진일보 개선이 필요하다.

这个方案还有些不足，需要改进一下。
이 방안은 아직 부족한 부분이 있어서 개선할 필요가 있다.

1501 改善 gǎishàn

동 개선하다
　유 改良 gǎiliáng

人民的生活水平不断改善。
국민의 생활 수준이 부단히 개선되고 있다.

改善物质条件有利于社会文化的发展。
물질적 조건의 개선은 사회문화 발전에 유익하다.

1502 改正 gǎizhèng

동 개정하다, 시정하다
　유 改 gǎi

发现了错误就应当及时改正。
잘못된 부분을 발견하면 응당 즉시 시정해야 한다.

这个报告里还有些问题需要改正。
이 보고서 안의 몇 가지 문제점들은 여전히 개정이 필요하다.

1503 盖 gài

명 뚜껑, 덮개

把瓶盖儿打开。 병 뚜껑을 열어라.

동 ① 덮다, 가리다

她把毯子tǎnzi扯chě过来盖在了腿上。
그녀는 담요를 끌어당겨서 다리 위에 덮었다.

② 도장을 찍다

我把这份材料拿到工商管理局去盖章。
나는 이 문건을 상공부에 가져가서 도장을 받아야 한다.

③ 앞서다, 능가하다

他的成绩盖过了全年级的所有同学。
그의 성적은 전교생을 능가한다.

④ 집을 짓다

你家这房子什么时候盖的呀?
당신의 이 집은 언제 지어졌습니까?

1504 概括 gàikuò

동 개괄하다
　유 1189 总结

请概括一下这篇文章的大意。
이 글의 주제를 개괄해주세요.

형 대략적인

他概括地描述miáoshù了一下交通事故现场的情况。
그는 교통사고 현장의 상황을 대략적으로 묘사했다.

1505 概念 gàiniàn

명 개념

一些经济学的概念不太好理解。
일부 경제학의 개념은 이해하기 어렵다.

要解答这道题，首先要明确这个概念的含义。
이 문제를 풀려면, 먼저 이 개념의 함의를 명확하게 이해해야 한다.

1506 干脆 gāncuì

형 명쾌하다, 간단명료하다, 시원스럽다

他办事干脆，从不拖拖拉拉。
그는 일을 시원스럽게 하지, 질질 끌지 않는다.

부 전혀, 아예

别等他了，干脆我们自己去吧。
더 이상 그를 기다리지 말고, 아예 우리가 갑시다.

1507 感激 gǎnjī

동 감격하다
　유 0730 感动, 0733 感谢

我很感激你对我的帮助。
나는 당신의 도움에 매우 감격했다.

他很感激多年来妻子为他的付出。
그는 여러 해 동안 아내가 바친 희생에 대해 매우 감격했다.

어휘 plus+ 感激 · 0733 感谢

- 感激 동 감격하다
- 感谢 동 감사하다

비교 感激와 感谢는 동사로 타인에 대한 호의나 도움에 감사하는 뜻을 표현하는 말이다. 感激는 '激'의 의미가 더 깊고 타인에게 어떤 도움을 받아서 감동과 감사의 뜻이 생기는 것을 말한다. 感谢는 물질적인 보답도 있지만 언어를 통해 감사의 표시를 하는 것을 뜻한다.

> 아무리 쉬운 단어일지라도 그 속뜻을 한 번쯤 되새겨보는 것이 포인트!

Check

爸爸（　　　　　）得流下眼泪了。
아버지께서 감격하셔서 눈물을 흘리셨다.

为了（　　　　　）您对我的帮助，这顿饭我来请。 저를 도와주신 것에 감사하고 싶어서, 이 식사는 제가 모시겠습니다.

답: 感激 / 感谢

1508 感受 gǎnshòu

동 (영향을) 받다

她无法**感受**到他的爱。
그녀는 그의 사랑을 느끼지 못했다.

명 인상, 느낌

유 0731 感觉

假如你是受害者家人，你会有何**感受**?
만약 당신이 피해자 가족이라면, 어떤 느낌이겠습니까?

1509 感想 gǎnxiǎng

명 감상, 느낌, 소감

看了这本书，你有什么**感想**?
이 책을 읽은 후, 당신은 어떤 느낌을 받았습니까?

请跟我们谈谈您获奖后的**感想**。
당신의 수상 후 소감을 저희에게 이야기해주십시오.

1510 赶紧 gǎnjǐn

부 빨리, 늦지 않게

유 0459 马上, 1511 赶快

我得**赶紧**完成这个任务。
나는 빨리 이 임무를 완성해야 한다.

不能再拖了，**赶紧**把他送去医院。
더는 미루면 안 돼, 최대한 빨리 그를 병원으로 보내.

1511 赶快 gǎnkuài

부 빨리, 서둘러

유 0459 马上, 1510 赶紧

赶快走吧，不然又要迟到了。
서둘러 가세요, 그렇지 않으면 또 늦겠어요.

赶快收拾行李，再不出发就赶不上飞机了。
빨리 짐을 싸, 지금 출발하지 않으면 비행기를 못 타게 돼.

1512 干活儿 gàn//huór

동 (육체적인) 일을 하다, 노동하다

유 0033 工作, 1787 劳动

他**干**了两天**活儿**就回老家了。
그는 이틀동안 일하고 고향으로 돌아갔다.

他辛辛苦苦**干活儿**赚的钱全被小偷抢qiǎng了。 그는 힘들게 일을 해 번 돈을 도둑 맞았다.

1513 钢铁 gāngtiě

명 강철

这家**钢铁**公司存在着产能过剩guòshèng的问题。 이 강철회사에는 생산능력 과잉의 문제가 존재한다.

형 견고하다

战士们有着**钢铁**般的意志。
전사들은 무쇠 같은 의지를 지니고 있다.

1514 高档 gāodàng

형 고급의, 상등의

유 0736 高级 반 低档 dīdàng

她经常随父亲出入**高档**场所。
그녀는 자주 아버지를 따라 고급스러운 장소에 출입한다.

高档酒店服务态度就是好啊！
고급 호텔의 서비스는 정말 좋아!

1515 高速公路 gāosù gōnglù

명 고속도로

高速公路的速度限制是多少?
고속도로의 속도 제한은 얼마이니?

高速公路禁止行人和非机动车通行。
고속도로는 행인과 비동력 차량의 통행을 금지한다.

1516 搞 gǎo

동 ① 하다, 만들다, 종사하다
　　유 0909 弄
　　他原来是搞历史研究的。
　　그는 원래 역사연구를 했다.

② 손에 넣다
　　他们故意想搞垮kuǎ那家店。
　　그들은 일부러 그 가게를 망하게 하려고 작정을 했다.

搞・0909 弄

・搞　동 하다
　　➡ 搞 + 对象, 关系, 教学, 展览, 卫生, 运动

・弄　동 하다
　　➡ 弄 + 饭, 菜, 花, 鸟, 抢, 棍

비교 搞와 弄의 두 단어는 뜻은 서로 비슷하지만, 목적어를 가질 경우 搞는 목적어로 일, 사람 관계, 활동 등이 오고 특정 대상이 오기도 하며, 弄은 손으로 만지는 물건, 보살피는 사람, 준비된 음식 등을 목적어로 쓴다.

비슷한 의미를 가진 단어일수록 搭配에 의해 구분된다는 것이 포인트!

Check
我不会做这道菜，你来（　　　　）吧。
저는 이 음식을 할 줄 모릅니다. 당신이 하세요.
他爱人是（　　　　）艺术的。
그의 부인은 예술을 한다.
답 弄 / 搞

1517 告别 gào//bié

동 ① 작별을 고하다, 헤어지다
　　她告别了家人和朋友，独自去外地求学。
　　그녀는 가족과 친구들에게 작별을 고하고, 혼자서 외지로 공부하러 간다.

② 은퇴하다, 떠나다
　　她告别影坛yǐngtán十几年了。
　　그녀가 영화계를 떠난 지 십수 년이 지났다.

③ 애도를 표하다
　　由于伤心过度，他的母亲在他的遗体告别仪式上昏倒了。
　　너무도 상심한 나머지, 그의 모친은 영결식장에서 혼절했다.

1518 胳膊 gēbo

명 팔
她从楼梯上滚下来，胳膊骨折了。
그녀는 계단에서 떨어져서, 팔뼈가 부러졌다.
我的胳膊不知什么时候变得这么粗了。
내 팔이 나도 모르는 사이에 이렇게 굵어졌다.

1519 鸽子 gēzi

명 비둘기
鸽子是和平的象征。 비둘기는 평화의 상징이다.
我家养了几只雪白的鸽子。
우리 집은 새하얀 비둘기를 몇 마리 기른다.

1520 隔壁 gébì

명 이웃, 이웃집
　　유 0455 邻居
隔壁的邻居今天早上搬走了。
옆집 이웃이 오늘 아침에 이사 갔다.
住在我们家隔壁的那家人特别热心。
우리 이웃집에 사는 그 가족들은 정말 마음이 따뜻하다.

1521 革命 gémìng

동 혁명하다
　　유 1499 改革
我们一定要将革命进行到底。
우리는 반드시 혁명을 끝까지 이끌어 나아가야 한다.

형 혁명적이다
孙中山先生是中国革命的先行者。
손중산 선생은 중국 혁명의 선구자이시다.

1522 格外 géwài

부 각별히, 특별히, 유달리
유 0177 非常, 0513 特别, 分外 fènwài

不知怎么的，今天格外累。
왜 그런지 모르겠는데, 오늘은 유달리 피곤하네.

她穿上那件连衣裙，显得格外有气质。
그녀가 그 원피스를 입으니, 확실히 품격이 있어 보이네요.

1523 个别 gèbié

형 ① 개개의, 개별적인
유 0513 特别, 2134 特殊
반 0564 一般, 0924 普遍, 多数 duōshù

个别辅导更有效果。
개별적으로 지도하는 것이 훨씬 효과적이다.

② 극소수의, 일부의
유 少数 shǎoshù

这只是个别现象，你不要以偏概全 yǐpiāngàiquán。 이건 단지 일부 현상이니, 단편적인 것을 전부라고 여기지 마세요.

1524 个人 gèrén

명 ① 개인
반 1647 集体

适当地控制一下个人情绪。
개인의 기분을 적당히 조절하세요.

② 나, 저 (공식적으로 의견을 발표할 때 쓰임)

这是我的个人意见，仅供大家参考。
이것은 제 사견일 뿐이니 여러분은 참고만 하세요.

1525 个性 gèxìng

명 개성, 개별성
유 1081 性格, 特性 tèxìng

李老师很欣赏有个性的学生。
이 선생님은 개성이 강한 학생을 좋아하신다.

这个人物形象的个性十分鲜明。
이 인물이 형상하는 개성은 매우 뚜렷하다.

1526 各自 gèzì

대 각자, 제각기
유 0596 自己, 1477 分别

各自完成自己的任务。
각자 자신의 임무를 완성하자.

大家各自做好各自分内的事吧。
모두 각자의 분야 내의 일을 잘 해냅시다.

1527 根 gēn

명 ① 뿌리
一棵大树被狂风连根拔起。
큰 나무 하나가 돌풍으로 뿌리까지 뽑혔다.

② 자손, 후대
这孩子是这个家族唯一的根。
이 아이는 이 가족의 유일한 후손이다.

③ 근본
扬汤止沸 yángtāngzhǐfèi 并不能从根上解决问题。 겉으로 보이는 것만 고치려고 하는 것은, 근본적인 문제를 해결할 수 없다.

양 개, 가닥 (가늘고 긴 것을 세는 단위)
她划了一根火柴点烟。
그녀가 성냥 한 개비를 켜서 담배에 붙였다.

1528 根本 gēnběn

명 근본, 기초
农业是国民经济的根本。
농업은 국민경제의 근본이다.

형 중요하다, 근본적이다
要想解决问题就要找到根本原因。
문제를 해결하려면 근본 원인을 찾아야 한다.

부 전혀, 아예 (부정문에 많이 쓰임)
你根本不明白我说的是什么意思。
당신은 내 말의 뜻을 전혀 이해하지 못하고 있다.

1529 更加 gèngjiā

[부] 더욱, 더, 한층

[유] 0382 更

我拒绝了他，这让他更加喜欢我了。
나는 그를 거절했는데, 이것은 그가 나를 더 좋아하도록 만들었다.

听了她这番话之后，他的心里更加内疚nèijiù。
그녀의 이 말을 듣고 난 후에, 그는 더욱 더 가책을 느꼈다.

1530 公布 gōngbù

[동] 공포하다, 공표하다

期末考试的成绩已经公布了。
기말고사 성적이 이미 공표되었다.

这次选举结果已经统计出来了，但还没有正式公布。 이번 선거 결과가 이미 통계로 나왔으나, 아직 정식으로 공표되지는 않았다.

1531 公开 gōngkāi

[형] 공개적인

他们俩的事早就是公开的秘密了。
그 두 사람의 일은 이미 공공연한 비밀이 되었다.

他们已经是公开的男女朋友关系了。
그들은 이미 공개적인 애인 사이이다.

[동] 공개하다

[유] 2292 宣布　[반] 1857 秘密

她居然把这个秘密公开出来了。
그녀는 놀랍게도 이 비밀을 공개해 버렸다.

公开事故原因，追究相关人员责任。
사고 원인을 공개하고, 관련자에게 책임을 추궁했다.

1532 公平 gōngpíng

[형] 공평하다

这世上没有什么事是绝对公平的。
이 세상에는 절대로 공평한 것이란 없다.

公平正义是社会主义法制的要求。
공평 정의는 사회주의 법률체제의 요구이다.

1533 公寓 gōngyù

[명] 아파트

我就住在公司对面的公寓里。
나는 회사 맞은 편 아파트에서 살고 있다.

他刚租下一套设备非常好的公寓。
그는 시설이 매우 잘 구비되어 있는 아파트를 막 임대했다.

1534 公元 gōngyuán

[명] 서기, 기원

耶稣Yēsū诞生的那一年为公元元年。
예수가 탄생한 그 해를 서기 원년으로 삼는다.

这本小说是以公元前的战争为背景来写的。
이 소설은 기원전의 전쟁을 배경으로 쓰여졌다.

1535 公主 gōngzhǔ

[명] 공주

她是国王最宠爱chǒng'ài的公主。
그녀는 국왕이 가장 총애하는 공주이다.

故事的最后，公主和王子幸福地生活在一起。 스토리 마지막에 공주와 왕자는 함께 행복하게 살았대.

1536 工厂 gōngchǎng

[명] 공장

这家工厂新招了一批员工。
이 공장은 한 무리의 직원들을 모집했다.

从技术学校毕业以后，他去工厂当了一名工人。 기술학교를 졸업한 후, 그는 공장에 가서 노동자가 되었다.

1537 工程师 gōngchéngshī

명 기사, 엔지니어

他获得了工程师的职称。
그는 엔지니어의 직책을 얻었다.

他是这个项目的总工程师。
그는 이 프로젝트의 총괄 엔지니어이다.

1538 工人 gōngrén

명 노동자

高级技术工人的工资相当高。
고급기술자의 월급은 상당히 높다.

政府向失业工人提供经济补贴。
정부는 실직 노동자에게 경제 보조금을 제공한다.

1539 工业 gōngyè

명 공업

工业是国民经济的支柱。
공업은 국민 경제의 버팀목이다.

工业废水不得随意排放到河道里。
공업 폐수는 함부로 수로로 방출해서는 안 된다.

1540 功夫 gōngfu

명 ① 시간, 틈

现在真没有功夫，不能帮你。
지금 진짜 시간이 없어서, 당신을 도와줄 수 없네요.

② 조예, 실력

她的绘画功夫可不一般。
그녀의 회화실력은 정말 보통이 아니다.

1541 功能 gōngnéng

명 기능, 작용

유 效能 xiàonéng

这部新款手机功能齐全。
새로 나온 이 휴대전화는 모든 기능을 다 갖추고 있다.

我只想要一个电饭锅，不需要有太多功能。
나는 밥통 하나만 있으면 돼, 그리 많은 기능이 필요 없어.

1542 贡献 gòngxiàn

동 공헌하다, 기여하다, 바치다

他把自己的一生都贡献给了教育事业。
그는 자신의 일생을 모두 교육사업에 바쳤다.

명 공헌

她为教育事业作出了巨大的贡献。
그녀는 교육사업에 지대한 공헌을 했다.

1543 沟通 gōutōng

동 잇다, 연결하다

유 0878 联系

这是一座沟通南北的大桥。
이것은 남과 북을 잇는 대교이다.

这条运河沟通了两座城市。
이 운하는 두 도시를 연결한다.

1544 构成 gòuchéng

동 구성되다, 형성하다

유 1191 组成, 2276 形成

环境破坏已经对人类构成了严重的威胁。
환경 파괴는 이미 인류에게 있어 심각한 위협이 되고 있다.

명 구성, 형성

每个单元由四个模块构成。
모든 단원은 네개의 기본 단위로 구성되었다.

1545 姑姑 gūgu

명 고모

我很久没见过姑姑了。
나는 오랫동안 고모님을 만나뵙지 못했다.

姑姑从小爱听流行歌曲。
고모는 어렸을 때부터 유행가 듣는 것을 좋아했다.

1546 姑娘 gūniang

명 아가씨

这位姑娘不仅长得漂亮而且心地善良。
이 아가씨는 얼굴도 고울 뿐만 아니라 마음씨도 곱다.

他真是有福气，娶qǔ了个这么好的姑娘。
이렇게 좋은 아가씨를 아내로 맞이하는 걸 보면, 그는 정말 복이 있다.

1547 古代 gǔdài
명 고대
[반] 1061 现代 1394 当代
如果真的能穿越时空，我想去古代看看。
만약 정말 시공을 초월할 수 있다면, 난 고대로 가보고 싶다.
在古代，人们的生活过得没有现在舒适。
고대에는, 사람들의 생활이 지금처럼 쾌적하지 않았다.

1548 古典 gǔdiǎn
명 고전
他负责编撰biānzhuàn古典文献。
그는 고전문헌의 편찬을 책임졌다.
형 고전적인
[반] 1061 现代
他痴迷chīmí于古典音乐。
그는 고전 음악에 푹 빠졌다.

1549 古老 gǔlǎo
형 오래되다, 진부하다
[유] 0447 老 [반] 0266 新
岛上有一座古老的城堡chéngbǎo。
섬에는 오래된 성이 하나 있다.
有一个关于牛郎和织女的古老传说。
견우와 직녀에 관한 오래된 전설이 있다.

1550 鼓舞 gǔwǔ
동 격려하다, 고무하다
[유] 0747 鼓励
他的话鼓舞了我，让我有勇气奋斗下去。
그의 말은 나를 고무시켰고, 용기를 가지고 분투하게 했다.

형 흥분하다
这个好消息令人鼓舞。
이 희소식이 사람을 고무시킨다.

 鼓舞 · 0747 鼓励

· 鼓舞 동명 고무하다
　➡ 鼓舞 + 人心, 斗志, 士气, 情绪
· 鼓励 동명 격려하다, 용기를 주다, 격려하다
　➡ 鼓励 + 孩子, 学习, 发明, 创造, 投资

비교 鼓舞는 분발하게 하여 믿음과 용기가 증가되는 것을 가리키는 말로, 자신이 다른 사람에게 쓸 수 없으며 명확한 요구도 없다. 鼓励는 다른 사람이 자신에게 혹은 자신이 다른 사람을 칭찬하는 것으로 명확한 요구가 있으며, 구두로 칭찬하는 방식으로 개인과 단체를 격려한다. 가끔 목적어에 일과 행동도 올 수 있다.

한국어로 해석하면 차이가 없어 보이므로 그것으로 인해 혼동하지 말아야 하는 것이 포인트!

Check
英雄的事迹（　　　　　）了群众。
영웅의 사적이 군중을 분발하게 했다.
父母的话（　　　　　）孩子努力学习。
부모의 말이 아이가 열심히 공부하도록 격려했다.

답 鼓舞 / 鼓励

1551 股票 gǔpiào
명 주식, 증권
她投资股票，赚了一大笔钱。
그녀는 주식에 투자해 큰 돈을 벌었다.
不要随便炒股票，可能会赔钱péiqián的。
아무렇게나 주식을 하면 돈을 잃을 수 있다.

1552 骨头 gǔtou
명 ① 뼈
小狗正在啃kěn地上的一块骨头。
강아지는 땅에 있는 뼈다귀 한 개를 갉아먹고 있다.
② ~한 놈
他是个没用的软骨头。그는 줏대 없는 놈이다.

1553 **固定** gùdìng

형 고정된, 일정한
他每个月都有固定的收入。
그는 매월 고정적인 수입이 있다.

동 고정시키다
把钉子dīngzi固定牢láo了才能保证安全。
못을 단단하게 고정시켜야만 안전을 보증할 수 있다.

1554 **固体** gùtǐ

명 고체
반 2314 液体, 气体 qìtǐ
玻璃在常温下是固体。 유리는 상온에서는 고체이다.
这种固体物质是什么? 이 고체물질은 무엇입니까?

1555 **雇佣** gùyōng

동 고용하다
公司雇佣了几名新员工。
회사는 몇 명의 신입사원을 고용했다.
现在很难雇佣到既会日语又懂会计的人。
현재 일본어를 할 수 있으면서 회계까지 아는 사람을 고용하는 것은 매우 어렵다.

1556 **挂号** guà//hào

동 접수시키다, 등록하다
去医院看病得先挂号。
병원에서 진료를 받으려면 먼저 접수부터 해야 한다.
挂号以后才能看医生。
접수한 후에 비로소 진찰을 받을 수 있다.
请到门诊部去挂个号。 진료부에 가서 접수하세요.

1557 **乖** guāi

동 ① (어린이가) 얌전하다, 착하다
유 听话 tīnghuà 반 2151 调皮, 淘气 táoqì
她从小就是乖小孩儿, 从没惹rě过爸妈生气。 그녀는 어려서부터 착한 아이여서, 한 번도 부모님을 화나게 한 적이 없다.

② 영리하다, 똑똑하다
반 0616 笨
那只小狗特别乖, 叫它怎样就怎样。
그 강아지는 정말 영리해서, 하라는 대로 다 해.

1558 **拐弯** guǎi//wān

동 ① 방향을 바꾸다
大货车在拐弯时与一辆摩托车相撞zhuàng了。 화물 트럭이 방향을 바꿀 때 오토바이 한 대와 서로 부딪혔다.

② 생각을 바꾸다, 돌려서 말하다
有什么话你就直说吧, 不必拐弯抹角 mòjiǎo。 할 말 있으면 바로 말해, 돌려 말할 필요 없어.
他吃完饭, 在公园拐了几个弯就回家了。
그는 식사를 한 후, 공원에 가서 몇 바퀴 돈 후에 집으로 돌아왔다.

1559 **怪不得** guàibude

부 어쩐지
유 1887 难怪
怪不得他中文说得那么好, 原来他在中国呆了八年。 어쩐지 그가 중국어를 너무 잘한다 했더니, 알고 보니 그 사람 중국에서 8년이나 있었구나.

동 탓할 수 없다
这事怪不得别人, 只能怪你自己马虎。
이 일은 다른 사람을 탓할 필요도 없고 자신이 적당히 대충한 것을 탓해라.

1560 **官** guān

명 관리, 간부, 벼슬아치
他官不大, 架子倒挺大。
그는 관직도 높지 않으면서, 목에 힘은 잔뜩 들어가 있다.
有些人就不是当官的料。
어떤 사람들은 관리할 재목감이 아니다.

1561 关闭 guānbì

동 ① 닫다
  유 0386 关
  图书馆的大门关闭了。 도서관의 문이 닫혔다.

  ② (기업, 상점, 학교 등이) 문을 닫다
  经济危机使不少小企业关闭了。
  경제위기로 적지 않은 소기업들이 문을 닫았다.

1562 关怀 guānhuái

동 관심을 보이다, 배려하다, 보살피다
  유 0388 关心
  要学会关怀别人。
  다른 사람을 배려하는 것을 배워야 한다.
  在父母的关怀下，孩子健康地成长了起来。
  부모님의 보살핌 아래에서 아이는 건강하게 성장해갔다.

关怀 · 0388 关心

- 关怀 동 관심을 가지다
- 关心 동 관심을 가지다

비교 关怀는 주로 사람에게 많이 사용하는데, 윗사람이 아랫사람에게, 연장자가 젊은 사람에게, 단체가 개인에게 사용한다. 또 일반적으로 부정형으로 사용되지 않는다. 关心은 사람과 사물에 두루 사용되며, 关怀가 关心보다 깊은 뜻을 나타낸다.

어떤 단어들과 함께 쓰이는지를 알아두는 것이 포인트!

Check
在领导的（　　　）下，他们完成了任务。
지도자의 관심 하에 그들은 임무를 완성했다.
那是我们（　　　）的问题。
저것이 우리가 관심을 가지는 문제이다.

답 关怀 / 关心

1563 观察 guānchá

동 관찰하다
  유 0050 看, 察看 chákàn
  仔细观察实验结果，填写实验报告。
  실험결과를 자세히 관찰해서, 실험 보고서를 작성한다.

我们要静静地观察敌人的一举一动。
우리는 적의 일거수일투족을 조용하게 관찰해야 한다.

1564 观点 guāndiǎn

명 관점, 입장
  유 0843 看法, 见解 jiànjiě
  这种观点完全是错误的。
  이런 관점은 모두 틀린 것이다.
  老师鼓励每一名学生说出自己的观点。
  선생님은 학생 한 사람 한 사람을 격려하면서 자신의 관점을 이야기하도록 유도한다.

1565 观念 guānniàn

명 관념
  유 1564 观点, 意识 yìshí
  固有观念总是束缚shùfù着人们的思想。
  고유관념은 늘 사람들의 사상을 속박한다.
  都什么年代了，你的那些老观念该换一换了。
  지금이 어느 시대인데, 네 그런 낡은 관념은 좀 바꿔.

1566 管子 guǎnzi

명 관, 통, 튜브
  유 管道 guǎndào
  水管子好像坏了，地上好多水。
  수도관이 망가진 것 같아, 바닥에 물이 잔뜩이야.
  她把管子接到了水龙头上，开始浇jiāo花。
  그녀는 튜브를 수도꼭지에 연결해서, 꽃에 물을 주기 시작했다.

1567 冠军 guànjūn

명 우승, 제1위, 우승자
  冠军将得到三万元的奖金。
  우승자는 3만 위안의 상금을 받을 것이다.
  她获得了这次演讲比赛的冠军。
  그녀는 이번 스피치대회에서 1위를 차지했다.

1568 罐头 guàntou

명 통조림

我特别爱吃鱼罐头。
나는 특히 생선통조림을 먹는 걸 좋아한다.

罐头里面可能含有防腐剂fángfǔjì，多吃对身体有害。
통조림 안에는 방부제가 들어 있어서, 많이 먹으면 몸에 좋지 않다.

1569 光滑 guānghuá

형 (물체 표면이) 매끄럽다, 반들반들하다

반 粗糙 cūcāo

大理石地面特别光滑。
대리석 표면은 특히 매끄럽다.

地被擦得特别光滑，小心别摔倒shuāidǎo。
바닥을 닦아서 매우 미끄러우니, 넘어지지 않도록 조심해.

1570 光临 guānglín

동 왕림하다

유 莅临 lìlín

真诚欢迎各位光临本店。
저희 가게에 왕림해주신 여러분을 진심으로 환영합니다.

你的光临让我们小店蓬荜生辉péngbì shēng huī。
당신의 왕림은 우리 가게의 영광입니다.

1571 光明 guāngmíng

명 광명, 빛

能看到洞口处有一丝光明。
동굴 입구에 한 줄기 빛이 보인다.

형 ① 밝게 빛나다

유 明亮 míngliàng   반 黑暗 hēi'àn

光明的晶体闪着耀眼yàoyǎn的光芒。
빛나는 결정체가 눈부신 빛을 내며 번쩍이고 있다.

② 희망차다

为了光明的未来奋斗吧。
희망찬 미래를 위해 분투합시다.

③ 떳떳하다, 사심이 없다

她向来欣赏光明磊落lěiluò的人。
그녀는 여태껏 정정당당한 사람을 좋아했다.

1572 光盘 guāngpán

명 CD, 콤팩트디스크

我刚刚新买了一张光盘。
나는 방금 새로 CD 한 장을 샀다.

这是我最喜欢的流行歌曲光盘。
이것은 내가 제일 좋아하는 유행가 CD이다.

1573 光荣 guāngróng

형 영광스럽다

被授予终身成就奖，他感到无比光荣。
공로상을 받게 되어, 그는 더없는 영광스러움을 느꼈다.

명 영광, 영예

반 羞耻 xiūchǐ

光荣属于集体中的每一个人。
영예는 단체 모든 사람들의 것이다.

1574 广场 guǎngchǎng

명 광장

유 场地 chǎngdì

示威群众在广场上静坐。
시위 군중이 광장에 조용히 앉아 있다.

傍晚，广场上将举行舞蹈比赛。
저녁 무렵, 광장에서 춤 대회가 있다.

1575 广大 guǎngdà

형 ① (면적이나 공간이) 광대하다, 넓다

유 宽大 kuāndà   반 窄小 zhǎixiǎo

草原面积广大，养了许多牛羊。
초원의 면적이 넓어서, 소와 양을 많이 길렀다.

② (사람 수가) 많다

유 众多 zhòngduō

广大学生踊跃yǒngyuè报名参加竞赛。
많은 학생들이 적극적으로 경기에 참가 신청을 했다.

③ (범위나 규모가) 크다
유 1576 广泛

农民、工人、城市手工业者组成了广大的统一战线。
농민, 노동자, 도시 수공업자들이 큰 통일 전선을 조직했다.

 广泛·广大
1576 广泛 참고

1576 广泛 guǎngfàn

형 광범위하다, 폭넓다
유 0924 普遍, 1575 广大

他的见识相当广泛。그의 견식이 상당히 넓다.

她有广泛的兴趣爱好。
그녀는 폭넓은 취미를 가지고 있다.

 广泛·1575 广大

- 广泛 형 광범위하다
  ➡ 宣传, 民主, 交往, 应用

- 广大 형 광대하다
  ➡ 地区, 农村, 沙漠, 领土

비교 广泛은 관련되는 범위가 넓음을 나타내어, 동사를 수식하는 경우가 많고, 주로 추상명사와 같이 사용된다. 广大는 면적의 넓이, 규모의 크기, 인원수의 많음 등을 나타내며, 보통 동사를 수식하지 않는다.

단어가 구체명사와 함께 쓰이는지 추상명사와 함께 쓰이는지 구분하는 것이 포인트!

Check
我们应该（　　　　）地阅读各种书籍。
우리는 폭넓게 각종 서적을 읽어야 한다.

中国的（　　　　）地区正等待开发。
중국의 넓은 지역이 현재 개발을 기다리고 있다.

답 广泛 / 广大

1577 规矩 guīju

명 표준, 법칙, 규칙
유 0620 标准, 1580 规则

办事就得按照规矩来。
일 처리는 규칙대로 해야 한다.

형 (행위가) 단정하다, 성실하다
유 1791 老实

老张是个规矩人，一辈子都本本分分的。
장 씨는 성실한 사람이라 한평생 본분에 매우 충실했다.

1578 规律 guīlǜ

명 법칙, 규칙, 규율
유 法则 fǎzé

事物有自身发展规律。
사물은 자신의 발전 법칙이 있다.

她的作息很有规律，每天早睡早起。
그녀는 일하고 쉬는 데 규칙이 있어서, 매일 일찍 자고 일찍 일어난다.

1579 规模 guīmó

명 규모

这是个规模很大的工程。
이것은 규모가 큰 공사이다.

敌人发起了大规模的进攻。
적군은 대규모 진공을 시작했다.

1580 规则 guīzé

명 규칙, 규율
유 1577 规矩, 2372 原则

既然玩儿游戏，就要遵守游戏规则。
게임을 하려는 이상, 게임의 규칙은 지켜야 한다.

형 정연하다, 규칙적이다
유 1151 整齐 반 0888 乱

这些都是规则图形，很容易画出来。
이것은 모두 규칙적인 도형이라서, 그려내기가 쉽다.

1581 柜台 guìtái

명 진열대

我们店里刚刚打了几个新柜台。
우리 가게에서 방금 새 진열대를 몇 개를 만들었다.

一名漂亮的女顾客在柜台前挑选戒指。
아름다운 여성 고객 한 분이 진열대에서 반지를 고르고 있다.

1582 滚 gǔn

동 ① 구르다

유 滚动 gǔndòng

硬币滚到床底下了。
동전이 침대 밑으로 굴러갔다.

② 꺼져, 나가

你给我滚出去！너 내 앞에서 꺼져 버려!

③ 굴리다

他特别喜欢下雪天，因为可以滚雪球玩儿。그는 특히 눈 내리는 날을 좋아하는데, 눈덩이를 굴리며 놀 수 있기 때문이다.

1583 锅 guō

명 ① 냄비, 솥

这个锅已经用了太久了。
이 냄비는 이미 오래 사용했다.

② 가열용 기구

我们吃火锅去吧。우리 샤브샤브 먹으러 가자.

1584 国籍 guójí

명 국적

李银雪加入了中国国籍。
이은설은 중국 국적으로 귀화했다.

公安系统限招有本国国籍的人。
공안계통은 본국 국적소지자에 한해서만 모집한다.

1585 国庆节 Guóqìngjié

명 (중국의) 건국 기념일

国庆节有七天的假期。
국경절에 7일간 휴가가 있다.

我计划国庆节的时候去旅游。
나는 국경절에 여행을 가기로 계획했다.

1586 果实 guǒshí

명 ① 과실

유 0100 水果, 果子 guǒzi

树上挂满了沉甸甸chéndiāndiān的果实。
나무에 묵직한 과실이 가득 달려 있다.

② 수확, 성과

我们应当珍惜农民伯伯的劳动果实。
우리는 농부 아저씨의 노동의 성과를 소중히 해야 한다.

1587 过分 guòfèn

형 (말이나 행동이) 지나치다, 과분하다

반 适当 shìdàng

这件事你做得太过分了。
이 일은 네가 정말 지나쳤어.

你这样对长辈说话太过分了。
네가 어른에게 이렇게 말을 하는 것은 너무 지나친 거야.

1588 过敏 guòmǐn

동 이상반응을 보이다

对海鲜过敏的人还不少呢。
생선에 알레르기 반응을 보이는 사람이 적지 않다.

형 과민하다, 예민하다

你别神经过敏了，成天瞎担心。
너무 예민해 하지 마, 종일 쓸데없는 걱정도 하지 말고.

1589 过期 guò//qī

동 기한을 넘기다

这瓶酸奶已经过期了。
이 요구르트는 이미 유통 기한이 지났다.

这些药已经过了有效期了。
이 약은 이미 유효 기간이 지났다.

1590 哈 hā

동 숨을 내쉬다
她打了好几个哈欠hāqian，看来是困了。
그녀가 몇 번이나 하품을 하는 것을 보니 졸리운가 보다.

의 '하하' 웃는 소리
他不禁哈哈大笑起来。
그는 참지 못하고 크게 '하하' 하고 웃었다.

감 오!, 와! (만족을 나타낼 때 쓰임)
哈，我终于考上了！와! 나 드디어 시험에 합격했어!

1591 海关 hǎiguān

명 세관
他在海关工作，收入很可观。
그는 세관에서 일하는데, 수입이 괜찮다.
最近海关检查变得非常严格。
최근 세관의 검사가 아주 엄격하게 바뀌었다.

1592 海鲜 hǎixiān

명 해산물
他一吃海鲜就过敏。
그는 해산물만 먹으면 알레르기 반응을 보인다.
哇，这海鲜大餐太诱人yòurén了。
아, 이 해산물로 가득 채운 상은 정말 사람을 유혹하는군.

1593 喊 hǎn

동 외치다, 큰소리로 부르다
유 0046 叫, 喊叫 hǎnjiào
外面好像有人在喊你。
밖에서 누가 당신을 부르는 것 같은데요.
她可能没听见，你再大点声喊一遍。그녀가 아마 듣지 못한 거 같으니, 다시 한 번 큰 소리로 불러봐.

1594 行业 hángyè

명 직업, 직종, 업종
您在从事哪一行业？
당신은 어떤 직종에 종사합니까?
政府最近打算严打yándǎ行业违法行为。
정부는 최근 업계의 위법행위를 엄중이 단속하고자 한다.

1595 豪华 háohuá

형 사치스럽다, 화려하다
유 华丽 huálì 반 1938 朴素
他花巨资买了豪华公寓。
그는 거금을 들여 호화 아파트를 구입했다.
那位富翁又给儿子买了一辆豪华跑车。
그 재벌은 아들에게 또 사치스러운 스포츠카를 사주었다.

1596 好奇 hàoqí

형 호기심이 많다
刚出生的小孩儿对周围世界感到十分好奇。
방금 출생한 아이는 주위 세계에 매우 호기심이 많다.
他对于陌生mòshēng的一切都充满了好奇。
그는 모든 낯선 것에 대해 호기심이 충만하다.

1597 和平 hépíng

명 평화
반 2391 战争
和平与发展是当今时代的两大主题。
평화와 발전은 현 시대의 양대 주제이다.

형 평온하다, 따뜻하다
要以和平的心态来看待这件事。
따뜻한 마음으로 이 일을 보아야 한다.

1598 何必 hébì

부 ~할 필요가 없다

유 1255 不必

只是句玩笑话，何必较真儿！
그냥 농담한 건데 진지하게 받아들일 필요 없어!

何必那么在意呢，只是件小事。
그렇게 신경 쓸 필요 없어 그저 사소한 일일뿐이야.

1599 何况 hékuàng

접 하물며, 더군다나

유 0366 而且, 况且 kuàngqiě

那道题，连老师都没有解出来，何况你呢？
그 문제는 선생님도 풀지 못했는데, 하물며 너는?

这么重的东西，大人都拿不动，何况是个孩子呢？
이렇게 무거운 물건은 어른도 못 드는데, 하물며 어린아이는 말해 뭐해?

何况 · 况且 kuàngqiě

- 何况 접 하물며, 게다가
- 况且 접 하물며, 게다가

비교 두 단어 모두 '하물며, 게다가'라는 의미를 가진 단어이나, 何况은 뒤에 바로 명사를 붙여 반어문을 만들 수 있으나, 况且는 이런 용법이 없다.

뜻이 완전히 같을 때는 차이점에 주목하는 것이 포인트!

Check

你还搬不动，（　　　）我呢？
너도 못 옮기는 데, 하물며 나는?

这衣服质量不错，（　　　）也很便宜。
이 옷은 품질도 좋고, 게다가 싸다.

답 何况 / 何况, 况且

1600 合法 héfǎ

형 법에 맞다, 합법적이다

반 不法 bùfǎ, 非法 fēifǎ

消费者的合法权益应当受到保护。
소비자의 합법적인 권익은 응당 보호받아야 한다.

这样做，是有充分事实依据的，是合法的。
이렇게 하는 것은 충분한 사실의 근거가 있고 합법적이다.

1601 合理 hélǐ

형 도리에 맞다, 합리적이다

반 无理 wúlǐ

对于这件事，请你给我合理的解释。
이 일에 대해서 제게 합리적인 설명을 좀 해주세요.

您先冷静一下，我们一定会给您一个合理的答复。
먼저 좀 침착하세요, 우리가 반드시 당신에게 합리적인 답안을 드릴게요.

1602 合同 hétong

명 계약(서)

유 契约书 qìyuēshū

我已经和单位签好了就业合同。
나는 이미 회사와 취업계약을 체결했다.

按照合同规定，你需要向我方支付十万元。
계약서의 규정에 따라 당신은 우리 측에 10만 위안을 지불해야 합니다.

1603 合影 hé//yǐng

동 함께 사진을 찍다

유 拍照 pāizhào

我们在这里合影吧。
우리 여기에서 함께 사진을 찍읍시다.

我们上个星期已合过影了。
우리는 지난 주에 함께 사진을 찍었다.

명 단체사진
我一直珍藏zhēncáng着我们五年前的合影。
나는 줄곧 우리가 5년 전에 찍은 단체사진을 소중히 간직하고 있다.

1604 合作 hézuò

동 합작하다, 협력하다
유 1912 配合 반 分工 fēngōng

这件事只有我们合作才能完成。
이 일은 우리가 협력해야 완성할 수 있다.

同一个小组的人应该分工合作才对。
같은 팀원이라면 마땅히 일을 나눠서 협력을 해야 옳지.

명 합작, 협력
为了我们双方的合作，干杯！
우리 쌍방의 협력을 위해서, 건배합시다!

1605 核心 héxīn

명 핵심, 중심
유 1172 重点 2439 中心

你们公司的核心业务是什么？
당신 네 회사의 핵심 업무가 무엇입니까?

他是我们公司领导层中的核心人物。
그는 우리 회사 간부 반열 중의 핵심인물이다.

1606 恨 hèn

동 미워하다, 원망하다, 증오하다
유 憎 zēng 반 0001 爱

我不恨他，只是有点鄙视bǐshì他。 나는 그를 증오하지는 않습니다, 단지 그를 조금 경멸할 뿐입니다.

不要恨你的仇人，那样只会让自己痛苦。
당신의 원수를 미워하지 마십시오. 그것은 자신을 고통스럽게 하는 것일 뿐입니다.

1607 横 héng

형 가로의
유 2423 直, 竖 shù

那个东西得横着放才行。
그 물건은 가로로 놓아야 된다.

동 가로로 하다, 가로놓다
村口横着一条长长的河。
마을 입구에는 길고 긴 강이 하나 가로 놓여 있다.

1608 后果 hòuguǒ

명 (주로 나쁜 면의) 결과
유 0821 结果

一旦出了纰漏pīlòu，后果将不堪kān设想。
일단 실수가 생기면, 그 결과는 상상조차 할 수 없다.

要是这事干得不好，后果得完全由你来承担。 만약 이 일을 잘하지 못하면, 결과에 대해서는 모두 당신이 책임져야 해.

> **어휘 plus+** 后果 · 0821 结果
>
> · 后果 명 결과
> · 结果 명 결과
>
> 비교 后果는 유해하거나 불행한 결과를 나타내며, '严重', '恶劣' 등의 수식을 받는다. 结果는 일이 일정한 단계의 마지막 상태까지 발전됨을 나타내고 좋은 결과와 나쁜 결과를 모두 가리킬 수 있다.
>
> *단어의 쓰임이 부정적이냐 긍정적이냐가 포인트!*
>
> **Check**
> 这次化验的（　　　　）没有问题。
> 이번 화학실험의 결과는 문제가 없다.
> 如果你不听劝告，那么一切严重的（　　　　）自负。 당신이 충고를 듣지 않으면, 모든 뒷일을 책임져야 해요.
>
> 답 结果 / 后果

1609 忽视 hūshì

동 소홀히 하다
유 1971 轻视, 疏忽 shūhū 반 1173 重视

在紧抓经济建设的同时不能忽视精神文明建设。 경제 건설을 지속적으로 진행함과 동시에 정신문명 건설 또한 소홀히 해서는 안 된다.

大家不要只看到表面的原因而忽视了本质原因。
여러분, 표면적인 원인만 보느라 본질적인 원인을 소홀히 하지 마세요.

1610 呼吸 hūxī

동 호흡하다

她一见到他，呼吸变得很急促jícù。
그녀는 그를 보자마자 호흡이 매우 가빠졌다.

他胸口憋biē得难受，几乎不能呼吸。
그는 견딜 수 없이 갑갑해서, 거의 숨조차 쉴 수가 없었다.

1611 壶 hú

명 술병, 단지, 주전자

壶里的水已经烧开了。
주전자에 물이 이미 끓고 있다.

小明每天上学都带水壶。
샤오밍은 매일 학교에 갈 때 물병을 가지고 간다.

1612 蝴蝶 húdié

명 나비

유 蝶 dié

蝴蝶在花草间轻轻飞舞。
나비는 화초 사이에서 사뿐히 날아다니며 춤춘다.

美丽的蝴蝶正在空中飞舞着。
아름다운 나비가 지금 공중에서 날고 있다.

1613 胡说 húshuō

동 터무니없는 말을 하다

유 乱说 luànshuō

什么都不知道的话，别胡说。
아무것도 모르면서, 함부로 말하지 마.

명 헛소리

这完全是胡说，他不能做出那种事情的。
이건 완전히 헛소리야, 그가 그런 일을 할 리가 없어.

1614 胡同 hútòng

명 골목

유 巷子 xiàngzi

北京有许多古老的胡同。
베이징에는 오래된 골목길이 많이 있다.

他进了前面那个胡同后就没影了。
그는 앞에 있는 그 골목으로 들어간 후 자취를 감추었다.

1615 胡须 húxū

명 수염

유 胡子 húzi

他有很多的胡须。그는 수염이 아주 많다.

那个留着很长胡须的人看起来不太好相处。
수염을 길게 기른 그 사람은 함께 지내기 쉽지 않게 생겼다.

1616 糊涂 hútu

형 ① 어리석다, 흐리멍텅하다

반 0465 明白

他上年纪了，办事有些糊涂。
그가 나이를 먹어서, 일하는 게 좀 흐리멍텅해.

② 엉망이다

他越帮越忙，把事情搞得一塌tā糊涂。
그가 도와주면 줄수록 일은 더 엉망이 되네.

1617 花生 huāshēng

명 땅콩

유 落花生 luòhuāshēng

外婆坐在窗边剥bāo花生。
외할머니께서는 창가에 앉아서 땅콩을 까고 계신다.

花生含脂肪zhīfáng量挺高的。
땅콩은 지방 함량이 너무 높다.

1618 滑冰 huá//bīng

동 스케이트를 타다

유 溜冰 liūbīng

她经常和朋友一起去冰场滑冰。그녀는 자주 친구와 함께 아이스링크에 가서 스케이트를 탄다.
冬天来了，我们又可以开始滑冰了。겨울이 되었으니, 우리는 또 스케이트를 탈 수 있다.
他腿受伤了，滑不了冰。그는 다리를 다쳐서, 스케이트를 탈 수가 없다.

1619 划船 huáchuán

배를 젓다
我们划船到岸的另一头。우리는 배를 저어 다른 강기슭에 도착했다.
他从这边划船到对岸 àn只要二十五分钟。그는 여기서 배를 저어 맞은편 해안까지 가는 데 25분밖에 걸리지 않는다.

1620 华裔 huáyì

명 화교, 중국인의 자손
他是华裔美国人。그는 중국계 미국인이다.
目前华裔群体参政意识逐步提高。현재 화교단체의 정치참여 의식이 점점 높아지고 있다.

1621 话题 huàtí

명 화제
一讲到这个话题，他就精神紧张。이 화제를 말하기만 하면 그는 긴장한다.
我们不要再谈这个让人不愉快的话题了。우리 이런 유쾌하지 않은 화제에 대해 더는 얘기하지 말자.

1622 化学 huàxué

명 화학
他是一名中学化学老师。그는 중등학교 화학 선생님이다
高中的时候，我最擅长shàncháng的科目就是化学。고등학교 때, 내가 가장 잘하는 과목이 바로 화학이었다.

1623 怀念 huáiniàn

동 그리워하다
유 2243 想念
我很怀念无忧无虑的童年。나는 근심 걱정 없던 어린 시절이 그립다.
他很怀念大学期间的美好时光。그는 대학교 때의 아름다운 시절을 아주 그리워한다.

1624 缓解 huǎnjiě

동 ① 완화되다, 호전되다
吃了药之后，疼痛有所缓解。약을 먹고 난 후, 통증이 좀 완화되었다.
② 완화시키다, 호전시키다
他的调和tiáohé缓解了两方的矛盾。그의 조정은 쌍방의 갈등을 완화시켰다.

1625 幻想 huànxiǎng

동 환상하다, 상상하다
유 2244 想像
不要幻想一些不切实际的事情。현실에 맞지 않는 그런 상상은 하지도 말아라.
명 환상
别再跟我说你那些不着边际的幻想了！내게 너의 그 터무니없는 환상에 대해 다시는 말도 하지 마!

1626 慌张 huāngzhāng

형 당황하다, 동요하다
유 0825 紧张, 慌乱 huāngluàn 반 从容 cóngróng
发生什么事情了？你那么慌张。무슨 일이 일어났기에, 그렇게 당황합니까?
遇事要沉着chénzhuó冷静，不要慌张。일에 맞닥뜨리면 침착하고 냉정해야지, 당황해서는 안 돼.

1627 黄瓜 huángguā

명 오이

大家都说吃黄瓜能够减肥。사람들이 모두 오이를 먹으면 다이어트를 할 수 있다고 말한다.

黄瓜切成片贴在脸上可以当作面膜miànmó，用来美容。오이를 썰어서 얼굴에 붙여 팩으로 삼아서, 미용을 하는 데 사용한다.

1628 黄金 huángjīn

명 황금
> 유 金jīn, 金子jīnzi

爸爸给我买了一条黄金项链。
아버지께서 내게 금 목걸이를 하나 사주셨다.

형 고귀한

处在黄金地段的店铺diànpù的租金很高。
금싸라기 땅에 있는 점포의 임대료는 정말 비싸다.

1629 皇帝 huángdì

명 황제
> 유 皇上 huángshang

皇帝这一称号始于秦始皇。
황제라는 이 칭호는 진시황 때부터 시작되었다.

每个皇帝的治国政策都有些不同。
모든 황제들의 치국정책은 조금씩 다 다르다.

1630 皇后 huánghòu

명 황후
> 유 王后 wánghòu

皇后乃nǎi一国之母。황후는 일국의 어머니이시다.

皇后正是集美丽、智慧、气质于一身。
황후는 아름다움과 지혜, 자질 모두 다 겸비하고 있다.

1631 挥 huī

동 ① 흔들다, 휘두르다
> 유 晃 huàng, 挥舞 huīwǔ, 舞 wǔ

在挥手告别的那一刻，他终于忍不住，哭了出来。손을 흔들며 작별을 고하는 그 때, 그는 결국 참지 못하고 울어버렸다.

② (눈물·땀 따위를) 닦다, 훔치다
> 유 0633 擦, 抹 mǒ

运动健儿们在赛场上挥汗如雨。
스포츠 건아들은 시합장에서 땀을 비 오듯이 흘렸다.

1632 灰 huī

명 ① 재, 가루

粉笔灰飘piāo得到处都是。
분필가루가 도처에 날아다니고 있다.

② 먼지

过了一个暑假，桌子上落了一层灰。
여름 방학이 지나자, 책상 위에 먼지가 한 겹 쌓였다.

형 ① 회색의

那件灰色的衣服他穿着不太好看，显得脸色苍白cāngbái。그가 그 회색 옷을 입으니 잘 어울리지 않아, 얼굴이 창백해 보이네.

② 낙담하다, 실망하다

即使失败了也不要灰心，要再接再厉。
설령 실패했더라도 낙담하지 마, 더욱 분발하면 되지.

1633 灰尘 huīchén

명 먼지
> 유 尘土 chéntǔ

整个桌子上盖满了灰尘。
모든 책상 위에 먼지가 가득 찼다.

窗台上积了一层厚厚的灰尘。
창틀에 두꺼운 먼지가 쌓였다.

1634 灰心 huī//xīn

동 상심하다, 낙심하다
> 유 0976 失望

不要那么灰心丧气，只要再努力奋斗就好了。그렇게 낙심하고 의기소침할 필요 없어, 다시 노력하고 분투하기만 하면 되지.

虽然遭受zhāoshòu了多次失败的打击，但他仍然没有灰心。비록 여러 차례 실패의 충격을 받기는 했지만, 그는 여전히 낙심하지 않았다.

他曾经因为考试不及格而灰过心。
그는 예전에 시험에 불합격해서 낙심한 적이 있다.

1635 恢复 huīfù

동 회복되다, 회복하다

他受到了深深的伤害，很难恢复。
그는 심하게 다쳐서 회복하기 어렵다.

经过了近一年的修养，他终于恢复了健康。
약 일 년간의 요양을 통해, 그는 드디어 건강을 회복했다.

1636 汇率 huìlǜ

명 환율

人民币兑美元的汇率上升了。
달러에 대한 인민폐의 환율이 올랐다.

汇率的升降会影响一国的出口情况。
환율의 상승과 하락은 한 나라의 수출 상황에 영향을 준다.

1637 婚礼 hūnlǐ

명 결혼식, 혼례

婚礼办得相当隆重lóngzhòng。
혼례의식이 상당히 성대하다.

那对新人在酒店举行了盛大的婚礼。
그 신혼부부는 호텔에서 성대한 결혼식을 올렸다.

1638 婚姻 hūnyīn

명 혼인

유 0423 结婚

女儿和女婿nǚxu的婚姻十分美满。
딸 아이와 사위의 결혼은 매우 아름답고 원만하다.

每个女人都渴望kěwàng自己的婚姻生活能幸福。 모든 여인들은 자신의 결혼 생활이 행복하길 간절히 바란다.

1639 活跃 huóyuè

형 활동적이다

유 0785 活泼 반 2303 严肃

在学习新知识时，那些孩子表现得相当活跃。새로운 지식을 배울 때면, 그 아이들은 상당히 활동적이게 된다.

동 활기를 띠게 하다, 활성화하다

采取什么办法才能活跃一下气氛呢？
어떤 방법을 취해야 분위기를 좀 띄울 수 있을까?

1640 火柴 huǒchái

명 성냥

火柴好像受潮了，怎么划也划不着。
성냥이 습기에 찬 거 같아, 어떻게 그어도 불이 붙지 않네.

许多孩子应该都听过卖火柴的小女孩儿的故事。많은 아이들은 성냥팔이 소녀의 이야기를 들어보았을 것이다.

1641 伙伴 huǒbàn

명 동료, 동반자

유 伴侣bànlǚ, 同伴tóngbàn

他是我在工作上的一个很好的伙伴。
그는 업무적으로 정말 좋은 동료이다.

无论什么情况下，都不能背叛bèipàn你的伙伴。어떤 상황에 처할지라도, 네 동료를 배반해서는 안 돼.

1642 基本 jīběn

명 근본
经济发展是政治稳定的基本。
경제 발전은 정치 안정의 기본이다.

형 기본의, 근본적인
유 1528 根本
英语口语熟练是能胜任shèngrèn这个工作的基本条件。 영어 회화의 능숙함은 이 일을 하는 데 기본 조건이다.

부 대체로, 거의
病人已经基本脱离生命危险了。
환자는 이미 생명의 위험에서 거의 벗어났다.

1643 机器 jīqì

명 기계
机器需要定期进行维护。
기계는 정기적으로 관리가 필요하다.

这台机器是刚从国外进口过来的。
이 기계는 막 해외에서 수입해 들여온 것이다.

1644 激烈 jīliè

형 ① 격렬하다, 치열하다, 맹렬하다
유 猛烈 měngliè
双方展开了一场激烈的斗争。
양측이 한 바탕 아주 치열한 투쟁을 벌였다.

② (성격이나 감정이) 격하다
大将军仰天yǎngtiān长啸chángxiào，壮怀激烈。 대장군은 하늘을 향해 크게 소리치고, 원대한 포부로 격앙되었다.

1645 肌肉 jīròu

명 근육
유 筋肉 jīnròu
他有一身十分发达的肌肉。
그는 근육이 매우 발달한 신체를 지녔다.

怎样才能很好地锻炼肌肉?
어떻게 해야만 근육을 잘 단련시킬 수 있습니까?

1646 及格 jí//gé

동 합격하다
유 0772 合格
小明这次考试又没及格。
샤오밍은 이번 시험에서도 또 합격하지 못했다.

他都没有及格，何况你呢?
그도 합격하지 못했는데, 하물며 너는?

这次考试及不了格的话，就没法高中毕业。
이번 시험을 통과하지 못하면, 고등학교를 졸업할 수 없다.

1647 集体 jítǐ

명 단체, 집단
유 团体 tuántǐ 반 个体 gètǐ
集体利益高于个人利益。
단체의 이익이 개인의 이익보다 우선이다.

她是独生子女，不适应宿舍里的集体生活。
그녀는 외동딸이라, 기숙사의 단체생활에 적응을 못 했다.

1648 集中 jízhōng

동 모으다, 집중시키다
유 0793 集合 반 分散 fēnsàn
目前我们要集中一切人力物力来支援灾区的重建工作。 현재 우리는 모든 인적, 물적 자원을 집중해서 재해지역의 재건작업을 지원해야 한다.

형 집중하다, 전념하다
听课的时候，她精神很集中。
수업을 들을 때, 그녀는 온 정신을 다 집중한다.

1649 急忙 jímáng

급하게, 바쁘게
유 1812 连忙, 2301 迅速

一看到他，我急忙把书合上了。
그를 보자마자 나는 급하게 책을 덮었다.

接了电话，她急忙抓起衣服就冲出门去。
전화를 받고, 그녀는 급히 옷을 낚아채서 문을 뛰쳐나갔다.

1650 记录 jìlù

기록하다
记载 jìzǎi

我们记录了整个事件发生的全过程。
우리는 사건이 일어난 전 과정을 기록했다.

기록, 기록자
会议记录既要简明扼要 èyào 又要完整准确。
회의 기록은 간단명료해야 할 뿐만 아니라 또한 완벽하고 정확해야 한다.

1651 记忆 jìyì

기억하다
유 0783 回忆 반 0528 忘记

他怎么也记忆不起那个雨夜里发生的事。
그는 어떻게 해도 비가 온 그날 밤에 발생한 일을 기억해내지 못한다.

기억
유 0783 回忆

在记忆中，母亲冬天都会早起为我准备早餐。
기억 속에, 어머니께서는 겨울에도 아침에 일찍 일어나서 나를 위해 아침을 준비해주셨다.

1652 计算 jìsuàn

① 계산하다
유 1012 算

我每个月月末都会计算一下这个月自己的收入与支出差额。
나는 월말마다 이 달의 수입과 지출의 차액을 계산한다.

② 고려하다
我得计算一下，才能写公司明年的业务发展报告。
내가 고려를 좀 해봐야 회사의 내년도 영업확대 보고서를 쓸 수 있어.

③ 음해하다
他是个善良的人，不会在背后计算别人的。
그는 착한 사람이라, 뒤에서 다른 사람을 음해할 줄 모른다.

1653 系领带 jì lǐngdài

넥타이를 매다
我已经学会系领带了。
나는 이미 넥타이 매는 것을 배웠다.

她每天早晨都为丈夫系领带。
그녀는 매일 아침 남편을 위해 넥타이를 매어준다.

1654 纪录 jìlù

기록
유 1650 记录

纪录就是用来打破的。기록은 깨라고 있는 것이다.

他又一次刷新 shuāxīn 了世界纪录。
그는 또 한번 세계 신기록을 갈아치웠다.

1655 纪律 jìlù

규율, 기율, 법칙
纪律是用来规范人们的行为的。
기율은 사람들의 행위를 규범하는 것이다.

那个小男孩儿经常调皮捣蛋 dǎodàn，不遵守纪律。그 남자 아이는 자주 말썽을 피우고, 규율을 지키지 않는다.

1656 纪念 jìniàn

기념하다
为了纪念结婚十周年，他们决定好好庆祝一番。결혼 10주년을 기념하기 위해, 그들은 멋지게 기념일을 축하하기로 결정했다.

명 기념, 기념품
我们拍张合影留个纪念吧。
우리 단체 사진을 찍어 기념으로 남깁시다.

1657 寂寞 jìmò

형 적적하다, 쓸쓸하다
유 0745 孤单, 孤独 gūdú
他一个人在外工作，每逢佳节，倍感寂寞。
그는 혼자 외지에서 일하다 보니, 명절 때가 되면 더욱 쓸쓸함을 느낀다.
独自住在一个空荡荡的大房子里，王奶奶感到特别寂寞。 혼자서 휑한 큰 집에서 살자니, 왕 씨 할머니는 몹시 쓸쓸했다.

1658 家庭 jiātíng

명 가정
유 0045 家
对她来说，家庭就是一切。
그녀에게 있어, 가정은 그녀의 전부이다.
家庭对每个人的意义是不同的。
가정은 모든 이에게 의미가 다르다.

1659 家务 jiāwù

명 가사, 집안일
她可是做家务的一把能手。
그녀야말로 집안일을 잘하는 고수이다.
妻子操持家务，他出外干活挣钱。
아내는 가사를 담당하고, 그는 밖에 나가 일을 해 돈을 번다.

1660 家乡 jiāxiāng

명 고향
유 故乡 gùxiāng, 老家 lǎojiā
身在外地的人总有思念家乡的时候。
몸은 외지에 있지만 생각은 늘 고향에 있다.
他终于回到了魂牵梦萦 húnqiān mèngyíng 的家乡。 그는 드디어 오매불망 그리던 고향으로 돌아왔다.

1661 嘉宾 jiābīn

명 귀한 손님, 귀빈
明天的晚会将邀请哪些嘉宾？
내일 연회에는 어떤 귀빈들이 초대됩니까?
我们请到了几位知名人士做这期节目的嘉宾。 우리는 몇 분의 저명한 인사들을 이번 프로그램의 게스트로 청했다.

1662 夹子 jiāzi

명 집게, 서류철, 클립
夹子里有一张票据。
서류철 안에 어음 한 장이 들어있다.
他把所有的文件都放在夹子里。
그는 모든 문서를 서류철 안에 둔다.

1663 甲 jiǎ

명 ① 제일, 첫째
桂林山水甲天下。 꾸이린은 산수가 천하제일이다.
② (거북이 따위의) 껍데기
她特别害怕甲虫。
그녀는 특히 딱정벌레를 무서워한다.

1664 假如 jiǎrú

접 만약, 만일
유 0494 如果, 假若 jiǎruò, 假设 jiǎshè
假如给你一亿，你想怎么花？
만약 1억을 준다면 어떻게 쓰겠습니까?
假如生命只剩最后一天，你想怎样度过？
만약 삶이 하루 밖에 안 남았다면, 당신은 어떻게 보내고 싶습니까?

1665 假装 jiǎzhuāng

동 가장하다, 체하다
유 2460 装, 伪装 wěizhuāng
不要假装自己什么都知道。
뭐든지 다 아는 척하지 마.

她继续和其他人有说有笑，假装没看见我。
그녀는 계속 다른 사람과 웃고 떠들면서 날 못 본 체했어.

1666 嫁 jià

동 시집가다

유 1979 娶

她嫁给了一名军人。그녀는 군인에게 시집을 갔다.

请嫁给我吧，我会好好珍惜你的。
내게 시집 와, 내가 널 정말 소중히 여길게.

1667 价值 jiàzhí

명 가치

유 0806 价格

这条项链价值连城。이 목걸이는 매우 진귀하다.

他一直很想向父亲证明自己的价值。
그는 줄곧 아버지께 자신의 가치를 증명하고 싶어했다.

价值 · 0806 价格

- 价值 명 가치
- 价格 명 가격

비교 价值는 용도나 적극적인 작용을 가리키고, 价格는 상품의 가치를 화폐로 환산한 것이다.

아무리 쉬운 단어일지라도 그 속뜻을 한 번쯤 되새겨보는 것이 포인트!

Check

这些资料很有研究（　　　）。
이 자료는 매우 연구 가치가 있다.

这种电视的（　　　）是多少？
이런 텔레비전의 가격은 얼마입니까?

답 价值 / 价格

1668 驾驶 jiàshǐ

동 운전하다, 조종하다

유 0049 开

他驾驶越野车去公司上班。
그는 지프차를 타고 회사에 출근한다.

超速驾驶是要被罚款fákuǎn的。
과속운전은 벌금을 내야 한다.

1669 煎 jiān

동 ① (기름에) 지지다, (전을) 부치다

妈妈煎的带鱼特别好吃。
어머니께서 구워주신 갈치가 특히 맛있다.

② 약을 달이다

她正在厨房里给生病的外婆煎药。
그녀는 지금 주방에서 병이 난 외할머니를 위해 약을 달이고 있다.

1670 肩膀 jiānbǎng

명 어깨

유 肩 jiān

今天一觉醒来肩膀特别酸痛。
오늘 잠에서 깨보니 어깨가 너무 시큰거렸다.

昨天运动太激烈了，可能扭niǔ到肩膀了。
어제 운동을 너무 격하게 해서, 아마 어깨가 삔 것 같다.

1671 坚决 jiānjué

형 단호하다, 결연하다

유 1672 坚强　반 2358 犹豫

我坚决不同意那个方案。
그는 결연히 그 방안에 동의하지 않았다.

面对敌人的威逼wēibī利诱lìyòu，她坚决不动摇dòngyáo。적의 협박과 회유 앞에서도, 그녀는 동요 없이 단호했다.

1672 坚强 jiānqiáng

형 (조직이나 의지 따위가) 굳세다, 꿋꿋하다

유 1671 坚决, 刚强 gāngqiáng　반 软弱 ruǎnruò

军人有着钢铁般坚强的意志。
군인은 강철 같은 굳은 의지를 지니고 있다.

那个女孩儿特别坚强，遇到困难从不退缩tuìsuō。 그 여자는 의지가 매우 강해서, 어려운 일에 봉착해도 뒷걸음질 치지 않는다.

1673 艰巨 jiānjù

형 어렵고도 힘들다, 막중하다
유 1674 艰苦, 艰难 jiānnán

这是一项艰巨的挑战，是每个人都面对的。
이것은 어렵고 힘든 도전이고, 모든 사람이 다 직면한 것이다.

历经千难万险，他终于完成了这项艰巨的任务。 천신만고 끝에, 그는 드디어 이 어렵고도 막중한 임무를 끝마쳤다.

1674 艰苦 jiānkǔ

형 고달프다, 힘들고 어렵다, 고생스럽다
유 0857 困难, 1072 辛苦

考古队员的工作环境很艰苦。
고고학 팀원의 작업 환경은 아주 힘들고 어렵다.

她在艰苦的环境下接受考验。
그녀는 어려운 환경에서 시련을 견뎌냈다.

1675 尖锐 jiānruì

형 ① (끝이) 뾰족하고 날카롭다
유 尖利 jiānlì, 锐利 ruìlì

他的脚被尖锐的钉子dīngzi戳chuō到了。
그는 발을 날카로운 못에 찔렸다.

② (소리가) 날카롭다

她的噪声zàoshēng特别尖锐，一说话很远的人都能听见。 귀에 거슬리는 그녀의 소리는 매우 날카로워 멀리 있는 사람에게도 들린다.

③ (인식이) 예리하다

他总是能很尖锐地发现问题。
그는 늘 매우 예리하게 문제를 발견한다.

1676 捡 jiǎn

동 줍다, 고르다
유 拣 jiǎn 반 0689 丢, 仍 rēng

他把捡来的钱包送到了警察局。
그는 주운 지갑을 경찰서에 갖다주었다.

要教育小孩子把捡到的东西上交。 주운 물건은 어른에게 갖다 드리도록 어린아이를 가르쳐야 한다.

1677 简历 jiǎnlì

명 이력서, 약력

怎么样才能写出一份有效的简历？
어떻게 해야 효과적인 이력서를 쓸 수 있을까?

她已经投了很多份简历了，但是没有任何收获。 그녀는 이미 여러 통의 이력서를 보냈지만, 아무런 수확도 없었다.

1678 简直 jiǎnzhí

부 그야말로, 정말, 전혀
유 0408 几乎

你简直太坏了，怎么能干出那种事呀？
그는 정말로 못됐어, 어떻게 그런 일을 할 수 있지?

他居然能对亲生父母做出这种事，简直就是个畜生chùsheng！
놀랍게도 그가 친부모님께 이런 일을 저지를 수 있다니, 그야말로 금수나 다름없지!

어휘 plus+ 简直 · 0408 几乎

· 简直 **부** 정말로
· 几乎 **부** 거의

비교 简直는 강조나 과장의 어기를 나타내며, 几乎보다 훨씬 어감이 세다. 几乎는 또한 '하마터면 ~할 뻔했다'는 뜻도 가지고 있으나, 简直는 이런 뜻이 없다.

한국어로 해석하면 차이가 없어 보이므로 그것으로 인해 틀리지 말아야하는 것이 포인트!

> **Check**
> 眼睛（　　　　　）不行了，只好不看报纸了。
> 눈이 정말로 안 좋아서, 신문을 안 보는 수밖에 없다.
> 放假后没什么事，他（　　　　　）每天都到图书馆看书。방학을 한 후에는 별일 없어서, 그는 거의 매일 도서관에 가서 책을 본다.
> 🖹 简直 / 几乎

1679 剪刀 jiǎndāo

명 가위
　유 剪子 jiǎnzi

请把剪刀借给我用一下。
제가 가위 좀 쓰게 빌려주세요.

这把剪刀的刀口已经钝dùn了，不好用了。
이 가위의 칼날은 이미 무뎌져서 쓰기가 불편하다.

1680 健身房 jiànshēnfáng

명 헬스클럽

我定期去健身房锻炼身体。
나는 정기적으로 헬스클럽에 가서 운동을 한다.

我准备申请那个健身房的会员。
나는 그 헬스클럽 회원에 신청하려고 한다.

1681 建立 jiànlì

동 건립하다, 세우다, 맺다
　유 1317 成立, 1682 建设　반 拆除 chāichú

我们公司在美国又建立了一个新的分公司。
우리 회사는 미국에 또 새 지점을 세웠다.

我们公司已经建立了完善的薪酬xīnchóu制度。우리 회사는 이미 흠잡을 데 없는 급여제도를 수립했다.

1682 建设 jiànshè

동 건설하다, 세우다
　유 1681 建立, 1684 建筑　반 1936 破坏

要搞建设，需要投入大量资金。
건설을 하려면 막대한 자금을 투입해야 한다.

为把祖国建设得更加繁荣、富强而努力奋斗。더욱 번영하고 부강한 조국을 건설하기 위해 노력하고 분투한다.

1683 建议 jiànyì

동 건의하다
　유 2139 提倡

医生建议她不要吃辛辣食品。
의사선생님은 그녀가 매운 음식을 먹지 말도록 건의한다.

명 건의, 제의

对于这次的危机，你有什么建议？
이번 위기에 대해서 당신은 무슨 건의가 있습니까?

1684 建筑 jiànzhù

동 건축하다
　유 1682 建设, 修建 xiūjiàn

明年这里将建筑一个市民公园。
내년에 이곳에 시민공원을 건설할 것입니다.

명 건축물

这座教堂是典型的欧式建筑。
이 교회는 전형적인 유럽 스타일의 건축물이다.

1685 键盘 jiànpán

명 키보드, 건반

这款手机的键盘使用手感特别舒适。
이 휴대전화 자판은 사용 시 손의 느낌이 정말 편하다.

因为长期使用，所以键盘上的按键ànjiàn反应不太灵敏了。
오랫동안 사용한 탓에 건반의 누름 반응이 너무 둔해졌다.

1686 讲究 jiǎngjiu

동 중시하다
　유 1173 重视, 讲求 jiǎngqiú

我这个人就是特别讲究吃。
나는 먹는 것을 정말 중요시하는 사람이다.

형 화려하다, 정교하다, 세련되다
유 考究 kǎojiu 반 0891 马虎
她穿衣服向来很讲究。
그녀는 옷을 입을 때 늘 고려하는 부분이 많다.

1687 **讲座** jiǎngzuò
명 강좌
明天图书馆的讲座是关于什么主题的？
내일 도서관 강좌는 무슨 주제에 관한 것입니까?
今天上午，我和几个同学一起去听了王教授的讲座。오늘 오전에, 나와 몇몇 친구들이 같이 왕 교수님의 강좌를 들으러 갔다.

1688 **降落** jiàngluò
동 떨어지다, 착륙하다
유 下降 xiàjiàng, 着陆 zhuólù 반 0927 起飞
飞机顺利降落在指定地点。
비행기는 순조롭게 지정된 장소에 착륙했다.
直升机平安地降落在一个小岛上。
헬리콥터가 평안히 작은 섬에 착륙했다.

1689 **酱油** jiàngyóu
명 간장
酱油不宜多吃。 간장은 많이 먹으면 이로울 게 없다.
酱油是一种很常用的调味品。
간장은 자주 사용되는 조미료이다.

1690 **浇** jiāo
동 ① 붓다, 주입하다
要给花浇些水了，不然它们会干死的。
꽃에 물을 줘야지 그렇지 않으면 말라 죽는다.
② 떨어뜨리다, 뿌리다, 끼얹다
从楼上倒下的一盆水，浇了他一身。
위층에서 떨어진 물 한 바가지가 그의 온몸에 떨어졌다.
③ 관개하다, 물을 대다
유 灌溉 guàngài

要定期浇灌大棚dàpéng里的蔬菜。
정기적으로 하우스 안의 채소에 물을 대줘야 한다.

1691 **交换** jiāohuàn
동 교환하다
他们互相交换了礼物。
그들은 서로 선물을 교환했다.
双方代表就该问题交换了深刻的意见。
양측 대표가 이 문제에 대해 심도 있게 의견을 교환했다.

1692 **交际** jiāojì
동 교제하다, 사귀다
유 交往 jiāowǎng
她生性腼腆miǎntian，不善于与人交际。
그녀는 수줍음이 많은 성격이라, 사람들과 교제하는 데 능숙하지 않다.
他交际能力很强，这为他的成功打下了基础。그는 교제 능력이 강한데, 이것은 그의 성공의 기초가 되었다.

1693 **郊区** jiāoqū
명 교외 지구, 시 외곽
유 郊外 jiāowài 반 市区 shìqū
郊区的空气很新鲜。
시 외곽의 공기는 정말 신선하다.
郊区的交通就是不方便。
시 외곽의 교통은 불편하다.

1694 **胶水** jiāoshuǐ
명 풀
她用胶水把信封封起来。
그녀는 풀로 편지봉투를 붙였다.
手工课上，她忘记带胶水了。
그녀는 만들기 수업시간에 깜빡 잊고 풀을 안 가져 갔다.

1695 角度 jiǎodù

- 명 ① (수학적) 각도
  角度为180度的角是平角。
  각도가 180도면 평각이다.

  ② 문제를 보는 각도
  想问题时可以从多个角度考虑一下。
  문제를 생각할 때는 여러 각도에서 생각해볼 수 있다.

1696 狡猾 jiǎohuá

- 형 교활하다, 간사하다
  不要相信他的话，他是只狡猾的老狐狸 húli。그 사람 말 믿지 마, 그는 교활한 늙은 여우에 불과해.
  在商场上混hùn了这么多年，他变得十分狡猾。시장에서 오래 장사를 해서인지, 그는 아주 간사해졌다.

1697 教材 jiàocái

- 명 교재
  유 课本 kèběn
  教材的内容太死板了。
  교재의 내용이 너무 틀에 박혔다.
  你们学中文用的是什么教材？
  너희는 중국어를 배울 때 어떤 교재를 사용하니?

1698 教练 jiàoliàn

- 동 교련하다, 훈련하다
  他教练得严格，队员们才能取得如此优异的成绩。그의 훈련이 엄격해서, 팀원들이 이처럼 특출한 성적을 거둘 수 있었다.

- 명 코치
  有许多足球运动员退役tuìyì后做了足球教练。많은 축구선수들은 은퇴 이후 축구코치를 한다.

1699 教训 jiàoxùn

- 동 훈계하다
  유 0819 教育, 教诲 jiàohuì

你老实点吧，小心他又教训你。얌전히 좀 있어, 또 그 사람한테 훈계받지 않도록 조심하라고.

- 명 교훈
  希望他能从这次失败中吸取到教训。
  그가 이번 실패를 통해 교훈을 얻을 수 있길 바란다.

1700 接触 jiēchù

- 동 닿다, 접촉하다
  电脑的插头接触不良，无法开机。컴퓨터의 플러그가 접촉 불량이라서, 컴퓨터를 켤 방법이 없다.
  我与他接触的时间不长，还不太了解他。나는 그와 접촉한 시간이 길지 않아 그를 잘 이해하지 못한다.

1701 接待 jiēdài

- 동 접대하다, 대접하다
  유 2395 招待
  总经理秘书热情地接待了来访人员。
  사장님의 비서는 방문한 사람을 정성껏 접대했다.
  真不知应该如何接待今天要来的客人。
  오늘 오시는 손님을 어떻게 대접해야 할지 정말 모르겠어.

1702 接近 jiējìn

- 동 접근하다, 가까이 하다
  유 靠近 kàojìn   반 远离 yuǎnlí
  比赛已经要接近尾声了。
  시합도 이미 막바지에 다다랐다.
  当她把手头上的任务都完成时，时间已经接近凌晨了。그녀가 수중의 일들을 모두 완성했을 때, 시간은 이미 새벽이었다.

1703 接着 jiēzhe

- 동 따르다, 쫓아가다
  유 0801 继续
  她先上台表演，接着就是我。
  그녀가 먼저 무대에 올라 공연을 하면, 이어서 바로 나다.

他先讲了去年公司取得的成就，接着又讲了明年的发展计划。그는 먼저 작년 회사의 성과에 대해 말하고, 바로 또 내년의 발전 계획을 말했다.

1704 阶段 jiēduàn

명 단계

手术已经进入了关键阶段。
수술은 이미 중요한 단계에 진입했다.

在不同的阶段要采取不同的方法来解决问题。다른 단계는 다른 방법을 취해 문제를 해결해야 한다.

1705 结实 jiēshi

형 ① 굳다, 단단하다, 질기다
这条绳子特别结实。이 끈은 정말 질기다.

② (신체가) 튼튼하다, 건강하다
유 0强壮 qiángzhuàng
这个孩子的身体很结实。
이 아이는 신체가 건강하다.

1706 节 jié

명 ① (식물, 동물의) 마디, 관절
熊猫正一节一节地啃kěn着竹子。
판다는 대나무를 한 마디 한 마디 갉아먹는다.

② 절기, 명절, 기념일
六月一日是中国的儿童节。
6월 1일은 중국의 어린이날이다.

③ 단락
请大家把这篇课文的第三小节背下来。
여러분, 이 본문의 세 번째 단락을 외우세요.

양 마디, 절 (여러 개로 나뉜 사물이나 문장을 세는 단위)
这篇文章一共有十六节。
이 글은 모두 16절로 이루어졌다.

1707 节省 jiéshěng

동 아끼다, 절약하다
유 0822 节约, 0973 省 반 0865 浪费

公司怎么样才能节省日常开销kāixiāo?
회사는 어떻게 해야 일상 비용을 줄일 수 있나요?

工厂引进了新技术之后，节省了大量的人力、物力。공장은 신기술을 도입한 후, 대량의 인력과 물적 자원을 절약했다.

1708 结构 jiégòu

명 구성, 구조, 조직
请写一下这篇文章的结构。
이 문장의 구성을 써주세요.

这块表结构复杂，做工精细。
이 표는 구조가 복잡하고 세밀하게 만들어져 있다.

1709 结合 jiéhé

동 ① 결합하다, 결부하다
유 0878 联系, 1814 联合
반 分开 fēnkāi, 分离 fēnlí

不论在工作还是学习中，都要注意劳逸yì结合。일이든 공부든 간에, 일과 휴식의 밸런스를 잘 맞추는 데 주의해야 한다.

② (부부로) 결합하다
유 0423 结婚

经过了种种磨难，这对恋人终于幸福地结合了。여러 고난을 겪은 끝에, 이 연인은 드디어 행복하게 부부로 맺어졌다.

1710 结论 jiélùn

명 결론

在事情还没有了解清楚前，不要轻易下结论。사건이 명확하게 이해되기 전까지는 쉽게 결론을 내리지 마라.

经过三个小时的激烈讨论，他们终于得出结论了。세 시간의 격렬한 토론 끝에 그들은 드디어 결론을 도출했다.

1711 结账 jié//zhàng

동 결제하다, 결산하다, 계산하다
每个月会计在结账时都很忙。
매달 경리는 결산 때 매우 바쁘다.
每次出去吃饭都是我男朋友结账。
매번 나가서 회식할 때마다 내 남자친구가 모두 계산했다.
昨天是谁结的账? 어제 누가 계산했니?

1712 解放 jiěfàng

동 해방하다, 속박에서 벗어나다
五四运动开辟了思想解放之路。
5·4운동은 사상 해방의 길을 열었다.
人民终于从封建压迫中解放出来了。
민중은 드디어 봉건의 속박에서 해방되었다.

1713 解说员 jiěshuōyuán

명 해설자, 내레이터
他是体育节目的解说员。
그는 스포츠 프로그램의 해설자이다.
那个解说员的知识面特别广，解说起来游刃有余 yóurèn yǒuyú。 그 해설자는 아는 것이 특별히 많아서, 해설할 때 능수능란하다.

1714 届 jiè

양 회, 기, 차 (정기적인 행사를 세는 단위)
유 0163 次
第三届汉语演讲大赛圆满结束。
제3회 중국어 말하기대회가 원만하게 끝났습니다.
这一届的选美大赛冠军长得不怎么漂亮。
이번 미인 선발대회 우승자는 얼굴이 그렇게 예쁘지는 않다.

1715 借口 jièkǒu

동 핑계로 삼다
他借口有事，提前离开了。
그는 일이 있다고 핑계를 대고서는 먼저 떠나버렸다.

명 구실, 핑계
유 1802 理由
他分明是在找借口，不要相信他。
그는 분명히 핑계를 찾고 있을 테니, 그를 믿지 마라.

1716 戒烟 jièyān

담배를 끊다
爸爸已经戒烟很久了。
아버지는 이미 금연하신 지 오래되었다.
戒烟不是一件容易的事。
담배를 끊는 것은 쉬운 일이 아니다.

1717 戒指 jièzhi

명 반지
她的中指上戴了一枚戒指。
그녀는 중지에다 반지를 끼고 있다.
她的未婚夫送给她了一只宝石戒指。
그녀의 약혼자는 그녀에게 보석반지를 선물했다.

1718 金属 jīnshǔ

명 금속
반 非金属 fēijīnshǔ
金属是电的良导体。
금속은 전류가 흐르는 양도체이다.
早上她被敲击 qiāojī 金属的声音吵醒了。
아침에 그녀는 금속 때리는 소리에 잠에서 깼다.

1719 紧 jǐn

형 ① 팽팽하다
拔河 báhé 的两方把绳子拉得紧紧的。
줄다리기하는 쌍방은 줄을 팽팽히 잡아 당기고 있다.

② 단단하다
반 松 sōng
他用螺丝刀 luósīdāo 拧 níng 紧螺丝。
그는 드라이버로 나사를 단단히 조였다.

③ 매우 가깝다, 꼭 끼다
这双鞋子太紧了，挤得脚难受。
이 신발은 너무 꼭 끼어서 발이 아파 견딜 수 없다.

④ 긴박하다, 긴급하다
时间很紧，工作很难按时完成。
시간이 촉박해서 제 시간에 일을 다 하기 어렵다.

⑤ 넉넉하지 못하다, 빠듯하다
他们夫妻收入都不高，日子过得挺紧的。
그 부부는 수입이 많지 않아 생활하는 게 빠듯하다.

동 죄다, 잡아당기다
要跑400米接力赛了，他紧了紧鞋带。
그는 400미터 릴레이를 뛰려고, 신발끈을 질끈 묶었다.

1720 **紧急** jǐnjí

형 긴급하다, 긴박하다
유 0825 紧张
他一接到上级的紧急命令就赶回部队了。
상부의 긴급 명령을 받자마자 그는 급히 부대로 돌아왔다.
情况很紧急，大家都要做好应对地震的准备。
상황이 매우 급박하니, 모두 지진에 대비할 준비를 잘 해야 한다.

1721 **谨慎** jǐnshèn

형 신중하다
유 0543 小心   반 0659 粗心
任何事情交给他你就放心吧，他办事十分谨慎。
어떠한 일이라도 그에게 맡기면 안심할 수 있습니다. 그는 정말 신중하게 일을 하거든요.
谨慎小心点会好些，要是出错了就麻烦了。
신중하고 조심하는 게 좋아. 만약 잘못되면 피곤해지거든.

1722 **进步** jìnbù

동 진보하다
유 0703 发展   반 2174 退步
虚心使人进步，骄傲使人落后。
겸손한 마음은 사람을 진보하게 만들고, 교만함은 사람을 뒤쳐지게 만든다.

형 진보적이다
유 先进 xiānjìn   반 1839 落后, 保守 bǎoshǒu
这篇小说中的进步意识十分鲜明。
이 소설 속의 진보 의식은 매우 뚜렷하다.

1723 **进口** jìn//kǒu

동 수입하다, 입항하다
반 1337 出口
他在公司负责进口品管理工作。
그는 회사에서 수입품 관리 업무를 맡는다.
进口的商品不一定都比国产的好。
수입제품이 반드시 국산보다 좋다고 할 수는 없다.
这批货物进不了口。 이 화물은 입항할 수가 없다.

1724 **近代** jìndài

명 근대
中国的近代史充满了血与泪。
중국의 근대사는 피와 눈물로 가득하다.
这位近代女作家深受人们喜爱。
이 근대 여류작가는 사람들의 깊은 사랑을 받는다.

1725 **尽力** jìn//lì

동 힘을 다하다
我会尽力而为的，请放心。
나는 온 힘을 기울일 것이니 걱정하지 마세요.
她已经尽力了，你不要再怪她了。
그녀는 이미 온 힘을 다했으니, 더는 책망하지 마라.
他已经尽过力了，你就别为难他了。 그는 이미 전력을 기울였으니, 너는 그 사람 힘들게 하지 마라.

1726 **尽量** jìnliàng

동 양을 다하다, 최대한에 이르다
他今天喝酒还没尽量。
그는 오늘 술을 양껏 마시지는 않았다.
他吃了三碗面条儿，还没尽量。
그는 국수 세 그릇을 먹고도 아직 양이 차지 않았다.

尽量 jǐnliàng
- 부 가능한 한, 되도록, 될 수 있는 대로
  你尽量把这些工作在明天之前完成。
  당신은 가능한 한 이 일을 내일 전까지 완성하십시오.

1727 精力 jīnglì

- 명 정력, 힘
  - 유 0829 精神

  他把自己的精力全放在物理研究上。
  그는 자신의 정력을 물리 연구에 다 쏟았다.

  大一的时候，我精力很旺盛wàngshèng，经常通宵tōngxiāo上网。 대학 1학년 때, 나는 힘이 넘쳐서 자주 밤을 새워 인터넷을 했다.

精力 · 0829 精神
- 精力 명 정력
- 精神 명 활력, 활기
- 비교 精神은 사람이 표현해내는 활력, 활기를 나타내며 형용사로서 생기가 있다는 뜻을 가지고 있다, 精力는 정신과 체력적인 면을 의미한다.

아무리 쉬운 단어일지라도 그 속뜻을 한 번쯤 되새겨보는 것이 포인트!

Check
你穿这条裙子很 (　　　　　)。
네가 이 치마를 입으니 매우 생기있어 보인다.
小孩子的 (　　　　　) 都很充沛chōngpèi。
어린아이들은 힘이 매우 왕성하다.

답 精神 / 精力

1728 经典 jīngdiǎn

- 명 ① 고전
  他出自书香门第，从小便博览经典。 그는 학자가문 출신으로, 어려서부터 고전을 두루 섭렵했다.

  ② 종교 선양의 경전
  佛教经典还是很值得一读的。
  불교 경전은 한번 읽어볼 가치가 있다.

- 형 ① 권위적인
  这本书堪称kānchēng阐述chǎnshù人权的经典著作。 이 책은 인권을 상세하게 다룬 권위적인 저작이라 칭할 만하다.

  ② 영향력이 큰, 영향력 있는
  这是一部非常经典的影片。
  이것은 아주 영향력 있는 영화이다.

1729 经营 jīngyíng

- 동 경영하다
  - 유 0754 管理

  她为经营这家公司花了很多心血。
  그녀는 이 회사를 경영하는 데 혼신의 힘을 기울이고 있다.

  他经营这家饭店已经有十几年了。
  그는 이 식당을 경영한 지 이미 10여 년이 되었다.

1730 景色 jǐngsè

- 명 경치, 풍경
  - 유 0719 风景, 景致 jǐngzhì

  黄昏的时候，景色非常迷人。
  황혼 무렵의 경치는 아주 매혹적이다.

  这时的景色十分美丽，让人留连忘返。
  이맘때의 경치는 정말 아름다워서, 돌아가고 싶지 않게 해.

1731 敬爱 jìng'ài

- 동 경애하다
  - 유 2496 尊敬, 爱戴 àidài

  他是值得我们大家敬爱的老师。
  그는 정말 우리들이 경애할 만한 선생님이다.

  人们敬爱的周总理永远地离开了。
  사람들이 경애하는 주은래 총리께서 영원히 떠나셨다.

1732 酒吧 jiǔbā

- 명 술집, 바(bar)
  心情不好的时候，他常去酒吧。
  기분이 좋지 않을 때, 그는 자주 술집에 간다.

酒吧里空气十分不好，得到外面透透气。
바 안의 공기가 너무 안 좋아. 밖에 나가 숨 좀 쉬어야겠다.

1733 救 jiù

동 ① 구하다, 구조하다
你是怎么救活那些重病人的?
당신은 어떻게 그런 중병에 걸린 사람을 구했나요?

② 원조하다
医生的天职便是救死扶伤。
의사의 천직은 바로 아프고 죽어가는 사람을 돕는 것이다.

1734 救护车 jiùhùchē

명 구급차
好心人把他送上了救护车。
마음씨 좋은 사람이 그를 구급차로 실어 보냈다.

打了急救电话以后，救护车很快就来了。
구조전화를 한 지 얼마 안 되어, 구급차가 재빨리 도착했다.

1735 舅舅 jiùjiu

명 외삼촌
유 舅父 jiùfù

舅舅和舅妈非常恩爱。
외삼촌하고 외숙모는 서로 금실이 정말 좋다.

我和舅舅的感情非常好。
나하고 외삼촌은 사이가 정말 좋다.

1736 居然 jūrán

부 뜻밖의
유 0835 竟然

他们俩原本是死对头，现在居然好得跟一个人似的。 그 두 사람은 원래 원수간이었는데, 지금은 놀랍게도 마치 한 몸인 양 잘 지낸다.

你居然说出这种话，真是枉费wǎngfèi我对你那么好。 네가 뜻밖에 이런 말을 하다니, 내가 네게 그렇게 잘해준 게 모두 쓸모없었구나.

1737 桔子 júzi

명 귤
유 橘子 júzi

桔子含有丰富的维生素C。
귤은 풍부한 비타민C를 함유하고 있다.

那个女孩儿特别爱吃桔子。
그 여자아이는 귤 먹는 걸 매우 좋아한다.

1738 举 jǔ

동 들다, 들어올리다
宴会上，众人举杯畅饮chàngyǐn。
연회에서 사람들은 잔을 들어 통쾌하게 술을 마신다.

他把小儿子举起来，让他骑在马背上。
그는 어린 아들을 들어올려 말 등에 앉혔다.

1739 具备 jùbèi

동 구비하다, 갖추다
유 具有 jùyǒu

她已经具备了能独当一面的能力。
그녀는 이미 자신이 혼자 감당할 능력을 갖추었다.

他已具备晋升jìnshēng的一切条件。
그는 이미 승진할 수 있는 모든 조건을 갖추었다.

1740 具体 jùtǐ

형 ① 구체적이다
유 1867 明确 반 1333 抽象

他每一周都制定一个具体的学习计划。
그는 매주마다 구체적인 공부 계획을 정한다.

② 특정의
유 特定 tèdìng

您的这个问题，会有具体的人来解答。
당신의 이 문제는 특정한 사람이 답을 줄 수 있습니다.

동 구체화하다
在分配每个人的任务时要具体化。
각자의 임무를 분배할 때는 구체화해야 한다.

1741 巨大 jùdà

형 거대하다
참 微小 wēixiǎo

她难以承受父母双亡的巨大打击。
그녀는 부모님이 모두 돌아가셨다는 큰 충격을 받아들이기 어려워한다.

城市广场中心建起了一尊巨大的石像。
도시광장 중심에 거대한 석상을 세웠다.

1742 聚会 jùhuì

동 모이다, 회합하다
유 聚合 jùhé

高中时期的同学每年都聚会。
고등학교 때 동창들이 해마다 모인다.

명 집회, 모임

她不打算参加明天的聚会。
그녀는 내일 모임에는 참가하지 않을 계획이다.

1743 俱乐部 jùlèbù

명 클럽

我很想加入足球俱乐部。
나는 축구 클럽에 매우 들어가고 싶다.

成为这个俱乐部的高级会员之后，可以享受八折优惠。
이 클럽의 VIP회원이 되면, 20% 할인혜택을 받을 수 있습니다.

1744 据说 jùshuō

동 말하는 바에 의하면, 듣건대
유 听说 tīngshuō

据说明年他要升为我们总经理了。
듣기로, 그가 내년에 우리 사장이 된다고 한다.

据说，她大学还没毕业就已经是一家上市公司的总经理了。
듣기로, 그녀는 대학도 졸업하기 전에 이미 상장회사의 사장이라고 한다.

1745 捐 juān

동 ① 포기하다

他在抗洪 kànghóng 救灾中为国捐躯 qū 了。
그는 수해 복구 도중에 조국을 위해 몸을 바쳤다.

② 헌납하다

许多富人捐巨资资助贫困儿童。
많은 부자들이 큰 자금을 기부해 빈곤한 아이를 도왔다.

1746 卷 juǎn

동 (원통형으로) 말다, 감다

她把凉席 liángxí 卷起来放到了袋子里。
그녀는 돗자리를 말아서 자루 안에 넣었다.

양 두루마리로 된 것을 세는 단위

他抓起一卷手纸就冲进了厕所。
그는 화장지 하나를 집어 화장실로 뛰어 들어갔다.

1747 决赛 juésài

동 결승전을 하다
반 预赛 yùsài

选手们下周五将在体育场决赛。
선수들은 다음 주 금요일에 체육관에서 결승전이 있다.

你会去现场看西班牙和英国的决赛吧?
너는 스페인과 영국의 결승전을 보러 현장에 갈 거지?

1748 决心 juéxīn

명 결심, 결의

他非常认真地向老师表了决心。
그는 매우 진지하게 선생님을 향해 결의를 표했다.

동 결심하다, 다짐하다
유 0436 决定

他决心以后上学再也不迟到了。
그는 결심한 이후 학교에 절대 지각하지 않았다.

1749 绝对 juéduì

[형] 절대의, 절대적인
> [반] 2240 相对

话不能说得这么绝对，什么都有例外。
이렇게 절대적이라고 말할 수는 없어, 무엇이든 예외는 있으니까.

[부] 완전히, 절대
> [유] 1042 完全

你放心，绝对不会有错。
안심해, 절대 실수는 없을 거야.

1750 角色 juésè

[명] 배역, 역할

他在这部戏中担任一个非常重要的角色。
그는 이 극에서 아주 중요한 역할을 맡고 있다.

母亲在家庭里扮演bànyǎn的是什么角色？
어머니께서는 가정에서 무슨 역할을 하십니까?

1751 军事 jūnshì

[명] 군사 (군대나 전쟁 등에 관한 일을 나타냄)

军事演习将在三天后举行。
군사훈련은 사흘 후에 진행된다.

闲杂人等不得进入军事基地。
관계자 외 군사기지에 진입할 수 없다.

1752 均匀 jūnyún

[형] 균등하다, 고르다

小宝宝呼吸均匀，睡得很香。
아기가 숨을 고르게 쉬면서, 곤하게 잘 자네.

他把水果均匀地分成五份，然后分给了五个人。
그는 과일을 5인분으로 나눠, 다섯 명에게 나눠줬다.

新HSK VOCA 5000
K 5급

1753 卡车 kǎchē

[명] 트럭

大卡车经过时地面好像都震动了。
대형 트럭이 지나갈 때는 지면에서 마치 진동이 나는 것 같다.

一辆满载钢材的卡车在厂区门口停了下来。
강철 원자재를 가득 실은 트럭 한 대가 공장지대 입구에서 멈춰 섰다.

1754 开发 kāifā

[동] ① (자연 환경을) 개발하다

我们国家向来重视开发旅游资源。
우리나라는 본래부터 여행자원 개발을 중시했다.

② (인재를) 개발하다, 발굴하다

怎样才能更好地开发儿童智力？
어떻게 하면 아동의 지능을 좀 더 잘 개발할 수 있을까?

1755 开放 kāifàng

[동] ① (꽃이) 피다
> [유] 0049 开   [반] 凋谢 diāoxiè

冬去春来，各种花儿竞相开放。
겨울이 가고 봄이 오니, 각종 꽃이 경쟁하듯 피어난다.

② 개방하다, 공개하다
> [반] 1561 关闭

我们学校的教师食堂不对外开放。
우리 학교의 교사식당은 외부에 개방하지 않는다.

[형] (성격이) 명랑하다, (생각이) 개방적이다

现代人越来越追求自由开放的生活了。
현대인들은 갈수록 자유개방적인 생활을 추구한다.

1756 开幕式 kāimùshì

명 개막식

开幕式上主席做了致词。
개막식에서 주석께서 축사를 하셨다.

请有关人员准时出席开幕式。
관계자분들은 제시간에 개막식에 출석해주십시오.

1757 开心 kāixīn

형 기쁘다, 즐겁다
유 0031 高兴, 0213 快乐 반 0470 难过

她和小伙伴们玩儿得可开心了。
그녀는 친구들이랑 꽤나 즐겁게 놀았다.

동 놀리다, 희롱하다

好了，你们就别再拿我开心了。
됐어, 너희 나 좀 그만 놀려.

1758 砍 kǎn

동 ① (도끼 따위로) 찍다, 패다

伐木fámù工人把一棵大树砍倒了。
벌목공이 큰 나무를 찍어 쓰러뜨렸다.

② 취소하다, 줄이다

他一个劲儿地跟老板砍价，老板都不耐烦了。 그는 사장과 끊임없이 가격을 깎아, 사장도 다 성가셔졌다.

1759 看不起 kànbuqǐ

동 무시하다, 깔보다, 경멸하다
유 1971 轻视 반 看得起 kàndeqǐ

我希望你不要看不起这种人。
바라건데 네가 이런 사람들을 깔보지 않았으면 좋겠어.

你没有资格看不起她，人和人是平等的。
넌 그녀를 무시할 자격이 없어. 사람은 다 평등한 거잖아.

1760 看来 kànlái

동 보아하니 ~하다
유 看起来 kànqǐlái, 看样子 kànyàngzi

看来我们得换个办法让他点头。
보아하니 우리가 방법을 바꿔 그가 동의하게끔 해야겠어.

看来他们果然不是同路人，无法成为朋友。
보아하니 그들은 같은 길을 갈 사람이 아니니, 친구가 될 수 없어.

1761 抗议 kàngyì

동 항의하다

工人坚决抗议工厂拖欠tuōqiàn工资。
노동자들은 공장의 임금체불에 대해 계속 항의했다.

我们强烈抗议工业迅猛xùnměng增长所带来的恶果。 우리는 공업의 급격한 성장이 가져온 나쁜 결과에 대해 강렬하게 항의했다.

1762 烤鸭 kǎoyā

명 오리구이, 카오야

北京的全聚德烤鸭驰名中外。 베이징의 췐쥐더 카오야는 중국 내외에서 그 명성이 대단하다.

老远我就闻到了烤鸭的香味儿。
나는 멀리서부터 오리구이 냄새를 맡을 수 있었다.

1763 颗 kē

양 알, 방울 (마음이나 둥글고 작은 알맹이 모양의 물건을 세는 단위)
유 1803 粒

这种药要一颗一颗地吃下去。
이 약은 한 알 한 알씩 먹어야 한다.

她意外地在贝壳里发现了一颗硕大的珍珠。
그녀는 뜻하지 않게 조개 안에서 매우 큰 진주 한 알을 발견했다.

1764 可见 kějiàn

접 미루어 보아 ~임을 알 수 있다

新商品一上市就卖光了，可见它是很受欢迎的。 새 상품이 시장에 나오자마자 품절되다니, 이로써 그 상품이 매우 인기있다는 것을 알 수 있다.

这道题老师强调了多次，你还是错，可见你上课时根本没用心。 이 문제를 선생님이 몇 번이나 강조했는데도 여전히 틀리다니, 수업 시간에 네가 전혀 집중하지 않았다는 걸 알 수 있지.

1765 可靠 kěkào

[형] ① 믿을 만하다, 믿음직하다
　　[유] 可信 kěxìn
　　现在还不能确定他是否是一个可靠的人。
　　현재 그가 믿을 만한 사람인지 아닌지는 확정할 수 없다.

② 확실하다
　　据可靠消息称我们的新外教长得特别漂亮。
　　믿을 만한 정보인데, 우리 새 원어민 선생님 정말 예쁘시대.

1766 可怕 kěpà

[형] 두렵다, 무섭다, 끔찍하다
　　[반] 0438 可爱
　　他生气的样子特别可怕。
　　그가 화내는 모습이 너무 무섭다.

　　失败并不可怕。只要你坚持下去，就一定能够成功。
　　실패는 결코 두렵지 않아. 네가 계속 해나간다면 반드시 성공할 수 있어.

1767 课程 kèchéng

[명] (교육) 과정, 커리큘럼
　　这个学期你都选了什么课程？
　　이번 학기에 무슨 과목을 선택했니?

　　下个学期的课程安排还没有公布出来。
　　다음 학기의 커리큘럼이 아직 공시되지 않았다.

1768 克 kè

[양] 그램(g)
　　1克等于1千克的千分之一。
　　1그램은 1킬로그램의 1,000분의 1과 같다.

这种药的实际重量比我想象的轻了几克。
이 약의 실제 중량은 내가 생각한 것보다 몇 그램 더 가볍다.

1769 克服 kèfú

[동] ① 극복하다
　　她克服艰难险阻 xiǎnzǔ，完成了探险任务。
　　그녀는 어렵고 험한 것을 극복하고 탐험의 임무를 완성했다.

② 인내하다
　　[유] 克制 kèzhì
　　我知道大家都很累了，但请大家克服一下。
　　저도 여러분이 힘들다는 걸 압니다만, 모두 조금만 인내해보세요.

1770 刻苦 kèkǔ

[형] ① 열심히 하다, 몹시 애를 쓰다
　　她学习特别刻苦。
　　그녀는 공부하는 데 아주 열심이다.

② 검소하다
　　他生活刻苦，从不乱花钱。
　　그는 검소하게 생활하며 헛되게 돈을 쓴 적이 없다.

1771 客观 kèguān

[형] 객관적이다
　　[반] 2448 主观
　　我们应当客观地看待这个问题。
　　우리는 응당 객관적으로 이 문제를 봐야 한다.

　　很难完全客观地评价这件事，不参杂 cānzá 任何私人感情。 어떤 개인적인 감정도 섞지 않고, 이 일을 완전히 객관적으로 평가하기가 참 어렵다.

1772 客厅 kètīng

[명] 거실, 응접실
　　他坐在客厅的沙发上。
　　그는 거실의 소파 위에 앉아 있다.

客厅里添置tiānzhì了一个新的沙发。
거실에 새 소파를 놓았다.

1773 空间 kōngjiān

명 공간

他的空间立体感不错，很适合学建筑。
그의 공간은 입체감이 좋아서, 건축을 공부하기에 아주 적합하다.

图书馆的工作人员给学生营造了一个良好的学习空间。
도서관 직원은 학생들에게 좋은 학습공간을 조성해주었다.

1774 恐怖 kǒngbù

형 무서운, 공포의
- 유 0394 害怕

游乐园的鬼屋有许多恐怖的游戏。
놀이공원의 귀신의 집에는 무서운 게임이 많이 있다.

柔弱róuruò的她居然喜欢看恐怖电影。
유약한 그녀는 의외로 공포영화 보는 걸 좋아한다.

1775 空闲 kòngxián

명 틈, 짬, 여가

我这几天很忙，根本没有空闲。
난 요 며칠 너무 바빠서 쉴 틈이 없었다.

동 한가하다

你现在空闲吗？我想请你帮我做件事。
지금 한가하세요? 부탁 드리고 싶은 일이 있는데요.

1776 控制 kòngzhì

동 제어하다, 통제하다, 제압하다
- 유 1063 限制, 2393 掌握 반 放纵 fàngzòng

她极力地控制自己，不让自己哭出声来。
그녀는 안간힘을 다해 스스로 억제하며, 울음소리를 내지 않으려 했다.

要想控制住自己的感情得有十分强大的忍耐力。
자신의 감정을 제어하고자 하면 매우 강한 인내력이 있어야 한다.

1777 口味 kǒuwèi

명 ① 맛

外婆的口味很清淡。
외할머니의 입맛은 무척 담백한 편이시다.

② 입맛, 기호

川菜很符合我的口味。
쓰촨 음식은 내 입맛에 잘 맞다.

③ 흥미

并不是每个人都喜欢看新闻，要知道每个人的口味都不大相同。
결코 모든 사람이 뉴스 보는 것을 좋아하는 것은 아니야, 각자가 느끼는 흥미가 다르다는 걸 알아야지.

1778 夸 kuā

동 ① 과장하다
- 유 夸口 kuākǒu

不要那么夸大其词，得实际点。
그 문구를 너무 과장하지 말고, 좀 실제적으로 해라.

② 칭찬하다
- 유 1307 称赞, 夸奖 kuājiǎng
- 반 0915 批评, 2385 责备

长辈们都夸她是个懂事的孩子。
어른들은 그녀를 어른스러운 아이라 칭찬한다.

1779 会计 kuàijì

명 회계사, 경리

他是该公司的会计。그는 이 회사의 경리이다.

既懂中文又懂会计的人很好就业。
중국어와 회계를 할 줄 아는 사람은 취업하기가 좋다.

1780 矿泉水 kuàngquánshuǐ

명 생수

矿泉水通常两块五一瓶。
생수는 일반적으로 한 병에 2위안 5마오이다.

这种矿泉水含有丰富的矿物质。
이 생수는 광물질이 풍부하게 함유되어 있다.

1781 辣椒 làjiāo

명 고추

我妈妈特别喜欢吃辣椒。
우리 엄마는 고추를 특별히 좋아한다.

这个菜里放了很多辣椒，太辣了。
이 음식 안에 고추를 많이 넣어서 너무 매워.

1782 蜡烛 làzhú

명 양초

昨晚突然停电了，幸好家里有蜡烛。
어제 저녁 갑자기 정전되었는데 다행히 집에 양초가 있었다.

老师就好比蜡烛，燃烧ránshāo自己，照亮别人。
교사는 자신을 희생해 다른 사람을 비춰주는 양초에 비유할 수 있다.

1783 来自 láizì

동 ~에서 오다

大家好，我叫金在旭，来自韩国。
여러분 안녕하세요? 저는 김재욱이고, 한국에서 왔습니다.

那个女孩儿来自大洋彼岸bǐ'àn的美国。
저 여자애는 바다 건너 미국에서 왔다.

1784 拦 lán

동 ① 막다, 저지하다
  유 1395 挡

她想投河自尽，幸好被路人拦住了。
그녀는 강에 몸을 던져 자살하려 했으나, 다행히 길 가던 사람이 그녀를 막아 세웠다.

② 겨냥하다, 향하다

他一用力就把棍子gùnzi拦腰折断了。
그는 한 번에 바로 막대기의 중간 부분을 부러뜨렸다.

1785 烂 làn

형 ① 물렁물렁하다

柿子shìzi放久了，感觉有些烂了。
감을 오래 두었더니 좀 물렁물렁해진 것 같다.

② 부패하다

苹果烂了，不能吃了。
사과가 썩어서 먹을 수 없다.

③ 다 해지다

衣服都烂了，不能再穿了。
옷이 다 해져서 다시 못 입겠다.

④ 산란한, 흐트러진

你的英语那么烂，还总想着要去英国干嘛？ 너는 영어를 그렇게 못 하는데도, 끊임없이 영국에 가려고 하니?

1786 狼 láng

명 이리, 늑대

狼是具有母性的动物。
늑대는 모성을 가지고 있는 동물이다.

蒙古族以狼为自己的图腾túténg。
몽고족은 늑대를 자신들의 토템이라고 여긴다.

1787 劳动 láodòng

명 노동

劳动可以创造财富。 노동은 부를 만들 수 있다.

동 노동하다, 일하다
  유 0033 工作, 1512 干活儿 반 0268 休息

领导与农民一起到田里劳动。
지도자와 농민이 함께 밭에서 일한다.

1788 劳驾 láo//jià

동 실례합니다, 죄송합니다

劳驾，请问去市政厅怎么走？
실례지만, 시 정부는 어떻게 갑니까?

劳你驾，请帮我修改一下这篇作文。
실례합니다만, 이 작문을 좀 고쳐주십시오.

1789 老百姓 lǎobǎixìng

명 백성, 국민

유 居民 jūmín, 人民 rénmín

老百姓是国家的根本。국민은 국가의 근본이다.

这几年，老百姓的生活水平得到了显著的提高。요 몇 년 국민들의 생활 수준이 현저하게 올라갔다.

1790 老板 lǎobǎn

명 주인, 사장

반 雇员 gùyuán

他是一家玩具公司的老板。
그는 한 완구 회사의 사장이다.

这个饭店的老板人特别好。
이 호텔의 사장은 사람이 정말 좋다.

1791 老实 lǎoshi

형 ① 성실하다

유 0647 诚实, 1320 诚恳 반 1696 狡猾

她的丈夫是个老实人。
그녀의 남편은 성실한 사람이다.

② 얌전하다

我的孩子非常老实，从不跟同学打架。
내 아이는 매우 얌전해, 지금까지 한 번도 친구들과 싸운 적이 없어.

③ 어리석다

老李太老实了，经常受骗上当。
이 씨는 너무 순진해서, 자주 사기를 당하고 꾐에 빠진다.

 어휘 plus+ 老实·1320 诚恳

- 老实 형 성실하다, 착실하다
- 诚恳 형 성실하다, 간절하다, 진실하다

비교 老实와 诚恳은 둘 다 '성실하다'라는 뜻을 가지고 있다. 이밖에 老实는 '온순하고 말을 잘 듣는다'는 뜻을 가지고 있고, 诚恳은 '간절하고 진실하다'는 뜻을 가지고 있다. 老实는 '老老实实'처럼 중첩이 가능하나, 诚恳은 중첩되지 않는다.

한국어로 해석하면 차이가 없어 보이므로 단어의 뜻을 정확히 파악하는 것이 포인트!

Check

他（　　　　）地请求大家帮助。
그는 진심으로 다른 사람에게 도움을 청했다.

一有奶奶，我的女儿表现得非常（　　　　）。
할머니만 계시면 내 딸은 매우 말을 잘 듣는다.

답 诚恳 / 老实

1792 老鼠 lǎoshǔ

명 쥐

유 耗子 hàozi

老鼠过街，人人喊打。
쥐가 길을 건너면 모두가 때려 잡으라고 소리친다(못된 사람이나 나쁜 일은 모든 사람이 다 싫어한다).

撒sā了老鼠药，竟然还没有杀死它们。
쥐약을 놓았는데 의외로 아직도 쥐를 죽이지 못했다.

1793 姥姥 lǎolao

명 외할머니

유 外婆 wàipó, 外祖母 wàizǔmǔ
반 外公 wàigōng, 外祖父 wàizǔfù

我姥姥特别疼爱我。
우리 외할머니께서는 나를 엄청 사랑하신다.

在上中学之前，我一直住在姥姥家。
중등학교에 들어가기 전까지 나는 쭉 외할머니 댁에서 살았다.

1794 乐观 lèguān

형 낙관적이다

반 1225 悲观

无论发生什么事，都要乐观地对待生活。
무슨 일이 있어도 낙관적으로 생활해야 한다.

尽管深受病痛折磨zhémó，但她依然很乐观。 심각한 병고에 시달린다 해도, 그녀는 여전히 낙관적이다.

1795 雷 léi

명 우레, 천둥

打雷了，要下雨了。천둥이 치니 비가 올 것이다.

我很害怕震天的雷声。
나는 천둥소리를 아주 무서워한다.

1796 类 lèi

명 종류, 카테고리
유 0589 种, 类别 lèibié, 种类 zhǒnglèi

物以类聚jù，人以群分。사물은 종류대로 모으고, 사람은 무리대로 나뉜다. (유유상종)

양 성질이나 특징이 유사한 물건을 세는 단위

这些书可以分为五类。
이 책은 다섯 가지 종류로 분류할 수 있다.

1797 梨 lí

명 배나무
유 梨子 lízi

这个梨又大又多汁，真好吃。
이 배는 크기도 하고 과즙도 많아 정말 맛있다.

梨对嗓子很好，感冒的时候要吃吃。
배는 목에 좋으니, 감기에 걸렸을 때 먹어보세요.

1798 离婚 lí//hūn

동 이혼하다
유 0215 离 반 0423 结婚

他们俩刚结婚半年就离婚了。
그 사람 둘은 막 결혼한 지 반년 만에 이혼했다.

当代社会，离婚的人越来越多了。
요즘 사회는 이혼하는 사람이 갈수록 많다.

1799 厘米 límǐ

명 센티미터(cm)
유 公分 gōngfēn

她的身高是172厘米。
그녀의 키는 172센티미터이다.

你的尺子是多少厘米长的?
네 자는 길이가 몇 센티미터야?

1800 礼拜天 lǐbàitiān

명 일요일

我们约好礼拜天一起去看电影。
우리는 일요일에 함께 영화를 보러 가기로 약속했다.

你这个礼拜天有什么活动安排?
너 이번 주 일요일에 무슨 일정 잡혀 있니?

1801 理论 lǐlùn

명 이론

我们应当把理论联系到实践中去。
우리는 이론을 현실로 연계시켜 가야 한다.

동 논쟁하다, 따지다

我倒要和你理论一下这件事。
도리어 내가 너와 이 일을 좀 따져봐야 겠다.

1802 理由 lǐyóu

명 이유, 까닭
유 1403 道理

你有什么理由拒绝别人?
당신이 무슨 이유로 다른 사람을 거절합니까?

今天的一切都是你自己一手造成的，你没理由责怪他人。오늘의 모든 것은 전부 당신이 한 일이니, 다른 사람을 책망할 이유가 없어요.

1803 粒 lì

명 알, 알갱이
유 1763 颗

他居然在菜里嚼jiáo到了一颗盐粒。
그는 뜻밖에도 음식 안에서 소금 알갱이 하나를 씹었다.

영 알, 발, 톨 (알갱이 상태의 것을 세는 단위)
她的唇边粘zhān了一粒米。
그녀의 입가에 밥풀이 한 톨 붙어있다.

비교 立刻와 马上은 모두 '금방, 바로'의 뜻을 나타내는 부사이고, 많은 상황에서 혼용되어 사용된다. 马上은 구어와 서면어에 모두 사용되나, 立刻는 주로 서면어에 사용된다. 马上이 나타내는 긴박성의 적용 범위가 비교적 넓고 긴 데 비하여, 立刻는 그 범위가 매우 짧다. 또한 객관적인 상황이 급변할 경우 立刻를 사용할 수 없다.

뜻이 완전히 같을 때는 차이점에 주목하는 것이 포인트!

Check
(　　　　　) 就要下雨了。곧 비가 오려고 한다.
暑假 (　　　　　) 就要开始了。
여름 방학이 곧 시작될 것이다.

답 马上 / 立刻

1804 立方 lìfāng

명 입방, 세제곱
　유 立方米 lìfāngmǐ

四的立方是指三个四相乘。
4의 세제곱이란 세 개의 4를 서로 곱한 것을 의미하다.

양 (부피의 단위) 입방미터(m³)
这个箱子有40立方米的体积。
이 상자의 부피는 40입방미터이다.

1805 立即 lìjí

부 즉각, 즉시
　유 0459 马上, 1806 立刻

接到命令后，先头部队立即出发了。
명령을 받은 후, 선두부대는 즉시 출발했다.
我一接到你的电话，就立即出门了。
나는 네 전화를 받고 바로 나왔다.

1806 立刻 lìkè

부 곧, 즉시
　유 0459 马上, 1805 立即

你必须立刻回答我这个问题。
넌 반드시 내 이 질문에 즉시 대답해야 한다.
我一讲到考试的事，他立刻发火了。
내가 시험에 관해 말하니, 그는 바로 열을 냈다.

 plus+ 立刻・0459 马上
· 立刻　부 바로, 금방
· 马上　부 바로, 금방

1807 力量 lìliàng

명 ① 힘
　유 0874 力气, 0906 能力

我使出全身的力量还是提不动那个袋子。
나는 모든 힘을 다했지만, 여전히 그 자루를 들 수 없다.

② 능력
想取得胜利，凭借píngjiè我们现在的力量还不够。
승리를 얻고 싶지만, 우리의 현재 힘으로는 아직 부족하다.

③ 효력
爱情的力量真是伟大。
사랑의 힘은 정말 위대하다.

1808 利润 lìrùn

명 이윤
　유 利 lì

去年公司的利润额有多少?
작년 회사의 이윤이 얼마입니까?
他通过倒卖赚取了高额的利润。
그는 투기를 통해 고액의 이윤을 벌어들였다.

1809 利息 lìxī

명 이자
　유 利 lì

利息下降促进了投资的增长。
금리 인하는 투자의 증가를 촉진했다.

现在如果把钱取出来利息就都没了。
지금 만약에 돈을 찾는다면 이자는 없다.

1810 利益 lìyì

몡 이익

유 0769 好处, 益处 yìchu

国家的利益高于个人的利益。
국가의 이익이 개인의 이익보다 먼저다.

应当把人民群众的利益放在第一位。
응당 국민 전체의 이익을 최우선에 놓아야 한다.

1811 利用 lìyòng

동 이용하다

유 0984 使用, 2346 应用, 2377 运用

他利用你的善良行骗。
그는 너의 선량함을 이용해 속이는 것이다.

他答应和她结婚只是利用她而已。 그가 그녀와 결혼을 한다고 대답한 것은 그녀를 이용하려는 것일 뿐이다.

1812 连忙 liánmáng

튀 얼른, 급히

유 1510 赶紧, 1511 赶快, 1649 急忙

服务员连忙过来问我们要点些什么菜。
종업원이 급하게 다가와 우리에게 무슨 음식을 주문할지 물었다.

一见老师进了教室，他连忙跑回自己的座位。 선생님께서 교실에 들어가시는 것을 보고, 그는 얼른 자기 자리로 돌아왔다.

1813 连续剧 liánxùjù

몡 연속극, 드라마

现在许多韩国连续剧在国外很受欢迎。
현재 많은 한국 연속극이 국외에서 환영을 받는다.

老婆一直霸占bàzhàn着电视机看连续剧，搞得他没法看足球赛。아내가 TV를 쭉 독점하고 드라마를 보는 바람에 그는 축구경기를 볼 수 없었다.

1814 联合 liánhé

동 단결하다, 연합하다

유 1709 结合

几个党派联合起来一起发表声明。
여러 당파들이 연합해서 같이 성명을 발표했다.

혱 연합한, 공동의

这个基金会是各个国家的联合组织。
이 재단은 각국의 연합기구이다.

1815 恋爱 liàn'ài

동 연애하다

一个人在恋爱时，总会想着要为对方多付出。 연애할 때는 늘 상대방을 위해 더 많이 해주려고 한다.

몡 연애

恋爱让生活充满了惊喜。
연애는 생활을 기쁨과 놀람으로 가득 채운다.

1816 良好 liánghǎo

혱 좋다, 양호하다

유 0036 好, 优良 yōuliáng 반 1447 恶劣

良好的开端是成功的一半。
좋은 시작은 성공의 반이다.

要养成早睡早起的良好习惯。
일찍 자고 일찍 일어나는 좋은 습관을 길러야 한다.

1817 粮食 liángshi

몡 양식, 식량

我们不能浪费粮食。우리는 식량을 낭비할 수 없다.

怎么样做才能避免世界粮食危机?
어떻게 해야 세계 식량위기를 피할 수 있을까?

1818 了不起 liǎobuqǐ

형 대단하다, 뛰어나다, 굉장하다

유 1338 出色

她真了不起，每次考试都是第一名。
그녀는 정말 대단해, 매번 시험에서 모두 일등이야.

那个小男孩儿挺了不起的，小小年纪就干那么累的体力活。 그 남자아이는 정말 대단해, 어린 나이에 그렇게 힘든 육체노동을 하다니.

1819 临时 línshí

동 때에 이르다, 그 때가 되다

本来约好明天一起去逛街的，但她临时改变主意不去了。 원래 내일 같이 쇼핑하기로 했는데, 갑자기 그녀의 생각이 바뀌어 안 갔다.

형 잠시의, 일시적인

유 1142 暂时

这只是临时合同，没有正式生效。
이것은 단지 임시 계약이라, 정식으로는 효력이 없다.

plus+ 临时 · 1142 暂时

- 临时 형 잠시의
- 暂时 명 잠시

 临时와 暂时는 모두 '잠시, 잠시의'라는 뜻을 가지고 있다. 临时는 잠시라는 뜻 이외에도 부사로 일이 발생했을 때 '그 때에 이르러서'라는 뜻을 가지고 있으나, 暂时는 이러한 뜻이 없다.

뜻이 완전히 같을 때에는 차이점에 주목하는 것이 포인트!

Check

这本书我先（　　　　）用一下。
이 책을 제가 먼저 잠시 사용할게요.

没想到他（　　　　）变卦。
그가 잠시 마음이 변할 거라고 생각하지 못했다.

답 临时, 暂时 / 临时

1820 铃 líng

명 방울, 벨, 종

他不停地按车铃，示意行人让一让。
그는 계속해서 자전거 벨을 울려 행인이 길을 비키게 했다.

老师出去的时候，他的电话铃一直响个不停。
선생님께서 나가셨을 때, 선생님의 전화기가 계속 울렸다.

1821 零件 língjiàn

명 부속품

这家店主要销售电脑零件。
이 가게는 주로 컴퓨터 부품을 판매한다.

这种日本电脑一旦坏了，零件很难配到。
이 일본 컴퓨터는 일단 고장이 나면 부속품을 구하기가 매우 어렵다.

1822 零钱 língqián

명 작은 돈, 잔돈

那个小女孩儿很喜欢存零钱。
그 여자아이는 잔돈을 저금하는 것을 매우 좋아한다.

她把零钱都放到储蓄罐chǔxùguàn里攒zǎn了起来。 그녀는 잔돈을 저금통에 넣어 모으기 시작했다.

1823 零食 língshí

명 간식

吃太多零食对身体没好处。
너무 많은 간식을 먹는 건 몸에 좋지 않다.

偶尔买些零食吃吃也觉得挺好的。
가끔 간식을 사 먹으면 기분이 정말 좋다.

1824 灵活 línghuó

형 ① 원활하다, 민첩하다

유 敏捷 mǐnjié

那个服务员手脚灵活，老板对她很满意。
그 종업원은 손발이 민첩해서 사장은 그녀에 대해 매우 만족해 한다.

② 융통성이 있다
他为人处事相当灵活。
그는 일 처리가 상당히 융통성이 있다.

1825 领导 lǐngdǎo

동 영도하다, 이끌다
> 带领 dàilǐng

他领导人民走上了改革开放的道路。
그는 사람들이 개혁개방의 길에 오를 수 있도록 이끌었다.

명 지도자
> 领袖 lǐngxiù, 头儿 tóur

这位是我们单位的领导。
이 분께서는 우리 직장 상사이십니다.

1826 领域 lǐngyù

명 ① 영역
这里是我们国家的领域。
여기는 우리나라 영역이다.

② 분야
> 0709 范围

在文学领域，她的成绩无人能及。
문학 분야에서 그녀의 성적을 필적할 사람이 없다.

1827 流传 liúchuán

동 널리 퍼지다
> 1345 传播

他的英雄事迹广为流传。
그의 영웅적인 사적은 널리 퍼졌다.

这里流传着美人鱼的故事。
이곳에 인어공주 이야기가 널리 퍼졌다.

1828 浏览 liúlǎn

동 대충 훑어보다, 대강 둘러보다
我有空就会上网浏览一下网页。
나는 시간이 있으면 인터넷으로 홈페이지를 대충 훑어 본다.

她在商店的橱窗chúchuāng前浏览了一番。
그녀는 가게의 진열장 앞에서 대강 한 번 둘러보았다.

1829 龙 lóng

명 용
龙是中华民族的象征。 용은 중화 민족의 상징이다.
他为我画了一幅中国龙。
그는 나를 위해서 중국용을 그렸다.

1830 漏 lòu

동 ① (물이) 새다
水从屋顶漏了下来。
지붕에서 물이 새어 떨어졌다.

② 빠지다, 누락되다
考试时我漏写了一个零，结果计算全错了。시험 볼 때 0을 하나 빼고 써서 결과적으로 계산이 모두 틀렸다.

③ 누설하다, 폭로하다
泄xiè漏公司机密是要受法律处罚的。
회사 기밀을 누설하면 법의 처분을 받아야 하는 것이다.

1831 露 lù

동 나타나다, 나타내다, 드러나다
母亲的脸上露出了欣慰xīnwèi的笑容。
어머니의 얼굴에는 위안의 미소가 드러났다.

尽管受到责备，他的脸上没有露出一丝怨意。책망을 받아도, 그는 얼굴에 원망의 모습을 조금도 드러내지 않았다.

1832 陆地 lùdì

명 육지
陆地状况不太好，飞机不能降落。
육지의 상황이 그다지 좋지 않아, 비행기가 착륙할 수 없다.
这种动物无法脱离水在陆地上生存。이런 종류의 동물은 물을 떠나 육지에서는 생존할 방법이 없다.

1833 陆续 lùxù

부 끊임없이, 연이어
> 🔗 一连 yìlián

我们陆续地走进礼堂。
우리는 연이어 강당으로 걸어 들어갔다.

清晨，同学们陆续地来到了教室。
이른 새벽, 반 친구들은 연이어 교실에 왔다.

1834 录取 lùqǔ

동 뽑다, 채용하다, 고용하다
> 🔗 录用 lùyòng

他已经被清华大学破格录取了。
그는 이미 전례를 깨고 칭화대학교에 초빙되었다.

该公司在招聘广告中提到优先录取会中文者。
이 회사는 채용광고에서 중국어를 할 줄 아는 사람을 우선 고용한다는 것을 언급하고 있다.

1835 录音 lù//yīn

동 녹음하다

他刚才所讲的话被录音了。
그가 아까 한 말은 녹음되었다.

我把老师上课讲的录音了，以便回家复习。
나는 집에 가서 복습하기 위해 선생님의 수업 내용을 녹음한다.

她早上去电视台录过音了。
그녀는 아침에 방송국에 가서 녹음을 했다.

1836 轮流 lúnliú

동 교대로 하다

学生们轮流擦黑板。
학생들은 교대로 칠판을 닦는다.

从周一至周五，我们几个人轮流值班。
월요일부터 금요일까지, 우리 몇 사람이 교대로 초과근무를 한다.

1837 论文 lùnwén

명 논문

现在论文的质量并不是很高。
요즘 논문의 수준이 그리 높지 않다.

这篇论文在学术领域的价值特别高。
이 논문은 학술영역에 있어 가치가 아주 높다.

1838 逻辑 luójí

명 논리, 객관적 법칙

她说起话来总是很有逻辑。
그녀가 말을 하면 늘 논리적이다.

按照逻辑，你说的挺对的。
논리적으로 보면 당신의 말이 정말 맞습니다.

1839 落后 luò//hòu

동 뒤쳐지다, 지연되다

即使落后于别人也不要灰心。
다른 사람에게 뒤쳐졌다고 낙심하지 마세요.

这次接力赛，无论如何我们不能落在他们之后。
이번 릴레이 경기에서, 어찌 되었든 간에 우리는 그들에게 뒤처질 수 없다.

형 낙후되다, 뒤떨어지다
> 🔗 先进 xiānjìn

工厂的设备十分落后。
공장의 설비가 너무 낙후되었다.

新HSK VOCA 5000 M 5급

1840 骂 mà
- 동 욕하다, 꾸짖다
  - 유 0915 批评, 2385 责备
- 骂人是不文明的行为。
  사람에게 욕을 하는 건 비문명적인 행위입니다.
- 不要随便骂人，那样只能体现你的素质低下。
  함부로 욕하지 마세요, 그렇게 하면 당신의 수준이 낮다는 것을 보여주는 것밖에는 안 됩니다.

1841 麦克风 màikèfēng
- 명 마이크
  - 유 话筒 huàtǒng
- 他拿起麦克风就开始唱歌了。
  그는 마이크를 잡자마자 노래를 부르기 시작했다.
- 我们演讲时经常使用麦克风。
  우리는 연설을 할 때 자주 마이크를 사용한다.

1842 馒头 mántou
- 명 만토우, (소가 들어있지 않은) 찐빵
- 他一顿能吃七个馒头。
  그는 한 끼에 찐빵 7개를 먹을 수 있다.
- 妈妈蒸zhēng的馒头又嫩nèn又香。
  엄마가 찐 만토우는 부드럽고도 맛있다.

1843 满足 mǎnzú
- 동 만족하다, 만족시키다
  - 유 0460 满意, 知足 zhīzú
- 母亲尽可能地满足孩子的一切要求。
  어머니는 아이의 모든 요구를 최대한 만족시키고 있다.
- 生产力的发展水平无法满足人们的物质需要。
  생산력의 발전 수준이 사람들의 물질 수요를 다 만족하게 하지 못한다.

 plus+ 满足 · 0460 满意
- 满足 동 만족하다
- 满意 형 만족하다

비교 满足는 수요의 각도에서 말하며, '만족시키다, 만족하다'라는 뜻으로 목적어를 가져온다. 满意는 소망의 각도에서 말하며, '마음에 들다'라는 뜻이고 목적어를 바로 가져올 수 없다.

뜻은 같으나 품사로 구분되는 것이 포인트!

Check
妈妈终于买到了自己（　　　　）的衣服。
엄마는 드디어 자신이 마음에 들어하는 옷을 구입했다.
妈妈（　　　　）了我买电脑的要求。
엄마는 내가 컴퓨터를 사달라는 요구를 만족시켜 주셨다.

답 满意 / 满足

1844 毛 máo
- 명 (동식물의) 털, 깃털
- 那只小狗的毛卷卷的，特别可爱。
  그 강아지의 털은 곱슬곱슬해서 정말 귀엽다.
- 형 ① 경솔하다
- 那个新来的实习生做事毛手毛脚的。
  그 새로 온 실습생은 일을 대충대충 한다.
- ② 당황하다, 무서워하다
- 晚上看完恐怖电影之后，心里一直发毛。
  저녁에 공포영화를 본 후 마음이 계속 무서워졌다.
- 양 마오 (중국의 화폐 단위)
- 即使是一毛钱也要节省。
  1마오일지라도 절약해야 한다.

1845 毛病 máobìng
- 명 ① 약점, 흠
  - 유 0946 缺点
- 他的那些坏毛病得好好改改。
  그의 그런 나쁜 버릇은 잘 고쳐나가야 한다.

② 고장
　동 故障 gùzhàng
电脑修好没几天就又出毛病了。
컴퓨터를 고친 지 며칠 되지도 않았는데 또 고장이 났다.

어휘 plus+

毛病・0946 缺点

- 毛病 명 결점, 흠, 고장, 병
- 缺点 명 단점

비교 毛病은 신체의 질병과 기물의 손상, 고장을 나타내며, 缺点은 단점, 결점, 결함을 뜻하며, 주로 나쁜 방면에 쓰인다.

어떤 단어들과 함께 쓰이는지를 알아두는 것이 포인트!

Check
我们要注意改正自己的（　　　）。
우리는 자신의 단점을 고치는 데 주의를 기울여야 한다.
电脑又出（　　　）了。
컴퓨터가 또 고장 났다.

답 缺点 / 毛病

1846 矛盾 máodùn

명 모순, 의견의 불일치
在这个问题的处理上，他们两个有矛盾。
이 문제를 처리하는 데 있어, 그 두 사람은 의견 충돌이 있다.

형 모순된
我心里正矛盾着呢，真不知道该不该出国。
내 마음에도 갈등이 생겨, 출국을 해야 할지 말아야 할지 정말 모르겠다.

1847 冒险 mào//xiǎn

동 모험하다
太危险了，我不能让你去冒险。
너무 위험해, 나는 너 혼자 모험하게 할 수 없어.
冒险就冒险吧，不放手一搏bó怎么能知道结果。
모험이면 모험하지 뭐, 대담하게 부딪혀보지 않고 어떻게 결과를 알겠어.

1848 贸易 màoyì

명 무역
该国的对外贸易很发达。
이 나라의 대외 무역은 특히 활발하다.
他在贸易公司上班，过着朝九晚五的生活。
그는 무역회사에 다니는데, 아침 9시에 출근해서 저녁 5시에 퇴근하는 생활을 하고 있다.

1849 眉毛 méimao

명 눈썹
她的眉毛修得很精致。
그녀의 눈썹은 손질을 아주 세밀하게 잘했다.
那个男人长着浓浓的眉毛。
그 남자는 짙은 눈썹을 길렀다.

1850 煤炭 méitàn

명 석탄
他的父亲是一名煤炭工人。
그의 아버지께서는 광부이시다.
那个城市的地下煤炭已经差不多被挖空 wākōng 了。
그 도시의 땅 속 석탄은 거의 다 채굴해서 없다.

1851 美术 měishù

명 미술
我从小就特别喜欢美术。
나는 어렸을 때부터 미술을 매우 좋아했다.
他对美术鉴赏 jiànshǎng 很感兴趣，有美术展览的话，他肯定会去的。
그는 미술 감상에 아주 흥미가 있어서, 미술 전시회가 있으면 그는 꼭 갈 거야.

1852 魅力 mèilì

명 매력
她是一个有魅力的女人。
그녀는 매력적인 여인이다.

一个人身上的魅力是会自己散发出来的。
사람이 가지고 있는 매력은 스스로 발산되는 것이다.

1853 迷路 mí//lù

동 ① 길을 잃다
无论到哪里她都很容易迷路，真是典型的路痴lùchī。 어디를 가든지 그녀는 아주 쉽게 길을 잃어버리는데, 정말 전형적인 길치다.

② (정확한 방향을) 잃다
每个人都会有迷路的时候，这时要停下来好好想想自己想要怎样的人生。
누구나 다 길을 잃을 때가 있으니, 이때는 멈춰 서서 자신이 원하는 인생이 어떤 것인지 잘 생각해봐야 한다.

1854 谜语 míyǔ

명 수수께끼
猜对谜语的同学，我们有奖励。
수수께끼를 알아 맞힌 학생에게 우리는 상을 줄 겁니다.
我们现在来玩儿个猜谜语的游戏吧。
우리 지금 수수께끼 놀이하자.

1855 蜜蜂 mìfēng

명 꿀벌
蜜蜂是勤劳的昆虫kūnchóng。
꿀벌은 근면하게 일하는 곤충이다.
不要去捅tǒng蜂窝，否则蜜蜂会蛰zhē你。
벌집을 건드리지 마세요. 그렇지 않으면 벌이 쏠 거예요.

1856 密切 mìqiè

형 ① 밀접하다, 긴밀하다
유 紧密 jǐnmì 반 疏远 shūyuǎn
他们两个人关系很密切。
그들 두 사람의 관계는 매우 밀접하다.

② 중시하다, 세밀하다
我们会密切配合你们的工作的。
저희는 당신들의 업무에 세심하게 협조하겠습니다.

동 가깝게 하다
对话进一步密切干部与群众的关系。
대화는 지도자와 대중의 관계를 한걸음 더 가깝게 한다.

1857 秘密 mìmì

형 비밀스럽다
유 1531 公开
这可是秘密文件，绝对不能向别人泄露xièlòu一点。 이것은 비밀문건이라 절대로 다른 사람에게 누설하면 안 된다.

명 비밀
这件事背后有一个不可告人的秘密。
이 사건의 배후에는 누구에게도 알릴 수 없는 비밀이 있다.

1858 秘书 mìshū

명 비서
秘书的工作相当繁多。 비서의 일은 상당히 많다.
我们公司现在想聘一个秘书。
우리 회사는 현재 비서를 한 사람 고용하고자 한다.

1859 棉花 miánhua

명 목화, 면
她特别喜欢采棉花。
그녀는 특히 목화 뽑는 일을 좋아한다.
雪白的棉花看起来真漂亮！
눈처럼 새하얀 목화가 정말 예뻐 보이는구나!

1860 面对 miànduì

동 마주보다, 직면하다
유 1862 面临
面对你，我总有些不自在。
당신을 마주보면, 나는 늘 부자연스럽다.
我们在面对困难时绝不能退缩tuìsuō。
우리는 어려움에 직면했을 때 절대 물러서면 안 된다.

1861 面积 miànjī
- 명 면적
- 这个操场**面积**是多少？
  이 운동장의 면적은 얼마나 되나요？
- 他们的结婚新房**面积**不大。
  그들의 신혼 집은 면적이 크지 않다.

1862 面临 miànlín
- 동 직면하다, 당면하다
  - 유 1860 面对
- 即将**面临**毕业，你有什么打算？
  곧 졸업이 다가오는데, 당신은 어떤 계획이 있나요？
- 我们**面临**着极其艰巨jiānjù而又十分光荣的任务。
  우리에게 지극히 어렵고 또 아주 영광스런 임무가 앞에 놓여 있다.

1863 苗条 miáotiao
- 형 (몸매가) 날씬하다, 호리호리하다
- 前面那位小姐看起来好**苗条**。
  앞에 그 아가씨는 정말 날씬해 보인다.
- 她想着要减肥，变得**苗条**些能穿许多漂亮的衣服。
  그녀는 다이어트를 하겠다고 생각하고 있어. 몸매가 날씬해지면 예쁜 옷을 많이 입을 수 있으니까.

1864 描写 miáoxiě
- 동 본 떠 그리다, 묘사하다, 베끼다
  - 유 描述 miáoshù
- 如何**描写**这里的景物才好呢？
  이곳의 경치를 어떻게 묘사해야 좋을까？
- 他用大量的时间来**描写**人物的内心活动。
  그는 많은 시간을 들여 인물의 심리적 움직임을 묘사한다.

1865 秒 miǎo
- 양 초 (시간의 단위)
- 他分**秒**必争地学习。
  그는 분초도 다투어가며 공부한다.

- 我们要珍惜zhēnxī生命中的每一分一**秒**。
  우리는 생명의 매 일 분 일 초를 소중히 아껴야 한다.

1866 民主 mínzhǔ
- 명 민주
  - 반 专制 zhuānzhì
- **民主**政治能反映人民的意志。
  민주 정치는 국민의 의지를 반영할 수 있다.
- **民主**自由一直是人民追求的目标。
  민주 자유는 국민이 계속 추구하는 목표이다.
- 형 민주적이다
- 这次会议十分**民主**。 이번 회의는 아주 민주적이다.

1867 明确 míngquè
- 형 명확하다
  - 유 1988 确定 반 1878 模糊
- 关于这个事，你得给我**明确**的答复。
  이 일에 관해서 당신이 제게 명확한 답을 주셔야 합니다.
- 동 명확하게 하다
- 他们**明确**了前进的方向。
  그들은 전진할 방향을 명확하게 했다.

1868 明显 míngxiǎn
- 형 뚜렷하다, 분명하다
  - 유 显著 xiǎnzhù
- 他头上红色的帽子使他在人群中很**明显**。
  그의 머리에 쓴 빨간 모자가 사람들 사이에서 그를 돋보이게 한다.
- 这道题目**明显**是做错了，应该是中间落là了个数字。 이 문제는 분명히 잘못됐어, 중간에 숫자를 빼먹은 게 틀림없어.

1869 明信片 míngxìnpiàn
- 명 엽서
- 写张**明信片**寄给老朋友吧。
  엽서를 써서 옛 친구에게 보내보세요.

过年时，他从英国给我寄了一张明信片。
설에 그는 영국에서 내게 엽서 한 장을 보냈다.

1870 明星 míngxīng

명 스타, 샛별
很多年轻人都有自己喜欢的明星。
많은 젊은이들은 모두 각자가 좋아하는 스타가 있다.
迷恋明星的人有时候特别疯狂fēngkuáng。
스타에 빠진 사람은 가끔씩 아주 광분한다.

1871 名牌 míngpái

명 ① 유명상표, 브랜드
如今追求名牌的人越来越多了。
오늘날 명품을 추구하는 사람이 갈수록 많아지고 있다.

② 지명도가 높은 사람이나 기관
考上名牌大学真不容易。
명문대학에 합격하는 건 정말 쉽지가 않다.

1872 名片 míngpiàn

명 명함
我刚刚印了新的名片。
나는 방금 새 명함을 인쇄했다.
商人们大多随身携带xiédài名片。
장사하는 사람들은 대다수가 몸에 명함을 지니고 있다.

1873 名胜古迹 míngshèng gǔjì

명 명승고적
保护名胜古迹是每个人的义务。
명승고적을 보호하는 것은 모든 사람의 의무이다.
北京的名胜古迹吸引了大量的海内外游客。
베이징의 명승고적은 많은 국내외 여행객들을 끌어 모았다.

1874 命令 mìnglìng

동 명령하다
我命令你明天出发。 네가 내일 출발하도록 명령한다.

명 명령
不管有多危险，军人都要服从命令。
어떤 위험이 있다고 하더라도, 군인은 모두 무조건 명령에 복종해야 한다.

1875 命运 mìngyùn

명 운, 운명
我们要做自己命运的主人。
우리는 자신의 운명의 주인이어야 한다.
你觉得人的命运是注定的吗？
당신은 사람의 운명이 정해진 것이라고 생각합니까?

1876 摸 mō

동 ① (손으로) 집어보다, 어루만지다
我摸了摸他的额头étóu，感觉有点发烧。
나는 그의 이마를 집어보고, 열이 조금 있다는 걸 느꼈다.

② (손으로) 더듬다, 찾다
他从包里摸出了一本书。
그는 가방 속에서 책 한 권을 찾아 꺼냈다.

③ 시험해보다, 짐작하다
这次考试就是想摸清楚学生这段时间对知识的掌握状况。이번 시험은 그동안의 지식에 대한 학생들의 이해 상황을 짐작해보고 싶어 치르는 것이다.

④ (어둠 속을) 더듬어 찾아가다
摸着黑走，得小心点别摔倒shuāidǎo了。
어둠 속을 더듬어 찾아갈 때, 넘어지지 않도록 조심해야 한다.

1877 模仿 mófǎng

동 모방하다, 흉내내다
模仿是创作的基础。
모방은 창작의 밑바탕이 된다.
鹦鹉yīngwǔ模仿人讲话。
앵무새는 사람이 말하는 것을 흉내낸다.

1878 模糊 móhu

형 모호하다, 분명하지 않다
> 반 0486 清楚, 分明 fēnmíng

他对儿时生活的记忆已经很模糊了。
그는 어린 시절에 대한 기억이 이미 가물가물해졌다.

동 흐리게 하다, 애매하게 하다
泪水模糊了眼睛。 눈물이 눈을 흐릿하게 만들었다.

1879 摩托车 mótuōchē

명 오토바이
冬天骑摩托车特别冷。
겨울에 오토바이를 타는 것은 정말 춥다.

骑摩托车很危险，你要多加小心啊。
오토바이를 타는 것은 위험하니까 더욱 조심해야 해.

1880 陌生 mòshēng

형 낯설다, 생소하다
> 유 生疏 shēngshū 반 0999 熟悉

他来到一个陌生的城市，开始了新的生活。
그는 이 낯선 도시에서 와서 새로운 생활을 시작했다.

几年没有见面了，曾经亲密的关系变得很陌生。 몇 년간 보지 않아, 전에 친한 사이였는데도 낯설게 느껴졌다.

1881 某 mǒu

대 어느, 아무
你的有缘人就在世界的某个角落等着你。
당신의 인연은 세상의 어느 곳에서 당신을 기다리고 있습니다.

某一天在某一个地方你会遇到你最心仪的人。 언젠가 어느 곳에서 당신은 당신이 가장 흠모하는 사람을 만날 것입니다.

1882 目标 mùbiāo

명 표적, 목표
> 유 0900 目的

明确的目标会让你离成功更近。
확실한 목표는 당신을 성공과 더 가깝게 할 것입니다.

首先要确定目标，然后要付诸fùzhū实践。
먼저 목표를 명확히 한 후 실천에 옮겨야 한다.

어휘 plus+ 目标 · 0900 目的

- 目标 명 목표
- 目的 명 목적

 目的는 행위의 의도나 추구하는 결과를 뜻하고, 目标는 이런 뜻 이외에도 공격의 대상이나 추구의 대상을 가리키기도 한다. 目的는 부정적, 긍정적 두 방면으로 모두 쓰일 수 있으나, 目标는 긍정적인 의미로만 쓰인다.

아무리 쉬운 단어일지라도 그 속뜻을 한 번쯤 되새겨보는 것이 포인트!

Check
我有着不可告人的（　　　）。
나는 다른 사람에게 말할 수 없는 목적이 있다.
敌人终于发现了（　　　）。
적은 마침내 공격 목표를 발견했다.

目的 / 目标

1883 目录 mùlù

명 목록, 차례, 목차
目录里显示这个小说一共有五章。
목록에 이 소설이 모두 5장으로 구성되어 있다고 나타나 있다.

财产目录中有一项写得不清楚，容易让人产生误解。 재산 목록 중에 한 항목이 불확실하게 쓰여 있으면, 사람으로 하여금 쉽게 오해를 일으킨다.

1884 目前 mùqián

명 지금, 현재
> 유 0120 现在, 眼前 yǎnqián
> 반 0392 过去, 0810 将来

目前，科学家还无法解释这一天文现象。
현재, 과학자들은 이 천문 현상을 정확히 설명할 수 없다.

到目前为止，已经有90个人在地震中丧生。
현재까지, 이미 90명이 지진으로 사망했다.

1885 **木头** mùtou

명 나무, 목재, 나무토막

我想用木头做的桌子更好看。
내 생각엔 나무로 만든 탁자가 더 예쁜 것 같다.

我发现弟弟躺在床上，眼睛闭着，像根木头。 나는 남동생이 침대에 누워서 눈을 감고 있는 것을 봤는데, 마치 나무토막 같았다.

1886 **哪怕** nǎpà

접 설사 ~일지라도, 설령 ~라도
유 0795 即使

哪怕是死，我也绝不离开你。
설사 죽을지라도 나는 절대 널 떠나지 않겠다.

我们只要能完成任务就好了，哪怕辛苦些。
우리가 설령 조금 고생스러울지라도, 임무를 완성할 수만 있으면 된다.

1887 **难怪** nánguài

부 과연, 어쩐지
유 1559 怪不得

难怪他这么高兴，原来是升职了。
어쩐지 그가 이렇게나 기뻐하더니, 승진을 한 거였구나.

동 당연하다

他不大了解情况，搞错了也难怪。
그는 상황을 잘못 이해했으니, 실수하는 것도 당연하다.

1888 **难看** nánkàn

형 보기 흉하다, 꼴사납다, 못생기다
유 1334 丑 반 0894 美丽, 好看 hǎokàn

这件衣服真难看，别买了。
이 옷 진짜 별로야, 사지 마.

她男友长得真难看，和她很不般配bānpèi。
그녀의 남자친구는 정말 못생겨서 그녀와 어울리지 않는다.

1889 **脑袋** nǎodai

명 뇌, 머리
유 脑 nǎo, 脑子 nǎozi, 头 tóu

我脑袋有点痛，可能是因为昨天没睡好。
머리가 조금 아픈 건 아마도 어제 잠을 잘 못 잤기 때문이다.

那个孩子的脑袋并不聪明，是靠努力成绩才好的。 그 아이의 머리는 결코 좋지 않으나, 노력해서 성적이 좋다.

1890 **内科** nèikē

명 내과

肺炎是一种内科疾病。
간염은 일종의 내과 질병이다.

这医院有内科病房和外科病房。
이 병원에는 내과 병동과 외과 병동이 있다.

1891 **嫩** nèn

형 ① 여리다, 연하다
유 柔弱 róuruò 반 0447 老

春天到了，小树吐嫩芽了。
봄이 오자 어린 나무는 부드러운 싹을 피워낸다.

② (음식이) 부드럽다

这肉做得很嫩。
이 고기(요리)는 부드럽게 잘 만들어졌다.

③ (색깔이) 옅다
유 1393 淡, 1952 浅

你穿了嫩绿色的衣服显得真年轻！
당신이 연녹색 옷을 입으니까, 정말 젊어 보이세요!

1892 能干 nénggàn

형 유능하다, 재능 있다

반 无能 wúnéng

你可真能干，难怪这么快就升职了。
어쩐지 이렇게 빨리 승진했나 했더니, 당신은 정말 유능하군요.

娶qǔ了个这么能干的妻子，你可真幸福啊！
이렇게나 재능 있는 아내를 얻어서, 넌 정말 행복하겠구나!

1893 能源 néngyuán

명 에너지

能源危机需要世界各国携手xiéshǒu解决。
에너지 위기는 세계 각국이 손을 잡고 해결해야 한다.

未来拥有丰富能源的国家将在世界崛起 juéqǐ。
미래에는 풍부한 에너지 자원을 보유한 국가가 세계에 우뚝 서게 될 것이다.

1894 年代 niándài

명 연대, 시기, 시대

유 2058 时代, 年月 niányue, 岁月 suìyuè

这件古董恐怕有年代了。
이 골동품은 아마 긴 세월이 묻어 있을 것이다.

这件衣服看起来像三十年代的。
이 옷은 30년대 옷 같아요.

1895 年纪 niánjì

명 나이

유 0907 年龄, 岁数 suìshu

年纪大的人不要做剧烈运动。
나이가 많은 사람은 격렬한 운동을 하지 말아야 한다.

他看起来比实际年纪年轻得多。
그는 실제 나이보다 훨씬 젊어 보여요.

어휘 plus+ 年纪 · 0907 年龄

- 年纪 나이
- 年龄 연령

비교 年纪는 사람에게만 쓰이며, '大', '小', '轻'과 함께 사용된다.
年龄은 사람과 동식물이 이미 생존한 연수를 말하는 것으로, 일반적으로 '大', '小'와 함께 쓰인다.

어떤 단어들과 함께 쓰이는지를 알아두는 것이 포인트!

Check
这棵古树的（　　　）谁也说不清楚。
이 고목의 연령은 누구도 확실히 말할 수 없다.

别看她（　　　）轻轻的，却是一家有一百多职员的老板。그녀의 나이를 젊게 보지 마, 백여 명의 직원을 거느리는 사장이야.

답 年龄 / 年纪

1896 念 niàn

동 ① 그리워하다

유 2243 想念

你回来得正好，你姐姐正念着你呢！
너 마침 잘 돌아왔어, 네 언니가 널 보고 싶어 했거든!

② 생각하다

我念着他应该快要回国了。
나는 그가 빨리 귀국해야 한다고 생각한다.

③ 읽다

유 0022 读

他每天都会抽出些时间念念单词。
그는 매일 시간을 내서 단어를 읽는다.

1897 宁可 nìngkě

부 차라리 ~할지언정

유 宁肯 nìngkěn, 宁愿 nìngyuàn

宁可孤单也不交坏朋友。
나쁜 친구와 함께 있는 것보다 혼자 있는 편이 더 낫다.

宁可赚的钱少一点，也要做自己喜欢的工作。
돈은 적게 벌지언정, 자신이 좋아하는 일을 해야 한다.

어휘 plus+ 宁可 · 宁肯 nìngkěn · 宁愿 nìngyuàn

- 宁可 접 차라리 ~하는 것이 더 낫다
- 宁肯 접 차라리 ~하는 것이 더 낫다
- 宁愿 접 차라리 ~하는 것이 더 낫다

비교 이 세 단어 모두 '차라리 ~하는 것이 더 낫다'라는 뜻을 가지고 있다. 宁可는 두 방면의 이해 득실을 따진 후에 한쪽을 선택하는 것인데, 선택한 쪽은 대부분 가설의 의미이자 과정의 뜻을 담고 있다. 또한 용법적인 측면에서는 앞에 '与其'가 오거나 뒤에 '也不', '也要', '也得'가 와서 같이 쓰인다. 宁肯 역시 한쪽을 선택하는 것인데, 그 선택한 것은 주로 사람의 염원, 소원, 의지와 관계된 것이어야 한다. 宁愿은 주로 자신이 손해를 보더라도, 또는 자신이 희생을 감수하더라도 하고 싶다는 뜻이 강하다.

한국어로 해석하면 차이가 없어 보이므로 단어의 뜻을 정확히 파악하는 것이 포인트!

Check

我（　　）一夜不睡觉，也得把这份报告完成。 나는 설령 밤새 자지 않더라도, 이 보고서를 완성해야 한다.

我（　　）辞职也不愿参加做这种不正当的勾当gòudàng。
내가 차라리 사직을 하지 이런 부정당한 짓에 참여하고 싶지 않다.

只要你幸福，我（　　）退到好朋友的位置。 너만 행복하다면, 나는 차라리 좋은 친구의 자리로 돌아가겠다.

답 宁可 / 宁肯 / 宁愿

1898 牛仔裤 niúzǎikù

명 청바지

我昨天新买了一条牛仔裤。
나 어제 청바지 하나 새로 샀어.

我平时穿牛仔裤，重要场合穿裙子。 나는 평소에는 청바지를 입고, 중요한 장소에서는 치마를 입는다.

1899 浓 nóng

형 ① (농도가) 진하다, 짙다
유 0968 深 반 1393 淡, 1952 浅

浓硫酸liúsuān很危险，千万不要弄到身上，不然会烧伤的。
농도가 진한 황산은 아주 위험하니 절대 몸에 닿지 않도록 하세요, 그렇지 않으면 화상을 입을 수 있습니다.

② (정도가) 심하다
我叫他起床时，他睡意正浓。
내가 그를 깨웠을 때, 그는 너무 깊이 잠들어 있었다.

1900 农民 nóngmín

명 농민

在旧社会，农民的生活很艰苦。
봉건시대 때는, 농민들의 생활이 정말 힘들었다.

国家出台了一系列政策保障农民的利益。
국가는 농민의 이익을 보장하는 일련의 정책을 공표했다.

1901 农业 nóngyè

명 농업

农业是工业的基础。 농업은 공업의 기초이다.

农业能为人们生活提供物质保证。
농업은 사람들의 생활에 물질적인 보장을 제공한다.

1902 女士 nǚshì

명 학식 있는 여자, 숙녀, 부인
반 男士 nánshì

这些广告令女士们大为反感。
이 광고는 여성들의 큰 반감을 샀다.

女士们，先生们，今晚我们这里将举行一场盛大的舞会。 신사 숙녀 여러분, 오늘 저녁 여기서 성대한 무도회가 개최됩니다.

1903 偶然 ǒurán

형 우연하다
유 0911 偶尔 반 1237 必然

他竟然能得奖，真是太偶然了。
그는 뜻밖에 상을 받게 되었는데 정말 우연이다.

[부] 우연히
在商场里偶然遇到一个高中同学。
백화점에서 우연히 고등학교 동창을 만났다.

plus+

偶然 · 0911 偶尔

· 偶然 [형][부] 우연하다 / 우연히
· 偶尔 [부] 가끔

[비교] 偶然은 必然의 반의어로 '우연히, 생각지도 못한'의 뜻을 가진 형용사이고, 偶尔은 经常의 반의어로 '가끔'이라는 뜻의 부사이다.

한국어로 해석하면 차이가 없어 보이므로, 단어의 뜻을 정확히 파악하는 것이 포인트!

Check
这件事情的发生十分（   ）。
이 사건의 발생은 아주 우연이었다.

他们俩不常见面，（   ）碰到一两次。
그들 둘은 자주 만나지 않고, 가끔 한두 번 마주친다.

답: 偶然 / 偶尔

1904 拍 pāi

[동] ① 손바닥으로 치다
电视图像显示不出，他用手拍了一下就好了。
텔레비전 영상이 나오지 않았는데, 그가 손으로 좀 치니 바로 나왔다.

② (사진을) 찍다, 촬영하다
麻烦您帮我们俩拍张合照吧。
번거로우시겠지만, 저희 두 사람 사진 좀 찍어주세요.

③ (전보를) 치다, 보내다
在过去通讯业不发达的时候，人们总是靠拍电报来互通消息。 과거에 통신업이 발전하기 전에, 사람들은 전보를 쳐서 서로 소식을 왕래했었다.

④ 아첨하다
他本想拍马屁，结果拍到马腿上去了。
그는 원래 아부를 좀 해보려고 했는데, 결과적으로는 잘 되지 않았다.

[명] 박자
他跳舞时很会踩cǎi拍子。
그는 춤을 출 때 박자를 잘 맞춘다.

1905 排队 pái//duì

[동] 줄을 서다
大家要排队买票。
모두 줄을 서서 표를 사야 합니다.

大家不要拥挤yōngjǐ，请有秩序地排队上车。
모두 밀지 마시고, 순서대로 줄을 서서 차에 타세요.

同学们只有排好队才能进入场地。 학생 여러분 이 줄을 잘 서야만 공연장에 입장할 수 있습니다.

1906 排球 páiqiú

[명] 배구, 배구공
他们小组排球打得十分好。
그들 팀은 배구를 아주 잘한다.

那个女孩儿竟然不会打排球！
그 여자 아이는 의외로 배구를 못하는구나!

1907 派 pài

[동] 보내다, 파견하다
我会派人去机场接您的。
제가 사람을 보내 공항으로 당신을 모시러 가겠습니다.

명 ① 파, 파벌
他是天生的乐观派，不管有什么事总是特别想得开。 그는 천성적으로 낙관파여서, 어떤 일이 있든지 항상 마음에 담아두지 않는다.

② 파이(pie)
巧克力派虽好吃，不过吃多了也对身体不好。 초콜릿 파이가 설사 맛있더라도, 많이 먹으면 몸에 좋지 않다.

양 ① 파벌을 세는 단위
各派学者对于这个问题有不同的看法。 각 학파의 학자들은 이 문제에 대해 서로 다른 의견을 가지고 있다.

② 경치, 기상, 소리, 언어 등을 세는 단위 (앞에 '一'를 붙여 씀)
看着眼前一派美景，他心潮xīncháo澎湃péngpài。 눈앞에 펼쳐진 아름다운 경치를 보니, 그는 가슴이 벅찼다.

1908 **盼望** pànwàng

동 희망하다, 간절히 바라다
유 0261 希望, 1939 期待, 渴望 kěwàng
他盼望着能快点见到母亲。 그는 가능한 빨리 어머니 뵙기를 희망하고 있다.
他盼望着早日与家人团聚。 그는 하루 빨리 가족과 상봉할 수 있기를 간절히 바라고 있다.

plus+
盼望 · 0261 希望
· 盼望 동 바라다, 소원하다
➡ 盼望 + 开学, 放假, 胜利, 下雨, 回信
· 希望 동 희망하다, 바라다
➡ 希望 + 成功, 批准, 富强

비교 두 단어 모두 '바라다'라는 뜻이나, 盼望은 希望보다 어감이 무겁고 어떤 일이 이루어지기를 오래도록 기다린다는 뜻이 있다. 希望은 마음속으로 목적에 도달하거나 상황이 실현됨을 나타내며, 명사적 역할도 한다.

한국어로 해석하면 차이가 없어 보이므로 단어의 뜻을 정확히 파악하는 것이 포인트!

Check
孩子是国家的（　　　）。 어린이는 나라의 희망이다.
大家都（　　　）选手们胜利归来。 모두가 선수들이 승리해서 돌아오기를 바란다.
답 希望 / 盼望

1909 **赔偿** péicháng

동 배상하다
没有人会赔偿他的损失。 아무도 그의 손실을 배상하지 않을 것이다.
根据合同，贵方需要赔偿我方的一切损失。 계약서에 의거해, 귀하 측에서 우리 측의 모든 손실을 배상하셔야 합니다.

1910 **培养** péiyǎng

동 배양하다, 기르다, 양성하다
他们省吃俭用把钱攒zǎn下来培养孩子。 그들은 덜 먹고 덜 쓰며 돈을 모아 아이를 가르쳤다.
父母总希望把自己的孩子培养成龙中之龙，凤fèng中之凤。 부모는 늘 자신의 아이가 뛰어난 인재로 자라길 희망한다.

1911 **佩服** pèifú

동 탄복하다, 감탄하다
유 敬佩 jìngpèi
他的科研能力叫你不得不佩服。 그의 과학 연구 능력은 사람들로 하여금 탄복하지 않을 수 없게 만든다.
我真佩服你，能在那么多有能力的人中间脱颖tuōyǐng而出。 난 정말 감탄했어, 그렇게 많은 다재다능한 사람들 중에서도 두각을 나타낼 수 있다니 말이야.

1912 **配合** pèihé

동 ① 협동하다, 협력하다
유 1604 合作

他们在工作方面配合得很好。
그들은 업무 방면에서 협력을 잘한다.

② 배합하다, 잘 맞물리다
这一生产过程中的每一部分都要配合好才行。
생산과정 중에서 모든 부분이 다 잘 맞물려야 된다.

1913 盆 pén

명 (물을 담거나 씻는 데 사용하는) 그릇
花盆里新种了一朵小花。
화분에 작은 꽃 한 송이를 새로 심었다.
我要找个盆来盛chéng这些东西。
그릇을 찾아서 이 물건들을 좀 담아야겠어.

1914 碰见 pèng//jiàn

동 우연히 만나다
유 0575 遇到, 遇见 yùjiàn
今天去公园，偶然碰见一个大学时的朋友。
오늘 공원에 갔는데, 우연히 대학 때 친구를 만났지 뭐야.
最近中午在食堂吃饭碰不见她。
최근 점심에 식당에서 밥 먹을 때 그녀를 보지 못했다.

1915 披 pī

동 ① (겉옷을) 걸치다, 두르다
他披着围巾朝我们走来。
그는 목도리를 두르고서는 우리를 향해 걸어 왔다.

② (대나무 등이) 쪼개지다
他用刀把鱼肚子披成两半。
그는 칼로 물고기의 배를 반으로 갈랐다.

1916 批 pī

동 ① 피드백하다
유 批改 pīgǎi
老师在我的作业后边批了几句。
선생님은 내 숙제 마지막에 몇 마디 피드백을 해주셨다.
每一本作业李老师都会认真批改的。
숙제마다 이 선생님께서는 열심히 피드백을 해주신다.

② 비평하다, 비판하다
유 0915 批评
我们在昨天的会议上把他批了一顿。
우리는 어제 회의에서 그를 한 차례 비판했다.
今天又迟到了，挨ái了一顿批评。
오늘도 또 지각을 해서, 한 바탕 꾸지람을 들었다.

③ 대량으로 물건을 구입하다, 도매하다
您批的货马上就到。
당신이 대량 주문한 물건이 곧 도착합니다.
我们市新建了一个批发小商品的市场。
우리 시는 잡화 도매시장을 새로 건설했다.

양 대량의 물건이나 다수의 사람을 세는 단위
我们公司第一批去非洲的人已经出发了。
우리 회사의 아프리카로 가는 첫 번째 무리의 사람들은 이미 출발했다.

1917 批准 pīzhǔn

동 (상급이 하급의 의견, 요구, 건의 등을) 허가하다
유 0520 同意, 1139 允许
总部批准我调diào到美国分公司工作了。
본부는 내가 미국 지사로 옮겨 일하는 걸 허가했다.
那个工程还没有批准下来呢，不能动工。
그 공사는 아직 허가가 떨어지지 않아 공사를 시작할 수 없다.

1918 皮鞋 píxié

명 가죽구두
这双皮鞋的皮质真好。 이 구두 가죽이 정말 좋다.
商场的皮鞋正在减价处理呢，有空去看一下吧。 상점의 구두를 현재 염가판매하고 있다니까, 시간 되면 가서 봐.

1919 疲劳 píláo

형 지치다, 피로하다
유 0214 累, 疲倦 píjuàn
用电脑用得太久了，眼睛很疲劳。
컴퓨터를 너무 오랫동안 사용했더니, 눈이 아주 피로해.

千万不要疲劳驾驶，这样很容易出交通事故。 절대 피곤하게 운전하면 안 돼, 이렇게 하면 교통사고 나기 쉬워.

1920 匹 pǐ

양 필 (말이나 노새 등의 가축이나 비단을 세는 단위)
农场里有二十匹马。 농장에는 말이 스무 필 있다.
这一匹布要多少钱？ 이 천은 한 필에 얼마입니까?

1921 片 piàn

명 ① (평평하고 얇은) 조각, 판
我把洋葱切成了片。
나는 양파를 얇게 썰었다.

② (전체 중의) 작은 부분
电影中的这一片段被删除shānchú了。
영화에서 이 부분이 삭제되었다.

양 ① 평평하고 얇은 물건을 세는 단위
这药一天三次，一次吃两片儿。
이 약은 하루 세 번, 한 번에 두 알씩 먹는다.

② 풍경, 기상, 언어, 마음 등을 세는 단위
我对你可真的是一片真心，你可不能误解我啊！ 네게는 정말 진심이야, 날 오해하면 안 돼!

1922 片面 piànmiàn

명 단면, 단편
这只是你的片面之词，我们没法相信你。
이건 단지 너의 단편적인 말에 불과해서, 우리는 너를 믿을 수가 없어.

형 일방적이다, 단편적이다
반 1983 全面
不要片面地理解他的意思。
그의 뜻을 단편적으로 이해하지 마세요.

1923 飘 piāo

동 (바람에) 나부끼다, 펄럭이다, 흩날리다, 떠다니다
外面飘着雪花，有些冷。
밖에 눈보라가 흩날려서 조금 추워.

형 ① 휘청거리다
可能是发烧了，浑身húnshēn发飘。
열이 나는 것 같아, 온몸이 다 휘청거리네.

② 착실하지 않다, 경박하다
他为人作风有点飘。
그는 사람이 조금 경박스럽다.

1924 频道 píndào

명 채널
你喜欢看哪个电视频道？
너는 어느 텔레비전 채널을 좋아하니?
快点调tiáo到体育频道，有足球比赛啦！
빨리 스포츠 채널로 돌려, 축구경기 한다!

1925 品种 pǐnzhǒng

명 품종, 제품의 종류
我们店的东西品种齐全。
우리 가게 물건은 종류가 다양하게 고루 갖춰져 있다.
不同品种的东西价格是不同的。
품종이 다른 물건은 가격도 다르다.

1926 凭 píng

동 ～에 의지하다
유 靠 kào
他们凭劳动赚取zhuànqǔ生活费。
그들은 노동에 의지해서 생활비를 번다.

전 ～에 의거하여, ～에 의하여
유 靠 kào
凭实力取得了最后的胜利。
실력에 의지하여 최후의 승리를 거두었다.

1927 平 píng

형 ① 평평하다, 평탄하다
我家旁边刚建好了一条平坦píngtǎn的马路。우리 집 옆에 평평한 도로가 막 건설되었다.

② 동격이다, 같다
无论如何我们还能和他们平起平坐。어찌 되었든 간에 우리는 그들과 동등한 자격이 있을 만하다.

③ 안정되다
内心的平和是如此地重要啊！
마음의 안정은 이처럼 중요한 거야!

1928 平常 píngcháng

형 평범하다, 일반적이다
유 普通 pǔtōng 반 2134 特殊
想用平常的心态来对待这件事真不容易。
평상시의 마음 상태로 이 일을 대하는 것은 정말 쉽지 않다.

명 평소, 평시
유 0921 平时, 2004 日常
他虽然学习态度不好，但平常很少逃课。
그는 학습태도는 좋지 않지만, 수업을 빠지는 일은 아주 적다.

1929 平等 píngděng

형 평등하다, 대등하다
法律面前人人平等。법 앞에서 모든 사람은 평등하다.
机会对每个人都是平等的。
기회는 모든 사람이 다 평등하다.

1930 平方 píngfāng

명 제곱, 평방
二的平方等于四。2의 제곱은 4이다.

양 (면적의 단위) 제곱미터(m²)
他搬新家了，房子有60多平方米。
그는 새집으로 이사 갔는데, 집 면적은 60여 제곱미터이다.

1931 平衡 pínghéng

형 평형하다
유 均衡 jūnhéng
贸易收支平衡是理想的状态。
무역수지 평형이 이상적인 상태이다.
保持饮食习惯平衡挺不容易。
음식습관의 평형을 유지하는 것은 정말 쉽지가 않다.

1932 平静 píngjìng

형 (상황, 환경, 태도, 감정 등이) 평온하다, 조용하다
유 0305 安静 반 1262 不安
一听到自己被哈佛大学录取了，他内心无法平静下来。자신이 하버드대학에 합격했다는 소식을 듣고, 그는 마음을 안정시킬 수 없었다.
他今天终于见到自己的偶像了，激动的心情久久不能平静。
그는 오늘 드디어 자신의 우상을 만나게 되어, 흥분한 마음이 오랫동안 가라앉지 않았다.

plus+ 平静 · 0305 安静

· 平静 형 평온하다, 고요하다
　➡ 情绪, 内心, 心里, 生活, 世界

· 安静 형 조용하다
　➡ 公园, 家里, 树林, 夜晚, 性格

비교 두 단어 모두 '조용하다'라는 뜻이나, 安静은 소리가 없이 조용하다는 뜻이고, 형용사와 동사적 용법이 함께 있어서 AABB 중첩형식 외에도 ABAB 중첩도 가능하다. 平静은 마음, 상황, 환경이 불안하지 않고 동요하지 않는 것을 뜻하고, ABAB로 중첩할 수 없다.

어떤 단어들과 함께 쓰이는지를 알아두는 것이 포인트!

Check
他那激动的情绪怎么也不能（　　　）。
그의 그 흥분한 마음이 아무리 해도 가라앉지 않는다.
你们（　　　）一点儿好吗? 太吵了。
너희 좀 조용히 해줄래? 너무 시끄러워.

답 平静 / 安静

1933 平均 píngjūn

동 균등히 하다
这里有十个小箱子，平均成五份吧。여기 10개의 작은 상자가 있는데, 균등하게 5등분으로 만드세요.

형 평균적인, 균등의
这个地区平均的天气状况如何？
이 지역은 평균적인 날씨 상태가 어때요？

1934 评价 píngjià

동 평가하다
유 评估 pínggū, 评论 pínglùn
请每个同学都给任课老师评价一下。
모든 학생들은 강의 담당 선생님에 대한 평가를 해주세요.

명 평가
这部电影受到群众很高的评价。
이 영화는 대중의 높은 평가를 받았다.

1935 破产 pò//chǎn

동 ① 파산하다
유 倒闭 dǎobì
受金融危机的影响，他们公司破了产。
금융위기를 당하여, 그들의 회사는 파산을 했다.
那个银行要破产了，人们都急着把钱取出来。그 은행은 곧 파산하게 되어, 사람들은 급히 돈을 인출했다.

② 실패하다
유 0975 失败
看来我们的方案又要破产了。
보아하니 우리의 방안은 또 실패할 것 같아요.

1936 破坏 pòhuài

동 ① 파괴하다
유 损害 sǔnhài 반 0608 保护
人类在搞经济建设的同时严重地破坏了自然环境。인류는 경제 건설을 이루는 동시에 자연환경을 심각하게 파괴했다.

② (명예나 위신을) 훼손하다
他一次又一次地说谎huǎng，这严重地破坏了他的威信。그의 계속되는 거짓말이 그의 위신을 심각하게 훼손시켰다.

③ 어기다, 위반하다
不要破坏我们之间的合约。
우리 사이의 협약을 어기지 마세요.

1937 迫切 pòqiè

형 절실하다, 절박하다
他迫切地希望自己能找到工作。
그는 스스로 일을 찾을 수 있기를 원한다.
人民对精神生活的质量要求越来越迫切了。
사람들의 정신 생활의 질적 요구가 나날이 절실해지고 있다.

1938 朴素 pǔsù

형 ① 화려하지 않다
유 简朴 jiǎnpǔ, 朴实 pǔshí
반 1595 豪华, 华丽 huálì, 奢侈 shēchǐ
他的散文虽然朴素，但仍然感情真挚 zhēnzhì。그의 산문은 비록 화려하지 않지만, 여전히 진실함이 우러 나온다.

② 소박하다, 검소하다
他很有钱，可还是过着朴素的生活。
그는 부자임에도 여전히 검소한 생활을 하고 있다.

③ 순박하다, 꾸미지 않다
那个小女孩儿用朴素的语言描写 miáoxiě了自己童年的生活。그 여자 아이는 꾸밈없는 언어로 자신의 어린 시절 생활을 묘사했다.

④ 초기의, 발전하지 않은 상태의
很多优秀的学者终身都坚持着朴素的价值观。많은 우수한 학자들은 평생 소박한 가치관을 고수한다.

 朴素·朴实 pǔshí

• 朴素 형 소박하다
➡ 衣着, 穿着, 风格, 语言, 行文, 打扮

・朴实 형 성실하다

비교 두 단어 모두 형용사로, 朴素는 겉모습이 검소하고 소박하며 화려하지 않음을 나타내는데, 의상, 진열품, 라이프 스타일 등 방면에 많이 쓰이고, '절약하다, 사치하지 않는다'는 뜻도 가지고 있다. 朴实는 본질적으로 '성실하다, 우쭐거리지 않는다'의 뜻으로, 인품과 태도 방면에 많이 쓰인다.

어떤 단어들과 함께 쓰이는지를 알아두는 것이 포인트!

Check
她性格非常（　　　　）。
그녀는 성격이 매우 성실하다.
他生活很（　　　　）。
그는 생활이 매우 검소하다.

朴实 / 朴素

1939 期待 qīdài

동 기대하다, 기다리다

유 1406 等待, 1908 盼望 반 0976 失望

我迫切地期待见到你。
저는 당신을 만나길 절실하게 기대하고 있습니다.

我们正期待着你给我们一个满意的答复。
우리는 지금 당신이 우리에게 만족스런 답을 줄 것이라 기대하고 있다.

1940 期间 qījiān

명 기간

유 0243 时间, 2061 时期

在工作期间，她积累了丰富的经验。
일하는 기간 동안 그녀는 풍부한 경험을 쌓았다.

她在国外学习期间打工赚了许多钱。
그녀는 외국에서 공부하는 기간에 아르바이트로 많은 돈을 벌었다.

1941 其余 qíyú

대 나머지, 남은 것

유 0483 其他, 0882 另外

这些我先拿走，其余的以后再说吧。이것들은 내가 먼저 가져가고, 나머지는 다음에 다시 얘기합시다.

准备好稿子的同学今天先发表，其余的人下次上课再发表吧。
원고를 다 준비한 학생은 오늘 먼저 발표하고, 나머지 사람은 다음 수업 시간에 다시 발표합시다.

어휘 plus+ 其余 0483 其他

・其余 대 그 나머지
・其他 대 기타

비교 其余는 한정되고 특정된 나머지 것을 가리키고, 其他는 그 범위가 명확하지 않다.

한국어로 해석하면 차이가 없어 보이므로, 단어의 뜻을 정확히 파악하는 것이 포인트!

Check
五门功课，除体育是五分，（　　　　）都是三分。
다섯 과목이 있는데, 체육이 5점인 것을 제외하고 그 나머지는 모두 3점이다.
这条建议很好，谁还有（　　　　）意见?
이 건의 매우 좋네요, 누구 또 기타 의견 없나요?

其余 / 其他

1942 奇迹 qíjì

명 기적

每个人都能创造奇迹。
모든 사람이 다 기적을 만들어낼 수 있다.

努力奋斗可以创造奇迹。
노력하고 분투하면 기적을 만들 수 있다.

1943 启发 qǐfā

동 계발하다, 계몽하다
  유 启示 qǐshì

上课时，老师需要启发学生的积极性。
수업시간에, 교사는 학생들의 적극성을 계발할 필요가 있다.

这件事启发了我，让我明白了做事前要多思考。
이 사건은 나를 깨우치게 했어, 일을 하기 전에 생각을 많이 해야 한다는 것을 알게 해줬지.

1944 企图 qǐtú

동 의도하다, 기도하다
  유 0345 打算, 策划 cèhuà

他企图越狱，但失败了。
그는 탈옥을 기도했으나 실패했다.

명 의도, 기도
  유 0345 打算, 意图 yìtú, 意向 yìxiàng

巡警正好来了，他想偷东西的企图没有得逞déchěng。
마침 순경이 와서, 그가 물건을 훔치려 했던 의도는 뜻대로 실현되지 못했다.

1945 企业 qǐyè

명 기업

你们企业是做什么行业的?
귀사는 무엇을 하는 기업입니까?

在大企业里任职很能锻炼自己的能力。
대기업에서 일을 하면 자신의 능력을 단련시킬 수 있다.

1946 气氛 qìfēn

명 분위기
  유 氛围 fēnwéi

他们吵起来了，弄得气氛相当不好。
그들이 말다툼하는 바람에 분위기가 상당히 안 좋아졌다.

他的小笑话引得大家笑起来，屋里的气氛一下子变得轻松了许多。
그의 우스갯소리가 사람들을 웃게 만들어 방안의 분위기가 갑자기 훨씬 부드러워졌다.

1947 汽油 qìyóu

명 가솔린, 휘발유

这附近有汽油加油站吗?
이 근처에 휘발유 주유소 있나요?

汽油泄漏xièlòu，引起大爆炸。
휘발유가 세어 나와서 큰 폭발을 일으켰다.

1948 牵 qiān

동 끌다, 이끌다
  유 0859 拉

姐姐牵着妹妹的手过马路。
언니는 여동생의 손을 잡고 길을 건넜다.

他牵着手中的风筝fēngzheng线跑得很远。
그는 손에 연줄을 잡고 멀리까지 뛰어갔다.

1949 谦虚 qiānxū

형 겸손하다
  유 谦逊 qiānxùn
  반 0816 骄傲, 傲慢 àomàn, 自高自大 zìgāo zìdà

谦虚的人更容易受到别人的尊敬。
겸손한 사람이 다른 사람의 존경을 받기 훨씬 쉽다.

동 겸손의 말을 하다

他谦虚了一番，不过最后还是接受我的邀请。
그는 겸손하게 말씀을 하시다가, 결국에는 제 초청을 받아들였습니다.

1950 签字 qiān//zì

동 서명하다, 사인하다

医生已经签字了，可以去取药了。
의사가 서명했으니 약을 찾으러 가도 됩니다.

这份文件一定得董事长签字了才能生效。
이 문서는 반드시 이사장의 사인이 있어야 유효하다.

双方已经在合同书上签过字了。
쌍방은 이미 계약서 상에 사인을 마쳤다.

1951 前途 qiántú

명 앞길, 전망, 미래
　유 0810 将来, 2201 未来, 前程 qiánchéng

他各方面都十分优秀，前途无量。
그는 여러 방면에서 매우 우수해 미래가 밝다.

他的童年时代并未显出有多大前途。
그의 어린 시절에는 결코 미래가 드러나지 않았다.

1952 浅 qiǎn

형 ① 얕다
　유 0968 深

我家对面的那条小河水很浅。
우리 집 맞은편에 있는 그 작은 강물은 수심이 얕다.

她脸上浅浅的酒窝jiǔwō真可爱。
그녀 얼굴의 얕은 보조개가 정말 귀엽다.

② 쉽다

今天英语课上讲的内容挺浅的，不难理解。 오늘 영어 수업시간에 말했던 내용은 꽤 쉬워서 이해하기 어렵지 않았다.

③ (정도가) 낮다

他的英语基础比较浅。
그는 영어 기초가 비교적 낮다.

④ (감정이) 얕다

十几年过去了，他们的感情已经变浅了。
십수 년이 지나서인지, 그들의 감정도 이미 옅어졌다.

⑤ (색깔이) 옅다, 연하다
　유 1899 浓

那件浅绿色的大衣很适合你的脸色。
그 연녹색 코트는 네 얼굴색과 잘 맞는다.

⑥ (시간이) 짧다

他们交往时间很浅，只有十几天。
그들의 교제시간은 정말 짧아, 겨우 열흘 좀 넘었어.

1953 欠 qiàn

동 ① 빚지다

他帮了我个忙，这让我欠了他一个人情。
그가 나를 도와줬어, 그에게 은혜를 빚진 거지.

我最近手头比较紧，欠你的那些钱看来要等一段时间才能还给你了。
나 요즘 수중에 돈이 좀 넉넉지 않아서, 네게 빚진 그 돈은 보아하니 좀 더 기다려야지만 돌려줄 수 있을 거 같아.

② 모자라다, 부족하다

万事俱备，只欠东风。
모든 것을 다 갖추었으나 하나가 모자란다.

这项工作你做得有点儿欠考虑。
이 일은 네 고려가 조금 부족했던 것 같아.

1954 枪 qiāng

명 창, 총

一听到枪声大家都十分害怕。
총소리가 들리자 모두가 아주 무서워했다.

战士们扛káng着枪在风雨中训练。
전사들은 창을 들고 비바람 속에서 훈련한다.

1955 强调 qiángdiào

동 강조하다

犯了错就要承认，不要强调客观原因。
잘못을 했으면 바로 인정을 해야지, 객관적인 원인을 강조해서는 안 된다.

大会上主席强调要充分调动diàodòng每一个人的积极性。 대회장에서 위원장께서는 모든 사람들의 적극성을 충분히 불러일으키도록 해야 한다고 강조하셨다.

1956 强烈 qiángliè

형 ① 강렬하다
　유 猛烈 měngliè

夏天的紫外线很强烈，要注重尽量不要在太阳下暴晒bàoshài。
여름의 자외선은 매우 강렬하므로, 최대한 햇빛 아래에서 강한 햇볕을 오래 쪼이지 않도록 주의해야 한다.

② 선명하다, 뚜렷하다
强烈的民族情绪会让人做出一些冲动的事情。 선명한 민족 정서는 사람들로 하여금 충동적인 일을 저지르게 만들 수도 있다.

③ 힘이 있는, 강경한
她的父母强烈反对她的婚事。 그녀의 부모는 그녀의 혼사를 강력하게 반대한다.

1957 抢 qiǎng

동 ① 빼앗다, 약탈하다
유 夺 duó
这个小孩子喜欢抢别的小朋友的东西。 이 어린아이는 다른 친구들의 물건을 빼앗는 걸 좋아한다.

② 서두르다
유 赶 gǎn
不要那么抢，时间还有呢！ 그렇게 서두르지 마세요, 아직 시간 있어요!

③ 앞을 다투다
유 争 zhēng
有了公费出国留学的机会，大家都抢着想去。 국비로 외국에 유학하는 기회가 있어, 모두 앞다투어 가고자 했다.

1958 悄悄 qiāoqiāo

부 조용하다, 은밀하다
유 0305 安静
她悄悄地偷走了妈妈钱包里的钱。 그녀는 조용히 엄마의 지갑에서 돈을 훔쳐갔다.
老王到家时发现儿子已经睡了，他就悄悄地亲了儿子一下。 왕 씨가 집에 도착했을 때, 아들이 이미 잠이 든 것을 발견하고는 조용히 아들에게 뽀뽀했다.

1959 瞧 qiáo

동 보다, 구경하다
유 0050 看
我瞧了他一眼就走了。 나는 그를 언뜻 보고는 바로 갔다.

我们走着瞧，谁怕谁呀！ 우리 두고 보자고, 누가 누굴 무서워하는지!

1960 巧妙 qiǎomiào

형 (방법이나 기술 등이) 교묘하다, 정교하다
유 灵巧 língqiǎo 반 0616 笨
他巧妙地回答了记者的提问。 그는 기자의 질문에 교묘하게 대답했다.
这个问题设置得真是巧妙啊！ 이 문제는 아주 정교하게 설정이 되었네!

1961 切 qiē

동 (칼이나 기계 따위로) 자르다, 끊다
请你把土豆拿出来，用刀切成两半。 당신이 감자를 꺼내서, 칼로 반으로 잘라주세요.
要做京酱肉丝，我们得先把肉切成肉丝。 징쟝러우쓰를 만들려면 먼저 고기를 가늘게 썰어야 한다.

 切 qiè

동 ① 부합하다
有些广告并没有切合百姓的生活。 어떤 광고들은 서민들의 생활에 부합되지 않는다.

② 접근하다, 밀접하다
让我们直接切入要点来谈吧。 우리 바로 요점에 대해서 얘기 나눕시다.

③ 급박하다, 절실하다
我恳切地希望你能来我们公司工作。 나는 네가 우리 회사에 와서 일할 수 있기를 절실히 원해.

1962 亲爱 qīn'ài

형 사랑하다, 친애하다
这本书献给我亲爱的朋友们。 이 책을 내가 사랑하는 친구들에게 바친다.
亲爱的女儿，妈妈永远爱你。 사랑하는 딸아, 엄마는 영원히 널 사랑한다.

1963 亲切 qīnqiè

[형] 친절하다, 친근하다
　[유] 亲密 qīnmì

他对人总是很亲切，很少见到他发火。
사람들에게 늘 친절해서 그가 화내는 모습은 보기 어렵다.
亲切地对待别人，会让对方心情愉悦。
사람을 친절하게 대하면, 상대방도 기분이 좋아진다.

1964 亲自 qīnzì

[부] 친히, 몸소, 직접
　[유] 0596 自己, 亲身 qīnshēn

明天我会亲自去机场接您的。
내일 제가 직접 공항으로 마중 나가겠습니다.
下个星期总经理要亲自过来检查生产状况。
다음 주에 총지배인이 직접 와서 생산 상황을 점검한다.

1965 侵略 qīnlüè

[동] 침략하다
　[유] 侵犯 qīnfàn　[반] 抵抗 dǐkàng

直接针对另一国的经济也可以被认为是侵略。
직접적으로 다른 나라의 경제를 겨냥하는 것도 역시 침략으로 여겨진다.
帝国主义的侵略战争给殖民地zhímíndì人民带来了沉重chénzhòng的灾难。
제국주의의 침략 전쟁은 식민지의 사람들에게 엄청난 재난을 가져왔다.

1966 勤奋 qínfèn

[형] 꾸준하다, 열심히 하다
　[유] 1967 勤劳　[반] 懒惰 lǎnduò

他十分勤奋地学习。 그는 아주 열심히 공부한다.
勤奋的努力使他在小小的年纪就已名声显赫xiǎnhè。
꾸준한 노력이 그가 어린 나이임에도 불구하고 이미 명성이 자자하게 했다.

1967 勤劳 qínláo

[형] 근면하다, 부지런하다
　[유] 1966 勤奋　[반] 懒惰 lǎnduò

勤劳是中华民族的传统美德。
근면함은 중화민족의 전통적인 미덕이다.
她的妈妈是一个勤劳朴实pǔshí的女人。
그녀의 어머니는 근면하고 성실한 여인이다.

1968 青 qīng

[형] 푸르다, 파랗다
青石看上很有复古的感觉。
청석은 아주 복고적인 느낌이 있어 보인다.
青色的苔藓táixiǎn布满石阶。
푸른 색의 이끼가 돌계단에 가득 끼었다.

1969 青春 qīngchūn

[명] 청춘
青春是充满激情的。 청춘은 격정으로 충만하다.
青春一去不复返，我们要珍惜时间。
청춘은 한 번 가면 다시 오지 않으므로, 우리 이 시간을 소중히 해야 한다.

1970 青少年 qīngshàonián

[명] 청소년
这本书是专门给青少年设计的。
이 책은 전문적으로 청소년을 위해 설계되었다.
青少年网络犯罪已经引起人们高度关注。
청소년 인터넷 범죄가 이미 사람들의 높은 관심을 끌었다.

1971 轻视 qīngshì

[동] 경시하다, 얕보다
　[유] 1609 忽视, 1759 看不起　[반] 1173 重视

轻视小问题会酿成niàngchéng大问题。
작은 문제를 경시하면 큰 문제를 야기하게 된다.

不要轻视你的敌人，否则你会输得很惨
cǎn. 당신의 적을 얕보지 마라, 그렇지 않으면 처참하게 지게 될 것이다.

1972 **清淡** qīngdàn

형 ① (색깔이나 냄새가) 은은하다, 연하다
我喜欢清淡一点的颜色，这件深紫色的衣服我不太满意。 난 은은한 색깔이 좋은데, 이 진한 자주색 옷은 별로야.

② (음식이) 담백하다
这道菜的口味挺清淡的。
이 음식 맛은 아주 담백하다.

③ 불경기이다
自金融危机以来，这家店的生意一直比较清淡。 금융 위기 이래로, 이 매장의 장사가 줄곧 잘 되지 않는다.

1973 **情景** qíngjǐng

명 장면, 광경, 정경
유 场景 chǎngjǐng

我依然记得去年我们分别时的情景。
나는 여전히 작년에 우리가 헤어진 장면을 기억한다.

十年过去了，大学毕业时的情景仍然时常出现在我眼前。 10년이 지났지만, 대학을 졸업할 때의 광경은 여전히 늘 내 눈 앞에 펼쳐진다.

1974 **情绪** qíngxù

명 ① 기분, 마음가짐, 정서
유 1073 心情

唱着战歌，战士们情绪高涨。
전쟁 노래를 부르면서 전사들은 기분이 고조되었다.

听音乐是放松情绪的好方法。
음악을 듣는 것은 정서를 차분히 하는 데 좋은 방법이다.

② (언짢은) 기분, 마음
유 1073 心情

闹情绪也要分场合，不能太过分啊！
불만을 표하는 것도 장소를 가려서 해야지 너무 심하게 하면 안 돼!

情绪・1073 心情

· 情绪 명 정서
· 心情 명 기분, 마음

비교 情绪는 '감정적으로 행동하다'와 같이 유쾌하지 않은 감정들을 가리키기도 하며, '高涨', '高昂', '激动', '低落' 등과 자주 쓰인다. 心情에는 이와 같은 의미와 용법이 없으며, '幸福', '满意', '好奇', '沉重', '轻松' 등과 자주 어울린다.

어떤 단어들과 함께 쓰이는지를 알아두는 것이 포인트!

Check
我今天（　　　　）特别好。
나는 오늘 기분이 매우 좋다.
同学们的（　　　　）不稳定。
학우들의 정서가 불안정하다.

답 心情 / 情绪

1975 **请求** qǐngqiú

동 부탁하다, 청구하다
유 0082 请, 0555 要求

老王请求去边远地区完成任务。
라오왕은 국경 근처 지역에 가서 임무를 다하기를 청했다.

명 부탁, 청구, 요구
유 0555 要求

他的请求我已经看了，但没回复他呢。
그의 부탁은 이미 봤는데, 그에게 회신을 하지는 않았어.

请求・0555 要求

· 请求 동 부탁하다
· 要求 동 요구하다

비교 동사일 경우, 要求는 구체적인 희망 혹은 조건을 제시하며 '만족을 얻길 희망하다'의 뜻으로, 목적어는 타인과 자신 모두 올 수 있다. 请求의 어감은 要求보다 정중하며 자기 자신은 목적어로 올 수 없다.

Check
在学习中你应该严格（　　　　）自己。
학습 중에 너는 마땅히 스스로에게 엄격해야 한다.
她诚恳地向经理（　　　　）过好多次，可是他至今没有答应。
그녀는 진심으로 사장에게 여러 차례 부탁했으나, 그는 지금까지 승낙하지 않았다.

要求 / 请求

1976 庆祝 qìngzhù

통 축하하다, 경축하다
유 1179 祝贺

他们是怎么庆祝结婚十周年的？
그들은 결혼 10주년을 어떻게 축하했습니까？

为了庆祝公司成立五周年，我们准备办一个舞会。회사 창립 5주년을 경축하기 위해 우리는 댄스파티를 준비하고 있다.

plus+

庆祝・1179 祝贺

・庆祝 통 경축하다
➡ 庆祝 + 国庆, 活动, 胜利

・祝贺 통 축하하다
➡ 祝贺 + 新年, 生日, 婚礼, 开幕, 毕业

비교 庆祝는 함께 경사의 즐거움을 표시하거나 기념하기 위해서 어떤 활동을 펼치는 것을 나타내며, 군중이 많고 비교적 큰 규모의 행사에 쓰인다. 祝贺는 '축원하다, 기원하다'라는 뜻으로, 단체와 개인 모두를 목적어로 가진다.

Check
大家取得了很大的成就，对此我表示衷心（　　　　）。
모두 큰 성과를 거두었으니, 이에 진심으로 축하합니다.
每年国庆要举行盛大的（　　　　）活动。
매년 국경절에는 성대한 경축 활동을 실시한다.

祝贺 / 庆祝

1977 球迷 qiúmí

명 축구팬, 구기를 좋아하는 사람
他是个热情的球迷。
그는 열정적인 축구팬이다.

球迷们看到自己喜欢的球星出场都十分疯狂fēngkuáng。축구팬들은 자신이 좋아하는 축구스타가 나오는 것을 보고 매우 열광했다.

1978 趋势 qūshì

명 추세
유 动向 dòngxiàng

世界经济发展趋势是怎么样的？
세계 경제 발전의 추세는 어떻습니까？

生产力的进步是历史发展的必然趋势。
생산력의 진보는 역사 발전의 필연적 추세이다.

1979 娶 qǔ

통 장가가다, 장가들다
반 1666 嫁

他明天就要娶媳妇xífù了。그는 내일 장가간다.

我不想娶，你还是找别人吧。
나는 널 아내로 맞을 생각이 없으니, 다른 사람을 찾아봐.

1980 取消 qǔxiāo

통 없애다, 제거하다, 취소하다
我取消了明天和他的约会。
나는 내일 그와의 약속을 취소했다.

外面风雨交加，我们不得不取消外出的计划。밖에 비바람이 몰아쳐서, 우리는 어쩔 수 없이 외출하겠다는 계획을 취소할 수밖에 없다.

1981 去世 qùshì

통 돌아가다, 세상을 뜨다
유 1008 死, 逝世 shìshì

我爷爷三年前就去世了。
저희 할아버지께서는 3년 전에 돌아가셨습니다.

昨天一位文学界的泰斗tàidǒu去世了。
어제 문학계의 대가께서 세상을 떠나셨다.

1982 圈 quān

명 ① 동그라미, 원
孩子们用彩色铅笔在白纸上画下了一个圈儿。
어린이들이 색연필로 하얀 종이 위에 동그라미를 하나 그렸다.

② 바퀴
我围着运动场跑了一圈。
나는 운동장을 둘러싸며 한 바퀴 돌았다.

③ 범위, 권
他们待在自己所属的社会圈里，安稳ānwěn又愉快。 그들은 자신들의 사회적 범위 내에서 안전하고 즐겁게 지낸다.

동 원을 그리다, 둘러싸다
他用笔在纸上圈了几个圆。
그는 펜으로 종이 위에 원을 몇 개 그렸다.

1983 全面 quánmiàn

형 전면적이다, 전반적이다
반 1922 片面
想问题要全面地想，不可片面。
문제를 생각할 때는 전면적으로 생각해야지, 한쪽으로만 치우치면 안 된다.

小孩子应该全面发展，不能只注重学习成绩。 어린이는 전반적으로 성장해야지, 학습 성적만 중요시해서는 안 된다.

1984 权力 quánlì

명 권력
每个公民都有管理国家的权力。
모든 국민은 국가를 관리할 권리가 있다.

政府官员不能滥用lànyòng权力，应该时刻心系人民。 정부 관료는 권력을 남용해서는 안 되며, 마땅히 언제나 국민들의 마음을 알고 있어야 한다.

1985 权利 quánlì

명 권리
반 2332 义务
有权利必有义务。 권리가 있으면 반드시 의무가 있다.

你的网站剥夺bōduó了别人享有信息的权利。 당신의 사이트는 다른 사람이 정보를 누릴 권리를 박탈했습니다.

1986 劝 quàn

동 권고하다, 설득하다
유 劝告 quàngào
你劝劝他吧，不要到外国工作。
네가 그를 좀 설득해봐, 외국으로 일하러 가지 말라고.

我劝他好多次了，可是他就是不听。
나는 그를 여러 번 설득했지만, 그는 듣지 않는다.

1987 缺乏 quēfá

동 부족하다, 결핍되다
유 0947 缺少, 1268 不足
我失业已久，仿佛生命中缺乏了什么似的。
나는 실업한 지 이미 오래 되었는데, 마치 생명 중에 무엇인가 결핍된 것 같다.

缺乏工作经验的大学生在就业时总会遇到一些困难。 업무 경험이 부족한 대학생들은 취업 시 늘 여러 곤란함에 부딪힐 수 있다.

어휘 plus+ 缺乏 · 0947 缺少

- 缺乏 동 부족하다
  ➡ 缺乏 + 水源, 人才, 物资, 设备
- 缺少 동 부족하다
  ➡ 缺少 + 数量, 关怀, 零件, 资金

비교 缺乏는 필요한 것, 원하는 것, 반드시 있어야 하는 것이 없는 것을 가리키고, 목적어는 구체적 사물과 추상적 사물이 모두 올 수 있으나 구체적 숫자는 올 수 없다. 缺少는 수량이 부족하거나 없음을 나타내기도 하며 목적어는 구체적 사물이 자주 오며, 가끔 믿음, 문화, 경험 등 추상적 사물이 오기도 하는데 이 경우에는 缺乏와 통용되기도 한다.

뜻이 완전히 같을 때에는 차이점에 주목하는 것이 포인트!

Check

因为（　　　　）物资，所以工作没有做好。
물자가 부족해서, 작업이 잘 되지 않았다.

我发现只有九个，（　　　　）了一个。
나는 9개만 발견해서, 하나가 모자란다.

缺乏 / 缺少

1988 确定 quèdìng

형 명확하다, 확고하다
유 0851 肯定, 1867 明确

他确定地告诉我不喜欢你。
그는 명확히 네가 싫다고 내게 알려줬다.

对于这件事，明天之前一定要给我确定的答复。
이 일에 대해서, 내일 안에 반드시 제게 정확한 답변을 주셔야 합니다.

동 확정하다, 확실히 하다
유 1989 确认

他确定了工作之后就上班了。
그는 업무를 확정 지은 후 바로 출근했다.

他已经确定要去国外留学了。
그는 이미 외국에 유학 가기로 확정했다.

어휘 plus+

确定 · 0851 肯定

· 确定 확정하다
· 肯定 긍정하다

비교 确定은 동사로서 제정하고, 결정하며, 규정짓는다는 의미를 포함하고 있고, 肯定은 사물의 존재나 진실성을 인정하는 것을 가리킨다. 肯定은 형용사나 동사 용법 이외에도 '분명히, 반드시'라는 부사용법도 가지고 있다.

뜻이 완전히 같을 때는 차이점에 주목하는 것이 포인트!

Check

这道题我以前做过，你做的方法（　　　　）不行。 이 문제 내가 이전에 풀어봤는데, 네가 하는 방법으로는 확실히 안 돼.

出发的日子还没有（　　　　）。
출발하는 날짜는 아직 확정되지 않았다.

肯定 / 确定

1989 确认 quèrèn

동 인정하다, 확인하다

确认了报名信息以后就可以缴费jiǎofèi了。
등록사항을 확인한 후에 돈을 내도 된다.

确认了填写内容之后就可以进行下一步的操作cāozuò了。 내용 기입한 것을 확인한 후에야 다음 작업을 진행할 수 있다.

1990 燃烧 ránshāo

동 연소하다, 타다

怒火在他的心中燃烧。
분노의 불길이 그의 마음속에서 타 올랐다.

大家围着燃烧的篝火gōuhuǒ载zài歌载舞。
모두가 타오르는 모닥불을 둘러싸고, 노래하고 춤추며 마음껏 즐겼다.

1991 嚷 rǎng

동 ① 고함치다
유 0046 叫, 1593 喊

别嚷了，孩子都睡了。
고함치지 마, 아이가 이미 잠들었잖아.

② 떠들다, 말다툼하다
유 0643 吵

嚷嚷也没用，我们还是想其他办法吧。
언성 높여도 소용없으니, 우리 다른 방법을 생각해보자.

1992 绕 rào

동 ① 감다, 휘감다
她自己把风筝fēngzheng线绕起来。
그녀는 직접 연실을 감았다.

② 우회하다
유 迂回 yūhuí
我们绕了一段山路才到那个乡村小学。
우리는 산길을 돌아서 그 시골 초등학교에 겨우 도착했다.

③ 뒤엉키다
我一时绕住了，没弄明白那个问题。 나는
순간 생각이 뒤엉켜서, 그 문제를 잘 생각하지 못했다.

1993 热爱 rè'ài

동 (국가, 민족, 사업 등을) 뜨겁게 사랑하다
热爱生命，珍爱时间。
생명을 사랑하고, 시간을 귀중하게 여겨라.
我们每个人都热爱自己的祖国。
우리 모두는 자신의 조국을 열렬히 사랑한다.

1994 热烈 rèliè

형 열렬하다, 열정적이다
유 0490 热情
热烈欢迎今天到来的每位领导。
오늘 오신 모든 대표님들을 열렬히 환영합니다.
让我们大家为残疾cánjí人运动员热烈地鼓
掌。 우리 모두에게 장애인 운동선수들을 위해 열렬히 손뼉
치게 했다.

plus+ 热烈 · 0952 热闹

- 热烈 형 열렬하다
  ➡ 掌声，辩论，交谈，发言
- 热闹 형 떠들썩하다
  ➡ 集市，商业区，商店，街道

비교 热烈는 '흥분하다, 격동적이다'라는 뜻으로 적극적인 정서를
나타내고, 热闹는 '변화하고 활발하다'는 뜻으로 상황 및 장면
에 자주 쓰인다.

비슷한 의미를 가진 단어일수록 搭配에 의해 구분된다는 것이 포인트!

Check
昨天大家争论得非常（   ）。
어제 모두가 매우 열렬하게 논쟁했다.
农贸市场真（   ）了。
농산물시장은 정말 변화하다.

답 热烈 / 热闹

1995 热心 rèxīn

형 열성적이다, 적극적이다, 열심이다
유 0490 热情
他是个十分热心的人。
그는 매우 적극적인 사람이다.
他总是热心帮助别人，受到大家一致赞扬。
그는 언제나 열성적으로 다른 사람을 도와줘서 모두의 칭송
을 받는다.

plus+ 热心 · 0490 热情

- 热心 형 열심이다
- 热情 형 열정적이다, 따뜻하다

비교 热心은 주로 일에 사용되며, 재미있게 적극적이고도 주동적
으로 사력을 다함을 나타낸다. 热情은 주로 사람에 사용되며,
감정이 열렬하고 짙은 것을 나타낸다. 热心은 동사 용법이 있
고, 热情은 명사 용법을 가지고 있다.

아무리 쉬운 단어일지라도 그 속뜻을 한 번쯤 되새겨보는 것이 포인트!

Check
在我最困难的时候，她向我伸出了（   ）
的双手。
내가 어려웠을 때, 그녀는 내게 따뜻한 두 손을 내밀어주었다.
我（   ）地给大家办事。
나는 열심히 사람들에게 업무를 처리해준다.

답 热情 / 热心

1996 人才 réncái

명 인재
21世纪人才最可贵。 21세기는 인재가 가장 소중하다.
在就业市场上，各种复合型人才是很受欢迎
的。 취업시장에서는 각종 복합형 인재가 환영을 받는다.

1997 人口 rénkǒu

명 ① 인구
这个国家人口数过多。
이 국가의 인구는 너무 많다.

② 식구
你家有多少人口？
댁에 식구가 몇 명입니까?

1998 人类 rénlèi

명 인류
爱就是人类创造事物的动力源泉。
사랑은 인류가 사물을 창조하는 동력원천이다.

如果正当利用，科学将要造福zàofú人类。
만약 정당하게 이용하면 과학은 인류에게 행복을 가져다줄 것이다.

1999 人生 rénshēng

명 인생
人生的幸福绝对不取决于物质财富。
인생의 행복은 결코 물질적 부에 의해 결정되지 않는다.

精彩的人生就是对那些挫折cuòzhé也心存感激的。
멋진 인생이란 바로 그런 좌절에도 감격을 느끼는 것이다.

2000 人事 rénshì

명 ① 인간사
生与死是我们必须经历的人事。
생과 사는 우리가 반드시 거쳐야 하는 인간사이다.

② (직원의 해임이나 평가의) 인사
我在单位负责改革人事制度。
나는 회사에서 인사 제도 개혁을 책임지고 있다.

她掌握了这个企业的人事权。
그녀는 이 기업의 인사권을 장악했다.

③ 세상물정
他都一把年纪了，还很不懂人事。
나이도 많은 사람이, 아직도 세상물정을 너무 모른다.

④ 사람의 의식 대상
他昏过去了，人事不醒。
그는 혼절하여 인사불성이다.

2001 人物 rénwù

명 인물
유 人士 rénshì

他可是个大人物，我们得罪不起啊！
그는 정말 유명인사라서, 우리는 미움을 살 순 없어!

你真是个人物，这么短时间内竟然能做得这么好！
그는 정말 인물이야, 이렇게 짧은 시간에 의외로 이렇게 잘 해내다니!

2002 人员 rényuán

명 인원, 요원, 구성원
公司最近在削减xuējiǎn人员。
회사는 최근 인원을 감축하고 있다.

人员的调动diàodòng由我负责。
인원의 이동은 내가 책임진다.

2003 忍不住 rěnbuzhù

동 견딜 수 없다, 참을 수 없다
반 忍得住 rěndezhù

虽然她不想哭，可还是忍不住。
그녀는 울고 싶지 않았지만, 끝내는 참을 수 없었다.

见到多年的老朋友，他忍不住流下了泪水。
옛 친구를 보자, 그는 참지 못하고 눈물을 흘렸다.

2004 日常 rìcháng

형 일상의, 일상적인
유 1928 平常

每个人都应该懂一些日常知识。
모든 사람은 약간의 일반 상식을 이해하고 있어야 한다.

妹妹的职业是照顾孩子，教他们日常汉语。
여동생의 직업은 아이를 돌보고, 아이들에게 일상 중국어를 가르치는 것이다.

2005 日程 rìchéng
명 일정
请告诉我您的日程安排。
제게 당신의 일정 배치를 알려주십시오.
请看一下给你的日程表。若有不妥bùtuǒ的地方，请给我们打电话。 당신에게 드린 일정표를 보시고, 타당하지 않은 부분이 있으면 저희에게 전화해주세요.

2006 日历 rìlì
명 달력, 일력
他在桌子上放了一本日历。
그는 탁자 위에다 달력 하나를 올려 두었다.
他在日历上标出了母亲的生日。
그는 달력에 어머니의 생신을 표시했다.

2007 日期 rìqī
명 (특정한) 날짜, 기간
你确定回国的日期了吗?
당신은 귀국 날짜를 확정했습니까?
告诉我要上班的准确日期以便我做些准备。
제게 출근 날짜를 정확하게 가르쳐주시면, 제가 준비하기 편할 것 같습니다.

2008 日用品 rìyòngpǐn
명 일용품, 생필품
今天要去超市买些日用品。
오늘 슈퍼마켓에 가서 생필품을 살 것이다.
这是家专卖日用品的超市。
이곳은 전문적으로 일용품을 파는 마트입니다.

2009 融化 rónghuà
동 (물이나 눈 등이) 용해되다, 녹다
유 溶解 róngjiě 반 凝固 nínggù
路边的冰已经慢慢融化了。
길가의 얼음이 벌써 천천히 녹고 있다.
天气变暖了，外面的雪都融化了。
날씨가 따뜻해져서, 바깥의 눈이 모두 녹았다.

2010 荣幸 róngxìng
형 영광스럽다
유 1573 光荣
今天能站在这里和大家见面我深感荣幸。
오늘 이곳에서 여러분과 만나게 되어 아주 영광스럽습니다.
我们很荣幸邀请到李老师来给我们做讲座。
이 선생님의 강의를 청할 수 있게 되어 영광입니다.

2011 荣誉 róngyù
명 영예, 명예
유 名誉 míngyù, 声誉 shēngyù 반 耻辱 chǐrǔ
国家的荣誉高于一切。
국가의 명예가 그 어떤 것보다 우선이다.
校长特别爱护集体的荣誉。
교장선생님께서는 특별히 단체의 명예를 소중히 하신다.

2012 如何 rúhé
대 어떻게, 어떠한가, 왜, 어째서
유 0141 怎么样, 怎样 zěnyàng
如何使用这台机器?
이 기계는 어떻게 사용하는 건가요?
如何才能保持苗条miáotiao的身材?
어떻게 해야 날씬한 몸매를 유지할 수 있나요?

2013 如今 rújīn
명 오늘날, 현재
유 0120 现在, 1884 目前
事到如今，不能不了了之。
일이 이렇게 되었으니, 중간에 흐지부지 그만둘 수는 없어.
如今看来，你讲得也有一定的道理。
지금 보아하니 네가 말한 것도 일정 부분 일리가 있네.

어휘 plus+ 如今・0120 现在

- 如今 몡 지금, 현재
- 现在 몡 현재, 지금
  ➡ 现在的生活, 现在的工作, 现在的情况

비교 如今은 비교적 긴 시간을 나타내며, 단독으로 사용되지는 않는다. 现在는 말하는 지금 시점을 가리키고, 말하기 전후의 시간도 가리킨다. 그리고 긴 시간을 나타내기도 하지만 짧은 시간도 나타낸다.

뜻이 완전히 같을 때에는 차이점에 주목하는 것이 포인트!

Check
事到（　　　　　），也没什么变化了。
지금까지 무슨 변화가 없다.

请问一下，（　　　　　）几点了？
실례합니다. 지금 몇 시나 되었죠?

달 如今, 现在 / 现在

2014 软件 ruǎnjiàn

몡 ① 소프트웨어
我打算把这个应用软件下载到我的手机上使用。 나는 이 소프트웨어를 내 휴대전화에 내려 받아 사용할 예정이다.

② (생산이나 경영 등의) 구성원 자질, 서비스 수준
从某种程度上讲，一个公司的软件要比硬件更重要。 어떤 면에서는, 한 회사의 소프트웨어가 하드웨어보다 더 중요하다.

2015 弱 ruò

형 ① 약하다, 허약하다
반 强 qiáng

他年纪虽老，干活并不弱。 그가 비록 나이는 많지만, 일을 함에 있어서는 결코 약하지 않다.

虽然她年纪比其他同学小，但成绩可不弱。 그녀의 나이는 다른 동급생보다 적지만 성적은 나쁘지 않다.

② ~보다 못하다
他的能耐néngnai不弱于其他人。 그의 수완은 다른 사람 못지 않다.

2016 洒 sǎ

동 뿌리다, 살포하다, 사방에 흩뜨리다
유 泼 pō, 撒 sǎ

洒点冷水可能会使她苏醒sūxǐng过来。 차가운 물을 좀 뿌리면 그녀를 깨울 수 있다.

早上在屋里洒些水，可以使空气变潮湿cháoshī。 아침에 방 안에 물을 조금 뿌리면, 공기가 축축해질 수 있다.

2017 嗓子 sǎngzi

몡 ① (목)구멍
嗓子有些干。 목이 좀 건조하다.
感冒了，嗓子特别痛。 감기에 걸려서, 목이 너무 아프다.

② 목소리, 목청
嗓子都哑yǎ了，一句话也讲不出。 목이 다 쉬어서, 말을 한 마디도 못한다.
那孩子嗓子很清脆qīngcuì，适合唱歌。 그 아이의 목소리는 매우 낭랑해서, 노래 부르기에 적합하다.

2018 杀 shā

동 ① 죽이다, 살해하다
杀人者一定会受到应有的惩罚chéngfá的。 살인자는 반드시 그에 응하는 처벌을 받게 될 것이다.

② 감소시키다, 약화시키다
你们最好接受杀价，不然可能丢这笔生意。 당신들은 가격을 대폭 내리는 것을 받아들이는 것이 좋습니다, 그렇지 않으면 이 장사를 잃을 것입니다.

2019 沙漠 shāmò
명 사막
沙漠里的一滴水是多么的珍贵呀！
사막에서는 물 한 방울도 얼마나 소중한가!
在沙漠里建酒店真是不错的创意。
사막에 호텔을 짓는 것은 정말 훌륭한 창의적인 구상이다.

2020 沙滩 shātān
명 모래사장
他有空就会去沙滩散步。
그는 시간이 있을 때마다 모래사장에 가서 산책을 한다.
白色的沙滩上有几个可爱的小脚印。
하얀 모래사장 위에 귀여운 작은 발자국이 몇 개 있다.

2021 傻 shǎ
형 어리석다, 바보 같다
유 1382 呆　반 0343 聪明
你那傻傻的样子，真招人喜欢。
너의 그 바보 같은 모습이 사람들의 사랑을 받는 거야.
看你那傻样，什么事能让你办呀！
너의 그 어리석은 모습을 보고, 무슨 일을 네게 시킬 수 있어!

2022 晒 shài
동 햇볕이 내리쬐다, 햇볕을 쬐다, 말리다
유 晾 liàng
小孩子多晒晒太阳对身体有好处。
아이들이 햇볕을 많이 쬐는 것은 몸에 좋다.
多晒太阳可以防治骨质疏松 shūsōng。
햇볕을 많이 쬐면 뼈가 푸석푸석하게 되는 것을 예방하고 치료를 할 수 있다.

2023 删除 shānchú
동 삭제하다, 빼다
这些记录不需要了，可以删除了。
이런 기록은 필요없게 됐으니, 삭제해도 돼.
他把电脑里多余的信息全部都删除了。
그는 컴퓨터 안에 불필요한 정보를 모두 제거했다.

2024 闪电 shǎndiàn
명 번개
打闪电时，不要站在大树下。
번개가 칠 때 큰 나무 아래에 서 있으면 안 된다.
闪电雷鸣 léimíng 的夜晚，一个人走在路上，挺害怕的。
천둥 번개가 치는 밤에 혼자서 길을 걸으면 너무 무섭다.

2025 善良 shànliáng
형 선량하다, 착하다
유 和善 héshàn　반 残忍 cánrěn
善良的人总会有好运的。
착한 사람에겐 늘 행운이 있을 거야.
她是个善良的女孩儿，你要好好儿珍惜她。
그녀는 선량한 여자 아이니 많이 사랑해줘야 해.

2026 善于 shànyú
동 ~에 뛰어나다, ~을 잘하다
유 擅长 shàncháng
每个人都有自己善于做的事。
모든 사람은 자신이 잘하는 일이 있다.
他很善于与人打交道，也能比较圆滑 yuánhuá 地处理各种事情。
그는 사람들과 왕래를 잘하다 보니, 각종 일도 역시 비교적 원만하게 잘 처리한다.

2027 扇子 shànzi
명 부채
这把扇子是朋友的母亲送给我的。
이 부채는 친구 어머니께서 주신 것이다.
扇子舞似乎已经过时了，不再受到人们的关注了。
부채춤은 이미 거의 유행이 지나서 사람들의 주목을 받지 못한다.

2028 商品 shāngpǐn
- 명 상품
- 商品的价值是根据生产它的劳动时间来算的。
  상품의 가치는 그것을 생산하는 노동시간으로 계산한다.
- 这家小店的商品种类很多，你在这里总可以选到称心chènxīn的东西。
  이 가게는 상품의 종류가 많아서, 여기에서는 언제나 마음에 드는 물건을 고를 수 있다.

2029 商业 shāngyè
- 명 상업
- 在商业界，要想成功并不容易。
  상업계에서 성공하는 것은 결코 쉽지 않다.
- 商业给人们的生活带来了许多变化。
  상업은 사람들의 생활에 많은 변화를 가져다주었다.

2030 上当 shàng//dàng
- 동 속다, 속임수에 걸리다
  - 유 受骗 shòupiàn
- 你又上当了，他骗了你呢！
  당신은 또 속았어요, 그가 당신을 속였다고요!
- 这次我吸取了上次的教训，不会再上当了。
  저는 지난 일을 교훈 삼아, 이번에는 더 이상 속지 않을 겁니다.
- 我上过你的当，这次我不会再上当了。
  난 네게 속은 적이 있어서, 이번에 다시는 속지 않을 것이다.

2031 勺子 sháozi
- 명 국자, 큰 숟가락
- 她用勺子把糖放进咖啡里。
  그녀는 숟가락으로 커피에 설탕을 넣었다.
- 她不小心把勺子掉到地上了。
  그녀는 실수로 숟가락을 바닥에 떨어뜨렸다.

2032 蛇 shé
- 명 뱀
- 毒蛇可以导致人死亡。
  독사는 사람을 사망에 이르게 할 수 있다.
- 蛇的捕食bǔshí本领相当高强。
  뱀이 먹이를 잡는 능력은 아주 뛰어나다.

2033 舌头 shétou
- 명 혀
- 喝汤的时候烫tàng到舌头了。
  국을 마실 때 혀를 데였다.
- 她吐了吐舌头，样子很可爱。
  그녀가 혀를 쏙 내민 모습이 아주 귀엽다.

2034 舍不得 shěbude
- (헤어지기) 아쉽다
  - 반 舍得 shěde
- 真舍不得离开你们！
  너희를 떠나는 게 너무 아쉬워!
- 马上就要毕业，各奔bèn前程去了，大家都很舍不得。
  곧 졸업하게 되어 각자 제 갈 길을 가니 모두 아주 아쉬워했다.

2035 设备 shèbèi
- 명 설비, 시설
  - 유 2037 设施
- 自动化设备可能会使我们失业。
  자동화 설비는 아마도 우리의 직장을 잃게 할 수도 있다.
- 동 갖추다, 설비하다
- 他们设备了各种方案，可以满足客户的多种要求。
  그들은 다양한 방안을 갖추어서, 고객의 다양한 요구를 만족시킬 수 있다.

2036 设计 shèjì
- 동 설계하다, 디자인하다
- 他设计的方案体现了创新性。
  그가 설계한 방안은 창조성을 구현해냈다.
- 명 설계, 디자인
- 这次的设计不太好，没有抓住客户的心。
  이번 디자인은 그다지 좋지 않아서, 고객의 마음을 사로잡지 못했다.

2037 设施 shèshī
[명] 시설
유 2035 设备
该地区的基础设施非常完善。
이 지역의 기초 시설은 매우 완전하다.
我们健身房的各种设施很完善，完全可以满足您的种种需求。
저희 헬스클럽은 각종 설비가 모두 갖추어져 있어서, 당신의 갖가지 요구사항을 다 만족시킬 수 있습니다.

2038 射击 shèjī
[동] 사격하다
他们朝着一个靶子bǎzi射击。
그들은 과녁을 향해 사격을 했다.

[명] 사격
射击是一项很有挑战性的运动。
사격은 도전적인 스포츠이다.

2039 摄影 shèyǐng
[동] 촬영하다
유 拍照 pāizhào, 照相 zhàoxiàng
今天摄影了这部剧的第三场。
오늘은 이 드라마의 세 번째 장면을 촬영했다.
他正在摄影棚péng里忙着摄影。
그는 촬영장 안에서 바쁘게 촬영하고 있다.

2040 伸 shēn
[동] 내밀다, 펼치다
他躺在床上伸了伸懒腰lǎnyāo。
그는 침대에 누워서 기지개를 켰다.
他伸手拿过遥控器yáokòngqì。
그는 손을 내밀어 리모컨을 가져왔다.

2041 深刻 shēnkè
[형] 깊다, 심각하다
유 透彻 tòuchè

这部电影的主题十分深刻。
이 영화의 주제가 매우 인상 깊다.
老师的话对我的人生产生了深刻的影响。
선생님의 말씀은 내 인생에 깊은 영향을 주었다.

2042 身材 shēncái
[명] 체격, 몸매
她很注重保持身材。
그녀는 몸매 유지하는 것을 매우 중시한다.
那个女孩儿的身材真的超棒！
그 여자 아이의 몸매는 진짜 완벽해!

2043 身份 shēnfèn
[명] ① 신분, 지위
유 1417 地位, 2199 位置
他们两个人身份差距悬殊xuánshū。
그들 두 사람의 신분 격차가 너무 크다.

② 품위
王先生是个有身份地位的人。
왕 선생은 품위와 지위가 있는 분이다.

2044 神话 shénhuà
[명] ① 신화
유 1348 传说, 0384 故事
神话故事丰富了我的童年生活。
신화 이야기는 내 어린 시절을 풍부하게 만들었다.

② 황당무계한 말
那简直是神话，不能信的。
그건 정말 황당무계한 말이라 믿을 수 없어.

2045 神经 shénjīng
[명] ① 신경
他得了神经系统的病。
그는 신경계통의 병에 걸렸다.

② 정신

你又犯神经了，能不能正常点呀?
넌 또 정신이 나갔구나, 좀 정상적일 수 없어?

2046 神秘 shénmì

형 신비하다

유 神奇 shénqí 반 1928 平常，普通 pǔtōng

这个小镇古老而神秘。
이 조그만 소도시는 오래되기도 하고 신비하다.

她喜欢穿黑色的衣服，这样使她看起来有种神秘的感觉。 그녀는 검은색 옷을 즐겨 입는데, 그 모습은 그녀가 신비한 느낌이 나도록 보이게 한다.

2047 升 shēng

동 오르다, 올라가다, 떠오르다

반 降 jiàng

早上太阳从东方缓缓升起。
아침에 태양이 동쪽에서 서서히 떠오르기 시작한다.

양 리터(ℓ)

这个杯子可以装两升水。
이 컵은 2리터의 물을 담을 수 있다.

2048 生产 shēngchǎn

동 생산하다

유 1170 制造 반 2252 消费

该公司主要生产电脑配件。
이 회사는 주로 컴퓨터 부품을 생산한다.

今年我们公司准备生产一批复印机。
올해 우리 회사는 복사기 생산을 준비하고 있다.

어휘 plus+

生产 · 1292 产生

• 生产 동 생산하다, 낳다
  ➡ 生产 + 机器，电视，丝绸，粮食

• 产生 동 발생하다, 생기다, 출산하다, 낳다
  ➡ 产生 + 兴趣，困难，感情，作用，热量

비교 生产은 사람이 도구를 사용해서 각종 생산 자료와 생활 자료를 창조해내는 것을 가리키고, 아이를 낳는다는 뜻도 있다. 产生은 기존의 사물 중에서 새로운 사물이 생성되는 것을 나타내며, 구체적이거나 추상적 사물 모두 목적어로 쓰인다.

비슷한 의미를 가진 단어일수록 搭配에 의해 구분된다는 것이 포인트!

Check

上半年的（　　　　）情况比去年同期还好。
상반기의 생산 상황이 작년 같은 기간보다 더 좋다.

文学界（　　　　）了新的流派。
문학계에 새로운 유파가 생겨났다.

답 生产 / 产生

2049 生动 shēngdòng

형 생동감 있다, 생생하다

유 0785 活泼 반 枯燥 kūzào

这幅画画得很生动。
이 그림은 생동감 있게 그렸다.

这篇小说给我印象最深的是它的生动的语言。 이 소설이 내게 준 가장 인상적인 부분은 생동감 있는 언어이다.

2050 声调 shēngdiào

명 어조, 성조

中文的声调很难学。 중국어 성조는 배우기 어렵다.

今天她唱歌的声调有些奇怪，可能是感冒了。 오늘 그녀의 노래하는 음정이 조금 이상하네, 아마 감기에 걸렸나 봐.

2051 绳子 shéngzi

명 새끼, 밧줄, 노끈

我们抓着绳子滑huá下山来。
우리는 밧줄을 잡고 산을 미끄러져 내려왔다.

绳子断了，很多人跌diē掉在地上。
밧줄이 끊어져서 많은 사람들이 땅으로 떨어졌다.

2052 省略 shěnglüè

동 생략하다, 삭제하다

유 除去 chúqù 반 1222 保留

这个词可以省略而不影响整个文章。
이 단어는 생략해도 전체 문장에 영향을 미치지는 않는다.

他在文章中省略了许多不必要的内容，使文章很简洁jiǎnjié。 그는 문장 안에서 많은 불필요한 내용을 생략하여 글을 매우 간결하게 만들었다.

2053 胜利 shènglì

동 이기다, 승리하다

유 1113 赢 반 0975 失败, 0998 输

经过长期的奋战，我军终于胜利了。
장기간의 분투로 결국 우리 군이 승리했다.

明天的比赛我们肯定会胜利的，不要担心。
내일 시합은 우리가 반드시 승리할 테니 걱정하지 마.

2054 诗 shī

명 시

유 诗歌 shīgē

她每天读一首诗。 그녀는 매일 시를 한 편씩 읽는다.

经常读诗的人气质看起来和普通人不太一样。 자주 시를 읽는 사람은 그 기질이 보통 사람들과는 좀 달라 보인다.

2055 失眠 shī//mián

동 잠을 이루지 못하다

유 睡不觉 shuìbujiào

以前他经常失眠。
이전에 그는 자주 잠을 이루지 못했다.

现代社会的人精神压力过大，失眠的人越来越多。 현대 사회의 사람들은 정신적인 스트레스가 커서, 불면증인 사람이 갈수록 많아지고 있다.

2056 失去 shīqù

동 잃다, 잃어버리다

반 0787 获得

得到的越多，失去的也越多。
얻은 것이 많을수록 잃을 것도 많아진다.

有些东西，一旦失去，就再也无法找回了。
어떤 물건은 일단 잃어버리면 다시는 찾을 수 없다.

2057 失业 shī//yè

동 직업을 잃다, 실직하다

반 就业 jiùyè

他的父母都失业了。그의 부모님께서 다 실직하셨다.

失业的人员参加再就业培训以后再找工作会更有优势。실직한 사람이 재취업 훈련에 참가한 후, 다시 직업을 구하는 것이 더욱 유리하다.

你是什么时候失的业? 당신은 언제 실직했습니까?

2058 时代 shídài

명 ① (역사상의) 시대

유 2061 时期

我们的思想很适合时代的潮流。
우리의 사상은 시대의 조류에 매우 부합한다.

② (개인의 일생 중의 한) 시기, 시절

他一到冬天就想到学生时代的美好的回忆。그는 겨울만 되면 학생시절의 아름다운 추억이 생각난다.

2059 时刻 shíkè

명 시각, 시간

유 0096 时候

这是一个激动人心的时刻。
지금은 경이로운 순간입니다.

他心里时刻惦念diànniàn着家中生病的母亲。
그는 마음속으로 시시각각 집에 계신 병든 어머니를 생각하고 있다.

335

时刻· 0243 **时间·** 0096 **时候**

- **时刻** 명 시각, 시간, 시간 안의 어떤 시점
  ➡ 分手的时刻, 离别的时刻, 幸福的时刻, 危急的时刻

- **时间** 명 시간
  ➡ 时间观念, 宝贵的时间, 起飞时间, 演出时间

- **时候** 명 때
  ➡ 小时候, 什么时候, 走的时候, 上班的时候

비교 时刻는 사건의 특정한 발생 시간을 나타내며 구체적인 시점을 가리키고, 문장에서 부사어 역할을 한다. 时间은 일어난 시점부터 끝나는 시점까지의 시간을 나타내고, 很长이나 多少와 자주 쓰이며, 구체적인 시간 혹은 구체적인 날짜에 많이 쓰인다. 时候는 시간의 시점과 종점이 명확하지 않을 경우, 임의로 지정하며 길지 않은 시간을 나타내고, 앞에 관형어가 있어 '……的时候'의 형식으로 쓰인다.

비슷한 의미를 가진 단어일수록 搭配에 의해 구분된다는 것이 포인트!

Check
在饭馆吃饭的（　　　）我看见小张了。
식당에서 밥을 먹을 때 나는 샤오장을 보았다.
关键（　　　）她都不在。
중요한 순간마다 그녀는 없다.
他每次迟到, 实在没有（　　　）观念。
그는 매번 지각을 하는데, 정말 시간 관념이 없다.

답 时候 / 时刻 / 时间

2060 **时髦** shímáo

형 유행이다, 최신식이다
반 陈旧 chénjiù, 过时 guòshí

这种发型今年很时髦。
이 헤어스타일이 올해 아주 유행이다.

我男朋友喜欢穿时髦的衣服。
내 남자친구는 유행하는 옷 입는 것을 좋아한다.

2061 **时期** shíqī

명 (특정한) 때, 시기

我想回到无忧无虑的学生时期。
나는 근심걱정이 없는 학생 시기로 돌아가고 싶다.

秋冬交替之际是流感的多发时期。
추동 환절기는 독감이 많이 발생하는 시기이다.

2062 **时尚** shíshàng

명 시대적 유행
这件衣服上体现了许多时尚元素。
이 옷은 많은 유행 요소를 표현하고 있다.

형 유행이다
哇, 她穿上高跟鞋, 看起来时尚多了!
와, 그녀가 하이힐을 신고 있으니 정말 패셔너블하네!

2063 **实话** shíhuà

명 진실한 말, 정말
유 真话 zhēnhuà 반 空话 kōnghuà

实话实说, 现在的情形不太乐观。
사실대로 말하자면, 현재 상황이 그다지 낙관적이지 않다.

你就说实话, 不要再撒谎sāhuǎng了。
솔직하게 말해, 다시는 거짓말하지 말고.

2064 **实践** shíjiàn

동 실천하다
我们需要实践我们从书本上学到的知识。
우리는 책에서 배운 지식을 실천할 필요가 있다.

명 실천, 실행
实践可以检验真理。 실천은 진리를 검증할 수 있다.

2065 **实习** shíxí

명 실습
她还没找到单位实习。
그녀는 실습할 직장을 아직 찾지 못했다.

她已经在这家公司实习三个月了。
그녀가 벌써 이 회사에서 실습한 지 3개월이나 된다.

2066 **实现** shíxiàn

동 실현하다
반 落空 luòkōng

我们要用自己的努力来实现梦想。
우리는 자신의 노력으로 꿈을 실현해야 한다.

经过长期的努力，他的目标终于实现了。
오랜 기간의 노력으로 그의 목표가 마침내 실현되었다.

2067 实行 shíxíng

동 실행하다, 이행하다
> 유 **2424** 执行, 实施 shíshī 반 废除 fèichú

新的劳动法即将实行。
새 노동법이 곧 실행된다.

中国从1983年开始实行计划生育政策。
중국은 1983년부터 산아제한 정책을 실행했다.

2068 实验 shíyàn

동 실험하다
> 유 试验 shìyàn

这个理论能不能成立还不知道，我们要实验一下。이 이론이 성립될 수 있는지 아직 모르니, 우리는 실험을 좀 해봐야 한다.

명 실험
丈夫不仅照顾孩子，还帮助他做实验。
남편은 아이를 돌볼 뿐 아니라, 아이를 도와 실험도 한다.

2069 实用 shíyòng

형 실용적이다
代表团提出的原则非常实用。
대표단이 제시한 원칙은 매우 실용적이다.

买这辆车最合算了，既实用又经济。이 차를 사는 것이 가장 합리적이야, 실용적이면서도 경제적이잖아.

2070 食物 shíwù

명 음식물
> 유 **0983** 食品

他一吃海鲜类的食物就过敏。
그는 해산물류의 음식을 먹자마자 알레르기를 일으켰다.

食物是人们生活中不可缺少的东西。
음식물은 사람들의 생활 속에서 없어서는 안 될 것이다.

2071 石头 shítou

명 돌, 바위
有人扔了一块石头，把玻璃窗打碎了。
어떤 사람이 돌을 던져 유리창을 깨뜨렸다.

有许多人用普通的石头来冒充 màochōng 宝石。많은 사람들이 일반 돌을 가지고 보석이라고 속인다.

2072 使劲儿 shǐjìnr

동 힘을 쓰다
> 유 用力 yònglì

他总不使劲儿，光偷懒。
그는 항상 힘도 쓰지 않고, 게으름만 피운다.

再使劲儿些，我们就能赢这场拔河 báhé 比赛了。좀 더 힘을 쓰면, 우리는 이 줄다리기 시합에서 이길 수 있어.

2073 始终 shǐzhōng

명 시종, 시종일관
我们招聘人才的政策会贯彻始终的，不会变化的。우리는 인재를 선발하는 정책을 시종 관철할 것이며, 변하지 않을 겁니다.

부 언제나, 늘
> 유 **0566** 一直

五年间，他始终不懈 búxiè 地努力完成自己的实验项目。5년 간, 그는 언제나 자신의 실험 과제를 완성하기 위해 부단히 노력했다.

2074 是否 shìfǒu

부 ~인지 아닌지
我也不知道他是否是外国人。
나도 그가 외국인인지 아닌지 모르겠다.

没人知道老师今天是否会点名。
오늘 선생님께서 출석을 부를지 아닐지는 아무도 모른다.

2075 试卷 shìjuàn
명 시험지, 시험 답안지
유 卷子 juànzi, 考卷 kǎojuàn

不得抄袭chāoxí他人试卷。
다른 사람의 시험지를 베껴 쓰면 안 된다.

完成试卷的同学可以提前离开教室。
시험 답안지를 다 완성한 학생은 먼저 교실을 나가도 된다.

2076 士兵 shìbīng
명 사병

每个士兵都有自己的任务。
모든 사병은 각자 자신의 임무가 있다.

不想当将军的士兵不是好士兵。
장군이 되고 싶지 않은 사병은 좋은 사병이 아니다.

2077 似的 shìde
조 ~과 같다, 비슷하다

她美得像天仙似的。
그녀는 아름답기가 선녀 같다.

他的眼睛如大海似的，很迷人。
그의 눈은 바다 같아서 아주 매혹적이다.

2078 事实 shìshí
명 사실
반 谎言 huǎngyán, 谣言 yáoyán

说出事实吧，我们不会怪罪你的。
사실을 말해봐, 널 원망하지 않을 게.

报纸为了令人兴奋而歪曲wāiqū事实。
신문은 사람들을 흥분시키기 위해서 사실을 왜곡했다.

2079 事物 shìwù
명 사물

天才是对事物连续关注的人。
천재란 사물에 대한 연속적인 관심을 가지는 사람이다.

对我来说，跟圣诞节相关的事物都是浪漫的。
나한테는 성탄절과 관련된 것은 모두 낭만적이다.

2080 事先 shìxiān
명 사전, 미리
유 预先 yùxiān

他事先没有为演讲做准备。
그는 사전에 강연을 위한 준비를 하지 않았다.

你要动公司的资金必须事先和我打招呼。
회사의 자금을 움직이려면 반드시 사전에 제게 통지하셔야 합니다.

2081 收获 shōuhuò
동 (농작물을) 거두어 들이다, 수확하다

参加这次演讲比赛让我收获了许多。
나는 이번 말하기 대회에 참가하여 많은 것을 얻을 수 있었다.

명 수확, 성과, 소득
유 0335 成绩, 1315 成果

有付出总会有收获的。
노력한 것이 있으면 언젠가는 성과도 있을 것이다.

2082 收据 shōujù
명 영수증, 수취증

请给我开个收据吧。
제게 영수증 좀 끊어주세요.

没有收据不能退货。
영수증이 없으면 반품할 수 없습니다.

2083 手工 shǒugōng
명 ① 수공, 수공예

这个是手工做的，很有独创性。
이것은 수공으로 만든 것으로 매우 독창성이 있습니다.

② 수공비, 품삯

做这件衣服要多少手工？
이 옷을 만드는 데 수공비가 얼마나 드나요?

2084 手术 shǒushù

명 수술
这次的心脏手术最少需要50万元。
이번 심장 수술은 최소 50만 위안이 필요하다.

동 수술하다
他病得太严重了，今天必须得手术。
그의 병세는 아주 심각해서 오늘 반드시 수술해야 합니다.

2085 手套 shǒutào

명 장갑, 글러브
我的手套丢了一只。
나는 장갑 한 짝을 잃어 버렸다.

冬天记得戴手套，别把手冻坏了。 겨울에는 반드시 장갑 끼는 걸 기억하셔서 손이 얼지 않도록 하세요.

2086 手续 shǒuxù

명 수속
유 1313 程序
你去办理手续吧。我替你看行李。
네가 가서 수속을 해. 너 대신 내가 짐을 봐줄게.

入住和退房不需要到前台办理手续。
체크인과 체크아웃을 프론트에 와서 처리할 필요가 없다.

2087 手指 shǒuzhǐ

명 손가락
她的手指又细又长。
그녀의 손가락은 가늘고도 길다.

他用手指着天空说妈妈在天堂生活得很好。
그는 손가락으로 하늘을 가리키며, 어머니께서는 하늘나라에 잘 계신다고 말했다.

2088 受伤 shòu//shāng

동 부상당하다, 부상을 입다
他在一次野外训练中受伤了。
그가 한 차례 야외훈련 중에 부상을 당했다.

昨天打篮球受伤了，包扎bāozā一下感觉好多了。
어제 농구를 하다 다쳤는데, 싸매고 나니 많이 나아진 것 같다.

她听到儿子在运动中受了伤感到不安。그녀는 아들이 운동하다 부상을 당했다는 것을 듣고 불안했다.

2089 寿命 shòumìng

명 수명
中国人均寿命是七十五岁。
중국인의 평균 수명은 75세이다.

经济发展水平高了，人的寿命也变长了。
경제발전의 수준이 높아져, 사람의 수명도 길어졌다.

2090 书架 shūjià

명 책꽂이, 서가
他随手把两本书放到书架上了。
그는 하는 김에 책 두 권을 책꽂이에다 두었다.

书架上的书摆放bǎifàng得很整齐。
서가에 있는 책들이 아주 가지런하게 놓여있다.

2091 输入 shūrù

동 ① 들여보내다, 받아들이다
我希望他们会给我们公司输入新的血液。
나는 그들이 우리 회사에 새로운 피를 수혈해줄 수 있기를 바란다.

② 수입하다, 들여오다
今年我国从外国输入了大量的石油。
올해 우리나라는 외국으로부터 대량의 석유를 수입했다.

③ 입력하다
她对输入数据这个工作已经熟练了。
그녀는 데이터를 입력하는 이 일에 이미 숙련되었다.

2092 蔬菜 shūcài

명 채소
多吃蔬菜可以增强抵抗力。
채소를 많이 먹으면 저항력을 증강시킬 수 있다.

为了减肥，她每天只吃蔬菜和水果。
그녀는 다이어트를 하기 위해 매일 채소와 과일만 먹는다.

2093 舒适 shūshì

형 기분이 좋다, 쾌적하다, 편안하다

人们都追求安逸ānyì舒适的生活。
사람들은 모두 편안하고 쾌적한 생활을 추구한다.

她躺在沙发上，晒shài着太阳，很舒适。
그녀는 소파에 누워 햇볕을 쪼이니 기분이 매우 좋았다.

2094 梳子 shūzi

명 빗

梳子断了一个齿。 빗에 이빨이 하나 나갔다.

她喜欢睡觉前用梳子梳头发。
그녀는 잠자기 전에 빗으로 머리 빗는 것을 좋아한다.

2095 熟练 shúliàn

형 숙련되어 있다, 능숙하다

유 0999 熟悉, 精通 jīngtōng

她打字时指法相当熟练。
그녀는 타자를 칠 때 손놀림이 상당히 능숙하다.

熟练使用电脑是现代人必备的基本技能。
컴퓨터를 능숙하게 다루는 것은 현대인의 필수적인 기본 기능이다.

2096 鼠标 shǔbiāo

명 마우스

我刚买了一个新鼠标。
나는 방금 새 마우스를 하나 샀다.

他移动光标，点击鼠标。
그는 커서를 옮기고 마우스를 클릭한다.

2097 属于 shǔyú

동 (~의 범위에) 속하다

国家的权力属于人民。
국가의 권력은 국민에게 속해 있다.

这本书是属于图书馆的。 이 책은 도서관의 책이다.

2098 数据 shùjù

명 데이터, 통계수치

研究人员正在分析得出的数据。
연구원들은 도출해낸 데이터를 분석 중이다.

今年的产量数据没有去年那么好。
올해의 생산량 통계수치는 작년만큼 좋지 않다.

2099 数码 shùmǎ

명 숫자, 디지털

他的数码相机坏了。
그의 디지털 카메라가 고장이 났다.

数码产品现在已经是很常见的了。
디지털제품은 현재 이미 매우 흔한 것이다.

2100 摔 shuāi

동 ① 넘어지다, 넘어뜨리다

昨天回家的路上，他一不小心摔了一个跟头。 어제 집으로 돌아가는 길에, 그는 실수로 곤두박질 치면서 넘어졌다.

② 떨어뜨려 부수다

小心点，别把杯子摔碎了。
컵을 깨뜨리지 않게 조심해.

③ 내던지다

弟弟非常生气地把书摔在桌子上。
남동생은 매우 화가 나서 책을 책상 위에 내던졌다.

2101 甩 shuǎi

동 ① 흔들다, 휘두르다, 뿌리치다

他很生气一甩袖子xiùzi就走了。
그는 화가 나서 소매를 뿌리치고 가버렸다.

② 내던지다
兵士勇敢地把手榴弹shǒuliúdàn甩出去了。
병사는 용감하게 수류탄을 내던졌다.

③ 떼어놓다
你要是不努力，就会被同学甩在后面的。
네가 노력하지 않으면, 친구들한테 뒤쪽으로 밀릴 거야.

2102 双方 shuāngfāng

[명] 쌍방

[반] 单方

在这件事上，双方都有责任。
이 일에는 쌍방이 모두 책임이 있다.

因为双方的努力，所以问题很快就解决了。
쌍방의 노력 때문에, 문제가 매우 빨리 해결되었다.

2103 税 shuì

[명] 세금

我们店卖的都是免税品。
우리 상점에서 파는 물건은 모두 면세품이다.

如果你不纳税，你肯定会被关进监狱。
세금을 납부하지 않으면, 분명히 감옥에 들어갈 거다.

2104 说不定 shuōbudìng

[동] ~일지도 모르다

别哭了，说不定我能帮上忙呢。
울지 마, 어쩌면 내가 도와줄 수 있을지도 몰라.

[부] 아마 ~일 것이다

说不定他今天不来公司了，我们别等他了。
아마 그는 오늘 회사에 오지 않을 거 같으니, 우리 그 사람 그만 기다리자.

2105 说服 shuō//fú

[동] 설득하다

放心吧，我一定会说服他的。
안심하세요, 제가 반드시 그를 설득하겠습니다.

要想说服别人，你得有足够的理由。
다른 사람을 설득하고 싶다면, 충분한 이유가 있어야 한다.

他很固执，我说不服他。
그는 고집이 너무 세서, 내가 설득할 수 없다.

2106 撕 sī

[동] 찢다, 뜯다

[유] 扯 chě

他把前女友写给他的信给撕了。
그는 전 여자친구가 그에게 써준 편지를 찢어버렸다.

他把之前设计出的画稿都撕掉了。
그는 전에 설계한 밑그림을 모두 찢어버렸다.

2107 丝绸 sīchóu

[명] 비단

高档gāodàng丝绸很昂贵ángguì。
고급 비단은 매우 비싸다.

这里什么样的丝绸都有，就看你们花多少钱了。
여기는 어떤 비단이든 다 있으니, 당신이 얼마를 쓰느냐에 달려 있습니다.

2108 丝毫 sīháo

[형] 조금의, 추호도

[유] 一点儿 yìdiǎnr

他丝毫不在乎金钱和地位。
그는 돈과 지위에 조금도 개의치 않는다.

她没有丝毫愧疚kuìjiù的表情。
그녀는 양심의 가책을 느끼는 표정이 전혀 없었다.

2109 思考 sīkǎo

[동] 사고하다, 사색하다

[유] 0844 考虑, 思索 sīsuǒ

你该试着换一个角度去思考这个问题。
당신은 각도를 바꿔 이 문제를 생각해봐야 한다.

善于思考的人总能在平常事中发现不平常的现象。 사색할 줄 아는 사람은 늘 평범한 생활 속에서 비범한 현상을 발견해낼 수 있다.

2110 思想 sīxiǎng

- 명 생각, 사상, 견해
  她的思想很守旧。 그녀의 사고는 구습에 많이 얽매어있다.
  他是个有思想的青年。 그는 생각이 있는 청년이다.

2111 私人 sīrén

- 명 개인, 민간
  유 1524 个人
  我们今天不会谈论私人问题。 우리는 오늘 사적인 문제는 이야기하지 않을 겁니다.
  不要把私人问题带到工作中来。 사적인 문제를 일에까지 끌어들이지 말아요.

2112 似乎 sìhū

- 부 마치 ~인 것 같다, ~인 듯 하다
  유 0770 好像, 1470 仿佛
  他刚才似乎没看见你。 그는 방금 당신을 못 본 것 같아요.
  看他那胸有成竹的样子，似乎已经准备得很好了。 일하기 전에 모두 준비가 되어 있는 것 같은 그의 모습이, 마치 이미 만반의 준비가 된 것 같다.

2113 寺庙 sìmiào

- 명 사찰, 사원, 절
  外婆去寺庙上香了。 외할머니께서는 절에 가서 향을 피우셨다.
  山上有座很有名的寺庙。 산 위에 유명한 사원이 하나 있다.

2114 宿舍 sùshè

- 명 기숙사
  学生宿舍里没有空调。 학생 기숙사에는 에어컨이 없다.
  你们宿舍里住了几个人？ 너희 기숙사에 몇 명이 살고 있니?

2115 随时 suíshí

- 부 ① 수시로, 언제나
  유 时常 shícháng, 时时 shíshí
  有什么问题您可以随时叫我。 무슨 문제가 있으면 언제든 저를 부르셔도 됩니다.
  ② 제때, 즉시
  修锁的工人可以随时上岗 shànggǎng。 열쇠 수리공은 언제든지 와서 즉시 일할 수 있다.

2116 碎 suì

- 동 부서지다, 깨지다
  他一不小心把碗掉在地上，全打碎了。 그는 한 순간의 부주의로 그릇을 바닥에 떨어뜨려 전부 깨졌다.
- 형 말이 많다, 수다스럽다
  她这个人嘴太碎，总喜欢讲人家的八卦 bāguà。 그녀라는 사람은 수다스러워서, 늘 남의 말을 하는 걸 좋아한다.

2117 损失 sǔnshī

- 동 손실되다, 손해보다
  유 损耗 sǔnhào
  这次投资让他损失了500多万。 이번 투자로 그는 500여만 위안의 손해를 보았다.
- 명 손실, 손해
  名誉 míngyù 损失是很难挽回 wǎnhuí 的。 명예훼손은 돌이키기 어렵다.

2118 缩短 suōduǎn

동 줄이다, 단축하다
유 2119 缩小 반 2302 延长

怎么样才能缩短到达火车站的时间?
어떡해야 기차역에 도착하는 시간을 단축할 수 있을까?

我们通过会议在看法上缩短了距离。
우리는 회의를 통해서 의견상의 거리를 좁혔다.

2119 缩小 suōxiǎo

동 축소하다, 줄이다
유 2118 缩短 반 放大 fàngdà

森林面积逐年缩小。 삼림 면적이 매년 줄어든다.

用了这种面膜miànmó以后毛孔好像真的缩小了。 이 마사지팩을 사용한 후, 모공이 정말 좁아진 것 같다.

2120 锁 suǒ

동 (자물쇠로) 잠그다
出门时记得要锁门。
외출할 때 문 잠그는 거 잊지 마.

명 자물쇠
这把锁的钥匙丢了。
이 자물쇠의 열쇠를 잃어버렸다.

2121 所 suǒ

양 채, 동 (집이나 학교 등의 건축물을 세는 단위)
他是看管湖边那所别墅biéshù的，管理得非常出色。 그는 호숫가의 저 별장을 대단히 잘 관리한다.

조 ① ~이 되다 (피동의 뜻으로 쓰임)
看问题片面，容易被表面现象所迷惑。
문제를 단편적으로만 보면, 표면적인 현상에 쉽게 미혹된다.

② 중심어가 객체가 되는 경우에 쓰임
她所提的意见我们都同意。
그녀가 제시한 의견에 우리는 모두 동의한다.

③ ~하는 바 (행위자와 동작을 강조하는 경우에 쓰임)
世界的金融情况是大家所关心的。
세계의 금융 상황은 모두가 관심을 두는 바이다.

2122 所谓 suǒwèi

형 ① ~라는 것은, ~란
所谓的幸福就是能做自己想做的事情。
행복이라는 것은 바로 자신이 하고 싶은 일을 할 수 있는 것이다.

② 소위, 이른바 (수식되는 말에 대하여 부정적인 태도를 나타냄)
难道这就是所谓的爱情吗?
설마 이것이 소위 사랑이란 것인가?

2123 塔 tǎ

명 탑
河边有一座塔。 강변에 탑이 하나 있다.
埃菲尔铁Āifēi'ěrtiě塔是世界上最著名的建筑物之一。
에펠탑은 세계에서 가장 유명한 건축물 중 하나이다.

2124 台阶 táijiē

명 ① 계단, 층계
一层楼有二十个台阶。
한 층에 스무 개의 계단이 있다.

② 더 높은 목표, 단계
在学习上，我希望你能更上一个台阶。
공부에 있어, 네가 한 단계 더 높이 오를 수 있기를 바란다.

2125 太极拳 tàijíquán

명 태극권
我选的体育课是太极拳。
내가 선택한 체육 과목은 태극권이다.
练习太极拳可以强身健体。
태극권을 연습하면 신체를 건강하게 할 수 있다.

2126 太太 tàitai

명 부인, 아내, 처
유 0233 妻子, 夫人 fūrén
他的太太是个善良的人。
그의 아내는 착한 사람이다.
你的太太真是温柔贤淑 xiánshū，你可真幸福啊！
당신의 부인께서는 온화하고 현명하고 정숙하시니, 정말 행복하시겠습니다!

2127 谈判 tánpàn

동 회담하다, 담판하다, 협상하다
유 商谈 shāngtán, 协商 xiéshāng
她是个商务谈判的高手。
그녀는 비즈니스 협상의 고수이다.
下个星期我们要与美国的一个大公司谈判。
다음 주에 우리는 미국의 한 대기업과의 담판이 있다.

2128 坦率 tǎnshuài

형 솔직하다, 정직하다
他那坦率的性格着实 zhuóshí 让人喜欢。
그의 그 솔직한 성격을 사람들은 정말 좋아한다.
坦率地讲，我很不认同他为人处事的方式。
솔직히 말해서, 나는 그의 처신 방식에 전혀 동의할 수 없다.

2129 烫 tàng

동 ① 다림질하다
衣服有点皱 zhòu，需要烫一下。
옷이 좀 구겨져서 다림질을 좀 해야 한다.

② 데다, 화상을 입다
是刚煮的咖啡，小心烫。
방금 끓인 커피예요, 데이지 않게 조심해요.

③ (머리를) 파마하다
她从来没烫过头发。
그녀는 여태까지 파마를 해본 적이 없다.

형 뜨겁다
饭很烫，吹着点吃吧。
밥이 아주 뜨거우니, 후후 불어가며 드세요.

2130 桃 táo

명 복숭아, 복숭아 나무
这桃水嫩得很。이 복숭아는 아주 말랑말랑하다.
桃子皮上有很多绒毛 róngmáo。
복숭아 껍질에는 털이 많이 있다.

2131 逃 táo

동 ① 달아나다
유 跑 pǎo
罪犯连夜逃走了。 범죄자는 그날 밤에 달아났다.

② 피하다
高中时我逃了很多课。
고등학교 때 나는 수업을 많이 빼먹었다.

2132 逃避 táobì

동 도피하다
유 回避 huíbì 반 1860 面对
逃避并不是一种解脱。
도피는 결코 해탈이 아니다.
不要逃避现实，遇到困难要勇敢地去面对。
현실을 도피하지 말고, 어려움에 처하면 용감하게 대면해야 한다.

2133 套 tào

동 ① 껴입다, 걸쳐 입다
유 罩 zhào

套上一件毛衣再出门吧。
스웨터를 입고 외출하세요.

② 모방하다, 본뜨다
유 1877 模仿
他写的这篇文章是从你例文上套下来的。
그가 쓴 이 글은 당신의 글에서 모방해 온 것이다.

③ 이끌어내다, 유인하다
유 引诱 yǐnyòu
他总是套别人的话。
그는 언제나 다른 사람의 말을 이끌어내려고 한다.

양 벌, 조, 세트 (한 조를 이루고 있는 기물을 세는 단위)
我们看了目录以后，订购一套家具。
우리는 목록을 보고서 가구 한 세트를 주문했다.

2134 特殊 tèshū

형 특수하다, 특별하다
유 0513 特别 반 0564 一般, 1928 平常
特殊情况，特殊对待。
특수한 상황은 특별하게 처리해야지.
谁都不会对那个人给予jǐyǔ特殊待遇。
누구라도 그 사람에 대해서 특별 대우를 하지 않는다.

어휘 plus+ 特殊 · 0513 特别

- 特殊 형 특수하다
- 特别 형 특별하다

비교 特殊와 特别는 다수 또는 평범한 것과 다르다는 뜻이다. 特殊는 부사적 용법이 없으나, 特别는 부사가 되기도 하며 '특별히, 각별히'의 뜻이 있고 형용사를 수식한다.

뜻은 비슷하나 품사로 구분되는 것이 포인트!

Check
她得的这种病非常（　　　）。
그녀가 걸린 이런 병은 매우 특수하다.
我（　　　）爱吃妈妈做的菜。
나는 특히 엄마가 만든 음식을 좋아한다.
 特殊 / 特别

2135 特意 tèyì

부 특별히, 일부러
유 0750 故意, 特地 tèdì
你就是特意要让我难堪nánkān！
네가 일부러 나를 난감하게 만든 거구나!
这是我特意托人从美国给你买的礼物。
이건 제가 특별히 다른 사람에게 부탁하여 미국에서 사온 당신 선물입니다.

어휘 plus+ 特意 · 0750 故意

- 特意 부 특별히, 일부러
- 故意 부 고의로, 일부러

비교 故意는 불필요한 일을 알면서 하거나 고의로 하는 것을 나타내지만, 特意는 이러한 뜻이 없다.

한국어로 해석하면 차이가 없어 보이므로, 그것으로 인해 혼동하지 말아야 하는 것이 포인트!

Check
她这样做不是（　　　）的。
그녀가 이렇게 하는 것은 고의가 아니다.
知道他来，妈妈（　　　）准备了一桌好菜。 그가 오는 것을 알고, 엄마는 특별히 맛있는 음식을 한 상 준비하셨다.
 故意 / 特意

2136 特征 tèzhēng

명 특징
유 1027 特点, 特色 tèsè
每个人都有独特的特征。
모든 사람은 다 독특한 특징이 있다.
这个人的相貌有什么特征？
이 사람의 용모에 무슨 특징이 있습니까?

2137 疼爱 téng'ài

동 매우 사랑하다, 매우 귀여워하다
张奶奶特别疼爱她的小孙子。
장 할머니께서는 할머니의 어린 손자를 아주 사랑하신다.

每个母亲都很疼爱自己的孩子。
모든 어머니는 자신의 아이를 매우 사랑한다.

2138 提 tí

동 ① (손에) 들다
他手里提着暖瓶。그는 손에 보온병을 들고 있다.

② (아래에서 위로) 끌어 올리다
薄荷bòhe有提神的作用。
박하에는 각성 작용이 있다.

③ (예정된 기한보다) 앞당기다
像这种问题我们需要提前做好预防。
이런 문제는 우리가 사전에 예방을 잘 해야 한다.

④ 제시하다, 제기하다
有意见尽管提，不要不好意思。
의견이 있으면 얼마든지 제기해, 어려워 말고.

⑤ 말을 꺼내다, 언급하다
提起这件事，她就觉得伤心。
이 일이 언급되자, 그녀는 바로 슬퍼졌다.

2139 提倡 tíchàng

동 제창하다
유 倡导 chàngdǎo
政府致力提倡创造精神。
정부는 창조 정신을 열심히 제창한다.
中国和世界上的许多国家一样，都在大力提倡低碳tàn生活。중국도 세계 많은 나라와 마찬가지로 저탄소 생활을 제창한다.

2140 提纲 tígāng

명 요점, 개요
유 大纲 dàgāng
下节课之前至少要把提纲写出来。
다음 수업시간 전까지 적어도 개요는 써내야 한다.
先写个提纲，再写具体内容就方便多了。
먼저 요점을 쓰고 다시 구체적인 내용을 쓰는 게 훨씬 편하다.

2141 提问 tíwèn

동 질문하다
유 2298 询问
如果要提问，请举手示意。
만약 질문이 있으면, 손을 들어 표시하세요.
有不懂的地方就要提问，不能不懂装懂。
모르는 부분은 질문해, 모르면서 아는 척하지 말고.

2142 题目 tímù

명 ① 제목
那篇文章的题目是什么？이 글의 제목이 뭐죠?

② 연습이나 시험 따위의 문제
我在十五分钟之内就答完了所有的考试题目。나는 15분 안에 모든 시험문제를 다 풀었다.

2143 体会 tǐhuì

동 체득하다, 이해하다
유 领会 lǐnghuì
只有亲身经历了，才会有很深的体会。
몸으로 직접 체험해야지 깊이 이해할 수 있다.

명 체득, 이해
你参加了暑期夏令营，有什么体会呀?
너는 여름캠프에 참가해서 뭘 느꼈니?

2144 体积 tǐjī

명 체적, 부피
这个商品体积细小，容易使用。
이 상품은 부피가 매우 작아서, 사용하기 편하다.
太阳的体积比地球的大一百万倍。
태양의 부피는 지구보다 백만 배 크다.

2145 体贴 tǐtiē

동 자상하게 돌보다, 보살피다
유 1562 关怀
她是个温柔体贴的好妈妈。
그녀는 온화하고 자상한 좋은 엄마이다.

李护士十分敬业，对每个病人都体贴入微。
이 간호사는 직업 정신이 강해서, 모든 환자들을 친절과 미소로 대한다.

2146 体现 tǐxiàn
동 구현하다, 구체적으로 드러내다
유 0708 反映, 2233 显示

这篇文章体现了作者的爱国情怀。
이 글은 작가의 애국하는 마음을 구체적으로 잘 드러냈다.

她的生活习惯充分体现了按部就班的准则。
그녀의 생활습관은 순서에 따라 일을 진행하는 준칙을 충분히 드러냈다.

2147 体验 tǐyàn
동 체험하다
유 1508 感受

他体验了乡村生活的乐趣。
그는 농촌생활의 즐거움을 체험했다.

他体验过当记者的滋味儿zīwèir。
그는 기자가 된 느낌을 체험해본 적이 있다.

2148 天空 tiānkōng
명 하늘, 공중

天空中一片云也没有。 하늘에 구름 한 점도 없다.

一只鸟儿翱翔áoxiáng在天空中。
새 한 마리가 하늘에서 빙빙 돌며 날고 있다.

2149 天真 tiānzhēn
형 천진하다, 순진하다
유 1385 单纯

她是个天真的女孩儿，非常可爱。
그녀는 순진한데다 꽤 귀여워.

她再也不是当年那个天真的小女孩儿了。
그녀는 더 이상 당시의 그 순진한 여자애가 아니다.

2150 田野 tiányě
명 들판

这是一片美丽的田野。 이곳은 아름다운 들판이다.

受伤的人靠手爬过田野。
부상을 당한 사람은 손에 의지해 들판을 기어 갔다.

2151 调皮 tiáopí
형 ① 장난치다
유 淘气 táoqì

邻居家调皮的小男孩儿很可爱。
옆집 장난꾸러기 남자아이는 정말 귀엽다.

② 말을 잘 듣지 않다, 다루기 어렵다
반 1557 乖

这孩子太调皮，必须严加拘管jūguǎn。
이 아이는 말을 너무 안 들어서, 반드시 엄하게 단속해야 한다.

2152 调整 tiáozhěng
동 조정하다, 조절하다

明年我们公司要调整工资。
내년에 우리 회사는 월급을 조정하려고 한다.

根据市场需求，重新调整公司的生产。
시장의 수요에 따라, 회사의 생산품을 새로 조정한다.

2153 挑战 tiǎo//zhàn
동 싸움을 걸다, 맞서다
반 应战 yìngzhàn

不要试图挑战他的权威。
그의 권위에 맞서려고 시도하지 마세요.

他们曾经向我们挑过战，但结果输了。
그들은 일찍이 우리에게 도전한 적이 있으나, 결과는 졌다.

2154 通常 tōngcháng
형 통상적인, 일반적인
반 1432 独特

通常情况下他是不会发火的。
통상적인 상황에서 그는 화를 내지 않는다.
通常情况，他都是坐公交车上班。
일반적인 상황에서, 그는 늘 버스를 타고 출근한다.

2155 通讯 tōngxùn

동 통신하다
无线电通讯已经消除了空间的阻隔。
무선통신은 이미 공간의 격차를 없앴다.

명 통신, 뉴스, 기사
由于通讯设施的发达，电话线急速增加。
통신 시설의 발달로 인해 전화선이 급속히 증가했다.

2156 铜 tóng

명 동, 구리
全球铜资源即将枯竭kūjié。
전 세계의 구리 자원은 곧 고갈될 것이다.
铜需求通常被视为反映了广泛的经济活动。
구리의 수요는 통상적으로 광범위한 경제활동을 반영하는 것으로 여겨진다.

2157 同时 tóngshí

명 동시
你不能同时做两件事。
너는 동시에 두 가지를 할 수 없어.

접 또한, 아울러
他喜欢唱歌，同时也喜欢跳舞。
그는 노래 부르고, 또 춤추는 것을 좋아한다.

2158 统一 tǒngyī

동 통일하다
반 分裂 fēnliè
职员的意见太多，很难统一起来。
직원의 의견이 너무 많아서, 통일하기 어렵다.

형 일치된, 단일한
유 2321 一致
我们一定要用统一的格式写报告。
우리는 반드시 통일된 형식으로 보고서를 작성해야 한다.

2159 统治 tǒngzhì

동 통치하다, 지배하다
封建王朝统治了数百年这个国家。
봉건 왕조는 이 나라를 수백 년간 통치했다.
父亲去世之后由他儿子继续统治殖民地。
부친이 돌아가신 후 그의 아들이 계속해서 식민지를 통치했다.

2160 痛苦 tòngkǔ

형 고통스럽다, 괴롭다
유 0903 难受
他患病多年，倍感痛苦。
그는 다년간 병을 앓아, 더욱 괴로움을 느낀다.
父亲的离世让他很痛苦。
아버지의 별세는 그를 매우 고통스럽게 했다.

2161 痛快 tòngkuài

형 ① 통쾌하다, 유쾌하다
一想到今天赚了那么多钱，心里真痛快。
오늘 그렇게나 많은 돈을 벌었다고 생각을 하니, 마음이 정말 즐겁다.

② 흥을 다하다, 마음껏 즐기다
我们打算今天到游乐场痛痛快快地玩儿一场。우리는 오늘 놀이공원에 가서 신바람 나게 한바탕 놀 생각이다.

③ 시원시원하다, 솔직하다
유 爽快 shuǎngkuai, 直率 zhíshuài
组长很痛快就答应了我请假一周。
팀장님께서는 내가 일주일의 휴가를 낸 것에 시원시원하게 허락해주셨다.

2162 投资 tóu//zī

통 투자하다

投资时要小心，不要么轻易就把钱套进去。
투자를 할 시에는 조심해야 하며, 그렇게 쉽게 돈을 끌어 넣어서는 안 된다.

他在好多国家和地区都投过资。
그는 많은 나라와 지역에 모두 투자를 한 적이 있다.

명 투자(금)

我国对幼儿教育的投资每年都增加。
우리나라의 유아 교육에 대한 투자는 해마다 증가한다.

2163 透明 tòumíng

형 투명하다, 공개적이다

반 浑浊 húnzhuó

该办公室是透明和独立的机构。
이 사무실은 투명하고 독립적인 기관이다.

卫生部承诺医疗信息将更加透明。
보건부는 의료 정보를 더 투명하게 할 것을 승낙했다.

2164 突出 tūchū

동 돌출하게 하다, 뚜렷하게 하다

유 显露 xiǎnlù

讲话要突出重点。
말을 하는 데 있어 핵심을 부각시켜야 한다.

형 ① 돋보이다, 부각되다, 두드러지다

반 普通 pǔtōng

他的成绩在班级里是很突出的。
그의 성적은 같은 반에서 가장 돋보인다.

② 돌출하다, 튀어나오다

유 凸起 tūqǐ

她的前额和眼球都突出得很厉害。
그녀는 이마와 안구가 심하게 돌출되어 있다.

2165 土地 tǔdì

명 토지, 땅

这是一片富饶fùráo的土地。
이곳은 풍요로운 땅이다.

我们不能不保护宝贵的土地资源。
우리는 소중한 토지 자원을 보호하지 않으면 안 된다.

2166 土豆 tǔdòu

명 감자

土豆含有大量淀粉diànfěn。
감자에는 다량의 녹말이 함유되어 있다.

土豆和茄子在一起炒味道很好。
감자와 가지를 함께 볶으면 맛이 좋다.

2167 吐 tù

동 ① 구토하다

吃了不新鲜的鱼以后，他上吐下泻xiè。
신선하지 않은 생선을 먹은 후에, 그는 토하고 설사를 했다.

② 착복한 재물을 내놓다

把你贪污tānwū的钱全吐出来吧。
당신이 착복한 돈을 모조리 토해내시죠.

2168 兔子 tùzi

명 토끼

兔子的眼睛是红色的。 토끼의 눈은 빨간색이다.

妈妈买了一只可爱的兔子送给小梅做生日礼物。 엄마가 귀여운 토끼 한 마리를 사서, 샤오메이의 생일에 선물로 주셨다.

2169 团 tuán

명 ① 연대, 단체

星期一他将带领一个贸易代表团访问上海。 월요일에 그는 무역 대표단을 이끌고 상하이를 방문할 예정이다.

② 청소년 정치 단체
青年团每年开展很活跃的活动。
청년단은 매년 활발한 활동을 펼친다.

양 뭉치, 덩어리 (덩어리를 세는 단위)
他拿着一团纸往垃圾桶里扔了。
그는 종이 한 뭉치를 들고 쓰레기통에 버렸다.

2170 推辞 tuīcí

동 거절하다, 사양하다
유 辞谢 cíxiè 반 0820 接受
你就接受了他的好意吧，不要再推辞了。
그의 호의를 받아 들이시고, 다시는 거절하지 마세요.
我们希望他能到我们学校任教，可是他推辞了。우리는 그가 우리 학교에서 선생님을 맡아주길 바랐지만, 그는 사양했다.

2171 推广 tuīguǎng

동 널리 보급하다, 확대하다
유 普及 pǔjí
这项技术得到了大力推广。
이 기술이 널리 보급되게 되었다.
这种通信技术已经在全国推广起来。
이런 통신기술은 이미 전국에 널리 보급되었다.

2172 推荐 tuījiàn

동 추천하다
他给我推荐了一部很不错的电影。
그는 내게 좋은 영화 한 편을 추천했다.
老师不推荐的话就不能申请到国外留学。
선생님께서 추천해주지 않으면 국외로 유학 가는 것을 신청할 수 없다.

2173 退 tuì

동 ① 물러서다
我现在是进退两难呀！
난 지금 진퇴양난이야!

② 물러나게 하다, 물리치다
有什么方法能很好地退敌呢？
무슨 방법으로 적을 잘 물리칠 수 있을까?

③ 떠나다, 탈퇴하다
晚会还没有结束，他就退席了。
파티가 아직 끝나지 않았는데, 그는 자리를 떠났다.

④ 내리다, 줄어들다
潮水已经退了。조수가 이미 물러갔다.

⑤ 무르다, 반환하다
这商品如果有问题能在一星期内退款。
이 상품에 문제가 있으면 일주일 내에 환불할 수 있다.

⑥ 해약하다, 파기하다
是你方先违反了合同，我们不得不退约。
당신 측에서 먼저 계약을 위반했으니, 우리도 어쩔수 없이 해약할 수밖에 없습니다.

2174 退步 tuì//bù

동 ① 퇴보하다, 나빠지다
반 1722 进步
这个月基本没学习，成绩又退步了。
이번 달에는 아예 공부를 안 해서, 성적이 또 떨어졌다.

② 양보하다
他不是那么轻易就退步的人。
그는 그렇게 쉽게 물러설 사람이 아니다.
大家都退一步吧。모두 한발씩 양보하자.

명 빠져나갈 구멍, 물러설 여지
在坚持不懈奋斗的同时也要给自己留个退步。끊임없이 분투해야 하는 동시에 스스로에게 빠져나갈 구멍도 남겨주어야 한다.

2175 退休 tuìxiū

동 퇴직하다
张爷爷已经退休好多年了。
장 씨 할아버지는 퇴직한 지 여러 해가 지났다.
好多退休的老人来这里下围棋 wéiqí。
많은 퇴직한 노인들이 여기에 와서 바둑을 둔다.

2176 歪 wāi

형 삐뚤다, 비스듬하다, 기울다
반 2414 正

他一笑起来，嘴巴就有点歪。
그는 웃으면, 입이 약간 삐뚤어진다.

中国有句古话：上梁不正下梁歪。
중국 옛말에 '마룻대가 똑바르지 않으면 아래 들보가 기울게 된다(윗물이 맑아야 아랫물도 맑다)'는 말이 있다.

2177 外交 wàijiāo

명 외교

我们学校专门培养外交人才。
우리 학교는 전문적으로 외교 인재를 배양한다.

读了这本书以后，我决定将来当外交官。
이 책을 읽고 나서, 나는 장래에 외교관이 되겠다고 결정했다.

2178 弯 wān

형 굽다, 구불구불하다
반 2423 直

弯弯的小溪xī水沿着山脚流淌liútǎng着。
구불구불한 작은 계곡물이 산기슭을 따라 흐른다.

동 굽히다, 구부리다

女儿想把棍子弄弯，但力气不够。
딸아이가 막대기를 구부러뜨리려고 하나 힘이 달린다.

2179 完美 wánměi

형 완전무결하다, 흠잡을 때가 없다

没有完美的人。 완전무결한 사람은 없다.

人们总是希望自己可以拥有完美的人生。
사람은 언제나 자신이 완벽한 삶을 누릴 수 있기를 희망한다.

2180 完善 wánshàn

형 완벽하다
유 2179 完美

世界上没有绝对完善的计划。
세상에 절대적으로 완벽한 계획은 없다.

동 완전하게 하다

政府要不断地完善各种福利设施，提高人民的福利水平。 정부는 지속적으로 각종 복지시설을 완비하여, 국민의 복지수준을 향상시키려고 한다.

2181 完整 wánzhěng

형 온전하다, 완전하다, 제대로 갖추어져 있다
유 1042 完全

这本书是完整的，不缺页。
이 책은 온전한 것으로 빠진 페이지가 없다.

他的中文很差，甚至说不出一个完整的句子。 그는 중국어 수준이 낮아서, 심지어 완전한 문장 하나도 말하지 못한다.

2182 玩具 wánjù

명 장난감

他喜欢搜集各种各样的玩具。
그는 각양각색의 장난감 수집을 좋아한다.

孩子一回家就开始玩儿毛绒róng玩具。
아이는 집에 오자마자 봉제인형을 갖고 놀기 시작한다.

2183 万一 wànyī

명 만일, 뜻밖의 일

事先需要做好各种各样的准备，以防万一。
사전에 다양한 준비를 잘 하는 것이 필요한데, 이는 만일에 대비하고자 함이다.

접 만일, 만약

万一他明天不来了，我们还需要一个人来顶替dǐngti他。 만일 그가 내일 오지 않으면, 우리는 그를 대신할 사람이 필요하다.

2184 王子 wángzǐ
명 왕자

他的王子病得太严重了。
그의 왕자님께서 병환이 너무 깊다.

王子救公主永远是童话的主题。
왕자가 공주를 구하는 것은 영원한 동화의 주제이다.

2185 往返 wǎngfǎn
동 왕복하다, 오가다
유 来回 láihuí

每天他只往返于图书馆和教室之间。
그는 매일 도서관과 교실 사이만을 오간다.

往返于这两个城市之间需要十多个小时。
이 두 도시를 오가는 데는 10여 시간이 필요하다.

2186 危害 wēihài
동 해를 끼치다
유 伤害 shānghài, 损害 sǔnhài

美瞳tóng隐形眼镜危害眼睛。
서클 콘택트렌즈는 눈에 해를 준다.

吸烟严重地危害了身体健康。
흡연은 신체의 건강에 심각하게 해를 끼친다.

2187 微笑 wēixiào
동 미소 짓다

无论遇到多大的困难都应该微笑面对人生。
얼마나 큰 어려움을 만나든지 간에, 모두 미소로 인생을 마주해야 한다.

명 미소
她经常带着微笑。 그녀는 늘 미소를 띤다.

2188 威胁 wēixié
동 위협하다
유 威逼 wēibī

你休想威胁我！ 나를 위협할 생각은 꿈도 꾸지 마!

人质劫持jiéchí者威胁说如果不交出足够的钱，就会杀掉人质。
인질범은 만약 충분한 돈을 주지 않으면, 인질을 죽일 것이라고 협박했다.

 威胁 · 威逼 wēibī

- 威胁 동 위협하다
- 威逼 동 위협하다, 협박하다, 윽박지르다

비교 威胁는 '권력이나 무력을 사용해서 핍박하다'는 뜻으로, 사람 외에 정치, 경제, 자연계 등의 기타 방면에도 쓰이며, 威逼는 '강한 힘으로 위협하고 핍박하다'는 뜻으로 오로지 사람에게만 쓴다.

어떤 단어들과 함께 쓰이는지를 알아두는 것이 포인트!

Check

几个女子（　　　　）某一女子。
몇 명의 여자가 어떤 한 여자를 협박하고 있다.

恐怖主义（　　　　）着世界和平。
폭력주의가 세계 평화를 위협하고 있다.

답 威逼 / 威胁

2189 违反 wéifǎn
동 어기다, 위반하다
유 违背 wéibèi   반 2497 遵守

违反法律者必须受到惩罚chéngfá。
법률을 위반한 사람은 반드시 처벌을 받는다.

他因为违反交通规则，所以交罚款fákuǎn了。 그는 교통규칙을 위반해서 벌금을 냈다.

2190 维护 wéihù
동 유지하고 보호하다, 지키다
유 0608 保护

每个公民都应该自觉维护国家的形象。
모든 국민은 자발적으로 국가의 이미지를 지켜야 한다.

每个人都应该学会运用法律手段维护自身的利益。 모든 사람은 법적 수단으로 자신의 이익을 보호하는 것을 배워야 한다.

维护 · 0608 保护

- 维护 동 유지하다
  → 维护 + 统治, 身份, 友谊, 关系, 局面

- 保护 동 보호하다
  → 保护 + 环境, 身体, 眼睛, 儿童, 名誉

비교 维护는 계속해서 유지하고 보호하는 것을 가리키며, 목적어로 추상적 사물이 온다. 保护는 최선을 다해 보살피는 것을 나타내며, 구체적, 추상적 목적어가 모두 쓰인다.

단어가 구체명사와 함께 쓰이는지, 추상명사와 함께 쓰이는지 구분하는 것이 포인트!

Check
我们地区的治安（　　　　）得不错。
우리 지역의 치안은 잘 유지된다.
我们要（　　　　）儿童和老人。
우리는 아동과 노인을 보호해야 한다.

답 维持 / 保护

2191 围巾 wéijīn
명 목도리, 스카프
这条围巾的手感非常好。
이 목도리의 촉감은 정말 좋다.
这样的天气最好戴围巾。
이런 날씨에는 스카프를 두르는 것이 좋다.

2192 围绕 wéirào
동 ① 둘러싸다, 주위를 돌다
地球围绕着太阳转动。
지구는 태양 주위를 돌며 움직인다.
② ~을 중심에 놓다
我们今天将围绕着环保这个主题进行讨论。
우리는 오늘 환경보호라는 이 주제를 중심으로 토론을 진행할 것이다.

2193 唯一 wéiyī
형 유일한, 하나밖에 없는
现在，你是我唯一能够信任的人了。
현재, 당신은 내가 유일하게 믿을 수 있는 사람이다.

她的父母已经去世了，哥哥是她唯一的亲人。
그녀의 부모는 이미 세상을 떠났고, 오빠가 그녀의 유일한 혈육이다.

2194 尾巴 wěiba
명 꼬리, (물건의) 꼬리 부분
兔子的尾巴长不了。토끼의 꼬리는 길어질 수가 없다 (무슨 일이든지 오래가지 못한다).
那只小狗尾巴长长的。
그 강아지의 꼬리는 길쭉하다.

2195 伟大 wěidà
형 위대하다
他是一位伟大的思想家。그는 위대한 사상가이다.
以前有个伟大的母亲名叫孟母。
이전에 맹모라고 불리우는 위대한 어머니가 있었다.

2196 委屈 wěiqū
형 억울하다
유 冤枉 yuānwang
被人家冤枉yuānwang偷了东西是件很委屈的事情。누군가에 의해 물건을 훔쳤다는 누명을 쓰는 것은 아주 억울한 일이다.

동 섭섭하게 하다, 억울하게 하다
对不起，真是委屈你了！
죄송합니다, 불편하게 해 드렸군요!

2197 委托 wěituō
동 위탁하다, 의뢰하다
유 托付 tuōfù
我最近太忙了，这件事就委托给你了。
난 요즘 너무 바빠서, 이 일은 네게 맡길게.
他把大笔资金委托给了信托投资公司。
그는 큰 자금을 신탁투자회사에 위탁했다.

2198 胃 wèi
몡 위

她最近经常胃疼。 그녀는 최근 자주 위가 아프다.

精神压力过大会导致胃肠功能紊乱wěnluàn。
정신적 스트레스가 과다하면 위장 기능의 장애로 이어질 수 있다.

2199 位置 wèizhi
몡 자리, 위치

유 1417 地位

她说不清自己在什么位置。
그녀는 자신이 어느 위치에 있는지 확실히 모른다.

金鹰yīng百货商场座落在南京的中心位置。
골든이글 백화점은 난징의 중심지에 자리잡고 있다.

2200 未必 wèibì
면 반드시 ~한 것은 아니다

반 必定 bìdìng

她未必会领你的情。
그녀가 반드시 네 호의를 감사하게 여기는 것은 아냐.

他未必知道昨天发生的事情。
그가 어제 발생한 일을 반드시 알고 있는 건 아니다.

不必・未必

1255 不必 참고

2201 未来 wèilái
형 멀지 않은, 조만간

未来24小时内将有暴雨。
앞으로 24시간 이내에 폭우가 내리겠습니다.

몡 미래

她向他公开了她未来的计划。
그녀는 그에게 그녀의 미래 계획을 공개했다.

2202 卫生间 wèishēngjiān
몡 화장실

我刚刚装修了家里的卫生间。
나는 막 집의 화장실을 인테리어 했어.

不好意思，我去一下卫生间。
죄송한데, 화장실 좀 다녀오겠습니다.

2203 温暖 wēnnuǎn
형 따뜻하다

유 0910 暖和

我终于回到了祖国温暖的怀抱。
나는 마침내 조국의 따뜻한 품으로 돌아왔다.

동 따뜻하게 하다

我想温暖你的心。
난 네 마음을 따뜻하게 해주고 싶어.

温暖・ 0910 暖和

· 温暖 형 따뜻하다
  ➡ 天气, 屋里, 冬天, 室内, 家庭, 怀抱

· 暖和 형 온화하다
  ➡ 天气, 屋里, 冬天

비교 温暖은 기후가 따뜻하다는 뜻 외에 우정이나 감정이 따뜻하다는 것을 나타내며, 사람들에게 포근함을 준다는 뜻도 있다. 暖和는 기후나 환경이 춥지도 덥지도 않다는 것을 나타내며, 중첩하여 쓸 수 있다.

비슷한 의미가있는 단어일수록 搭配에 의해 구분된다는 것이 포인트!

Check
我有一个（　　　　　）的家庭。
저는 따뜻한 가정이 있습니다.
我们老家的气候很（　　　　　）。
우리 고향의 기후는 아주 따뜻합니다.

답 温暖 / 暖和

2204 温柔 wēnróu
형 부드럽고 상냥하다

유 2145 体贴 반 冷酷 lěngkù

她那温柔的态度给我留下了深刻的印象。
그녀의 그 부드럽고 상냥한 태도는 내게 깊은 인상을 남겼다.

他的妻子温柔体贴，总是把家照顾得很好。
그의 아내는 부드럽고 상냥하며, 항상 집안을 잘 보살핀다.

2205 闻 wén

동 ① 듣다
百闻不如一见，紫禁城果然雄伟极了。
백 번 듣는 것이 한 번 보는 것만 못하지, 자금성은 과연 정말 웅장하더라.

② 냄새를 맡다
请你过来闻一闻花香。
너 이리 와서 꽃향기 좀 맡아봐.

2206 文件 wénjiàn

명 공문서, 서류
他忙着整理文件。 그는 바쁘게 서류를 정리한다.

她不慎búshèn遗失了一份很重要的文件。
그녀는 부주의해서 매우 중요한 서류를 잃어버렸다.

2207 文具 wénjù

명 문구, 문방구
文具是学生的必需品。 문구는 학생의 필수품이다.
铅笔、尺子、橡皮、订书机等都是文具。
연필, 자, 지우개, 스테플러 등은 모두 문구이다.

2208 文明 wénmíng

명 문명, 문화
유 0532 文化
建设好精神文明是我们的新目标。
정신문명을 잘 건설하는 것이 우리의 새로운 목표이다.

형 현대적인, 신식의, 교양이 있는
最近我们在地铁上常常看见缺少文明举止的人。 최근에 우리는 지하철에서 교양있는 행동이 부족한 사람을 자주 본다.

2209 文学 wénxué

명 문학
她热爱文学。 그녀는 문학을 매우 사랑한다.
文学能很好地反映人的心灵世界。
문학은 사람의 정신 세계를 잘 반영할 수 있다.

2210 吻 wěn

동 입 맞추다
妈妈吻了一下宝宝。
엄마가 아기에게 살짝 입을 맞췄다.

명 입술
他们在火车站分手时拥抱接吻。
그들은 기차역에서 헤어질 때 껴안고 입을 맞췄다.

2211 稳定 wěndìng

형 안정되다, 변동이 없다
반 动荡 dòngdàng
物价稳定，人民的生活才能安定。
물가가 안정되어야, 국민 생활도 안정될 수 있다.

동 진정시키다, 가라앉히다
他父母去世后很久他情绪才稳定下来。
부모님이 돌아가시고 한참 지나서야 그의 마음이 진정됐다.

2212 问候 wènhòu

동 안부를 묻다, 문안하다
유 问好 wènhǎo
请帮我问候你的父母。
당신 부모님께 제 대신 안부를 여쭤주세요.

这次去北京，我想顺便问候一下张教授。
이번 베이징 가는 길에, 장 교수님께 문안을 좀 드리려고 해.

2213 卧室 wòshì

명 침실
她正在卧室里睡觉。 그녀는 침실에서 잠을 자고 있다.
新买的房子卧室特别大。
새로 산 집의 침실은 매우 크다.

2214 屋子 wūzi

명 방
> 유 0176 房间, 2540 功夫, 房子 fángzi

屋子里只有五个人。 방 안에 다섯 명밖에 없다.

这间屋子太狭小xiáxiǎo了。 이 방은 너무 협소하다.

2215 无奈 wúnài

동 어찌할 도리가 없다, 방법이 없다

他们出于无奈，只能答应我的请求。
그들은 방법이 없어서, 내 요구에 응할 수밖에 없었다.

접 유감스럽게도, 공교롭게도

周末本想去爬山，无奈天下起雨来，只好作罢zuòbà了。 주말에 원래는 등산을 가고 싶었지만, 유감스럽게도 비가 내리기 시작해 취소할 수밖에 없었다.

2216 无数 wúshù

형 무수하다, 매우 많다

广场上聚集了无数的老人。
광장에 무수히 많은 노인들이 모였다.

동 내막을 알지 못하다, 자신이 없다

明天的考试他一点都没复习，心里无数啊。
내일 시험에 그는 조금도 복습을 못해서, 마음속에 자신이 없다.

2217 武器 wǔqì

명 무기

敌军拥有先进的武器。
적군은 첨단무기를 가지고 있다.

孩子的最有效的武器是哭和笑。
아이의 가장 효과있는 무기는 울음과 웃음이다.

2218 武术 wǔshù

명 무술
> 유 2540 功夫

他从小就练习武术。
그는 어렸을 때부터 무술을 연습했다.

武术是中国文化的精华之一。
무술은 중국 문화의 정수 중 하나이다.

2219 雾 wù

명 안개

今天早上雾很大。 오늘 아침 안개가 아주 짙다.

清晨，叶子上布满了雾珠。
이른 아침, 이파리 위에 이슬이 가득하다.

2220 物理 wùlǐ

명 물리

他很擅长shàncháng物理。
그는 물리에 아주 정통하다.

他的专业是物理学，但现在是厨师了。
그의 전공은 물리학이지만 지금은 요리사가 되었다.

2221 物质 wùzhì

명 물질
> 반 0829 精神

这个公司物质待遇不太好。
이 회사는 물질적 대우가 별로다.

现代社会有许多人都贪图tāntú物质享受。
현대 사회의 많은 사람들이 물질적인 향유를 탐한다.

2222 吸收 xīshōu
동 흡수하다, 받아들이다
这个乐团吸收了新团员。
이 악단은 새 단원을 받아들였다.
植物通过根吸收水和养料。
식물은 뿌리를 통해 물과 양분을 흡수한다.

2223 系 xì
명 ① 계열, 계통
这件事除了我的直系亲属以外，谁都不知道。
이 일은 나의 직계친족 이외에 아무도 모른다.
② 과, 학과
我们打算请文学系的教授讲课。
우리는 문학과의 교수께 강의를 청할 작정이다.

 系 jì
동 매다, 묶다
大部分儿童在够上学的年龄之前学会系鞋带。
대부분의 아동이 취학 연령 전에 신발끈 묶는 것을 배운다.

2224 系统 xìtǒng
명 체계, 시스템
这不是呼吸系统的病，请您挂外科的好。
이것은 호흡기 계통의 병이 아니니, 외과에 접수하세요.
형 체계적이다
英语考试之前需要系统地梳理shūlǐ学习过的英语单词。
영어시험 전에, 배웠던 영어 단어를 체계적으로 정리할 필요가 있다.

2225 细节 xìjié
명 자세한 사정
做生意时，态度决定一切，细节决定成败。
사업을 할 때, 태도는 모든 것을 결정하고 세부적인 것은 성패를 결정한다.
他用详细的语言描述miáoshù了每一个细节。
그는 상세한 언어를 사용해 모든 세부적인 부분을 묘사했다.

2226 戏剧 xìjù
명 연극, 희극
我每逢měiféng生日去看戏剧表演。
나는 생일 때마다 연극 공연을 보러 간다.
她把自己的一生都献给了戏剧事业。
그녀는 자신의 일생을 연극 사업에 헌신했다.

2227 瞎 xiā
동 눈이 멀다, 실명하다
在一次车祸中，他的双眼都瞎了。
한 번의 차 사고로 그의 두 눈은 모두 실명되었다.
부 제멋대로, 함부로
别瞎折腾zhēteng了，还是做点有用的吧。
부산히 굴지 말고, 쓸모 있는 일 좀 해봐.

2228 吓 xià
동 놀라다, 무서워하다
你怎么突然跳出来了，吓我一跳。
너 어째서 갑자기 뛰어나온 거니, 나 놀랐잖아.
差点儿就出了交通事故，真是吓死我了。
하마터면 교통사고 날 뻔했어, 정말 놀라 죽을 줄 알았네.

2229 下载 xiàzài
동 다운로드하다
我从网上下载了一部电影。
나는 인터넷에서 영화 한 편을 내려받았다.
如今可以免费从因特网上下载好多信息。
요즘은 인터넷에서 많은 정보를 무료로 다운로드할 수 있다.

2230 鲜艳 xiānyàn

형 (색이) 산뜻하고 아름답다
花园里开满了鲜艳的花朵。
화원에 산뜻하고 아름다운 꽃들이 가득 폈다.
今天她穿了一件鲜艳的红色毛衣来上班。
오늘 그녀는 산뜻한 빨간 스웨터를 입고 출근했다.

2231 显得 xiǎnde

동 ~하게 보이다, ~인 것 같다
她穿那件衣服显得有点胖。
그녀가 그 옷을 입으니까 좀 뚱뚱하게 보인다.
戴上眼镜以后，他显得文质彬彬bīnbīn的。
안경을 쓴 이후, 그는 점잖고 고상해 보인다.

2232 显然 xiǎnrán

형 명백하다, 분명하다
유 1868 明显
他显然是在不懂装懂。
그는 분명히 모르는 것을 아는 체하고 있다.
看他那不安的样子，显然是没有完成领导分配的任务。 그가 불안해 하는 모습을 보니, 분명히 상사가 시킨 업무를 다 완성하지 못했나 보다.

2233 显示 xiǎnshì

동 드러내 보이다, 분명히 나타내 보이다
电脑显示不能下载文件。
컴퓨터에서 문서를 다운로드할 수 없다고 나타났다.
闪躲shǎnduǒ的眼神显示出他内心的不安。
눈길을 피하는 것은 그가 속으로 불안해 하고 있음을 드러내 보이는 것이다.

2234 县 xiàn

명 현 (행정 단위)
这个市共辖xiá五个县。
이 도시는 모두 다섯 개의 현을 관할한다.

他是个很有责任感的县长。
그는 매우 책임감이 강한 현장(현의 장관)이다.

2235 现金 xiànjīn

명 현금
我们店只能用现金支付。
저희 가게는 현금으로만 지불이 가능합니다.
公司没有现金了，这样要么贷款，要么停业。 회사에 현금이 없는데, 이러면 대출은 하든지 아니면 영업을 정지해야 한다.

2236 现实 xiànshí

명 현실
现实总是看起来不那么美好。
현실은 언제나 그렇게 아름다워 보이지 않는다.
형 현실적으로
这个方案根本不现实，无法实现的。
이 방안은 도무지 현실적이지 못해서 실현할 방법이 없다.

2237 现象 xiànxiàng

명 현상
유 2462 状况 반 1231 本质
这种现象司空见惯sīkōngjiànguàn。
이런 현상은 흔히 있는 일이다.
高中生谈恋爱的现象已经引起了学校的注意。 고등학생이 연애를 하는 현상은 이미 학교의 주목을 끌었다.

2238 相处 xiāngchǔ

동 함께 살다, 함께 지내다
相处容易相知难。
함께 지내기는 쉬워도 서로를 알기는 어렵다.
我和室友相处得很好。
나는 룸메이트와 함께 잘 지낸다.

2239 相当 xiāngdāng

동 (수량, 가치, 조건, 상황 등이) 엇비슷하다, 대등하다
他们两个人的英文水平相当。
그 두 사람의 영어 수준은 비슷하다.

형 적합하다, 알맞다
 유 适当 shìdàng
一个是才女，一个是有为青年，两个人在一起很相当。 재주 있는 여자와 장래성 있는 청년, 두 사람이 함께 있는 건 참 잘 어울린다.

부 상당히, 꽤
这件衣服相当好啊，价格便宜质量又好。
이 옷 꽤 괜찮아, 가격이 저렴하고 품질도 좋거든.

2240 相对 xiāngduì

동 서로 대립이 되다, 상대되다
 유 对立 duìlì
一切事物都是在不断运动的，静止是相对的。 모든 사물은 끊임없이 움직이며, 정지한다는 것은 상대적인 것이다.
美与丑chǒu相对、宽阔kuānkuò与狭窄xiázhǎi相对。 아름다움과 추함은 서로 대립되고, 넓은 것과 좁은 것도 서로 대립된다.

형 상대적이다
 유 1065 相反
我觉得什么事情都是相对的。
내 생각에는 무슨 일이든지 모두 상대적인 것이다.

어휘 plus+ 相对・1065 相反

- 相对 **형** 상대적이다
- 相反 **형** 상반되다

 相对는 절대적인 것이 아닌 상대적인 것을 나타내며, 相反은 사물의 두 방면이 서로 모순되거나 배척되는 것을 말한다.

두 글자 중 한 글자만 다를 경우 그 다른 한 글자의 뜻에 집중하여 구분하는 것이 포인트!

Check
世界上什么事都是（　　　）的，不是绝对的。세계에서 무슨 일이든지 다 상대적인 것이 절대적이지는 않다.
他不但没批评我，（　　　）还表扬了我。
그는 나를 비평한 게 아니라, 반대로 나를 칭찬했다.

답 相对 / 相反

2241 相关 xiāngguān

동 상관하다, 연관되다
 유 关联 guānlián
这件事与你毫不相关。
이 일은 당신과 아무런 상관도 없습니다.
人民的生活稳定与国家的社会安定密切相关。 국민의 생활 안정과 국가의 사회적 안정은 서로 밀접하게 연관되어 있다.

2242 相似 xiāngsì

형 닮다, 비슷하다
他们两个人年龄相似。
그들 두 사람의 연령은 비슷하다.
他俩的鼻子长得很相似。
그들 둘의 코는 생긴 게 정말 비슷하다.

2243 想念 xiǎngniàn

동 그리워하다
 유 1623 怀念, 思念 sīniàn
她非常想念那些老朋友。
그녀는 그 옛 친구들을 매우 그리워한다.
离开家已经五年多了，真是不知道有多想念家人呀！ 집을 떠난 지 벌써 5년이 넘었어, 얼마나 가족이 그리운지 몰라!

2244 想像 xiǎngxiàng

명 상상
 유 1625 幻想

请把你们想象中的未来画在纸上。
여러분의 상상 속의 미래를 종이에 그려주세요.

동 상상하다

유 1625 幻想

他想象着自己有一天成为主管的样子，不禁笑了出来。그는 자신이 언젠가 팀장이 될 모습을 상상하면서, 웃음을 참지 못했다.

2245 享受 xiǎngshòu

동 즐기다, 누리다

他从来没有享受过成功的喜悦。
그는 지금까지 성공의 희열을 누려본 적이 없다.

我们好好享受一下美味佳肴jiāyáo。
우리 맛있는 요리를 즐겁시다.

2246 项 xiàng

양 가지, 항목, 종목 등을 세는 단위

我们提前完成了这项任务。
우리는 사전에 이 임무를 완성했다.

坚持这项原则是我公司的基本立场。
이 조항의 원칙을 고수하는 것이 우리 회사의 기본 입장이다.

2247 项链 xiàngliàn

명 목걸이

她的男朋友送了她一条项链。
그녀의 남자친구는 그녀에게 목걸이를 선물했다.

为了求婚，他买了钻石zuànshí项链。
청혼을 하기 위해서 그는 다이아몬드 목걸이를 샀다.

2248 项目 xiàngmù

명 사항, 사업

他是这个项目的总负责人。
그는 이 프로젝트의 총책임자이다.

拿下这次的项目，我们就能净赚200多万。
이번 프로젝트를 따내기만 하면, 우리는 200여만 위안을 벌 수 있다.

2249 橡皮 xiàngpí

명 지우개

用橡皮把这几个字擦掉cādiào。
지우개로 이 글자 몇 개를 지우세요.

考试时请准备一支铅笔和一块橡皮。
시험볼 때 연필 한 자루와 지우개 한 개를 준비하세요.

2250 象棋 xiàngqí

명 (중국의) 장기

他是我们国家的象棋大师。
그는 우리나라의 장기 대가이다.

他一有时间就到朋友家下象棋。
그는 시간만 나면 친구 집에 가서 장기를 둔다.

2251 象征 xiàngzhēng

동 상징하다

婴儿yīng'ér象征着希望。
아이는 희망을 상징한다.

명 상징

向日葵xiàngrìkuí是积极态度的象征。
해바라기는 적극적인 태도의 상징이다.

2252 消费 xiāofèi

동 소비하다

반 2048 生产

产品广告要紧跟消费趋势qūshì。
상품 광고는 소비의 추세를 적극적으로 따라가야 한다.

有的经济学家对促进cùjìn消费的政策持怀疑态度。어떤 경제학자는 소비를 촉진하는 정책에 대해 의심의 태도를 견지한다.

2253 消化 xiāohuà
동 소화하다
她一时还不能消化教授的讲义。
그녀는 한 번에 교수의 강의를 소화할 수 없다.
这几天肥腻féinì的东西吃得不少，我有点消化不良。 요 며칠 기름진 음식을 너무 많이 먹어서, 나는 약간 소화불량 상태이다.

2254 消灭 xiāomiè
동 멸망하다, 소멸시키다
반 0338 出现
我们公司保证这次消灭害虫。
우리 회사는 이번에 해충을 소멸시킬 것을 보증합니다.
这次战役一共消灭敌军20万人。
이번 전쟁에서 모두 20만 명의 적군을 소멸시켰다.

2255 消失 xiāoshī
동 사라지다, 없어지다
반 0338 出现
所有的爱恨情仇都将消失。
모든 사랑, 원망, 감정, 원한이 다 사라질 것이다.
过去那些美好的记忆在一瞬间shùnjiān全消失了。 과거의 그 아름다운 기억이 한순간에 모두 사라졌다.

2256 销售 xiāoshòu
동 판매하다
비 购买 gòumǎi
他在保险公司做销售。
그는 보험 회사에서 판매 업무를 담당하고 있다.
这个月销售了多少奶粉？
이번 달에 얼마나 많은 분유를 판매했습니까?

2257 小吃 xiāochī
명 간식, 간단한 음식
天津的小吃很有名。
톈진의 먹을거리는 정말 유명하다.
这次观光的目的就是尝尝不同地方的风味小吃。 이번 관광의 목적은 바로 다른 지방의 향토 음식을 맛보는 것이다.

2258 小伙子 xiǎohuǒzi
명 젊은이, 총각
那个小伙子很有发展前途。
그 젊은이는 전도가 유망하다.
他是个帅气shuàiqi的小伙子。
그는 세련된 젊은이이다.

2259 小麦 xiǎomài
명 밀
小麦是世界上总产量第二的粮食作物。
밀은 세계에서 총 생산량이 두 번째로 많은 곡물이다.
看着麦场上堆着那么多小麦，心里无限欣喜。 밀 탈곡장에 그렇게도 많은 밀이 쌓여 있는 걸 보고 있자니 마음이 무한히 기쁘다.

2260 小气 xiǎoqi
형 인색하다, 옹졸하다
반 1379 大方
男人绝不能太小气。
남자는 절대 옹졸해서는 안 된다.
他很有钱，可是很小气。
그는 돈은 많은데 아주 인색하다.

2261 小偷 xiǎotōu
명 도둑
他的钱包被小偷偷走了。
그는 지갑을 도둑 맞았다.
这个小偷被警察送到了监狱。
이 좀도둑은 경찰에 의해 감옥으로 보내졌다.

2262 效率 xiàolǜ
- 명 효율, 능률
  她的学习效率很高。
  그녀의 학습 능률은 아주 높다.
  机器化大生产提高了劳动生产效率。
  기계화 대량 생산은 노동 생산 효율을 제고시켰다.

2263 孝顺 xiàoshùn
- 동 효도하다
  儿女的孝顺让他感到很欣慰。
  자녀들의 효성에 그는 무척 기쁘고 위안이 되었다.
  孩子长大了，知道孝顺父母了。
  아이가 다 자라 부모에게 효도할 줄 알게 되었다.

2264 歇 xiē
- 동 ① 쉬다, 휴식하다
  유 0268 休息
  他歇了一会儿，然后又提起精神来了。
  그는 잠시 쉬고 나서 다시 정신을 차렸다.
  ② 정지하다, 멈추다
  유 1033 停止
  月租金的提高使许多小店铺diànpù关门歇业。
  월세의 상승은 많은 작은 상점들을 문 닫게 했다.

2265 斜 xié
- 형 기울다, 비스듬하다, 비뚤다
  想画一条直线，可是无论怎么画，看起来都是斜的。
  직선을 하나 그리고 싶었지만, 어떻게 그리든지 모두 비뚤어 보인다.
- 동 기울이다
  他斜着身子坐在床上。
  그는 몸을 기울여 침대 위에 앉아 있다.

2266 协调 xiétiáo
- 형 어울리다, 조화롭다
  유 调和 tiáohé

这两个人一高一矮，走在一起真不协调。
이 두 사람은 하나는 크고 하나는 작아서, 같이 걸어가면 정말 안 어울린다.
- 동 어울리게 하다
  为了协调部门之间的关系，我们每天早上一起喝杯茶。부서 간의 관계를 조화롭게 하려고 우리는 매일 아침에 같이 차를 한 잔씩 마신다.

2267 心理 xīnlǐ
- 명 심리
  我们都要保持心理健康。
  우리는 모두 심리적 건강을 유지해야 한다.
  80后出生的人的心里都很复杂。
  80년 이후 출생한 사람들의 심리는 다 매우 복잡하다.

2268 心脏 xīnzàng
- 명 ① 심장
  你每分钟心脏跳动多少下？
  당신은 1분에 심장이 몇 번이나 뜁니까?
  ② 중심부
  工业是国民经济的心脏。
  공업은 국민 경제의 심장이다.

2269 欣赏 xīnshǎng
- 동 ① 감상하다
  欣赏美景是她的唯一的爱好。
  아름다운 경치를 감상하는 것이 그녀의 유일한 취미이다.
  ② 좋아하다
  我很欣赏你的才华与为人。
  난 당신의 재능과 사람됨을 좋아합니다.

2270 信封 xìnfēng
- 명 편지봉투
  信封上一定要写邮政编码biānmǎ。
  편지봉투에 우편번호를 반드시 써야 한다.

我打开信封一看，结果里面什么都没有。

내가 편지봉투를 개봉해서 보니, 결과적으로 안에 아무것도 없었다.

2271 信号 xìnhào

명 신호

现在手机没有信号，不能打了。

지금 휴대전화의 신호가 없어서 전화를 걸 수가 없다.

这部手机信号不错，在电梯里也能接通电话。

이 휴대전화는 신호가 좋아서, 엘리베이터 안에서도 전화 통화가 가능하다.

2272 信息 xìnxī

명 ① 소식, 뉴스

你听到了关于后天开会的信息吗？

너 모레 회의에 관한 소식 들었니？

② 정보

没有信息化，就没有经济的发展。

정보화가 안 된다면, 경제 발전도 없다.

2273 行动 xíngdòng

동 행동하다, 활동하다

大家准备好武器，我们今天就行动。

모두 무기를 잘 준비하도록 해, 우린 오늘 바로 행동 개시할 거니까.

명 행위, 행동

行动比言语更有实际性。

행동이 말보다 더 현실성이 있다.

2274 行人 xíngrén

명 행인

行人过马路时应走人行横道。

행인이 길을 건널 때는 마땅히 횡단보도로 건너야 한다.

大街上的行人穿的衣服，都是各式各样的。

길거리에 다니는 사람들이 입은 옷은 모두 각양각색이다.

2275 行为 xíngwéi

명 행위

铁道部应该打击倒票行为。철도부에서는 기차표를 매점매석하는 행위를 엄격히 단속해야 한다.

在地铁里卖东西是不法行为。

지하철에서 물건을 파는 것은 불법행위이다.

2276 形成 xíngchéng

동 형성하다, 이루다

유 0646 成为

这两种颜色形成鲜明的对比。

이 두 종류의 색은 선명한 대비를 이룬다.

黑眼圈的形成与睡眠不足有关。

다크써클이 생기는 것은 수면 부족과 연관이 있다.

어휘 plus+ 形成 · 0646 成为

- 形成 동 형성되다
- 成为 동 ~이 되다

비교 形成은 점차 이루어짐을 나타내며, 일반적으로 사람에게 쓰지 않으며 목적어 없이 단독으로 쓰인다. 成为는 변화됨을 나타내고 점진적이라는 뜻은 없다. 사람과 사물 모두에게 쓸 수 있으나, 반드시 목적어를 가져야 하며 단독으로 쓸 수 없다.

뜻이 완전히 같을 때는 차이점에 주목하는 것이 포인트!

Check

多年（　　　　　）的坏习惯很难改。

여러 해 동안 형성된 나쁜 습관은 고치기 어렵다.

他希望自己（　　　　　）一个有理想的人。

그는 스스로 꿈이 있는 사람이 되길 희망한다.

답 形成 / 成为

2277 形容 xíngróng

동 묘사하다, 형용하다

这里的美难以形容。

이곳의 아름다움은 말로 형용하기 어렵다.

他的表情向来很夸张kuāzhāng，要想形容出来不容易。그의 표정은 늘 매우 과장되어 있어서, 묘사하고 싶어도 쉽지 않다.

2278 形式 xíngshì

명 형식

用抽签chōuqiān的形式决定上场次序。
추첨의 형식으로 등장 순서를 정한다.

利用什么样的形式来做题是你的自由。
어떤 형식으로 문제를 푸는가는 네 자유이다.

2279 形势 xíngshì

명 ① 지세

这里形势险要，小型车不能过去。
이곳은 지세가 험준해서 소형차는 지나갈 수 없다.

② 정세, 형세
유 局势 júshì

国际经济形势严峻。
국제 경제의 정세가 심각하다.

2280 形象 xíngxiàng

명 형상, 이미지

这个演员在我的心中永远是卡通形象。
이 배우는 내 마음속에서 영원히 만화적 이미지로 남아있다.

通过这次广告，我们树立了良好的企业形象。
이번 광고를 통해 우리는 좋은 기업 이미지를 심었다.

2281 形状 xíngzhuàng

명 형상, 물체의 외관
유 1098 样子

这些东西形状各异。
이 물건들은 그 형상이 제각각이다.

雪花的形状千姿百态。
눈송이의 형상은 천태만상이다.

2282 性质 xìngzhì

명 (사물의) 성질

这项声明具有政治性质。
이 성명은 정치적인 성질을 포함하고 있다.

这是化学性质的物质，小心点。
이것은 화학적 성질이 있는 물질이니, 조심해라.

2283 幸亏 xìngkuī

부 다행히
유 1444 多亏

幸亏她叫醒了我，否则我就迟到了。
그녀가 날 깨워서 다행이지, 그렇지 않았으면 지각했을 거야.

幸亏你来了，不然我今天可要累死了。
네가 와서 다행이야. 그렇지 않았으면 나 오늘 힘들어 죽었을 거야.

2284 幸运 xìngyùn

명 행운

幸运总是在于有准备的人。
행운은 늘 준비된 사람에게 있다.

형 운이 좋다
반 1397 倒霉

你好幸运呀，这么快就找到了工作。
자네는 참 운이 좋네, 이렇게나 빨리 직장을 구하다니 말야.

2285 胸 xiōng

명 가슴

今天早上起来感觉胸口有点闷mèn。
오늘 아침에 일어나서 가슴이 조금 답답한 걸 느꼈다.

怎么达到目的，他已经胸有成竹了。
어떻게 목적에 다다를지에 대해, 그는 이미 생각해둔 것이 있다.

2286 兄弟 xiōngdì

명 형제

他是我的好兄弟。 그는 나의 좋은 형제다.

兄弟间的隔阂géhé增大了。
형제간의 틈이 벌어졌다.

2287 雄伟 xióngwěi

형 웅장하다, 웅대하다
天安门城楼很雄伟。천안문의 성벽은 웅장하다.
我从来没有看过这么雄伟的建筑。
나는 지금까지 이렇게 웅장한 건축물을 본 적이 없다.

2288 修改 xiūgǎi

동 바로잡아 수정하다, 개정하다
请您帮我修改一下这篇文章。
이 문장을 좀 수정해주세요.
星期一之前必须把论文修改好。
월요일 전에 논문을 다 수정해야 합니다.

2289 休闲 xiūxián

동 ① 한가롭게 보내다
这里是度假村最大的休闲区。
이곳은 휴양촌에서 가장 큰 휴식 지역입니다.
② (농사를) 휴작하다
那个农民把他的山羊放在休闲地里。
저 농민은 그의 산양을 휴경지에 풀어놓았다.

2290 虚心 xūxīn

형 겸허하다
유 1949 谦虚 반 0816 骄傲
虚心使人进步。겸손함은 사람을 발전하게 한다.
有不懂的地方就要虚心请教同学老师。
모르는 부분이 있으면 겸허하게 친구들과 선생님에게 가르침을 청해야 한다.

2291 叙述 xùshù

동 서술하다, 진술하다, 설명하다
她把事件的经过叙述清楚了。
그녀는 사건의 경과를 분명하게 진술했다.
请你叙述一下你生命中最感动的一件事。
당신의 삶 중에서 가장 감동적인 일 하나를 서술해보세요.

2292 宣布 xuānbù

동 선언하다, 선포하다, 발표하다
他的公司宣布倒闭。그의 회사는 도산을 발표했다.
我们还没有正式宣布，人们都知道了。
우리는 아직 정식으로 선포하지 않았는데, 사람들은 다 안다.

2293 宣传 xuānchuán

동 선전하다, 널리 알리다
广告是向大众宣传我们的产品。
광고는 대중을 향해 우리 제품을 선전하는 것이다.
公司将要宣传企业文化，提高员工素质。
회사는 기업문화를 널리 알리고 직원들의 소양을 높일 것이다.

2294 选举 xuǎnjǔ

동 선출하다, 선거하다
群众们选举他为人大代表。
대중은 그를 인민 대표 대회의 대표로 선출했다.
我们将选举出我们的领导人。
우리는 곧 우리의 지도자를 선출하게 될 것이다.

2295 学期 xuéqī

명 학기
这个学期已经结束了。이번 학기는 이미 끝났다.
上学期数学课没及格。
지난 학기 수학 수업을 통과하지 못했다.

2296 学术 xuéshù

명 학술
他在学术方面有天赋。
그는 학문적인 재능을 타고났다.
我三天之内要提交学术论文。
나는 사흘 이내로 학술 논문을 제출해야 한다.

2297 学问 xuéwen

명 ① 학문
他的学问很高深。 그의 학문은 매우 심오하다.

② 학식, 지식
他是个非常有学问的人。
그는 아주 학식 있는 사람이다.

2298 询问 xúnwèn

동 문의하다, 알아보다
유 0258 问, 1377 打听
警察来找我详细询问事件的经过。
경찰이 나를 찾아와서 사건의 경과를 자세히 물어보았다.
他用询问的目光看向自己的母亲。
그는 따지는 듯한 눈빛으로 자기 어머니를 향했다.

2299 寻找 xúnzhǎo

동 찾다
这些年他一直在寻找失散的亲人。
몇 년간 그는 줄곧 흩어진 친척들을 찾고 있다.
寻找自己的另一半并不是一件容易的事情。
자신의 반쪽을 찾는 것은 결코 쉬운 일이 아니다.

2300 训练 xùnliàn

동 훈련하다
他讨厌在训练中被打断。
그는 훈련 중에 방해받는 것을 싫어한다.
训练小动物不容易，需要专家的教导。
작은 동물을 조련하는 것은 쉽지 않아, 전문가의 가르침이 필요하다.

2301 迅速 xùnsù

형 신속하다, 재빠르다
母亲的病情迅速恶化。
어머니의 병세가 빠른 속도로 악화됐다.
他迅速地完成了所有任务。
그는 신속하게 모든 임무를 완성했다.

2302 延长 yáncháng

동 늘리다, 연장하다
这家超市把营业时间延长到晚上12点。
이 슈퍼마켓은 영업시간을 밤 12시까지 연장한다.
由于讨论的内容很多，我们不得不延长时间。
토론할 내용이 많아서, 우리는 어쩔 수 없이 시간을 연장할 수 밖에 없었다.

2303 严肃 yánsù

형 ① 엄숙하다
他收敛liǎn起笑容，表情变得十分严肃。
그는 웃음을 거두더니, 아주 엄숙한 표정을 지었다.

② 진지하다
我们会严肃处理违反纪律的人。 우리는 기율을 어긴 사람을 엄격하고 진지하게 처리할 것이다.

동 엄하게 하다, 허술하지 않게 하다
政府要严肃法制，进行整顿。
정부는 법제를 엄격하게 하고 정비하려고 한다.

2304 宴会 yànhuì

명 연회
昨晚的宴会办得如何？
어젯밤 연회는 어떻게 하셨습니까？
在酒店的大厅举行宴会。
호텔 연회장에서 연회를 거행한다.

2305 阳台 yángtái

명 베란다, 발코니
阳台上摆bǎi了一盆pén小花。
발코니에 작은 꽃 화분을 하나 놓아 두었다.

站在阳台上视野很开阔kāikuò。
베란다에 서면 시야가 탁 트인다.

2306 痒 yǎng

형 ① 간지럽다
背一直痒，我抓zhuā个不停。
등이 내내 간지러워서, 나는 계속 긁어댔다.

② 하고 싶어 못 견디다, 근질근질하다
一看到那台电脑，心里就直痒痒，真想买下来。
그 컴퓨터를 보자, 정말 사고 싶어 마음이 근질거렸다.

2307 样式 yàngshì

명 양식, 형식, 모양, 스타일, 디자인
유 1098 样子
多种电影样式共存并立。
여러 장르의 영화들이 함께 공존한다.
这部手机的外观样式很特别。
이 휴대전화의 외관 디자인은 정말 특이하다.

2308 腰 yāo

명 허리
他不注意弯wān到腰了。
그는 부주의하여 허리를 삐었다.
昨天干活儿扭niǔ到腰了，看来今天得去趟医院。
어제 일하다 허리를 삐끗했는데, 보아하니 오늘 병원에 한 번 다녀와야겠다.

2309 摇 yáo

동 흔들다
船尾摇得好厉害。
배 뒤쪽이 매우 심하게 흔들린다.
他用力地摇了摇头。
그는 격렬하게 머리를 흔들었다.

2310 咬 yǎo

동 물다, 깨물다, 떼어먹다
她家的小孩儿爱咬人。
그녀 집의 어린아이는 사람을 무는 걸 좋아한다.
他真倒霉，走在路上被疯fēng狗给咬了。
그는 정말 재수가 없다니까, 길을 걷다 미친 개한테 물렸어.

2311 要不 yàobù

접 ① 그렇지 않으면
유 0720 否则, 1266 不然
你就代表我们去吧，要不我们还得再找其他人。네가 우리를 대표해서 가줘, 그렇지 않으면 우린 다른 사람을 다시 찾아야 해.

② 아니면, 그러지 말고
유 1266 不然
从北京到上海，可以坐飞机，要不坐高铁也行。베이징에서 상하이까지 비행기를 타도 되고, 아니면 고속철을 타도 돼.

2312 要是 yàoshi

접 만일 ~한다면
유 0494 如果, 倘若 tǎngruò
要是你不陪我去，我就不去了。
만약 네가 나랑 같이 가지 않는다면, 나 역시 안 갈래.
要是明天下雨，我们就不去郊游了。
만약 내일 비가 온다면, 우리는 교외로 놀러 가지 않을 거야.

2313 夜 yè

명 밤, 저녁
夜深了，我该回去了。
밤이 깊었으니, 나는 돌아가야 해.

양 밤을 세는 단위
我最近工作很忙，几夜没有睡觉了。
나는 최근 일이 바빠서, 며칠 동안 잠을 못 잤다.

2314 液体 yètǐ
명 액체
水、酒都是液体。 물과 술은 모두 액체이다.
液体没有固定的形状。 액체는 고정된 형태가 없다.

2315 业务 yèwù
명 일, 업무
他从事销售业务。 그는 판매 업무에 종사한다.
她对自己的业务还没熟练。
그녀는 자신의 업무에 대해 아직 익숙하지 않다.

2316 业余 yèyú
형 여가의, 근무시간 외의
반 1182 专业
你通常业余时间都做什么呀?
당신은 보통 여가시간에 무엇을 합니까?
不要浪费业余时间，学点东西吧。
여가 시간을 낭비하지 말고, 뭐라도 배워라.

2317 依然 yīrán
동 여전하다, 한결같다
유 依旧 yījiù
十年过去了，这里风景依然。
10년이 지났지만, 이곳 풍경은 여전하다.
부 여전히
유 0393 还是, 0957 仍然, 依旧 yījiù
好久没见了呀，你依然这么漂亮呢！
오랜만이야, 넌 여전히 이렇게 예쁘구나!

2318 一辈子 yíbèizi
명 한평생, 일생
유 一生 yìshēng
我会一辈子好好照顾你的。
내가 평생 너를 잘 돌봐줄 게.

我一辈子都不会忘记你的大恩大德的。
나는 평생 당신의 큰 은혜를 잊지 않겠습니다.

2319 一旦 yídàn
명 잠시, 하루아침
他们十年的交情毁于huǐyú一旦。
그들의 십 년 우정이 하루아침에 무너졌다.
부 ① 어느 날 갑자기
在德国已经生活五年了，一旦要离开，还真舍不得。독일에서 이미 5년이나 생활했는데, 어느 날 갑자기 떠나게 된다면 정말 섭섭할 거야.
② 만약 ~한다면
유 0494 如果, 2183 万一
军事机密一旦被公开，就会给国家和平带来巨大的危害。만약 군사기밀이 공개된다면, 국가의 평화에 심각한 위협이 될 거야.

2320 一路平安 yílù píng'ān
가시는 길이 평안하시길 바랍니다
祝你一路平安。
가시는 길이 평안하시길 바랍니다.
送行的人一边挥手huīshǒu，一边喊着一路平安。 배웅하는 사람은 손을 흔들며, 큰 소리로 가시는 길이 평안하시라고 말했다.

2321 一致 yízhì
형 일치하다
他的语言与行动总是一致。
그는 늘 언행이 일치한다.
부 함께, 같이
他们一致同意他的想法。
그들이 다같이 그의 생각에 동의했다.

2322 移动 yídòng
동 이동하다
桌子被移动过了。 탁자가 옮겨졌다.

车修好了，可以移动了。
차 수리가 끝나서 이동할 수 있어.

2323 移民 yímín

[동] 이민 가다
他们全家移民到法国了。
그들 온 가족은 프랑스로 이민 갔다.

[명] 이민
各个国家对待移民者的政策都是不一样的。
각 국가의 이민자를 대하는 정책은 모두 다르다.

2324 遗憾 yíhàn

[명] 유감
为了我的人生，我已经尽了最大的努力，没有遗憾了。
내 인생을 위해 난 이미 최선의 노력을 다 해서 여한은 없다.

[형] 유감스럽다
交往了三年才发现彼此性格不合适，不得不分手了，真是挺遗憾的。
3년을 사귀고 나서야 서로의 성격이 맞지 않다는 걸 발견했고, 어쩔 수 없이 헤어지게 되었지, 정말 유감스러워.

2325 疑问 yíwèn

[명] 의문
她的心里有很多疑问。
그녀의 마음에는 많은 의문이 있다.
你有什么疑问尽管提出来。
무슨 의문이 있으면 얼마든지 제기하세요.

2326 乙 yǐ

[명] 을, (배열 순서의) 두 번째
乙是天干的第二位。
을은 십간(천간)의 두 번째이다.
乙方使用的水费按实结算，每月支付甲方。
을이 사용한 물 사용료는 실제에 의해 계산되며, 매월 갑에게 지불한다.

2327 以及 yǐjí

[접] 및, 아울러, 그리고
国家领导人以及相关负责人都在会上做出了发言。 국가의 지도자와 관련 책임자들은 모두 회의석상에서 발언을 했다.
花园里有桃花、玫瑰花、桂花 guìhuā 以及三叶草等多种植物。 화원에 복숭아꽃, 장미꽃, 계수나무꽃 및 삼엽초 등 다양한 식물이 있다.

2328 以来 yǐlái

[명] 이래, 남짓
三年以来，我从来没有放弃过自己的梦想。
3년 이래, 나는 지금껏 내 꿈을 포기한 적 없다.
这么多年以来，他从没停止过对故土的思念。 이렇게 여러 해 동안, 그는 고향에 대한 그리움을 멈춘 적이 없었다.

2329 意外 yìwài

[형] 의외이다, 뜻밖이다
意外的事使人手忙脚乱。
뜻밖의 일이 어리둥절하게 한다.
能获得这个荣誉真是太意外了！
이런 영예를 얻을 수 있게 되어 정말 뜻밖입니다!

[명] 의외의 재난
因意外事故计划告吹了。
불의의 사고로 계획이 무산되었다.

2330 意义 yìyì

[명] ① 뜻, 의미
유 0278 意思
这些符号所代表的意义是什么？
이 부호들이 대표하는 의미는 무엇입니까?

② 가치, 의의
这是一部富有教育意义的电影。
이것은 교육적 의의가 풍부한 영화이다.

意义 · 0278 意思

- 意义 몡 의의, 의미
- 意思 몡 뜻, 의사, 재미

비교 意义는 언어 문자나 기타 신호가 나타내는 내용을 가리키기도 하고, 작용이나 가치를 가리키기도 한다. 意思는 언어 문자가 포함하고 있는 내용을 가리키기도 하며, 의견이나 소망을 나타내기도 하고 재미를 뜻하기도 한다.

아무리 쉬운 단어일지라도 그 속뜻을 한 번쯤 되새겨보는 것이 포인트!

Check

改革开放对人民具有重大的（　　　）。
개혁개방은 인민들에게 아주 중대한 의의를 가진다.

这个人真有（　　　）。
이 사람은 정말 재미있다.

답 意义 / 意思

2331 议论 yìlùn

몡 의견

只要有人听，他就爱大发议论。
누군가 듣기만 하면, 그는 의견을 펼치는 것을 좋아한다.

동 논의하다, 비평하다, 왈가왈부하다
유 1025 讨论

大家对这件事都议论纷纷。
이 일에 대해 모두가 의견이 분분하다.

议论 · 1025 讨论

- 议论 동 의론하다
- 讨论 동 토론하다

비교 议论은 사람과 사물의 장단점, 옳고 그름에 대해서 의견을 나타내는 것을 가리키고, 议论纷纷의 형태로 자주 쓰인다. 讨论은 문제에 대해 의견을 교환하거나 변론을 진행하는 것으로 비교적 정식적인 장소에 적합하다.

한국어로 해석하면 차이가 없어 보이므로 그것으로 인해 혼동하지 말아야 하는 것이 포인트!

Check

你们不应该在背后（　　　）别人。
너희는 뒤에서 다른 사람에 대해 얘기하면 안 된다.

今天在会议上大家（　　　）得很热烈。
오늘 회의에서 모두 열렬히 토론했다.

답 议论 / 讨论

2332 义务 yìwù

몡 의무, 책임
유 1144 责任, 반 1985 权利

我们有义务帮助有困难的人。
우리는 어려움에 처한 사람을 도와줄 의무가 있다.

형 봉사의

国家提倡老百姓参加社会义务劳动。
국가는 국민들에게 사회봉사 활동에 참여하라고 권장한다.

义务 · 1144 责任

- 义务 몡 의무
- 责任 몡 책임

비교 义务는 법률적이나 도의적 책임을 져야 하는 것으로, 공식적으로 쓰는 경우가 많고 '권리'와 반대된다. 责任은 义务보다 응당해야 할 일을 뜻하며, 사용범위가 넓고 일이 잘못되어서 과실을 책임져야 한다는 뜻도 있다.

한국어로 해석하면 차이가 없어 보이므로 그것으로 인해 혼동하지 말아야 하는 것이 포인트!

Check

违反交通规则，要承担法律（　　　）。
교통규칙을 위반하면 법률적 책임을 져야 한다.

每个公民都有纳税的（　　　）。
모든 공민은 모두 납세의 의무가 있다.

답 责任 / 义务

2333 因而 yīn'ér

접 그러므로, 따라서
유 0248 所以, 1109 因此

她生病了，因而没去上课。
그녀는 병이 나서, 수업하러 가지 않았다.

防灾体系比较薄弱，因而灾难发生就会损伤严重。 방재 체계가 비교적 취약해서, 그로 인해 재난이 발생하면 피해가 심각할 것이다.

2334 因素 yīnsù

몡 ① 구성요소

氧yǎng是水的构成因素之一。
산소는 물의 구성요소 중 하나이다.

370

② (사물의 성립을 결정하는) 원인, 조건, 요소
学习科学知识是提高自身修养的因素之一。 과학지식을 배우는 것은 자신의 소양을 향상시키는 요소 중 하나이다.

2335 银 yín

명 은
银和铜是良导体。 은과 구리는 양도체이다.
中国许多少数民族妇女喜欢戴银饰品shìpǐn。 중국의 많은 소수민족 부녀자들은 은으로 된 액세서리 하는 걸 좋아한다.

2336 英俊 yīngjùn

형 ① 재능이 출중하다, 영준하다
他英俊有为。 그는 재능이 출중하여 장래가 밝다.

② 잘생기다, 핸섬하다
유 1002 帅
他的父亲十分英俊。 그의 아버지는 아주 미남이시다.

2337 英雄 yīngxióng

명 영웅
他这样做算什么英雄。 그가 이렇게 하는데 무슨 영웅이야.

형 영웅적인
我现在记录英雄的事迹。 나는 지금 영웅적인 사적을 기록하고 있다.

2338 迎接 yíngjiē

동 맞이하다, 영접하다
上级派我去机场迎接客人。 상사는 나를 공항에 가서 손님을 영접하게 보냈다.
为了迎接总部领导的到来，我们做了充分的准备。 본사의 간부를 영접하기 위해 우리는 충분한 준비를 했다.

2339 营养 yíngyǎng

명 영양
这种食物含有哪些营养成分? 이런 음식물에는 어떤 영양성분이 함유되어 있습니까?
老年人应该均衡jūnhéng地补充营养。 노인은 반드시 균형적으로 영양을 보충해야 합니다.

2340 营业 yíngyè

동 영업하다
这家饭馆没有营业执照。 이 음식점은 영업 허가증이 없다.
新年我将停业一天，二号开始正常营业。 새해에 나는 하루만 휴업하고, 2일부터 정상 영업을 시작할 것이다.

2341 影子 yǐngzi

명 모습, 그림자
他的影子总出现在我的眼前。 그의 모습이 늘 내 눈 앞에 나타난다.
他像影子一样纠缠jiūchán着她。 그는 그림자처럼 그녀를 따라다니며 치근거린다.

2342 硬币 yìngbì

명 동전, 금속화폐
你有几个一元的硬币呀? 너는 1위안짜리 동전 몇 개 있어?
我兜dōu里一个硬币都没有。 내 주머니에는 동전이 하나도 없어.

2343 硬件 yìngjiàn

명 ① 하드웨어
반 2014 软件
这个学校的硬件系统很差。 이 학교의 하드웨어 시스템은 매우 떨어진다.

② (생산, 학습, 경영 등의) 기계, 장비
这家宾馆的硬件设施不错，但服务还需要更进一步提高。 이 호텔의 하드웨어 시설은 좋지만 서비스는 더 높아야 한다.

2344 应付 yìngfu

동 대응하다, 대처하다
유 对付 duìfu

我很善于应付复杂的局面。
나는 복잡한 국면에 대처를 아주 잘한다.

如何一下子应付这么多的事变呀？ 어떻게 단시간에 이렇게 많은 일들의 변화에 대처할 수 있습니까?

2345 应聘 yìngpìn

동 초빙에 응하다, 지원하다
유 1148 招聘

应聘前应该做好准备。
지원하기 전에 준비를 철저히 해야 한다.

我想应聘贸易公司的营业部职员。
저는 무역회사의 마케팅부서에 지원하려고 합니다.

2346 应用 yìngyòng

동 사용하다, 응용하다
유 0984 使用

理论应用于实际吧。 이론을 실제에 응용하자.
今年我们打算把新方法应用到工业上。
올해 우리는 새로운 방법을 공업에 활용할 생각이다.

2347 拥抱 yōngbào

동 포옹하다, 껴안다

哥哥紧紧地拥抱着弟弟。 형은 동생을 꽉 껴안았다.
拥抱一下吧，你会觉得无比温暖的。
껴안아보세요. 비할 데 없는 따뜻함을 느낄 수 있을 겁니다.

2348 拥挤 yōngjǐ

동 한데 모이다
大家不要拥挤，排好队，一个一个进去。
모두 한데 모여있지 말고, 줄 서서 한 사람씩 들어가세요.

형 붐비다, 혼잡하다
早上上班时间公交车里相当拥挤。
아침 출근 시간에는 버스 안이 상당히 혼잡하다.

2349 勇气 yǒngqì

명 용기
拿出勇气来，不要怕。
용기 내세요, 겁내지 마시고요.
虽然他的能力不高，可是勇气可嘉jiā。
비록 그의 능력은 대단하지 않지만, 용기는 가상하다.

2350 用途 yòngtú

명 용도
유 用处 yòngchu

这零件的用途很广泛。
이 부품의 용도는 매우 광범위하다.
这个东西有什么用途呀？
이 물건은 어떤 용도로 사용하고 있습니까?

2351 优惠 yōuhuì

형 특혜의, 우대의
为了吸引顾客，商店都提供了优惠条件。
고객을 끌기 위해 상점은 우대조건을 제공했다.
今天百货商店在搞活动，优惠的东西很多。
오늘 백화점에서 행사가 있어서 세일하고 있는 물건이 많다.

2352 优美 yōuměi

형 우아하다, 아름답다
她的歌声十分优美。
그녀의 노랫소리는 매우 아름답다.
她优美的舞姿真是迷人。
그녀의 우아한 춤의 자태는 정말 사람을 끈다.

2353 优势 yōushì
명 우세, 우위
반 劣势 lièshì

军事上的优势不能丧失。
군사적 이점을 놓쳐서는 안 된다.

和那个男生相比，她更有优势获得那个职位。
그 남학생과 비교한다면, 그녀가 그 직위를 획득하는 데는 더 우세하다.

2354 悠久 yōujiǔ
형 유구하다

他专门研究悠久的古埃及Āijí文化。
그는 전문적으로 유구한 고대 이집트 문화를 연구한다.

我国以有五千年的悠久历史而倍感自豪。
우리나라는 5천 년의 유구한 역사를 간직해서 더욱 자랑스럽게 느껴진다.

2355 邮局 yóujú
명 우체국

邮局旁边有一个医院。
우체국 옆에 병원이 하나 있다.

妈妈让我去邮局寄信。
엄마는 나더러 우체국에 가서 편지를 부치라고 하셨다.

2356 游览 yóulǎn
동 유람하다
유 0636 参观

他游览过很多名山大川。
그는 많은 명산대천을 유람한 적이 있다.

游览名胜古迹之前最好学习历史。
명승고적을 유람하기 전에 역사를 공부하는 것이 좋다.

2357 犹豫 yóuyù
형 주저하다, 망설이다
반 果断 guǒduàn

犹豫不决之间错过了良机。
주저하며 머뭇거리는 사이에 호기를 놓치고 말았다.

不要犹豫，做自己想做的事吧。
망설이지 말고, 자기가 하고 싶은 일을 하세요.

2358 油炸 yóuzhá
동 (기름이나 식용유에) 튀기다

油炸食品不脆cuì。튀긴 음식이 바삭하지 않다.

油炸食品有害身体健康。
기름에 튀긴 식품은 건강에 유해하다.

2359 有利 yǒulì
형 유리하다, 유익하다
반 2186 危害

天气对我们很有利。
날씨가 우리에게 매우 유리하다.

这么做对我们是有利的，尽管做吧。
이렇게 하는 것이 우리에게 유리하니, 마음껏 하세요.

2360 幼儿园 yòu'éryuán
명 유치원

她在幼儿园当老师。
그녀는 유치원에서 선생님을 한다.

现在上幼儿园不比上大学容易。
지금 유치원에 들어가는 것이 대학을 가는 것보다 어렵다.

2361 娱乐 yúlè
동 즐기다

我平时学习很紧张，所以一到星期天就出去娱乐。
나는 평소에 학습하느라 긴장해 있어서, 일요일만 되면 나가서 즐겁게 보낸다.

명 오락, 즐거움

她唯一的娱乐是看电视。
그녀의 유일한 즐거움은 텔레비전을 시청하는 것이다.

2362 与其 yǔqí
접 ~하기보다는

与其坐以待毙dàibì，不如放手一搏bó。
앉아서 죽기를 기다리느니, 차라리 대담하게 부딪쳐보자.

与其让我嫁jià给他，还不如让我去死！
그에게 시집을 가느니 차라리 죽는 게 낮지!

2363 语气 yǔqì
명 말투, 어투
> 口气 kǒuqì

他的语气很坚定。그의 어투는 확고부동하다.

他的语气是简短无礼的。
그의 어조는 퉁명스러웠다.

2364 宇宙 yǔzhòu
명 우주

宇宙中还有许多难解之谜mí。
우주에는 아직 풀리지 않은 수수께끼가 많다.

面对浩瀚hàohàn的宇宙，我们仿佛fǎngfú如一粒沙般渺小miǎoxiǎo。광활한 우주에 직면한 우리는 마치 한 알의 모래처럼 작은 것 같다.

2365 预报 yùbào
동 예보하다

天气预报不太可靠。
일기예보는 별로 믿을 수 없다.

气象局预报大雪即将到来。
기상청은 폭설이 곧 내릴 것이라고 예보했다.

2366 预订 yùdìng
동 예약하다, 예매하다

我已经为您预订好了酒店。
저는 이미 당신을 위해 호텔을 예약했습니다.

飞机票应该提前预订，不然没有票。
비행기표는 반드시 사전에 예약해야지, 안 그러면 표가 없다.

2367 预防 yùfáng
동 예방하다

多吃蓝莓lánméi有助于预防高血压。
블루베리를 많이 먹으면 고혈압을 예방하는 데 도움이 된다.

小孩儿需要打预防针来预防各种传染病。
어린아이는 예방주사를 맞아 각종 전염병을 예방할 필요가 있다.

2368 玉米 yùmǐ
명 옥수수

玉米发芽fāyá了。옥수수에 싹이 텄다.

玉米属于粗粮cūliáng，对人的身体很有好处。옥수수는 잡곡에 해당하며, 사람의 건강에 매우 좋다.

2369 元旦 Yuándàn
명 원단 (양력 설)

元旦快乐！
새해를 축하합니다! (새해 복 많이 받으세요!)

元旦将至，各百货商场开始减价促销商品了。원단이 다가와서인지, 각 백화점들은 세일 판촉 활동을 시작했다.

2370 缘故 yuángù
명 연고, 원인, 이유
> 1136 原因

不知什么缘故，他今天旷课kuàngkè了。
무슨 원인인지 모르겠지만, 그는 오늘 무단 결석했다.

因为机器坏了的缘故，我们无法正常生产了。기계가 고장난 연고로, 우리는 정상적으로 생산할 방법이 없다.

2371 原料 yuánliào
명 원료, 소재

要想做这道菜需要什么原料呀？
이 음식을 만들려면 무슨 재료가 필요해?

原料价格大幅度上涨shàngzhǎng。
원료 가격이 대폭으로 올랐다.

2372 原则 yuánzé

명 원칙
做人要有原则。사람은 원칙이 있어야 한다.
这是原则性的问题，不能让步。
이것은 원칙적인 문제이므로 양보할 수 없다.

2373 愿望 yuànwàng

명 소망, 염원, 바람
我有一个愿望。저는 소망이 하나 있습니다.
我尽力满足你们的愿望。
제가 힘을 다해 당신들의 바람을 만족시켜 드리겠습니다.

2374 晕 yūn

형 어지럽다
我一坐飞机就感觉晕。
난 비행기만 타면 어지러움을 느낀다.

동 기절하다
她病得厉害，晕过去好几次。
그녀의 병은 심각해서 여러 번 쓰러진 적이 있다.

 晕 yùn

동 어지럽다
我晕船，所以不喜欢坐船。
나는 뱃멀미를 해서 배 타는 것을 좋아하지 않는다.

2375 运气 yùn//qi

명 운
今天运气真好，一下楼正好赶上公交车。
오늘 운이 정말 좋아서, 내려가자마자 바로 버스를 탔다.

형 행운이다
真是太运气了，竟然中奖zhòngjiǎng了。
정말 운이 좋은 것인지, 뜻밖에도 당첨이 되었다.

동 기를 모으다
别着急，他正运着气呢。
조급해 하지 마, 그가 기를 모으고 있어.

2376 运输 yùnshū

동 수송하다, 운송하다
运输这么多白菜需要大卡车。
이렇게 많은 배추를 운송하려면 큰 트럭이 필요하다.
现在铁道运输起不到自己应有的作用。
지금 철도 수송은 제 구실을 못하고 있다.

2377 运用 yùnyòng

동 운용하다, 활용하다
유 0984 使用, 1811 利用
你运用中文的能力怎么样？
당신의 중국어 활용 능력이 어떻습니까？
她懂得如何运用自己的优势。
그녀는 자신의 장점을 어떻게 활용할지를 안다.

运用 · 0984 使用

- 运用 동 운용하다
  ➡ 运用 + 原则, 知识, 理论
- 使用 동 사용하다
  ➡ 使用 + 工具, 手段, 机器

비교 使用은 사람과 사물에 모두 쓰일 수 있으나, 运用은 사물에만 쓰인다.

비슷한 의미를 가진 단어일수록 搭配에 의해 구분된다는 것이 포인트!

Check
这种电子词典操作简单，便于学生（　　）。
이 전자사전은 조작방법이 간단해서 학생이 사용하기 편리하다.
他们应该积极（　　）科技成果。
그들은 반드시 적극적으로 과학기술의 성과를 운용해야 한다.

답 使用 / 运用

新HSK VOCA 5000 — Z (5급)

2378 灾害 zāihài
- 명 재해
  - 这是个自然灾害频发的地方。
  - 이곳은 자연 재해가 자주 발생하는 곳이다.
  - 最近世界各地气象灾害越来越多了。
  - 최근 세계 각지에 기상 재해가 점점 많아진다.

2379 再三 zàisān
- 부 거듭, 여러 번
  - 她再三嘱咐zhǔfù女儿要按时吃饭。
  - 그녀는 딸아이에게 제때에 식사하도록 여러 번 당부했다.
  - 他经不住她的再三请求，答应了。
  - 그는 그녀의 거듭되는 부탁을 거절하지 못하고, 승락했다.

2380 赞成 zànchéng
- 동 찬성하다
  - 유 0520 同意, 반 0707 反对
  - 赞成的话请举手。 찬성을 하시면 손을 들어주세요.
  - 我们都赞成你离开这家公司。
  - 우리는 모두 당신이 이 회사를 떠나는 걸 찬성합니다.

2381 赞美 zànměi
- 동 찬미하다, 칭송하다
  - 유 1307 称赞
  - 我真心地赞美这位爱国诗人。
  - 나는 진심으로 이 애국시인을 찬미한다.
  - 他经常助人为乐，邻居们都赞美他。
  - 그는 늘 다른 사람을 돕는 걸 즐거움으로 삼는 사람이라, 이웃 사람들 모두가 그를 칭송한다.

2382 糟糕 zāogāo
- 형 아차, 아뿔싸, 야단났다
  - 糟糕，车票不见了！ 아뿔싸, 차표가 없어졌네!
  - 糟糕，忘记关煤气就出门了！
  - 아차, 가스밸브 잠그는 걸 잊고 나왔네!

2383 造成 zàochéng
- 동 조성하다, 초래하다
  - 유 1111 引起, 1399 导致
  - 踩踏cǎità事件造成数十人遇难。
  - 짓밟히는 사건으로 몇십 명이 목숨을 잃었다.
  - 经济危机给许多中小企业造成了巨大的影响。
  - 경제위기가 수많은 중소기업에 큰 영향을 초래했다.

2384 则 zé
- 접 ① ~하자 ~하다 (두 가지 일이 시간상 잇달아 진행됨)
  - 一听说要打仗了，则每个人心里都慌huāng慌的。
  - 전쟁이 난다는 말을 듣자, 모든 사람들의 마음이 황망해졌다.
- ② ~하면 ~하다 (인과관계를 나타냄)
  - 欲速则不达。
  - 일을 너무 서두르면 도리어 이루지 못한다.
- ③ 오히려, 그러나 (역접관계를 나타냄)
  - 封建统治制度衰弱了，则新的民主制度蓬勃péngbó发展了。
  - 봉건통치제도가 쇠약하고, 새로운 민주제도가 왕성하게 발전했다.
- ④ ~하기는 ~한데 (같은 단어 사이에서 양보를 나타냄)
  - 这双皮鞋舒服则舒服，只是不便宜。
  - 이 가죽구두는 편하기는 편한데, 가격이 저렴하지 않다.
- 양 조항, 편, 도막 (조목, 단락으로 나누어진 문장을 세는 단위)
  - 一则新闻报道称，饮料中含有杀虫剂。
  - 뉴스 보도에 의하면, 음료수에 살충제가 함유되어 있다고 한다.

2385 责备 zébèi

동 탓하다, 책망하다

유 0915 批评, 1840 骂

老师严厉地责备了犯错误的学生。
선생님은 잘못한 학생을 호되게 책망하셨다.

孩子犯了错，家长不要责备，要耐心给他讲道理。 아이가 실수를 범하더라도 부모는 아이를 탓하지 말고, 인내심을 가지고 아이에게 이치를 설명해야 한다.

2386 摘 zhāi

동 ① 꺾다, 따다

孩子自己摘zhāi草莓，很喜欢。
아이는 스스로 딸기를 따는 것을 매우 좋아한다.

② (중요한 부분을) 뽑아내다, 발췌하다

他摘录了一段文章添加到自己的论文中。
그는 단락 하나를 발췌하여 자기 논문에 첨가했다.

2387 粘贴 zhāntiē

동 (풀로) 붙이다, 바르다

四处粘贴小广告。 사방에 작은 광고를 붙인다.

你们三点以前要把邮票都粘贴在信封上。
너희는 세 시 이전에 우표를 편지봉투에 다 붙여야 한다.

2388 展开 zhǎn//kāi

동 펴다, 전개하다

就这个话题展开了激烈的辩论。
이 화제에 대해서 격렬한 논쟁을 펼쳤다.

笼子lóngzi太小，鸟在里边翅膀chìbǎng都展不开。 새장이 너무 작아서, 새가 안에서 날개조차 펼 수 없다.

2389 展览 zhǎnlǎn

동 전람하다

유 展示 zhǎnshì

明天的展示会将展览该画家的所有作品。
내일 전시회는 이 화가의 모든 작품이 전시될 것이다.

明天的展览会上，我们将展览出我们公司所有产品。 내일 전시회에서 우리는 우리 회사의 모든 제품을 전시할 것이다.

2390 占线 zhàn//xiàn

동 (전화가) 통화 중이다, 사용 중이다

她的电话一直占线。
그녀의 전화는 계속 통화 중이다.

我已经给他打了无数个电话了，每次都占线。 내가 이미 수차례 전화를 걸었는데, 매번 통화 중이었다.

2391 战争 zhànzhēng

명 전쟁

반 1597 和平

战争爆发bàofā了。 전쟁이 발발했다.

战争终于结束了，可以回家了。
전쟁이 결국 끝나서, 집에 돌아갈 수 있게 되었다.

2392 涨 zhǎng

동 ① 물이 불어나다

潮水涨上来了。 조수로 물이 밀려왔다.

② 값이 오르다

반 2014 软件

农产品价格又涨了，百姓的日子不好过呀！ 농산물 가격이 또 올랐네, 국민의 생활이 힘들어지겠다!

2393 掌握 zhǎngwò

동 ① 숙달하다, 정통하다

你掌握了几种语言？
당신은 몇 개 국어에 정통합니까?

② 장악하다, 통제하다

他手里掌握着重要的军事秘密。
그는 손안에 중요한 군사 기밀을 쥐고 있다.

把握・掌握
1208 把握 참고

2394 账户 zhànghù
명 계좌

我的账户被冻结dòngjié了。
내 계좌는 동결되었다.

为了换钱，我开了一个新账户。
환전하기 위해서 나는 은행에서 새 계좌를 만들었다.

2395 招待 zhāodài
동 초대하다, 접대하다
유 1701 接待

当地居民热情招待来访客人。
현지 주민들은 내방한 손님들을 열정적으로 접대했다.

招待不周，请多多包涵bāohan。
대접에 소홀한 부분이 있더라도, 널리 양해해주십시오.

2396 着凉 zháo//liáng
동 감기에 걸리다

外面挺冷的，小心着凉，多穿点吧。
밖이 몹시 추우니 감기 조심하고, 옷을 많이 껴입어.

我前天晚上着了凉。
나는 그저께 저녁에 감기에 걸렸다.

2397 召开 zhàokāi
동 소집하다, (회의 등을) 열다
유 0434 举行

我们讨论了什么时候召开全体大会。
우리는 언제 전체 회의를 열지 토론했다.

我们部门会定期召开讨论会来总结我们的工作情况。
우리 부서는 일정 기일을 정해 토론회를 열어 우리의 업무 상황을 총결산할 것이다.

2398 照常 zhàocháng
동 평소와 같다

她跟男友分手了，但她的生活也是一切照常。그녀는 남자친구와 헤어졌지만, 그녀의 생활은 여전히 평소와 별 차이가 없다.

부 평소대로

由于战争虽然比较混乱，但是超市照常营业。전쟁으로 혼란하지만, 마트는 평소대로 영업한다.

2399 哲学 zhéxué
명 철학

他在大学期间的专业是哲学。
그는 대학에 다닐 때 전공이 철학이었다.

哲学是一门深奥shēn'ào的学问。
철학은 하나의 심오한 학문이다.

2400 真理 zhēnlǐ
명 진리

实践是检验真理的唯一标准。
실천은 진리를 검증하는 유일한 표준이다.

真理是经得起时间的检验jiǎnyàn的。
진리는 시간의 검증을 이겨낸 것이다.

2401 真实 zhēnshí
형 진실하다
유 1149 真正

这才是他真实的想法。
이것이야 말로, 그의 진실한 생각이다.

把真实情况讲出来，我们不会埋怨你的。
사실대로 상황을 말해봐, 널 원망하지 않을 게.

真实・ 1149 真正

- 真实 형 진실하다, 진실되다
- 真正 형 진정하다
- 비교 真实는 객관적 사실에 부합한다는 뜻이고, 真正은 실제와 그 이름이 완전하게 부합한다는 뜻이다.

> **Check**
> 我变成了这片土地的（　　　　）主人。
> 나는 이 토지의 진정한 주인으로 변했다.
> 这个电视剧是根据（　　　　）的事件改编而成的。 이 드라마는 실제 사건에 의거해 편집해 만든 것이다.
> 　　　　　　　　　　　　답 真正 / 真实

2402 针对 zhēnduì

동 견주다, 겨누다, 정곡을 찌르다

那小伙子的话是针对我说的。
그 녀석의 말은 나를 겨냥하고 하는 소리다.

这款电脑是针对年轻人设计的。
이 컴퓨터는 젊은 층을 대상으로 디자인한 것이다.

2403 珍惜 zhēnxī

동 소중히 여기다

유 1202 爱护, 1203 爱惜

珍惜生命中的每一天。
생명 속의 하루하루를 소중히 여기십시오.

为什么人总是在失去了才知道要去珍惜呢?
사람은 왜 늘 무언가를 잃고 나서야 비로소 소중함을 알게 되는 걸까요?

어휘 plus+ 珍惜 · 1203 爱惜 · 1202 爱护

- 珍惜 동 아끼다
  ➡ 珍惜 + 时间, 生命, 机会, 友谊, 感情, 真心, 身体, 资源
- 爱惜 동 아끼다
  ➡ 爱惜 + 时间, 身体, 粮食, 人力, 人才
- 爱护 동 아끼고 사랑하다
  ➡ 爱护 + 身体, 老人, 儿童, 同志, 嗓子, 森林

> **비교** 爱惜는 좋아하기 때문에 중시하고 낭비하지 않고, 지금 사용하고 있는 것을 망가뜨리지 않는 것을 뜻한다. 珍惜는 중요하고 쉽게 얻지 못하는 것을 소중하게 여기는 것을 가리키며, 爱惜보다 어감이 좀 더 무겁다. 爱护는 세심하게 보호하며 다치지 않도록 혹은 손해를 주지 않도록 하는 것을 나타내며, 구체적인 사람이나 일을 목적으로 쓴다. 爱惜와 珍惜는 낭비하지 않고 쉽게 소모하지 않음을 가리키며, 구체적이거나 추상적 목적에 모두 쓰인다.

> 비슷한 의미를 가진 단어일수록 搭配에 의해 구분된다는 것이 포인트!
>
> **Check**
> 为了美好的明天，我们应该（　　　　）时间。 아름다운 내일을 위해, 우리는 반드시 시간을 아껴야 한다.
> 为了下一代，应该（　　　　）森林。
> 다음 세대를 위해서, 반드시 삼림을 소중히 여겨야 한다.
> 作为一个国家的领导，应该（　　　　）人才。 한 나라의 지도자로서, 반드시 인재를 소중히 여겨야 한다.
> 　　　　　　　　　　답 珍惜 / 爱护 / 爱惜

2404 诊断 zhěnduàn

동 진단하다

电脑可以帮助医生诊断病情。
컴퓨터는 의사가 병세를 진단하는 것을 도울 수 있다.

医生一定要有正确诊断症状的能力。 의사는 반드시 정확하게 증상을 판단하는 능력이 있어야 한다.

2405 枕头 zhěntou

명 베개

有些人喜欢抱着枕头睡觉。
어떤 사람들은 베개를 껴안고 자는 것을 좋아한다.

枕头太硬了，枕着不舒服。
베개가 너무 딱딱해서 베기에 편하지 않다.

2406 阵 zhèn

양 ① 짧은 시간, 잠시 동안

他在外企工作了一阵时间就辞职了。
그는 외국계 기업에서 잠깐 일하다 바로 사직했다.

② 번, 차례, 바탕 (잠깐 지속되는 일, 동작을 세는 단위)
电话那头一阵沉默，然后听到了一声枪声。 전화기 저쪽에서 잠시 침묵이 일더니, 이후 총소리가 들렸다.

2407 振动 zhèndòng
동 진동하다
声带振动发出声音。
성대가 진동하며 소리를 낸다.
蝴蝶húdié振动着翅膀chìbǎng飞了起来。
나비는 날개를 진동시키며 날기 시작했다.

2408 睁 zhēng
동 눈을 뜨다
每天早上睁开眼睛，看到阳光真是件幸福的事情。 매일 아침에 눈을 떠 햇살을 보는 것은 정말 행복한 일이다.
老师对作弊zuòbì的学生睁一只眼闭一只眼是不行的。 선생님이 컨닝을 한 학생에 대해 보고도 못 본체 하는 것은 안 된다.

2409 争论 zhēnglùn
동 논쟁하다
유 1243 辩论
两人的争论充满了火药味。
두 사람의 논쟁은 적의로 가득차 있다.
他们就这个问题已经争论了两天了。
그들은 이 문제에 대해서 이미 이틀이나 논쟁했다.

2410 争取 zhēngqǔ
동 쟁취하다, 얻다
我们要争取每个机会来表现自己。
우리는 매 기회를 쟁취해서 자신을 표현해야 한다.
要是你自己不争取自己的权利，没有人会为你去争取。 만약에 네 스스로 자신의 권리를 쟁취하지 않으면, 아무도 너를 위해서 쟁취해주지 않는다.

2411 征求 zhēngqiú
동 널리 구하다, 모집하다
他认为征求我的建议很重要。
그는 내 건의를 구하는 것을 매우 중요하게 생각한다.
他事先没有征求同事的意见。
그는 사전에 동료의 의견을 구하지 않았다.

2412 整个 zhěnggè
형 전체의, 전부다
유 0945 全部 반 0632 部分, 局部 júbù
他把整个西瓜都吃了。
그는 수박 한 통을 다 먹었다.
整个上午我都在忙那件事。
오전 내내 나는 그 일을 하느라 바빴다.

 plus+

整个 · 0945 全部

· 整个 형 모든
  ➡ 整个 + 上午, 下午, 晚上, 问题, 会议

· 全部 명 전부

비교 整个와 全部는 매우 비슷하게 보이지만, 整个는 형용사, 全部는 범위를 나타내는 명사이다. '整个晚上'은 '저녁내내'라는 뜻이지만, '全部晚上'이라는 표현은 불가능하다. 또한 整个는 형용사이므로 대부분 다른 명사를 수식하지만, 全部는 명사를 수식하지 않아도 된다.

뜻은 비슷하지만 품사가 다른 것이 포인트!

Check
昨天的作业我（　　　　）做完了。
어제의 숙제를 나는 전부 다 했다.
（　　　　）会场鸦雀yāquè无声。
모든 회의장은 쥐 죽은 듯 조용하다.
답 全部 / 整个

2413 整体 zhěngtǐ
명 전부, 전체
반 0632 部分, 局部 júbù
整体大于部分之和。 전체는 부분의 합보다 크다.

去年券商quànshāng业绩整体下滑17%。
작년 증권업계 업적은 전반적으로 17% 하락했다.

2414 正 zhèng

형 ① 바르다
我家大厅墙上那幅画挂得不正。
우리 집 거실 벽의 그 그림은 비뚤게 걸려 있다.

② 정면의
纸的正面和反面都利用的话，就可以节省好多纸了。 종이의 앞면과 뒷면을 모두 이용하면, 많은 종이를 절약할 수 있어요.

③ 정직한
他是个正派人，请他办事很放心。
그는 정직한 사람이라, 그에게 일을 부탁하면 매우 안심이 돼요.

④ 정당한
你们没有正当的理由背弃bèiqì合同。
당신들은 계약을 파기할 정당한 이유가 없습니다.

⑤ (색이나 맛이) 순수하다
这件毛衣的红色很正。
이 스웨터의 붉은 색이 아주 잘 나왔다.

⑥ 단정하다
他的五官都很端正。 그의 용모는 매우 단정하다.

⑦ 기본적인, 주요한
正职与副职要选准工作的侧重点。 정직과 보좌직은 작업의 중점부분을 정확하게 선택해야 한다.

부 ① 마침, 꼭, 바로 (어떤 경우나 시기가 꼭 알맞음을 나타냄)
你来得正好，我正需要你的帮忙。
너 마침 잘 왔어, 내가 바로 네 도움이 필요했거든.

② 긍정을 강조함
你说的正是啊，就是那样的。
네 말이 딱 맞아, 바로 그거야.

③ 지금, 막 (동작의 진행 또는 상태의 지속을 나타냄)
外面正下着雪呢！ 바깥에 지금 눈이 내려요!

2415 政策 zhèngcè

명 정책
政府将继续执行限购政策。
정부는 구매 제한 정책을 계속 집행할 것이다.
新政策没有受到大家的欢迎。
새로운 정책은 사람들의 환영을 받지 못했다.

2416 政府 zhèngfǔ

명 정부
政府得到了很多人的支持。
정부는 많은 사람들의 지지를 받았다.
这反映出了政府对媒体管理的政策。
이것은 정부의 매체 관리에 대한 정책을 반영해냈다.

2417 政治 zhèngzhì

명 정치
两国之间的政治和解已经取得进展。
양국 간의 정치 화해는 이미 진전을 이루었다.
经济是政治的基础，政治是经济的上层建筑。 경제는 정치의 기반이며, 정치는 경제 위의 구조물이다.

2418 证件 zhèngjiàn

명 (신분이나 경력 등의) 증명서, 증거서류
请出示一下证件。 증명서를 보여주십시오.
请带好个人的各种证件来我们公司报到。
자신의 각종 자격증을 지참하여 저희 회사에 오셔서 등록하시길 바랍니다.

2419 证据 zhèngjù

명 증거, 근거
你有什么证据说别人偷了东西？ 당신은 무슨 증거로 다른 사람이 물건을 훔쳤다고 말하는 것입니까?
这件案子因证据不足，就不了了之了。
이 사건은 증거 부족으로 중간에 흐지부지되었다.

2420 挣钱 zhèng//qián

동 돈을 벌다
挣钱就是他最大的爱好。
돈을 버는 것은 그의 가장 큰 취미이다.
挣钱重要，可是爱惜身体更重要。 돈을 버는 것
도 중요하지만, 건강을 소중히 여기는 것은 더 중요하다.
一年到头挣不了多少钱。
일 년 내내 돈을 얼마 벌지 못한다.

2421 支 zhī

동 ① 괴다, 받치다
你支着头想什么呢？
너는 머리를 괴고 무엇을 생각하는 거야?

② 뻗다, 내밀다
我支起耳朵听他们的话。
나는 귀를 내밀어 그들의 말을 들었다.

③ 지지하다
她体力不支，中途放弃了。
그녀는 체력이 버텨내지 못해서, 중도에 포기했다.

양 부대, 대오, 노래, 악곡을 세는 단위
我们请他再唱一支歌。
우리는 그에게 노래 한 곡을 더 청했다.
那边走过来一支军队。
저쪽에서 한 부대가 걸어온다.

2422 支票 zhīpiào

명 수표
我用支票到银行兑换现金。
나는 은행에 가서 수표를 현금으로 바꿨다.
这里能用支票兑换现金吗？
여기서 수표를 현금으로 바꿀 수 있나요?

2423 直 zhí

형 ① 곧다, 똑바르다
반 歪 wāi

我们城市的马路又平又直。
우리 도시의 도로는 평탄하고 곧다.

② 솔직하다
她本来口直心快。
그녀는 원래 솔직하여 숨기는 것이 없다.

동 곧게 하다, 바르게 펴다
直起腰来，小孩子不要驼tuó着背，多难看
呀！ 허리를 곧게 펴, 어린아이는 등을 굽히고 있으면 안
돼, 얼마나 보기 안 좋은데!

부 ① 곧바로
从这里直走下去，到第三个路口往左一拐
就会看到医院了。
여기서 곧바로 내려가서 세 번째 길목에서 왼쪽으로 꺾어
들어가면 병원이 바로 보일 거예요.

② 줄곧, 끊임없이
她直哭，我真拿她没办法，只能答应她的
要求。 그녀는 계속 울고, 나는 그녀를 어찌할 방법 없
어, 그녀의 요구사항을 들어줄 수밖에 없었어.

2424 执行 zhíxíng

동 집행하다, 실행하다
我们双方合同执行得很好。
우리 쌍방은 계약을 잘 집행했다.
他在执行任务的过程中遇难。
그는 임무 집행 중에 조난당했다.

2425 执照 zhízhào

명 면허증, 허가증
驾驶jiàshǐ执照不可转借。
운전면허증을 남에게 빌려주면 안 된다.
我的营业执照批下来了。
나의 영업허가증이 승인이 났다.

2426 指导 zhǐdǎo

동 지도하다
多谢您的指导。 당신의 지도에 정말 감사를 드립니다.

教师需要指导学生完成调查报告。
교사는 학생이 조사 보고를 완성하도록 지도할 필요가 있다.

2427 指挥 zhǐhuī

동 지휘하다
这位将军机智地指挥了作战。
이 장군은 기지있게 전투를 지휘했다.

명 지휘, 지휘자
她是这个合唱团的总指挥。
그녀는 이 합창단의 총지휘자이다.

2428 制定 zhìdìng

동 (법규나 계획 등을) 제정하다, 만들다, 세우다
这是最近制定的学生守则。
이것은 최근에 제정한 학생 수칙이다.
我军已经制定好了战略计划。
우리 군은 이미 전략계획을 세웠다.

2429 制度 zhìdù

명 제도, 규정
请自觉遵守规章制度。
자발적으로 규칙과 규정을 지키십시오.
学生应该遵守学校的制度。
학생은 반드시 학교의 제도를 준수해야 한다.

2430 制作 zhìzuò

동 제작하다, 만들다
유 1170 制造
他亲手制作了一条手链shǒuliàn。
그는 직접 팔찌를 만들었다.
他大学毕业以后开始制作动画片。
그는 대학을 졸업한 후에 애니메이션을 제작하기 시작했다.

어휘 plus+ 制作 · 1170 制造

- 制作 동 제작하다
  ➡ 制作 + 糖果, 家具, 农具, 广告, 工艺品
- 制造 동 제조하다
  ➡ 制造 + 机器, 飞机, 商品, 计算机

비교 制作는 공예 제품이나 복잡하지 않은 수공 제품을 만들 때 쓰이며, 일반적으로 수공이나 간단한 공구를 사용해 만드는 것이다. 制造는 원료나 재료를 사용하여 일반적으로 기계를 거쳐 완성되며, 목적어로는 구체적 사물만 온다. 또한 制造는 인위적으로 나쁜 분위기나 국면을 만들어낸다는 뜻도 가지고 있다.

어떤 단어들과 함께 쓰이는지를 알아두는 것이 포인트!

Check
这种船别的国家(　　　　)不了。
이런 선박은 다른 나라는 제조할 수 없다.
这种家具是手工(　　　　)的。
이 가구는 수공으로 만들었다.

답 制造 / 制作

2431 智慧 zhìhuì

명 지혜
哲学是爱知识的智慧。
철학은 지식을 귀중히 여기는 지혜이다.
智慧起源于愚蠢yúchǔn的废墟fèixū。
지혜는 어리석음의 폐허에서 시작된다.

2432 至今 zhìjīn

부 지금까지, 오늘에 이르기까지
我至今还没有找到理想的工作。
나는 지금까지 아직 이상적인 직업을 찾지 못했다.
至今还没有一个人可以像他那样钢琴弹得那么好。 지금까지 그처럼 그렇게 피아노를 잘 치는 사람은 단 한 명도 없었다.

2433 至于 zhìyú

동 ~의 정도에 이르다
他不至于病了吧? 到现在都没来。
그 사람 병이 난 건 아니겠지? 아직까지도 안 오네.

전 ~로 말하면
至于资金问题，你不用担心，我们会向朋友借的。 자금 문제에 관해서 말씀드리자면, 걱정하지 않으셔도 됩니다. 우리가 친구에게 빌릴 수 있을 겁니다.

어휘plus+ 至于 · 0389 关于

- 至于 전 ~에 대해서
- 关于 전 ~에 관해서

비교 至于는 '~에 대해서'라는 전치사 용법 이외에도 부사로서 특히 부정 형식으로 많이 쓰이는데 '不至于'는 어떤 지경에까지 이르지 않음을 나타내고, 앞에는 항상 '才', '还', '总', '该'의 부사를 동반한다. 关于가 쓰인 문장에서는 단지 하나의 화제만 있으며, 그 외의 화제를 끌어들일 수 없다. 그리고 关于는 서명이나 글의 제목 등에도 쓰일 수 있지만, 至于는 불가능하다.

두 글자 중 한 글자만 다를 경우 그 다른 한 글자의 뜻에 집중하여 구분하는 것이 포인트!

Check
我想买（　　　）中国历史的书。
나는 중국 역사에 관한 책을 사고 싶다.
他腿不太好，但是跑步还不（　　　）不能跑。 그의 다리는 그다지 좋지 않지만, 못 뛸 정도는 아니다.

답 关于 / 至于

2434 治疗 zhìliáo

동 치료하다

时间能治疗好一切。
시간은 모든 것을 치료할 수 있다.
心理医生可以治疗精神创伤。
심리 의사는 정신적 상처를 치료할 수 있다.

2435 秩序 zhìxù

명 질서, 순서

유 1005 顺序

现场的秩序很混乱。
현장의 질서는 매우 혼란하다.
城市市民应该遵守交通秩序。
도시 시민은 반드시 교통질서를 준수해야 한다.

어휘plus+ 秩序 · 1005 顺序

- 秩序 명 질서
  ➡ 市场, 社会, 生活, 交通 + 秩序
- 顺序 명 순서
  ➡ 有, 没有, 按, 按照 + 顺序

비교 秩序는 조리 있고 혼란하지 않은 상황을 가리키고, 顺序는 사물의 배열 선후를 가리킨다.

아무리 쉬운 단어일지라도 그 속뜻을 한번쯤 되새겨보는 것이 포인트!

Check
这里市场（　　　）一直很乱。
이곳 시장 질서는 줄곧 혼란스럽다.
他把数字（　　　）弄错了。
그는 숫자 순서를 잘못 썼다.

답 秩序 / 顺序

2436 志愿者 zhìyuànzhě

명 지원자

志愿者正在照顾伤员。
자원봉사자가 다친 사람을 돌보고 있다.
我父母同意来做志愿者。
나는 부모님의 동의로 자원봉사자를 한다.

2437 钟 zhōng

명 ① 종
这口钟真不小。 이 종은 정말 크다.
② 시계
墙上挂着一个钟。 벽에 시계 하나가 걸려 있다.

2438 中介 zhōngjiè

명 매개

婚姻中介可以给你介绍女友。
혼인중개소는 당신에게 여자친구를 소개시켜줄 수 있다.
生意谈成后，中介公司要提成做佣金。
거래를 성사시킨 후, 중개회사는 반드시 정해진 비율의 수수료를 뗀다.

384

2439 中心 zhōngxīn

명 ① 복판, 한가운데
操场的中心放着一个球，不知道是谁的。
운동장 한복판에 공 하나가 놓여 있는데, 누구의 것인지 모르겠네요.

② 중심, 중요 지역
유 1605 核心
这篇文章的中心思想不突出。
이 글은 핵심적인 사상이 드러나지 않는다.

③ 센터 (기관의 명칭)
那孩子什么都不做，成天在购物中心闲晃 xiánhuàng。 저 아이는 아무 것도 하지 않고, 종일 쇼핑센터를 돌아다닌다.

2440 中旬 zhōngxún

명 중순
他下个月中旬回国。
그는 다음 달 중순에 귀국한다.
我准备十二月中旬去上海。
우리는 12월 중순에 상하이에 갈 준비를 한다.

2441 重 zhòng

명 무게, 중량
这些书足有三公斤重。
이 책들의 무게는 족히 3킬로그램은 된다.

형 ① 무겁다
반 0937 轻
好重的箱子呀，我一个人搬不动，大家来帮帮忙吧。 상자가 너무 무겁네요, 저 혼자 옮길 수가 없으니 여러분이 좀 도와주세요.

② (정도가) 심하다
반 0937 轻
他得了重感冒，估计这几天都不能来上班了。 그는 독감에 걸려, 아마 요 며칠 출근을 못할 거다.

동 중시하다
반 0937 轻

重男轻女的思想是错误的。
남존여비 사상은 잘못된 것이다.

 重 chóng

동 ① 중복하다
这一段的意思和上一段的重复了。
이 단락의 의미는 윗 단락과 중복되었다.

② 겹치다, 쌓아놓다
国庆节和中秋节时间重合了，公休假的时间变短了。 국경절과 추석이 겹쳐서 공휴일이 짧아졌다.

부 다시
上次这任务我完成得不好，我重做一次吧。
지난번 임무를 제대로 완수하지 못했으니 제가 다시 한 번 해 보겠습니다.

2442 重量 zhòngliàng

명 무게, 중량
这东西重量接近二十公斤。
이 물건의 중량은 거의 20킬로그램에 가깝다.
那个大胖子的重量至少是我的二倍。
그 뚱보의 무게는 적어도 나의 두 배는 된다.

2443 周到 zhōudào

형 주도면밀하다, 꼼꼼하다, 세심하다
유 1983 全面
她考虑得很周到。 그녀는 생각이 주도면밀하다.
他做事相当周到，总能想到别人想不到的地方。 그는 일 처리가 상당히 꼼꼼해서, 늘 다른 사람들이 생각하지 못한 부분까지 생각해낸다.

2444 逐步 zhúbù

부 점차, 차츰차츰
유 1176 逐渐
工作逐步开展起来了。
업무가 점차 확대되기 시작했다.
列强逐步控制了旧中国的经济命脉。
열강들은 점차적으로 구중국 경제의 명맥을 통제했다.

逐步 · 1176 逐渐

- 逐步 윤 점차
- 逐渐 윤 점점

비교 逐步는 의식적으로나 인위적으로 사물의 발전과 변화를 순서에 따라 진행시키는 것을 가리킨다. 逐渐은 문어체에 쓰이고 정도나 수량이 점차 증가하거나 감소함을 나타내고, 사물 자체가 자연적으로 발전 변화하는 것을 가리킨다.

두 글자 중 한 글자만 다를 경우 그 다른 한 글자의 뜻에 집중하여 구분하는 것이 포인트!

Check
只有踏实tāshi地去学，才能（　　　　　）掌握。착실하게 공부해야만, 비로소 점차 파악할 수 있다.
天气（　　　）热了起来。날씨가 점점 더워지기 시작했다.
　　　　　　　　　　　　　　　답 逐步 / 逐渐

2445 竹子 zhúzi
명 대나무
竹子是熊猫的最爱。
대나무는 판다가 가장 좋아하는 것이다.
竹子生长在亚热带地区。
대나무는 아열대지역에서 자란다.

2446 煮 zhǔ
동 삶다, 끓이다
我今天过生日，妈妈给我煮了我最爱吃的汤。오늘이 내 생일이라 엄마는 내가 제일 좋아하는 찌개를 끓여주셨다.
妈妈不但把鸭子做成北京烤鸭，还煮了一道鸭汤。엄마는 오리로 베이징 카오야를 만들었을 뿐만 아니라, 오리탕도 끓였다.

2447 主持 zhǔchí
동 ① 주관하다
她连续主持了三场节目。
그녀는 연속으로 세 개의 프로그램을 진행했다.

② 옹호하다
我们拼命pīnmìng地主持正义。
우리는 필사적으로 정의를 옹호한다.

2448 主观 zhǔguān
형 주관적이다
반 1771 客观
你不可以这么主观。
당신이 이렇게 주관적이시면 안 됩니다.
主观能动的人在面对困难时更积极主动。
주관적이고 능동적인 사람은 어려움에 직면했을 때 더욱 더 적극적이다.

2449 主人 zhǔrén
명 주인, 소유자
반 0440 客人
主人热情地招待了我们。
주인은 정성을 다해 우리를 환대해줬다.
这家的主人现在不在，等他回来我让他给你打电话吧。이 집 주인은 지금 집에 없어요. 그가 돌아오면 전화하라고 할게요.

2450 主席 zhǔxí
명 주석, 의장
他是我国的主席。그는 우리나라의 주석이다.
主席的职位已经空缺一段时间了。
의장 자리가 이미 한동안 공석이었다.

2451 主张 zhǔzhāng
동 주장하다
我们主张进一步实施这个计划。
우리는 이 계획이 진일보하게 실행되기를 주장한다.
명 주장, 의견, 견해
유 0843 看法, 见解 jiànjiě

你的主张和我们的不太一样，我们还需要讨论一下。당신과 우리의 의견이 그다지 일치하지 않으니, 좀 더 토론이 필요한 것 같습니다.

2452 嘱咐 zhǔfù

동 분부하다, 당부하다

妈妈嘱咐我按时吃饭。
어머니께서는 내게 시간에 맞춰 밥을 먹으라고 당부하셨다.

妈妈嘱咐她不要和陌生mòshēng人讲话。
어머니께서는 그녀에게 낯선 사람과 말을 하지 말라고 당부하셨다.

2453 祝福 zhùfú

동 축복하다

祝福你一路平安。
가시는 길이 평안하시길 바랍니다.

我祝福你的事业获得成功。
저는 당신의 사업이 성공하기를 축복합니다.

2454 注册 zhù//cè

동 ① 등록하다, 등기하다
유 1405 登记

新生将在二号注册。
신입생은 2일에 등록할 예정이다.

注册完就可以听课了。
등록하면 바로 수강할 수 있다.

② 컴퓨터에 등록하다
大学教授在电脑上注册成绩。
대학교수는 컴퓨터에 성적을 등록한다.

2455 抓紧 zhuā//jǐn

동 꽉 쥐다, 다잡다

抓紧我就不会有事。
나를 꽉 잡으면 문제가 없을 거예요.

抓紧绳子，顺着绳子滑下去。
밧줄을 꽉 잡고, 밧줄을 따라 미끄러지듯 내려가세요.

要是抓得紧，就能提前完成任务。
만일 다잡아서 하면, 임무를 앞당겨 완성할 수 있다.

2456 专家 zhuānjiā

명 전문가

他是生物领域的专家。
그는 생물 분야의 전문가이다.

我不想听取专家的意见。
나는 전문가의 의견을 듣고 싶지 않다.

2457 专心 zhuānxīn

형 몰두하다, 전념하다

他硕士毕业后专心研究中国历史。
그는 석사 졸업 후 중국 역사 연구에 몰두한다.

他做事向来很专心，再大的声音也不会影响到他。
그는 원래 일에 몰두하면, 아무리 큰 소리가 나도 그에게 영향을 주지 않는다.

2458 转变 zhuǎnbiàn

동 전환하다, 바뀌다
유 0321 变化, 0727 改变

政府应转变执政理念。
정부는 마땅히 정권 이념을 바꿔야 한다.

你想改变工作的方法，应该先转变思想观念。
네가 업무 방식을 바꾸고 싶으면, 반드시 사고방식을 먼저 변화시켜야 한다.

2459 转告 zhuǎngào

동 전하여 알리다, 전달하다

请转告他我来过。
그에게 내가 왔었다고 전해주세요.

请你转告经理报告已经做好了。
매니저에게 보고서를 이미 다 만들었다고 전해주십시오.

2460 装 zhuāng

동 ① 화장하다, 꾸미다
他用许多拉花来装饰新家。
그는 아주 많은 꽃장식 띠로 새집을 장식했다.

② 가장하다
유 1665 假装
她把自己打扮得很时尚来装年轻。
그녀는 유행하는 스타일로 자신을 꾸미고 젊은 척한다.

③ 넣다, 담다
箱子里装满了杂志和报纸。
상자 안에 잡지와 신문이 가득 담겼다.

④ 장치하다, 설비하다
유 1206 安装
机器已经装好了，可以使用了。
기계 설치를 다 끝냈으니, 사용해도 됩니다.

2461 装饰 zhuāngshì

명 장식
她的专业是室内装饰。
그녀의 전공은 실내 장식이다.

동 장식하다
유 0661 打扮
国庆节的街道装饰得很漂亮。
국경절의 길거리는 매우 예쁘게 장식되어 있다.

어휘 plus+ 装饰・0661 打扮

- 装饰 동 장식하다
  ➡ 装饰 + 校园, 舞台, 街道, 大厅, 会场
- 打扮 동 꾸미다, 분장하다

 装饰는 신체 혹은 물체 표면에 무언가를 덧붙여 아름답게 하는 것을 가리키고, 장식품이라는 뜻도 있다. 打扮은 복장이나 얼굴을 아름답게 하는 것이고, 사람에게 자주 쓰인다.

비슷한 의미를 가진 단어일수록 搭配에 의해 구분된다는 것이 포인트!

Check
今天怎么（　　　　　）得这么漂亮啊？
오늘 어쩜 화장을 이렇게 예쁘게 했어?

节日的街道（　　　　　）得好漂亮。
명절의 거리는 정말 아름답게 꾸며져 있다.
답 打扮 / 装饰

2462 状况 zhuàngkuàng

명 상황, 상태
유 0939 情况, 情形 qíngxing
这个城市治安状况良好。
이 도시는 치안 상태가 양호하다.
爷爷的身体状况现在怎么样呀？
지금 할아버지의 건강 상태가 어떠신가요?

2463 状态 zhuàngtài

명 상태
유 0939 情况
以他目前的状态根本不能参加比赛。
현재 그의 상태로는 아예 경기에 참가할 수 없다.
今天我特别不在状态，考试几乎没做出几道题。
오늘 내가 유난히 컨디션이 안 좋아서, 시험문제를 거의 몇 개 밖에 못 풀었어.

2464 追求 zhuīqiú

동 ① 추구하다
他写文章总是追求华丽。
그는 문장을 쓸 때 항상 화려함을 추구한다.

② 구애하다
他已经追求她两年了，可是还是没有成功。 그는 2년간 그녀를 쫓아다녔지만, 여전히 성공하지 못했다.

2465 资格 zīgé

명 자격
유 1032 条件
他的律师资格被剥夺bōduó。
그는 변호사 자격을 박탈당했다.

你没有资格这样对我说话。
당신은 나한테 이렇게 말할 자격이 없다.

2466 资金 zījīn
- 명 자금

我们公司的资金周转很好。
우리 회사의 자금 순환이 잘 된다.

上司命令我查清资金的流向。
상부에서 내게 자금의 행방을 철저히 조사하라고 명령했다.

2467 资料 zīliào
- 명 ① 필수품

我们的生活资料不充裕chōngyù。
우리의 생활 필수품이 충분하지 않다.

② 자료
유 0635 材料

他找的统计资料很可靠。
그가 찾은 통계자료는 믿을 만하다.

2468 资源 zīyuán
- 명 자원

矿产资源开发要有序。
광물 자원 개발은 반드시 순서가 있어야 한다.

韩国是一个人文资源丰富的国家。
한국은 인문자원이 풍부한 나라이다.

2469 姿势 zīshì
- 명 자세, 모양

她走路的姿势十分优雅。
그녀의 걷는 자세가 아주 우아하다.

人睡觉的姿势不完全一样。
사람은 수면을 취하는 자세가 완전히 동일하지는 않다.

2470 咨询 zīxún
- 동 자문하다, 문의하다
유 2298 询问

欢迎来电咨询。
전화로 문의하시는 걸 환영합니다.

我想咨询一下，你们这里能够给我订机票吗？
문의 좀 하려고 하는데요, 여기서 비행기표를 예약할 수 있습니까?

2471 紫 zǐ
- 형 자주색

紫色看起来很高贵。
자주색은 기품이 있어 보여요.

她最喜欢的颜色是紫色。
그녀가 가장 좋아하는 색은 자주색이다.

2472 字幕 zìmù
- 명 자막

这部电影没有中文字幕。
이 영화는 중국어 자막이 없어요.

我不喜欢看有字幕的电影。
저는 자막이 있는 영화 보는 것을 좋아하지 않습니다.

2473 自从 zìcóng
- 전 ~부터, ~이래
유 0614 从

自从父母离世之后，他就堕落duòluò了。
부모님이 세상을 뜬 이후로, 그는 떠돌아 다녔다.

自从离开学校，他就没有再和同学联系过。
학교를 떠난 이래로, 그는 학우들과 다시 연락을 해본 적이 없다.

2474 自动 zìdòng
- 형 ① 자연적이다

水自动地从上往下流。
물은 당연히 위에서 아래로 흐른다.

② 자발적이다
　[유] 1177 主动
她自动为别人修理自行车。
그는 자발적으로 남을 위해서 자전거를 수리한다.

③ 자동적이다
这里的机器都是自动控制的。
이곳의 기계는 모두 자동적으로 통제됩니다.

2475 自豪 zìháo

[형] 스스로 긍지를 느끼다, 자랑으로 여기다
　[유] 0816 骄傲
母亲为孩子感到自豪。
어머니는 아이에 대해 긍지를 느낀다.
你取得了这么好的成绩，我真为你感到自豪。
네가 이렇게 좋은 성적을 받았다니, 난 정말 네가 자랑스러워.

어휘plus+ 自豪 · 0816 骄傲

- 自豪　[형] 자랑스러워 하다
　➡ 感到, 觉得, 充满 + 自豪
- 骄傲　[형] 자랑스러워 하다
　➡ 感到, 觉得 + 骄傲

[비교] 自豪는 '자랑스럽다'라는 좋은 의미의 뜻만 있으나, 骄傲는 '스스로 대단해 하다'라는 뜻도 있고, '거만하다, 교만하다'는 뜻도 가지고 있다.

뜻이 완전히 같을 때는 차이점에 주목하는 것이 포인트!

Check
学生们的进步值得我们为他们（　　　　　）。
학생들의 발전은 우리가 그들을 자랑스러워 할 만한 가치가 있다.
虚心使人进步，（　　　　）使人落后。
겸손은 사람을 진보하게 하지만, 교만은 사람을 퇴보하게 한다.
　　　　　　　　　　　[답] 自豪, 骄傲 / 骄傲

2476 自觉 zìjué

[동] 스스로 느끼다, 자각하다
我们很难自觉到自己身上的缺点。
우리는 자신의 단점을 스스로 느끼기가 어렵다.

[형] 자각적이다
每个公民都应该自觉地遵守交通规则。
모든 공민은 자각적으로 교통질서를 준수해야 한다.

2477 自私 zìsī

[형] 이기적이다
　[반] 无私 wúsī
爱情是自私的吗?
사랑은 이기적인 것입니까?
他这个人很自私，总是只想着自己的事情。
그라는 사람은 정말 이기적이야, 늘 자기 일만 생각해.

2478 自信 zìxìn

[동] 자신하다, 스스로를 믿다
他自信能够克服一切困难。
그는 모든 어려움을 극복할 것을 믿는다.
我自信我可以取得明天比赛的胜利。
나는 내일 경기에서 내가 우승할 거라고 자신해.

2479 自由 zìyóu

[명] 자유
没有绝对的自由，自由总是在一定的限制下的。
절대적인 자유란 없다. 자유는 늘 일정한 제한 아래 있는 것이다.

[형] 자유롭다
小鸟自由地在天空中飞翔 fēixiáng。
작은 새가 자유롭게 하늘에서 비상한다.

2480 自愿 zìyuàn

[동] 자원하다
她自愿加入中国共产党。
그녀는 공산당에 자원하여 가입했다.
他大学毕业后自愿到西部去支教。
그는 대학 졸업 이후 자원하여 서부로 교육 지원을 갔다.

2481 综合 zōnghé

동 종합하다
유 1983 全面 반 1480 分析

我的报告综合了各方意见。
나의 보고서는 각계의 의견을 종합했다.

我们会综合你各项的表现给你一个分数。
저희는 당신의 각 항목별 성과를 종합하여 당신에게 점수를 주겠습니다.

2482 宗教 zōngjiào

명 종교

宗教的力量很强大。 종교의 힘은 아주 강대하다.
宗教是一种社会意识形态。
종교는 사회 의식의 한 형태이다.

2483 总裁 zǒngcái

명 총재, 총수

公司总裁访问海外工厂。
회사 총재는 해외 공장을 방문했다.

他是中国最大企业的总裁。
그는 중국 최대 기업의 총재이다.

2484 总共 zǒnggòng

부 모두, 전부
유 0277 一起, 0558 一共

我们班总共有20个人。
우리 반에는 모두 스무 명이 있다.

我不记得总共花了多少钱。
나는 모두 얼마나 썼는지 기억하지 못한다.

2485 总理 zǒnglǐ

명 총리

总理正在接见外宾。
총리는 외국 손님을 접견하고 있다.

总理偕同xiétóng夫人出访。
총리는 부인을 동반하여 외국 방문을 떠났다.

2486 总算 zǒngsuàn

부 ① 마침내, 겨우
花了三天时间总算完成这项任务了。
사흘이라는 시간이 걸려 마침내 이 임무를 완성했다.

② 대체로 ~한 셈이다
衣服能洗得这么干净，总算不错了。
옷을 이렇게 깨끗하게 빨 수 있으면, 대체로 괜찮은 편이네요.

2487 总统 zǒngtǒng

명 총통, 대통령

他是现任总统。 그는 현임 총통이다.
他们一直忠于总统。
그들은 줄곧 대통령께 충성을 다 바쳤다.

2488 总之 zǒngzhī

접 요컨대, 결국, 어쨌든
유 总而言之 zǒng'éryánzhī

总之，我不同意你的想法。
어쨌든 나는 네 생각에 동의하지 않는다.

我准备自己设计，或者买别人的设计方案，总之不会像你说的那么做。
제 스스로 설계를 준비하든지, 아니면 다른 사람의 설계 방안을 사든지, 어쨌든 당신이 말한 대로 그렇게 하지는 않을 겁니다.

2489 组合 zǔhé

동 조합하다, 한데 묶다

四川大学由三所国家重点大学组合而成。
쓰촨대학교는 국가 핵심 대학 세 개를 연합하여 이루어진 대학이다.

명 조합

我买了一套组合餐桌。
나는 조립 식탁 한 세트를 구입했다.

2490 祖国 zǔguó

명 조국

祖国永远是我的家。
조국은 영원히 나의 집이다.

她从未忘记过自己的祖国。
그녀는 한 번도 자신의 조국을 잊은 적이 없다.

2491 祖先 zǔxiān

명 선조, 조상

人类的祖先是古猿 gǔyuán。
인류의 선조는 고대 유인원이다.

我们的祖先给我们留下了宝贵的文化遗产。
우리의 선조는 우리에게 귀중한 문화 유산을 남겨주셨다.

2492 阻止 zǔzhǐ

동 저지하다, 가로막다

유 0827 禁止

谁也阻止不了我。 누구도 날 막을 수 없어.

我们会阻止他进一步搞破坏的。
우리는 그가 훼손하는 것을 막을 것이다.

어휘 plus+ 阻止 · 0827 禁止

- 阻止 **동** 제지하다
  ➡ 阻止 + 前进, 实施, 来往, 改革, 行为, 交易

- 禁止 **동** 금지하다
  ➡ 禁止 + 吸烟, 贩毒, 赌博, 通行, 喧哗

비교 阻止는 전진하지 못하게 하고 행동을 멈추게 하는 것을 나타내고, 목적어는 행위, 사람, 사물 모두 올 수 있다. 禁止는 어떤 일을 허락하지 않는 것을 뜻하며, 목적어는 대부분 발생하지 않은 행위가 온다.

비슷한 의미를 가진 단어일수록 搭配에 의해 구분된다는 것이 포인트!

Check

任何力量（　　　　　）不了新的改革。
어떠한 역량도 새로운 개혁을 제제할 수 없다.

前方正在修路，（　　　　　）一切车辆通行。
앞쪽 길을 지금 수리하고 있어서, 모든 차량 통행이 금지된다.

답 阻止 / 禁止

2493 醉 zuì

동 취하다, 취하게 하다

반 1079 醒

别跟他计较，他醉了。
그와 말다툼하지 마세요, 그는 취했어요.

昨天他又喝醉了，吐了满地。
어제 그는 또 술에 취해서 도처에 토해 놨어.

2494 最初 zuìchū

명 최초, 맨 처음

유 起初 qǐchū

我对他的最初印象不太好。
나는 그에 대한 첫인상이 별로 좋지 않다.

我最初认识他是在上中学的时候。
내가 맨 처음 그를 안 것은 그가 중학교를 다닐 때였다.

2495 罪犯 zuìfàn

명 범인, 죄인

유 犯人 fànrén

他是个恶贯满盈 èguàn mǎnyíng 的罪犯。
그는 극악무도한 죄인이다.

我们应该去研究一下罪犯的心理，这样可以预防犯罪。
우리는 범죄자의 심리를 연구해봐야 하며, 그래야만 범죄를 예방할 수 있다.

2496 尊敬 zūnjìng

동 존경하다

유 1196 尊重　반 鄙视 bǐshì

我们要尊敬我们的父母和老师。
우리는 우리의 부모님과 스승을 존경해야 한다.

형 존경하는, 존경 받을 만한

她用尊敬的目光看着他。
그녀는 존경의 눈빛으로 그를 바라 보았다.

[전] ~로 말하면
至于资金问题，你不用担心，我们会向朋友借的。 자금 문제에 관해서 말씀드리자면, 걱정하지 않으셔도 됩니다. 우리가 친구에게 빌릴 수 있을 겁니다.

어휘 plus+ 至于 · 0389 关于

- 至于 [전] ~에 대해서
- 关于 [전] ~에 관해서

[비교] 至于는 '~에 대해서'라는 전치사 용법 이외에도 부사로서 특히 부정 형식으로 많이 쓰이는데 '不至于'는 어떤 지경에까지 이르지 않음을 나타내고, 앞에는 항상 '才', '还', '总', '该'의 부사를 동반한다. 关于가 쓰인 문장에서는 단지 하나의 화제만 있으며, 그 외의 화제를 끌어들일 수 없다. 그리고 关于는 서명이나 글의 제목 등에도 쓰일 수 있지만, 至于는 불가능하다.

두 글자 중 한 글자만 다를 경우 그 다른 한 글자의 뜻에 집중하여 구분하는 것이 포인트!

Check
我想买（　　　　）中国历史的书。
나는 중국 역사에 관한 책을 사고 싶다.
他腿不太好，但是跑步还不（　　　　）不能跑。 그의 다리는 그다지 좋지 않지만, 못 뛸 정도는 아니다.

답 关于 / 至于

2434 治疗 zhìliáo

[동] 치료하다
时间能**治疗**好一切。
시간은 모든 것을 치료할 수 있다.
心理医生可以**治疗**精神创伤。
심리 의사는 정신적 상처를 치료할 수 있다.

2435 秩序 zhìxù

[명] 질서, 순서
[유] 1005 顺序
现场的**秩序**很混乱。
현장의 질서는 매우 혼란하다.
城市市民应该遵守交通**秩序**。
도시 시민은 반드시 교통질서를 준수해야 한다.

어휘 plus+ 秩序 · 1005 顺序

- 秩序 [명] 질서
  ➡ 市场, 社会, 生活, 交通 + 秩序
- 顺序 [명] 순서
  ➡ 有, 没有, 按, 按照 + 顺序

[비교] 秩序는 조리 있고 혼란하지 않은 상황을 가리키고, 顺序는 사물의 배열 선후를 가리킨다.

아무리 쉬운 단어일지라도 그 속뜻을 한번쯤 되새겨보는 것이 포인트!

Check
这里市场（　　　　）一直很乱。
이곳 시장 질서는 줄곧 혼란스럽다.
他把数字（　　　　）弄错了。
그는 숫자 순서를 잘못 썼다.

답 秩序 / 顺序

2436 志愿者 zhìyuànzhě

[명] 지원자
志愿者正在照顾伤员。
자원봉사자가 다친 사람을 돌보고 있다.
我父母同意来做**志愿者**。
나는 부모님의 동의로 자원봉사자를 한다.

2437 钟 zhōng

[명] ① 종
这口**钟**真不小。 이 종은 정말 크다.
② 시계
墙上挂着一个**钟**。 벽에 시계 하나가 걸려 있다.

2438 中介 zhōngjiè

[명] 매개
婚姻**中介**可以给你介绍女友。
혼인중개소는 당신에게 여자친구를 소개시켜줄 수 있다.
生意谈成后，**中介**公司要提成做佣金。
거래를 성사시킨 후, 중개회사는 반드시 정해진 비율의 수수료를 뗀다.

教师需要指导学生完成调查报告。
교사는 학생이 조사 보고를 완성하도록 지도할 필요가 있다.

2427 指挥 zhǐhuī

동 지휘하다
这位将军机智地指挥了作战。
이 장군은 기지있게 전투를 지휘했다.

명 지휘, 지휘자
她是这个合唱团的总指挥。
그녀는 이 합창단의 총지휘자이다.

2428 制定 zhìdìng

동 (법규나 계획 등을) 제정하다, 만들다, 세우다
这是最近制定的学生守则。
이것은 최근에 제정한 학생 수칙이다.

我军已经制定好了战略计划。
우리 군은 이미 전략계획을 세웠다.

2429 制度 zhìdù

명 제도, 규정
请自觉遵守规章制度。
자발적으로 규칙과 규정을 지키십시오.

学生应该遵守学校的制度。
학생은 반드시 학교의 제도를 준수해야 한다.

2430 制作 zhìzuò

동 제작하다, 만들다
유 1170 制造

他亲手制作了一条手链shǒuliàn。
그는 직접 팔찌를 만들었다.

他大学毕业以后开始制作动画片。
그는 대학을 졸업한 후에 애니메이션을 제작하기 시작했다.

어휘 plus+ 制作 · 1170 制造

- 制作 동 제작하다
  ➡ 制作 + 糖果, 家具, 农具, 广告, 工艺品
- 制造 동 제조하다
  ➡ 制造 + 机器, 飞机, 商品, 计算机

비교 制作는 공예 제품이나 복잡하지 않은 수공 제품을 만들 때 쓰이며, 일반적으로 수공이나 간단한 공구를 사용해 만드는 것이다. 制造는 원료나 재료를 사용하여 일반적으로 기계를 거쳐 완성되며, 목적어로는 구체적 사물만 온다. 또한 制造는 인위적으로 나쁜 분위기나 국면을 만들어낸다는 뜻도 가지고 있다.

어떤 단어들과 함께 쓰이는지를 알아두는 것이 포인트!

Check
这种船别的国家（　　　）不了。
이런 선박은 다른 나라는 제조할 수 없다.

这种家具是手工（　　　）的。
이 가구는 수공으로 만들었다.

답 制造 / 制作

2431 智慧 zhìhuì

명 지혜
哲学是爱知识的智慧。
철학은 지식을 귀중히 여기는 지혜이다.

智慧起源于愚蠢yúchǔn的废墟fèixū。
지혜는 어리석음의 폐허에서 시작된다.

2432 至今 zhìjīn

부 지금까지, 오늘에 이르기까지
我至今还没有找到理想的工作。
나는 지금까지 아직 이상적인 직업을 찾지 못했다.

至今还没有一个人可以像他那样钢琴弹得那么好。 지금까지 그처럼 그렇게 피아노를 잘 치는 사람은 단 한 명도 없었다.

2433 至于 zhìyú

동 ~의 정도에 이르다
他不至于病了吧? 到现在都没来。
그 사람 병이 난 건 아니겠지? 아직까지도 안 오네.

추가 단어 (51)

1급 (3)	哪儿	说	一点儿				
2급 (1)	一下						
3급 (1)	黄河						
4급 (7)	地点	赶	空	旅行	照	转	作家
5급 (39)	哎	熬夜	冰激凌	成人	迟早	出示	粗糙
	恭喜	国王	后背	急诊	靠	夸张	老婆
	类型	列车	模特	内部	拼音	轻易	日子
	伤害	商务	生长	首	投入	外公	文字
	香肠	牙齿	员工	乐器	在于	占	着火
	重大	抓	装修	追			

1 1급 (3)

01 哪儿 nǎr

대 어디, 어느 곳
你要去哪儿?
너 어디 가니?
你是从哪儿听到的?
너 그거 어디서 들었니?

02 说 shuō

동 말하다, 이야기하다
在课堂上，请说汉语。
수업시간에는 중국어를 써 주세요.
你会说中文吗?
너는 중국말을 할 줄 아니?

03 一点儿 yìdiǎnr

양 조금, 조금도, 전혀
我一点儿也不困。
나는 전혀 졸리지 않다.
今天天气一点儿都不热。
오늘 날씨가 전혀 덥지 않아.

2 2급 (1)

01 一下 yíxià

부 단시간에, 갑자기
我们休息一下吧。
우리 좀 쉬자.
风一下大了。
바람이 갑자기 세졌다.

新HSK VOCA 5000 5급

개정단어 추가

2497 遵守 zūnshǒu

동 지키다, 준수하다

반 2189 违反

我朋友一贯不遵守时间。
내 친구는 일관되게 시간을 준수하지 않는다.

你必须遵守自己的诺言nuòyán。
당신은 스스로의 약속을 반드시 준수해야 합니다.

2498 作品 zuòpǐn

명 작품

他的作品很难理解。
그의 작품은 너무 이해하기 어렵다.

这部作品很有代表性。 이 작품은 대표성이 있다.

2499 作为 zuòwéi

명 ① 행위, 소위
评价一个人不能只看外表，更要看他的作为。 한 사람을 평가함에 외적인 것만 보아서는 안 되며, 그의 행실을 더욱 주의 깊게 보아야 한다.

② 할 수 있는 일
他是个大有作为的人。
그는 충분히 능력을 발휘할 여지가 있는 사람이다.

동 ① 성과를 내다
他在进出口贸易方面大有作为。
그는 수출입 무역 방면에 아주 큰 성과를 냈다.

② ~으로 삼다, ~으로 여기다
我把跳舞作为一种锻炼身体的方法。
나는 춤추는 것을 신체를 단련하는 방법으로 삼는다.

전 ~의 자격으로
作为一个学生，首先要好好学习，之后再锻炼自己的各方面能力。 학생의 한 사람으로서 먼저 공부를 열심히 해야 하며, 다음으로 자신의 다방면의 능력을 키워야 한다.

2500 作文 zuò//wén

동 글을 짓다
给大家50分钟来写作文。
여러분께 50분의 작문시간을 드리겠습니다.

这么多年我没作过文。
이렇게 여러 해 동안 나는 글을 짓지 않았다.

명 작문, 글
这次你的作文题目是什么？
이번에 네 작문의 제목은 뭐니?

영 (동사 뒤에 쓰여) 시험 삼아 해 보다
你穿一下这件衣服。
이 옷을 입어 보세요.
听一下这首歌。
이 노래를 들어 보세요.

3 3급 (1)

01 黄河 Huánghé

명 황허
黄河是中国的一条河。
황허는 중국의 강이다.
我见过黄河。
나는 황허를 본 적이 있어.

4 4급 (7)

01 地点 dìdiǎn

명 지점, 장소, 위치, 소재지
请告诉我开会的地点。
회의 장소를 알려 주세요.
我已经知道约会地点了。
나는 이미 약속 장소를 알고 있어.

02 赶 gǎn

동 뒤쫓다, 서두르다, 쫓아내다
他被赶出了家门。
그는 집에서 쫓겨났어.
不说了，我要去赶车。
이만, 서둘러 차를 타러 가야 해.

03 空 kōng

형 비다, 텅 비다, 알맹이가(내용이) 없다
这个房子是空的，一直都没住人。
이방은 계속 비어 있어, 줄곧 사람이 안 살았어.
前面有几个空位子。
앞에 몇 자리 비어 있어.

부 쓸데없이, 헛되이
不要整天只讲空话，做点实际的。
온종일 쓸데없는 말만하지 말고 실질적인 일 좀 해봐.

04 旅行 lǚxíng

동 여행하다
她喜欢一个人坐火车去旅行。
그녀는 혼자 기차여행 가는 것을 좋아해.
我很喜欢旅行，每年都去几次。
나는 여행을 아주 좋아해서 해마다 몇 차례 가.

05 照 zhào

동 비추다, 비치다, 빛나다
阳光照着大地。
태양이 대지를 비추고 있다.
他每次出门前都会照照镜子。
그는 매번 집을 나설 때 거울에 꼭 비춰본다.

동 찍다
可以帮我照张照片吗?
사진 좀 찍어 주실래요?

06 转 zhuàn

동 돌다, 회전하다
直升飞机一直在上空转。
헬리콥터가 계속 하늘에서 돌고 있다.
轮子转得很快。
바퀴가 빠르게 돈다.

07 作家 zuòjiā

명 작가
毕淑敏是一位作家。
삐수민은 작가이다.
他梦想自己长大后能成为一名作家。
그의 꿈은 커서 작가가 되는 것이다.

5 5급 (39)

01 哎 āi

- 감 어! 야!
  哎，真气人！这次又没有得奖。
  아, 정말 열 받네! 이번에도 상을 못 탔어.
  哎，看来今天又得加班了。
  아, 보아하니 오늘 또 특근을 해야 하는군.

02 熬夜 áoyè

- 동 밤새다, 철야하다
  他经常熬夜玩游戏。
  그는 자주 밤새면서 게임을 한다.
  我打算熬夜写报告。
  나는 밤을 새워서 리포트를 쓰려고 해.

03 冰激凌 bīngjilíng

- 명 아이스크림
  我喜欢吃草莓酸奶味的冰激凌。
  나는 딸기요구르트 맛 아이스크림을 좋아한다.
  夏天是冰激凌最畅销的季节。
  여름은 아이스크림이 제일 잘 팔리는 계절이다.

04 成人 chéngrén

- 명 성인, 어른
  你现在是成人了，不再是孩子了。
  너도 이제 어른이야, 더 이상 아이가 아니라고.
  14岁以下的儿童必须由成人陪同。
  14세 이하의 아동은 부모님이 꼭 동반해야 합니다.

- 동 어른이 되다
  几年不见，他已经长大成人了。
  몇 년 못 본 사이에, 그는 이미 어른이 되었다.

05 迟早 chízǎo

- 부 조만간, 머지않아
  我们迟早会查出真相的。
  우리는 머지않아 진상을 찾아낼 거야.
  这个东西迟早会有用处的。
  이 물건은 조만간 쓰임새가 있을 거야.

06 出示 chūshì

- 동 포고문을 붙이다.
  警察在进屋前，向他出示了搜查令sōucháling。
  경찰은 집안으로 진입하기 전에 그에게 수색영장을 제시하였다.

- 동 내보이다, 제시하다
  请出示一下你的护照。
  여권을 제시해 주십시오.

07 粗糙 cūcāo

- 형 거칠다, 매끄럽지 못하다
  农民的手粗糙。
  농민의 손은 거칠다.
  最近经常熬夜，皮肤变得很粗糙。
  최근에 자주 밤을 샜더니, 피부가 거칠어졌다.

08 恭喜 gōngxǐ

- 동 축하하다
  恭喜你获得出国留学的好机会。
  유학 갈 좋은 기회를 갖게 된 것을 축하해.
  恭喜你通过入学考试。
  입학시험을 통과한 것을 축하한다.

09 国王 guówáng

- 명 국왕
  他只是个有名无实的国王。
  그는 유명무실한 국왕에 불과하다.
  国王保持着一贯的镇静。
  국왕은 한결같이 침착함을 유지한다.

10 后背 hòubèi

명 등

妈妈拍着孩子的后背。
엄마는 아이의 등을 두드리고 있다.
爸爸的后背上背着很多东西。
아버지의 등에 많은 짐을 지셨다.

11 急诊 jízhěn

명 응급 진료, 급진

孩子受伤了，要挂急诊。
아이가 다쳐서, 응급진료를 해야 한다.

형 응급 진료(치료)가 필요한

听说有急诊，医生飞快地跑进手术室。
응급치료가 필요하다는 말을 듣고 의사는 급하게 수술실로 뛰어 들어갔다.

12 靠 kào

동 기대다

他靠写作谋生。
그는 글 쓰는 걸로 먹고 산다.
他靠开出租车赚钱养家。
그는 택시운전으로 돈을 벌어 집안을 먹여 살린다.

동 접근하다, 다가서다, 닿다, 대다

中国车辆靠右行驶 xíngshǐ。
중국에서는 차량이 우측통행을 한다.

13 夸张 kuāzhāng

동 과장하다

他的话有些夸张，不能全信。
그의 말은 과장된 것들이 있어, 다 믿으면 안 된다.
他用夸张的表情看着我。
그는 과장된 표정으로 나를 보고 있다.

14 老婆 lǎopo

명 아내, 처, 집사람, 마누라

他是一个很怕老婆的人。
그는 아내를 무서워하는 사람이다.
他和他老婆是在大学图书馆认识的。
그와 그의 아내는 대학 도서관에서 알았다.

15 类型 lèixíng

명 유형

你喜欢什么类型的女孩儿？
너는 어떤 유형의 여자아이를 좋아하니?
我到底应该穿哪种类型的鞋？
나는 도대체 어떤 유형의 신발을 신어야 할까?

16 列车 lièchē

명 열차

由南京开往上海的列车将要出发。
난징에서 상하이 가는 열차가 출발하겠습니다.
这趟列车的终点是北京。
이 열차의 종착역은 베이징입니다.

17 模特 mótè

명 모델

她从小就想成为一名职业模特。
그녀는 어려서부터 직업 모델이 되고 싶었다.
女模特的身材令很多女性很羡慕。
여자모델의 몸매는 많은 여성들이 모두 부러워한다.

18 内部 nèibù

명 내부

他们内部出现了一些问题。
그들 내부에 문제가 좀 나타났다.
政府内部有不同意见。
정부 내에서 서로 다른 의견이 있다.

19 拼音 pīnyīn

명 병음

他学习中文的时间不长，刚会汉语拼音。
그는 중국어를 배운 지 얼마 되지 않아서, 막 병음을 띤 정도야.
她跟中国老师学习了半年的拼音。
그녀는 중국 선생님에게 병음을 반년 동안 배웠어.

20 轻易 qīngyì

형 경솔하다, 제멋대로이다
他从不轻易表扬别人。
그는 여태 경솔하게 다른 사람을 칭찬하지 않았다.

형 쉽다, 간단하다, 수월하다
这些信息不是轻易能得到的。
이런 정보는 그리 쉽게 얻어지는 것이 아니다.
轻易获得的财产，往往不被珍惜。
쉽게 얻은 재산은 때때로 소중히 여기지 않는다.

21 日子 rìzi

명 날, 날짜, 시일
今天是发工资的日子。
오늘은 월급날이다.
他们在一起经历了许多难忘的日子。
그들은 잊지 못할 많은 나날들을 함께 보냈다.

22 伤害 shānghài

동 상하게 하다, 손상시키다, 상해하다
반 0608 保护
孩子的自尊心受到了伤害。
아이의 자존심이 상처를 받았다.
愿上帝保佑你免受伤害。
하느님의 보호로 상처받지 않게 하여 주소서.

23 商务 shāngwù

명 상무, 상업상의 용무
我们愿与贵公司建立商务关系。
저희는 귀사와 비즈니스관계를 맺기를 희망합니다.
他比较内向，不喜欢参加商务活动。
그는 좀 내성적이어서 비즈니스 활동에 참여하는 것을 싫어해.

24 生长 shēngzhǎng

동 생장하다, 자라다
他从小生长在北方。
그는 어려서부터 북방에서 자랐다.
这种植物在沙漠中生长。
이런 식물은 사막에서 자란다.

25 首 shǒu

명 시작, 최초, 처음
中国总理首次访韩，增进了两国的友谊。
중국총리의 첫 방한으로 양국의 우호가 더욱 증진되었다.
学生的首要任务是学习。
학생의 최우선 과제는 공부이다.

26 投入 tóurù

동 돌입하다, 뛰어들다, 개시하다, 투입하다
他在这个项目上投入了大量的人力和物力。
그는 이 프로젝트에 많은 인력과 물자를 투입하였다.
他全身心的投入到工作上。
그는 몸과 마음을 다 일에 몰입하고 있다.

27 外公 wàigōng

명 외조부, 외할아버지
他的外公是一名退役老兵。
그의 외할아버지는 퇴역군인이다.
外公总是对他很疼爱。
외할아버지는 그를 아주 예뻐하신다.

28 文字 wénzì

명 문자, 글자
这段文字有些多余。
이 단락의 문자는 일부 쓸데없다.
有些人喜欢用文字来表达自己的情感。
어떤 사람들은 글을 통해 자신의 감정을 표현하는 것을 좋아한다.

29 香肠 xiāngcháng

명 소시지

我早饭喜欢吃一根香肠和一个鸡蛋。
나는 아침식사로 소시지 하나와 계란 한 개 먹는걸 좋아한다.

这种香肠烤着吃比较好吃。
이런 종류의 소시지는 구어서 먹으면 맛있다.

30 牙齿 yáchǐ

명 이, 치아

她的牙齿非常漂亮整齐。
그녀의 치아는 아주 아름답고 가지런하다.

糖吃多了对牙齿不好。
사탕을 많이 먹으면 치아에 좋지 않다.

31 员工 yuángōng

명 직원

全体员工都在辛勤地工作。
전 직원들이 모두 부지런히 일하고 있다.

他被选为优秀员工。
그는 우수 직원으로 뽑혔다.

32 乐器 yuèqì

명 악기

你会演奏什么乐器吗?
너는 무슨 악기를 연주할 줄 아니?

家长们想让孩子从小学习一种乐器。
가장들은 아이가 어릴 때부터 악기 하나는 배우게 하고 싶어 한다.

33 在于 zàiyú

동 ~에 있다, ~에 달려 있다

事情成功与否在于你的付出有多大。
일의 성공여부는 네가 얼마나 하느냐에 달려 있다.

战争的胜利在于人民的团结。
전쟁의 승리는 국민의 단결에 달려 있다.

34 占 zhàn

동 차지하다, 점령(점거)하다

他们公司在同行业中占据首位。
그들 회사는 같은 업계에서는 최고의 위치에 있다.

投赞成票的人占绝大多数。
찬성표를 던진 사람이 대부분을 차지한다.

35 着火 zháohuǒ

동 불나다, 불붙다

山下村庄着火了,人们都没有地方住了。
산 아래 마을에서 불이나 사람들이 묵을 곳이 없다.

工厂意外着火,给他们公司带来严重损失。
뜻밖의 공장 화재로 그 회사는 심각한 손해를 입었다.

36 重大 zhòngdà

형 중대하다, 무겁고 크다

前方道路发生重大交通事故。
앞 도로변에 대형 교통사고가 발생하였다.

教育部将在高考上做出重大改革。
교육부는 대학입시에 중대한 개혁을 할 것이다.

37 抓 zhuā

동 꽉 쥐다, 붙잡다, 체포하다

孩子抓着妈妈的手不肯放。
아이는 엄마의 손을 꼭 잡고 놓을 생각을 하지 않는다.

小偷偷东西被老板当场抓住。
도둑이 물건을 훔치려다 사장에게 현장에서 잡혔다.

38 装修 zhuāngxiū

동 장식하고 꾸미다

他们打算把婚房重新装修一下。
그들은 신혼집을 다시 인테리어할 계획이다.

最近楼上在搞装修,很吵。
최근에 윗집에서 인테리어를 해서 무척 시끄럽다.

39 追 zhuī

동 뒤쫓다, 쫓아가다, (이성을) 따라다니다

你跑得太快了，我追不上你。
네가 너무 빨리 달려서, 내가 쫓아갈 수가 없어.

几个小伙子同时在追一个女孩儿。
남자아이 몇 명이 한 여자아이에게 동시에 구애하고 있다.

바뀐 단어 (32)

1급 (5)	饭馆 → 饭店		没 → 没有
	这（这儿）→ 这		那（那儿）→ 那、
	哪（哪儿）→ 哪		
2급 (4)	但是 → 虽然……但是……		男人 → 男
	女人 → 女		因为 → 因为……所以……
3급 (4)	才 → 只有……才……		而且 → 不但……而且……
	花园 → 花（名词）		兴趣 → 感兴趣
4급 (5)	分之 → 百分之		刚刚 → 刚
	停止 → 停		研究生 → 研究
	做生意 → 生意		
5급 (14)	班主任 → 主任		划船 → 划
	滑冰 → 滑		健身房 → 健身
	戒烟 → 戒		类 → 种类
	连续剧 → 连续		碰见 → 碰
	签字 → 签		摔 → 摔倒
	所谓 → 无所谓		小偷 → 偷
	一路平安 → 平安		挣钱 → 挣

---

1 **1급 (5)**

01 饭店 fàndiàn

명 호텔, 식당
유 0028 饭馆

这家饭店位于山下。
이 호텔은 산 아래에 위치해 있다.
那家饭店很有特色。
그 호텔은 매우 독특하다.

02 没有 méiyǒu

동 없다, 가지고(갖추고)있지 않다
世上没有完美的人。
세상에 완벽한 사람은 없다.
我现在手上没有现金。
나는 지금 수중에 현금이 없다.

03 这 zhè

대 이것, 이
这是我的名片。
여기 제 명함입니다.
这里是中国的首都—北京。
이곳은 중국의 수도 베이징입니다.

04 那 nà

대 그, 저
我大学是在那所学校上的。
나 대학 때는 그 학교에 다녔어.
那个人看起来很有钱。
그 사람 보기에는 돈이 많아 보이네.

05 哪 nǎ

대 무엇, 어느, 어떤, 어디
哪家银行可以换韩币?
어느 은행에서 한국 돈으로 바꿀 수 있어요?
周末在哪儿见面呢?
주말에 어디서 만나?

2 2급 (4)

01 虽然……但是……
suīrán …… dànshì ……

접 비록 ~하지만, 설령 ~일지라도
他虽然不太聪明，但是非常用功。
그는 비록 총명하지는 않지만 매우 열심히 공부한다.
虽然是个小例子，但是很重要。
비록 작은 일례에 지나지 않지만, 매우 중요하다.

02 男 nán

명 남자, 사내, 남성
电影里的男主角很帅。
영화 속의 남자주인공이 매우 잘생겼다.
请帮忙叫一下那名男服务员。
그 남자 종업원을 좀 불러주시겠습니까.

03 女 nǚ

명 여자, 여성
这家店的老板是个女的。
이 가게 사장은 여자이다.
店里来了几名女顾客。
매장에 여자 손님 몇 명이 왔다.

04 因为……所以……
yīnwèi …… suǒyǐ ……

접 왜냐하면, ~ 때문에, 그래서, 그러므로
因为他在国外，所以不能参加。
그가 해외에 있기 때문에 참가할 수 없다.
因为下大雨，所以今天活动取消。
폭우가 쏟아져서 오늘 행사는 취소하였다.

3 3급 (4)

01 只有……才…… zhǐyǒu …… cái ……

접 ~해야만 ~이다
只有团结一心，才能克服困难。
단결해야만, 어려움을 극복할 수 있다.
只有好好学习，才能取得好成绩。
열심히 공부해야만, 좋은 성적을 얻을 수 있다.

02 不但……而且…… búdàn…… érqiě……

접 ~뿐만 아니라

她**不但**人长得漂亮，**而且**学习也很好。
그녀는 얼굴이 예쁠 뿐만 아니라 공부도 매우 잘한다.

今天**不但**雨大，**而且**风也大。
오늘 폭우가 내릴 뿐만 아니라 바람도 많이 분다.

03 花 huā

명 꽃

大部分女孩儿都很喜欢**花**。
대부분의 여자아이들은 모두 꽃을 좋아한다.

男孩儿送给女孩儿一束玫瑰**花**。
남자아이가 여자아이에게 장미꽃 한 송이를 선물했다.

04 感兴趣 gǎn xìngqù

동 관심이 있다, 좋아하다, 흥미가 있다

他从小对电脑就很**感兴趣**。
그는 어려서부터 컴퓨터를 매우 좋아했다.

他对父母给他介绍的对象一点儿也不**感兴趣**。
그는 부모님이 소개시켜준 결혼 상대에 전혀 관심이 생기지 않았다.

4 4급 (5)

01 百分之 bǎifēnzhī

동 퍼센트

暑假作业我已经完成了**百分之**70。
여름방학숙제를 나는 이미 70% 정도 했다.

他明天**百分之**百会参加的。
그는 내일 백 퍼센트 참가할 것이다.

02 刚 gāng

형 단단하다, 강하다, 굳다

她是外柔内**刚**型。
그녀의 성격은 외유내강 형에 속한다.

부 방금, 막, 바로

他**刚**吃饭又跑出去了。
그는 금방 밥을 먹고 또 뛰어나갔다.

我家小孩儿才**刚**上二年级。
우리 아이는 이제서야 막 2학년이 되었다.

03 停 tíng

동 정지하다, 멎다, 서다

下了一天的雨，终于**停**了下来。
하루 종일 비가 내리더니 마침내 멈췄다.

我们**停**下来，等他一会儿吧。
우리 잠시 멈춰 서서 그를 잠깐 기다리자.

04 研究 yánjiū

동 연구하다, 탐구하다, 생각하다

他父亲从事科学**研究**工作。
그의 아버지는 과학연구를 하시는 분이시다.

我们一起来**研究**下一步该怎么操作。
우리 다음 단계는 어떻게 대처해야 할지 함께 생각해 보자.

05 生意 shēngyi

명 장사, 사업

他毕业以后开始做化妆品**生意**。
그는 졸업 후 화장품사업을 시작했다.

这样的**生意**谁都不愿意做。
이런 장사는 누구도 하고 싶어하지 않아요.

5 5급 (14)

01 主任 zhǔrèn

명 장, 주임

他在学校担任办公室**主任**一职。
그분은 학교에서 사무실 주임직을 맡고 있다.

他升为部门主任。
그는 부서 주임으로 승진되었다.

02 划 huá

동 배를 젓다, 베다, 긋다
新买的被划了一道。
새로 산 책상에 한 줄 그어진 자국이 남았다.
周末和朋友一起去划船了。
주말에 친구와 함께 배를 타러 갔다.

03 滑 huá

형 매끈매끈하다, 미끄럽다
下雪天路滑，骑车注意安全。
비 오는 날에는 길이 미끄러우니, 자전거 탈 때 안전에 주의해.
小朋友从滑梯上滑下来。
어린 친구가 미끄럼틀에서 미끄러져 내려온다.

04 健身 jiànshēn

동 신체를 건강하게 하다, 튼튼하게 하다
全民健身活动在全国开展起来了。
전 국민 건강 프로젝트가 전국적으로 전개되었다.
他每天早上都会早起跑步健身。
그는 매일 아침 일어나서 달리기로 신체를 건강하게 한다.

05 戒 jiè

동 끊다, 방비하다, 훈계하다
医生让他戒一年酒。
의사는 그에게 1년간 금주를 하도록 하였다.
他好不容易戒掉了烟。
그는 정말 어렵게 담배를 끊었다.

06 种类 zhǒnglèi

명 종류
유 1925 品种
这家超市的水果种类很多。

이 마트의 과일 종류는 정말 많다.
咖啡的种类不同，价格也不一样。
커피종류도 다 다르고, 가격도 다르다.

07 连续 liánxù

동 연속하다, 계속하다
유 1322 持续, 0801 继续
为了减肥，她已经连续3天没有吃饭了。
다이어트를 위해, 그녀는 이미 3일 동안 아무것도 먹지 않았다.
我已经连续一个星期没看到他人影了。
나는 이미 일주일 내내 그 사람 그림자도 못 봤다.

08 碰 pèng

동 부딪치다, 충돌하다, 만지다, 건드리다, 마주치다
早上一辆摩托车碰坏了一辆汽车。
아침에 오토바이가 차에 부딪혀서 파손됐다.
他不小心把桌子上的玻璃杯碰掉了。
그는 실수로 책상 위에 있는 유리컵을 건드려 떨어뜨렸다.

09 签 qiān

동 서명하다, 사인하다
请在这儿签个字。
여기에 서명해 주세요.
双方已经在合同书上签过字了。
쌍방은 이미 계약서에 사인을 마쳤다.

10 摔倒 shuāidǎo

동 넘어지다, 쓰러지다
他头一晕，差点儿摔倒在地上。
그는 순간 어지러워, 바닥에 쓰러질 뻔했다.
他头朝下摔倒，失去了知觉。
그는 머리를 땅에 부딪치면서 의식을 잃었다.

11 无所谓 wúsuǒwèi

상관없다, 개의치 않다
他对什么事都无所谓。
그는 어떤 일도 개의치 않아.
对我来说，到哪儿吃饭都无所谓。
나는 어디 가서 밥을 먹어도 상관없어.

12 偷 tōu

[동] 훔치다, 도둑질하다
他上班时间偷吃零食，被领导发现了。
그는 일하는 시간에 몰래 간식 먹다가, 상사한테 들켰다.
小偷在偷东西时被抓住。
도둑이 물건을 훔치는 순간 잡혔다.

13 平安 píng'ān

[형] 평안하다, 무사하다
但愿他们能平安归来。
바라는 건 그들이 무사히 돌아오는 것뿐이다.
她祈祷qídǎo儿子平安。
그녀는 아들의 평안을 기도했다.

14 挣 zhèng

[동] 노력하여 얻다(벌다)
这些年他在国外挣了很多钱。
최근 몇 년 그는 외국에서 많은 돈을 벌었다.
我挣的钱刚够我一个人花。
내가 버는 돈이 나 혼자 쓰기에 바듯하다.

급수 이동 단어 (313)

1급에서 2급으로 (4)	火车站	零	日	说话		
2급에서 3급으로 (8)	船	公斤	欢迎	回答	向	元
	张	自行车				
3급에서 4급으로 (18)	表示	表演	出现	厨房	词语	低
	敢	果汁	举行	葡萄	普通话	使
	糖	相同	眼镜	以为	云	作用
4급에서 5급으로 (54)	暗	包括	报道	表达	吵	成熟
	代表	代替	当地	断	顿	朵
	反映	范围	风景	干燥	高级	工具
	鼓掌	果然	猴子	忽然	极其	集合
	精神	宽	扩大	亮	流泪	农村
	墙	群	人民币	软	湿润	狮子
	市场	握手	现代	限制	信任	血
	亿	硬	圆	窄	整齐	制造
	猪	逐渐	主动	撞	组成	组织
4급에서 6급으로 (1)	访问					
5급에서 6급으로 (77)	丙	不免	残疾	差别	朝代	乘
	除	磁带	当代	等候	丁	凡是
	肺	愤怒	服从	鸽子	革命	固体
	雇佣	关怀	光荣	横	胡须	皇帝
	皇后	煎	尖锐	解放	卷	抗议
	恐怖	蜡烛	粒	立方	谜语	棉花

5급에서 6급으로 (77)	民主	品种	朴素	企图	牵	侵略
	勤劳	嚷	荣幸	荣誉	融化	舌头
	神经	实行	寺庙	塔	特意	体积
	田野	通讯	铜	统治	维护	委托
	武器	消灭	协调	雄伟	选举	液体
	宇宙	缘故	真理	枕头	政策	执行
	嘱咐	宗教	祖国	祖先	罪犯	
2급에서 1급으로 (1)	号					
3급에서 2급으로 (3)	宾馆	面条	铅笔			
4급에서 2급으로 (2)	对 (形容词)	往				
4급에서 3급으로 (19)	笔记本	词典	发	个子	过 (动词)	后来
	聊天	留学	瓶子	起飞	起来	请假
	试	信用卡	饮料	只 (量词)	中文	嘴
	最后					
5급에서 3급으로 (1)	皮鞋					
5급에서 4급으로 (56)	棒	包子	比如	餐厅	厕所	存
	错误	打招呼	倒	登机牌	短信	对于
	房东	放松	付款	高速公路	胳膊	功夫
	国籍	建议	降落	郊区	接着	节
	景色	举	聚会	开心	烤鸭	客厅
	矿泉水	来自	礼拜天	零钱	毛	迷路
	秒	排队	勺子	是否	提	同时
	卫生间	现金	橡皮	小吃	小伙子	信封
	信息	学期	要是	应聘	邮局	占线
	重	自信				
6급에서 4급으로 (3)	互联网	修理	左右			

6급에서 5급으로 (66)

报到	报社	抱怨	播放	差距	超级
潮湿	池塘	词汇	大厦	当心	岛屿
兑换	耳环	分手	归纳	好客	怀孕
或许	假设	兼职	交往	尽快	经商
开水	看望	昆虫	朗读	冷淡	媒体
梦想	敏感	难免	嗯	欧洲	培训
色彩	时差	数	搜索	随身	随手
淘气	讨价还价	特色	网络	维修	位于
胃口	勿	吸取	夏令营	消极	写作
学历	押金	演讲	一律	一再	印刷
用功	在乎	长辈	主题	字母	组

1 6급에서 4급으로 이동 (3)

01 互联网 hùliánwǎng

명 인터넷

互联网产业的快速发展，创造了大量的工作机会。
인터넷 산업의 빠른 성장으로 대량의 취업 기회가 생겨나고 있다.

越来越多的商业用户与互联网相连。
점점 더 많은 사업자들이 인터넷과 연계하고 있다.

02 修理 xiūlǐ

동 수리하다, 수선하다

如果产品出现什么问题，我们可以上门修理。
만약 상품에 문제가 생기면 저희가 방문 수리해드리겠습니다.

他修理手机非常在行。
그는 휴대전화를 수리하는 데 매우 능숙하다.

03 左右 zuǒyòu

명 좌와 우, 왼쪽과 오른쪽

主席台左右两边坐了很多人。
연단의 좌우 양쪽에 많은 사람이 앉았다.

大概10点左右他就可以到。
대략 열 시 정도면 그는 도착할 수 있을 것이다.

2 6급에서 5급으로 이동(66)

01 报到 bàodào

동 도착 보고를(등록을) 하다

明后两天多所高校将迎来新生报到。
내일과 모레 이틀 동안 많은 대학들이 등록하는 신입생을 맞이할 것이다.

我已接到面试合格通知，下周一去公司报到。
나는 이미 면접 합격통지를 받아서, 다음 주 월요일에 회사에 출근한다.

02 报社 bàoshè

명 신문사

报社收到了很多来稿。
신문사는 많은 투고를 받았다.
那人说自己是一名报社记者。
그 사람은 자신이 한 신문사의 기자라고 한다.

03 抱怨 bàoyuàn

동 원망하다

他们抱怨工作量大、工资低。
그들은 일은 많고, 봉급이 적은 것을 원망했다.
大家都在抱怨这雨为什么还不停。
다들 이 비가 왜 아직 그치지 않는가를 원망했다.

04 播放 bōfàng

동 방송하다

电视上正在播放青奥会开幕式。
TV에서 청년올림픽 개막식 방송을 하고 있다.
我很喜欢这部电视剧里播放的背景音乐。
나는 이 드라마의 배경음악을 무척 좋아한다.

05 差距 chājù

명 격차, 차이

两个地区之间的工资差距正在拉大。
두 지역의 봉급 차이가 크게 벌어지고 있다.
正在研究如何缩小城乡间的收入差距问题。
어떻게 하면 도농 간의 소득격차를 줄일지 연구하고 있다.

06 超级 chāojí

형 초(超), 최상급의

离这里最近的超级市场在哪儿?
여기서 가장 가까운 슈퍼가 어디에 있어요?
这是艘超级豪华游轮, 里面有游泳池和西餐厅。
이 배는 최상급의 크루즈로, 안에는 수영장과 식당이 있다.

07 超市 chāoshì

명 슈퍼마켓(의 약칭)

那家超市的商品非常齐全。
그 슈퍼는 상품들이 매우 잘 구비되어 있다.
这家超市全天二十四小时营业。
이 슈퍼는 24시간 영업한다.

08 池塘 chítáng

명 못, 연못

这个池塘里长满了水草。
이 연못 안에는 수초가 가득하다.
天气寒冷, 池塘结了冰。
추운 날씨로 연못이 얼었다.

09 词汇 cíhuì

명 어휘

他的词汇丰富, 语法也很精通。
그의 어휘량은 풍부하고 어법 또한 정통하다.
这篇文章里有很多不恰当qiàdàng的词汇。
이 문장에는 적합하지 않은 어휘가 많이 있다.

10 大厦 dàshà

명 빌딩

一座高楼大厦矗立chùlì在马路两边。
고층 빌딩이 길 양가에 우뚝 솟아 있다.
新建的市政府大厦气势雄伟。
새로 지은 시청 청사는 웅장하고 위엄이 있다.

11 当心 dāngxīn

동 조심하다, 주의하다

在换季的时候要特别当心感冒。
환절기에는 특별히 감기를 조심해야 한다.
当心脚下台阶, 不要被绊倒bàndǎo。
발 밑에 계단 조심해, 걸려서 넘어지지 않게.

12 岛屿 dǎoyǔ

명 섬, 도서

这座桥是连接岛屿和陆地的要道。
이 다리는 섬과 육지를 연결해주는 요로이다.

这些岛屿历来就是中国的领土。
이 섬들은 예로부터 중국영토였다.

13 兑换 duìhuàn

동 환전하다

我想把这些钱都兑换成人民币。
나는 이 돈들을 위안화로 바꾸고 싶다.

我想去银行把这张支票兑换成现金。
나는 은행에 가서 이 수표를 현금으로 바꾸고 싶다.

14 耳环 ěrhuán

명 귀고리

她那对钻石耳环真漂亮。
그녀의 그 다이아몬드 귀고리 정말 예뻐요.

她老公送了她一副金耳环。
그녀 남편은 그녀에게 금 귀고리 한 쌍을 선물했다.

15 分手 fēnshǒu

동 헤어지다, 이별하다

他们谈了两个月就分手了。
그들은 두 달 사귀더니 헤어졌다.

就这么分手，真有点儿舍不得。
이렇게 헤어지다니, 진짜 좀 아쉽다.

16 归纳 guīnà

동 귀납하다, 종합하다

请把这篇文章的大意归纳一下。
이 문장의 주요한 의미를 귀납하시오.

把考试的重点归纳成了几个要点。
시험의 핵심을 몇 가지 요점으로 종합하였다.

17 好客 hàokè

형 손님 접대를 좋아하다, 손님을 좋아하다

这家女主人非常热情好客。
이 집 여주인은 손님 접대를 정말 정성 들여서 한다.

他们的诚实与好客给人留下了深刻的印象。
그들의 성실함과 손님 접대하는 것이 사람들에게 깊은 인상을 남겼다.

18 怀孕 huáiyùn

동 임신하다

她已经怀孕两个多月了。
그녀는 이미 임신한 지 두 달 남짓 지났다.

怀孕期间最好不要喝酒。
임신기간에는 가장 좋기는 금주하는 것이다.

19 或许 huòxǔ

부 아마, 어쩌면, 혹시

유 1101 也许

他或许在公司加班呢。
그는 어쩌면 회사에서 야근을 할지도 모르잖아.

这种药或许可以治他的病。
이런 약이 어쩌면 그의 병을 치료할 수도 있지.

20 假设 jiǎshè

동 가정하다

假设那是真的，我们现在该怎么办？
그것이 진짜라고 가정한다면 우리 지금 어떻게 해야 해?

假设这个社会是人人平等的社会。
이 사회가 모든 사람이 다 평등한 사회라고 가정해 보자.

명 가설, 가정

那是一种很有可能成立的假设。
그것은 일종에 성립 가능한 가설이다.

从这一假设中可以得出几种结论。
이 가설 중 몇 가지 결론을 도출해 낼 수 있다.

21 兼职 jiānzhí

동 겸직하다

他兼职两个部门的工作。
그는 두 부서에서 겸직으로 일하고 있다.

每天下班后，我兼职在外做家教。
매일 퇴근 후에, 나는 겸직으로 사외에서 과외도 한다.

명 겸직

不能因为兼职而疏忽本职工作。
겸직이라는 이유로 본직을 소홀히 하면 안 된다.

他与众不同，是公司唯一的兼职人员。
그는 다른 사람과 달리 회사에서 유일한 비상근 근무자야.

22 交往 jiāowǎng

동 왕래하다, 내왕하다, 교제하다

他跟他女朋友交往有两年了。
그와 그의 여자 친구가 사귄 지 2년이 되었다.

他们交往多长时间了？
그들은 사귄 지 얼마나 되었니?

명 왕래, 교제

我们老板好像和各个行业的人都有交往。
우리 사장님은 각계 분들과 모두 교제가 있는 거 같아.

这对情侣已经交往很久了。
이 연인은 이미 사귄 지가 꽤 되었어.

23 尽快 jǐnkuài

부 되도록 빨리

这件事要尽快解决，不能再拖延了。
이 일은 되도록 빨리 처리해야지, 더 이상 미룰 수 없다.

在您做出决定后，请尽快跟我们联系。
결정을 하시면, 바로 저희에게 연락을 주세요.

24 经商 jīngshāng

동 장사하다, 사업에 종사하다

毕业后，他开始了自己的经商生涯。
졸업 후, 그는 창업을 하여 사업에 뛰어들었다.

诚实和信用是经商成功的秘诀。
성실과 신용은 사업에서 성공하는 비결이다.

25 开水 kāishuǐ

명 끓인 물

这茶太苦了，加点儿开水吧。
이 차 정말 쓰다, 끓인 물을 좀 더 넣자.

小心开水，别把手给烫了。
끓는 물이니 조심해, 손이 데이지 않도록.

26 看望 kànwàng

동 방문하다, 문안하다

他出差时，顺便回趟老家看望父母。
그는 출장 갈 때, 겸사겸사 고향에 부모님을 뵈러 간다.

她准备周末和同学一起去看望老师。
그녀는 주말에 친구와 함께 선생님을 뵈러 가려고 준비하고 있다.

27 昆虫 kūnchóng

명 곤충

树林里生活着很多昆虫。
숲 속에는 많은 곤충이 살고 있다.

他细致地观察了昆虫的变化。
그는 세밀하게 곤충의 변화를 관찰했다.

28 朗读 lǎngdú

동 낭독하다

孩子们在认真的朗读诗歌。
아이들은 진지하게 시가를 낭독하고 있다.

同学们跟着老师朗读文章。
학생들은 선생님을 따라 문장을 낭독한다.

29 冷淡 lěngdàn

형 쌀쌀하다, 냉담하다, 냉정하다, 불경기이다

要热情招待，不要冷淡了客人。
친절하게 대해야지, 손님께 쌀쌀맞게 대하지 마라.

他用冷淡的目光看着我。
그는 냉담한 눈길로 나를 쳐다보았다.

30 媒体 méitǐ

명 대중 매체, 매스 미디어

很多艺人利用媒体舆论进行炒作。
많은 연예인들은 대중매체 여론을 이용하여 띄우고 있다.

现在有些媒体的报道太过离谱。
일부 매체들의 보도가 상식을 넘어서기도 한다.

31 梦想 mèngxiǎng

명 꿈

我梦想将来能成为一名书法家。
나의 꿈은 서예가가 되는 것이다.

她童年的梦想算是基本实现了。
그녀의 어린 시절 꿈을 대체로 이루었다고 할 수 있다.

32 敏感 mǐngǎn

형 민감하다, 감각이 예민하다

他对气味很敏感。
그는 냄새에 아주 민감하다.

年轻人对自己的外貌很敏感。
젊은이들은 자신의 외모에 아주 민감하다.

33 难免 nánmiǎn

동 면하기 어렵다, 피하기 어렵다

工作中难免会出错,细心点就好了。
일을 할 때 실수는 피하기 어려우니, 좀 세심하게 하면 돼.

做生意,难免有亏损的时候。
사업이라는 게, 손해 볼 때도 있지.

34 嗯 èng

감 응, 그래

嗯,我也觉得这部电影很有意思。
그래, 나도 이 영화 정말 재미있다고 생각해.

嗯,今天的特色菜是不错。
음, 오늘 특별 메뉴 정말 괜찮은데.

35 欧洲 Ōuzhōu

명 유럽

我打算今年冬天去欧洲旅行。
나는 겨울에 유럽여행을 가려고 계획 중이다.

他正想去欧洲扩大自己的事业。
그는 유럽에서 자신의 사업을 확장하려고 생각하고 있다.

36 培训 péixùn

동 양성하다, 육성하다, 훈련하다

参加这次培训的一共有一百五十余人。
이번 훈련에 참가한 사람은 모두 백오십여 명이다.

公司非常重视此次新员工的培训。
회사는 이번 신입사원들의 교육을 매우 중요시하고 있다.

37 色彩 sècǎi

명 색채, 색깔, 빛깔

这幅画的色彩十分浓艳 nóngyàn。
이 그림은 색채가 매우 화려하다.

她穿着一身色彩鲜艳 xiānyàn 的衣服。
그녀는 색채가 산뜻하고 아름다운 옷을 입었다.

38 时差 shíchā

명 시차

韩国和中国之间的时差是一个小时。
한국과 중국 간의 시차는 한 시간이다.

时差反应是每一个国际旅行者可能遇到的问题。
시차로 인한 피로는 해외여행을 하는 사람이라면 누구나 겪는 문제이다.

39 数 shǔ

동 세다, 헤아리다

他和她喜欢在明朗的夜晚数星星。
그와 그녀는 밝은 밤에 별을 세는 것을 좋아한다.

数一下找您的钱对不对。
거스름돈이 맞는지 세어보세요.

40 搜索 sōusuǒ

동 검색하다, 수색하다

在网上搜索一下就可以找到。
인터넷에서 검색하면 바로 찾을 수 있어.

警察在搜索逃走的犯人。
경찰이 달아난 범인을 수색하고 있다.

41 携带 xiédài

동 곁에 따라 (붙어)다니다

贵重物品, 请随身携带!
중요한 물품은 직접 휴대하세요!

登机前要检查随身携带的物品。
탑승 전에 휴대용품은 검사해야 합니다.

42 随手 suíshǒu

부 ~하는 김에, 겸해서

出去的时候, 请随手把门关上。
나갈 때, 문을 잘 닫아주세요.

不能随手乱扔垃圾。
함부로 쓰레기를 버려서는 안 돼.

43 淘气 táoqì

형 장난이 심하다, 말을 듣지 않다

这孩子很淘气, 鬼点子也很多。
이 아이는 장난이 심하고 꾀도 많이 부린다.

一群淘气的男孩子用粉笔在墙上乱涂乱画。
장난이 심한 남자아이들이 떼거지로 벽에 분필로 그림을 막 그리고 있다.

44 讨价还价 tǎojià huánjià

성 값을 흥정하다

市场里到处都能听到讨价还价的声音。
시장 도처에서 값을 흥정하는 소리를 들을 수 있다.

我们愿意商讨, 但不想讨价还价。
저희는 협의 검토는 원하지만 값을 흥정하기는 싫습니다.

45 特色 tèsè

명 특색, 특징

这些节目都是极具有民族特色的。
이런 프로그램들은 모두 민족적 특색을 가지고 있다.

这家餐厅推出的新菜品很有特色。
이 식당에서 새로 내놓은 메뉴가 매우 특색이 있다.

46 网络 wǎngluò

명 (그물 형태의) 조직, 계통, 망, 시스템

网络教育已在全国范围内普及。
인터넷교육은 이미 전국적으로 보편화되었다.

网络让世界变成了地球村。
인터넷은 세계를 지구촌으로 변화시켰다.

47 维修 wéixiū

동 보수하다, 간수 수리하다

这辆车要花一大笔钱维修。
이 차를 수리하자면 큰돈이 들어갈 것이다.

今后三年我公司提供免费维修服务。
앞으로 3년 동안 저희 회사에서 무상서비스를 제공하겠습니다.

48 位于 wèiyú

동 ~에 위치하다

中国位于亚洲大陆东南部。
중국은 아시아 대륙 동남부에 위치하고 있다.

济州岛位于韩半岛的南端。
제주도는 한반도 남단에 위치하고 있다.

49 胃口 wèikǒu

명 식욕, 구미

今天的饭菜好像不太合他的胃口。
오늘 음식이 그 사람 입맛에 맞지 않는 거 같아요.

他老婆怀孕了, 最近胃口不好。
그의 부인은 임신으로 최근에 입맛이 없다.

50 勿 wù

[부] ~해서는 안 된다, ~하지 마라
贵重物品，请勿乱放！
중요한 물건을 함부로 놓지 마세요!
真相未查明之前，勿轻举妄动！
진상이 밝혀지기 전까지, 경거망동은 안 돼!

51 吸取 xīqǔ

[동] 흡수하다, 빨아들이다, 섭취하다
我们要吸取教训，不能让悲剧重演。
우리는 교훈을 받아들여서 비극이 다시 되풀이 되지 않도록 해야 한다.
通过读书吸取精神营养。
독서를 통해서 자양분을 섭취한다.

52 夏令营 xiàlìngyíng

[명] 여름 캠프, 하계 캠프
孩子们夏令营期间住在山里的一间小木屋里。
아이들 여름 캠프 기간에는 산속 작은 오두막집에서 살게 한다.
每年学校都会组织学生去夏令营。
매년 학교에서는 학생들을 조직해서 여름캠프에 참여시키고 있다.

53 消极 xiāojí

[형] 소극적이다, 의기소침하다
军事家都反对消极防御fángyù。
군사 전문가들은 모두 소극적 방어를 반대한다.
他对这件事情的想法很消极。
그는 이 일에 대한 견해가 매우 소극적이다.
我们不能以消极的态度对待工作。
우리는 소극적인 태도로 일을 대하면 안 된다.

54 写作 xiězuò

[동] 저작하다, 글을 짓다
他每天利用空余时间从事写作工作。
그는 매일 남는 시간을 이용해서 글쓰기를 한다.
写作是表达情感的一种好方法。
글쓰기는 감정을 표현하는 좋은 방법 중의 하나이다.

55 学历 xuélì

[명] 학력
有本科学历就可以应聘。
학사 학력이 있으면 지원할 수 있습니다.
公务员考试废除学历限制。
공무원 시험에 학력 제한을 폐지했다.

56 押金 yājīn

[명] 보증금, 담보금
租这套房子时，我付了3000元押金。
이 집을 빌릴 때, 제가 3,000위안 보증금을 지불했습니다.
退房子的时候，我们将退还押金。
체크아웃할 때, 보증금은 돌려드립니다.

57 演讲 yǎnjiǎng

[명] 강연, 연설, 웅변
公司近期将组织外国语演讲比赛。
회사는 최근 외국어 웅변대회를 준비하고 있다.
他动情的演讲十分感人。
그의 감동적인 연설은 사람을 매우 감동시킨다.
[동] 연설하다, 웅변하다, 강연하다
他善于在众人面前演讲。
그는 대중 앞에서 연설을 잘한다.
大学生们正在就国际关系问题进行演讲。
대학생들이 국제관계 문제에 관해 웅변을 하고 있다.

58 一律 yílǜ

[형] 일률적이다, 한결같다
大草原上千篇一律，我们感到很沉闷。
대초원이 천편일률적이라, 우리는 아주 황량하게 느꼈다.
[부] 일률적으로, 예외 없이, 모두

国家不分大小、强弱，一律平等。
국가가 크고 작든, 강하고 약하든 관계없이 모두 평등하다.
无论男女老少，一律停车接受检查。
남녀노소 할 것 없이, 일률적으로 차를 세우고 검사를 받아야 한다.

59 一再 yízài

부 수차, 거듭, 반복해서
公司打印机一再出现故障，让人头疼。
회사 인쇄기가 반복해서 고장 나 머리가 아프다.
妈妈一再嘱咐zhǔfù她要注意身体。
엄마는 그녀에게 다시 한 번 건강에 주의하라고 거듭 당부했다.

60 印刷 yìnshuā

동 인쇄하다
他开始印刷他自己的宣传海报。
그는 자신의 홍보포스터 인쇄를 시작했다.
新店开业，老板打算印刷一些传单。
개업으로 사장은 전단지를 인쇄할 계획을 하고 있다.

61 用功 yònggōng

동 노력하다, 열심히 공부하다
想要取得好成绩，就该用功学习。
좋은 성적을 얻고 싶다면, 열심히 공부해.
他虽然不太聪明，但是非常用功。
비록 그가 총명하지는 않지만 매우 노력한다.

62 在乎 zàihu

동 ~에 있다, 신경 쓰다, 개의하다
现在什么都不在乎了！
지금은 아무것도 개의치 않는다.
不管别人怎么说，我一点儿也不在乎。
누가 뭐라 하든지 간에, 나는 조금도 개의치 않아.

63 长辈 zhǎngbèi

명 집안 어른, 손윗사람
我们家的孩子对长辈总是恭恭敬敬的。
우리 집 아이는 어른들에게 항상 예가 바르다.
有意见要好好商量，不能和长辈顶嘴。
의견이 있으면 잘 상의하면 되지, 손윗사람한테 말대꾸하면 안 돼.

64 主题 zhǔtí

명 주제
这篇小说的主题是什么？
이 소설의 주제는 뭐니?
会议的主题是失业问题。
회의의 주제는 실업 문제이다.

65 字母 zìmǔ

명 자모, 알파벳
把他的名字用英文字母写出来。
그의 이름을 영어 알파벳으로 써라.
她的T恤xù背后有个大的字母图案。
그는 티셔츠 뒷면에 큰 알파벳 도안이 있다.

66 组 zǔ

명 조, 그룹, 팀, 세트
他担任摄影shèyǐng组的组长。
그는 촬영 팀의 팀장이다.
分成两个小组，各自分头行动。
두 팀으로 나눠서 따로 행동해.

삭제 단어 (42)

급					
2급 (1)	所以				
3급 (8)	河	黄	虽然	鞋	信	以后
	祝	字典				
4급 (8)	不但	孤单	请客	食品	算	洗衣机
	修	增长				
5급 (25)	必需	不必	不好意思	池子	传递	岛
	点头	费用	更加	古老	罐头	黄瓜
	解说员	紧	敬爱	看来	狼	露
	明信片	难看	排球	缩小	弯	硬币
	钟					

新HSK VOCA 5000 5급

어휘 plus+ 노트

新 HSK VOCA 5000 5급 어휘 plus+

0008 不 · 0064 没

- 不   튀 아니다
  ➡ 不去, 不忙, 不知道
  (不 + 동사 / 不 + 형용사 / 不 + 심리, 지각동사)

- 没(有)   튀 아니다, 없다, ~하지 않았다
  ➡ 没去, 没暖和
  (没 + 동사 / 没 + 형용사)

비교 不는 일반적으로 주관적인 동작에 쓰이고, 没는 비주관적 동작에 쓰인다. 不는 주로 현재, 미래의 동작행위를 부정하나, 没는 주로 과거의 동작행위를 부정한다. 예를 들면, '我不买了。'는 지금 이 시점 이후로 주관적으로 사지 않기를 바라는 것이며, '我没买。'는 사지 않았다는 객관적 사실을 말하고 과거를 부정하는 것이다. 不는 형용사 앞에서 성질의 부정을 나타낼 수 있으나, 没는 형용사 앞에서 상태의 변화를 나타낸다.

▶ 뜻이 완전히 같을 때에는 차이점에 주목하는 것이 포인트!

Check
她虽然个子很高，可是（　　　　）太漂亮。
비록 그녀가 키는 크지만, 그다지 예쁘지는 않습니다.

天气还（　　　　）暖和。
날씨는 아직 따뜻해지지 않았습니다.

답 不 / 没(有)

0042 会 · 0072 能

- 会   조동 ~할수 있다
  ➡ 会说汉语, 会开车, 会下雨

- 能   조동 ~할수 있다
  ➡ 能说会道, 能歌善舞, 不能抽烟

비교 두 단어 모두 구비된 기능을 가리키며, 가능을 나타낸다. 하지만 能은 능력을 구비하거나 능률에 도달하는 것을 나타내며, 会는 학습에 의해 할 수 있음을 나타낸다. 즉 처음 배우는 동작은 会를 쓰고 능력이 회복되는 경우 能을 쓴다. 능력이 일정한 능률에 도달했을 경우, 能을 쓰며 会는 쓰지 않는다. 会는 추측이나 가능성의 뜻으로 的와 함께 쓰이고, 能은 어떤 상황, 환경, 조건에서 허락을 나타낸다.

▶ 아무리 쉬운 단어일지라도 그 속 뜻을 한 번쯤 되새겨보는 것이 포인트!

Check
我女儿12秒（　　　　）跑100米。
내 딸아이는 100미터를 12초에 뛸 수 있다.

他的腿伤好多了，现在（　　　　）慢慢地走。
그의 다리의 상처는 많이 좋아져서, 지금은 천천히 걸을 수 있다.

明天我（　　　　）去的。
저는 내일 갈 것입니다.

답 能 / 能 / 会

0050 看 · 0051 看见

- 看   동 보다
  ➡ 正 / 正在 / 在 + 看
  ➡ 看 + 着 / 过

- 看见   동 + 결과보어 보이다

비교 看은 지속성 동사로 앞에 부사 正, 正在, 在 등이 올 수 있으며 동작이 발생하고 있음을 나타낸다. 看见은 지속성 동사가 아니며 동작의 결과를 나타내므로, 앞에 正, 正在가 놓일 수 없으며, 뒤에 진행 지속 동태조사 着를 가질 수도 없다. 부정형식은 没看见, 看不见이다.

▶ 두 글자 중 한 글자만 다를 경우 그 다른 한 글자의 뜻에 집중하여 구분하는 것이 포인트!

Check
眼睛不好，没（　　　　）远处的字。
눈이 좋지 않아 먼 곳의 글자를 보지 못했다.

明天有考试，但他还在（　　　　）电视。
내일이 시험인데도, 그는 여전히 텔레비전을 보고 있다.

답 看见 / 看

0151 吧 · 0061 吗 · 0071 呢

- 吧   조 ~이죠, ~합시다, ~하자 (청유·권유·동의)

- 吗   조 ~입니까? (의문)

- 呢   조 진행 또는 의문

비교 吧와 吗는 일반적으로 의문문 끝에서 의문을 나타내며, 吧는 吗

보다 긍정적 어기를 표현한다. 呢는 특수의문문의 문미에 오며 의문을 나타낸다(哪能……呢?). 吗는 서술문에서는 쓸 수 없으나, 吧는 서술문 끝에 올 경우, 명령·요구·건의·재촉·동의 등의 어기를 나타낼 수 있다. 呢는 서술문에 사용될 경우, 동작 혹은 상황이 지속됨을 나타내거나 사실의 명확성을 강조하기도 한다.

▶ 아무리 쉬운 단어일지라도 그 속뜻을 한번쯤 되새겨 보는 것이 포인트!

Check

难道你还不知道（　　　　　）?
설마 네가 아직도 모른다고?

我们一起参加（　　　　　）。
우리 같이 참가하자.

你别进去, 他正睡觉（　　　　　）。
너 들어가지 마, 그는 지금 자고 있어.

답 吗 / 吧 / 呢

0174 懂 · 0295 知道

- 懂　동 이해하다
  ➡ 懂 + 意思, 道理, 英语, 人情, 内容

- 知道　동 알다
  ➡ 知道 + 事实, 事物, 事情

비교 '我懂了'와 '我知道了'는 둘 다 '나는 이해했다, 나는 알았다'라는 뜻으로 쓰이는데, 懂은 대체로 사람을 목적어로 삼지 않고, 知道는 결과보어로 쓰이지 않는 특징을 가지고 있다.

Check

我不（　　　　　）他叫什么名字。
나는 그 사람의 이름을 모른다.

你听（　　　　　）我的话了吗?
너는 내 말을 알아 들었니?

답 知道 / 懂

0210 可以 · 0072 能

- 可以　조 할 수 있다, 해도 된다
- 能　조 할 수 있다, 해도 된다

비교 可以는 주로 가능성을 나타내고, 能은 주로 능력을 나타내어 어떤 일에 능숙함을 나타낸다. 또한 可以는 주관적 허락을 나타내나, 能은 객관적인 조건에서의 허락이나 가능을 나타낸다. 可以는 서술어가 될 수 있지만, 能은 될 수 없다.

▶ 뜻이 완전히 같을 때는 차이점에 주목하는 것이 포인트!

Check

他不来也（　　　　　）。그가 오지 않아도 된다.

她很（　　　　　）写, 一写就是大篇。
그녀는 글을 매우 잘 써서, 한번 썼다 하면 대작이다.

답 可以 / 能

0213 快乐 · 0031 高兴

- 高兴　형 기쁘다, 즐겁다
  ➡ 很高兴, 真高兴, 高兴得不得了, 高高兴兴

- 快乐　형 기쁘다, 즐겁다
  ➡ 春节快乐, 生日快乐, 生活得快乐, 快乐的晚年

비교 高兴은 즐겁고 흥분되는 감정을 나타내며, 형용사 용법 이외에도 동사로서 '~하기를 좋아하다'라는 뜻도 있다. 快乐는 행복과 만족감을 느끼는 감정을 나타내며 동사의 용법은 없다.

▶ 어떤 단어들과 함께 쓰이는지를 알아두는 것이 포인트!

Check

祝大家新年（　　　　　）。
모두 즐거운 새해 보내길 바랍니다.

我不（　　　　　）做那件事。
나는 그 일을 하는 것을 좋아하지 않는다.

답 快乐 / 高兴

0216 两 · 0027 二 · 0876 俩

- 两　수 2, 둘
  ➡ 两个人, 两十(×), 两两(×)

- 二　수 2, 둘, 두번째
  ➡ 一二三四(일이삼사), 二十(20),
  第二册(제2권), 八十九点二(89.2),
  五分之二(2/5), 二两(두 냥)

- 俩　수 2, 두개, 两个
  ➡ 他们俩, 兄弟俩, 俩苹果

비교 二과 两은 모두 수사로 2를 대표한다. 하지만 사용범위가 다음과 같이 다르다.

① 二은 단독으로 말할 수 있으나, 两은 그럴 수 없다.
② 여러 자리수가 있는 경우, 二을 쓴다. 예를 들어 12 (十二),

502(五百零二)에서는 两을 쓰지 않는다.
③ 二은 친속관계의 호칭을 말할 때 앞에 둘 수 있으며, 两은 그러하지 않다. 예를 들어 二叔, 二哥, 二姨 등이 있다.
④ 百, 千, 万, 亿 앞에서는 二과 两 모두 쓸 수 있다.
⑤ 二은 오직 도량단위 앞에서만 쓰이며, 两은 동량단위와 기타 양사 앞에서 모두 쓸 수 있다.
⑥ 기수를 표시할 때 二은 일반적으로 명사 앞에 직접 놓이지 않으나, 两은 명사 바로 앞에 쓸 수 있다. 예를 들어 两国, 两地, 两手 등이 있다.
⑦ 서수, 소수, 분수에서는 二만 쓰고 两은 쓰지 않는다.
또한 俩는 두 개를 뜻하며 뒤에 명사가 따라오며, 뒤에 个라는 양사가 필요 없다. 대사와 명사 뒤에도 쓸 수 있다. 예를 들어 我们俩, 俩苹果 등이 있다.

▶ 뜻이 완전히 같을 때는 차이점에 주목하는 것이 포인트!

Check
大厅里摆放着（　　　　）把皮沙发。
로비에는 두 개의 가죽 소파가 놓여 있다.
今天我们来学习第（　　　　）课。
오늘 우리는 제2과를 배우겠습니다.
我们（　　　　）相处得很好。
우리 둘은 아주 잘 지낸다.

📖 两 / 二 / 俩

0303 矮 · 0352 低

- 矮　형 작다, 왜소하다
  ➡ 个子, 房子, 树, 楼层, 长得, 盖得
- 低　형 낮다
  ➡ 飞得, 挂得, 地势, 水平, 声音, 地位

비교 矮는 사용범위가 아주 좁아 '키가 작다'는 뜻으로만 쓰이며, 관형어, 술어, 보어의 역할을 하나 부사어 역할은 하지 못한다. 低는 '고도가 낮다'라는 뜻 말고도 능력이나 수준 등 일반적인 기준과 평균의 정도가 낮음을 나타내며, 관형어, 술어, 보어 외에도 부사어 역할을 할 수 있으며, 동사의 뜻도 있다.

▶ 아무리 쉬운 단어일지라도 그 속뜻을 한번쯤 되새겨 보는 것이 포인트!

Check
我们班里个子最（　　　　）的就是他。
우리 반에서 키가 가장 작은 사람은 바로 그이다.
他的学习方法不好，学习效率很（　　　　）。
그는 학습 방법이 좋지 않아서 학습 효율이 매우 떨어진다.

📖 矮 / 低

0304 爱好 · 0115 喜欢

- 爱好　동 좋아하다
  ➡ 爱好 + 事物
- 喜欢　동 좋아하다
  ➡ 喜欢 + 事物, 人

비교 둘 다 좋아한다는 뜻이나, 爱好는 어떤 사물에 관한 깊은 관심과 흥미를 나타내며, 명사적 용법으로 '취미'라는 뜻이 있다. 喜欢보다 그 정도가 깊고, 목적어는 사물만 올 수 있다. 喜欢은 사람과 사물 모두 목적어로 올 수 있다.

▶ 비슷한 의미를 가진 단어일수록 搭配에 의해 구분된다는 것이 포인트!

Check
他（　　　　）帮助别人。
그는 남을 돕는 걸 좋아해.
他的（　　　　）跟我的一样。
그의 취미는 나와 같다.

📖 喜欢 / 爱好

0306 把 · 将 jiāng

- 把　전 ~을, ~를
- 将　전 ~을, ~를

비교 把와 将은 모두 전치사로서 '~을, ~를'의 뜻을 가지고 있다. 把는 구어에 자주 쓰이고, 将이 서면어라는 점 이외에는 용법이 모두 같다.
① 把가 전치사 역할을 할 경우, 뒤에 오는 명사는 동사의 동작 대상으로 목적어 역할을 한다
   我把床铺收拾好了。 내가 침대시트를 다 정리했어.
② 뒤에 오는 명사는 반드시 정확한 사람, 사물을 가리킨다.
   他把一本书送给我。(X)
   他把这本书送给我。(O) 그가 이 책을 내게 줬어.
③ 把 뒤에 오는 동사는 단음절로 쓰일 수 없으며, 다른 성분이 동사 뒤에 와야 한다
   妹妹把这本书看。(X)
   妹妹把这本书看好了。(O)
   여동생은 이 책을 다 보았다.
④ 부사와 조동사는 把 앞에 놓인다.
   他上午把传真就发出去了。(X)
   他上午就把传真发出去了。(O)
   그는 오전에 바로 팩스를 보냈다.

두 단어 모두 전치사 용법 이외에도 다른 용법을 가지고 있다. 把는 손으로 움켜 쥘 수 있는 것을 세는 양사로 쓰이고, 将은 부사로서 '장차, 곧'이라는 뜻을 가지고 있다.

▶ 뜻이 완전히 같을 때에는 차이점에 주목하는 것이 포인트!

Check

快要下雨了，你最好带（　　　　　）伞。
곧 비가 내릴 거야, 우산을 가져가는 것이 좋겠어.

我不久（　　　　　）去北京工作。
나는 얼마 후에 베이징에 가서 일을 할 것이다.

🔲 把 / 将

Check

杯子（　　　　　）打碎了。컵이 깨졌다.

杯子（　　　　　）人打碎了。
컵이 사람에 의해 깨졌다.

她（　　　　　）我去买东西。
그녀는 나더러 가서 물건을 사라고 했다.

🔲 被 / 被 / 让 / 让

0312 帮忙 · 0154 帮助

· 帮忙　동　돕다, 도와주다
　➡ 帮了大忙, 帮不了忙, 帮我的忙, 帮过忙, 帮不了忙

· 帮助　동　돕다, 도와주다
　➡ 帮助 + 农村, 朋友

🔲 帮忙은 동빈 구조 동사이고, 帮助는 병렬식 구조 동사이다. 따라서 帮助는 바로 목적어를 가져올 수 있지만, 帮忙은 목적어를 직접 가져올 수 없고 중간에 기타성분을 삽입해야 한다.

▶ 동빈 구조 동사, 즉 이합사의 쓰임을 명확히 파악하는 것이 포인트!

Check

你替我去（　　　　　）吧。
당신이 나를 대신해서 도와주세요.

他刚来，没什么经验，请大家多（　　　　　）他。
그가 금방 와서 아무런 경험이 없으니, 모두 그를 많이 도와줘.

🔲 帮忙 / 帮助

0324 别人 · 人家 rénjiā

· 别人　대　다른 사람

· 人家　대　다른 사람, 자신

🔲 두 단어 모두 '다른 사람'이라는 뜻을 가지고 있으나, 人家는 화자와 청자가 어떤 사람 혹은 어떤 사람들을 모두 알고 있을 때, '他', '他们'과 바꿔쓸 수 있고, 화자 본인을 가리켜 我로도 바꿔쓸 수 있다. 别人은 이 두 가지 용법이 없다.

▶ 뜻이 완전히 같을 때에는 차이점에 주목하는 것이 포인트!

Check

家里只有奶奶和我，没有（　　　　　）。
집에는 단지 할머니와 나만 있고, 다른 사람은 없다.

（　　　　　）刚开始搞对象，你怎么就说他们成不了。그들이 막 연애를 시작하려는데, 너는 어째서 벌써 그들이 이루어지지 않을 것이라 얘기하니.

🔲 别人 / 人家

0316 被 · 0238 让

· 被　전　~에 의해서
　➡ 주어 + 부사어 + 被 + (목적어 생략 가능) + 동사……

· 让　전　~에 의해서
　➡ 주어 + 부사어 + 让 + 목적어 + 동사……

🔲 전치사로 쓰일 경우, 被와 让 두 단어 모두 피동의 뜻을 가지고 있다. 被는 목적어를 지닐 때에는 생략이 가능하나, 让은 어떠한 상황에서든 목적어를 생략할 수 없다. 또한 让은 허락이나 명령 등의 뜻도 있다.

▶ 뜻이 완전히 같을 때에는 차이점에 주목하는 것이 포인트!

0327 才 · 0204 就

· 才　부　비로소, 겨우

· 就　부　곧, 겨우

🔲 才와 就는 서로 상반되는 뜻을 가진다.

① 동작의 발생 측면에서 보면 才는 동작의 발생이나 동작의 끝맺음이 늦은 것을 가리키고, 就는 동작이 짧은 시간 안에 곧 발생할 것을 가리킨다.

　她后天才能到。그녀는 모레가 되야 겨우 도착한다.
　她就到。그녀는 곧 도착한다.

② 수량적인 측면에서 보면 才는 수량이 적은 정도를 가리키고, 就는 수량의 많고 적음을 모두 나타낼 수 있다.

　我就有一本，别拿走。
　나도 단지 한 권 있어, 가져가지 마.

423

③ 才와 就는 문맥의 영향을 많이 받는 단어이다. '走着去十分钟才能到.(걸어서 10분이나 가야 비로소 도착한다.)'와 '走着去十分钟就能到.(걸어서 10분이면 곧 도착한다.)'는 둘 다 맞는 문장이다. 그러나 다음 문장 중 '很近(가깝다)'이라는 뜻 때문에, 둘 중 한 문장은 틀리게 된다.

学校离这儿很近，走着去十分钟才能到。(X)
学校离这儿很近，走着去十分钟就能到。(O)
학교는 여기에서 가까워, 걸어서 10분이면 바로 도착한다.
만약 앞의 문장이 달라지면 답도 달라진다.

学校离这儿很远，走着去十分钟才能到。(O)
学校离这儿很远，走着去十分钟就能到。(X)
학교는 여기에서 멀어서, 걸어서 10분이나 가야 비로소 도착한다.

▶ 단어의 뜻은 문맥에 따라 변한다는 것이 포인트 !

Check

他一个人（　　　　）翻译了五十页，我们几个人合起来（　　　　）翻译了十几页。
그는 혼자서 50쪽이나 번역을 했는데, 우리 몇 사람이 합해봤자 열 몇 쪽밖에 번역을 못 했다.

답 就 / 才

0350 **地** · 0015 **的** · 0170 **得**

- 地 조 ~하게 (형용사 + 地 + 술어)
  ➡ 清楚地看到, 高高兴兴地唱歌, 很认真地听

- 的 조 ~의 (명사 + 的 + 중심어[주어, 목적어])
  ➡ 我的书, 幸福的生活

- 得 조 ~하는 정도, ~할 수 있다 (술어 + 得 + 정도보어, 술어 + 得 + 결과보어/방향보어/了)
  ➡ 打球打得非常好, 吃得完, 起得来, 去得了

비교 地는 주로 형용사 뒤에 붙어서 동사를 직접적으로 꾸며주는 역할을 하고 부사어를 만들어낸다. 的는 주로 주어나 목적어 바로 앞에서 주어나 목적어를 꾸며주는 역할을 하고 관형어를 만들어낸다. 得는 술어 뒤에서 정도보어를 만들어내는 역할과 동사와 결과보어/방향보어/了 사이에 붙어서 가능을 나타내는 가능보어를 만들어낸다.

▶ 뜻이나 쓰임이 명확한 단어는 확실히 구분해 두는 것이 포인트 !

Check

刚才打扫房间（　　　　）是我女儿。
방금 방을 청소한 사람은 내 딸이다.

丈夫把房间打扫（　　　　）干干净净的。
남편이 방을 깨끗하게 청소했다.

孩子们马马虎虎（　　　　）打扫房间了。
아이들은 대충 방을 청소했다.

답 的 / 得 / 地

0389 **关于** · 1441 **对于**

- 关于 전 ~에 관해서
- 对于 전 ~에 대해서

비교 ① 关于는 간섭을 표현하나, 对于는 그런 용법이 없다.
关于织女星，民间有个美丽的传说。
견우와 직녀성은 민간에 전해져오는 아름다운 전설이다.

② 关于는 대상을 가리키지 않고, 对于는 대상을 밝힌다.
对于文化遗产，我们必须进行研究分析。
문화유산에 대하여 우리는 반드시 연구분석을 해야 한다.

③ 关于는 전치사 구조로 문장 제목에서 혼자 쓰일 수 있으나, 对于는 전치사 구조나 오직 수식구로 쓰이는 제목에만 사용된다.
关于人生观 인생관에 관한
对于新政策的认识 신 정책에 대한 인식

▶ 두 글자 중 한글자만 다를 경우 그 다른 한 글자의 뜻에 집중하여 구분하는 것이 포인트 !

Check

我（　　　　）这种结果一点儿也没想到。
나는 이런 결과에 대해서는 조금도 생각해보지 않았다.

我喜欢看（　　　　）中国历史的书。
나는 중국 역사에 관한 책을 좋아한다.

답 对于 / 关于

0393 **还是** · 0407 **或者**

- 还是 접 아니면
- 或者 접 아니면, 혹은

비교 접속사일 경우, 두 단어 모두 선택관계를 나타낸다. 하지만 还是는 의문문에서 주로 쓰이고, 或者는 서술문에서 주로 쓰인다. 还是는 접속사 이외에도 부사 용법으로 '여전히, 그래도'라는 뜻도 있다.

▶ 의문문에 쓰였는지 서술문에 쓰였는지 구별하는 것이 포인트 !

Check

今天去（　　　　）明天去都可以。

오늘 가든, 내일 가든 모두 괜찮다.
你们明天去，（　　　　）后天去?
너희는 내일 가니, 아니면 모레 가니?

🔑 或者 / 还是

0454 了解 · 0086 认识 · 0295 知道

- 了解 동 잘 알다, 이해하다
  ➡ 了解 + 情况, 历史, 文化, 社会, 为人, 敌情

- 认识 동 인식하다, 알다
  ➡ 认识 + 人, 事物, 汉字, 路

- 知道 동 알다
  ➡ 知道 + 事实, 事物, 事情

비교 认识는 사람 및 사물, 지역, 글자 등을 분별할 수 있음을 나타내고, 知道는 사실 혹은 도리의 일반적인 인식을 나타낸다. 了解는 사실과 도리가 비교적 깊이 인식됨을 나타내며, 知道보다 정도나 범위가 넓다. 또한 '알아보다, 조사하다'의 뜻도 있으며, 보어를 가져올 수 있다. 知道와 认识가 보어를 가질 때는 조사 得가 필요하다. 예) 知道(认识)得很清楚.

▶ 어떤 단어들과 함께 쓰이는지를 알아두는 것이 포인트!

Check
来这里以后，我（　　　　）了好多朋友。
이곳에 온 이후, 나는 많은 친구들을 알게 되었다.
请你帮我（　　　　）一下她的情况。
네가 내 대신 그녀의 정황을 좀 알아봐줘.
我不（　　　　）他叫什么名字。
나는 그의 이름이 무엇인지 모른다.

🔑 认识 / 了解 / 知道

0465 明白 · 0486 清楚

- 明白 형 동 명백하다 / 이해하다
  ➡ 内容, 道理, 意思, 问题

- 清楚 형 동 뚜렷하다 / 잘 알다
  ➡ 事情, 情况, 观点, 字迹, 头脑, 说话, 表达

비교 明白와 清楚는 형용사로서 모두 '뚜렷하다'라는 뜻을 가지고 있는데, 明白는 내용이 심오하지 않거나 상황이 복잡하지 않아 이해하기 쉬운 것을 가리키고, 清楚는 형상, 색채, 소리 등이 모호하지 않고 쉽게 구별이 가는 것을 가리킨다. 明白와 清楚의 동사적 용법을 살펴보면, 明白는 '懂' 즉 이해한다는 것을 가리키고, 清楚는 '了解' 즉 잘 알고 있다는 것을 가리킨다.

▶ 품사에 따라 뜻이 조금씩 변하는 것이 포인트!

Check
你（　　　　）我的意思了吗?
너는 내 뜻을 이해했니?
我刚来，不（　　　　）他去哪儿了。
나는 방금 와서, 그가 어디 갔는지 잘 모른다.

🔑 明白 / 清楚

0491 认为 · 0563 以为

- 认为 동 ~라고 여기다, 생각하다

- 以为 동 ~라고 여기다, 생각하다

비교 认为는 사고 분석을 통한 후에 사람과 사물에 대한 정확한 견해 혹은 판단을 도출해내는 것을 말하는데, 객관성이 강하며 판단 가능성이 정확하기도 하고 틀릴 수도 있다. 以为는 자신이 알고 있는 사실을 강조하고 주관성이 강하며 판단이 틀림을 나타낸다.

▶ 뜻이 완전히 같을 때에는 차이점에 주목하는 것이 포인트!

Check
原来是你啊，我（　　　　）是李老师来了呢。 너였네, 나는 이 선생님이 오신 줄 알았잖아.
我们都（　　　　）她不错。
우리는 모두 그녀가 괜찮다고 생각한다.

🔑 以为 / 认为

0550 兴趣 · 0304 爱好

- 兴趣 명 흥미, 관심
  ➡ 引起, 感, 产生 + 兴趣

- 爱好 명 취미
  ➡ 有, 没有 + 爱好
  ➡ 爱好 + 广泛, 很多

비교 兴趣는 사람이 객관적 사물을 좋아하는 감정을 나타내며, 일정한 시간을 통해 양성되는 감정을 나타낸다. '感', '引起', '产生' 등의 동사와 자주 쓰이며, '大', '浓' 등의 형용사와도 자주 쓰인다. 爱好는 어떤 사물에 대해 깊은 관심과 개인적 흥미, 즉 취미를 나타내며, 목적어는 사물만 올 수 있다.

425

▶ 비슷한 의미를 가진 단어일수록 搭配에 의해 구분된다는 것이 포인트!

Check

我丈夫从来没有什么特别的（　　　　）。
내 남편은 지금까지 무슨 특별한 취미를 가져본 적이 없다.

0552 需要・需求 xūqiú

- 需要 명 욕구, 요구
- 需求 명 수요, 필요

비교 需要와 需求는 둘 다 명사 용법을 가지고 있다. 需要는 사물에 대한 욕망과 요구를 나타내며, 需求는 필요에 의해서 생기는 요구, 즉 필요한 물건을 나타낸다. 또한 需要는 동사 용법으로 반드시 필요하다는 뜻을 가지고 있으나, 需求는 동사 용법이 없다.

▶ 한국어로 해석하면 차이가 없어 보이므로 단어의 뜻을 정확히 파악하는 것이 포인트!

Check

你（　　　　）我做什么，尽管吩咐 fēnfù。
내가 뭘 하기를 원하면, 분부만 내려.

你们有什么样的（　　　　），我们就提供什么样的服务。여러분이 무슨 필요사항이 있다면, 우리는 그 서비스를 제공합니다.

他们的（　　　　）我们满足不了。
그들의 요구를 우리는 만족시킬 수 없다.

🖉 需要 / 需求 / 需要

0574 又・0188 还・0287 再

- 又 부 또
- 还 부 더, 다시
- 再 부 다시

비교 又, 还, 再 이 세 단어는 모두 동작이나 상태 등의 중복 혹은 지속을 나타내고 있으나, 그 범위에는 차이가 있다. 还는 중복을 나타낼 때와 과거, 현재, 미래의 동작을 모두 나타낸다. 再는 미래의 동작을 나타내며, 실현되지 않았거나 혹은 지속되고 있는 것만을 나타낸다. 又는 과거의 동작으로 이미 완성된 것을 나타낸다.

▶ 뜻이 완전히 같을 때는 차이점에 주목하는 것이 포인트!

Check

今天没时间，明天（　　　　）去买书吧。
지금 시간이 없으니, 내일 다시 책을 사러 가자.

她昨天来了，今天（　　　　）来了。
그녀는 어제 왔었는데, 오늘 또 왔다.

她今天又来找我了，说明天（　　　　）想和我再去一次。그녀가 오늘 또 나를 찾아와서, 내일 다시 나와 한 번 더 가자고 말했다.

🖉 再 / 又 / 还

0590 重要・0592 主要

- 重要 형 중요하다 ↔ 一般
- 主要 형 주요하다 ↔ 次要

비교 重要는 중대한 작용이나 중대하다는 뜻으로 쓰이거나 혹은 영향력을 나타내어, 사용범위가 비교적 넓다. 主要는 부수적인 뜻과 상반되어 관련되는 사물 중에 가장 중요하고 결정적인 작용을 하는 것을 가리킨다.

▶ 아무리 쉬운 단어일지라도 그 속뜻을 한번쯤 되새겨 보는 것이 포인트!

Check

我现在（　　　　）负责设计工作。
나는 지금 디자인 업무를 주로 담당하고 있다.

这次会议很（　　　　），你一定要参加。
이번 회의는 매우 중요하니, 당신은 반드시 참가해야 합니다.

🖉 主要 / 重要

0609 保证・保障 bǎozhàng

- 保证 동 보장하다
  ➡ 保证 + 时间, 质量, 重点, 具体的动作, 事情
- 保障 동 보장하다
  ➡ 保障 + 自由, 安全, 需要, 民主, 利益

비교 保证은 미래의 일을 반드시 완성하는 것을 나타내며, 구체적인 일이나 행동을 목적으로 쓴다. 保障은 침범받지 않는 것을 가리키며, 목적어로는 안전, 재산, 권리, 생명 등 추상적인 사물이 온다.

▶ 비슷한 의미를 가진 단어일수록 搭配에 의해 구분된다는 것이 포인트!

Check

国家要（　　　　）群众利益。
국가는 군중의 이익을 보장해야 한다.

这次考试不太难，我（　　　　　）能通过。
이번 시험은 어렵지 않아서, 통과할 수 있다고 내가 보증할게.
🗐 保障 / 保证

0611 抱歉 · 0680 道歉

- 抱歉 형 미안하다, 송구스럽다
- 道歉 동 사과하다

비교 抱歉은 형용사로 정도부사와 함께 쓰이고, 道歉은 동빈구조의 이합동사로 목적어를 가질 수 없으므로 전치사 向과 与와 함께 쓰여 목적어를 가진다. 道歉은 중간에 양사 '个', '下', '次', '回' 등을 쓸 수 있다.

▶ 뜻이 같을지라도 품사가 다른 것이 포인트!

Check

这是我的错误，我很（　　　　　）。
제 잘못이니, 정말 미안합니다.

这是我的错误，我向你（　　　　　）。
제 잘못이니, 제가 당신에게 사과하겠습니다.

🗐 抱歉 / 道歉

0628 不过 · 0849 可是 · 0168 但是

- 不过 접 그러나
- 可是 접 그러나
  ➡ 虽然……, 可是……
- 但是 접 그러나
  ➡ 虽然……, 但是……

비교 不过, 可是, 但是는 모두 전환관계를 나타내는 접속사이고, 대체로 주어 앞에 쓰이며 그 어감상의 무게에 있어서 不过 < 可是 < 但是 순으로 무거워진다. 可是와 但是는 是를 빼고, 可와 但 한 글자만으로도 역접의 의미를 가지지만, 不过는 반드시 두 글자로 쓰인다. 可是는 대체로 구어에 많이 사용되고, 不过와 但是는 서면어와 구어에 두루 쓰인다. 可是와 但是는 대체로 虽然과 호응되어 사용되나, 不过는 虽然과 거의 호응되지 않는다. 접속사 용법 이외에 可是는 부사로서 강조의 뜻도 가지고 있고, 不过는 부사로서 '단지 ~에 불과하다'는 뜻이 있다.

▶ 아무리 쉬운 단어일지라도 그 속뜻을 한 번쯤 되새겨 보는 것이 포인트!

Check

这篇文章虽然不长，（　　　　　）内容很丰富。

이 문장은 비록 길지는 않지만, 내용은 풍부하다.

作为父母，说话（　　　　　）要算数。
부모로서, 내뱉은 말은 정말로 지켜야 한다.

我只（　　　　　）随便问问罢了。
나는 단지 그냥 대충 물어본 것뿐이다.

🗐 可是, 但是 / 可是 / 不过

0631 不仅 · 0627 不但

- 不仅 접 ~할 뿐만 아니라
  ➡ 不仅……, 而且 / 并且 / 反而 + 주어 + 부사 + 也 / 还
- 不但 접 ~할 뿐만 아니라
  ➡ 不但……, 而且 / 并且 / 反而 + 주어 + 부사 + 也 / 还

비교 不仅과 不但은 둘 다 접속사로서, '~할 뿐만 아니라'라는 뜻을 가지고 있고, 접속사 '而且', '并且', '反而'이나 부사 '也', '还'와 같이 쓰인다. 不仅은 접속사 이외에 부사로서 어떤 수량이나 범위를 넘어선다는 뜻을 가지고 있으나, 不但은 이런 용법을 가지고 있지 않다.

▶ 뜻이 완전히 같을 때에는 차이점에 주목하는 것이 포인트!

Check

雪（　　　　　）没有停，反倒越来越大了。
눈이 멈추지 않았을 뿐만 아니라, 오히려 점점 많이 왔다.

持这种观点的（　　　　　）是他一个人。
이런 관점을 가지고 있는 사람은 단지 그 사람 혼자만이 아니다.

🗐 不仅, 不但 / 不仅

0658 从来 · 0566 一直

- 从来 부 지금까지
- 一直 부 줄곧, 곧장, 계속

비교 从来와 一直 두 단어 모두 동작 혹은 상태가 과거부터 지금까지 지속됨을 나타낸다. 하지만 从来는 부정적 어감을 강조하므로 부정부사 '不', '没'와 함께 쓰인다. 一直는 동사와 함께 쓰이며 방향이 바뀌지 않음을 나타낸다.

▶ 비슷한 의미를 가진 단어일수록 搭配에 의해 구분된다는 것이 포인트!

Check

沿着这条河（　　　　　）走下去，可以到邮局。

427

이 강을 따라 쭉 걸어 내려가면 우체국에 도착합니다.
我（　　　　　　）没有去过上海。
나는 지금까지 상하이에 가본 적이 없다.

目 一直 / 从来

0662 打扰·干扰 gānrǎo

· 打扰 동 방해하다
　　➡ 打扰 + 睡觉, 学习, 生活, 休息

· 干扰 동 방해하다, 간섭하다
　　➡ 动作, 声音 + 干扰 + 睡觉, 学习, 生活, 休息

비교 打扰는 사람의 생활 및 정상적인 활동에 영향을 미치는 것을 가리키며, 구어에 많이 쓰인다. 干扰는 어떤 특정 동작이나 특정 소리로 다른 사람에게 영향을 주거나, 신호나 무선전자파 등에 영향을 주는 것을 가리킨다.

▶ 뜻이 완전히 같을 때에는 차이점에 주목하는 것이 포인트!

Check
对不起，（　　　　　　）你了。
죄송합니다. 당신을 방해했군요.

这个节目听不清楚，（　　　　　　）太大了。
이 프로그램이 잘 안 들리네요.(전자)방해가 너무 심해요.

目 打扰 / 干扰

0679 到底·0588 终于

· 到底 부 도대체(의문문) / 마침내, 결국(평서문)

· 终于 부 마침내, 결국

비교 到底와 终于는 둘 다 서술문에서 곡절과 어려움을 통해 목표에 도달함을 나타낸다. 到底는 의문문에서 '도대체'라는 뜻으로 사용되며 추궁함을 나타내고, 동사로서 '끝까지 하다'라는 뜻도 갖고 있으나, 终于는 이러한 용법이 없다.

▶ 뜻이 완전히 같을 때에는 차이점에 주목하는 것이 포인트!

Check
我（　　　　　　）坚持学到了底。
나는 마침내 끝까지 공부를 했다.

你说话呀，（　　　　　　）同意不同意?
네가 말해봐, 도대체 동의하는 거야, 안 하는 거야?

目 终于 / 到底

0710 方法·0310 办法

· 方法 명 방법

· 办法 명 방법

비교 方法는 문제를 해결하고 특정 목적에 다다르는 조치나 순서를 가리키는데, 서면어로 비교적 정중한 장소에 적합하며, 대부분 추상적으로 많이 쓰인다. 또한 '工作', '学习', '教学', '教育', '创作', '训练', '研究' 등이 方法와 주로 쓰인다. 반면 办法는 구체적이나 추상적 방법에 모두 쓸 수 있으며 구어에 많이 사용된다.

▶ 단어가 구체명사와 함께 쓰이는지 추상명사와 함께 쓰이는지 구분하는 것이 포인트!

Check
你快点儿想（　　　　　　）解决这个问题。
너는 이 문제를 해결할 방법을 빨리 좀 생각해 봐.

张老师的教学（　　　　　　）灵活多样，学生们最喜欢他的课。 장 선생님의 교육방법은 유연하고 다양해서 학생들이 모두 그의 수업을 좋아한다.

目 办法 / 方法

0727 改变·0321 变化

· 改变 동 명 바꾸다 / 변화
　　➡ 改变 + 态度, 计划, 观点, 关系, 生活条件

· 变化 동 변화하다
　　➡ 气候, 季节, 颜色, 心里, 社会 + 变化

비교 改变의 대상은 대부분 인위적인 것으로 직접적으로 목적어가 올 수 있으며, 목적어는 추상적, 구체적인 것 모두 올 수 있다. 变化의 대상은 자연적 현상이나 인위적 결과도 될 수 있으나, 직접적으로 목적어를 가져올 수 없다.

▶ 비슷한 의미를 가진 단어일수록 搭配에 의해 구분된다는 것이 포인트!

Check
经济体制改革（　　　　　　）了人民的生活。
경제 시스템의 개혁은 사람들의 생활을 바꿔 놓았다.

云彩的颜色不断在（　　　　　　）。
구름의 색깔이 끊임없이 변화하고 있다.

目 改变 / 变化

0730 感动 · 0789 激动

- 感动 [동] 감동하다
- 激动 [동] 격동하다, 흥분하다

[비교] 感动은 사상, 감정이 외부세계의 영향을 받아 흥분하는 것이고, 激动은 감정이 자극을 받아 충동적이고 흥분되는 것이다. 긍정적, 적극적, 부정적 사물이 모두 激动을 일으킬 수 있으나, 感动은 긍정적, 적극적 사물에 의해서만 영향을 받는다. 激动의 주어로는 사람 또는 사람의 감정, 사람의 사상과 관계되는 것이 모두 올 수 있고, 受와는 함께 쓸 수 없으나, 感动은 受와 함께 쓸 수 있다.

▶ 두 글자 중 한 글자만 다를 경우, 그 다른 한 글자의 뜻에 집중하여 구분하는 것이 포인트!

Check

我们非常（　　　　　　），因为我们部门的主任竟然是个骗子。 우리는 매우 격동했는데, 그 이유는 우리 부서의 주임이 뜻밖에도 사기꾼이었기 때문이다.

这个消息使我深受（　　　　　　）。
이 소식은 나에게 깊은 감동을 주었다.

[답] 激动 / 感动

0735 刚刚 · 0379 刚才

- 刚刚 [부] 막, 금방
- 刚才 [명] 조금 전

[비교] 刚才는 명사로 조금 전의 길지 않은 시간을 나타내며, 주어 앞뒤에 모두 올 수 있고, 刚刚은 부사로 주어 뒤, 술어 앞에 온다. 刚刚 뒤에는 시간을 나타내는 단어를 쓸 수 있으나, 刚才는 불가능하다. 刚才 뒤에는 부정사를 사용할 수 있으나, 刚刚 뒤에는 사용할 수 없다.

▶ 뜻은 같으나 품사에 의해 위치가 구별되는 것이 포인트!

Check

（　　　　　　）我看见他了。
조금 전에 나는 그를 보았다.

我（　　　　　　）到这里一个星期。
내가 여기 도착한 지 막 일주일 되어 간다.

[답] 刚才 / 刚刚

0737 各 · 0222 每

- 各 [대] 각각
  ➡ 各种各样, 各式各样, 各色各样
- 每 [대] 매, 각각
  ➡ 每天, 每月, 每年, 每家

[비교] 各는 각각의 행동을 따로 나타내고, 每는 서로 같은 동작이 규칙적으로 중복 출현됨을 나타낸다.

各有各的特点。(O)　每有每的特点。(X)
각자 각각의 특징을 가지고 있다.

各는 명사 앞에 직접적으로 쓸 수 있으나, 수량사와는 결합할 수 없다. 每는 '年', '月', '日', '家', '户'와 같은 일부 명사 앞에만 바로 붙여 쓸 수 있고, 나머지 경우에는 모두 '每+수사+양사+명사'의 형태로 쓰인다.

各学校(O)　各个学校(O)　每学校(X)
각각의 학교

各 뒤에 쓰일 수 있는 양사는 매우 한정적이지만(各条, 各个, 各种, 各级, 各项), 每 뒤에는 각종 양사를 사용할 수 있다.

▶ 아무리 쉬운 단어일지라도 그 속뜻을 한 번쯤 되새겨 보는 것이 포인트!

Check

（　　　　　　）逢周末我家附近超市总是打五折。매번 주말이 되면 우리 집 근처의 슈퍼마켓은 항상 반가격에 세일한다.

你们俩（　　　　　　）拿1/3，剩下的归他。
너희 둘이 각각 1/3씩 가져가고 남은 것은 그에게 돌려줘.

[답] 每 / 各

0743 够 · 0039 很 · 0107 太

- 够 [부] 매우
  ➡ 够 / 挺 / 怪 + 형용사 + 的
- 很 [부] 매우
  ➡ 很 / 非常 / 特别 / 真 + 형용사
- 太 [부] 매우
  ➡ 太 / 可 + 형용사 + 了

[비교] 够, 很, 太 모두 정도부사로 형용사와 동사 앞에서 정도가 높음을 나타낸다. 太는 '太……了'의 형태로 감탄문에 많이 쓰이며, 很은 서술문에 주로 쓰인다. 太는 가끔 정도가 지나침을 나타내지만, 很이나 够에는 이런 용법은 없다. 很은 조사 得 뒤에서 보어 역할을 할 수 있으나, 太, 够는 이런 용법이 없다. 够는 동사 역할을 할 수 있지만, 很이나 太는 동사 역할을 할 수 없다.

▶ 비슷한 의미를 가진 단어일수록 搭配에 의해 구분된다는 것이 포인트!

Check

最近这几天（　　　）热。
최근 며칠 매우 덥다.

最近这几天（　　　）热了。
최근 며칠 너무 더웠다.

最近这几天（　　　）热的。
최근 며칠 매우 더워.

답: 很 / 太 / 够

0745 孤单・孤独 gūdú・孤立 gūlì

- **孤单** 형 외롭다
  - ➡ 老人, 心情, 情绪, 生活 + 孤单
  - ➡ 感到, 免得, 显得 + 孤单

- **孤独** 형 고독하다
  - ➡ 老人, 生活 + 孤独
  - ➡ 感到, 免得, 显得 + 孤独

- **孤立** 형 고립되다
  - ➡ 坏人, 敌人 + 孤立
  - ➡ 显得, 感到 + 孤立

비교 孤单은 기댈 곳 없는 홀몸이라는 뜻이고 중첩하여 사용할 수 있으며, 孤独는 쓸쓸하고 외로움을 나타낸다. 孤立는 다른 사물과 아무런 관계가 없다는 뜻뿐 아니라 다른 사람에게 동정이나 지지를 받지 못함을 나타내기도 한다. 또한 孤立는 나쁜 사람이나 물건이 동정이나 지지를 받지 못하게 한다는 뜻으로, 목적어로 '敌人', '坏人', '侵略者' 등과 같은 단어들이 오기도 한다.

▶ 두 글자 중 한 글자만 다를 경우 그 다른 한 글자의 뜻에 집중하여 구분하는 것이 포인트!

Check

我一个人在家太（　　　）了。
나는 혼자서 집에 있으면 너무 외롭다.

老伴儿死了, 生活感到（　　　）。
배우자가 죽자, 생활이 기댈 곳 없이 외로움을 느꼈다.

这件事不是（　　　）的, 必然有原因。
이 일은 고립된 것이 아니고 반드시 원인이 있을 것이다.

답: 孤独 / 孤单 / 孤立

0778 后来・0561 以后

- **后来** 명 후에, 나중에

- **以后** 명 ~이후에

비교 后来는 과거의 시간부터 지금까지를 나타내며, 미래 시간에는 쓰지 않고 단독으로 쓰인다.

吵架以后 (O) 말싸움 한 이후에
吵架后来 (X)

以后는 과거, 현재, 미래의 시간에 쓰이며, 현재의 일정한 시간보다 늦은 시간을 나타낸다.

以后你再来。(O) 이후에 다시 오세요.
后来你再来。(X)

▶ 아무리 쉬운 단어일지라도 그 속 뜻을 한 번쯤 되새겨 보는 것이 포인트!

Check

她刚来时太不习惯了,（　　　）慢慢地习惯了。
그녀는 막 왔을 때는 너무 습관이 되지 않았으나, 나중에 천천히 습관이 되었다.

现在不努力,（　　　）怎么办?
지금 노력하지 않으면, 이후에는 어떻게 할래?

답: 后来 / 以后

0779 忽然・0522 突然

- **忽然** 부 갑자기

- **突然** 부/형 갑자기 / 갑작스럽다

비교 忽然은 부사로서 부사어로만 쓰이며, 사건의 발생이 너무 빠르게 진행되는 것을 뜻한다. 突然은 부사로서는 忽然과 용법이 같으나, 형용사로 관형어, 서술어, 보어로 쓰이며, 발생한 일이 예상을 벗어난 일임을 강조한다. 두 단어 모두 '忽然间', '突然间'의 형태로 주어 앞에서 쓰일 수 있다.

▶ 뜻과 쓰임이 거의 같으나 품사로 구분되는 것이 포인트!

Check

这事对他来说太（　　　）了。
이 일은 그에게 있어서는 너무 갑작스러운 일이다.

（　　　）间, 七号选手把球踢进了球门。
갑자기 7번 선수가 골을 넣었다.

답: 突然 / 忽然, 突然

0781 互相・相互 xiānghù

- 互相 [부] 서로, 상호
  ➡ 互相 + 帮助, 学习, 了解, 支持, 鼓励

- 相互 [형] 서로의, 상호의
  ➡ 相互 + 关系, 信任, 帮助, 学习, 了解, 支持, 鼓励

[비교] 互相과 相互 두 단어의 의미는 비슷하지만, 용법상 互相은 부사로 부사어로만 쓰이고, 相互는 부사 용법 이외에도 형용사로 관형어와 서술어로도 쓰일 수 있다.

▶ 뜻은 같아도 품사에 의해 쓰임이 달라지는 것이 포인트!

Check
帮助是（　　　　）的。도움은 상호 간의 일이다.
我们（　　　　）帮助吧。우리 서로 돕자.

🔲 相互 / 互相, 相互

0784 活动・0286 运动

- 活动 [동][명] 활동하다
  ➡ 活动 + 四肢, 胳膊 gēbo

- 运动 [동][명] 운동하다
  ➡ 体育运动, 整风运动

[비교] 活动은 신체를 자유롭게 마음대로 움직인다는 뜻이 있고, 목적어나 보어를 모두 가질 수 있다. 运动은 일정한 기관이 있고, 일정한 규칙과 방법에 따른 활동을 가리키고, 목적어를 가지지 않는다. 또한 活动은 개인의 행동뿐만 아니라 군중성이 있는 행동을 가리키고, 규모나 형식에 있어서는 자유롭고 구속됨이 없으나, 运动은 지도자가 있고 조직적인 정치, 문화, 방면의 규모가 비교적 큰 군중활동을 가리킨다.

▶ 아무리 쉬운 단어일지라도 그 속뜻을 한 번쯤 되새겨 보는 것이 포인트!

Check
爷爷总是早晨起来（　　　　）身体。
새벽에 일어나 운동하신다.
现代化成功, 要靠技术革新（　　　　）。
현대화의 성공은 기술혁신 운동에 근거해야 한다.

🔲 活动 / 运动

0831 经历・0430 经过

- 经历 [동][명] 겪다 / 경력
  ➡ 经历 + 事情, 危险, 苦难, 革命, 战争, 战斗

- 经过 [동][명] 겪다, 통하다, 통과하다 / 과정
  ➡ 经过 + 北京, 一年, 处理, 考虑, 讨论, 调查, 研究, 同意

[비교] 经历와 经过는 둘 다 동사, 명사 용법을 가지고 있다. 명사적 용법을 살펴보면 经过는 사건이 진행되고 발전되는 과정을 가리키고, 经历는 본인이 직접 보고 직접 겪은 일을 가리킨다. 동사적 용법에서는 经过는 '~를 통해서'라는 뜻을 가지고 있지만, 经历는 '본인이 직접 보고 직접 겪다'라는 뜻을 가지고 있다.

经过讨论, 问题解决了。(O)
经历讨论, 问题解决了。(X)
토론을 통해서, 문제가 해결되었다.

她一生经历过各种灾难。(O)
她一生经过过各种灾难。(X)
그녀는 일생동안 각종 재난을 직접 겪었다.

▶ 한국어로 해석하면 차이가 없어 보이므로, 그것으로 인해 혼동하지 말아야 하는 것이 포인트!

Check
你向大家介绍一下谈判的（　　　　）。
당신은 여러 사람에게 담판의 과정을 소개해주세요.
我有不平凡的（　　　　）。
저는 평범하지 않은 경력을 가지고 있습니다.

🔲 经过 / 经历

0839 举办・0434 举行

- 举行 [동] 거행하다, 진행하다, 실시하다
  ➡ 举行 + 集会, 比赛, 谈判, 晚会, 演出, 婚礼

- 举办 [동] 주관하다, 주최하다, 조직하다
  ➡ 举办 + 晚会, 展览, 讲座, 事业

[비교] 举行은 진행하고 실시하는 것에 초점이 맞춰져 있고, 举办은 준비하고 조직하는 것에 초점이 맞춰져 있다. 다시 말해 '举办舞会'는 무도회를 조직하고 준비한다는 뜻이고, '举行舞会'는 무도회가 진행 중이라는 뜻이다.

▶ 한국어로 해석하면 차이가 없어 보이므로 단어의 뜻을 정확히 파악하는 것이 포인트!

Check
这次展览会（　　　　）的时间长达半年。
이번 전람회를 조직한 시간이 반년에 이른다.

礼堂正在（　　　　）舞会。
강당에서 지금 무도회가 거행 중이다.

　　　　　　　　　　　　　　目 举办 / 举行

0843 看法・见解 jiànjiě

・看法 명 의견
　➡ 说出, 交换, 听 + 看法
　➡ 领导的看法, 错误的看法

・见解 명 견해
　➡ 高明的见解, 独到的见解, 新见解

비교 看法는 객관적 사물에 대해 나타나는 태도, 경향으로 사용범위가 광범위하다. '有看法'는 불만스럽거나 비평적 태도를 뜻한다. 见解는 어떤 이해와 일정한 의견, 관점 등 비교적 완전한 사상의 인식을 뜻한다. 서면어로 자주 쓰이며, '有见解'는 칭찬의 태도가 내포되어 있다.

▶ 한국어로 해석하면 차이가 없어 보이므로 단어의 뜻을 정확히 파악하는 것이 포인트!

Check

事实证明，你们的（　　　　）非常主观。
사실이 증명하건데, 당신의 의견은 너무 주관적입니다.

她对这个问题有独到的（　　　　）。
그녀는 이 문제에 대해 독특한 견해를 가지고 있다.

　　　　　　　　　　　　　　目 看法 / 见解

0853 恐怕・0394 害怕

・恐怕 부 아마, 대략, 대체로

・害怕 동 두려워하다, 무서워하다

비교 恐怕는 부사로서 어떤 나쁜 일이 일어날까 봐 걱정하고 근심한다는 뜻을 가지고 있고, '대략, 대체로'라는 뜻도 가지고 있다. 害怕는 어려움이나 위험에 직면해서 마음이 불안하고 당황하는 것을 가리킨다.

▶ 비슷한 단어에 속지 않는 것이 포인트!

Check

大家不要（　　　　），这里非常安全。
여러분 두려워하지 마세요, 이곳은 매우 안전합니다.

已经十一点了，（　　　　）你今天不会来了。
이미 11시야, 네가 오늘 올 수 없을까 두려워.

　　　　　　　　　　　　　　目 害怕 / 恐怕

0870 理解・0454 了解

・理解 동 이해하다
　➡ 理解 + 感情, 意思, 苦衷

・了解 동 잘 알다, 이해하다
　➡ 了解 + 情况, 为人, 动向, 敌情, 结果, 要求

비교 理解와 了解는 모두 '사람, 사물, 일을 이해하다'라는 뜻을 가지고 있는데 이러한 뜻 외에도 理解는 다른 사람의 처지, 감정을 마음속 깊이 느낀다는 뜻도 있으나, 了解는 이런 뜻은 없고 주로 사물의 속내 혹은 과정을 잘 꿰뚫고 있어 설명할 수 있을 정도라는 뜻이다. 또한 了解는 조사한다는 뜻도 있으나, 理解는 이런 뜻은 갖고 있지 않다.

▶ 아무리 쉬운 단어일지라도 그 속뜻을 한 번쯤 되새겨 보는 것이 포인트!

Check

对这种手机的性能，张师傅非常（　　　　）。
이 휴대전화의 성능에 대해서는, 장 씨 아저씨가 매우 잘 알고 있다.

我的难处没有人（　　　　）。
나의 힘든 점을 이해해주는 사람이 없다.

　　　　　　　　　　　　　　目 了解 / 理解

0878 联系・联络 liánluò

・联系 동 연관되다
　➡ 加强, 保持, 断绝 + 联系
　➡ 联系 + 工作, 实际, 经费

・联络 동 연락하다
　➡ 加强, 保持, 断绝 + 联络

비교 联系는 상호 간의 연결관계를 말하며, 사람과 사람 사이, 사람과 사물, 사물과 사물 사이에 모두 사용된다. 联络는 반드시 경로를 통해 서로 연락하는 것으로 사람과 사람 사이에만 사용한다.

▶ 비슷한 의미를 가진 단어일수록 搭配에 의해 구분된다는 것이 포인트!

Check

今后他们之间要加强（　　　　）。
이후에 그들은 연락을 강화해야 한다.

写论文要注意理论与实际相（　　　　）。
논문을 쓸 때는 이론과 실제의 연관성에 주의해야 한다.

　　　　　　　　　　　　　　目 联系, 联络 / 联系

0886 流利 · 1004 顺利

- 流利 [형] 유창하다
  ➡ 语言, 文章, 普通话, 语调, 说话

- 顺利 [형] 순조롭다
  ➡ 顺利地 + 完成, 到达, 考上

비교 流利는 일반적으로 말하고 읽는 것이 빠르고 정확하며, 글을 쓸 때도 빠르고 일관성이 있다는 뜻이나, 顺利는 사람과 사물이 성장이나 발전할 때, 또는 사람이 일을 완성할 때 곤란에 부딪치는 일 없이 순조롭게 진행된다는 뜻이다.

▶ 어떤 단어들과 함께 쓰이는지를 알아두는 것이 포인트!

Check

他的工厂在美国（　　　　）地发展。
그의 공장은 미국에서 순조롭게 발전했다.

我能说一口（　　　　）的汉语。
나는 유창한 중국어를 할 수 있다.

답 顺利 / 流利

0894 美丽 · 0077 漂亮

- 美丽 [형] 미려하다, 예쁘다
  ➡ 风景, 光环, 传说, 夕阳, 山河 + 美丽

- 漂亮 [형] 예쁘다
  ➡ 模样, 裙子, 动作, 字体 + 漂亮

비교 美丽는 여인의 용모, 자태, 복장, 풍경 및 경치와 동식물 등에 사용되며, 서면어에 주로 쓰인다. 漂亮은 사람과 사물에 모두 쓸 수 있으며, 남성이나 여성 모두에게 적용된다.

▶ 어떤 단어들과 함께 쓰이는지를 알아두는 것이 포인트!

Check

这场足球场真（　　　　）。
이 축구 경기장은 정말 아름답다.

傍晚的彩霞非常（　　　　）。
저녁 무렵의 노을이 매우 아름답다.

답 漂亮 / 美丽

0903 难受 · 0470 难过

- 难受 [형] 참기 힘들다
  ➡ 浑身, 眼睛, 感到, 样子

- 难过 [형] 괴롭다, 슬프다
  ➡ 心里, 感到, 样子

비교 难过는 심적으로 괴롭고 슬픈 것을 나타내고, 难受는 심리적으로 불편하고 통쾌하지 못하며 유쾌하지 않다는 것을 가리켜 难过보다 경미하다. 难过는 주로 쉽지 않은 과정과 생활을 나타내고, 难受는 신체적 불편함을 나타낸다.

▶ 뜻이 완전히 같을 때에는 차이점에 주목하는 것이 포인트!

Check

等待的日子真是（　　　　）。
기다리는 나날이 너무 괴롭다.

他不知吃了什么，肚子疼得（　　　　）。
그가 무엇을 먹었는지 배가 많이 아파 힘들어 했다.

답 难过 / 难受

0912 排列 · 陈列 chénliè

- 排列 [동] 배열하다
  ➡ 排列 + 队伍, 名单, 书籍, 卡片, 名次, 词语

- 陈列 [동] 진열하다
  ➡ 陈列 + 展品, 照片, 艺术品, 工艺品, 文物, 产品

비교 排列는 순서와 규칙을 강조하며 규칙적으로 동류의 물건을 배열하지만 꼭 사람에게 보여주기 위한 것은 아니다. 목적어는 구체적, 추상적 사물 모두 올 수 있다. 陈列는 구체적 물건을 진열하는 것으로 순서를 특별히 강조하지는 않는다.

▶ 두 글자 중 한 글자만 다를 경우 그 다른 한 글자의 뜻에 집중하여 구분하는 것이 포인트!

Check

博物馆里（　　　　）着很多文物。
박물관에는 많은 문물이 진열되어 있다.

中韩词典的汉字是按拼音顺序（　　　　）的。
중한사전의 한자는 병음 순으로 배열되어 있다.

답 陈列 / 排列

0915 批评 · 批判 pīpàn

- 批评 [동] 비평하다, 혼내다
  ➡ 批评 + 孩子, 领导, 缺点, 错误, 报纸

- 批判 동 비판하다
    ➡ 批判 + 错误, 思想, 卖国主义, 拜金主义, 封建意识

비교 批评은 결점을 드러내는 것으로 목적어 자리에 일반적인 잘못이 온다. 批判은 잘못된 사상, 언론, 행위 등의 체계를 분석하는 것으로 목적어 자리에 심각한 잘못, 반동 사상 등이 주로 온다.

▶ 어떤 단어들과 함께 쓰이는지를 알아두는 것이 포인트!

Check
我对他的机会主义可以（　　　　）。
나는 그의 기회주의에 대해 비판할 수 있다.
因为上课迟到的事, 老师（　　　　）了他。
수업에 지각한 일로 선생님은 그를 꾸짖었다.

답 批判 / 批评

0929 气候・0108 天气

- 气候 명 기후
    ➡ 气候反常, 气候异常, 北方的气候, 气候的类型
- 天气 명 날씨
    ➡ 天气反常, 天气异常, 刮风的天气, 天气好

비교 气候는 일정한 지역에서 다년간 관찰된 기상 상황을 나타내고, 天气는 일정한 시간의 기상 변화와 하루 중 기상 상황을 나타내며, 비유의 용법은 없다.

▶ 아무리 쉬운 단어일지라도 그 속뜻을 한번쯤 되새겨 보는 것이 포인트!

Check
世界上好多地区的（　　　　）转暖了。
세계 여러 지역의 기후가 따뜻해졌다.
秋天（　　　　）很好, 不冷也不热。
가을 날씨는 춥지도 덥지도 않고 매우 좋다.

답 气候 / 天气

0948 却・0168 但是

- 却 부 그러나, 오히려
- 但是 접 그러나

비교 却는 부사로 주어 뒤나 동사 앞에서 쓸 수 있으며, 주어 앞에는 놓일 수 없고, 但是는 접속사로 주어 앞에 올 수 있다. 이 두 단어는 동시에 쓸 수 있다.

▶ 아무리 쉬운 단어라도 그 속뜻을 한번쯤 되새겨 보는 것이 포인트!

Check
这件衣服看上去很一般, 价格（　　　　）高得惊人。 이 옷은 보기에는 매우 평범한데, 가격이 오히려 사람들이 놀랄 만큼 비싸다.
这件衣服看上去很一般, （　　　　）价格高得惊人。 이 옷은 보기에는 매우 평범하지만, 가격은 사람들이 놀랄 만큼 비싸다.
这件衣服看上去很一般, （　　　　）价格（　　　　）高得惊人。 이 옷은 보기에 매우 평범하지만, 가격은 오히려 사람들이 놀랄 만큼 비싸다.

답 却 / 但是 / 但是, 却

0978 湿润・潮湿 cháoshī

- 湿润 형 습윤하다, 축축하다, 촉촉하다
    ➡ 皮肤, 面部, 眼圈, 空气, 土壤
- 潮湿 형 축축하다, 눅눅하다
    ➡ 衣服, 房子, 屋子, 泥土, 草地, 天气, 空气, 海风

비교 湿润은 습도가 적당하고 윤기가 나는 것을 가리키며, 토양, 공기뿐만 아니라 사람의 눈, 피부 등에도 자주 쓰인다. 潮湿는 습도가 많고 수분이 많이 함유됨을 뜻하며, 토지, 공기, 물체 등에 쓰인다.

▶ 비슷한 의미를 가진 단어일수록 搭配에 의해 구분된다는 것이 포인트!

Check
穿（　　　　）的衣服会生病的。
눅눅한 옷을 입으면 병에 걸릴 수 있다.
我的眼睛不由得有些（　　　　）。
나의 눈가가 자연스레 촉촉해졌다.

답 潮湿 / 湿润

0980 十分・0177 非常

- 十分 부 매우, 십분
- 非常 부 매우

비교 十分은 앞에 부정부사 不가 올 수 있고 비교적 높은 정도에 도달하지 못함을 나타낸다. 非常은 형용사로서 특수하고 일반적이지 않다는 뜻도 있어, 非常时期, 非常事件처럼 주로 직접적으로 명사와 결합되어 쓰인다. 또한 非常은 非常非常으로 중첩할 수 있으나, 十分은 중첩할 수 없다.

▶ 뜻이 완전히 같을 때에는 차이점에 주목하는 것이 포인트!

Check

这场比赛的成绩不（　　　　）理想。
이번 경기의 성적이 좋지 않다.

今天发生了（　　　　）事故。
오늘 특수한 사고가 발생했다.

圄 十分 / 非常

0987 适合 · 0773 合适

- 适合 통 적합하다, 어울리다
- 合适 형 적합하다, 어울리다, 적당하다

비교 适合와 合适는 둘 다 '적합하다, 어울리다'라는 뜻으로, 그 차이점은 适合는 동사로서 목적어를 가질 수 있고, 合适는 형용사로 목적어를 가질 수 없다는 점이다.

▶ 뜻은 같으나 품사에 구분되는 것이 포인트!

Check

这种工作对我很（　　　　）。
이 일은 나에게 적합하다.

这种工作不（　　　　）我。
이 일은 내게 적합하지 않다.

圄 合适 / 适合

0992 收拾 · 1150 整理

- 收拾 통 정리하다 / 수리하다
  ➡ 收拾 + 屋子, 房间, 行装, 自行车, 录音机, 残局, 皮鞋
- 整理 통 정리하다
  ➡ 整理 + 屋子, 房间, 行装, 思路, 思想

비교 收拾는 질서 있게 정돈됨을 말하며, 목적어로는 구체적 사물이 온다. 또한 '수리하다, 처벌하다'의 뜻도 있다. 整理는 조리 있고 질서 있음을 말하며, 목적어로는 구체적, 추상적 사물 모두 올 수 있다.

▶ 뜻이 완전히 같을 때에는 차이점에 주목하는 것이 포인트!

Check

你会（　　　　）自行车吗?
너는 자전거를 고칠 줄 알아?

我把他的发言（　　　　）成书面材料。
나는 그의 발언을 정리해서 서면 자료로 만들었다.

圄 收拾 / 整理

1000 数量 · 数目 shùmù

- 数量 명 수량
- 数目 명 수량

비교 数量은 개괄적이고 대략적인 사물의 양을 나타내고, 数目는 기준이나 단위를 통해 나타난 사물의 구체적인 양을 나타내며, 일정한 숫자 단위를 통해 표현된다.

▶ 뜻이 완전히 같을 때에는 차이점에 주목하는 것이 포인트!

Check

十万块钱可是一笔不少的（　　　　）。
10만 위안은 적지 않은 수량이다.

要保证（　　　　），质量也要保证。
수량뿐 아니라 품질도 보장되어야 한다.

圄 数目 / 数量

1033 停止 · 0424 结束

- 停止 통 정지하다
  ➡ 停止 + 演出, 试验, 调查, 锻炼, 治疗
- 结束 통 끝나다
  ➡ 结束 + 工作, 文章, 会议, 活动, 局面, 生命, 学业

비교 停止는 최후의 정지를 나타낼 뿐만 아니라 중도에 멈추는 것도 포함하고 있으며, 목적어로는 구체적인 행동과 그 행동 중의 사물이 오는 경우가 많다. 结束는 완전히 마지막에 멈추고 더 이상 진행되지 않는 것을 가리키고, 목적어로는 전쟁, 회의, 경기, 업무 등 중대한 사건이나 활동이 올 수 있다.

▶ 한국어로 해석하면 차이가 없어 보이므로 단어의 뜻을 정확히 파악하는 것이 포인트!

Check

那主角病了，演出暂时（　　　　）了。
남자주인공이 병이 나서 공연이 잠시 중단되었다.

435

他们最终（　　　　）了这场美满的婚姻。
그들의 아름다운 결혼 생활은 마침내 끝이 났다.

📖 停止 / 结束

1035 通过・0430 经过

- 通过 [동] 통과하다
  ➡ 通过 + 大街, 森林, 隧道, 预算, 计划, 名单, 决议

- 经过 [동] 경과하다
  ➡ 经过 + 北京, 天安门, 一年, 三个月

[비교] 동사로 쓰일 경우, 通过나 经过 둘 다 '(장소)를 통과하다'는 뜻이 있다. 通过는 동의 혹은 인건의 승인을 나타내며, 经过는 일종의 시간을 통과하는 것을 나타낸다.

▶ 비슷한 의미를 가진 단어일수록 搭配에 의해 구분된다는 것이 포인트!

Check

（　　　　）五年的战争，终于换来了和平。
5년간의 전쟁이 끝나고, 마침내 평화가 찾아왔다.

我们庄严地（　　　　）了这项决议。
우리는 엄중하게 이 결의를 통과시켰다.

📖 经过 / 通过

1056 误会・误解 wùjiě

- 误会 [동] 오해하다

- 误解 [동] 오해하다, 잘못 이해하다, 정확하게 파악하지 못하다

[비교] 误会는 다른 사람의 뜻을 잘못 깨닫거나 양쪽 모두 쌍방의 뜻을 잘못 이해했을 때 사용하며, 목적어는 주로 사람이 온다. 误解는 다른 사람의 뜻을 정확히 이해하지 못함을 강조하는데, 쌍방에 사용할 수 없으며, 목적어는 사람 이외에도 사건이나 일 등이 온다.

▶ 두 글자 중 한 글자만 다를 경우 그 다른 한 글자의 뜻에 집중하여 구분하는 것이 포인트!

Check

你（　　　　）了他，他并不是责怪你。
너는 그를 오해했어, 그는 결코 너를 탓하는 게 아니야.

我（　　　　）了这三道题，所以全答错了。
나는 이 세 문제를 잘못 이해해서, 전부 틀렸어.

📖 误会 / 误解

1066 详细・1187 仔细

- 详细 [형] 상세하다
  ➡ 内容, 情况, 计划, 经过, 规则, 图表

- 仔细 [형] 자세하다
  ➡ 学生, 观察, 写字, 计算, 性格, 考虑

[비교] 详细는 도달한 내용 혹은 반영된 상황이 주도면밀하고 완벽하다는 뜻으로 '간단하다, 단순하다'와 반대된다. 仔细는 일하는 데 세심하게 주의를 기울이며 열심히 하는 것으로, '엉성하다, 대충하다'와 상반된다. 또한 仔细는 '조심한다'는 뜻도 가지고 있는데, 详细는 이런 뜻은 없다.

▶ 어떤 단어들과 함께쓰이는지를 알아두는 것이 포인트!

Check

我考试时不（　　　　），错了好几个地方。
내가 시험을 경솔히 봐서, 여러 군데 틀렸다.

事情的过程他打听得非常（　　　　）。
일의 과정을 그는 아주 자세하게 조사했다.

📖 仔细 / 详细

1094 演出・0323 表演

- 演出 [동] 공연하다, 상연하다

- 表演 [동] 연기하다, 표현하다, 시범하다

[비교] 演出와 表演는 모두 연극, 춤, 잡기, 노래 등을 연기하고 표현한다는 뜻이나, 演出는 이런 것들을 관중이 즐기도록 보여준다는 뜻이 강하다. 또한 表演은 '시범동작을 한다'는 뜻도 가지고 있다.

▶ 아무리 쉬운 단어일지라도 그 속뜻을 한번쯤 되새겨 보는 것이 포인트!

Check

这个老牌摇滚乐队说巡回（　　　　）已经过时了。 이 이름난 로큰롤팀이 순회공연은 이미 유행이 지났다고 말했다.

请你给我们（　　　　）一下新的操作方法。
우리에게 새로운 조작방법을 시범 보여주세요.

📖 演出 / 表演

1109 因此 · 0280 因为

- 因此 접 이 때문에
  ➡ 由于 + 원인, 因此 / 因而 / 所以 + 결과
- 因为 접 ~때문에
  ➡ 因为 + 원인, 所以 + 결과

비교 因此는 '앞의 상황 때문에 그래서 ~'라는 뜻이 내포되어 있어 단독으로 쓰이지만, 문장 첫 머리에 놓일 수는 없다. 因为는 원인과 이유를 끌어내며 문장 앞에 놓이고, 所以와 함께 쓰인다. 之所以는 是因为와 함께 쓰이며, 앞에 문장에서 도출되는 결과나 원인을 다시 설명할 수 있다.

▶ 비슷한 의미를 가진 단어일수록 搭配에 의해 구분된다는 것이 포인트!

Check

由于工作太忙，（　　　　　）实在没时间去玩儿。
일이 너무 바빠서 정말 나가서 놀 시간이 없어.

（　　　　　）工作太忙，所以实在没时间去玩儿。
일이 너무 바빠서, 그래서 정말 나가서 놀 시간이 없어.

之所以没时间去玩儿，是（　　　　　）工作太忙。
나가서 놀 시간이 없는 건, 바로 일이 바쁘기 때문이야.

답 因此 / 因为 / 因为

1121 由于 · 0280 因为

- 由于 접 ~때문에
  ➡ 由于……, 由于 / 因此 / 因而……
- 因为 접 ~때문에
  ➡ 因为……, 由于……

비교 由于와 因为는 둘 다 '원인'을 나타내는 접속사이다. 복문에서 앞 절에 因为가 오면 뒷 절의 맨 앞에는 주로 所以가 따라온다. 由于가 복문의 앞 절에 오면 뒷 절의 맨앞에는 '所以'뿐만 아니라 '因而', '因此'도 올 수 있다. 因为가 원인을 나타내면서 복문의 뒷 절에 올 수 있는 데 반해 由于는 불가능하다.

▶ 비슷한 의미를 가진 단어일수록 搭配에 의해 구분된다는 것이 포인트!

Check

（　　　　　）治疗及时，因而(因此)他的伤很快就好了。
치료가 제때에 되어서, 그의 상처는 매우 빨리 회복되었다.

前天我没有去找你，（　　　　　）有别的事。
그저께 나는 너를 찾아가지 않았어, 왜냐하면 다른 일이 있어서.

답 由于 / 因为

1122 尤其 · 0513 特别

- 尤其 부 특히
- 特别 부 특별히

비교 尤其와 特别가 부사로 쓰일 경우, 특별하다는 것을 나타낸다. 尤其는 좀 더 뛰어난 것을 나타내며, 대상이 일반적이고 어떤 사물 중에서 하나도 될 수 있고 여러 개가 될 수도 있다. 特别는 부사로서 非常과 같은 '매우'라는 뜻도 있고, 特地와 같은 '특별히, 일부러'라는 뜻도 있다. 그 밖에 特别는 형용사로서 특별하다는 뜻도 있다.

▶ 한 단어가 여러가지 품사를 가진다는 것이 포인트!

Check

这个故事（　　　　　）生动。
이 이야기는 매우 생동적이다.

我爱吃水果，（　　　　　）是草莓。
나는 과일을 좋아하는데, 특히 딸기를 좋아한다.

답 特别 / 尤其

1134 原来 · 0615 本来

- 原来 형 원래의
- 本来 형 본래의

비교 原来와 本来 두 단어가 모두 형용사로 쓰일 경우, 둘 다 '본래의, 원래의'의 뜻으로 서로 비슷하다. 하지만 부사로 쓰일 경우, 原来는 '화자가 지금까지 몰랐던 상황에 대해서 갑자기 깨닫거나 발견할 때' 쓰고, 주어의 앞 뒤에서 모두 사용 가능하다. 本来는 '당연히, 응당'의 뜻을 가지고 있고, 그 형식은 '本来+就+动词+应该 / 该 / 会 / 能' 이다.

▶ 뜻이 완전히 같을 때에는 차이점에 주목하는 것이 포인트!

Check

（　　　　　）是你呀，我以为是妈妈呢。
너였어, 나는 엄마인 줄 알았어.

你的病还没有好，（　　　　　）就不能去。
네 병이 아직 낫지 않아서, 응당 가지 말아야 했어.

답 原来 / 本来

1135 原谅・谅解 liàngjiě

- 原谅 동 용서하다
  ➡ 原谅 + 人, 过失, 错误, 怠慢
  ➡ 请原谅, 无法原谅

- 谅解 동 양해하다, 이해하다
  ➡ 谅解 + 处理, 心情, 苦心, 生活, 艰苦, 脾气, 难处

비교 原谅은 잘못이나 과실이 있는 사람에 대해서 이해하고 용인하고 책망하거나 처벌을 하지 않는 것을 가리키고, 타인과 자신에게 모두 쓸 수 있다. 谅解는 상황을 직접 체험하고 살펴봐서 용서하고 불만을 없앤다는 뜻으로, 주로 타인에 대해 사용한다.

▶ 어떤 단어들과 함께 쓰이는지를 알아두는 것이 포인트!

Check
这里的生活确实艰苦, 希望大家（　　　）。
이곳의 생활은 정말 힘듭니다, 여러분이 이해해주세요.
请（　　　）我, 我没有恶意。
악의가 있었던 것은 아니니, 저를 용서해주세요.

답 谅解 / 原谅

1141 咱们・0113 我们

- 我们 대 우리들 ↔ 你们

- 咱们 대 우리들 ↔ 他们

비교 我们은 화자를 포함하며 청자를 포함시킬 수도 있고 뺄 수도 있으나, 咱们은 화자와 청자 모두 포함한다.

▶ 아무리 쉬운 단어일지라도 그 속뜻을 한번쯤 되새겨 보는 것이 포인트!

Check
（　　　）好久没见了, 一起去吃个饭吧。
우리 정말 오랜만이네요, 같이 밥 먹으러 갑시다.
（　　　）明天去北京, 请你照顾孩子吧。
우리 내일 베이징에 가는데, 당신이 아이들을 좀 돌봐주세요.

답 咱们 / 我们

1145 增加・1146 增长

- 增加 동 증가하다
  ➡ 增加 + 人数, 人员, 人口, 体重, 人力, 物力, 工资

- 增长 동 성장하다, 늘리다
  ➡ 增长 + 知识, 水平, 才干, 经济, 学问

비교 增加는 수량이 많아졌음을 뜻하고, 구체적 사물이나 숫자에 주로 사용된다. 增长은 향상되고 성장되었음을 뜻하고, 주로 추상적 사물에 사용된다.

▶ 단어가 구체명사와 함께 쓰이는지 추상명사와 함께 쓰이는지 구분하는 것이 포인트!

Check
我的体重最近（　　　）了两公斤。
내 체중은 최근에 2킬로그램이 증가했다.
你要参加这次社会活动, （　　　）了知识。
이번 사회활동에 참여하고 싶다면, 지식을 넓혀야 해.

답 增加 / 增长

1159 支持・支援 zhīyuán

- 支持 동 지지하다

- 支援 동 지원하다, 원조하다

비교 支持는 주로 정신상의 도움이나 격려를 가리키고, 支援은 인력, 물자, 재력, 실제적 행동으로 지원하는 것을 가리킨다. '支援+누구+무엇'의 형태로 쓰일 수 있으나 支持는 이런 형태로 쓰일 수 없다. 또한 支持는 '지지한다'는 뜻 이외에도 '가깝으로 유지한다'는 뜻도 가지고 있다.

▶ 비슷한 의미를 가진 단어일수록 搭配에 의해 구분된다는 것이 포인트!

Check
由于家庭的大力（　　　）, 我的事业终于成功了。
가정의 대대적인 지지로 인해, 내 사업은 마침내 성공했다.
灾民需要物质的（　　　）。
이재민은 물질적 지원이 필요하다.

답 支持 / 支援

1186 准时・0605 按时

- 准时 형 준수하다

- 按时 부 시간에 맞춰서

비교 准时는 형용사로서 시간 방면에서 매우 정확하다는 뜻으로 술어로도 쓰이고, 부사어의 용법도 가지고 있다. 按时는 부사로 규정된 시간에 따라서 하는 것을 가리킨다.

▶ 뜻은 같으나 품사로 구분되는 것이 포인트!

Check

她每天上班非常（　　　　）。
그녀는 매일 출근이 매우 정확하다.

你一定要（　　　　）吃药。
당신은 반드시 시간에 맞추어 약을 먹어야 합니다.

🔲 准时 / 按时

1208 把握 · 2393 掌握

- 把握 동명 장악하다, 파악하다 / 확신, 믿음, 가망
  ➡ 把握 + 笔, 抢, 机会, 中心, 本质, 时机

- 掌握 동 장악하다, 파악하다, 정통하다, 지배하다, 주관하다
  ➡ 掌握 + 情况, 命运, 会议, 党权, 技术, 外语

비교 把握의 把는 손으로 잡는다는 뜻이 있으므로 把握는 실제 물건을 잡고 쥐는 것을 가리키며, 이 밖에 추상적인 사물을 장악하고 파악한다는 의미도 가지고 있다. 掌握의 掌은 손바닥이라는 뜻이므로 내 손바닥 안에서 즉, 내 손아귀 안에서 충분히 통제하며 응용하는 것을 가리키며, 목적어로는 이론, 정책, 기술, 방법, 시간, 권력, 운명 등 추상적인 사물이 온다. 명사일 경우, 把握는 명사로서 성공의 근거와 자신하는 것을 가리키며, 항상 동사 '有'와 형용사 '大'나 '小'와 같이 쓰인다. 掌握는 그런 용법이 없다.

▶ 두 글자 중 한 글자만 다를 경우
그 다른 한 글자의 뜻에 집중하여 구분하는 것이 포인트!

Check

我的手冻僵dòngjiāng了，已经（　　　　）不住手中的伞。나의 손이 얼어서, 이미 손 안의 우산을 잡을 수 없다.

他（　　　　）两门外语。
그는 두 가지 외국어를 능통하게 구사한다.

🔲 把握 / 掌握

1215 包含 · 0607 包括

- 包含 동 포함하다
  ➡ 包含 + 意义, 因素, 道理, 倾向, 特点, 性质, 哲理

- 包括 동 포괄하다, 포함하다
  ➡ 包括 + 物质生活, 精神生活

비교 包含은 안에 포함되어 있는 것을 가리키고, 목적어로는 주로 추상명사가 오며, 包括는 내용을 다 총괄하여 수용함을 나타내고, 구체적, 추상적 목적어에 모두 쓰인다. 또한 包括는 수량, 범위 방면에서 각 부분을 열거해서 표현하거나 일부분을 특별히 가리키는 방식으로 쓰인다.

▶ 단어가 구체명사와 함께쓰이는지
추상명사와 함께쓰이는지 구분하는 것이 포인트!

Check

老师的话（　　　　）两层意思。
선생님의 말씀은 두 가지 뜻을 포함하고 있다.

我们公司的经营范围（　　　　）电器、服装等。우리 회사의 경영 범위는 전자기기, 옷 등을 포괄하고 있다.

🔲 包含 / 包括

1220 保持 · 0807 坚持

- 保持 동 유지하다
  ➡ 保持 + 联系, 现状, 安静, 关系, 信誉, 速度

- 坚持 동 견지하다, 계속해 나가다
  ➡ 坚持 + 原则, 工作, 真理, 锻炼, 下去, 不懈

비교 保持는 어떤 상태가 바뀌지 않고 원상태로 유지됨을 나타내고, 坚持는 곤란하거나 의견 차이의 상황에 직면했을 때, 스스로 뜻을 굽히지 않고 자신이 옳다고 관철해서 실행하는 것을 가리킨다.

▶ 어떤 단어들과 함께쓰이는지를 알아두는 것이 포인트!

Check

虽然不去的人多，但我固执地（　　　　）自己去。비록 가지 않는 사람이 많기는 하지만, 나는 무조건 가기로 했다.

请大家（　　　　）安静。
여러분 조용히 해주세요.

🔲 坚持 / 保持

1222 保留 · 1221 保存

- 保留 동 보류하다
  ➡ 保留 + 风味, 面目, 面貌, 风味, 意见, 看法, 观点

- 保存 동 보존하다
  ➡ 保存 + 文物, 书籍, 财产, 遗物, 古迹, 实力, 风俗, 传统

비교 保留는 사물이 남겨 두려고 하는 것을 나타내며, 목적어로는 주로 추상적인 사물이 온다. 保存은 사물, 의의, 성질이 지속적으로 존재하고 손실을 입거나 변화가 생기지 않도록 하는 것을 나타내며, 목적어로 대부분 구체적인 사물이 온다. 保留는 일시적으로 내버려둔다는 뜻이 있지만, 保存은 그런 뜻이 없다.

▶ 어떤 단어들과 함께 쓰이는지를 알아두는 것이 포인트!

Check
这种饮料可以 (　　　　) 一个星期。
이런 음료수는 일주일을 보관할 수 있다.
故宫还 (　　　　) 着当年的威严。
고궁은 당시의 위엄을 아직 유지하고 있다.

🗒 保存 / 保留

Check
明天你 (　　　　) 来。 너는 내일 꼭 와야 한다.
做这个工作 (　　　　) 十个人。
이 일을 하려면 열 명이 필요하다.
你的身体已经好多了, 没 (　　　　) 再吃药。당신의 건강은 이미 많이 좋아져서, 계속 약을 먹을 필요가 없습니다.

🗒 必须 / 必需 / 必要

1235 毕竟 · 0838 究竟

- 毕竟 [부] 필경, 드디어, 결국
- 究竟 [부] 필경, 드디어, 결국, 도대체

[비교] 毕竟과 究竟은 둘 다 부사로서, '결국, 그래도'라는 뜻으로 쓰인다. 究竟은 이 뜻 이외에도 의문에서 '도대체'라는 뜻으로 쓰이는데, 이때는 到底와 쓰임이 비슷하다. 또한 究竟은 명사로서 '결말'이라는 뜻도 가지고 있으며, 毕竟은 부사 용법 이외에 이런 쓰임은 가지고 있지 않다.

▶ 한 단어가 여러가지 뜻을 가지는 것이 포인트!

Check
她 (　　　　) 是老工人, 很有丰富的经验。
그녀는 필경 숙련공이어서, 풍부한 경험을 가지고 있다.
你 (　　　　) 还吃不吃?
너 도대체 더 먹을 거야, 안 먹을 거야?

🗒 毕竟, 究竟 / 究竟

1247 表明 · 0621 表达 · 0322 表示

- 表明 [동] 표명하다
  ➡ 表明 + 观点, 态度, 身份, 思想, 立场
- 表达 [동] 표현하다, 전달하다
  ➡ 表达 + 思想, 感情, 心情, 感激, 心意
- 表示 [동] 나타내다, 표시하다
  ➡ 表示 + 决心, 谢意, 友谊, 失望, 遗憾, 同意

[비교] 表明은 뚜렷함을 나타내고, 타인으로 하여금 사물의 내재된 뜻과 자신의 사상, 의도, 감정, 태도를 알게 하는 것이다. 表达는 언어, 문자, 행동 등을 이용하여 사상, 감정을 드러내는 것을 가리키고, 表示는 직접적으로 말하거나 혹은 직접적 사상을 드러내지만, 정신이나 품질 등의 내재된 것을 반영할 수는 없다.

▶ 한국어로 해석하면 차이가 없어 보이므로, 그것으로 인해 혼돈하지 말아야하는 것이 포인트!

Check
我已经能用汉语清楚地 (　　　　) 思想了。
나는 이미 중국어로 명확하게 생각을 전달할 수 있다.
他大胆地 (　　　　) 了自己的立场。
그는 대담하게 자신의 입장을 표명했다.
摇头 (　　　　) 不同意。
고개를 좌우로 젓는 것은 동의하지 않음을 나타낸다.

🗒 表达 / 表明 / 表示

1239 必要 · 0320 必须 · 必需

- 必要 [명형] 필요(성) / 필요로 하다
- 必须 [부] 반드시 ~ 해야 한다
- 必需 [동] 반드시 필요로 하다, 꼭 필요로 하다

[비교] 必需, 必须, 必要 이 세 단어는 성질과 용법이 서로 다르지만 그 의미는 서로 관계가 있다. 必要는 형용사이고, 일반적으로 명사 앞에서 관형어 역할을 하며, '是……的'와 같이 쓰일 때에는 서술어 역할도 한다. 必需는 동사이고 원료, 재료, 물건, 인력 등과 같은 목적어를 주로 가진다. 必须는 부사이고, 일반적으로 동사 앞에서 부사어 역할을 한다.

1255 不必 · 2200 未必

- 不必 [부] ~할 필요 없다 (단독으로도 쓰임)
- 未必 [부] 반드시 ~한 것은 아니다

[비교] 不必와 未必는 둘 다 부사이지만 뜻은 전혀 같지 않다. 예를 들어 '她不必去。'는 '她用不着去。' 즉 '그녀는 갈 필요가 없다'는 뜻이나, '她未必去。'는 '她不一定去。' 즉 '그녀가 반드시 가는 것은 아

▶ 뜻은 비슷하나 품사로 구분되는 것이 포인트!

니다'라는 뜻이다. 不必는 必须의 부정이고, '필요 없다, 쓸데없다'는 뜻이며, 未必는 必定의 부정이고, '반드시 그렇지는 않다'는 뜻으로 쓰인다.

▶ 이처럼 반의어에 의해서 더욱 확실히 구분되는 것이 포인트!

Check

她的话（　　　　）正确.
그녀의 말이 반드시 정확한 것은 아니다.
我永远不会离开你的，你（　　　　）担心.
나는 절대 널 떠나지 않을 거야. 너는 걱정할 필요 없어.

답 未必 / 不必

1277 参与 · 0329 参加

- 参与 동 참여하다
- 参加 동 참가하다

비교 参与는 주로 활동에만 사용되고 어떤 활동에 참가하되 参加보다 더 깊이 관여하는 것을 가리키며, 주로 문어체에 사용된다. 参加는 사용범위가 매우 넓으며, 조직, 활동에 참가한다는 뜻 이외에도 의견, 건의 등을 제시한다는 의미로도 사용된다. 가장 널리 사용되고 서면어와 구어에 모두 사용된다.

▶ 뜻이 완전히 같을 때에는 차이점에 주목하는 것이 포인트!

Check

起初他没有（　　　　）意见，但后来提出了不同的看法.
처음에 그는 의견을 제시하지 않았으나, 후에 다른 의견을 제시했다.
让孩子（　　　　）义务服务活动.
아이들이 봉사활동에 참여하도록 해라.

답 参加 / 参与

1282 操心 · 0347 担心

- 操心 형 조심하다
- 担心 형 조심하다

비교 操心은 어떤 사람이나 일에 대해서 마음을 쓰며 고려하고 안배하는 것을 가리키고, 担心은 어떤 사람이나 일의 안전에 대해서 걱정하거나 다른 상황에 대해서 문제가 생길까 봐 마음을 놓지 못하는 것을 가리킨다.

▶ 아무리 쉬운 단어일지라도 그 속뜻을 한번쯤 되새겨보는 것이 포인트!

Check

刚结婚的时候，他为爱人（　　　　）.
막 결혼했을 때 그녀는 남편을 위해 마음을 썼다.
奶奶一个人住在山区，我很（　　　　）.
할머니가 혼자서 산골에서 사시니, 나는 너무 걱정된다.

답 操心 / 担心

1285 测验 · 0206 考试

- 测验 동명 시험, 테스트 / 측정하다, 시험하다, 테스트하다
  ➡ 测验 + 性能，速度，视力，水平，程度，智力，听力，外语

- 考试 동명 시험, 고사 / 시험하다, 시험보다
  ➡ 期末，期中，数学 + 考试

비교 测验은 측정기구를 사용해서 측정하는 것 이외에도 학습성적을 테스트하는 것을 가리키고, 考试는 서면이나 구두질문의 방식을 통해서 지식이나 기능을 테스트하는 것을 가리키고, 주로 학교의 시험을 가리킨다.

▶ 비슷한 의미를 가진 단어일수록 搭配에 의해 구분된다는 것이 포인트!

Check

我们（　　　　）一下那台照相机的性能.
우리 저 사진기의 성능을 테스트해봅시다.
下个星期就要期末（　　　　）了.
다음 주면 곧 기말고사야.

답 测验 / 考试

1286 曾经 · 0276 已经

- 曾经 부 일찍이
  ➡ 曾经 + 동사 + 过 + ……

- 已经 부 이미
  ➡ 已经 + 동사 + …… 了

비교 曾经은 이전에 어떤 행위나 상황이 있었던 적이 있음을 나타내는데, 그 시간은 일반적으로 최근이 아니어서 뒤에 오는 동사는 거의 '过'를 동반한다. 已经은 일이 완료되었음을 나타내는데, 그 시간은 일반적으로 그리 오래된 것이 아니어서 뒤의 동사는 대부분 '了'를 동반하고, '过'는 거의 쓰지 않는다.

▶ 어떤 단어들과 함께쓰이는지를 알아두는 것이 포인트!

Check

我 （　　　　　） 收到了你的信。
나는 이미 네 편지를 받았다.

这件衣服我 （　　　　　　　） 买过好几回，都没买
到。 나는 이 옷을 일찍이 몇 번이나 사려 했는데, 사지 못했다.

　　🔲 已经 / 曾经

1288 差别 · 差异 chāyì

- 差别　명 차별, 차이
- 差异　명 차이

🔲 差别는 사물의 성질과 특성에 차이가 있다는 것으로 실질적인 차이와 외관상의 차이를 모두 포함한다. 差异는 사물의 성질과 특성에서 차이가 있다는 것으로, 특히 실질적인 차이를 가리키는 경우가 많으며 주로 서면어에 사용한다.

▶ 뜻이 완전히 같을 때는 차이점에 주목하는 것이 포인트!

Check

这两辆车的外形比较相似，但性能有很大的
（　　　　　）。
이 두 대의 차는 외형은 비슷하나, 성능에는 큰 차이가 있다.

哥哥和姐姐之间 （　　　　　） 还是存在的。
오빠와 언니 사이에는 역시 다른 점이 있다.

　　🔲 差别, 差异 / 差别

1292 产生 · 0702 发生

- 产生　동 발생하다, 생기다, 출산하다, 낳다
  ➡ 产生 + 兴趣, 困难, 感情, 作用, 热量
- 发生　동 발생하다, 생기다
  ➡ 发生 + 事故, 战争, 危机, 变化, 事情, 水灾

🔲 产生은 기존의 사물 중에서 새로운 사물이 생성되는 것으로, 구체적이거나 추상적 사물 모두 목적어로 쓰인다. 发生은 기존에 없던 일이 나타나는 것으로, 구체적 사건이 대부분 목적어로 온다.

▶ 아무리 쉬운 단어일지라도 그 속뜻을 한번쯤 되새겨보는 것이 포인트!

Check

昨天 （　　　　　） 了意外的事故。
어제 의외의 사고가 발생했다.

在战争中 （　　　　　） 了好多英雄。
전쟁 중에 많은 영웅이 생겨났다.

　　🔲 发生 / 产生

1296 朝 · 0263 向

- 朝　전 ~를 향해서
  ➡ 朝 + 장소명사 / 朝 + 사람 + 신체의 구체적 동작 동사
- 向　전 ~를 향해서
  ➡ 向 + 장소명사 / 向 + 사람 + 일반동사 / 向 + 사람 + 추상동사 / 동사 + 向 + 명사

🔲 朝와 向은 둘 다 '~를 향해서'라는 뜻의 전치사로 방향명사 앞에 쓸 수 있고(朝东走, 向东走), 向은 동사 뒤에 사용가능하다(走向未来). 朝와 向 뒤에 사람을 지칭하는 명사를 사용할 때, 朝는 단지 신체의 동작이나 자태 등의 구체적인 동사에만 쓰이고, 추상적인 동사에는 사용할 수 없다. 向은 추상적인 의미의 동사에 쓸 수 있다(向她学习).

▶ 뜻이 완전히 같을 때는 차이점에 주목하는 것이 포인트!

Check

我打算 （　　　　　） 老师请教。
나는 선생님에게 가르침을 청하고 싶다.

他们 （　　　　　） 着河边跑。
그들은 강가를 향해서 뛰어간다.

　　🔲 向 / 朝

1304 趁 · 1308 乘

- 趁　전 ~를 틈타
  ➡ 趁 + 时间, 机会, 时机, 条件
- 乘　전 ~를 틈타
  ➡ 乘 + 时间, 机会, 时机, 条件

🔲 趁과 乘은 둘 다 어떤 조건이나 기회를 이용한다는 의미이다. 趁은 주로 구어에 쓰이며, '着'를 수반할 수 있고 주어 앞에 쓸 수 있으나, 乘은 '着'를 수반할 수 없고 서면어에 주로 쓰인다.

▶ 뜻이 완전히 같을 때는 차이점에 주목하는 것이 포인트!

Check

他善于 （　　　　　） 人之危大捞lāo一把。
그는 다른 사람의 위기를 틈타 한밑천 잡는 것을 잘한다.

（　　　　　　）着还没到时间，再找找看吧。
아직 시간이 되지 않았으니 이 틈에 다시 찾아보자.

답 乘 / 趁

他在考试中取得了优异的（　　　　　　）。
그는 시험에서 우수한 성적을 거뒀다.

답 成就 / 成绩

1310 承认 · 0520 同意

- 承认 동 인정하다, 승인하다
  ➡ 承认 + 错误, 差别, 事实, 现实, 权利, 新国家, 新政权

- 同意 동 동의하다, 찬성하다, 허락하다
  ➡ 同意 + 意见, 主张, 和解, 签字, 办理, 请假, 交往

비교 承认은 사실을 인정한다는 뜻 이외에도 새로운 국가나 정권의 법률적 지위를 인정하고 승인한다는 것을 가리킨다. 同意는 건의나 방법에 긍정, 찬성 혹은 허락하는 것을 뜻하며, 상급자가 하급자에게 혹은 선배가 후배에게 자주 쓴다.

▶ 아무리 쉬운 단어일지라도 그 속뜻을 한번쯤 되새겨보는 것이 포인트!

Check

世界各国（　　　　　　）这个国家的独立。
세계 각국은 이 국가의 독립을 승인했다.

在李老师的劝说下，妈妈终于（　　　　　　）我参加比赛了。 이 선생님의 설득으로 엄마는 마침내 내가 경기에 참여하는 것에 동의하셨다.

답 承认 / 同意

1322 持续 · 0801 继续

- 持续 동 지속하다

- 继续 동 계속하다

비교 持续는 어떤 일이나 상황이 시간 안에 시종일관 중단되지 않고 지속됨을 나타내는데, 시간보어를 주로 지니며 목적어로는 동사가 자주 쓰인다. 继续는 동작과 활동이 계속되거나, 시간 내에 중단되고 또 잠시 시간이 지난 후에도 원래대로 계속 진행되는 것을 나타내며, 목적어로는 동사가 자주 쓰인다.

▶ 아무리 쉬운 단어일지라도 그 속뜻을 한번쯤 되새겨보는 것이 포인트!

Check

明天我们还要（　　　　　　）我们的试验。
내일 우리는 우리의 실험을 계속해야 한다.

这场球赛（　　　　　　）了三个小时才分出胜负。이 구기 시합은 세 시간이나 지속하고서야 승부가 났다.

답 继续 / 持续

1316 成就 · 0335 成绩

- 成就 명 성취
  ➡ 革命, 科技, 建设

- 成绩 명 성적
  ➡ 体育运动, 学习, 工作

비교 成就는 비교적 중대한 수확 혹은 성적으로 '巨大', '重大', '伟大', '显著', '辉煌' 등의 뜻을 가진 형용사와 잘 어울린다. 成绩는 업무나 학습 등의 방면에서 획득한 혹은 체육경기의 결과를 가리키며, 형용사 '大', '小', '好', '不好', '优异', '差', '坏' 등과 잘 어울리며, 成绩의 범위가 훨씬 광범위하다.

▶ 비슷한 의미를 가진 단어일수록 搭配에 의해 구분된다는 것이 포인트!

Check

祝贺你在事业上取得巨大的（　　　　　　）。
당신이 사업상에서 거대한 성취를 거둔 것을 축하드립니다.

1338 出色 · 0828 精彩

- 出色 형 출중하다, 뛰어나다
  ➡ 文章, 成绩, 作文, 回答, 产品, 表演, 劳动, 演员

- 精彩 형 재미있다, 좋다
  ➡ 比赛, 节目, 场面, 晚会, 表演, 文章, 展览

비교 出色는 일, 행동의 진행이 매우 훌륭하고 뛰어남을 나타내고, 精彩는 시합, 공연, 문장 등이 볼 만하며 재미있고 시선을 끄는 것을 나타낸다.

▶ 비슷한 의미를 가진 단어일수록 搭配에 의해 구분된다는 것이 포인트!

Check

昨天晚上有（　　　　　　）的足球比赛。
어제저녁 흥미진진한 축구 시합이 있었다.

我们（　　　　　　）地完成了这项工程。
우리는 훌륭하게 이 프로젝트를 완성했다.

답 精彩 / 出色

1363 从事 · 0673 当

- 从事 동 종사하다
    ➡ 从事 + 工作, 事业, 活动, 劳动, 创作, 运动
- 当 담당하다, 담임하다
    ➡ 当 + 学生, 工人, 老师, 校长, 经理, 医生, 司机

비교 从事는 어떤 사업과 일에 헌신함을 나타내며, 목적어로는 사업 및 큰 활동이 자주 온다. 当은 책임지고 이루어야 하는 것을 가리키며, 목적어로 구체적 직업과 일이 온다.

▶ 아무리 쉬운 단어일지라도 그 속뜻을 한번쯤 되새겨보는 것이 포인트!

Check

告诉大家一个消息, 我(　　　　)爸爸了。
여러분에게 한 가지 소식을 알려 드릴게요, 제가 아빠가 되었어요.

我(　　　　)服装设计工作。
저는 의상디자인 직종에 종사합니다.

目 当 / 从事

1373 达到 · 1401 到达

- 达到 동 도달하다, 다다르다, 이르다
    ➡ 达到 + 目的, 要求, 标准, 团结, 高潮, 统一
- 到达 동 도착하다, 도달하다
    ➡ 到达 + 目的地, 首都, 地点, 码头

비교 达到는 어떤 수준이나 정도에 다다른다는 뜻으로, 목적어로 주로 추상명사가 온다. 到达는 구체적 장소나 구체적 단계에 도달하는 것을 가리키고, 목적어로 주로 구체적 장소가 많이 온다.

▶ 비슷한 의미를 가진 단어일수록 搭配에 의해 구분된다는 것이 포인트!

Check

要(　　　　)人人满意的程度太难了。
사람들이 모두 만족할 만한 정도에 다다르는 것은 너무 어렵다.

本班飞机明天早晨六点(　　　　)南京。
이 비행기는 내일 새벽 6시에 난징에 도착할 것입니다.

目 达到 / 到达

1441 对于 · 0175 对

- 对于 전 ~에 대해
- 对 전 ~에 대해

비교 对于를 사용하는 문장에는 거의 对를 쓸 수 있지만, 对를 사용하는 일부 문장에는 对于를 사용할 수 없다. 특히 사람과 사람의 관계를 나타내는 문장에는 반드시 对를 사용해야 하고, 조동사나 부사 뒤에는 반드시 对를 사용해야 한다.

▶ 뜻이 완전히 같을 때에는 차이점에 주목하는 것이 포인트!

Check

大家(　　　　)你很关心。
모두 네게 관심을 가지고 있다.

我们会(　　　　)节目做出安排的。
우리는 프로그램에 대해서 안배를 할 것입니다.

目 对 / 对于

1450 发达 · 0703 发展

- 发达 형 발달하다
- 发展 동 발전하다 / 발전

비교 发达는 사물이 번영, 흥성하거나, 사물이 이미 충분히 발전한 것을 가리키는 형용사이고, 发展은 사물이 작은 것에서 큰 것으로, 간단한 것에서 복잡한 것으로, 저급에서 고급으로 변화 발생하는 것을 가리키며 확대한다는 뜻도 나타낸다. 发展은 또한 동사 용법 이외에 명사 용법도 가지고 있다.

▶ 뜻은 같으나 품사로 구분되는 것이 포인트!

Check

最近我们读书会的人数有了较大的(　　　　)。
최근 우리 독서클럽의 인원수가 비교적 많이 확충되었다.

他是健美运动员, 肌肉很(　　　　)。
그는 보디빌더로 근육이 아주 발달되었다.

目 发展 / 发达

1453 发明 · 0369 发现 · 1352 创造

- 发明 동 발명하다
    ➡ 发明 + 火药, 新技术, 电话, 飞机, 武器, 活字印刷术
- 发现 동 발견하다
    ➡ 发现 + 金矿, 文物古迹, 油田
- 创造 동 창조하다
    ➡ 创造 + 奇迹, 幸福, 环境, 未来, 汉字, 理论

비교 发明은 사람의 노력으로 기존에 없던 새로운 사물을 만들어 내는 것을 말하고, 发现은 원래 존재하던 것을 찾은 것이며, 새로운 사물을 찾은 것에는 쓰지 않는다. 创造는 发明과 같이 노력을 통해 원래 없었던 것을 생산해내는 것이나, 发明의 목적어는 구체적 사물이고, 创造의 목적어는 구체적 사물뿐 아니라 역사, 경험, 형상, 기록, 생활, 조건 등 추상적인 것도 될 수 있다.

▶ 아무리 쉬운 단어일지라도 그 속뜻을 한번쯤 되새겨보는 것이 포인트!

Check

活字印刷术是中国人最早（　　　　）的。
활자 인쇄술은 중국인이 최초로 발명한 것이다.

我们用双手（　　　　）了自己的幸福生活。
우리는 두 손을 사용하여 자신의 행복한 생활을 창조했다.

在海岸（　　　　）了很多文物古迹。
해안가에서 많은 문물 고적을 발견했다.

答 发明 / 创造 / 发现

1462 反复 · 1330 重复

· 反复 동 반복하다
· 重复 동 중복하다

비교 反复는 같거나 같은 종류의 행위나 동작을 반복하는 것을 가리키고, 重复는 같은 것이 또 한 번 출현하거나 나타나거나, 같은 일을 또 한 번 하는 것을 가리킨다.

▶ 아무리 쉬운 단어일지라도 그 속뜻을 한번쯤 되새겨보는 것이 포인트!

Check

这两部电影的题材（　　　　）了。
이 두 편의 영화 소재는 중복되었다.

我们（　　　　）地听这些文章。
우리는 반복적으로 이 문장들을 듣는다.

答 重复 / 反复

1460 凡是 · 1104 一切 · 1016 所有

· 凡是 부 모든
· 一切 형 일체의
· 所有 형 모든

비교 凡是는 부사로 어떤 범위 내에 예외가 없음을 강조하는데 일반적으로 문장의 시작 부분에 쓰이며, '都'나 '全'과 자주 쓰인다. 一切는 범위가 넓으며 사물 전부를 포함하지만 분류된 사물만 수식할 수 있다. 예를 들어 '一切植物'라고는 할 수 있지만 '一切苹果'라고는 쓰지 못한다. 또한 一切는 '的' 없이 직접 수식하고 명사 용법도 있다. 所有는 범위가 비교적 좁지만 일정한 범위 내 사물의 전부를 말한다.

▶ 어떤 단어들과 함께 쓰이는지를 알아두는 것이 포인트!

Check

（　　　　）他的歌，我们都喜欢听。
모든 그의 노래를 우리는 모두 좋아한다.

我们学校（　　　　）的学生都必须参加这次考试。
우리 학교의 모든 학생은 이번 시험에 반드시 참여해야 한다.

刚发生的（　　　　）好像梦一样。
방금 발생한 모든 것이 마치 꿈만 같다.

答 凡是 / 所有 / 一切

1463 反应 · 0708 反映

· 反应 동 명 반응하다 / 반응
· 反映 동 명 반영하다 / 반영
　➡ 反映 + 社会, 能力, 水平, 态度, 性格

비교 反应은 유기체가 외부 환경의 변화와 자극에 생산하는 대응변화를 가리키며, 직접적으로 목적어를 가질 수 없다. 反映은 객관적 사물의 본질을 표현하며 상황이나 의견 등을 윗사람 및 관련 부서에 알리는 것으로 상급자가 하급자에게 쓸 수 없다. 목적어를 가지며 중첩할 수 있다.

▶ 두 글자 중 한 글자만 다를 경우
그 다른 한 글자의 뜻에 집중하여 구분하는 것이 포인트!

Check

听到这个消息，他的（　　　　）就是觉得不太好。
이 소식을 듣고, 그는 별로 좋지 않은 반응을 나타냈다.

这本书（　　　　）了现代社会。
이 책은 현대사회를 반영했다.

答 反应 / 反映

1477 分别 · 1288 差别 · 0943 区别

· 分别 동 분별하다, 변별하다
· 差别 명 차별, 차이

- 区别 동명 구별하다 / 구별

비교 分别는 동사적 용법 이외에도 부사로서 '각각 다르게'라는 뜻도 가지고 있다. 差别는 형식과 내용상의 다른 것을 나타내는 명사이다. 区别는 비교를 한 후에 사물의 차이점을 인식하고 깨닫는 것을 가리키며, 명사적 용법 외에 동사의 뜻도 있다.

▶ 한국어로 해석하면 차이가 없어 보이므로
단어의 뜻을 정확히 파악하는 것이 포인트!

Check
各部门（　　　　）介绍了近期的工作情况。
각 부서는 최근 업무상황을 각각 소개했다.

这三张图案有什么（　　　　），我看不出来。
이 세 장의 도안은 어떤 구별점이 있는지 나는 모르겠다.

你们俩只有年龄的（　　　　），其他方面都差不多。
너희 둘은 단지 연령상의 차이만 있을 뿐 다른 방면은 비슷하다.

답 分别 / 区别 / 差别

1507 感激 · 0733 感谢

- 感激 동 감격하다
- 感谢 동 감사하다

비교 感激와 感谢는 동사로 타인에 대한 호의나 도움에 감사하는 뜻을 표현하는 말이다. 感激는 '激'의 의미가 더 깊고 타인에게 어떤 도움을 받아서 감동과 감사의 뜻이 생기는 것을 말한다. 感谢는 물질적인 보답도 있지만 언어를 통해 감사의 표시를 하는 것을 뜻한다.

▶ 아무리 쉬운 단어일지라도 그 속뜻을 한번쯤 되새겨보는 것이 포인트!

Check
爸爸（　　　　）得流下眼泪了。
아버지께서 감격하셔서 눈물을 흘리셨다.

为了（　　　　）您对我的帮助，这顿饭我来请。
저를 도와주신 것에 감사하고 싶어서, 이 식사는 제가 모시겠습니다.

답 感激 / 感谢

1516 搞 · 0909 弄

- 搞 동 하다
  ➡ 搞 + 对象, 关系, 教学, 展览, 卫生, 运动
- 弄 동 하다
  ➡ 弄 + 饭, 菜, 花, 鸟, 抢, 棍

비교 搞와 弄이 두 단어는 뜻은 서로 비슷하지만, 목적어를 가질 경우 搞는 목적어로 일, 사람 관계, 활동 등이 오고 특정 대상이 오기도 하며, 弄은 손으로 만지는 물건, 보살피는 사람, 준비된 음식 등을 목적어로 쓴다.

▶ 비슷한 의미를 가진 단어일수록 搭配에 의해 구분된다는 것이 포인트!

Check
我不会做这道菜，你来（　　　　）吧。
저는 이 음식을 할 줄 모릅니다. 당신이 하세요.

他爱人是（　　　　）艺术的。
그의 부인은 예술을 한다.

답 弄 / 搞

1550 鼓舞 · 0747 鼓励

- 鼓舞 동명 고무하다
  ➡ 鼓舞 + 人心, 斗志, 士气, 情绪
- 鼓励 동명 격려하다, 용기를 주다, 격려하다
  ➡ 鼓励 + 孩子, 学习, 发明, 创造, 投资

비교 鼓舞는 분발하게 하여 믿음과 용기가 증가되는 것을 가리키는 말로, 자신이 다른 사람에게 쓸 수 없으며 명확한 요구도 없다. 鼓励는 다른 사람이 자신에게 혹은 자신이 다른 사람을 칭찬하는 것으로 명확한 요구가 있으며, 구두로 칭찬하는 방식으로 개인과 단체를 격려한다. 가끔 목적어에 일과 행동도 올 수 있다.

▶ 한국어로 해석하면 차이가 없어 보이므로
그것으로 인해 혼동하지 말아야하는 것이 포인트!

Check
英雄的事迹（　　　　）了群众。
영웅의 사적이 군중을 분발하게 했다.

父母的话（　　　　）孩子努力学习。
부모의 말이 아이가 열심히 공부하도록 격려했다.

답 鼓舞 / 鼓励

1562 关怀 · 0388 关心

- 关怀 동 관심을 가지다
- 关心 동 관심을 가지다

비교 关怀는 주로 사람에게 많이 사용하는데, 윗사람이 아랫사람에게, 연장자가 젊은 사람에게, 단체가 개인에게 사용한다. 또 일반적으로 부정형으로 사용되지 않는다. 关心은 사람과 사물에 두루 사용되며, 关怀가 关心보다 깊은 뜻을 나타낸다.

▶ 어떤 단어들과 함께 쓰이는지를 알아두는 것이 포인트!

Check

在领导的（　　　　）下，他们完成了任务。
지도자의 관심 하에 그들은 임무를 완성했다.

那是我们（　　　　）的问题。
저것은 우리가 관심을 가지는 문제이다.

🔖 关怀 / 关心

1576 广泛 · 1575 广大

- 广泛 형 광범위하다
  ➡ 宣传, 民主, 交往, 应用

- 广大 형 광대하다
  ➡ 地区, 农村, 沙漠, 领土

비교 广泛은 관련되는 범위가 넓음을 나타내어, 동사를 수식하는 경우가 많고, 주로 추상명사와 같이 사용된다. 广大는 면적의 넓이, 규모의 크기, 인원수의 많음 등을 나타내고, 보통 동사를 수식하지 않는다.

▶ 단어가 구체명사와 함께 쓰이는지 추상명사와 함께 쓰이는지 구분하는 것이 포인트!

Check

我们应该（　　　　）地阅读各种书籍。
우리는 폭넓게 각종 서적을 읽어야 한다.

中国的（　　　　）地区正等待开发。
중국의 넓은 지역이 현재 개발을 기다리고 있다.

🔖 广泛 / 广大

1599 何况 · 况且 kuàngqiě

- 何况 접 하물며, 게다가
- 况且 접 하물며, 게다가

비교 두 단어 모두 '하물며, 게다가'라는 의미를 가진 단어이나, 何况 뒤에 바로 명사를 붙여 반어문을 만들 수 있으나, 况且는 이런 용법이 없다.

▶ 뜻이 완전히 같을 때에는 차이점에 주목하는 것이 포인트!

Check

你还搬不动，（　　　　）我呢?
너도 못 옮기는 데, 하물며 나는?

这衣服质量不错，（　　　　）也很便宜。
이 옷은 품질도 좋고, 게다가 싸다.

🔖 何况 / 何况, 况且

1608 后果 · 0821 结果

- 后果 명 결과
- 结果 명 결과

비교 后果는 유해하거나 불행한 결과를 나타내며, '严重', '恶劣' 등의 수식을 받는다. 结果는 일이 일정한 단계의 마지막 상태까지 발전됨을 나타내고 좋은 결과와 나쁜 결과를 모두 가리킬 수 있다.

▶ 단어의 쓰임이 부정적이냐 긍정적이냐가 포인트!

Check

这次化验的（　　　　）没有问题。
이번 화학실험의 결과는 문제가 없다.

如果你不听劝告，那么一切严重的（　　　　）自负。당신이 충고를 듣지 않으면, 모든 뒷일을 책임져야 해요.

🔖 结果 / 后果

1667 价值 · 0806 价格

- 价值 명 가치
- 价格 명 가격

비교 价值는 용도나 적극적인 작용을 가리키고, 价格는 상품의 가치를 화폐로 환산한 것이다.

▶ 아무리 쉬운 단어일지라도 그 속뜻을 한번쯤 되새겨보는 것이 포인트!

Check

这些资料很有研究（　　　　）。
이 자료는 매우 연구 가치가 있다.

这种电视的（　　　　）是多少?
이런 텔레비전의 가격은 얼마입니까?

🔖 价值 / 价格

1678 简直 · 0408 几乎

- 简直 [부] 정말로
- 几乎 [부] 거의

[비교] 简直는 강조나 과장의 어기를 나타내며, 几乎보다 훨씬 어감이 세다. 几乎는 또한 '하마터면 ~할 뻔했다'는 뜻도 가지고 있으나, 简直는 이런 뜻이 없다.

▶ 한국어로 해석하면 차이가 없어 보이므로 그것으로 인해 혼동하지 말아야하는 것이 포인트!

Check

眼睛（　　　　）不行了，只好不看报纸了。
눈이 정말로 안 좋아서, 신문을 안 보는 수밖에 없다.

放假后没什么事，他（　　　　）每天都到图书馆看书。
방학을 한 후에는 별일 없어서, 그는 거의 매일 도서관에 가서 책을 본다.

[답] 简直 / 几乎

1727 精力 · 0829 精神

- 精力 [명] 정력
- 精神 [명] 활력, 활기

[비교] 精神은 사람이 표현해내는 활력, 활기를 나타내며 형용사로서 생기가 있다는 뜻을 가지고 있고, 精力는 정신과 체력적인 면을 의미한다.

▶ 아무리 쉬운 단어일지라도 그 속뜻을 한번쯤 되새겨보는 것이 포인트!

Check

你穿这条裙子很（　　　　）。
네가 이 치마를 입으니 매우 생기있어 보인다.

小孩子的（　　　　）都很充沛chōngpèi。
어린아이들은 힘이 매우 왕성하다.

[답] 精神 / 精力

1791 老实 · 1320 诚恳

- 老实 [형] 성실하다, 착실하다
- 诚恳 [형] 성실하다, 간절하다, 진실하다

[비교] 老实와 诚恳은 둘 다 '성실하다'라는 뜻을 가지고 있다. 이밖에 老实는 '온순하고 말을 잘 듣는다'는 뜻을 가지고 있고, 诚恳은 '간절하고 진실하다'는 뜻을 가지고 있다. 老实는 '老老实实'처럼 중첩이 가능하나, 诚恳은 중첩되지 않는다.

▶ 한국어로 해석하면 차이가 없어 보이므로 단어의 뜻을 정확히 파악하는 것이 포인트!

Check

他（　　　　）地请求大家帮助。
그는 진심으로 다른 사람에게 도움을 청했다.

一有奶奶，我的女儿表现得非常（　　　　）。
할머니만 계시면 내 딸은 매우 말을 잘 듣는다.

[답] 诚恳 / 老实

1806 立刻 · 0459 马上

- 立刻 [부] 바로, 금방
- 马上 [부] 바로, 금방

[비교] 立刻와 马上은 모두 '금방, 바로'의 뜻을 나타내는 부사이고, 많은 상황에서 혼용되어 사용된다. 马上은 구어와 서면어에 모두 사용되나, 立刻는 주로 서면어에 사용된다. 马上이 나타내는 긴박성의 적용 범위가 비교적 넓고 긴 데 비하여, 立刻는 그 범위가 매우 짧다. 또한 객관적인 상황이 급변할 경우 立刻를 사용할 수 없다.

▶ 뜻이 완전히 같을 때에는 차이점에 주목하는 것이 포인트!

Check

（　　　　）就要下雨了。
곧 비가 오려고 한다.

暑假（　　　　）就要开始了。
여름 방학이 곧 시작할 것이다.

[답] 马上 / 立刻

1819 临时 · 1142 暂时

- 临时 [형] 잠시의
- 暂时 [명] 잠시

[비교] 临时와 暂时는 모두 '잠시, 잠시의'라는 뜻을 가지고 있다. 临时는 잠시라는 뜻 이외에도 부사로 일이 발생했을 때 '그 때에 이르러서'라는 뜻을 가지고 있으나, 暂时는 이러한 뜻이 없다.

▶ 뜻이 완전히 같을 때에는 차이점에 주목하는 것이 포인트!

Check

这本书我先（　　　　）用一下。

이 책을 제가 먼저 잠시 사용할게요.
没想到他（　　　　　）变卦。
그가 잠시 마음이 변할 거라고 생각하지 못했다.

🔲 临时, 暂时 / 临时

1843 满足 · 0460 满意

- 满足 동 만족하다
- 满意 동 만족하다

비교 满足는 수요의 각도에서 말하며, '만족시키다, 만족하다'라는 뜻으로 목적어를 가져온다. 满意는 소망의 각도에서 말하며, '마음에 들다'라는 뜻이고 목적어를 바로 가져올 수 없다.

▶ 뜻은 같으나 품사로 구분되는 것이 포인트!

Check

妈妈终于买到了自己（　　　　　）的衣服。
엄마는 드디어 자신이 마음에 들어하는 옷을 구입했다.

妈妈（　　　　　）了我买电脑的要求。
엄마는 내가 컴퓨터를 사달라는 요구를 만족시켜 주셨다.

🔲 满意 / 满足

1845 毛病 · 0946 缺点

- 毛病 명 결점, 흠, 고장, 병
- 缺点 명 단점

비교 毛病은 신체의 질병과 기물의 손상, 고장을 나타내며, 缺点은 단점, 결점, 결함을 뜻하며, 주로 나쁜 방면에 쓰인다.

▶ 어떤 단어들과 함께 쓰이는지를 알아두는 것이 포인트!

Check

我们要注意改正自己的（　　　　　）。
우리는 자신의 단점을 고치는 데 주의를 기울여야 한다.

电脑又出（　　　　　）了。
컴퓨터가 또 고장 났다.

🔲 缺点 / 毛病

1882 目标 · 0900 目的

- 目标 명 목표
- 目的 명 목적

비교 目的는 행위의 의도나 추구하는 결과를 뜻하고, 目标는 이런 뜻 이외에도 공격의 대상이나 추구의 대상을 가리키기도 한다. 目的는 부정적, 긍정적 두 방면으로 모두 쓰일 수 있으나, 目标는 긍정적인 의미로만 쓰인다.

▶ 아무리 쉬운 단어일지라도 그 속뜻을 한번쯤 되새겨보는 것이 포인트!

Check

我有着不可告人的（　　　　　）。
나는 다른 사람에게 말할 수 없는 목적이 있다.

敌人终于发现了（　　　　　）。
적은 마침내 공격 목표를 발견했다.

🔲 目的 / 目标

1895 年纪 · 0907 年龄

- 年纪 명 나이
- 年龄 명 연령

비교 年纪는 사람에게만 쓰이며, '大', '小', '轻'과 함께 사용된다. 年龄은 사람과 동식물이 이미 생존한 연수를 말하는 것으로, 일반적으로 '大', '小'와 함께 쓰인다.

▶ 어떤 단어들과 함께 쓰이는지를 알아두는 것이 포인트!

Check

这棵古树的（　　　　　）谁也说不清楚。
이 고목의 연령은 누구도 확실히 말할 수 없다.

别看她（　　　　　）轻轻的，却是一家有一百多职员的老板。 그녀의 나이를 젊게 보지 마, 백여 명의 직원을 거느리는 사장이야.

🔲 年龄 / 年纪

1897 宁可 · 宁肯 nìngkěn · 宁愿 nìngyuàn

- 宁可 접 차라리 ~하는 것이 더 낫다
- 宁肯 접 차라리 ~하는 것이 더 낫다
- 宁愿 접 차라리 ~하는 것이 더 낫다

449

비교 이 세 단어 모두 '차라리 ~하는 것이 더 낫다'라는 뜻을 가지고 있다. 宁可는 두 방면의 이해 득실을 따진 후에 한쪽을 선택하는 것인데, 선택한 쪽은 대부분 가설의 의미이자 과장의 뜻을 담고 있다. 또한 용법적인 측면에서는 앞에 '与其'가 오거나 뒤에 '也不', '也要', '也得'가 와서 같이 쓰인다. 宁肯 역시 한쪽을 선택하는 것인데, 그 선택한 것은 주로 사람의 염원, 소원, 의지와 관계된 것이어야 한다. 宁愿은 주로 자신이 손해를 보더라도 또는 자신이 희생을 감수하더라도 하고 싶다는 뜻이 강하다.

▶ 한국어로 해석하면 차이가 없어 보이므로 단어의 뜻을 정확히 파악하는 것이 포인트!

Check

我（　　　　）一夜不睡觉，也得把这份报告完成。
나는 설령 밤새 자지 않더라도, 이 보고서를 완성해야 한다.

我（　　　　）辞职也不愿参加做这种不正当的勾当。
내가 차라리 사직을 하지 이런 부정당한 짓에 참여하고 싶지 않다.

只要你幸福，我（　　　　）退到好朋友的位置。
너만 행복하다면, 나는 차라리 좋은 친구의 자리로 돌아가겠다.

답 宁可 / 宁肯 / 宁愿

1903 偶然 · 0911 偶尔

· 偶然 형/부 우연하다 / 우연히
· 偶尔 부 가끔

비교 偶然은 必然의 반의어로 '우연히, 생각지도 못한'의 뜻을 가진 형용사이고, 偶尔은 经常의 반의어로 '가끔'이라는 뜻의 부사이다.

▶ 한국어로 해석하면 차이가 없어 보이므로, 단어의 뜻을 정확히 파악하는 것이 포인트!

Check

这件事情的发生十分（　　　　）。
이 사건의 발생은 아주 우연이었다.

他们俩不常见面，（　　　　）碰到一两次。
그들 둘은 자주 만나지 않고, 가끔 한두 번 마주친다.

답 偶然 / 偶尔

1908 盼望 · 0261 希望

· 盼望 동 바라다, 소원하다
  ➡ 盼望 + 开学, 放假, 胜利, 下雨, 回信
· 希望 동 희망하다, 바라다

  ➡ 希望 + 成功, 批准, 富强

비교 두 단어 모두 '바라다'라는 뜻이나, 盼望은 希望보다 어감이 무겁고 어떤 일이 이루어지기를 오래도록 기다린다는 뜻이 있다. 希望은 마음속으로 목적에 도달하거나 상황이 실현됨을 나타내며, 명사적 역할도 한다.

▶ 한국어로 해석하면 차이가 없어 보이므로 단어의 뜻을 정확히 파악하는 것이 포인트!

Check

孩子是国家的（　　　　）。 어린이는 나라의 희망이다.
大家都（　　　　）选手们胜利归来。
모두가 선수들이 승리해서 돌아오기를 바란다.

답 希望 / 盼望

1932 平静 · 0305 安静

· 平静 형 평온하다, 고요하다
  ➡ 情绪, 内心, 心里, 生活, 世界
· 安静 형 조용하다
  ➡ 公园, 家里, 树林, 夜晚, 性格

비교 두 단어 모두 '조용하다'라는 뜻이나, 安静은 소리가 없이 조용하다는 뜻이고, 형용사와 동사적 용법이 함께 있어서 AABB 중첩 형식 외에도 ABAB 중첩도 가능하다. 平静은 마음, 상황, 환경이 불안하지 않고 동요하지 않는 것을 뜻하고, ABAB로 중첩할 수 없다.

▶ 어떤 단어들과 함께 쓰이는지를 알아두는 것이 포인트!

Check

他那激动的情绪怎么也不能（　　　　）。
그의 그 흥분한 마음이 아무리 해도 가라앉지 않는다.

你们（　　　　）一点儿好吗? 太吵了。
너희 좀 조용히 해줄래? 너무 시끄러워.

답 平静 / 安静

1938 朴素 · 朴实 pǔshí

· 朴素 형 소박하다
  ➡ 衣着, 穿着, 风格, 语言, 行文, 打扮
· 朴实 형 성실하다

비교 두 단어 모두 형용사로, 朴素는 겉모습이 검소하고 소박하며 화려하지 않음을 나타내는데, 의상, 진열품, 라이프 스타일 등 방면에 많이 쓰이고, '절약하다, 사치하지 않는다'는 뜻도 가지고 있다. 朴实는 본질적으로 '성실하다, 우쭐거리지 않는다'의 뜻으로, 인품과 태도 방면에 많이 쓰인다.

▶ 어떤 단어들과 함께 쓰이는지를 알아두는 것이 포인트!

Check
她性格非常（　　　　　）。그녀는 성격이 매우 성실하다.
他生活很（　　　　　）。그는 생활이 매우 검소하다.

目 朴实 / 朴素

1941 其余 · 0483 其他

- 其余　대　그 나머지
- 其他　대　기타

비교 其余는 한정되고 특정된 나머지의 것을 가리키고, 其他는 그 범위가 명확하지 않다.

▶ 한국어로 해석하면 차이가 없어 보이므로, 단어의 뜻을 정확히 파악하는 것이 포인트!

Check
五门功课，除体育是五分，（　　　　　）都是三分。
다섯 과목이 있는데, 체육이 5점인 것을 제외하고 그 나머지는 모두 3점이다.

这条建议很好，谁还有（　　　　　）意见？
이 건의 매우 좋네요, 누구 또 기타 의견 없나요?

目 其余 / 其他

1974 情绪 · 1073 心情

- 情绪　명　정서
- 心情　명　기분, 마음

비교 情绪는 '감정적으로 행동하다'와 같이 유쾌하지 않은 감정들을 가리키기도 하며, '高涨', '高昂', '激动', '低落' 등과 자주 쓰인다. 心情에는 이와 같은 의미와 용법이 없으며, '幸福', '满意', '好奇', '沉重', '轻松' 등과 자주 어울린다.

▶ 어떤 단어들과 함께 쓰이는지를 알아두는 것이 포인트!

Check
我今天（　　　　　）特别好。
나는 오늘 기분이 매우 좋다.

同学们的（　　　　　）不稳定。
학우들의 정서가 불안정하다.

目 心情 / 情绪

1975 请求 · 0555 要求

- 请求　동　부탁하다
- 要求　동　요구하다

비교 동사일 경우, 要求는 구체적인 희망 혹은 조건을 제시하며 '만족을 얻길 희망하다'의 뜻으로, 목적어는 타인과 자신 모두 올 수 있다. 请求의 어감은 要求보다 정중하며 자기 자신은 목적어로 올 수 없다.

▶ 어떤 단어들과 함께 쓰이는지를 알아두는 것이 포인트!

Check
在学习中你应该严格（　　　　　）自己。
학습 중에 너는 마땅히 스스로에게 엄격해야 한다.

她诚恳地向经理（　　　　　）过好多次，可是他至今没有答应。그녀는 진심으로 사장에게 여러 차례 부탁했으나, 그는 지금까지 승낙하지 않았다.

目 要求 / 请求

1976 庆祝 · 1179 祝贺

- 庆祝　동　경축하다
  ➡ 庆祝 + 国庆, 活动, 胜利
- 祝贺　동　축하하다
  ➡ 祝贺 + 新年, 生日, 婚礼, 开幕, 毕业

비교 庆祝는 함께 경사의 즐거움을 표시하거나 기념하기 위해서 어떤 활동을 펼치는 것을 나타내며, 군중이 많고 비교적 큰 규모의 행사에 쓰인다. 祝贺는 '축원하다, 기원하다'는 뜻으로, 단체와 개인 모두를 목적어로 가진다.

▶ 한국어로 해석하면 차이가 없어 보이므로 그것으로 인해 혼동하지 말아야 하는 것이 포인트!

Check
大家取得了很大的成就，对此我表示衷心（　　　　　）。
모두 큰 성과를 거두었으니, 이에 진심으로 축하합니다.

每年国庆要举行盛大的（　　　　　）活动。
매년 국경절에는 성대한 경축 활동을 실시한다.

目 祝贺 / 庆祝

1987 缺乏 · 0947 缺少

- 缺乏 동 부족하다
  ➡ 缺乏 + 水源, 人才, 物资, 设备

- 缺少 동 부족하다
  ➡ 缺少 + 数量, 关怀, 零件, 资金

비교 缺乏는 필요한 것, 원하는 것, 반드시 있어야 하는 것이 없는 것을 가리키고, 목적어는 구체적 사물과 추상적 사물이 모두 올 수 있으나 구체적 숫자는 올 수 없다. 缺少는 수량이 부족하거나 없음을 나타내기도 하며 목적어는 구체적 사물이 자주 오며, 가끔 믿음, 문화, 경험 등 추상적 사물이 오기도 하는데 이 경우에는 缺乏와 통용되기도 한다.

▶ 뜻이 완전히 같을 때에는 차이점에 주목하는 것이 포인트!

Check

因为 (　　　　) 物资, 所以工作没有做好。
물자가 부족해서, 작업이 잘 되지 않았다.

我发现只有九个, (　　　　) 了一个。
나는 9개만 발견해서, 하나가 모자란다.

目 缺乏 / 缺少

1988 确定 · 0851 肯定

- 确定 동 확정하다

- 肯定 동 긍정하다

비교 确定은 동사로서 제정하고, 결정하며, 규정짓는다는 의미를 포함하고 있고, 肯定은 사물의 존재나 진실성을 인정하는 것을 가리킨다. 肯定은 형용사나 동사 용법 이외에도 '분명히, 반드시'라는 부사용법도 가지고 있다.

▶ 뜻이 완전히 같을 때에는 차이점에 주목하는 것이 포인트!

Check

这道题我以前做过, 你做的方法 (　　　　) 不行。
이 문제 내가 이전에 풀어봤는데, 네가 하는 방법으로는 확실히 안 돼.

出发的日子还没有 (　　　　)。
출발하는 날짜는 아직 확정되지 않았다.

目 肯定 / 确定

1994 热烈 · 0952 热闹

- 热烈 형 열렬하다
  ➡ 掌声, 辩论, 交谈, 发言

- 热闹 형 떠들썩하다
  ➡ 集市, 商业区, 商店, 街道

비교 热烈은 '흥분하다, 격동적이다'라는 뜻으로 적극적인 정서를 나타내고, 热闹는 '번화하고 활발하다'는 뜻으로 상황 및 장면에 자주 쓰인다.

▶ 비슷한 의미를 가진 단어일수록 搭配에 의해 구분된다는 것이 포인트!

Check

昨天大家争论得非常 (　　　　)。
어제 모두가 매우 열렬하게 논쟁했다.

农贸市场真 (　　　　) 了。
농산물시장은 정말 번화하다.

目 热烈 / 热闹

1995 热心 · 0490 热情

- 热心 형 열심이다

- 热情 형 열정적이다, 따뜻하다

비교 热心은 주로 일에 사용되며, 재미있게 적극적이고도 주동적으로 사력을 다함을 나타낸다. 热情은 주로 사람에 사용되며, 감정이 열렬하고 짙은 것을 나타낸다. 热心은 동사 용법이 있고, 热情은 명사 용법을 가지고 있다.

▶ 아무리 쉬운 단어일지라도 그 속뜻을 한번쯤 되새겨보는 것이 포인트!

Check

在我最困难的时候, 她向我伸出了 (　　　　) 的双手。
내가 어려웠을 때, 그녀는 내게 따뜻한 두 손을 내밀어주었다.

我 (　　　　) 地给大家办事。
나는 열심히 사람들에게 업무를 처리해준다.

目 热情 / 热心

2013 如今 · 0120 现在

- 如今 명 지금, 현재

- 现在 명 현재, 지금
  ➡ 现在的生活, 现在的工作, 现在的情况

비교 如今은 비교적 긴 시간을 나타내며, 단독으로 사용되지는 않는다. 现在는 말하는 지금 시점을 가리키고, 말하기 전후의 시간도 가리킨다. 그리고 긴 시간을 나타내기도 하지만 짧은 시간도 나타낸다.

▶ 뜻이 완전히 같을 때는 차이점에 주목하는 것이 포인트!

Check

事到（　　　　　），也没什么变化了。
지금까지 무슨 변화가 없다.

请问一下，（　　　　　）几点了?
실례합니다. 지금 몇 시나 되었죠?

답 如今, 现在 / 现在

2048 生产 · 1292 产生

- 生产 동 생산하다, 낳다
  ➡ 生产 + 机器, 电视, 丝绸, 粮食

- 产生 동 발생하다, 생기다, 출산하다, 낳다
  ➡ 产生 + 兴趣, 困难, 感情, 作用, 热量

비교 生产은 사람이 도구를 사용해서 각종 생산 자료와 생활 자료를 창조해내는 것을 가리키고, 아이를 낳는다는 뜻도 있다. 产生은 기존의 사물 중에서 새로운 사물이 생성되는 것을 나타내며, 구체적이거나 추상적 사물 모두 목적어로 쓰인다.

▶ 비슷한 의미를 가진 단어일수록 搭配에 의해 구분된다는 것이 포인트!

Check

上半年的（　　　　　）情况比去年同期还好。
상반기의 생산 상황이 작년 같은 기간보다 더 좋다.

文学界（　　　　　）了新的流派。
문학계에 새로운 유파가 생겨났다.

답 生产 / 产生

2059 时刻 · 0243 时间 · 0096 时候

- 时刻 명 시각, 시간, 시간 안의 어떤 시점
  ➡ 分手的时刻, 离别的时刻, 幸福的时刻, 危急的时刻

- 时间 명 시간
  ➡ 时间观念, 宝贵的时间, 起飞时间, 演出时间

- 时候 명 때
  ➡ 小时候, 什么时候, 走的时候, 上班的时候

비교 时刻는 사건의 특정한 발생 시간을 나타내며 구체적인 시점을 가리키고, 문장에서 부사어 역할을 한다. 时间은 일어난 시점부터 끝나는 시점까지의 시간을 나타내고, 很长이나 多少와 자주 쓰이며, 구체적인 시간 혹은 구체적인 날짜에 많이 쓰인다. 时候는 시간의 시점과 종점이 명확하지 않을 경우, 임의로 지정하며 길지 않은 시간을 나타내고, 앞에 관형어가 있어 '……的时候'의 형식으로 쓰인다.

▶ 비슷한 의미를 가진 단어일수록 搭配에 의해 구분된다는 것이 포인트!

Check

在饭馆吃饭的（　　　　　）我看见小张了。
식당에서 밥을 먹을 때 나는 샤오장을 보았다.

关键（　　　　　）她都不在。
중요한 순간마다 그녀는 없다.

他每次迟到，实在没有（　　　　　）观念。
그는 매번 지각을 하는데, 정말 시간 관념이 없다.

답 时候 / 时刻 / 时间

2134 特殊 · 0513 特别

- 特殊 형 특수하다
- 特别 형 특별하다

비교 特殊와 特别는 다수 또는 평범한 것과 다르다는 뜻이다. 特殊는 부사적 용법이 없으나, 特别는 부사가 되기도 하며 '특별히, 각별히'의 뜻이 있고 형용사를 수식한다.

▶ 뜻은 비슷하나 품사로 구분되는 것이 포인트!

Check

她得的这种病非常（　　　　　）。
그녀가 걸린 이런 병은 매우 특수하다.

我（　　　　　）爱吃妈妈做的菜。
나는 특히 엄마가 만든 음식을 좋아한다.

답 特殊 / 特别

2135 特意 · 0750 故意

- 特意 부 특별히, 일부러
- 故意 부 고의로, 일부러

비교 故意는 불필요한 일을 알면서 하거나 고의로 하는 것을 나타내지만, 特意는 이러한 뜻이 없다.

▶ 한국어로 해석하면 차이가 없어 보이므로, 그것으로 인해 혼동하지 말아야 하는 것이 포인트!

Check

她这样做不是（　　　　）的。
그녀가 이렇게 하는 것은 고의가 아니다.
知道他来，妈妈（　　　　）准备了一桌好菜。
그가 오는 것을 알고, 엄마는 특별히 맛있는 음식을 한 상 준비하셨다.

🔲 故意 / 特意

我们要（　　　　）儿童和老人。
우리는 아동과 노인을 보호해야 한다.

🔲 维持 / 保护

2188 威胁・威逼 wēibī

- 威胁　통 위협하다
- 威逼　통 위협하다, 협박하다, 억압지르다

🔲 威胁는 '권력이나 무력을 사용해서 핍박하다'는 뜻으로, 사람 외에 정치, 경제, 자연력 등의 기타 방면에도 쓰이며, 威逼는 '강한 힘으로 위협하고 핍박하다'는 뜻으로 오로지 사람에게만 쓴다.

▶ 어떤 단어들과 함께 쓰이는지를 알아두는 것이 포인트!

Check

几个女子（　　　　）某一女子。
몇 명의 여자가 어떤 한 여자를 협박하고 있다.
恐怖主义（　　　　）着世界和平。
폭력주의가 세계 평화를 위협하고 있다.

🔲 威逼 / 威胁

2203 温暖・0910 暖和

- 温暖　형 따뜻하다
  ➡ 天气, 屋里, 冬天, 室内, 家庭, 怀抱
- 暖和　형 온화하다
  ➡ 天气, 屋里, 冬天

🔲 温暖은 기후가 따뜻하다는 뜻 외에 우정이나 감정이 따뜻하다는 것을 나타내며, 사람들에게 포근함을 준다는 뜻도 있다. 暖和는 기후나 환경이 춥지도 덥지도 않다는 것을 나타내며, 중첩하여 쓸 수 있다.

▶ 비슷한 의미가있는 단어일수록 搭配에 의해 구분된다는 것이 포인트!

Check

我有一个（　　　　）的家庭。
저는 따뜻한 가정이 있습니다.
我们老家的气候很（　　　　）。
우리 고향의 기후는 아주 따뜻합니다.

🔲 温暖 / 暖和

2190 维护・0608 保护

- 维护　통 유지하다
  ➡ 维护 + 统治, 身份, 友谊, 关系, 局面
- 保护　통 보호하다
  ➡ 保护 + 环境, 身体, 眼睛, 儿童, 名誉

🔲 维护는 계속해서 유지하고 보호하는 것을 가리키며, 목적어로 추상적 사물이 온다. 保护는 최선을 다해 보살피는 것을 나타내며, 구체적, 추상적 목적어가 모두 쓰인다.

▶ 단어가 구체명사와 함께 쓰이는지, 추상명사와 함께 쓰이는지 구분하는 것이 포인트!

Check

我们地区的治安（　　　　）得不错。
우리 지역의 치안은 잘 유지된다.

2240 相对・1065 相反

- 相对　형 상대적이다
- 相反　형 상반되다

🔲 相对는 절대적인 것이 아닌 상대적인 것을 나타내며, 相反은 사물의 두 방면이 서로 모순되거나 배척되는 것을 말한다.

▶ 두 글자 중 한 글자만 다를 경우 그 다른 한 글자의 뜻에 집중하여 구분하는 것이 포인트!

Check

世界上什么事都是（　　　　）的，不是绝对的。
세계에서 무슨 일이든지 다 상대적인 것이 절대적이지는 않다.
他不但没批评我，（　　　　）还表扬了我。
그는 나를 비평한 게 아니라, 반대로 나를 칭찬했다.

🔲 相对 / 相反

2276 形成 · 0646 成为

- 形成 동 형성되다
- 成为 동 ~이 되다

비교 形成은 점차 이루어짐을 나타내며, 일반적으로 사람에게 쓰지 않으며 목적어 없이 단독으로 쓰인다. 成为는 변화됨을 나타내고 점진적이라는 뜻은 없다. 사람과 사물 모두에게 쓸 수 있으나, 반드시 목적어를 가져야 하며 단독으로 쓸 수 없다.

▶ 뜻이 완전히 같을 때는 차이점에 주목하는 것이 포인트!

Check
多年（　　　　）的坏习惯很难改。
여러 해 동안 형성된 나쁜 습관은 고치기 어렵다.
他希望自己（　　　　）一个有理想的人。
그는 스스로 꿈이 있는 사람이 되길 희망한다.

目 形成 / 成为

2330 意义 · 0278 意思

- 意义 명 의의, 의미
- 意思 명 뜻, 의사, 재미

비교 意义는 언어 문자나 기타 신호가 나타내는 내용을 가리키기도 하고, 작용이나 가치를 가리키기도 한다. 意思는 언어 문자가 포함하고 있는 내용을 가리키기도 하며, 의견이나 소망을 나타내기도 하고 재미를 뜻하기도 한다.

▶ 아무리 쉬운 단어일지라도 그 속뜻을 한번쯤 되새겨보는 것이 포인트!

Check
改革开放对人民具有重大的（　　　　）。
개혁개방은 인민들에게 아주 중대한 의의를 가진다.
这个人真有（　　　　）。 이 사람은 정말 재미있다.

目 意义 / 意思

2331 议论 · 1025 讨论

- 议论 동 의론하다
- 讨论 동 토론하다

비교 议论은 사람과 사물의 장단점, 옳고 그름에 대해서 의견을 나타내는 것을 가리키고, 议论纷纷의 형태로 자주 쓰인다. 讨论은 문제에 대해 의견을 교환하거나 변론을 진행하는 것으로 비교적 정식적인 장소에 적합하다.

▶ 한국어로 해석하면 차이가 없어 보이므로 그것으로 인해 혼동하지 말아야 하는 것이 포인트!

Check
你们不应该在背后（　　　　）别人。
너희는 뒤에서 다른 사람에 대해 얘기하면 안 된다.
今天在会议上大家（　　　　）得很热烈。
오늘 회의에서 모두 열렬히 토론했다.

目 议论 / 讨论

2332 义务 · 1144 责任

- 义务 명 의무
- 责任 명 책임

비교 义务는 법률적이나 도의적 책임을 져야 하는 것으로, 공식적으로 쓰는 경우가 많고 '권리'와 반대된다. 责任은 义务보다 응당해야 할 일을 뜻하며, 사용범위가 넓고 일이 잘못되어서 과실을 책임져야 한다는 뜻도 있다.

▶ 한국어로 해석하면 차이가 없어 보이므로 그것으로 인해 혼동하지 말아야 하는 것이 포인트!

Check
违反交通规则，要承担法律（　　　　）。
교통규칙을 위반하면 법률적 책임을 져야 한다.
每个公民都有纳税的（　　　　）。
모든 공민은 모두 납세의 의무가 있다.

目 责任 / 义务

2377 运用 · 0984 使用

- 运用 동 운용하다
  ➡ 运用 + 原则, 知识, 理论
- 使用 동 사용하다
  ➡ 使用 + 工具, 手段, 机器

비교 使用은 사람과 사물에 모두 쓰일 수 있으나, 运用은 사물에만 쓰인다.

▶ 비슷한 의미를 가진 단어일수록 搭配에 의해 구분된다는 것이 포인트!

Check
这种电子词典操作简单，便于学生（　　　　）。
이 전자사전은 조작방법이 간단해서 학생이 사용하기 편리하다.

他们应该积极（　　　　）科技成果。
그들은 반드시 적극적으로 과학기술의 성과를 운용해야 한다.

📖 使用 / 运用

为了下一代，应该（　　　　）森林。
다음 세대를 위해서, 반드시 삼림을 소중히 여겨야 한다.

作为一个国家的领导，应该（　　　　）人才。
한 나라의 지도자로서, 반드시 인재를 소중히 여겨야 한다.

📖 珍惜 / 爱护 / 爱惜

2401 真实 · 1149 真正

- 真实　형 진실하다, 진실되다
- 真正　형 진정하다

비교 真实는 객관적 사실에 부합한다는 뜻이고, 真正은 실제와 그 이름이 완전하게 부합한다는 뜻이다.

▶ 아무리 쉬운 단어일지라도 그 속뜻을 한번쯤 되새겨보는 것이 포인트!

Check

我变成了这片土地的（　　　　）主人。
나는 이 토지의 진정한 주인으로 변했다.

这个电视剧是根据（　　　　）的事件改编而成的。
이 드라마는 실제 사건에 의거해 편집해 만든 것이다.

📖 真正 / 真实

2412 整个 · 0945 全部

- 整个　형 모든
  ➡ 整个 + 上午, 下午, 晚上, 问题, 会议
- 全部　명 전부

비교 整个와 全部는 매우 비슷하게 보이지만, 整个는 형용사, 全部는 범위를 나타내는 명사이다. '整个晚上'은 '저녁내내'라는 뜻이지만, '全部晚上'이라는 표현은 불가능하다. 또한 整个는 형용사이므로 대부분 다른 명사를 수식하지만, 全部는 명사를 수식하지 않아도 된다.

▶ 뜻은 비슷하지만 품사가 다른 것이 포인트!

Check

昨天的作业我（　　　　）做完了。
어제의 숙제를 나는 전부 다 했다.

（　　　　）会场鸦雀yāquè无声。
모든 회의장은 쥐 죽은 듯 조용하다.

📖 全部 / 整个

2403 珍惜 · 1203 爱惜 · 1202 爱护

- 珍惜　동 아끼다
  ➡ 珍惜 + 时间, 生命, 机会, 友谊, 感情, 真心, 身体, 资源
- 爱惜　동 아끼다
  ➡ 爱惜 + 时间, 身体, 粮食, 人力, 人才
- 爱护　동 아끼고 사랑하다
  ➡ 爱护 + 身体, 老人, 儿童, 同志, 嗓子, 森林

비교 爱惜는 좋아하기 때문에 중시하고 낭비하지 않고, 지금 사용하고 있는 것을 망가뜨리지 않는 것을 뜻한다. 珍惜는 중요하고 쉽게 얻지 못하는 것을 소중하게 여기는 것을 가리키며, 爱惜보다 어감이 좀 더 무겁다. 爱护는 세심하게 보호하며 다치지 않도록 혹은 손해를 주지 않도록 하는 것을 나타내며, 구체적인 사람이나 일을 목적으로 쓴다. 爱惜와 珍惜는 낭비하지 않고 쉽게 소모하지 않음을 가리키며, 구체적이거나 추상적 목적에 모두 쓰인다.

▶ 비슷한 의미를 가진 단어일수록 搭配에 의해 구분된다는 것이 포인트!

Check

为了美好的明天，我们应该（　　　　）时间。
아름다운 내일을 위해, 우리는 반드시 시간을 아껴야 한다.

2430 制作 · 1170 制造

- 制作　동 제작하다
  ➡ 制作 + 糖果, 家具, 农具, 广告, 工艺品
- 制造　동 제조하다
  ➡ 制造 + 机器, 飞机, 商品, 计算机

비교 制作는 공예 제품이나 복잡하지 않은 수공 제품을 만들 때 쓰이며, 일반적으로 수공이나 간단한 공구를 사용해 만드는 것이다. 制造는 원료나 재료를 사용하여 일반적으로 기계를 거쳐 완성되며, 목적어로는 구체적 사물만 온다. 또한 制造는 인위적으로 나쁜 분위기나 국면을 만들어낸다는 뜻도 가지고 있다.

▶ 어떤 단어들과 함께 쓰이는지를 알아두는 것이 포인트!

Check

这种船别的国家（　　　　）不了。
이런 선박은 다른 나라에서 제조할 수 없다.

这种家具是手工（　　　　　）的。
이 가구는 수공으로 만들었다.

目 制造 / 制作

2433 至于 · 0389 关于

• 至于　전　～에 대해서

• 关于　전　～에 관해서

비교　至于는 '～에 대해서'라는 전치사 용법 이외에도 부사로서 특히 부정 형식으로 많이 쓰이는데 '不至于'는 어떤 지경에까지 이르지 않음을 나타내고, 앞에는 항상 '才', '还', '总', '该'의 부사를 동반한다. 关于가 쓰인 문장에서는 단지 하나의 화제만 있으며, 그 외의 화제를 끌어들일 수 없다. 그리고 关于는 서명이나 글의 제목 등에도 쓰일 수 있지만, 至于는 불가능하다.

▶ 두 글자 중 한 글자만 다를 경우
그 다른 한 글자의 뜻에 집중하여 구분하는 것이 포인트!

Check

我想买（　　　　　）中国历史的书。
나는 중국 역사에 관한 책을 사고 싶다.

他腿不太好，但是跑步还不（　　　　　）不能跑。
그의 다리는 그다지 좋지 않지만, 못 뛸 정도는 아니다.

目 关于 / 至于

2435 秩序 · 1005 顺序

• 秩序　명　질서
　　➡ 市场, 社会, 生活, 交通 + 秩序

• 顺序　명　순서
　　➡ 有, 没有, 按, 按照 + 顺序

비교　秩序는 조리 있고 혼란하지 않은 상황을 가리키고, 顺序는 사물의 배열 선후를 가리킨다.

▶ 아무리 쉬운 단어일지라도 그 속뜻을 한 번쯤 되새겨보는 것이 포인트!

Check

这里市场（　　　　　）一直很乱。
이곳 시장 질서는 줄곧 혼란스럽다.

他把数字（　　　　　）弄错了。
그는 숫자 순서를 잘못 썼다.

目 秩序 / 顺序

2444 逐步 · 1176 逐渐

• 逐步　부　점점

• 逐渐　부　점점

비교　逐步는 의식적으로나 인위적으로 사물의 발전과 변화를 순서에 따라 진행시키는 것을 가리킨다. 逐渐은 문어체에 쓰이고 정도나 수량이 점차 증가하거나 감소함을 나타내고, 사물 자체가 자연적으로 발전 변화하는 것을 가리킨다.

▶ 두 글자 중 한글자만 다를 경우 그 다른 한 글자의
뜻에 집중하여 구분하는 것이 포인트!

Check

只有踏实tāshi地去学，才能（　　　　　）掌握。
착실하게 공부해야만, 비로소 점차 파악할 수 있다.

天气（　　　　　）热了起来。
날씨가 점점 더워지기 시작했다.

目 逐步 / 逐渐

2461 装饰 · 0661 打扮

• 装饰　동　장식하다
　　➡ 装饰 + 校园, 舞台, 街道, 大厅, 会场

• 打扮　동　꾸미다, 분장하다

비교　装饰는 신체 혹은 물체 표면에 무언가를 덧붙여 아름답게 하는 것을 가리키고, 장식품이라는 뜻도 있다. 打扮은 복장이나 얼굴을 아름답게 하는 것이고, 사람에게 자주 쓰인다.

▶ 비슷한 의미를 가진 단어일수록 搭配에 의해 구분된다는 것이 포인트!

Check

今天怎么（　　　　　）得这么漂亮啊？
오늘 어쩜 화장을 이렇게 예쁘게 했어?

节日的街道（　　　　　）得好漂亮。
명절의 거리는 정말 아름답게 꾸며져 있다.

目 打扮 / 装饰

2475 自豪 · 0816 骄傲

• 自豪　형　자랑스러워 하다
　　➡ 感到, 觉得, 充满 + 自豪

- 骄傲 [형] 자랑스러워 하다
  ➡ 感到, 觉得 + 骄傲

[비교] 自豪는 '자랑스럽다'라는 좋은 의미의 뜻만 있으나, 骄傲는 '스스로 대단해 하다'라는 뜻도 있고, '거만하다, 교만하다'는 뜻도 가지고 있다.

▶ 뜻이 완전히 같을 때에는 차이점에 주목하는 것이 포인트!

Check

学生们的进步值得我们为他们（　　　　）。
학생들의 발전은 우리가 그들을 자랑스러워 할 만한 가치가 있다.

虚心使人进步，（　　　　）使人落后。
겸손은 사람을 진보하게 하지만, 교만은 사람을 퇴보하게 한다.

답 自豪, 骄傲 / 骄傲

2492 阻止 · 0827 禁止

- 阻止 [동] 제제하다
  ➡ 阻止 + 前进, 实施, 来往, 改革, 行为, 交易

- 禁止 [동] 금지하다
  ➡ 禁止 + 吸烟, 贩毒, 赌博, 通行, 喧哗

[비교] 阻止는 전진하지 못하게 하고 행동을 멈추게 하는 것을 나타내고, 목적어는 행위, 사람, 사물 모두 올 수 있다. 禁止는 어떤 일을 허락하지 않는 것을 뜻하며, 목적어는 대부분 발생하지 않은 행위가 온다.

▶ 비슷한 의미를 가진 단어일수록 搭配에 의해 구분된다는 것이 포인트!

Check

任何力量（　　　　）不了新的改革。
어떠한 역량도 새로운 개혁을 제제할 수 없다.

前方正在修路，（　　　　）一切车辆通行。
앞쪽 길을 지금 수리하고 있어서, 모든 차량 통행이 금지된다.

답 阻止 / 禁止

색인

新HSK VOCA 5000 5급

A

0001	3	阿姨	āyí	63
0002	3	啊	a	63
0003	5	唉	āi	210
0004	3	矮	ǎi	64
0005	1	爱	ài	10
0006	3	爱好	àihào	64
0007	5	爱护	àihù	210
0008	4	爱情	àiqíng	113
0009	5	爱惜	àixī	210
0010	5	爱心	àixīn	210
0011	3	安静	ānjìng	64
0012	4	安排	ānpái	113
0013	4	安全	ānquán	113
0014	5	安慰	ānwèi	210
0015	5	安装	ānzhuāng	210
0016	5	岸	àn	210
0017	4	暗	àn	113
0018	4	按时	ànshí	114
0019	4	按照	ànzhào	114

B

0020	1	八	bā	10
0021	3	把	bǎ	65
0022	5	把握	bǎwò	211
0023	1	爸爸	bàba	10
0024	2	吧	ba	37
0025	2	白	bái	37
0026	2	百	bǎi	38
0027	5	摆	bǎi	211
0028	3	班	bān	65
0029	3	搬	bān	65
0030	5	班主任	bānzhǔrèn	211
0031	3	半	bàn	66
0032	3	办法	bànfǎ	66
0033	3	办公室	bàngōngshì	66
0034	5	办理	bànlǐ	211
0035	3	帮忙	bāngmáng	66
0036	2	帮助	bāngzhù	38
0037	5	棒	bàng	211
0038	5	傍晚	bàngwǎn	212
0039	3	包	bāo	66
0040	5	包裹	bāoguǒ	212
0041	5	包含	bāohán	212
0042	4	包括	bāokuò	114
0043	5	包子	bāozi	212
0044	5	薄	báo	212
0045	3	饱	bǎo	67
0046	5	宝贝	bǎobèi	212
0047	5	宝贵	bǎoguì	213
0048	5	保持	bǎochí	213
0049	5	保存	bǎocún	213
0050	4	保护	bǎohù	114
0051	5	保留	bǎoliú	213
0052	5	保险	bǎoxiǎn	214
0053	4	保证	bǎozhèng	114
0054	4	抱	bào	115
0055	4	抱歉	bàoqiàn	115
0056	4	报道	bàodào	115
0057	5	报告	bàogào	214
0058	4	报名	bàomíng	116
0059	2	报纸	bàozhǐ	38

编号	级	词	拼音	页	编号	级	词	拼音	页
0060	5	悲观	bēiguān	214	0092	5	便	biàn	217
0061	1	杯子	bēizi	10	0093	4	遍	biàn	116
0062	3	北方	běifāng	67	0094	3	变化	biànhuà	68
0063	1	北京	Běijīng	10	0095	5	辩论	biànlùn	217
0064	4	倍	bèi	116	0096	5	标点	biāodiǎn	217
0065	5	背	bèi	214	0097	5	标志	biāozhì	217
0066	5	背景	bèijǐng	214	0098	4	标准	biāozhǔn	117
0067	3	被	bèi	67	0099	4	表达	biǎodá	117
0068	5	被子	bèizi	214	0100	4	表格	biǎogé	117
0069	1	本	běn	10	0101	5	表面	biǎomiàn	217
0070	5	本科	běnkē	215	0102	5	表明	biǎomíng	217
0071	4	本来	běnlái	116	0103	5	表情	biǎoqíng	218
0072	5	本领	běnlǐng	215	0104	3	表示	biǎoshì	68
0073	5	本质	běnzhì	215	0105	5	表现	biǎoxiàn	218
0074	4	笨	bèn	116	0106	3	表演	biǎoyǎn	68
0075	3	鼻子	bízi	67	0107	4	表扬	biǎoyáng	117
0076	2	比	bǐ	38	0108	2	别	bié	38
0077	3	比较	bǐjiào	67	0109	3	别人	biérén	68
0078	5	比例	bǐlì	215	0110	3	宾馆	bīnguǎn	69
0079	5	比如	bǐrú	215	0111	3	冰箱	bīngxiāng	69
0080	3	比赛	bǐsài	68	0112	5	丙	bǐng	218
0081	5	彼此	bǐcǐ	215	0113	4	饼干	bǐnggān	117
0082	4	笔记本	bǐjìběn	116	0114	5	病毒	bìngdú	218
0083	5	毕竟	bìjìng	215	0115	4	并且	bìngqiě	117
0084	4	毕业	bìyè	116	0116	5	玻璃	bōli	218
0085	5	避免	bìmiǎn	216	0117	4	博士	bóshì	117
0086	5	必然	bìrán	216	0118	5	博物馆	bówùguǎn	218
0087	3	必须	bìxū	68	0119	5	脖子	bózi	218
0088	5	必需	bìxū	216	0120	5	不必	búbì	219
0089	5	必要	bìyào	216	0121	4	不但	búdàn	117
0090	5	编辑	biānjí	216	0122	5	不断	búduàn	219
0091	5	鞭炮	biānpào	217	0123	4	不过	búguò	118

0124	5	不见得	bú jiàndé	219
0125	1	不客气	bú kèqi	11
0126	5	不耐烦	bú nàifán	219
0127	5	不要紧	bú yàojǐn	219
0128	5	补充	bǔchōng	219
0129	5	布	bù	220
0130	1	不	bù	11
0131	5	不安	bù'ān	220
0132	4	不得不	bùdébù	118
0133	5	不得了	bù déliǎo	220
0134	4	不管	bùguǎn	118
0135	5	不好意思	bù hǎoyìsi	220
0136	4	不仅	bùjǐn	118
0137	5	不免	bùmiǎn	220
0138	5	不然	bùrán	220
0139	5	不如	bùrú	220
0140	5	不足	bùzú	221
0141	4	部分	bùfen	119
0142	5	部门	bùmén	221
0143	5	步骤	bùzhòu	221

C

0144	4	擦	cā	119
0145	4	猜	cāi	119
0146	3	才	cái	69
0147	5	财产	cáichǎn	221
0148	4	材料	cáiliào	119
0149	5	踩	cǎi	221
0150	5	采访	cǎifǎng	221
0151	5	采取	cǎiqǔ	221

0152	5	彩虹	cǎihóng	222
0153	1	菜	cài	11
0154	3	菜单	càidān	70
0155	4	参观	cānguān	119
0156	3	参加	cānjiā	70
0157	5	参考	cānkǎo	222
0158	5	参与	cānyù	222
0159	5	餐厅	cāntīng	222
0160	5	残疾	cánjí	222
0161	5	惭愧	cánkuì	222
0162	5	操场	cāochǎng	222
0163	5	操心	cāoxīn	223
0164	3	草	cǎo	70
0165	5	册	cè	223
0166	5	厕所	cèsuǒ	223
0167	5	测验	cèyàn	223
0168	3	层	céng	70
0169	5	曾经	céngjīng	224
0170	5	插	chā	224
0171	5	差别	chābié	224
0172	5	叉子	chāzi	224
0173	1	茶	chá	11
0174	3	差	chà	70
0175	4	差不多	chàbuduō	120
0176	5	拆	chāi	225
0177	5	产品	chǎnpǐn	225
0178	5	产生	chǎnshēng	225
0179	4	尝	cháng	120
0180	2	长	cháng	39
0181	5	长城	Chángchéng	120
0182	4	长江	Cháng Jiāng	120
0183	5	长途	chángtú	225

0184	5	常识	chángshí	225		0216	5	成立	chénglì	230
0185	4	场	chǎng	120		0217	4	成熟	chéngshú	121
0186	2	唱歌	chànggē	39		0218	4	成为	chéngwéi	121
0187	5	抄	chāo	225		0219	5	成语	chéngyǔ	230
0188	4	超过	chāoguò	120		0220	5	成长	chéngzhǎng	230
0189	3	超市	chāoshì	71		0221	5	诚恳	chéngkěn	230
0190	5	朝	cháo	226		0222	4	诚实	chéngshí	121
0191	5	朝代	cháodài	226		0223	3	城市	chéngshì	71
0192	5	炒	chǎo	226		0224	1	吃	chī	11
0193	4	吵	chǎo	120		0225	4	吃惊	chījīng	121
0194	5	吵架	chǎojià	226		0226	5	吃亏	chīkuī	230
0195	5	车库	chēkù	227		0227	3	迟到	chídào	71
0196	5	车厢	chēxiāng	227		0228	5	持续	chíxù	230
0197	5	彻底	chèdǐ	227		0229	5	池子	chízi	231
0198	5	沉默	chénmò	227		0230	5	尺子	chǐzi	231
0199	5	趁	chèn	227		0231	5	翅膀	chìbǎng	231
0200	3	衬衫	chènshān	71		0232	5	冲	chōng	231
0201	5	称	chēng	227		0233	5	充电器	chōngdiànqì	231
0202	5	称呼	chēnghu	228		0234	5	充分	chōngfèn	231
0203	5	称赞	chēngzàn	228		0235	5	充满	chōngmǎn	231
0204	5	乘	chéng	228		0236	5	重复	chóngfù	231
0205	4	乘坐	chéngzuò	121		0237	4	重新	chóngxīn	121
0206	5	承担	chéngdān	228		0238	5	宠物	chǒngwù	232
0207	5	承认	chéngrèn	228		0239	5	抽屉	chōuti	232
0208	5	承受	chéngshòu	229		0240	5	抽象	chōuxiàng	232
0209	5	程度	chéngdù	229		0241	4	抽烟	chōuyān	121
0210	5	程序	chéngxù	229		0242	5	丑	chǒu	232
0211	5	成分	chéngfèn	229		0243	5	臭	chòu	232
0212	4	成功	chénggōng	120		0244	2	出	chū	39
0213	5	成果	chéngguǒ	229		0245	5	出版	chūbǎn	232
0214	3	成绩	chéngjì	71		0246	4	出差	chūchāi	121
0215	5	成就	chéngjiù	229		0247	4	出发	chūfā	122

0248	5	出口	chūkǒu	232
0249	5	出色	chūsè	233
0250	4	出生	chūshēng	122
0251	5	出席	chūxí	233
0252	3	出现	chūxiàn	71
0253	1	出租车	chūzūchē	11
0254	5	初级	chūjí	233
0255	5	除	chú	233
0256	5	除非	chúfēi	233
0257	3	除了	chúle	71
0258	5	除夕	chúxī	233
0259	3	厨房	chúfáng	71
0260	5	处理	chǔlǐ	233
0261	2	穿	chuān	39
0262	2	船	chuán	39
0263	5	传播	chuánbō	234
0264	5	传递	chuándì	234
0265	5	传染	chuánrǎn	234
0266	5	传说	chuánshuō	234
0267	5	传统	chuántǒng	234
0268	4	传真	chuánzhēn	122
0269	4	窗户	chuānghu	122
0270	5	窗帘	chuānglián	234
0271	5	闯	chuǎng	234
0272	5	创造	chuàngzào	235
0273	5	吹	chuī	235
0274	3	春	chūn	71
0275	5	磁带	cídài	235
0276	4	词典	cídiǎn	122
0277	3	词语	cíyǔ	72
0278	5	辞职	cízhí	235
0279	5	此外	cǐwài	235

0280	2	次	cì	40
0281	5	次要	cìyào	235
0282	5	刺激	cìjī	235
0283	5	匆忙	cōngmáng	236
0284	3	聪明	cōngming	72
0285	2	从	cóng	40
0286	5	从此	cóngcǐ	236
0287	5	从而	cóng'ér	236
0288	4	从来	cónglái	122
0289	5	从前	cóngqián	236
0290	5	从事	cóngshì	236
0291	4	粗心	cūxīn	122
0292	5	醋	cù	236
0293	5	促进	cùjìn	237
0294	5	促使	cùshǐ	237
0295	5	催	cuī	237
0296	5	存	cún	237
0297	5	存在	cúnzài	237
0298	2	错	cuò	40
0299	5	错误	cuòwù	237
0300	5	措施	cuòshī	237

D

0301	5	答应	dāying	238
0302	4	答案	dá'àn	123
0303	5	达到	dádào	238
0304	4	打扮	dǎban	123
0305	1	打电话	dǎ diànhuà	12
0306	5	打工	dǎgōng	238
0307	5	打交道	dǎ jiāodao	238

0308	2	打篮球	dǎ lánqiú	40		0340	3	担心	dānxīn	72
0309	5	打喷嚏	dǎ pēntì	239		0341	5	耽误	dānwu	241
0310	4	打扰	dǎrǎo	123		0342	5	胆小鬼	dǎnxiǎoguǐ	241
0311	3	打扫	dǎsǎo	72		0343	5	淡	dàn	241
0312	3	打算	dǎsuan	72		0344	3	蛋糕	dàngāo	73
0313	5	打听	dǎting	239		0345	2	但是	dànshì	40
0314	4	打印	dǎyìn	123		0346	4	当	dāng	125
0315	5	打招呼	dǎ zhāohu	239		0347	5	当代	dāngdài	241
0316	4	打折	dǎzhé	123		0348	4	当地	dāngdì	125
0317	4	打针	dǎzhēn	124		0349	3	当然	dāngrán	73
0318	1	大	dà	12		0350	4	当时	dāngshí	125
0319	5	大方	dàfang	239		0351	5	挡	dǎng	241
0320	4	大概	dàgài	124		0352	4	刀	dāo	125
0321	2	大家	dàjiā	40		0353	5	岛	dǎo	241
0322	4	大使馆	dàshǐguǎn	124		0354	5	倒霉	dǎoméi	241
0323	5	大象	dàxiàng	239		0355	5	导演	dǎoyǎn	242
0324	5	大型	dàxíng	239		0356	4	导游	dǎoyóu	125
0325	4	大约	dàyuē	124		0357	5	导致	dǎozhì	242
0326	5	呆	dāi	239		0358	5	倒	dào	242
0327	3	带	dài	72		0359	2	到	dào	41
0328	4	戴	dài	124		0360	4	到处	dàochù	125
0329	4	代表	dàibiǎo	124		0361	5	到达	dàodá	242
0330	4	代替	dàitì	124		0362	4	到底	dàodǐ	126
0331	4	大夫	dàifu	125		0363	5	道德	dàodé	242
0332	5	贷款	dàikuǎn	239		0364	5	道理	dàolǐ	242
0333	5	待遇	dàiyù	240		0365	4	道歉	dàoqiàn	126
0334	5	单纯	dānchún	240		0366	3	地	de	73
0335	5	单调	dāndiào	240		0367	1	的	de	12
0336	5	单独	dāndú	240		0368	2	得	de	41
0337	5	单位	dānwèi	240		0369	4	得意	déyì	126
0338	5	单元	dānyuán	240		0370	4	得	děi	126
0339	5	担任	dānrèn	240		0371	3	灯	dēng	73

465

0372	5	登机牌	dēngjīpái	243	0404	5	电台	diàntái	245
0373	5	登记	dēngjì	243	0405	3	电梯	diàntī	74
0374	2	等(动)	děng	41	0406	1	电影	diànyǐng	13
0375	4	等(助)	děng	126	0407	3	电子邮件	diànzǐ yóujiàn	74
0376	5	等待	děngdài	243	0408	5	钓	diào	245
0377	5	等候	děnghòu	243	0409	4	掉	diào	127
0378	5	等于	děngyú	243	0410	4	调查	diàochá	127
0379	3	低	dī	73	0411	5	丁	dīng	245
0380	5	滴	dī	243	0412	5	顶	dǐng	245
0381	5	的确	díquè	243	0413	4	丢	diū	127
0382	5	敌人	dírén	243	0414	3	东	dōng	74
0383	4	底	dǐ	127	0415	3	冬	dōng	74
0384	5	递	dì	244	0416	1	东西	dōngxi	13
0385	5	地道	dìdao	244	0417	2	懂	dǒng	42
0386	3	地方	dìfang	74	0418	5	冻	dòng	245
0387	5	地理	dìlǐ	244	0419	5	洞	dòng	246
0388	4	地球	dìqiú	127	0420	5	动画片	dònghuàpiàn	246
0389	5	地区	dìqū	244	0421	3	动物	dòngwù	74
0390	5	地毯	dìtǎn	244	0422	4	动作	dòngzuò	128
0391	3	地铁	dìtiě	74	0423	1	都	dōu	13
0392	3	地图	dìtú	74	0424	5	逗	dòu	246
0393	5	地位	dìwèi	244	0425	5	豆腐	dòufu	246
0394	5	地震	dìzhèn	244	0426	1	读	dú	13
0395	4	地址	dìzhǐ	127	0427	5	独立	dúlì	246
0396	2	弟弟	dìdi	42	0428	5	独特	dútè	246
0397	2	第一	dìyī	42	0429	4	堵车	dǔchē	128
0398	1	点	diǎn	12	0430	5	度过	dùguò	246
0399	5	点头	diǎntóu	244	0431	4	肚子	dùzi	128
0400	5	点心	diǎnxin	244	0432	3	短	duǎn	74
0401	5	电池	diànchí	245	0433	5	短信	duǎnxìn	247
0402	1	电脑	diànnǎo	12	0434	3	段	duàn	75
0403	1	电视	diànshì	12	0435	4	断	duàn	128

0436	3	锻炼	duànliàn	75
0437	5	堆	duī	247
0438	4	对(介)	duì	128
0439	2	对(形)	duì	42
0440	5	对比	duìbǐ	247
0441	1	对不起	duìbuqǐ	13
0442	5	对待	duìdài	247
0443	5	对方	duìfāng	247
0444	4	对话	duìhuà	128
0445	4	对面	duìmiàn	128
0446	5	对手	duìshǒu	247
0447	5	对象	duìxiàng	247
0448	5	对于	duìyú	247
0449	5	吨	dūn	248
0450	5	蹲	dūn	248
0451	4	顿	dùn	129
0452	1	多	duō	13
0453	5	多亏	duōkuī	248
0454	3	多么	duōme	75
0455	1	多少	duōshao	14
0456	5	多余	duōyú	248
0457	4	朵	duǒ	129
0458	5	躲藏	duǒcáng	248

E

0459	3	饿	è	75
0460	5	恶劣	èliè	249
0461	4	而	ér	129
0462	3	而且	érqiě	75
0463	4	儿童	értóng	129
0464	1	儿子	érzi	14
0465	3	耳朵	ěrduo	75
0466	1	二	èr	14

F

0467	4	发	fā	130
0468	5	发表	fābiǎo	249
0469	5	发愁	fāchóu	249
0470	5	发达	fādá	249
0471	5	发抖	fādǒu	250
0472	5	发挥	fāhuī	250
0473	5	发明	fāmíng	250
0474	5	发票	fāpiào	250
0475	3	发烧	fāshāo	76
0476	4	发生	fāshēng	130
0477	3	发现	fāxiàn	76
0478	5	发言	fāyán	250
0479	4	发展	fāzhǎn	130
0480	5	罚款	fákuǎn	250
0481	4	法律	fǎlǜ	130
0482	5	法院	fǎyuàn	251
0483	5	翻	fān	251
0484	4	翻译	fānyì	130
0485	4	烦恼	fánnǎo	131
0486	5	繁荣	fánróng	251
0487	5	凡是	fánshì	251
0488	4	反对	fǎnduì	131
0489	5	反而	fǎn'ér	252
0490	5	反复	fǎnfù	252
0491	5	反应	fǎnyìng	252

编号	级	词	拼音	页	编号	级	词	拼音	页
0492	4	反映	fǎnyìng	131	0524	5	分析	fēnxī	255
0493	5	反正	fǎnzhèng	252	0525	4	…分之…	fēnzhī	132
0494	1	饭馆	fànguǎn	14	0526	1	分钟	fēnzhōng	15
0495	4	范围	fànwéi	131	0527	5	纷纷	fēnfēn	255
0496	5	方	fāng	252	0528	4	份	fèn	132
0497	5	方案	fāng'àn	253	0529	5	奋斗	fèndòu	255
0498	3	方便	fāngbiàn	76	0530	5	愤怒	fènnù	255
0499	4	方法	fāngfǎ	131	0531	4	丰富	fēngfù	132
0500	4	方面	fāngmiàn	131	0532	5	风格	fēnggé	255
0501	5	方式	fāngshì	253	0533	4	风景	fēngjǐng	132
0502	4	方向	fāngxiàng	131	0534	5	风俗	fēngsú	255
0503	5	妨碍	fáng'ài	253	0535	5	风险	fēngxiǎn	256
0504	5	房东	fángdōng	253	0536	5	疯狂	fēngkuáng	256
0505	2	房间	fángjiān	42	0537	5	讽刺	fěngcì	256
0506	5	仿佛	fǎngfú	253	0538	5	否定	fǒudìng	256
0507	4	访问	fǎngwèn	132	0539	5	否认	fǒurèn	256
0508	3	放	fàng	76	0540	4	否则	fǒuzé	132
0509	4	放弃	fàngqì	132	0541	5	扶	fú	256
0510	4	放暑假	fàng shǔjià	132	0542	5	幅	fú	256
0511	5	放松	fàngsōng	253	0543	5	服从	fúcóng	256
0512	3	放心	fàngxīn	76	0544	2	服务员	fúwùyuán	43
0513	5	非	fēi	253	0545	5	服装	fúzhuāng	257
0514	2	非常	fēicháng	42	0546	4	符合	fúhé	133
0515	1	飞机	fēijī	14	0547	5	辅导	fǔdǎo	257
0516	5	肥皂	féizào	254	0548	4	富	fù	133
0517	5	肺	fèi	254	0549	3	附近	fùjìn	77
0518	5	废话	fèihuà	254	0550	5	付款	fùkuǎn	257
0519	5	费用	fèiyong	254	0551	5	妇女	fùnǚ	257
0520	3	分	fēn	76	0552	4	父亲	fùqīn	133
0521	3	分别	fēnbié	254	0553	3	复习	fùxí	77
0522	5	分布	fēnbù	255	0554	4	复印	fùyìn	133
0523	5	分配	fēnpèi	255	0555	4	复杂	fùzá	133

| 0556 | 5 | 复制 | fùzhì | 257 |
| 0557 | 4 | 负责 | fùzé | 133 |

G

0558	4	改变	gǎibiàn	133
0559	5	改革	gǎigé	257
0560	5	改进	gǎijìn	257
0561	5	改善	gǎishàn	258
0562	5	改正	gǎizhèng	258
0563	5	盖	gài	258
0564	5	概括	gàikuò	258
0565	5	概念	gàiniàn	258
0566	4	干杯	gānbēi	134
0567	5	干脆	gāncuì	258
0568	3	干净	gānjìng	77
0569	4	干燥	gānzào	134
0570	3	敢	gǎn	77
0571	4	感动	gǎndòng	134
0572	5	感激	gǎnjī	258
0573	4	感觉	gǎnjué	134
0574	3	感冒	gǎnmào	77
0575	4	感情	gǎnqíng	135
0576	5	感受	gǎnshòu	259
0577	5	感想	gǎnxiǎng	259
0578	4	感谢	gǎnxiè	135
0579	5	赶紧	gǎnjǐn	259
0580	5	赶快	gǎnkuài	259
0581	4	干	gàn	135
0582	5	干活儿	gàn huór	259
0583	3	刚才	gāngcái	77
0584	4	刚刚	gānggāng	135
0585	5	钢铁	gāngtiě	259
0586	2	高	gāo	43
0587	5	高档	gāodàng	259
0588	4	高级	gāojí	135
0589	5	高速公路	gāosù gōnglù	259
0590	1	高兴	gāoxìng	15
0591	5	搞	gǎo	260
0592	5	告别	gàobié	260
0593	2	告诉	gàosu	43
0594	5	胳膊	gēbo	260
0595	2	哥哥	gēge	43
0596	5	鸽子	gēzi	260
0597	5	隔壁	gébì	260
0598	5	革命	gémìng	260
0599	5	格外	géwài	261
0600	1	个	gè	15
0601	5	个别	gèbié	261
0602	5	个人	gèrén	261
0603	5	个性	gèxìng	261
0604	4	各	gè	136
0605	4	个子	gèzi	136
0606	5	各自	gèzì	261
0607	2	给	gěi	43
0608	3	跟	gēn	78
0609	5	根	gēn	261
0610	5	根本	gēnběn	261
0611	3	根据	gēnjù	78
0612	3	更	gèng	78
0613	5	更加	gèngjiā	262
0614	5	公布	gōngbù	262
0615	2	公共汽车	gōnggòngqìchē	43

0616	2	公斤	gōngjīn	44	0648	4	鼓励	gǔlì	138
0617	5	公开	gōngkāi	262	0649	5	鼓舞	gǔwǔ	264
0618	4	公里	gōnglǐ	136	0650	4	鼓掌	gǔzhǎng	138
0619	5	公平	gōngpíng	262	0651	5	股票	gǔpiào	264
0620	2	公司	gōngsī	44	0652	5	骨头	gǔtou	264
0621	5	公寓	gōngyù	262	0653	5	固定	gùdìng	265
0622	5	公元	gōngyuán	262	0654	5	固体	gùtǐ	265
0623	3	公园	gōngyuán	78	0655	5	顾客	gùkè	138
0624	5	公主	gōngzhǔ	262	0656	3	故事	gùshi	78
0625	5	工厂	gōngchǎng	262	0657	4	故意	gùyì	138
0626	5	工程师	gōngchéngshī	263	0658	5	雇佣	gùyōng	265
0627	4	工具	gōngjù	136	0659	3	刮风	guā fēng	78
0628	5	工人	gōngrén	263	0660	4	挂	guà	138
0629	5	工业	gōngyè	263	0661	5	挂号	guàhào	265
0630	4	工资	gōngzī	136	0662	5	乖	guāi	265
0631	1	工作	gōngzuò	15	0663	5	拐弯	guǎiwān	265
0632	5	功夫	gōngfu	263	0664	5	怪不得	guàibude	265
0633	5	功能	gōngnéng	263	0665	5	官	guān	265
0634	4	共同	gòngtóng	136	0666	3	关	guān	78
0635	5	贡献	gòngxiàn	263	0667	5	关闭	guānbì	266
0636	5	沟通	gōutōng	263	0668	5	关怀	guānhuái	266
0637	1	狗	gǒu	15	0669	4	关键	guānjiàn	138
0638	4	够	gòu	137	0670	3	关系	guānxì	79
0639	5	构成	gòuchéng	263	0671	3	关心	guānxīn	79
0640	4	购物	gòuwù	137	0672	3	关于	guānyú	79
0641	4	孤单	gūdān	137	0673	5	观察	guānchá	266
0642	5	姑姑	gūgu	263	0674	5	观点	guāndiǎn	266
0643	5	姑娘	gūniang	263	0675	5	观念	guānniàn	266
0644	4	估计	gūjì	138	0676	4	观众	guānzhòng	139
0645	5	古代	gǔdài	264	0677	4	管理	guǎnlǐ	139
0646	5	古典	gǔdiǎn	264	0678	5	管子	guǎnzi	266
0647	5	古老	gǔlǎo	264	0679	5	冠军	guànjūn	266

0680	5	罐头	guàntou	267		0712	5	过分	guòfèn	269
0681	4	光	guāng	139		0713	5	过敏	guòmǐn	269
0682	5	光滑	guānghuá	267		0714	5	过期	guòqī	269
0683	5	光临	guānglín	267		0715	3	过去	guòqù	80
0684	5	光明	guāngmíng	267						
0685	5	光盘	guāngpán	267						
0686	5	光荣	guāngróng	267						
0687	4	广播	guǎngbō	139					H	
0688	5	广场	guǎngchǎng	267		0716	5	哈	hā	270
0689	5	广大	guǎngdà	267		0717	2	还	hái	44
0690	5	广泛	guǎngfàn	268		0718	3	还是	háishi	80
0691	4	广告	guǎnggào	139		0719	2	孩子	háizi	44
0692	4	逛	guàng	139		0720	5	海关	hǎiguān	270
0693	4	规定	guīdìng	140		0721	5	海鲜	hǎixiān	270
0694	5	规矩	guīju	268		0722	4	海洋	hǎiyáng	140
0695	5	规律	guīlǜ	268		0723	3	害怕	hàipà	81
0696	5	规模	guīmó	268		0724	4	害羞	hàixiū	140
0697	5	规则	guīzé	268		0725	4	寒假	hánjià	141
0698	2	贵	guì	44		0726	5	喊	hǎn	270
0699	5	柜台	guìtái	269		0727	4	汗	hàn	141
0700	5	滚	gǔn	269		0728	1	汉语	Hànyǔ	15
0701	5	锅	guō	269		0729	4	航班	hángbān	141
0702	5	国籍	guójí	269		0730	5	行业	hángyè	270
0703	4	国际	guójì	140		0731	5	豪华	háohuá	270
0704	3	国家	guójiā	80		0732	1	好	hǎo	16
0705	5	国庆节	Guóqìngjié	269		0733	2	好吃	hǎochī	45
0706	4	果然	guǒrán	140		0734	4	好处	hǎochu	141
0707	5	果实	guǒshí	269		0735	4	好像	hǎoxiàng	141
0708	3	果汁	guǒzhī	80		0736	2	号	hào	45
0709	4	过(动)	guò	140		0737	4	号码	hàomǎ	141
0710	2	过(助)	guo	44		0738	5	好奇	hàoqí	270
0711	4	过程	guòchéng	140		0739	1	喝	hē	16

编号	级别	词	拼音	页码	编号	级别	词	拼音	页码
0740	3	河	hé	81	0772	5	胡同	hútòng	273
0741	1	和	hé	16	0773	5	胡须	húxū	273
0742	5	和平	hépíng	270	0774	5	糊涂	hútu	273
0743	5	何必	hébì	271	0775	4	护士	hùshi	143
0744	5	何况	hékuàng	271	0776	3	护照	hùzhào	81
0745	5	合法	héfǎ	271	0777	4	互相	hùxiāng	143
0746	4	合格	hégé	141	0778	3	花(动)	huā	81
0747	5	合理	hélǐ	271	0779	3	花生	huāshēng	273
0748	4	合适	héshì	141	0780	3	花园	huāyuán	81
0749	5	合同	hétong	271	0781	5	滑冰	huábīng	273
0750	5	合影	héyǐng	271	0782	5	划船	huáchuán	274
0751	5	合作	hézuò	272	0783	5	华裔	huáyì	274
0752	5	核心	héxīn	272	0784	3	画	huà	81
0753	4	盒子	hézi	142	0785	5	话题	huàtí	274
0754	2	黑	hēi	45	0786	5	化学	huàxué	274
0755	3	黑板	hēibǎn	81	0787	5	怀念	huáiniàn	274
0756	1	很	hěn	16	0788	4	怀疑	huáiyí	143
0757	5	恨	hèn	272	0789	3	坏	huài	82
0758	5	横	héng	272	0790	2	欢迎	huānyíng	45
0759	2	红	hóng	45	0791	3	还	huán	82
0760	4	猴子	hóuzi	142	0792	3	环境	huánjìng	82
0761	4	厚	hòu	142	0793	5	缓解	huǎnjiě	274
0762	5	后果	hòuguǒ	272	0794	3	换	huàn	82
0763	4	后悔	hòuhuǐ	142	0795	5	幻想	huànxiǎng	274
0764	4	后来	hòulái	142	0796	5	慌张	huāngzhāng	274
0765	1	后面	hòumiàn	16	0797	3	黄	huáng	82
0766	4	忽然	hūrán	142	0798	5	黄瓜	huángguā	275
0767	5	忽视	hūshì	272	0799	5	黄金	huángjīn	275
0768	5	呼吸	hūxī	273	0800	5	皇帝	huángdì	275
0769	5	壶	hú	273	0801	5	皇后	huánghòu	275
0770	5	蝴蝶	húdié	273	0802	5	挥	huī	275
0771	5	胡说	húshuō	273	0803	5	灰	huī	275

0804	5	灰尘	huīchén	275		0832	3	机会	jīhuì	83
0805	5	灰心	huīxīn	275		0833	4	积极	jījí	145
0806	5	恢复	huīfù	276		0834	4	积累	jīlěi	145
0807	1	回	huí	17		0835	5	肌肉	jīròu	277
0808	2	回答	huídá	45		0836	3	极	jí	83
0809	4	回忆	huíyì	143		0837	4	极其	jíqí	145
0810	1	会	huì	17		0838	5	及格	jígé	277
0811	3	会议	huìyì	82		0839	4	集合	jíhé	145
0812	5	汇率	huìlǜ	276		0840	4	及时	jíshí	145
0813	5	婚礼	hūnlǐ	276		0841	5	集体	jítǐ	277
0814	5	婚姻	hūnyīn	276		0842	5	集中	jízhōng	277
0815	4	活动	huódòng	144		0843	5	急忙	jímáng	278
0816	4	活泼	huópō	144		0844	4	即使	jíshǐ	145
0817	5	活跃	huóyuè	276		0845	1	几	jǐ	18
0818	4	火	huǒ	144		0846	4	寄	jì	146
0819	5	火柴	huǒchái	276		0847	3	记得	jìde	83
0820	1	火车站	huǒchēzhàn	17		0848	5	记录	jìlù	278
0821	5	伙伴	huǒbàn	276		0849	5	记忆	jìyì	278
0822	4	获得	huòdé	144		0850	4	记者	jìzhě	146
0823	3	或者	huòzhě	82		0851	4	计划	jìhuà	146
						0852	5	计算	jìsuàn	278
						0853	3	季节	jìjié	83
						0854	5	系领带	jì lǐngdài	278
		J				0855	5	纪录	jìlù	278
0824	5	基本	jīběn	277		0856	5	纪律	jìlǜ	278
0825	4	基础	jīchǔ	145		0857	5	纪念	jìniàn	278
0826	2	机场	jīchǎng	45		0858	5	寂寞	jìmò	279
0827	3	几乎	jīhū	83		0859	4	既然	jìrán	146
0828	5	机器	jīqì	277		0860	4	技术	jìshù	146
0829	2	鸡蛋	jīdàn	46		0861	4	继续	jìxù	146
0830	4	激动	jīdòng	145		0862	1	家	jiā	18
0831	5	激烈	jīliè	277		0863	4	家具	jiājù	146

编号	级别	词	拼音	页码		编号	级别	词	拼音	页码
0864	5	家庭	jiātíng	279		0896	3	健康	jiànkāng	84
0865	5	家务	jiāwù	279		0897	5	健身房	jiànshēnfáng	282
0866	5	家乡	jiāxiāng	279		0898	5	建立	jiànlì	282
0867	4	加班	jiābān	146		0899	5	建设	jiànshè	282
0868	4	加油站	jiāyóuzhàn	147		0900	5	建议	jiànyì	282
0869	5	嘉宾	jiābīn	279		0901	5	建筑	jiànzhù	282
0870	5	夹子	jiāzi	279		0902	3	见面	jiànmiàn	84
0871	5	甲	jiǎ	279		0903	5	键盘	jiànpán	282
0872	4	假	jiǎ	147		0904	4	将来	jiānglái	147
0873	5	假如	jiǎrú	279		0905	3	讲	jiǎng	84
0874	5	假装	jiǎzhuāng	279		0906	5	讲究	jiǎngjiu	282
0875	5	嫁	jià	280		0907	5	讲座	jiǎngzuò	283
0876	4	价格	jiàgé	147		0908	4	奖金	jiǎngjīn	148
0877	5	价值	jiàzhí	280		0909	4	降低	jiàngdī	148
0878	5	驾驶	jiàshǐ	280		0910	5	降落	jiàngluò	283
0879	5	煎	jiān	280		0911	5	酱油	jiàngyóu	283
0880	5	肩膀	jiānbǎng	280		0912	3	教	jiāo	84
0881	4	坚持	jiānchí	147		0913	5	浇	jiāo	283
0882	5	坚决	jiānjué	280		0914	4	交	jiāo	148
0883	5	坚强	jiānqiáng	280		0915	5	交换	jiāohuàn	283
0884	5	艰巨	jiānjù	281		0916	5	交际	jiāojì	283
0885	5	艰苦	jiānkǔ	281		0917	4	交流	jiāoliú	148
0886	5	尖锐	jiānruì	281		0918	4	交通	jiāotōng	148
0887	5	捡	jiǎn	281		0919	4	骄傲	jiāo'ào	148
0888	3	检查	jiǎnchá	83		0920	5	郊区	jiāoqū	283
0889	3	简单	jiǎndān	84		0921	5	胶水	jiāoshuǐ	283
0890	5	简历	jiǎnlì	281		0922	3	角	jiǎo	84
0891	5	简直	jiǎnzhí	281		0923	3	脚	jiǎo	85
0892	5	剪刀	jiǎndāo	282		0924	5	角度	jiǎodù	284
0893	4	减肥	jiǎnféi	147		0925	5	狡猾	jiǎohuá	284
0894	4	减少	jiǎnshǎo	147		0926	4	饺子	jiǎozi	148
0895	2	件	jiàn	46		0927	1	叫	jiào	18

编号	级别	词	拼音	页码	编号	级别	词	拼音	页码
0928	5	教材	jiàocái	284	0960	5	届	jiè	286
0929	5	教练	jiàoliàn	284	0961	3	借	jiè	86
0930	2	教室	jiàoshì	46	0962	5	借口	jièkǒu	286
0931	4	教授	jiàoshòu	149	0963	2	介绍	jièshào	46
0932	5	教训	jiàoxùn	284	0964	5	戒烟	jièyān	286
0933	4	教育	jiàoyù	149	0965	5	戒指	jièzhi	286
0934	3	接	jiē	85	0966	1	今天	jīntiān	18
0935	5	接触	jiēchù	284	0967	5	金属	jīnshǔ	286
0936	5	接待	jiēdài	284	0968	5	紧	jǐn	286
0937	5	接近	jiējìn	284	0969	5	紧急	jǐnjí	287
0938	4	接受	jiēshòu	149	0970	4	紧张	jǐnzhāng	149
0939	5	接着	jiēzhe	284	0971	4	尽管	jǐnguǎn	149
0940	3	街道	jiēdào	85	0972	5	谨慎	jǐnshèn	287
0941	5	阶段	jiēduàn	285	0973	2	进	jìn	46
0942	5	结实	jiēshi	285	0974	5	进步	jìnbù	287
0943	5	节	jié	285	0975	5	进口	jìnkǒu	287
0944	3	节目	jiémù	85	0976	4	进行	jìnxíng	150
0945	3	节日	jiérì	86	0977	2	近	jìn	46
0946	5	节省	jiéshěng	285	0978	5	近代	jìndài	287
0947	4	节约	jiéyuē	149	0979	5	尽力	jìnlì	287
0948	5	结构	jiégòu	285	0980	5	尽量	jìnliàng	287
0949	4	结果	jiéguǒ	149	0981	4	禁止	jìnzhǐ	150
0950	5	结合	jiéhé	285	0982	4	精彩	jīngcǎi	150
0951	3	结婚	jiéhūn	85	0983	5	精力	jīnglì	288
0952	5	结论	jiélùn	285	0984	4	精神	jīngshén	150
0953	3	结束	jiéshù	85	0985	3	经常	jīngcháng	86
0954	5	结账	jiézhàng	286	0986	5	经典	jīngdiǎn	288
0955	5	解放	jiěfàng	286	0987	3	经过	jīngguò	86
0956	3	解决	jiějué	86	0988	4	经济	jīngjì	150
0957	4	解释	jiěshì	149	0989	3	经理	jīnglǐ	86
0958	5	解说员	jiěshuōyuán	286	0990	4	经历	jīnglì	150
0959	2	姐姐	jiějie	46	0991	4	经验	jīngyàn	151

0992	5	经营	jīngyíng	288	1024	5	卷	juǎn	290
0993	4	京剧	jīngjù	151	1025	2	觉得	juéde	47
0994	4	警察	jǐngchá	151	1026	3	决定	juédìng	87
0995	5	景色	jǐngsè	288	1027	5	决赛	juésài	290
0996	5	敬爱	jìng'ài	288	1028	5	决心	juéxīn	290
0997	4	竟然	jìngrán	151	1029	5	绝对	juéduì	291
0998	4	竞争	jìngzhēng	151	1030	5	角色	juésè	291
0999	4	镜子	jìngzi	151	1031	5	军事	jūnshì	291
1000	4	究竟	jiūjìng	152	1032	5	均匀	jūnyún	291
1001	1	九	jiǔ	18					
1002	3	久	jiǔ	86					
1003	5	酒吧	jiǔbā	288			**K**		
1004	3	旧	jiù	86					
1005	2	就	jiù	46	1033	2	咖啡	kāfēi	47
1006	5	救	jiù	289	1034	5	卡车	kǎchē	291
1007	5	救护车	jiùhùchē	289	1035	1	开	kāi	19
1008	5	舅舅	jiùjiu	289	1036	5	开发	kāifā	291
1009	5	居然	jūrán	289	1037	5	开放	kāifàng	291
1010	5	桔子	júzi	289	1038	5	开幕式	kāimùshì	292
1011	5	举	jǔ	289	1039	2	开始	kāishǐ	47
1012	4	举办	jǔbàn	152	1040	4	开玩笑	kāi wánxiào	153
1013	3	举行	jǔxíng	87	1041	5	开心	kāixīn	292
1014	5	具备	jùbèi	289	1042	5	砍	kǎn	292
1015	5	具体	jùtǐ	289	1043	1	看	kàn	19
1016	5	巨大	jùdà	290	1044	5	看不起	kànbuqǐ	292
1017	5	聚会	jùhuì	290	1045	4	看法	kànfǎ	153
1018	4	拒绝	jùjué	152	1046	1	看见	kànjiàn	20
1019	5	俱乐部	jùlèbù	290	1047	5	看来	kànlái	292
1020	4	距离	jùlí	152	1048	5	抗议	kàngyì	292
1021	5	据说	jùshuō	290	1049	4	考虑	kǎolǜ	153
1022	3	句子	jùzi	87	1050	2	考试	kǎoshì	47
1023	5	捐	juān	290	1051	5	烤鸭	kǎoyā	292

1052	4	棵	kē	153
1053	5	颗	kē	292
1054	4	科学	kēxué	153
1055	4	咳嗽	késou	153
1056	3	渴	kě	87
1057	3	可爱	kě'ài	87
1058	5	可见	kějiàn	292
1059	5	可靠	kěkào	293
1060	4	可怜	kělián	154
1061	2	可能	kěnéng	48
1062	5	可怕	kěpà	293
1063	4	可是	kěshì	154
1064	4	可惜	kěxī	154
1065	2	可以	kěyǐ	48
1066	2	课	kè	48
1067	5	课程	kèchéng	293
1068	5	克	kè	293
1069	5	克服	kèfú	293
1070	3	刻	kè	87
1071	5	刻苦	kèkǔ	293
1072	5	客观	kèguān	293
1073	3	客人	kèrén	87
1074	5	客厅	kètīng	293
1075	4	肯定	kěndìng	154
1076	5	空间	kōngjiān	294
1077	4	空气	kōngqì	154
1078	3	空调	kōngtiáo	88
1079	5	恐怖	kǒngbù	294
1080	4	恐怕	kǒngpà	154
1081	5	空闲	kòngxián	294
1082	5	控制	kòngzhì	294
1083	3	口	kǒu	88
1084	5	口味	kǒuwèi	294
1085	3	哭	kū	88
1086	4	苦	kǔ	155
1087	3	裤子	kùzi	88
1088	5	夸	kuā	294
1089	1	块	kuài	20
1090	2	快	kuài	48
1091	2	快乐	kuàilè	48
1092	5	会计	kuàijì	294
1093	3	筷子	kuàizi	88
1094	4	宽	kuān	155
1095	5	矿泉水	kuàngquánshuǐ	294
1096	4	困	kùn	155
1097	4	困难	kùnnan	155
1098	4	扩大	kuòdà	155

L

1099	4	拉	lā	156
1100	4	垃圾桶	lājītǒng	156
1101	4	辣	là	156
1102	5	辣椒	làjiāo	295
1103	5	蜡烛	làzhú	295
1104	1	来	lái	20
1105	4	来不及	láibují	156
1106	4	来得及	láidejí	156
1107	5	来自	láizì	295
1108	5	拦	lán	295
1109	3	蓝	lán	88
1110	4	懒	lǎn	156
1111	5	烂	làn	295

#	Level	词	拼音	页	#	Level	词	拼音	页
1112	5	狼	láng	295	1144	4	理想	lǐxiǎng	158
1113	4	浪费	làngfèi	157	1145	5	理由	lǐyóu	297
1114	4	浪漫	làngmàn	157	1146	5	粒	lì	297
1115	5	劳动	láodòng	295	1147	5	立方	lìfāng	298
1116	5	劳驾	láojià	296	1148	5	立即	lìjí	298
1117	3	老	lǎo	88	1149	5	立刻	lìkè	298
1118	5	老百姓	lǎobǎixìng	296	1150	4	厉害	lìhai	158
1119	5	老板	lǎobǎn	296	1151	5	力量	lìliàng	298
1120	4	老虎	lǎohǔ	157	1152	4	力气	lìqi	158
1121	1	老师	lǎoshī	20	1153	4	例如	lìrú	158
1122	5	老实	lǎoshi	296	1154	5	利润	lìrùn	298
1123	5	老鼠	lǎoshǔ	296	1155	5	利息	lìxī	298
1124	5	姥姥	lǎolao	296	1156	5	利益	lìyì	299
1125	5	乐观	lèguān	296	1157	5	利用	lìyòng	299
1126	1	了	le	21	1158	3	历史	lìshǐ	89
1127	5	雷	léi	297	1159	4	俩	liǎ	158
1128	5	类	lèi	297	1160	4	连	lián	158
1129	2	累	lèi	49	1161	5	连忙	liánmáng	299
1130	1	冷	lěng	21	1162	5	连续剧	liánxùjù	299
1131	4	冷静	lěngjìng	157	1163	5	联合	liánhé	299
1132	5	梨	lí	297	1164	4	联系	liánxì	159
1133	2	离	lí	49	1165	3	脸	liǎn	89
1134	5	离婚	líhūn	297	1166	5	恋爱	liàn'ài	299
1135	3	离开	líkāi	89	1167	3	练习	liànxí	89
1136	5	厘米	límǐ	297	1168	5	良好	liánghǎo	299
1137	1	里	lǐ	21	1169	4	凉快	liángkuai	159
1138	5	礼拜天	lǐbàitiān	297	1170	5	粮食	liángshi	299
1139	4	礼貌	lǐmào	158	1171	2	两	liǎng	49
1140	3	礼物	lǐwù	89	1172	4	亮	liàng	159
1141	4	理发	lǐfà	157	1173	3	辆	liàng	89
1142	4	理解	lǐjiě	157	1174	4	聊天	liáotiān	159
1143	5	理论	lǐlùn	297	1175	5	了不起	liǎobuqǐ	300

1176	3	了解	liǎojiě	90
1177	3	邻居	línjū	90
1178	5	临时	línshí	300
1179	5	铃	líng	300
1180	1	零	líng	21
1181	5	零件	língjiàn	300
1182	5	零钱	língqián	300
1183	5	零食	língshí	300
1184	5	灵活	línghuó	300
1185	5	领导	lǐngdǎo	301
1186	5	领域	lǐngyù	301
1187	4	另外	lìngwài	159
1188	4	留	liú	160
1189	4	留学	liúxué	160
1190	5	流传	liúchuán	301
1191	4	流泪	liúlèi	160
1192	4	流利	liúlì	160
1193	4	流行	liúxíng	161
1194	5	浏览	liúlǎn	301
1195	1	六	liù	21
1196	5	龙	lóng	301
1197	3	楼	lóu	90
1198	5	漏	lòu	301
1199	2	路	lù	50
1200	5	露	lù	301
1201	5	陆地	lùdì	301
1202	5	陆续	lùxù	302
1203	5	录取	lùqǔ	302
1204	5	录音	lùyīn	302
1205	4	乱	luàn	161
1206	5	轮流	lúnliú	302
1207	5	论文	lùnwén	302
1208	5	逻辑	luóji	302
1209	5	落后	luòhòu	302
1210	2	旅游	lǚyóu	50
1211	3	绿	lǜ	90
1212	4	律师	lǜshī	161

M

1213	1	妈妈	māma	22
1214	4	麻烦	máfan	161
1215	3	马	mǎ	91
1216	4	马虎	mǎhu	161
1217	3	马上	mǎshàng	91
1218	5	骂	mà	303
1219	1	吗	ma	22
1220	1	买	mǎi	22
1221	2	卖	mài	50
1222	5	麦克风	màikèfēng	303
1223	5	馒头	mántou	303
1224	4	满	mǎn	161
1225	3	满意	mǎnyì	91
1226	5	满足	mǎnzú	303
1227	2	慢	màn	50
1228	2	忙	máng	50
1229	1	猫	māo	22
1230	5	毛	máo	303
1231	5	毛病	máobìng	303
1232	4	毛巾	máojīn	162
1233	5	矛盾	máodùn	304
1234	5	冒险	màoxiǎn	304
1235	5	贸易	màoyì	304

1236	3	帽子	màozi	91	1268	4	民族	mínzú	162
1237	1	没	méi	22	1269	3	明白	míngbai	91
1238	1	没关系	méiguānxi	22	1270	5	明确	míngquè	306
1239	5	眉毛	méimao	304	1271	1	明天	míngtiān	23
1240	5	煤炭	méitàn	304	1272	5	明显	míngxiǎn	306
1241	2	每	měi	51	1273	5	明信片	míngxìnpiàn	306
1242	4	美丽	měilì	162	1274	5	明星	míngxīng	307
1243	5	美术	měishù	304	1275	5	名牌	míngpái	307
1244	5	魅力	mèilì	304	1276	5	名片	míngpiàn	307
1245	2	妹妹	mèimei	51	1277	5	名胜古迹	míngshènggǔjì	307
1246	2	门	mén	51	1278	1	名字	míngzi	23
1247	4	梦	mèng	162	1279	5	命令	mìnglìng	307
1248	5	迷路	mílù	305	1280	5	命运	mìngyùn	307
1249	5	谜语	míyǔ	305	1281	5	摸	mō	307
1250	3	米	mǐ	91	1282	5	模仿	mófǎng	307
1251	1	米饭	mǐfàn	22	1283	5	模糊	móhu	308
1252	5	蜜蜂	mìfēng	305	1284	5	摩托车	mótuōchē	308
1253	4	密码	mìmǎ	162	1285	5	陌生	mòshēng	308
1254	5	密切	mìqiè	305	1286	5	某	mǒu	308
1255	5	秘密	mìmì	305	1287	4	母亲	mǔqīn	162
1256	5	秘书	mìshū	305	1288	5	目标	mùbiāo	308
1257	5	棉花	miánhua	305	1289	4	目的	mùdì	162
1258	4	免费	miǎnfèi	162	1290	5	目录	mùlù	308
1259	3	面包	miànbāo	91	1291	5	目前	mùqián	308
1260	5	面对	miànduì	305	1292	5	木头	mùtou	309
1261	5	面积	miànjī						
1262	5	面临	miànlín	306					
1263	3	面条	miàntiáo	91			**N**		
1264	5	苗条	miáotiao	306					
1265	5	描写	miáoxiě	306	1293	3	拿	ná	92
1266	5	秒	miǎo	306	1294	1	哪哪儿)	nǎ(nǎr)	23
1267	5	民主	mínzhǔ	306	1295	5	哪怕	nǎpà	309

1296	1	那(那儿)	nà(nàr)	23
1297	3	奶奶	nǎinai	92
1298	4	耐心	nàixīn	163
1299	3	南	nán	92
1300	3	难	nán	93
1301	4	难道	nándào	163
1302	5	难怪	nánguài	309
1303	3	难过	nánguò	93
1304	5	难看	nánkàn	309
1305	4	难受	nánshòu	163
1306	2	男人	nánrén	51
1307	5	脑袋	nǎodai	309
1308	1	呢	ne	23
1309	4	内	nèi	163
1310	5	内科	nèikē	309
1311	4	内容	nèiróng	164
1312	5	嫩	nèn	309
1313	1	能	néng	24
1314	5	能干	nénggàn	310
1315	4	能力	nénglì	164
1316	5	能源	néngyuán	310
1317	1	你	nǐ	24
1318	1	年	nián	24
1319	5	年代	niándài	310
1320	3	年级	niánjí	93
1321	5	年纪	niánjì	310
1322	4	年龄	niánlíng	164
1323	3	年轻	niánqīng	93
1324	5	念	niàn	310
1325	3	鸟	niǎo	93
1326	2	您	nín	51
1327	5	宁可	nìngkě	310
1328	2	牛奶	niúnǎi	51
1329	5	牛仔裤	niúzǎikù	311
1330	5	浓	nóng	311
1331	4	农村	nóngcūn	164
1332	5	农民	nóngmín	311
1333	5	农业	nóngyè	311
1334	4	弄	nòng	164
1335	3	努力	nǔlì	93
1336	4	暖和	nuǎnhuo	164
1337	1	女儿	nǚ'ér	24
1338	2	女人	nǚrén	52
1339	5	女士	nǚshì	311

O

| 1340 | 4 | 偶尔 | ǒu'ěr | 165 |
| 1341 | 5 | 偶然 | ǒurán | 311 |

P

1342	3	爬山	páshān	94
1343	5	拍	pāi	312
1344	5	排队	páiduì	312
1345	4	排列	páiliè	165
1346	5	排球	páiqiú	312
1347	5	派	pài	312
1348	3	盘子	pánzi	94
1349	4	判断	pànduàn	165
1350	5	盼望	pànwàng	313
1351	2	旁边	pángbiān	52

#	Level	Word	Pinyin	Page
1352	3	胖	pàng	94
1353	2	跑步	pǎobù	52
1354	4	陪	péi	165
1355	5	赔偿	péicháng	313
1356	5	培养	péiyǎng	313
1357	5	佩服	pèifu	313
1358	5	配合	pèihé	313
1359	5	盆	pén	314
1360	1	朋友	péngyou	24
1361	5	碰见	pèngjiàn	314
1362	5	披	pī	314
1363	5	批	pī	314
1364	4	批评	pīpíng	166
1365	5	批准	pīzhǔn	314
1366	4	皮肤	pífū	166
1367	5	皮鞋	píxié	314
1368	3	啤酒	píjiǔ	94
1369	5	疲劳	píláo	314
1370	4	脾气	píqi	166
1371	5	匹	pǐ	315
1372	4	篇	piān	166
1373	2	便宜	piányi	52
1374	4	骗	piàn	166
1375	5	片	piàn	315
1376	5	片面	piànmiàn	315
1377	5	飘	piāo	315
1378	2	票	piào	52
1379	1	漂亮	piàoliang	24
1380	5	频道	píndào	315
1381	5	品种	pǐnzhǒng	315
1382	4	乒乓球	pīngpāngqiú	166
1383	5	凭	píng	315
1384	5	平	píng	316
1385	5	平常	píngcháng	316
1386	5	平等	píngděng	316
1387	5	平方	píngfāng	316
1388	5	平衡	pínghéng	316
1389	5	平静	píngjìng	316
1390	5	平均	píngjūn	317
1391	4	平时	píngshí	166
1392	1	苹果	píngguǒ	25
1393	5	评价	píngjià	317
1394	4	瓶子	píngzi	167
1395	4	破	pò	167
1396	5	破产	pòchǎn	317
1397	5	破坏	pòhuài	317
1398	5	迫切	pòqiè	317
1399	3	葡萄	pútao	94
1400	4	普遍	pǔbiàn	167
1401	3	普通话	pǔtōnghuà	94
1402	5	朴素	pǔsù	317

Q

#	Level	Word	Pinyin	Page
1403	1	七	qī	25
1404	5	期待	qīdài	318
1405	5	期间	qījiān	318
1406	2	妻子	qīzi	52
1407	3	骑	qí	95
1408	4	其次	qícì	167
1409	3	其实	qíshí	94
1410	3	其他	qítā	94
1411	5	其余	qíyú	318

1412	4	其中	qízhōng	167		1444	5	瞧	qiáo	321
1413	3	奇怪	qíguài	95		1445	4	巧克力	qiǎokèlì	169
1414	5	奇迹	qíjì	318		1446	5	巧妙	qiǎomiào	321
1415	2	起床	qǐchuáng	53		1447	5	切	qiē	321
1416	4	起飞	qǐfēi	167		1448	5	亲爱	qīn'ài	321
1417	4	起来	qǐlái	167		1449	4	亲戚	qīnqi	169
1418	5	启发	qǐfā	319		1450	5	亲切	qīnqiè	322
1419	5	企图	qǐtú	319		1451	5	亲自	qīnzì	322
1420	5	企业	qǐyè	319		1452	5	侵略	qīnlüè	322
1421	5	气氛	qìfēn	319		1453	5	勤奋	qínfèn	322
1422	4	气候	qìhòu	168		1454	5	勤劳	qínláo	322
1423	5	汽油	qìyóu	319		1455	5	青	qīng	322
1424	5	牵	qiān	319		1456	5	青春	qīngchūn	322
1425	2	千	qiān	53		1457	5	青少年	qīngshàonián	322
1426	4	千万	qiānwàn	168		1458	4	轻	qīng	169
1427	3	铅笔	qiānbǐ	95		1459	5	轻视	qīngshì	322
1428	5	谦虚	qiānxū	319		1460	4	轻松	qīngsōng	169
1429	4	签证	qiānzhèng	168		1461	3	清楚	qīngchu	95
1430	5	签字	qiānzì	319		1462	5	清淡	qīngdàn	323
1431	1	钱	qián	25		1463	2	晴	qíng	53
1432	1	前面	qiánmiàn	25		1464	5	情景	qíngjǐng	323
1433	5	前途	qiántú	320		1465	4	情况	qíngkuàng	169
1434	5	浅	qiǎn	320		1466	5	情绪	qíngxù	323
1435	5	欠	qiàn	320		1467	1	请	qǐng	25
1436	5	枪	qiāng	320		1468	4	请假	qǐngjià	169
1437	4	墙	qiáng	168		1469	4	请客	qǐngkè	169
1438	5	强调	qiángdiào	320		1470	5	请求	qǐngqiú	323
1439	5	强烈	qiángliè	320		1471	5	庆祝	qìngzhù	324
1440	5	抢	qiǎng	321		1472	4	穷	qióng	170
1441	4	敲	qiāo	168		1473	3	秋	qiū	95
1442	5	悄悄	qiāoqiāo	321		1474	5	球迷	qiúmí	324
1443	4	桥	qiáo	169		1475	4	区别	qūbié	170

483

#		词	拼音	页
1476	5	趋势	qūshì	324
1477	5	娶	qǔ	324
1478	4	取	qǔ	170
1479	5	取消	qǔxiāo	324
1480	1	去	qù	25
1481	2	去年	qùnián	53
1482	5	去世	qùshì	324
1483	5	圈	quān	325
1484	4	全部	quánbù	170
1485	5	全面	quánmiàn	325
1486	5	权力	quánlì	325
1487	5	权利	quánlì	325
1488	5	劝	quàn	325
1489	4	缺点	quēdiǎn	170
1490	5	缺乏	quēfá	325
1491	4	缺少	quēshǎo	170
1492	4	却	què	171
1493	5	确定	quèdìng	326
1494	5	确认	quèrèn	326
1495	4	确实	quèshí	171
1496	4	群	qún	171
1497	3	裙子	qúnzi	95

#		词	拼音	页
		R		
1498	4	然而	rán'ér	171
1499	3	然后	ránhòu	96
1500	5	燃烧	ránshāo	326
1501	5	嚷	rǎng	326
1502	2	让	ràng	53
1503	5	绕	rào	327

#		词	拼音	页
1504	1	热	rè	26
1505	5	热爱	rè'ài	327
1506	5	热烈	rèliè	327
1507	4	热闹	rènao	171
1508	3	热情	rèqíng	96
1509	5	热心	rèxīn	327
1510	1	人	rén	26
1511	5	人才	réncái	327
1512	5	人口	rénkǒu	328
1513	5	人类	rénlèi	328
1514	4	人民币	rénmínbì	172
1515	5	人生	rénshēng	328
1516	5	人事	rénshì	328
1517	5	人物	rénwù	328
1518	5	人员	rényuán	328
1519	5	忍不住	rěnbuzhù	328
1520	4	任何	rènhé	172
1521	4	任务	rènwu	172
1522	1	认识	rènshi	26
1523	3	认为	rènwéi	96
1524	3	认真	rènzhēn	96
1525	4	扔	rēng	172
1526	4	仍然	réngrán	172
1527	1	日	rì	26
1528	5	日常	rìcháng	328
1529	5	日程	rìchéng	329
1530	4	日记	rìjì	172
1531	5	日历	rìlì	329
1532	5	日期	rìqī	329
1533	5	日用品	rìyòngpǐn	329
1534	5	融化	rónghuà	329
1535	5	荣幸	róngxìng	329

1536	5	荣誉	róngyù	329
1537	3	容易	róngyì	96
1538	3	如果	rúguǒ	96
1539	5	如何	rúhé	329
1540	5	如今	rújīn	329
1541	4	入口	rùkǒu	172
1542	4	软	ruǎn	173
1543	5	软件	ruǎnjiàn	330
1544	5	弱	ruò	330

S

1545	5	洒	sǎ	330
1546	1	三	sān	26
1547	3	伞	sǎn	97
1548	4	散步	sànbù	173
1549	5	嗓子	sǎngzi	330
1550	4	森林	sēnlín	173
1551	5	杀	shā	330
1552	4	沙发	shāfā	173
1553	5	沙漠	shāmò	331
1554	5	沙滩	shātān	331
1555	5	傻	shǎ	331
1556	5	晒	shài	331
1557	5	删除	shānchú	331
1558	5	闪电	shǎndiàn	331
1559	5	善良	shànliáng	331
1560	5	善于	shànyú	331
1561	5	扇子	shànzi	331
1562	1	商店	shāngdiàn	27
1563	4	商量	shāngliang	173
1564	5	商品	shāngpǐn	332
1565	5	商业	shāngyè	332
1566	4	伤心	shāngxīn	173
1567	1	上	shàng	27
1568	2	上班	shàngbān	54
1569	5	上当	shàngdàng	332
1570	3	上网	shàngwǎng	97
1571	1	上午	shàngwǔ	27
1572	4	稍微	shāowēi	174
1573	5	勺子	sháozi	332
1574	1	少	shǎo	27
1575	5	蛇	shé	332
1576	5	舌头	shétou	332
1577	5	舍不得	shěbude	332
1578	5	设备	shèbèi	332
1579	5	设计	shèjì	332
1580	5	设施	shèshī	333
1581	4	社会	shèhuì	174
1582	5	射击	shèjī	333
1583	5	摄影	shèyǐng	333
1584	1	谁	shéi	28
1585	5	伸	shēn	333
1586	4	深	shēn	174
1587	5	深刻	shēnkè	333
1588	5	身材	shēncái	333
1589	5	身份	shēnfèn	333
1590	2	身体	shēntǐ	54
1591	4	申请	shēnqǐng	174
1592	5	神话	shénhuà	333
1593	5	神经	shénjīng	333
1594	5	神秘	shénmì	334
1595	1	什么	shénme	28

1596	4	甚至	shènzhì	174	1628	5	时期	shíqī	336
1597	5	升	shēng	334	1629	5	时尚	shíshàng	336
1598	2	生病	shēngbìng	54	1630	5	实话	shíhuà	336
1599	5	生产	shēngchǎn	334	1631	4	实际	shíjì	176
1600	5	生动	shēngdòng	334	1632	5	实践	shíjiàn	336
1601	4	生活	shēnghuó	175	1633	5	实习	shíxí	336
1602	4	生命	shēngmìng	175	1634	5	实现	shíxiàn	336
1603	3	生气	shēngqì	97	1635	5	实行	shíxíng	337
1604	2	生日	shēngrì	54	1636	5	实验	shíyàn	337
1605	5	声调	shēngdiào	334	1637	5	实用	shíyòng	337
1606	3	声音	shēngyīn	97	1638	4	实在	shízài	176
1607	5	绳子	shéngzi	334	1639	4	食品	shípǐn	176
1608	4	省	shěng	175	1640	5	食物	shíwù	337
1609	5	省略	shěnglüè	335	1641	5	石头	shítou	337
1610	4	剩	shèng	175	1642	3	使	shǐ	97
1611	5	胜利	shènglì	335	1643	5	使劲儿	shǐjìnr	337
1612	5	诗	shī	335	1644	4	使用	shǐyòng	177
1613	4	失败	shībài	175	1645	5	始终	shǐzhōng	337
1614	5	失眠	shīmián	335	1646	1	是	shì	28
1615	5	失去	shīqù	335	1647	5	是否	shìfǒu	337
1616	4	失望	shīwàng	175	1648	4	试	shì	177
1617	5	失业	shīyè	335	1649	5	试卷	shìjuàn	338
1618	4	师傅	shīfu	175	1650	4	士兵	shìbīng	338
1619	4	湿润	shīrùn	175	1651	4	市场	shìchǎng	177
1620	4	狮子	shīzi	176	1652	5	似的	shìde	338
1621	1	十	shí	28	1653	4	适合	shìhé	177
1622	4	十分	shífēn	176	1654	4	适应	shìyìng	177
1623	5	时代	shídài	335	1655	4	世纪	shìjì	177
1624	1	时候	shíhou	28	1656	3	世界	shìjiè	97
1625	2	时间	shíjiān	54	1657	2	事情	shìqing	54
1626	5	时刻	shíkè	335	1658	5	事实	shìshí	338
1627	5	时髦	shímáo	336	1659	5	事物	shìwù	338

1660	5	事先	shìxiān	338
1661	4	收	shōu	177
1662	5	收获	shōuhuò	338
1663	5	收据	shōujù	338
1664	4	收入	shōurù	178
1665	4	收拾	shōushi	178
1666	2	手表	shǒubiǎo	54
1667	5	手工	shǒugōng	338
1668	2	手机	shǒujī	54
1669	5	手术	shǒushù	339
1670	5	手套	shǒutào	339
1671	5	手续	shǒuxù	339
1672	5	手指	shǒuzhǐ	339
1673	4	首都	shǒudū	178
1674	4	首先	shǒuxiān	178
1675	3	瘦	shòu	98
1676	4	受不了	shòubuliǎo	178
1677	4	受到	shòudào	179
1678	5	受伤	shòushāng	339
1679	4	售货员	shòuhuòyuán	179
1680	5	寿命	shòumìng	339
1681	1	书	shū	28
1682	5	书架	shūjià	339
1683	4	输	shū	179
1684	5	输入	shūrù	339
1685	5	蔬菜	shūcài	339
1686	3	舒服	shūfu	98
1687	5	舒适	shūshì	340
1688	3	叔叔	shūshu	98
1689	5	梳子	shūzi	340
1690	5	熟练	shúliàn	340
1691	4	熟悉	shúxī	179
1692	5	鼠标	shǔbiāo	340
1693	5	属于	shǔyú	340
1694	3	树	shù	98
1695	5	数据	shùjù	340
1696	4	数量	shùliàng	179
1697	5	数码	shùmǎ	340
1698	3	数学	shùxué	98
1699	4	数字	shùzì	179
1700	3	刷牙	shuā yá	98
1701	5	摔	shuāi	340
1702	5	甩	shuǎi	340
1703	4	帅	shuài	179
1704	3	双	shuāng	98
1705	5	双方	shuāngfāng	341
1706	1	水	shuǐ	28
1707	1	水果	shuǐguǒ	29
1708	3	水平	shuǐpíng	99
1709	5	税	shuì	341
1710	1	睡觉	shuìjiào	29
1711	4	顺便	shùnbiàn	180
1712	4	顺利	shùnlì	180
1713	4	顺序	shùnxù	180
1714	5	说不定	shuōbudìng	341
1715	5	说服	shuōfú	341
1716	1	说话	shuōhuà	29
1717	4	说明	shuōmíng	180
1718	4	硕士	shuòshì	180
1719	5	撕	sī	341
1720	5	丝绸	sīchóu	341
1721	5	丝毫	sīháo	341
1722	3	司机	sījī	99
1723	5	思考	sīkǎo	341

#		词	拼音	页
1724	5	思想	sīxiǎng	342
1725	5	私人	sīrén	342
1726	4	死	sǐ	180
1727	1	四	sì	29
1728	5	似乎	sìhū	342
1729	5	寺庙	sìmiào	342
1730	2	送	sòng	55
1731	4	速度	sùdù	180
1732	4	塑料袋	sùliàodài	181
1733	5	宿舍	sùshè	342
1734	4	酸	suān	181
1735	4	算	suàn	181
1736	3	虽然	suīrán	99
1737	4	随便	suíbiàn	181
1738	5	随时	suíshí	342
1739	4	随着	suízhe	181
1740	1	岁	suì	29
1741	5	碎	suì	342
1742	4	孙子	sūnzi	181
1743	5	损失	sǔnshī	342
1744	5	缩短	suōduǎn	343
1745	5	缩小	suōxiǎo	343
1746	5	锁	suǒ	343
1747	5	所	suǒ	343
1748	5	所谓	suǒwèi	343
1749	2	所以	suǒyǐ	55
1750	4	所有	suǒyǒu	181

T

#		词	拼音	页
1751	1	他	tā	29
1752	1	她	tā	29
1753	2	它	tā	55
1754	5	塔	tǎ	343
1755	4	台	tái	182
1756	4	抬	tái	182
1757	5	台阶	táijiē	343
1758	1	太	tài	30
1759	5	太极拳	tàijíquán	344
1760	5	太太	tàitai	344
1761	3	太阳	tàiyáng	99
1762	4	态度	tàidu	182
1763	4	谈	tán	182
1764	5	谈判	tánpàn	344
1765	4	弹钢琴	tán gāngqín	182
1766	5	坦率	tǎnshuài	344
1767	4	汤	tāng	182
1768	3	糖	táng	99
1769	4	躺	tǎng	182
1770	5	烫	tàng	344
1771	5	趟	tàng	183
1772	5	桃	táo	344
1773	5	逃	táo	344
1774	5	逃避	táobì	344
1775	4	讨论	tǎolùn	183
1776	4	讨厌	tǎoyàn	183
1777	5	套	tào	344
1778	3	特别	tèbié	99
1779	4	特点	tèdiǎn	183
1780	5	特殊	tèshū	345
1781	5	特意	tèyì	345
1782	5	特征	tèzhēng	345
1783	3	疼	téng	100

#		词	拼音	页	#		词	拼音	页
1784	5	疼爱	téng'ài	345	1816	4	挺	tǐng	184
1785	2	踢足球	tī zúqiú	55	1817	5	通常	tōngcháng	347
1786	5	提	tí	346	1818	4	通过	tōngguò	184
1787	5	提倡	tíchàng	346	1819	5	通讯	tōngxùn	348
1788	5	提纲	tígāng	346	1820	4	通知	tōngzhī	185
1789	3	提高	tígāo	100	1821	5	铜	tóng	348
1790	4	提供	tígōng	183	1822	4	同情	tóngqíng	185
1791	4	提前	tíqián	183	1823	5	同时	tóngshí	348
1792	5	提问	tíwèn	346	1824	3	同事	tóngshì	100
1793	4	提醒	tíxǐng	183	1825	1	同学	tóngxué	30
1794	2	题	tí	55	1826	3	同意	tóngyì	100
1795	5	题目	tímù	346	1827	5	统一	tǒngyī	348
1796	5	体会	tǐhuì	346	1828	5	统治	tǒngzhì	348
1797	5	体积	tǐjī	346	1829	5	痛苦	tòngkǔ	348
1798	5	体贴	tǐtiē	346	1830	5	痛快	tòngkuài	348
1799	5	体现	tǐxiàn	347	1831	3	头发	tóufa	101
1800	5	体验	tǐyàn	347	1832	5	投资	tóuzī	349
1801	3	体育	tǐyù	100	1833	5	透明	tòumíng	349
1802	5	天空	tiānkōng	347	1834	5	突出	tūchū	349
1803	1	天气	tiānqì	30	1835	3	突然	tūrán	101
1804	5	天真	tiānzhēn	347	1836	3	图书馆	túshūguǎn	101
1805	3	甜	tián	100	1837	5	土地	tǔdì	349
1806	4	填空	tiánkòng	183	1838	5	土豆	tǔdòu	349
1807	5	田野	tiányě	347	1839	5	吐	tù	349
1808	3	条	tiáo	100	1840	5	兔子	tùzi	349
1809	4	条件	tiáojiàn	184	1841	5	团	tuán	349
1810	5	调皮	tiáopí	347	1842	4	推	tuī	185
1811	5	调整	tiáozhěng	347	1843	4	推迟	tuīchí	185
1812	5	挑战	tiǎozhàn	347	1844	5	推辞	tuīcí	350
1813	2	跳舞	tiàowǔ	55	1845	5	推广	tuīguǎng	350
1814	1	听	tīng	30	1846	5	推荐	tuījiàn	350
1815	4	停止	tíngzhǐ	184	1847	3	腿	tuǐ	101

1848	5	退	tuì	350
1849	5	退步	tuìbù	350
1850	5	退休	tuìxiū	350
1851	4	脱	tuō	185

W

1852	4	袜子	wàzi	186
1853	5	歪	wāi	351
1854	2	外	wài	56
1855	5	外交	wàijiāo	351
1856	5	弯	wān	351
1857	2	完	wán	56
1858	3	完成	wánchéng	101
1859	5	完美	wánměi	351
1860	4	完全	wánquán	186
1861	5	完善	wánshàn	351
1862	5	完整	wánzhěng	351
1863	2	玩	wán	56
1864	5	玩具	wánjù	351
1865	3	碗	wǎn	102
1866	2	晚上	wǎnshang	56
1867	3	万	wàn	102
1868	5	万一	wànyī	351
1869	5	王子	wángzǐ	352
1870	4	往	wǎng	186
1871	5	往返	wǎngfǎn	352
1872	4	往往	wǎngwǎng	186
1873	4	网球	wǎngqiú	186
1874	4	网站	wǎngzhàn	186
1875	3	忘记	wàngjì	102

1876	5	危害	wēihài	352
1877	4	危险	wēixiǎn	186
1878	5	微笑	wēixiào	352
1879	5	威胁	wēixié	352
1880	5	违反	wéifǎn	352
1881	5	维护	wéihù	352
1882	5	围巾	wéijīn	353
1883	5	围绕	wéirào	353
1884	5	唯一	wéiyī	353
1885	5	尾巴	wěiba	353
1886	5	伟大	wěidà	353
1887	5	委屈	wěiqū	353
1888	5	委托	wěituō	353
1889	1	喂	wèi	30
1890	5	胃	wèi	354
1891	3	为	wèi	102
1892	3	为了	wèile	102
1893	2	为什么	wèi shénme	56
1894	3	位	wèi	102
1895	5	位置	wèizhì	354
1896	5	未必	wèibì	354
1897	5	未来	wèilái	354
1898	4	味道	wèidao	186
1899	5	卫生间	wèishēngjiān	354
1900	4	温度	wēndù	187
1901	5	温暖	wēnnuǎn	354
1902	5	温柔	wēnróu	354
1903	5	闻	wén	355
1904	3	文化	wénhuà	102
1905	5	文件	wénjiàn	355
1906	5	文具	wénjù	355
1907	5	文明	wénmíng	355

#		词	拼音	页码
1908	5	文学	wénxué	355
1909	4	文章	wénzhāng	187
1910	5	吻	wěn	355
1911	5	稳定	wěndìng	355
1912	2	问	wèn	56
1913	5	问候	wènhòu	355
1914	2	问题	wèntí	56
1915	1	我	wǒ	31
1916	1	我们	wǒmen	31
1917	5	卧室	wòshì	355
1918	4	握手	wòshǒu	187
1919	4	污染	wūrǎn	187
1920	5	屋子	wūzi	356
1921	4	无	wú	187
1922	4	无聊	wúliáo	187
1923	4	无论	wúlùn	187
1924	5	无奈	wúnài	356
1925	5	无数	wúshù	356
1926	1	五	wǔ	31
1927	5	武器	wǔqì	356
1928	5	武术	wǔshù	356
1929	5	雾	wù	356
1930	4	误会	wùhuì	187
1931	5	物理	wùlǐ	356
1932	5	物质	wùzhì	356

X

1933	3	西	xī	103
1934	2	西瓜	xīguā	57
1935	4	西红柿	xīhóngshì	188
1936	5	吸收	xīshōu	357
1937	4	吸引	xīyǐn	188
1938	2	希望	xīwàng	57
1939	3	习惯	xíguàn	103
1940	2	洗	xǐ	57
1941	3	洗手间	xǐshǒujiān	103
1942	4	洗衣机	xǐyījī	188
1943	3	洗澡	xǐzǎo	103
1944	1	喜欢	xǐhuan	31
1945	5	系	xì	357
1946	5	系统	xìtǒng	357
1947	5	细节	xìjié	357
1948	5	戏剧	xìjù	357
1949	5	瞎	xiā	357
1950	5	吓	xià	357
1951	3	夏	xià	103
1952	1	下	xià	31
1953	1	下午	xiàwǔ	32
1954	1	下雨	xiàyǔ	32
1955	5	下载	xiàzài	357
1956	3	先	xiān	103
1957	1	先生	xiānsheng	32
1958	5	鲜艳	xiānyàn	358
1959	4	咸	xián	188
1960	5	显得	xiǎnde	358
1961	5	显然	xiǎnrán	358
1962	5	显示	xiǎnshì	358
1963	5	县	xiàn	358
1964	4	现代	xiàndài	188
1965	5	现金	xiànjīn	358
1966	5	现实	xiànshí	358

#		词	拼音	页	#		词	拼音	页
1967	5	现象	xiànxiàng	358	1999	5	销售	xiāoshòu	361
1968	1	现在	xiànzài	32	2000	4	消息	xiāoxi	190
1969	4	羡慕	xiànmù	188	2001	1	小	xiǎo	33
1970	4	限制	xiànzhì	189	2002	5	小吃	xiǎochī	361
1971	4	香	xiāng	189	2003	5	小伙子	xiǎohuǒzi	361
1972	3	香蕉	xiāngjiāo	103	2004	1	小姐	xiǎojiě	33
1973	5	相处	xiāngchǔ	358	2005	5	小麦	xiǎomài	361
1974	5	相当	xiāngdāng	359	2006	5	小气	xiǎoqì	361
1975	5	相对	xiāngduì	359	2007	2	小时	xiǎoshí	57
1976	4	相反	xiāngfǎn	189	2008	4	小说	xiǎoshuō	190
1977	5	相关	xiāngguān	359	2009	5	小偷	xiǎotōu	361
1978	5	相似	xiāngsì	359	2010	3	小心	xiǎoxīn	104
1979	3	相同	xiāngtóng	104	2011	2	笑	xiào	58
1980	3	相信	xiāngxìn	104	2012	4	笑话	xiàohua	190
1981	4	详细	xiángxì	189	2013	4	效果	xiàoguǒ	190
1982	4	响	xiǎng	189	2014	5	效率	xiàolǜ	362
1983	1	想	xiǎng	32	2015	5	孝顺	xiàoshùn	362
1984	5	想念	xiǎngniàn	359	2016	3	校长	xiàozhǎng	104
1985	5	想像	xiǎngxiàng	359	2017	1	些	xiē	33
1986	5	享受	xiǎngshòu	360	2018	5	歇	xiē	362
1987	2	向	xiàng	57	2019	5	斜	xié	362
1988	3	像	xiàng	104	2020	3	鞋	xié	104
1989	5	项	xiàng	360	2021	5	协调	xiétiáo	362
1990	5	项链	xiàngliàn	360	2022	1	写	xiě	33
1991	5	项目	xiàngmù	360	2023	1	谢谢	xièxie	33
1992	5	橡皮	xiàngpí	360	2024	2	新	xīn	58
1993	5	象棋	xiàngqí	360	2025	3	新闻	xīnwén	104
1994	5	象征	xiàngzhēng	360	2026	3	新鲜	xīnxiān	104
1995	5	消费	xiāofèi	360	2027	4	辛苦	xīnkǔ	190
1996	5	消化	xiāohuà	361	2028	5	心理	xīnlǐ	362
1997	5	消灭	xiāomiè	361	2029	4	心情	xīnqíng	190
1998	5	消失	xiāoshī	361	2030	5	心脏	xīnzàng	362

2031	5	欣赏	xīnshǎng	362
2032	3	信	xìn	105
2033	5	信封	xìnfēng	362
2034	5	信号	xìnhào	363
2035	4	信任	xìnrèn	190
2036	5	信息	xìnxī	363
2037	4	信心	xìnxīn	190
2038	4	信用卡	xìnyòngkǎ	191
2039	4	兴奋	xīngfèn	191
2040	1	星期	xīngqī	33
2041	4	行	xíng	191
2042	5	行动	xíngdòng	363
2043	3	行李箱	xínglixiāng	105
2044	5	行人	xíngrén	363
2045	5	行为	xíngwéi	363
2046	5	形成	xíngchéng	363
2047	5	形容	xíngróng	363
2048	5	形式	xíngshì	364
2049	5	形势	xíngshì	364
2050	5	形象	xíngxiàng	364
2051	5	形状	xíngzhuàng	364
2052	4	醒	xǐng	191
2053	2	姓	xìng	58
2054	4	性别	xìngbié	191
2055	4	性格	xìnggé	191
2056	5	性质	xìngzhì	364
2057	4	幸福	xìngfú	191
2058	5	幸亏	xìngkuī	364
2059	5	幸运	xìngyùn	364
2060	3	兴趣	xìngqù	105
2061	5	胸	xiōng	364
2062	5	兄弟	xiōngdì	364
2063	3	熊猫	xióngmāo	105
2064	5	雄伟	xióngwěi	365
2065	4	修	xiū	191
2066	5	修改	xiūgǎi	365
2067	2	休息	xiūxi	58
2068	5	休闲	xiūxián	365
2069	5	虚心	xūxīn	365
2070	3	需要	xūyào	105
2071	4	许多	xǔduō	192
2072	5	叙述	xùshù	365
2073	5	宣布	xuānbù	365
2074	5	宣传	xuānchuán	365
2075	5	选举	xuǎnjǔ	365
2076	3	选择	xuǎnzé	106
2077	5	学期	xuéqī	365
2078	1	学生	xuésheng	33
2079	5	学术	xuéshù	365
2080	5	学问	xuéwèn	366
2081	1	学习	xuéxí	33
2082	1	学校	xuéxiào	34
2083	2	雪	xuě	58
2084	4	血	xuè	192
2085	5	询问	xúnwèn	366
2086	5	寻找	xúnzhǎo	366
2087	5	训练	xùnliàn	366
2088	5	迅速	xùnsù	366

Y

2089	4	压力	yālì	192
2090	4	牙膏	yágāo	192

2091	4	亚洲	Yàzhōu	192	2123	2	也	yě	59
2092	4	呀	ya	192	2124	4	也许	yěxǔ	194
2093	4	盐	yán	192	2125	4	页	yè	194
2094	5	延长	yáncháng	366	2126	5	夜	yè	367
2095	4	严格	yángé	193	2127	5	液体	yètǐ	368
2096	5	严肃	yánsù	366	2128	5	业务	yèwù	368
2097	4	严重	yánzhòng	193	2129	5	业余	yèyú	368
2098	4	研究生	yánjiūshēng	193	2130	4	叶子	yèzi	194
2099	2	颜色	yánsè	58	2131	1	一	yī	34
2100	4	演出	yǎnchū	193	2132	1	衣服	yīfu	34
2101	4	演员	yǎnyuán	193	2133	5	依然	yīrán	368
2102	3	眼镜	yǎnjìng	106	2134	1	医生	yīshēng	34
2103	2	眼睛	yǎnjing	58	2135	1	医院	yīyuàn	34
2104	5	宴会	yànhuì	366	2136	5	一辈子	yíbèizi	368
2105	4	阳光	yángguāng	193	2137	5	一旦	yídàn	368
2106	2	羊肉	yángròu	58	2138	3	一定	yídìng	106
2107	5	阳台	yángtái	366	2139	3	一共	yígòng	106
2108	5	痒	yǎng	367	2140	3	一会儿	yíhuìr	106
2109	4	养成	yǎngchéng	194	2141	5	一路平安	yílù píng'ān	368
2110	5	样式	yàngshì	367	2142	4	一切	yíqiè	194
2111	4	样子	yàngzi	194	2143	3	一样	yíyàng	107
2112	5	腰	yāo	367	2144	5	一致	yízhì	368
2113	4	邀请	yāoqǐng	194	2145	5	移动	yídòng	368
2114	3	要求	yāoqiú	106	2146	5	移民	yímín	369
2115	5	摇	yáo	367	2147	5	遗憾	yíhàn	369
2116	5	咬	yǎo	367	2148	5	疑问	yíwèn	369
2117	2	药	yào	59	2149	5	乙	yǐ	369
2118	2	要	yào	59	2150	4	以	yǐ	195
2119	5	要不	yàobu	367	2151	3	以后	yǐhòu	107
2120	5	要是	yàoshi	367	2152	5	以及	yǐjí	369
2121	4	钥匙	yàoshi	194	2153	5	以来	yǐlái	369
2122	3	爷爷	yéye	106	2154	3	以前	yǐqián	107

#		词	拼音	页码
2155	3	以为	yǐwéi	107
2156	2	已经	yǐjing	59
2157	1	椅子	yǐzi	34
2158	4	亿	yì	195
2159	3	一般	yìbān	107
2160	3	一边	yìbiān	107
2161	2	一起	yìqǐ	59
2162	3	一直	yìzhí	108
2163	4	意见	yìjiàn	195
2164	2	意思	yìsi	59
2165	5	意外	yìwài	369
2166	5	意义	yìyì	369
2167	5	议论	yìlùn	370
2168	4	艺术	yìshù	195
2169	5	义务	yìwù	370
2170	2	阴	yīn	60
2171	4	因此	yīncǐ	195
2172	5	因而	yīn'ér	370
2173	5	因素	yīnsù	370
2174	2	因为	yīnwèi	60
2175	3	音乐	yīnyuè	108
2176	5	银	yín	371
2177	3	银行	yínháng	108
2178	4	饮料	yǐnliào	195
2179	4	引起	yǐnqǐ	196
2180	4	印象	yìnxiàng	196
2181	3	应该	yīnggāi	108
2182	5	英俊	yīngjùn	371
2183	5	英雄	yīngxióng	371
2184	4	赢	yíng	196
2185	5	迎接	yíngjiē	371
2186	5	营养	yíngyǎng	371
2187	5	营业	yíngyè	371
2188	3	影响	yǐngxiǎng	108
2189	5	影子	yǐngzi	371
2190	4	硬	yìng	196
2191	5	硬币	yìngbì	371
2192	5	硬件	yìngjiàn	371
2193	5	应付	yìngfu	372
2194	5	应聘	yìngpìn	372
2195	5	应用	yìngyòng	372
2196	5	拥抱	yōngbào	372
2197	5	拥挤	yōngjǐ	372
2198	4	勇敢	yǒnggǎn	196
2199	5	勇气	yǒngqì	372
2200	4	永远	yǒngyuǎn	196
2201	3	用	yòng	108
2202	5	用途	yòngtú	372
2203	4	优点	yōudiǎn	196
2204	5	优惠	yōuhuì	372
2205	5	优美	yōuměi	372
2206	5	优势	yōushì	373
2207	4	优秀	yōuxiù	196
2208	5	悠久	yōujiǔ	373
2209	4	幽默	yōumò	197
2210	4	由	yóu	197
2211	4	由于	yóuyú	197
2212	5	邮局	yóujú	373
2213	5	游览	yóulǎn	373
2214	3	游戏	yóuxì	108
2215	2	游泳	yóuyǒng	60
2216	4	尤其	yóuqí	197
2217	5	犹豫	yóuyù	373
2218	5	油炸	yóuzhá	373

2219	1	有	yǒu	34		2251	5	原料	yuánliào	374
2220	5	有利	yǒulì	373		2252	4	原因	yuányīn	200
2221	3	有名	yǒumíng	108		2253	5	原则	yuánzé	375
2222	4	有趣	yǒuqù	198		2254	2	远	yuǎn	60
2223	4	友好	yǒuhǎo	198		2255	5	愿望	yuànwàng	375
2224	4	友谊	yǒuyì	198		2256	3	愿意	yuànyì	109
2225	3	又	yòu	109		2257	4	约会	yuēhuì	200
2226	2	右边	yòubiān	60		2258	3	越	yuè	109
2227	5	幼儿园	yòu'éryuán	373		2259	1	月	yuè	35
2228	2	鱼	yú	60		2260	3	月亮	yuèliang	109
2229	4	愉快	yúkuài	198		2261	4	阅读	yuèdú	200
2230	5	娱乐	yúlè	373		2262	5	晕	yūn	375
2231	4	于是	yúshì	198		2263	3	云	yún	110
2232	4	与	yǔ	198		2264	4	允许	yǔnxǔ	200
2233	5	与其	yǔqí	374		2265	2	运动	yùndòng	61
2234	4	语法	yǔfǎ	198		2266	5	运气	yùnqi	375
2235	5	语气	yǔqì	374		2267	5	运输	yùnshū	375
2236	4	语言	yǔyán	198		2268	5	运用	yùnyòng	375
2237	4	羽毛球	yǔmáoqiú	199						
2238	5	宇宙	yǔzhòu	374						
2239	5	预报	yùbào	374						
2240	5	预订	yùdìng	374				**Z**		
2241	5	预防	yùfáng	374		2269	4	杂志	zázhì	200
2242	4	预习	yùxí	199		2270	5	灾害	zāihài	376
2243	3	遇到	yùdào	109		2271	1	在	zài	35
2244	5	玉米	yùmǐ	374		2272	2	再	zài	61
2245	4	圆	yuán	199		2273	1	再见	zàijiàn	35
2246	2	元	yuán	60		2274	5	再三	zàisān	376
2247	5	元旦	yuándàn	374		2275	4	咱们	zánmen	200
2248	5	缘故	yuángù	374		2276	5	赞成	zànchéng	376
2249	4	原来	yuánlái	199		2277	5	赞美	zànměi	376
2250	4	原谅	yuánliàng	199		2278	4	暂时	zànshí	201

2279	4	脏	zāng	201	2311	3	照顾	zhàogù	110
2280	5	糟糕	zāogāo	376	2312	3	照片	zhàopiàn	110
2281	2	早上	zǎoshang	61	2313	3	照相机	zhàoxiàngjī	110
2282	5	造成	zàochéng	376	2314	5	哲学	zhéxué	378
2283	5	则	zé	376	2315	1	这(这儿)	zhè(zhèr)	35
2284	5	责备	zébèi	377	2316	2	着	zhe	62
2285	4	责任	zérèn	201	2317	2	真	zhēn	62
2286	1	怎么	zěnme	35	2318	5	真理	zhēnlǐ	378
2287	1	怎么样	zěnmeyàng	35	2319	5	真实	zhēnshí	378
2288	4	增加	zēngjiā	201	2320	4	真正	zhēnzhèng	202
2289	4	增长	zēngzhǎng	201	2321	5	针对	zhēnduì	379
2290	5	摘	zhāi	377	2322	5	珍惜	zhēnxī	379
2291	4	窄	zhǎi	202	2323	5	诊断	zhěnduàn	379
2292	5	粘贴	zhāntiē	377	2324	5	枕头	zhěntou	379
2293	5	展开	zhǎnkāi	377	2325	5	阵	zhèn	379
2294	5	展览	zhǎnlǎn	377	2326	5	震动	zhèndòng	380
2295	3	站	zhàn	110	2327	5	睁	zhēng	380
2296	5	占线	zhànxiàn	377	2328	5	争论	zhēnglùn	380
2297	5	战争	zhànzhēng	377	2329	5	争取	zhēngqǔ	380
2298	2	张	zhāng	61	2330	5	征求	zhēngqiú	380
2299	3	长	zhǎng	110	2331	5	整个	zhěnggè	380
2300	5	涨	zhǎng	377	2332	4	整理	zhěnglǐ	202
2301	5	掌握	zhǎngwò	377	2333	4	整齐	zhěngqí	202
2302	2	丈夫	zhàngfu	61	2334	5	整体	zhěngtǐ	380
2303	5	账户	zhànghù	378	2335	5	正	zhèng	381
2304	5	招待	zhāodài	378	2336	4	正常	zhèngcháng	202
2305	4	招聘	zhāopìn	202	2337	4	正好	zhènghǎo	203
2306	3	着急	zháojí	110	2338	4	正确	zhèngquè	203
2307	5	着凉	zháoliáng	378	2339	4	正式	zhèngshì	203
2308	2	找	zhǎo	62	2340	2	正在	zhèngzài	62
2309	5	召开	zhàokāi	378	2341	5	政策	zhèngcè	381
2310	5	照常	zhàocháng	378	2342	5	政府	zhèngfǔ	381

2343	5	政治	zhèngzhì	381	2375	5	至于	zhìyú	383
2344	5	证件	zhèngjiàn	381	2376	4	质量	zhìliàng	205
2345	5	证据	zhèngjù	381	2377	5	治疗	zhìliáo	384
2346	4	证明	zhèngmíng	203	2378	5	秩序	zhìxù	384
2347	5	挣钱	zhèngqián	382	2379	5	志愿者	zhìyuànzhě	384
2348	4	只	zhī	203	2380	5	钟	zhōng	384
2349	4	之	zhī	203	2381	1	中国	Zhōngguó	36
2350	5	支	zhī	382	2382	3	中间	zhōngjiān	111
2351	4	支持	zhīchí	203	2383	5	中介	zhōngjiè	384
2352	5	支票	zhīpiào	382	2384	4	中文	Zhōngwén	205
2353	2	知道	zhīdao	62	2385	1	中午	zhōngwǔ	36
2354	4	知识	zhīshi	204	2386	5	中心	zhōngxīn	385
2355	5	直	zhí	382	2387	5	中旬	zhōngxún	385
2356	4	值得	zhídé	204	2388	3	终于	zhōngyú	111
2357	4	直接	zhíjiē	204	2389	3	种	zhǒng	111
2358	4	植物	zhíwù	204	2390	5	重	zhòng	385
2359	5	执行	zhíxíng	382	2391	4	重点	zhòngdiǎn	205
2360	5	执照	zhízhào	382	2392	5	重量	zhòngliàng	385
2361	4	职业	zhíyè	204	2393	4	重视	zhòngshì	205
2362	4	指	zhǐ	204	2394	3	重要	zhòngyào	111
2363	5	指导	zhǐdǎo	382	2395	5	周到	zhōudào	385
2364	5	指挥	zhǐhuī	383	2396	3	周末	zhōumò	112
2365	3	只	zhǐ	111	2397	4	周围	zhōuwéi	205
2366	4	只好	zhǐhǎo	204	2398	4	猪	zhū	206
2367	4	只要	zhǐyào	205	2399	5	逐步	zhúbù	385
2368	5	制定	zhìdìng	383	2400	4	逐渐	zhújiàn	206
2369	5	制度	zhìdù	383	2401	5	竹子	zhúzi	386
2370	4	制造	zhìzào	205	2402	5	煮	zhǔ	386
2371	5	制作	zhìzuò	383	2403	5	主持	zhǔchí	386
2372	5	智慧	zhìhuì	383	2404	4	主动	zhǔdòng	206
2373	5	至今	zhìjīn	383	2405	5	主观	zhǔguān	386
2374	4	至少	zhìshǎo	205	2406	5	主人	zhǔrén	386

#	级	词	拼音	页
2407	5	主席	zhǔxí	386
2408	3	主要	zhǔyào	112
2409	4	主意	zhǔyi	206
2410	5	主张	zhǔzhāng	386
2411	5	嘱咐	zhǔfù	387
2412	1	住	zhù	36
2413	3	祝	zhù	112
2414	5	祝福	zhùfú	387
2415	4	祝贺	zhùhè	206
2416	5	注册	zhùcè	387
2417	3	注意	zhùyì	112
2418	4	著名	zhùmíng	206
2419	5	抓紧	zhuājǐn	387
2420	5	专家	zhuānjiā	387
2421	4	专门	zhuānmén	206
2422	5	专心	zhuānxīn	387
2423	4	专业	zhuānyè	206
2424	5	转变	zhuǎnbiàn	387
2425	5	转告	zhuǎngào	387
2426	4	赚	zhuàn	207
2427	5	装	zhuāng	388
2428	5	装饰	zhuāngshì	388
2429	4	撞	zhuàng	207
2430	5	状况	zhuàngkuàng	388
2431	5	状态	zhuàngtài	388
2432	5	追求	zhuīqiú	388
2433	2	准备	zhǔnbèi	62
2434	4	准确	zhǔnquè	207
2435	4	准时	zhǔnshí	207
2436	1	桌子	zhuōzi	36
2437	5	资格	zīgé	388
2438	5	资金	zījīn	389
2439	5	资料	zīliào	389
2440	5	资源	zīyuán	389
2441	5	姿势	zīshì	389
2442	5	咨询	zīxún	389
2443	5	紫	zǐ	389
2444	4	仔细	zǐxì	207
2445	1	字	zì	36
2446	3	字典	zìdiǎn	112
2447	5	字幕	zìmù	389
2448	5	自从	zìcóng	389
2449	5	自动	zìdòng	389
2450	5	自豪	zìháo	390
2451	3	自己	zìjǐ	112
2452	5	自觉	zìjué	390
2453	4	自然	zìrán	208
2454	5	自私	zìsī	390
2455	5	自信	zìxìn	390
2456	2	自行车	zìxíngchē	63
2457	5	自由	zìyóu	390
2458	5	自愿	zìyuàn	390
2459	5	综合	zōnghé	391
2460	5	宗教	zōngjiào	391
2461	5	总裁	zǒngcái	391
2462	5	总共	zǒnggòng	391
2463	4	总结	zǒngjié	208
2464	5	总理	zǒnglǐ	391
2465	3	总是	zǒngshì	112
2466	5	总算	zǒngsuàn	391
2467	5	总统	zǒngtǒng	391
2468	5	总之	zǒngzhī	391
2469	2	走	zǒu	63
2470	4	租	zū	208

2471	4	组成	zǔchéng	208
2472	5	组合	zǔhé	391
2473	4	组织	zǔzhī	208
2474	5	祖国	zǔguó	392
2475	5	祖先	zǔxiān	392
2476	5	阻止	zǔzhǐ	392
2477	4	嘴	zuǐ	208
2478	5	醉	zuì	392
2479	2	最	zuì	63
2480	5	最初	zuìchū	392
2481	4	最好	zuìhǎo	208
2482	4	最后	zuìhòu	208
2483	3	最近	zuìjìn	113
2484	5	罪犯	zuìfàn	392
2485	5	尊敬	zūnjìng	392
2486	4	尊重	zūnzhòng	209
2487	5	遵守	zūnshǒu	393
2488	1	昨天	zuótiān	36
2489	2	左边	zuǒbiān	63
2490	1	坐	zuò	36
2491	1	做	zuò	36
2492	4	做生意	zuò shēngyi	209
2493	4	座	zuò	209
2494	4	座位	zuòwèi	209
2495	5	作品	zuòpǐn	393
2496	5	作为	zuòwéi	393
2497	5	作文	zuòwén	393
2498	3	作业	zuòyè	113
2499	3	作用	zuòyòng	113
2500	4	作者	zuòzhě	209

1급·2급·3급·4급·5급·6급

정반합 新HSK

- 유형 익히기 → 유형 확인 문제 → 실전 연습 → 실전 테스트로 구성된 나선형 완전 학습!
- 新HSK 전문 강사들의 유형별 꼼꼼 해설과 고득점 비법 공개!
- 혼자서도 쉽게 고득점 합격을 위한 단어 해설과 빈출 단어 수록!
- 스스로 실력을 점검할 수 있는 최신 경향 실전 모의고사 3세트 제공!
- 전략서 및 실전 모의고사 듣기 스크립트와 필수 단어 녹음이 담긴 MP3 CD제공!

전략서 + 실전 모의고사 3세트 + 해설서

- **1급** 张雯, 孙春颖 지음·진윤영 해설 | 17,000원
- **2급** 张雯, 孙春颖 지음·진윤영 해설 | 18,000원
- **3급** 郑如 지음·진윤영 해설 | 22,500원
- **4급** 孙春颖 지음·이선민 해설 | 23,500원
- **5급** 徐丽华, 王琳, 鲁洲 지음·황명주 해설 | 22,500원
- **6급** 刘岩 지음·김은정 해설 | 근간

6급 근간

동양북스
www.dongyangbooks.com (웹사이트)
m.dongyangbooks.com (모바일)